第一辑

SOCIAL SCIENCE ENCYCLOPEDIA

上册

# 社科大讲堂

主编◎刘迎秋　副主编◎文学国

经济管理出版社
ECONOMY & MANAGEMENT PUBLISHING HOUSE

**图书在版编目（CIP）数据**

社科大讲堂．第二辑·第二卷/刘迎秋主编．—北京：经济管理出版社，2014.5
ISBN 978-7-5096-3037-2

Ⅰ.①社…　Ⅱ.①刘…　Ⅲ.①社会科学—文集　Ⅳ.①C53

中国版本图书馆 CIP 数据核字(2014)第 067954 号

组稿编辑：陈　力
责任编辑：曹　靖　白　冰
责任印制：黄章平
责任校对：超　凡

出版发行：经济管理出版社
（北京市海淀区北蜂窝 8 号中雅大厦 A 座 11 层　100038）
网　　址：www.E-mp.com.cn
电　　话：(010) 51915602
印　　刷：北京晨旭印刷厂
经　　销：新华书店
开　　本：720mm×1000mm/16
印　　张：50.5
字　　数：962 千字
版　　次：2015 年 9 月第 1 版　2015 年 9 月第 1 次印刷
书　　号：ISBN 978-7-5096-3037-2
定　　价：158.00 元（上、下册）

社科大讲堂

陳奎元題

# 《社科大讲堂》丛书

DIRECTORY
# 目录

社科大讲堂 SHEKE DAJIANGTANG 第一辑

## 上册

### ·法学前沿·



### ·国际问题前沿·



### ·经济学前沿·

## 下册

## ·马克思主义、哲学、宗教学前沿·

## ·史学理论与前沿·



## ·文学—文化前沿·



## ·文艺学通论·

# ·法学前沿·

# 反垄断法：中国经济体制改革的里程碑

王晓晔

2009 年 3 月 23 日

# 王晓晔

中国社会科学院法学研究所研究员

**摘　要：**市场经济就是竞争的经济，它是建立在竞争基础上的。市场经济本身没有维护公平和自由竞争的机制，要想建立一个公平和自由的市场竞争环境，国家需要制定一部比较完善的“反垄断法”。“反垄断法”在美国被称为“自由企业的大宪章”，在德国被称为“经济宪法”，在日本被称为“经济法的核心”。“反垄断法”的制定和实施有助于提高我国的资源配置效率、有利于提高企业的生产效率和消费者的社会福利，也有助于推动我国全方位的对外开放政策和推动我国的市场规则及经贸法制进一步与世界接轨，从而也有助于提高我国在国际社会的威望和地位。本文试图从国际和国内两个角度来解读我国 2007 年 8 月通过的《反垄断法》，以期增加人们对《反垄断法》的理解和重视，进而推进《反垄断法》的执行和完善。

**关键词：**市场经济　市场竞争　反垄断法

# 引　言

第十届全国人大常委会第 29 次会议通过了《中华人民共和国反垄断法》(以下简称《反垄断法》)。作为一位从事竞争法研究并为中国反垄断立法呐喊了近 20 年的学者，我的心情可想而知。中国反垄断立法的过程很复杂，也很曲折。但我一直坚信，中国需要《反垄断法》，也会颁布《反垄断法》。中国之所以需要《反垄断法》，决定性是它的经济体制。一个国家如果要以竞争机制和市场机制作为配置资源的手段，它就得反垄断，就得制定《反垄断法》，就得为企业营造一个公平自由的竞争环境。《反垄断法》是中国社会主义市场经济内在和本能的要求。这个法律的颁布不仅是中国法制建设中的一件大事，对建立和完善中国社会主义市场法律体系有着极其重要的意义，而且也是中国经济建设中的一件大事，是中国经济体制改革的里程碑。因为《反垄断法》是市场经济国家特有的法律制度，是它们 100 多年来的成功经验和合理做法，中国《反垄断法》的颁布有力地向世人宣告，中国配置资源的手段已经从政府的行政命令变为市场机制，中国已经基本建成了社会主义市场经济体制。

## 一、中国反垄断立法的宗旨和意义

我们先讲一下为什么需要“反垄断法”？关于“反垄断法”立法的宗旨，各国学者至今有很大的争论。德国学界占主导地位的观点是：“反垄断法”就是为了保护竞争。美国芝加哥学派的观点是：“反垄断法”就是为了提高经济效率。但总体上说，世界各国反垄断立法的目的已经接近一致，即其直接目的是反对垄断和保护市场竞争，其最终目的是提高经济效益和维护消费者的利益。我国《反垄断法》在这方面也顺应世界各国立法潮流，在第 1 条规定，“为了预防和制止垄断行为，保护市场竞争，提高经济运行效率，维护消费者合法权益和社会公共利益，促进社会主义市场经济健康发展，制定本法”。由此看出，中国《反垄断法》有很多重要的功能。我认为《反垄断法》直接的功能是反对垄断，保护自由竞争，其最终目的是提高企业的经济效率，保护消费者的福利。

请注意，《反垄断法》不单单是维护公平竞争，更重要的是为了维护市场自由竞争，因为如果市场竞争被限制了，就谈不上公平竞争。世界上经济发达的国家都有“反垄断法”，美国的《反托拉斯法》被看成是美国自由企业的大宪章。此外《欧盟竞争法》也非常重要，欧盟有 27 个成员国，因此《欧盟竞争法》至少可以在 27 个国家适用。这部法律对中国也有着重要的影响。我们在中国反垄断立法的过程中曾经聘请一些美国和欧盟专家，可见《欧盟竞争法》对中国的影响很大。德国的《反对限制竞争法》对我国的反垄断立法影响也非常大。我认为这有很多方面的原因，其中一个重要的原因是我国很多研究“反垄断法”的学者都是从德国学习回来的。

### （一）竞争与经济运行效率

不同经济学派对经济效率有不同的理解，但人们对市场和竞争机制所期望的经济效率一般是资源配置效率和生产效率。市场竞争可以提高资源配置效率。因为在市场经济条件下，企业生产什么，生产多少，不是靠国家计划或者行政命令，而是由企业自己来决定。一般来说，当一种产品在市场上比较短缺，它的价格就会上涨，生产者就会对这种产品进行投资；当一种产品供大于求，它的价格就会下降，生产者就会将其资金转移到其他产品或者服务上去。这说明，在市场经济条件下，企业生产经营计划的决定性因素是市场价格。然而，要使价格机制发生作用，市场必须至少满足两个条件：一是企业自由定价；二是市场的开放性。这即是说，经营者之间要能够展开竞争。

市场竞争在提高企业生产效率方面也发挥着决定性的作用。因为竞争是一个优胜劣汰的过程，它可以淘汰低效率企业、不合理的生产工序和劣质产品。相反，高效率的企业和优质产品在竞争中则可以得到发展，甚至取得市场支配地位或者垄断地位。因为在市场经济条件下，企业都希望扩大市场份额，获取更多的利润，它们就会努力降低成本和价格，不断开发新产品、新工艺，改善经营管理。而且，一个企业一旦在市场上取得了领先地位，其他企业就会效仿。这就使市场呈现出一派你追我赶的竞争景象。改革开放 30 多年来，我国企业的技术水平和生产能力普遍有了很大提高，涌现出一大批资金雄厚、技术先进和经济效益十分显著的企业，其中决定性的因素就是市场竞争。

### （二）竞争与消费者福利

优化配置资源和提高经济效率的最终受益人是广大消费者。因为竞争迫使经营者不断向消费者降价让利，迫使他们在产品的质量、数量以及品种方面不断满足市场需求，因此，我们毫不夸张地说，是竞争使消费者成为了“上帝”，是竞争提高了消费者的社会福利。

### （三）市场经济必须建立保护竞争的法律制度

在市场经济条件下，只有竞争才能使社会资源得到优化配置，企业才能具有创新和发展的动力，消费者才能得到较大的社会福利，因此，市场竞争是市场经济不可缺少的机制。然而，市场经济本身没有维护公平和自由竞争的机制。恰恰相反，为了减少竞争压力和逃避竞争风险，企业总是想方设法地限制竞争，如世界拉面协会中国分会最近多次组织、策划和协调方便面的涨价幅度。此前我国也出现过多起企业联合限价或者限产的事件。随着加入世界贸易组织和国内市场进一步对外开放，外国资本、外国企业和外国商品已经全方位地进入我国。这些情况说明，制定一部比较完善的《反垄断法》，不仅有利于在我国建立一个公平自由的市场竞争环境，有利于提高我国资源配置效率和企业生产效率，提高消费者的社会福利，而且也有利于我国实施全方位的对外开放政策，有利于我国的市场规则和经贸法制与世界接轨，从而也有利于提高我国在国际社会的威望和地位。

## 二、世界各国反垄断法概况

“反垄断法”在一些发达的资本主义国家都有非常重要的地位，美国的《反托拉斯法》在美国被视为自由企业的大宪章，之所以这么说，是因为“反垄断法”反对垄断，反对限制竞争，它给企业提供了一个参与市场竞争的机会和权利。如果有大量企业参与市场竞争，就可以降低产品价格、改善产品质量，这样就可以推动经济民主，进而推动政治民主。在美国1945年的一个案件中，美国最高法院法官提到：《谢尔曼法》的经济学原理就是市场竞争，它可以带来最低的价格、最高的质量、最大的物质进步，而且可以给人民提供一个民主的社会环境和政治制度。因此“反垄断法”虽然是经济方面的法律，但它的功能绝不仅仅是经济方面的，对政治也有重要作用。“反垄断法”在德国被称为“经济宪法”，它为什么被称为“经济宪法”呢？德国人认为经济法就是关于国家经济秩序的法律制度，在计划经济条件下经济法就是国家计划法，国家如何来制订经济计划，企业如何完成国家的经济计划，经济计划需要修改什么样的程序等；在市场经济条件下，国家配置资源的方式不是国家的经济计划，而是市场竞争，也就是由竞争来指挥经营如何配置资源。正是因为市场经济国家是依靠竞争来配置资源，所以德国就提出“反垄断法”是国家的“经济宪法”，这个法律制度标志着国家配置资源的方式不是政府的行政命令，而是市场的自由竞争。说“反垄断法”是“经济宪法”并不是说该法律一定要写进宪法，而是说这个法律可以标志一个国家的经济体制。在日本，其经济法主要是《反垄断法》。在20世纪六七十年代日本经济法有一个重要的方面就是产业政策法，而现在日本学者普遍认为国家最重要的产业政策就是竞争政策，因为竞争政策可以强迫经营者降低价格，改善质量和服务，进行创新发明。我国经济法的含义和国外特别是日本、韩国经济法的含义是不同的。中南大学法学院和日本学者曾组织过一个研讨会，我们的学者谈到经济法时讲了很多方面，而日本学者谈经济法就只谈《反垄断法》。

另外在“反垄断法”方面大家还应该关注一些国际组织，如经济合作与发展组织（OECD），它们都有专门研究“反垄断法”的机构。在这些国际组织中最重要的机构就是“国际竞争网络”（ICN），它是一个网络机构，成立于2001年，该机构的成员方不是国家，而是反垄断执法机关，所以像中国台湾地区的公平交易委员会也是国际网络的成员。国际竞争网络没有设常委会和专门的办事机构，但是这个机构非常重要，每年都有一个世界大会，除此之外还经常召开一些研讨会。为了推动世界各国“反垄断法”的趋同化，它每年都会发布一些指南和经验。因此这个机构对中国来说非常重要，但遗憾的是中国目前还不是这个机构的成员方。

## 三、《反垄断法》在我国法律体系中的地位

“反垄断法”在市场经济国家的地位是由市场经济的本质决定的。因为在市场经济条件下，经营者必须把他们的产品或者服务带到市场上接受消费者的检验

和评判，这个过程就是市场竞争的过程，因此可以说，市场经济就是竞争的经济，市场经济就是建立在竞争的基础上。因为“反垄断法”不仅从国家和社会的角度是一个优化配置资源和推动国民经济发展的法律手段，而且从企业和个人的角度是保障他们参与市场竞争自由权利的法律武器。“反垄断法”在市场经济国家有着极其重要的地位，它在美国被称为“自由企业的大宪章”，在德国被称为“经济宪法”，在日本被称为“经济法的核心”。

《反垄断法》在中国的法律体系中也有着非常重要的地位，当然这个经济地位取决于中国经济体制改革的走向。在计划经济条件下，中国很多学者认为计划法是中国经济法的龙头。那时候中国没有人提“反垄断法”，而且我相信在那种情况下即便有“反垄断法”，它也起不了什么作用，因为我们的经济不是竞争性经济。现在我国的经济体制从计划经济转向了市场经济，特别是1993年《宪法》修订后第15条明确规定中国实行社会主义市场经济体制。这样国家就必须建立一种保护竞争的机制，因此我认为《反垄断法》在我国的法律体系中有着非常重要的地位。

谈到《反垄断法》的地位，还有一个问题值得注意，即《反垄断法》与私法的关系。我们国内的一些民法学者对《反垄断法》不以为然。有一年中央政治局邀请一些民法学者谈社会主义市场经济的法律制度，当时他们只谈到两种制度，一种是合同自由制度，一种是保护所有权制度。我提出他们讲得不全面，市场经济的基本法律制度不单是合同自由制度和保护所有权制度，还应包括保护自由竞争制度。如果只有保护合同自由原则和当事人意思自治原则，我们的消费者权益是否真的能得到保护？消费者真能像《消费者权益保护法》里讲的享有公平交易权吗？我认为如果消费者面对的是一个垄断企业，面对的是一个霸王条款，合同自由原则是不可能实现的。因此合同自由制度应该建立在消费者有选择权的基础上，也即合同自由制度应该建立在有竞争自由的基础上。由此可以看出《反垄断法》和合同自由有着非常密切的关系。再有一个就是合同法与保护所有权的关系。2007年国家公布了《物权法》，之前还公布过《专利权法》、《著作权法》和《商标法》。这些保护物权和知识产权的法律制度固然非常重要，但是这些财产权保护制度也不是绝对的。当一种财产权成为垄断权的情况下，市场竞争是不存在的。因此如果一个国家对外宣扬的是市场经济，但是它的经济生活中没有市场，没有竞争，那么它所说的市场经济就是假的市场经济，因此《反垄断法》和保护经济所有权的关系也非常密切。我们的所有权保护不能容许垄断权的长期存在。综上可以得出一个结论：市场经济的基本制度应该是三大制度，即合同自由制度、保护所有权制度和保护竞争自由制度。

此外，《反垄断法》与政府的关系也非常密切，这并不是说《反垄断法》的执法机构是政府机构，而是说《反垄断法》也应该干预政府的限制竞争行为。对中国而言，很多限制竞争不是来自企业而是来自政府，而且政府限制竞争对市场竞争和消费者的社会福利影响更大。这就是说，如果《反垄断法》不干预政府滥用行政权力限制竞争的行为，它的重要性就受到了严重影响。在中国，如果政府滥用权力限制竞争的问题还普遍存在，《反垄断法》就很难被视为是经济宪法，中国的经济体制也很难说是真正的市场经济。

## 四、《反垄断法》的基本内容

《反垄断法》博大精深，内容丰富，因此我们只简单谈一下《反垄断法》的内容。

《反垄断法》有很多制度，但这些制度都出于一个经济学原理：一个企业如果取得垄断地位或者市场支配地位，它势必抬高产品价格，减少对市场的供给。例如，2005～2006 年，在美国花 5 美元（约 35 元人民币）往中国打电话能打七个半小时，但是如果在中国 35 元人民币就只能打几分钟。之所以会有这样的差别，是因为美国的电信市场是竞争性的，而中国的电信市场是垄断性的。2004 年美国的电信行业有 6 家大企业，其中没有任何一家企业的市场份额超过 20%。由此可以看出，一个市场是垄断性的还是竞争性的，对消费的影响非常大。正是出于这样的经济学原理，确立了反垄断法的任务是防止市场上出现垄断，并对合法的垄断企业进行监督，防止它们滥用市场优势地位。

我国《反垄断法》主要有以下几项任务：①禁止垄断协议；②控制企业并购；③禁止滥用市场支配地位；④禁止行政垄断。第④点“禁止行政垄断”非常符合中国的国情，因为目前中国市场的垄断绝大部分都是行政垄断，行政垄断不仅是中国的特色，而且是中国《反垄断法》的一个很重要的内容。

### （一）垄断协议

根据当事人之间不同的经济关系，垄断协议可以分为两类：一类是横向协议，另一类是纵向协议。

#### 1. 横向协议

亚当·斯密曾指出，生产同类产品的企业很少聚集在一起，如果它们聚集在一起，其目的便是商讨如何对付消费者。《反垄断法》把竞争者之间的限制竞争协议称为横向协议，或者叫“卡特尔”。《反垄断法》第 13 条主要禁止下列横向协议：①固定价格；②限制数量；③分割市场；④限制购买新技术或者限制开发新产品；⑤联合抵制。第①~③类协议因为损害竞争的程度非常严重，各国反垄断法一般将它们称为“核心卡特尔”或者“恶性卡特尔”，任何情况下都不给予豁免。鉴于竞争者之间有些限制竞争有利于提高经济效率，如为改进技术和节约成本进行的合作研发、统一产品的规格或型号、推动中小企业之间的合作，或者有利于社会公共利益如节约能源、保护环境，《反垄断法》第15条对某些限制竞争协议做出了豁免的规定。

根据《反垄断法》第13条第2款，限制竞争协议除了竞争者之间的书面或者口头协议，还包括企业集团或者行业协会制定的具有排除、限制竞争影响的决定和竞争者之间的协同行为。鉴于某些行业协会在市场竞争中发挥的负面作用，如协调本行业企业的产品价格，该法第16条强调指出，行业协会不得组织本行业的企业从事垄断协议行为。

2. 纵向协议

除了横向协议，《反垄断法》第二章第14条还对纵向即卖方和买方之间的限制竞争协议做出两项禁止性规定，一是固定转售价格，二是限定最低转售价格，因为这些限制不仅严重损害销售商的定价权，而且严重损害消费者的利益。关于固定转售价格协议本身是否违法目前规定不清楚，《反垄断法》在这方面应该考虑市场的具体情况尽快做出明确的规定。假设消费者在市场上只能买到联想品牌的计算机的情况下，联想规定销售商在销售联想计算机的时候只能按2000元的价格进行销售，这样的协议就是“价格卡特尔”，它必然会损害消费者的利益；但是如果市场上有其他品牌（如IBM、DELL）与联想展开竞争，联想与销售者之间达成的固定转售价格协议虽然是固定了联想计算机的价格，影响了一部分产品的竞争，但是由于市场上还有其他品牌，消费者还有选择其他产品的余地。因此《反垄断法》对此应该进一步做出明确规定，对不同的情况区别对待。其他类型的纵向协议如独家销售、独家购买、限制地域等，因为它们在很多情况下有合理性，应当适用合理原则。例如对销售地域的限制，这虽然限制了同一品牌销售商之间的竞争，但同时也推动了品牌之间的竞争。

3. 违法垄断协议的法律责任

关于垄断行为的违法责任问题我想强调一下。企业违反《反垄断法》的责任是非常重的，因为它损害了消费者的利益，损害了市场竞争。美国2004年对违反《谢尔曼法》的法律责任进行了修改，规定企业违反《谢尔曼法》最高的罚金是1亿美元，对个人的罚金可以达到100万美元，而且可以对其判处10年以下的刑事监禁。中国对违反《反垄断法》的罚金是10%以下的销售额，但这一规定并不明确，该销售额是指企业在全球的销售额还是在中国相关市场的销售额，我理解应该是指在中国相关市场的销售额。

### （二）经营者集中

《反垄断法》还有一个重要内容就是控制经营者集中。在《反垄断法》立法的过程中，有些学者提出中国根本就不需要控制经营者集中，相反，中国需要扩大经营者规模，应该制定推动垄断的相关法律。这种观点是非常错误的。在我们的市场经济中经营者集中是非常普遍的，而且绝大多数经营者集中对市场是有利的，如横向并购可以扩大经营者的规模，买方和卖方的纵向并购可以帮助企业实现优势互补（如橡胶生产者和汽车生产者并购），有利于节约销售成本或购买成本，促进企业间的人力、物力、财力以及技术方面的合作，从而有利于提高企业效率和竞争力。然而，因为企业有着无限扩大规模和市场份额的自然倾向，如果允许它们无限制地并购，就会不可避免地消灭市场上的竞争者，导致垄断性的市场结构。因此，如果法律没有规定经营者集中的情况，大企业非常有可能通过市场并购的方式来限制或者排除竞争。假如可口可乐公司通过并购的方式吃掉了汇源、康师傅、娃哈哈，最后就有可能出现我国软饮料市场被可口可乐公司垄断的一种态势。我们现在要搞市场经济，我们需要经济生活中有竞争，而要想在市场中有竞争就需要控制经营者的集中，因此在《反垄断法》中对经营者集中的情况进行规定是非常有必要的。我国《反垄断法》在第四章规定了控制经营者的集中。

从法律制度上看，控制经营者集中包括以下几个方面：经营者集中的概念、集中方式、审查程序、审查的实质性标准、豁免、外资并购中的国家安全审查。

根据《反垄断法》第20条，经营者集中的方式包括经营者合并，取得股份或者资产，以合同方式或者其他方式取得对另一企业的控制权。我们的《公司法》提到的经营者集中，主要是新设合并和吸收合并，它只考虑到了企业的组织结构。而《反垄断法》关注的是市场竞争，因此从《反垄断法》的角度来看，一种经济活动只要会引起市场结构的变化，影响市场竞争，那么这些活动我们就可以把它们看成是经营者集中或者企业的并购，也就是说除了《公司法》中的新设合并和吸收合并，在《反垄断法》中还有很多其他的合并方式，比如通过购买股份取得支配权，通过委托经营或租赁合同的方式取得对其他企业的生产经营管理权，通过一个人同时担任多家企业经营管理者的人事联合方式等，都有可能成为《反垄断法》中规定的经营者集中的情况。

控制经营者集中的制度主要是集中申报和审批制度。当一个经济活动被认为是经营者集中的行为，并达到了一定的标准，那么就要向反垄断执法机关进行申报。根据《反垄断法》第25条和第26条，反垄断执法机关从收到全面的申报材料之日起30日内，对申报的经营者集中进行初步审查。当事人在30日内未得到通告的，应视为得到了批准。如果反垄断执法机构认为经营者集中有严重限制竞争的可能性，它必须通告当事人该申报进入第二审查阶段。第二审查阶段的时间是90天，特殊情况下可再延长60天。2008年1月《反垄断法》生效后，同年8月国务院就发布了一个公告，规定了向反垄断执法部门申报的标准：标准一，如果参与经营者集中的企业在国际市场的销售额达到了100亿元人民币而且其中至少有两家企业在中国的市场上各自占到了4亿元人民币的销售额；标准二，如果参与并购的所有企业在中国市场的销售额达到了20亿元人民币，而且其中至少有两家在中国市场的销售额达到了4亿元人民币；标准三，尽管没有达到前两个标准，但是反垄断执法机关认为该并购可能会严重地影响市场竞争的。例如，可口可乐并购汇源案就需要向商务部反垄断局进行申报。

根据《反垄断法》第28条，经营者集中具有或者可能具有排除、限制竞争效果的，反垄断执法机构应做出禁止集中的决定。然而，因为经济是非常复杂和活跃的，有些合并即便具有排除、限制竞争的负面影响，同时也可能有利于提高市场竞争强度或者企业的经济效率。因此，《反垄断法》第28条还规定，经营者能够证明集中对竞争产生的有利因素明显大于不利因素，或者符合社会公共利益的，国务院反垄断执法机构可做出对集中不予禁止的决定。根据《反垄断法》第27条，反垄断执法机构审查经营者集中时，主要考虑经营者在相关市场上的份额及其市场支配力、相关市场集中度、经营者集中对市场进入和技术进步的影响、经营者集中对消费者和其他经营者的影响，此外还有对国民经济发展的影响。根据《反垄断法》第29条，反垄断执法机构的批准决定中可附加限制性条件，以减少集中对竞争的不利影响。

此外，《反垄断法》第31条规定，外资企业并购境内企业，如果涉及国家安全问题，它除了应该接受反垄断法的审查外，还应该接受国家安全的审查。但是对于国家安全的含义、审查程序、审查机关等问题，我国《反垄断法》没有相应地做出明确规定。

## （三）滥用市场支配地位

实践中，企业可通过合法方式，如国家授权或者知识产权取得垄断地位或者市场支配地位，如微软公司就是通过知识产权在全世界软件市场上取得了市场支配地位。《反垄断法》虽然不反对合法垄断，但因合法垄断者同样不受竞争的制约，从而可能滥用其市场优势地位，损害市场竞争和消费者的利益，因此我国

《反垄断法》第三章规定，禁止滥用市场支配地位。

根据《反垄断法》第17条第2款，市场支配地位是指经营者在相关市场上能够控制商品的价格、数量或者其他交易条件，或者能够阻碍、影响其他经营者进入市场的一种能力。这即是说，市场支配地位是一种经济现象，反映了企业与市场竞争的关系，即拥有这种地位的企业不受竞争制约，不必考虑其竞争者或交易对手就可以自由定价或者自由做出其他经营决策。为了使这个关于市场支配地位的定义具有可操作性，《反垄断法》第17条提出了认定市场支配地位的一系列因素，包括经营者的市场份额、相关市场竞争状况、经营者控制市场的能力、经营者的财力和技术条件、其他经营者对该经营者在交易上的依赖程度、其他经营者进入相关市场的难易程度等。为了提高法律稳定性和当事人的可预见性，我国《反垄断法》还借鉴了德国法，在第19条规定有以下情况可以推定经营者具有市场支配地位：一个经营者在相关市场的份额达到二分之一；两个经营者在相关市场的份额合计达到三分之二以上；三个经营者在相关市场的份额合计达到四分之三以上。但是，这些推断不具有法定推断的效力，即当事人可以证明自己不具有市场支配地位。这里应该注意的一个问题是相关市场的认定，因为在反垄断案件中，认定相关市场对案件的定性起着极其关键的作用。可口可乐并购汇源案之所以会引起如此大的争议，在很大程度上是因为大家对认定相关市场的标准不一致。

根据《反垄断法》第17条，滥用市场支配地位的行为主要包括：①剥削性定价行为，即以不公平高价销售商品或者以不公平低价购买商品。在2008年微软的“黑屏”事件中，对于是否可以通过行政、司法的途径要求微软把它操作软件的垄断性高价降下来引起了很大的争议。我认为是不可以的。原因是微软公司取得垄断性地位不是像我们的某些企业通过政府授权得到的，它是通过自己的创新、发明及自主知识产权达到的垄断性地位。如果一个企业通过知识产权成为一个垄断者后，政府随之要对其价格进行管制，要求它将垄断性高价降下来的话，就不能保证知识产权法能够起到激励企业的作用。因此，我们说《反垄断法》中讲的剥削性定价的行为主要是适用于歧视性定价的一些行业，比如中石油、中石化这些企业。②掠夺性定价，即没有正当理由，以低于成本的价格销售商品。这样做的目的一般是想排挤竞争对手。这种行为理论上可以成立，但现实中通过这种手段可能达不到目的。因为如果企业把产品价格降到足以使市场其他竞争对手破产的地步，该企业自身财务也面临很大的损失，如果一个短期的降价就能达到排挤竞争对手的目的而该企业还能承受的话，那假如不幸时间拉得很长，该企业也可能面临被拖垮的危险，作为企业来说采取这种方式会慎之又慎。即使企业在短期降价中排挤掉了竞争对手，这时企业为了弥补之前降价的损失，必然会抬高价格，而这一抬高价格，又会刺激其他商家纷纷进入该市场，从而最终达不到排挤竞争对手的目的。因此这种方法企业很少用。③拒绝交易，即没有正当理由，拒绝与交易相对人进行交易。这种行为会造成市场上同类产品的不公平竞争，最后有可能供应该类产品的生产者变成一家或极少的几家，消费者可选择的范围减少了，企业的垄断地位提高了，必然会对市场造成损害。④强制交易，没有正当理由，限定交易相对人只能与其或者与其指定的经营者进行交易。⑤搭售或附加其他不合理交易条件，即没有正当理由，搭售商品或者在交易中附加其他不合理的条件。最明显的例子就是微软以前捆绑交易计算机操作系统软件和媒体播放软件，微软遭到了美国司法部和19个州的联合指控，而且2001年法院曾考虑过要拆分微软。之后欧共体委员会对微软罚款4.97亿欧元。微软的捆绑行为之所以违法，是因为它这样的行为严重地排除了竞争，其他企业完全不可能进入市场。可见在市场中处于完全垄断的企业（如微软）进行捆绑交易将对市场自由竞争和消费者选择权的实现产生重大影响。⑥价格歧视，即没有正当理由，对条件相同的交易相对人在价格等交易条件上实行差别待遇。此外，该法第55条还规定，经营者滥用知识产权，排除、限制竞争的行为，适用本法。这说明知识产权和一般财产权一样，不能得到《反垄断法》的豁免。

### （四）滥用行政权力排除、限制竞争

尽管在我国反垄断立法中对要不要反对行政垄断一直存在着争议，但是这次出台的《反垄断法》第8条明确规定，行政机关和法律、法规授权的具有管理公共事务的职能的组织不得滥用行政权力，排除、限制竞争。《反垄断法》第五章还列举了滥用行政权力排除、限制竞争的行为，包括强制交易；妨碍商品在地区间自由流通；排斥或限制外地企业参与本地招投标活动；排斥或限制外地资金流入本地市场；强制经营者从事垄断行为；制定排除、限制竞争的行政法规。上述这些规定说明，滥用行政权力限制竞争的行为在本质上都是一种歧视行为，即对市场条件下本来应该有着平等地位的市场主体实施了不平等的待遇，其后果是扭曲竞争，妨碍建立统一、开放和竞争的大市场，使社会资源不能得到合理和有效的配置。因此，反行政垄断是我国《反垄断法》的一项重要任务。

《反垄断法》第51条规定了滥用行政权力排除、限制竞争的法律后果："行政机关和公共组织滥用行政权力，实施排除、限制竞争行为的，由上级机关责令改正；对直接负责的主管人员和其他直接责任人员，依法给予处分。"这个规定说明，《反垄断法》没有把行政垄断的管辖权交给反垄断行政执法机关，这使《反垄断法》面对行政垄断有点像一只没有牙齿的老虎。但是，《反垄断法》中关于行政垄断的规定仍然是意义重大，因为这不仅表明我国立法者对行政垄断持

坚决反对的态度，从而有利于提高各级政府机构的反垄断意识，而且也表明反对行政垄断是我国的主流观点，从而有利于倡导和培育竞争文化。

《反垄断法》对禁止行政垄断进行规定，可以推进我国经济体制改革和推动中国的政企分开，进而有利于推动国家政治体制的改革。

## 五、反垄断法的执法机构

《反垄断法》第10条规定了《反垄断法》的执法机构，但是没有明确执法机构是哪几家。后来国务院明确反垄断法的执法机关是商务部、国家工商行政管理总局及国家发展和改革委员会。其中商务部负责经营者集中控制，国家发展和改革委员会负责处理涉及价格问题的限制竞争行为，国家工商行政管理总局负责处理不涉及价格的限制竞争行为。因为涉及价格的限制竞争行为和不涉及价格的限制竞争行为往往有交叉，国家发展和改革委员会与国家工商行政管理总局在执行反垄断法的管辖权问题上可能存在冲突，两个部门在执行反垄断法方面也就存在着执法的竞争性。据说，这两个部门达成了共识：当事人将案件交给哪个部门，就由哪个部门来审理；一个部门受理了反垄断案件，另一个部门就不再受理。行政机关之间存在管辖权的竞争对市场主体来说是有一定好处的，因为这对行政机构的行政作为会产生激励的作用。此外，国务院反垄断执法机构根据工作的需要，可授权省、自治区、直辖市人民政府相应的机构，依照本法规定负责有关反垄断执法工作。

《反垄断法》第9条还规定，国家成立一个反垄断委员会。这个委员会已经成立了，主任是王岐山同志，有15个委员，委员们主要来自商务部、国家发展和改革委员会以及国家工商行政管理总局，还有一些监管机构如电信、电力、银监会、保监会等部门的领导。反垄断委员会不是《反垄断法》执法机构，不处理《反垄断法》案件，它的任务是研究拟定竞争政策，组织调查、评估市场竞争状况，发布评估报告，制定、发布指导反垄断执行机构进行执法的反垄断指南。反垄断委员会是一个重要的机构，因为我们至少有三家反垄断行政执法机关，这些执法机关之间难免会产生摩擦，反垄断委员会就是一个协调反垄断行政执法工作的机构。

除了三家执行反垄断法定行政机关，即商务部、国家发展和改革委员会及国家工商行政管理总局，实施反垄断法的还有人民法院。我国《反垄断法》第50条规定，“经营者实施垄断行为，给他人造成损失的，依法承担民事责任”。自《反垄断法》生效以来，人民法院受理了一些限制竞争案件。鉴于反垄断私人诉讼有着发现违法行为的成本比较低、原告寻求法律救济的决心比较大和对违法者的威慑力也比较大的功能，它是我国反垄断行政执法的重要补充。

## 六、我国《反垄断法》的特色

我国《反垄断法》的第一个特色在于它鲜明地立足于国情，例如关于行政垄断的规定。此外该法第 4 条规定，国家制定和实施与社会主义市场经济相适应的竞争规则，加强和完善宏观调控，健全统一、开放、竞争、有序的市场体系。这说明我国《反垄断法》虽然毫无疑问应当促进市场竞争，但还必须从国情出发，使这部法律与社会主义市场经济相适应。出于这方面考虑，该法第 5 条规定，经营者可以通过公平竞争、自愿联合，依法实施集中，扩大经营规模，提高市场竞争能力。该法第 7 条规定，国有经济占控制地位的、关系国民经济命脉和国家安全的行业以及依法实行专营专卖的行业，国家对其经营者的合法经营活动予以保护，并对经营者的经营行为及其商品和服务的价格依法实施监管和调控，维护消费者利益，促进技术进步。这些规定说明，我国在制止滥用市场势力损害消费者利益的同时，还鼓励关系国家安全和国民经济命脉的重要行业和关键领域的国有企业做大做强，以提高它们的国际竞争力。这些协调我国竞争政策与产业政策以及与其他经济政策关系的规定说明，竞争政策固然很重要，但它不是国家唯一的经济政策。特别在当前经济转型时期，我国立法者的确有必要考虑很多问题。因此，一部法律体现多个立法目的甚至相互冲突的目的是可以理解的。《反垄断法》是经济法，但它绝不仅仅是经济方面的法律手段，同时也是一个政治方面的法律武器。人们可能提出这样一个问题，即在竞争政策和产业政策发生了冲突的情况下，哪一个政策应当优先。这个问题只能由未来的反垄断执法机构来解答，且这个答案相当程度上取决于反垄断执法机构的地位、权威和独立性，也取决于国家的经济发展和整个社会的大环境。

我国《反垄断法》作为一部 21 世纪产生的法律，它完全有条件站在他人的肩膀上。因此，我国《反垄断法》的第二个特色就是它在很多方面借鉴了竞争政策发达国家和地区的先进经验，特别是借鉴了美国法和欧洲法的经验。如《反垄断法》借鉴美国《反托拉斯法》的效果原则，在第 2 条规定了这个法具有域外适用的效力。这就是说，一个在外国订立的“价格卡特尔”或者一个在外国发生的并购活动，如果对我国市场竞争有严重不利影响，我国《反垄断法》对之有管辖权。鉴于卡特尔的严重危害性和隐蔽性，我国《反垄断法》借鉴了美国《反托拉斯法》中的宽恕政策，在其第 46 条第 2 款规定，经营者能够主动向反垄断执法机构报告垄断协议的有关情况并提供重要证据的，可以酌情减免处罚。这个规定有利于分化瓦解违法者联盟，提高反垄断执法的效率。我国《反垄断法》还借鉴了《欧盟竞争法》中的承诺制度，在其第45条规定，被调查的经营者如果承诺采取具体措施消除垄断行为后果的，如反垄断执法机构认为这个承诺可以解除它对限制竞争的担忧，它可以把接受承诺作为解决问题的办法。我国《反垄断法》还借鉴了很多德国法的经验，如豁免卡特尔的规定、认定市场支配地位的因素以及关于市场支配地位的推断等。借鉴世界各国反垄断立法潮流，我国《反垄断法》与1993年颁布的《反不正当竞争法》相比，大幅度提高了行政罚款的金额，对实施垄断协议和滥用市场支配地位的行为可处违法者上一营业年度市场销售额10%以下的罚款，从而大大提高了《反垄断法》的威慑力。

## 七、我国反垄断执法面临的挑战

我国《反垄断法》虽然对国家经济生活和所有经济部门都会产生重要影响，对企业的市场活动会产生重要影响，是一部规范国家经济秩序和市场竞争秩序的基本法律制度。但是，中国经济转型的任务尚未彻底完成，再加上《反垄断法》存在这样或者那样的不完善之处，可以预见，反垄断初期执法会遇到严重的挑战。

我国反垄断执法的最大问题是缺乏一个统一的执法机关。根据《反垄断法》第10条规定，国务院规定的承担反垄断执法职责的机构依照本法规定，负责反垄断执法工作。这说明，我国《反垄断法》将会维持现有几家机构分头执法的局面。多家政府机构分头执法毫无疑问地会影响《反垄断法》的效力和权威，因此，人们普遍希望国家能够建立一个统一和比较独立的反垄断执法机关。虽然按照国务院法制办的解释，第10条的规定为反垄断执法机构今后的调整和变化留有余地，但在统一的反垄断执法机构建立之前，我国反垄断执法工作需要多家机构的有效合作和相互配合。

我国反垄断执法面临的第二个挑战是行政垄断。《反垄断法》关于行政垄断的规定虽然表明我国立法者对行政垄断持坚决反对的态度，且通过第50条的规定将反对行政垄断的任务交给了各级政府机构，但是，行政垄断的普遍存在对反垄断执法仍然构成一个严峻的挑战。因为在企业普遍寻求政府保护或者通过政府“寻租”的社会环境下，反垄断执法机构不仅不容易倡导竞争文化，反垄断法也不可能得到有效的执行。

还有一个问题是与监管机构的关系。《反垄断法》的任务是制止垄断行为，理应关注电信、电力、邮政、铁路等行业的大垄断企业。广大消费者也迫切希望反垄断执法机关能够在垄断企业面前保护他们的利益。然而，由于国有大垄断企业都有一个监管机构，反垄断执法机构与行业监管之间的关系就成为一个敏感话题。《反垄断法》草案曾规定，“对本法规定的垄断行为，有关法律、行政法规规定应当由有关部门或者监管机构调查处理的，依照其规定”。现在通过的《反垄断法》虽然取消了这个规定，但这不表明这个问题已经得到解决。如果反垄断执法机构在被监管行业不能执行《反垄断法》，中国《反垄断法》就会与其“经济宪法”的权威和地位极不相称。

最后，《反垄断法》作为一个规范市场竞争秩序的基本法，还需要尽快建立相关的配套法规。例如《反垄断法》规定，“经营者滥用知识产权，排除、限制竞争的行为，适用本法”。但是，何谓滥用知识产权排除、限制竞争的行为？这就需要法律解释。总之，在《反垄断法》规定非常原则的情况下，垄断协议、滥用市场支配地位以及控制经营者集中等各方面的规定都需要释义性配套法规。可以想见，国务院即将建立的反垄断委员会和反垄断执法机构在这些方面任重而道远。可以说，反垄断法的颁布不是我国反垄断立法的结束，而是刚刚走完的第一步。

（编辑整理：兰　悦）

# 关于政治体制改革的几个问题

杨海蛟

2009 年 3 月 2 日

**杨海蛟**

中国社会科学院政治学所研究员

**摘　要：**本文首先讨论了政治体制和政治体制改革的基本概念及其特点，以及它们之间的联系与区别，然后从四个方面讲了中国政治体制改革的必要性。本文还回顾了中国政治体制改革的历史进程，确定了中国政治体制改革的目标，总结了中国政治体制改革的成就，最后明确了中国政治体制改革的历史任务。

**关键词：**政治体制　政治体制改革　中国政治体制改革的目标

## 一、政治体制和政治体制改革

政治体制改革，是中国共产党领导全国人民为推进有中国特色社会主义进程而提出和实施的重大举措。政治体制改革理论作为中国化马克思主义的重要组成部分，是对马克思主义、毛泽东思想的继承和发展，是对国际共产主义运动经验教训的科学总结，它反映了社会主义建设的内在规律。研究政治体制改革理论，首要的任务是必须从理论上准确地界定政治体制、政治体制改革的内涵。

对政治体制的认识，可谓众说纷纭，莫衷一是，至今尚未有统一的定论。我国是在十一届三中全会后开始使用政治体制以及政治体制改革范畴的。在中共十二大报告中，在党的文献中首次提出政治体制的概念。十二大报告提出：“我们一定要按照民主集中的原则，继续改革和完善国家的政治体制改革和领导体制，使人民能够更好地行使国家权力。使国家机关能够更好地领导和组织社会主义建设。”

中共十五大之后，理论界对政治体制进行了新的探讨，也形成了一些有代表性的观点，我们认为，政治体制是指社会主义基本政治制度的实现形式，是以权力配置为中心、以职能划分及各种社会政治组织相互关系为主要内容而建构的各种具体政治形式、规章制度和行为规范的总和。

政治体制大致包含两大基本要素：组织系统和运行规则。

所谓组织系统，严格地说是指政治组织系统。从横向来说，主要包括：①政党的组织系统，在我国不仅包括处于领导地位的执政党——中国共产党，而且包括参政议政的各民主党派；②国家组织系统，包括权力机关、行政机关、司法机关以及军事机关等。从纵向来说，每一个组织系统内部都有程度不同、形式各异的一套从上到下、从中央到地方的多层次垂直隶属系统以及各个层级分设的职能部门和办事机构。

所谓运行规则，在这里就是指规定和处理各种社会政治组织系统之间和内部各部分之间的职能和权限划分以及相互关系和结构，使之得以正常运转的诸多规章和具体制度。这种运行规则或规章制度，既包括宪法、法律和法规等有关法律规范，也包括各种相关的条例、规定、决定、决议和指示、命令等；既包括明文规定的成文规则，也包括不成文的但实际上起作用的习惯性规则。

要全面地把握政治体制的内涵，必须把握政治体制的特点，政治体制主要具有以下特点：

第一，从属性。政治体制尽管具有相对的独立性，也有自身独立发展的规律，但它不具有天然的社会制度属性。它属于组织管理的范畴，不是社会制度的范畴，它解决的是如何管理的问题，而不是解决由哪个阶级来统治，建立什么样的社会制度的问题。谁利用它，它为谁服务。但是它对社会制度有着重要的影响，社会制度的运行，需要有政治、经济、文化等方面的载体，统治阶级只有通过一系列载体才能实施自己的统治，贯彻自己的意志。否则，社会制度就会陷入无序，最终落不到实处。政治体制都是由统治阶级为建立和维护社会秩序，协调和规范各种社会关系，保持社会正常稳定运行而设计的，一种政治体制一旦施行，它对社会政治制度将产生非常重要的影响。

合理的政治体制可以支撑现存的社会政治制度，缓解政治生活中的各种弊端的爆发冲力，使其降低到最小的限度之内。有效地协调各种政治关系，从而使现行社会政治制度得以巩固，维护政治统治。不合理的政治体制阻碍政治制度优越性的发挥，使一些本该变成积极因素的东西演变成消极对抗的因素，激化刺激社会矛盾，不仅难以发挥政治制度的优越性，而且有可能导致政治制度的崩溃。政治体制从属于政治制度，服从服务于政治制度的性质，政治体制本身的设置、功能的发挥，必须与政治制度保持高度的一致，丝毫不能有损于政治制度的本质要求和原则特征，不能与政治制度有任何的抵触，政治制度的目标和任务以及活动方向决定政治体制的调整和变化。

第二，结构性。政治体制由各种要素组成，是一个极为复杂的有机整体。构成政治体制的要素既包括各种组成部分的组成方式，这种组成方式不仅包括各部分之间的相互关系，也包括由什么样的原则形成这种关系，还包括这种相互关系之间按照什么样的规则去运作，建立什么样的运行机制。政治体制虽然由诸多要素构成，但这些要素并不是杂乱无章的，也不是都处于平行、并列的地位。在现实生活中，政治体制各要素由于从属于政治体制，由政治制度所决定，因而各要素在社会政治生活中处于不同的地位，发挥不同的作用。政治体制的结构和功能呈现出层次性，特别是处于不同层次的政治体制，作为极为复杂的规范体系，其内容、形式和作用各不相同，从而导致反映、服务政治制度的政治体制，必然表现为结构性。

第三，动态性。政治体制如同世间其他事物一样，并不是一成不变的。而是处在瞬息万变之中，这种动态性表现在：国家政治制度发生变化，必然引起政治体制的相应变化，这种变化既有结构上的调整，也有功能上的、价值取向上的变迁；由于决定政治体制因素的多元性（如民族传统、政治文化、领导人的素质和品格等）及这些因素的不确定性，又总是在政治生活中此消彼长，因而政治体制在相关因素变化的同时，也将相应地发生变化。特别是随着人类社会不断走向文明，科学技术的发展使得人类政治生活更加丰富多彩，社会成员的参与意识、参与能力日益增强，政治体制也将不断地更新内容、方法和形式。

政治制度与政治体制有什么联系呢？我们认为政治制度和政治体制是两个既相互联系又有区别的概念。政治制度与政治体制的联系表现在二者中任何一方都不可能绝对独立存在，在现实生活中，总是彼此联系在一起。政治制度决定政治体制并由政治体制表现出来。政治体制表现政治制度并服务于政治制度。无论什么性质的政治制度都有与其相适应的政治体制，并由其反映政治制度的阶级本质和统治阶级的意志，组织实施阶级统治。同时，任何政治体制都不是抽象和空洞的，它反映政治制度的本质要求，以实现政治制度的宗旨为其建立活动准则。脱离政治制度的政治体制是不存在的。政治制度总是从各方面制约、影响政治体制，从而使不具备政治制度性质的政治体制，显示出与之相适应的基本特征。政治制度规定政治体制的权力主体属性和权力结构以及政治体制运行的根本目的和服务方向。政治体制影响政治制度的实现程度和作用发挥的效果。

政治制度与政治体制的区别表现在：

第一，政治制度与政治体制在国家政治生活中的地位不同。政治制度就整体而言，是一个社会在政治领域为社会成员所规定的根本行为准则，它是表明社会性质并以此区别人类社会不同发展历史阶段和类型的主要特点，也是该社会政治系统的本质内容以及表现形式内在的一般规定。任何一个社会的统治阶级总是千方百计地维护和巩固该社会的政治制度，从而维护和巩固自己的阶级地位和既得利益。政治制度的改变，也就意味着该社会各阶级地位与相互关系的根本变化，带来社会性质的根本变化。政治体制是政治制度形之于外的具体表现和实施形式，是权力配置结构、运行规则和活动方式的总和。如果说政治制度是内容的话，那么政治体制就是反映内容的一种形式。它以政治制度的预定目标为己任，其存在和发展主要以政治制度为依据，政治体制不决定社会性质，只决定政治制度的运行状况和实施程度。政治体制也不决定该社会的阶级本质和阶级关系，但直接影响着阶级关系的协调情况。

第二，政治制度与政治体制的内容不同。政治制度是一个社会形态阶级本质的内在规定，反映一个社会的阶级关系，具有鲜明的阶级性，从而也带有排他性、神圣性。相对于同类性质国家政治制度内容的单一性，政治体制具有多元性和复杂性，它的形成和发展不仅要适应政治制度的本质要求，同时也受到历史传统、文化背景、心理结构、价值取向、民族特征以及国内外环境的影响。因而除具有阶级性外还带有一些其他特征。一种政治制度可以通过不同的政治体制表现出来，同是实行社会主义政治制度的国家，可以有不同的政治体制。政治体制作为政治制度与社会政治活动的双重实现形式，相对于政治制度而言，政治体制容易出现偏差、变形和弊端，不同的政治体制对政治制度的实现程度截然不同。因而对政治体制进行经常的改革和调整是必要的，否则，不仅会妨碍政治制度作用的正常发挥，也会导致政治制度的扭曲和变形。

第三，政治制度与政治体制的稳定程度不同。一般说来，政治制度非经过革命和重大事件不会发生质的变化，具有相对稳定性。当然，政治制度建立之后，也会随着经济的发展和社会的进步不断完善和发展，但这种完善和发展不会发生质的变化。而政治体制在政治制度不变的情况下，可以在既定的范围内不断变化，它不仅随着政治制度的完善和发展经常调整，而且随着社会结构、主要矛盾以及社会环境和形势的变化不断变革，政治体制具有随遇而变的可能性。由此可以判定，我国的政治体制改革应该是一个社会主义政治制度的不变性同政治体制可变性相一致的发展过程。

第四，政治制度与政治体制的受约因素不同。政治制度主要受经济制度、社会结构和阶级结构的影响，有什么样的经济制度、哪个阶级在经济上占有统治地位，就会建立体现哪个阶级、维护哪个阶级利益的政治制度。也就是说政治制度的决定因素相对而言是单元的，而政治体制不仅直接受阶级力量对比、政治制度的影响，而且受民族特征、文化传统、地域环境、社会变革方式的影响，同样的政治体制可以服务于不同的政治制度，同样的政治制度可能采取不同的政治体制。

什么是政治体制改革？政治体制改革又称政治改革，它与政治革命和政治改良是表征政治发展的同一系列但又程度不同的三个概念。根据邓小平在这方面的论述，正确理解政治体制的内涵，需要明确的是：政治体制改革是社会主义制度的自我完善；政治体制改革是对存在弊端的原有政治体制的革命；政治体制改革是渐进性的长期过程，必须有领导、有步骤、有秩序地进行；政治体制改革的目的，是要充分发挥社会主义的优越性，解放和发展生产力。

政治体制改革，之所以称作革命，因为它具有解放生产力的意义。并不是政治体制的一切变化，都可以称为改革。因为改革就其本身的性质而言是新的伟大的革命，它不是一般意义上的调整、细枝末节的修补和改良，而是要从根本上进行变革；从其社会功能和社会作用来看，由其所产生的社会影响的深远意义而论，因为改革要打破束缚生产力发展的梗阻，通过改革，要充分发挥社会主义政治制度的优越性，它贯穿于改革的全过程和每个环节，由此必然引起一系列深刻变化，所以作为革命的改革，是对存在弊端的原有政治体制的革命。深刻理解邓小平“改革也是革命”的论断，有利于在改革进程中，坚持将是否有利于解放和发展社会生产力，是否有利于发挥社会主义优越性作为标准，牢牢把握改革的方向；有利于帮助我们正确地对待政治体制改革进程中出现的失误、挫折和风险，增强改革的信心，自觉地投身于政治体制改革，也有利于中国社会通过政治改革促进政治发展。

从改革是第二次革命的意义上看，政治体制改革是协调、解决社会基本矛盾，推进中国政治发展的重要方式。政治发展和现代化理论告诉我们，在政治发展过程中，具体方式、具体方法至关重要。中国的政治体制正是在探索中不断发展。十一届三中全会之后，中共中央在提出完善政治制度，建设高度社会主义民主战略目标的同时，选择、确定了推进政治发展的方式——政治体制改革。中国共产党人认为，我们的政治制度优于其他制度，但其自身仍然需要不断地完善和更新，在一些环节的表现形式和实现途径上，还有许多不够完善和成熟的地方，需要进行改革。

政治体制改革是一项复杂而艰巨的系统工程，在改革过程中，应严格地把握社会主义初级阶段政治生活的基本特征，从初级阶段的政治环境和客观情况出发，设计政治体制改革的目标、原则、方法和手段，把有利于提高社会生产力发展水平作为评价一国政治体制的标准之一，并把有利于推进社会生产力发展作为政治体制改革的根本目的和根本任务。我们的政治体制改革是有前提的，即必须坚持四项基本原则，必须在中国共产党领导下进行，只有如此，才能保证改革的正确方向，保障改革的顺利推进。

中国的社会主义初级阶段政治发展的长期性和渐进性决定，政治体制改革必须排除各种干扰，始终有步骤有秩序地进行。尤其必须清楚地认识到，政治的发展是一个长期积累的过程，影响政治发展的因素也是一个积累的过程，因而“不是一次能完成的”，用搞运动的方式是不可取的，既要积极推进，又要谨慎从事，时刻注意处理好政治改革与政治稳定的关系，以政治改革促进政治发展，以政治发展维护政治稳定，以政治稳定保障政治改革，使其真正起到推动政治发展的作用。

中国的政治发展也罢，政治体制改革也好，必须走自己的路。当代世界，国与国之间的交往和联系已更为密切。在这个时代，国际环境作为外部因素，对一个国家的政治体制改革和政治发展有着十分重要的影响。当中国开始现代化政治发展的进程时，世界上已有许多成功的范例。毫无疑问，这些经验对我国政治体制改革和政治发展具有一定的启示。但是，中国的国情决定了我们必须走自己的路。中国的政治体制改革和政治发展必须坚持走有中国特色的道路，始终从中国的国情出发，紧紧围绕中国政治体制改革、政治发展的主要任务，从而顺利地推进中国的政治体制改革，实现政治发展新的飞跃。

## 二、我国政治体制改革的必要性

实施政治体制改革，其思想动力源于对政治体制改革必要性的深刻认识。除了从社会主义社会基本矛盾运动的分析入手，阐明包括政治体制改革在内的全面改革的必要性外，还应当从完善我国政治制度、解决现代化建设的迫切需要、肃清封建主义残余的影响、保证国家长治久安、深化经济体制等方面认识政治体制改革的必要性：

首先，改革政治体制是清除原有政治体制弊端，适应社会主义现代化建设的需要。

其次，改革政治体制是避免“文化大革命”式的严重错误再次发生，实现国家长治久安的迫切需要。

再次，改革政治体制是深化经济体制和其他体制改革的迫切需要。

复次，政治体制改革是构建社会主义和谐社会和全面建设小康社会的需要。

最后，改革政治体制是适应国际潮流的迫切需要。

## 三、我国政治体制改革的目标

政治体制改革是一项涉及很多人的具体利益，关系中国发展的前途命运的巨大而复杂的系统工程，确定这场改革的目标不是一件容易的事情。政治体制改革的目标有长期和近期之分，但它们又是相对而言、互相渗透、相互转化的。所以我们必须从总体上来把握和认识。

我们认为，理论界所论述的政治体制改革的长期目标，是相对于近期目标而言的，然而，这些目标似乎是通过努力，在一定时期内可以实现的。反而理论界所论及的政治体制改革的近期目标，不是一朝一夕能够实现的，克服官僚主义、提高工作效率、调动基层和人民群众的积极性不是轻而易举在短时期能够做到的。也就是说这些长期目标、近期目标的划分并不真正具有时间上的意义。

我们认为，政治体制改革的目标是动态的，这种目标的依据以及相关因素的不确定性，决定了不同时期的政治体制改革的目标，但是既然是政治体制改革，那么就应当有自己的规律性，也就是政治体制要达到什么样的目标，都不能脱离社会主义政治制度的本质要求。必须将有利于反映和体现社会主义政治制度的优越性作为根本宗旨；必须顺应历史的潮流，要充分体现人类社会发展价值取向；必须从本国的实际出发，考虑本国的民族传统文化心理环境，特别是要考虑中国近百年来的历史发展和人民的历史性选择，要学习借鉴人类的优秀文化成果。

我们认为，政治体制改革的目标应当包括通过改革政治体制自身所要达到的境界，同时更为重要的是通过改革，使政治体制更加完善，更加适应政治制度的本质，很好地体现、反映政治制度，这种目标和目标体系在国家政治发展进程中是更为主要的。据此，我们认为政治体制改革的目标应当二者兼顾。毫无疑问，二者是联系在一起的，但政治体制改革的目标，作为政治体制改革的方向，从宏观上讲，主要集中于以下几个方面：

第一，不断地扩大社会主义民主。综观我国政治体制的弊端，更为集中地体现为民主建设很不充分，很不稳定，也未完全实现制度化、法制化。加强社会主义民主建设，是政治体制改革目标的根本所在。当今世界民主化已经成为世界潮流，西方世界在不时地调整民主政治的形式，许多发展中国家也将民主化作为政治发展的目标，不断地推进其民主建设的进程。中国共产党自诞生之日起，就开始组织和领导中国人民进行争取民主的伟大革命斗争，经过浴血奋战，终于建立了人民当家做主的政治制度，民主建设取得了重大成就。

中国共产党在带领全国人民进行社会主义民主建设的过程中，始终将加强社会主义民主建设作为一个长期的坚定不移的目标。在这个问题上，邓小平有诸多论述，包括：社会主义民主是社会主义现代化建设的根本任务和战略目标之一；“没有民主，就没有社会主义，就没有社会主义现代化”；中国的社会主义民主要走自己的道路；民主建设要制度化、法律化。

在党的多次代表大会和代表会议中都将民主作为党和国家的奋斗目标提出来。中共十一届三中全会提出健全社会主义民主和强化社会主义法制的任务，中共十一届六中全会强调逐步建设高度民主的社会主义政治制度是社会主义革命的根本任务之一。中共十二大把建设高度民主作为我国社会主义现代化建设的战略目标和根本任务之一，并号召社会主义民主要扩展到政治生活、经济生活、文化生活和社会生活各个方面，发展各个企业、事业单位的民主管理，发展基层社会生活的群众自治。中共十二届六中全会把坚定不移地进行政治体制改革，发展社会主义民主作为一个重要方面纳入我国社会主义现代化建设的总体布局。中共十三大则把建设民主作为总体目标之一纳入党在社会主义初级阶段建设有中国特色社会主义基本路线。

中共十四大进一步强调要积极推进政治体制改革，使社会主义民主和法制建设有一个较大的发展。中共十五大再一次强调继续推进政治体制改革，进一步扩大社会主义民主，实行民主选举、民主决策、民主管理、民主监督，保证人民依法享有广泛的权利和自由，尊重和保障人权，并再次强调发展社会主义民主，其制度更带有根本性、全局性、稳定性和长期性，提出要健全各项民主制度。正是在中国共产党的组织、领导下，社会主义民主建设进入了一个全新的历史时期，开启了社会主义经济现代化、政治民主化和精神文明建设同步发展的历史进程。

第二，实行法治，努力实现法治和德治的统一。法治是现代化社会的组织形式和治理国家的方略。法治作为人类社会进步和文明的标志，是伴随工业文明兴起而出现的。它作为现代化建设过程中不可缺少的内容，是衡量一个社会是否实现现代化的重要参数，许多发展中国家在现代化进程中的曲折历史已经表明，如果没有法治，社会的现代化是难以想象的。我们应当将法治和民主结合起来，这是因为：首先，法治为民主政治的运转确立前提；其次，法治为民主政治的实现提供规则；再次，依法治国为民主提供权力制约机制；最后，法治为民主建立责任机制。

我们要实现法治，应该努力做到：其一，根据法治精神和法治原则，形成以权利为基础的新格局；其二，维护宪法和法律的尊严，坚持法律面前人人平等，任何人、任何组织都没有超越法律的特权；其三，从制度上保证一切国家机关依法行政，切实保证公民权利，实行执法责任制和评议考核制，保证司法机关独立公正地行使审判权和检察权，建立冤案、错案责任追究制度，这些都是法治国家的主要特征；其四，不断提高广大干部和人民群众的法律意识和法制观念，特别是提高各级领导干部的法制观念和依法办事的能力。

我们认为，还要把依法治国与以德治国统一起来，努力实现法治与德治的结合。德治就要以其感召力和劝导力提高社会成员的思想认识和道德觉悟，以马列主义、毛泽东思想、邓小平理论为倡导，积极建立适应社会主义市场经济和社会主义民主发展的社会主义思想道德体系，以为人民服务为核心，以集体主义为原则，以爱祖国、爱人民、爱劳动、爱科学、爱社会主义为基本要求。通过大力倡导文明礼貌、助人为乐、爱护公物、保护环境、遵纪守法的社会公德，大力倡导爱岗敬业、诚实守信、办事公道、服务群众、奉献社会的职业道德，大力倡导尊老爱幼、男女平等、夫妻和睦、勤俭持家、邻里团结的家庭美德，在全体人民中形成普遍认同和自觉遵守的行为规范。在全社会形成团结互助、平等友爱、共同前进的人际关系。

第三，保持政治稳定。政治稳定一般情况下是各国所追求的价值目标和理想选择。它既是政治发展以及整个社会发展的前提、保障，又是建设社会主义民主的基本政治条件。然而，在现代化进程中，各种利益矛盾、冲突、撞击急剧增加，往往容易诱发社会动乱。历史和现实都告诉我们，能否保持政治稳定，是现代化事业能否顺利发展的决定性因素。在政局动荡的情况下，任何事业均会失去稳固的支撑点，阻碍、破坏政治发展进程。

中共十一届三中全会以来，中国共产党和中国人民十分珍惜来之不易的安定团结的政治局面，始终把政治稳定作为长期追求的目标。根据我们的理解，政治稳定可分为几个层次，中共十一届三中全会以来，对此均有明确的原则要求，并取得了显著成就。这其中包括：政权稳定和政治制度稳定；政治路线和政策的稳定；政局稳定。

## 四、我国政治体制改革的历史进程

我国的政治体制，从 1949 年建立起到 1979 年，经历了 30 年的演变；又以党的十一届三中全会为标志开始进行改革，到十六大召开历经了 20 年。以解放思想、实事求是的精神，对这50 年的历史进行回顾和反思，是大有益处的。

### （一）30 年进退艰难崎岖路

我国政治体制，大体上说，是孕育于革命战争年代，初建于新中国成立之际，而在社会主义改造时期基本确立的，是在大规模的阶级斗争、群众运动和不断强化指令性计划的过程中，为适应产品经济体制模式而发展起来的。这种情况下形成的政治体制，不能不是一种党政不分的、权力过分集中的体制。由于战时体制以及其他因素的影响，我国政治体制的演变，在新中国成立后的 30 年间走过了一条艰难曲折的崎岖之路。

新中国成立初期，为了适应新的形势，我们对历史形成的这种体制进行过一些调整和重组，其中包括力图纠正党政不分、以党代政和个人高度集权的一元化倾向。1949 年 11 月，中共中央宣传部下发的一个指示规定：凡属政府职权范围内的事，由政府决定、决议或通知。1950 年 4 月，周恩来指出：“由于过去长期战争条件，使我们形成了一种习惯，常常以党的名义下达命令，尤其在军队更是这样。现在进入和平时期，就应当改变这种习惯，党政有联系也有区别。党的方针、政策要组织实施，必须通过政府、党组织保证贯彻。”1956 年党的八大对此也做了规定。邓小平在《关于修改党的章程的报告》中指出：今天党在国家机关居于领导地位，并不是说，党可以直接去指挥国家机关工作，或者是把各种纯粹行政性质的问题提到党内来讨论，混淆党的工作和国家机关的工作所应有的界限。

所有这些努力都没有改变一元化的领导体制，甚至还常常不断加以强化。从20世纪50年代后期开始，在“左”的思想的指导下，加强党的领导越来越变成了党去包办一切，干预一切。对这个问题长期没有足够的认识，成为发生“文化大革命”的一个重要原因，使我们付出了沉重的代价。

十年浩劫时期，“左”的指导思想发展到了登峰造极的地步。这集中体现在体制上，就是党政企事群、工农商学兵等组织系统及其领导机关几乎全部被搞垮或陷入瘫痪状态，被最高指示指引下蜂拥而起的群众组织或造反派组织所取代。长时间由居于全党全军全国全民之上的中央文革小组领导、指挥、号令一切。从1967年初开始，随着所谓“一月风暴”的掀起，在全国从上到下层层夺权，纷纷建立了所谓革命委员会，以取代党政企事群各种组织机构，于是，在全国范围内（除台湾、香港和澳门地区外）除最高层有“中央文革”这个超级权力机构之外，省部级及其以下各地区各部门的革命委员会把原有各种不同组织的职能集于一身，从而具有了领导和管理党、政、财、文的全权和全能。这样，就形成了一种非常奇特的革命委员会的一元化领导体制。

在党的九大前后，随着整党建党和各级党组织的普遍重建，革命委员会的一元化领导体制又逐渐恢复到了党的一元化领导体制。1971年，“两报一刊”在纪念建党50周年的专文中强调：各级党委都要建立和健全党委制，加强一元化领导，防止分散主义，防止多中心即无中心。及至1973年，党的一元化领导体制在党章中又得到了明确规定。十大《关于修改党章的报告》对此解释说：党必须领导一切，这是马克思主义的重要原则。党的一元化领导，在组织上应体现在两个方面：第一，在同级各组织的相互关系上，工农商学兵政党这七个方面，党是领导一切的，不是平行的，更不是相反的；第二，在上下级关系上，下级服从上级，全党服从中央……要加强党的一元化领导，不能用几个方面的联席会议来代替党委会的领导，同时也要充分发挥革命委员会和各个方面、各个组织的作用。

尽管如此强调党领导一切，高于一切，实行一元化领导，但由于在个人迷信的笼罩下，各种组织机构的职能和权限极其混乱，缺乏合理的运行规则，而使得政治体制和领导体制处于一种难以名状的畸形状态。在此情况下，党的领导实际上难以实现。无论是在党政军民学方面，还是在工农商方面，都处于派性泛滥，无政府主义盛行，普遍呈现出软懒散状态。针对此，邓小平在1975年主持中央工作时提出全面整顿，试图扭转这种局面，但终因历史条件有限，未能实现。这就为新的历史时期进行改革留下了艰难的任务。

## （二）十一届三中全会至十二大

这一时期的最初阶段，主要是对原有政治体制进行单项的探索性改革，同时也在思考和构想总体思路。1980 年 8 月，邓小平在中央政治局扩大会议上作了《党和国家领导制度的改革》的重要讲话，提出了政治体制改革的纲领。讲话经政治局讨论通过，发至全党，成为我国政治体制改革的纲领性文件。讲话对政治体制改革做了系统而精辟的论述。在这里，主要是着眼于从制度上解决如何防止“文化大革命”这类历史悲剧重演、实现长治久安的问题，鞭辟入里地分析了我国原有政治体制的弊端、根源、实质和改革路向。改革的锋芒所向，直指原有政治体制的病根——权力过分集中，特别是领导者个人高度集权。这就为我国的政治体制改革奠定了坚实的理论基础，指明了方向和目标。

1982 年 9 月召开的党的十二大，主要提出了全面开创社会主义建设新局面的纲领和建设有中国特色社会主义的思路，包括系统地提出了经济体制改革的任务。对政治体制改革还来不及做全面的设计和规划，而只是提出继续改革和完善政治体制的任务。

## （三）十二大至十三大

十二大之后，特别是十二届三中全会做出《关于经济体制改革的决定》之后，我国经济体制改革重点从农村转向城市，全面展开，不断深入。随之而来，经济体制改革遇到了原有政治体制的阻碍，出现了政治体制改革与经济体制改革不相适应的问题。因此，集中在 1986 年，邓小平不止一次地指出：不搞政治体制改革，经济体制改革也搞不通，已取得的成果也不能巩固；政治体制改革必须与经济体制改革相适应、相配合，并强调经济体制改革最终能不能成功，还是决定于政治体制的改革。1987 年 10 月，党的十三大根据邓小平的上述思想，在集中全党智慧的基础上，把政治体制改革作为一项相对独立的紧迫任务突出地提到了全党的面前，并规划了一个蓝图，使政治体制改革进入了一个新阶段。

这个阶段，直接针对的是原有政治体制滞后于经济体制改革的问题，与前一阶段直接针对的是如何防止历史悲剧重演的问题有所不同，但就从根本上消除原有政治体制的总病根即改变权力过分集中，特别是个人高度集权的体制这一点来说却是完全相同的。

## （四）十三大至十四大

十三大之后，我国的政治体制改革正在按照既定的蓝图和方案，有领导、有步骤、有秩序地进行着。但不久国际国内发生了未曾预料到的震惊世界的重大事件，即国内的“八九”政治风波和国际上的“苏东剧变”。这对于我国的改革，特别是政治体制改革不能不产生重大的影响和冲击。面对这样的重大事件，如何总结经验教训，采取相应的对策，坚持改革开放不动摇，对我们来说，确实是一个难度极大的课题，也是最为严峻的考验。

邓小平以他非凡的战略眼光和政治胆识顶住了这股冲击和难以想象的压力，特别是来自“左”的干扰和压力，而始终坚持“一个中心，两个基本点”的基本路线不动摇。特别是他于1992年年初，以非同寻常的方式视察南方，发表了石破天惊的谈话，一举稳住了大局，使改革开放大业非但没有停滞和逆转，反而大大地加快了前进的步伐，又上了一个新台阶。

1992年10月，十四大根据邓小平南方谈话精神，对新的改革实践作了基本的总结。十四大报告中强调，十四大伟大实践的经验，集中到一点，就是毫不动摇地坚持以建设有中国特色社会主义理论为指导的党的基本路线。十四大首次提出建立和完善社会主义市场经济体制的目标，同时指出：政治体制改革的目标，是以完善人民代表大会制度、共产党领导的多党合作和政治协商制度为主要内容，发展社会主义民主政治。这就使政治体制改革进入了第三个阶段。

这一阶段，经济体制改革和经济建设取得了长足的进展。但由于客观形势的变化和情况的复杂性，对政治体制改革实际上做了比较大的调整。这主要表现在三点上：一是在提法上，原来政治体制改革是作为一项相对独立的任务提出的，民主法制建设是包括在其中的一项内容；而后来就变成了积极推进政治体制改革，加强社会主义民主法制建设。二是在基本内容上，前两个阶段的锋芒所向或着重解决的问题是原有政治体制问题的总根源——权力过分集中；而在以后就变成了坚持和完善人民代表大会制度，坚持和完善共产党领导的多党合作和政治协商制度，建立健全民主的科学的决策机制，加强基层民主建设等。三是与提法和内容的变化相联系，在改革进程上或进度上，实际上有所放缓。

### （五）十四大至十五大

十四大以来，我国的政治体制改革大体上是按照调整后的部署进行的。在这个阶段，经济体制改革继续不断变化，政治体制改革也在许多方面取得了不同程度的进展。但在总体上比较而言，随着经济体制改革日益深化，进入攻坚阶段，政治体制改革滞后的问题就显得愈加突出。

十五大在总结新的经验的基础上，对政治体制改革的思路作了新的概括，在我们党历史上破天荒第一次确认法治概念，明确提出了依法治国，建设社会主义法治国家的目标和任务，这是在政治体制改革的民主法制建设总思路上的一个重大的突破和新的发展。这一突破包括两重含义：一是对政治体制改革一定时期处于外围战状态的突破，因为要实现依法治国。建设社会主义法治国家的目标和任务，就意味着必须触动总病根，从根本上改变权力过分集中的现象。二是把改变权力过分集中特别是个人高度集权的现象，建设有中国特色的社会主义民主政治的思路，提炼和升华到了现代法治的高度。因此，其意义是重大而深远的。

### （六）十五大至十六大

十五大以来，特别是党的十六大，我党在政治体制改革和民主政治建设方面有所突破，在十六大的报告中，关于政治体制改革和民主法制建设方面体现出来三点新意：首先，把发展民主确定为全面建设小康社会的重要目标；其次，提出党的领导、人民当家做主和依法治国有机统一的命题；最后，破天荒第一次把党内民主提升到党的生命高度来认识。

## 五、我国政治体制改革的成就

作为我们党和国家一项重大战略决策，政治体制改革是一个长期、复杂的政治系统工程。从决策的过程看，它始于十一届三中全会。这次会议总结了我国政治生活的历史经验，提出了民主制度化、法律化的问题。从决策的内容看，20年政治体制改革几乎涉及我国现行政治体制的各个主要方面，并取得了不同程度的进展，有些还是非常重大的进展。

第一，制定和修改选举法，使选举程序逐步规范，选举的民主程度和效率大大提高；扩大了全国人大常委会的职权，加强了全国人大的组织建设；县级以上地方各级人大设立常委会，委员实行专职化；建立并完善了新的立法体制，立法工作的步骤明显加快，监督执法的力度也有所加强；逐步实现了人大工作的程序化、制度化；充分发挥人大代表的作用，他们参政议政的积极性和能力明显增强。

第二，制定和贯彻《中共中央关于坚持和完善中国共产党领导的多党合作和政治协商制度的意见》，还将这一制度写入了宪法之中；中国共产党就重大问题与民主党派协商已形成制度并逐步规范；政治协商和民主监督的内容有了更明确的规定；民主党派参政议政的渠道得到拓展，一大批党外干部被提拔使用；民主党派的自身建设也得到了加强。

第三，改革高度的中央集权体制。中央向地方和基层下放权力，有力地调动了地方、基层和广大群众的积极性、创造性，使地方的工作出现了前所未有的生机和活力，基层民主建设取得很大发展。同时在这一过程中，注意维护和加强中央的权威。

第四，机构改革取得一定成效。多次较大规模的机构改革工作，除了取得精简机构的阶段性成果以外，更重要的是，使我们充分认识了机构改革的长期性、艰巨性和复杂性，逐步掌握了这项工作的规律和特点，从而明确了这一改革的指导思想和重点，为进一步深化这一改革奠定了重要的基础。

第五，改革干部人事制度。坚持干部队伍“四化”方针和德才兼备原则，实行“选人民公认是坚持改革开放路线并有政绩的人”的用人标准，切实加强了各级领导班子建设；废除领导职务终身制，建立干部退休制度；改变高度集中统一管理的状况，建立科学的分类管理体制；加快党政干部和企业领导干部选拔任用的改革，扩大了选拔任用领导干部工作的民主。严格执行《领导干部选拔任用条例》以及关于公开选拔、竞争上岗、党政领导班子正职拟任人选和推荐人选表决、领导干部辞职等方面的规定，加大干部交流力度，加强对党政领导干部选拔任用工作的监督，坚决防止和治理选人用人上的不正之风。全面贯彻实施《中华人民共和国公务员法》，建立符合科学发展观要求的领导班子和领导干部综合考核评价制度，促进党员干部牢固树立科学发展观和正确政绩观；进一步推行领导干部经济责任审计工作，加强经济责任审计法制化规范化建设，积极探索建立科学的领导干部经济责任评价体系，严格审计结果责任追究制度。建设高素质的公务员队伍，促进勤政廉政。

第六，深入推进司法体制和工作机制改革。十六大做出了推进司法体制改革的总体部署，2004 年明确了司法体制改革的指导思想、目标任务、工作原则和改革的主要内容。中纪委第二次全体会议提出，“积极推进司法体制改革，从制度上保证司法权的公正行使”。中纪委第三次全体会议提出，“积极稳妥地推进司法体制改革，完善与社会主义制度相适应的司法监督制约机制，解决执法人员违法、司法不公等问题，保证司法权的公正行使”。中纪委第五次会议提出，“逐步推进司法体制改革，形成权责明确、相互配合、相互制约、高效运行的司法体制。支持司法机关依法独立公正地履行职责，加强司法队伍建设和领导班子建设，提高司法队伍素质。加强对司法活动的监督，切实解决群众反映强烈、影响司法公正的突出问题，预防和治理司法领域中的腐败现象”。中纪委第六次全体会议提出，“完善公开审判和检务公开制度，健全违法司法行为责任追究制度”。在党中央的统一部署之下，司法体制和工作机制改革积极稳妥地推进。

第七，深入推进行政审批制度改革。进一步减少和规范行政审批，认真落实国务院关于取消和调整审批项目的决定，依照行政法和行政审批制度改革的政策规定，针对审批事项的具体情况，制定相应的操作规程；推广行政审批电子管理和监控系统，探索有关部门实行行政审批综合办公的工作模式，建立“一个窗口对外”的审批工作机制，运用现代网络技术，对行政审批进行监督制约；开展对社团、行业组织和社会中介组织的清理和规范，解决职能错位、行为失范问题。严格执行《行政许可法》等法律法规的有关规定，完善登记准入制度，探索建立健全行业协会和社会中介组织有序的竞争机制和退出机制。

第八，健全党的民主集中制。用党内民主推进人民民主的发展，不断实现党内生活的正常化、民主化和制度化；制定议事决策规则，党的集体领导制度得以较好地遵守；重视党的法规建设，修改完善党章，并制定了一大批党内法规，党内生活逐步有法可依；建立健全党内监督机构，探索解决执政党自身的监督问题。

第九，社会主义法制建设成绩显著。1979 年以来我国制定法律和有关法律问题的决定 300 多部，其中十四大以来的几年里，就制定了 96 部，社会主义市场经济法律体系初具规模；加强和改善司法、行政执法和执法监督，维护法制的统一性和严肃性；普法、依法治理工作有了新的突破；人民当家做主的权利和公民权利得到更为切实的法律保障；严厉打击严重刑事犯罪活动，推进社会治安综合治理；法律服务业长足发展，法律援助工作取得成绩。特别是中共十五大和九届人大一次会议明确提出了“依法治国，建设社会主义法治国家”的方略，对我国民主法制建设提出了新的要求和提供了新的动力。

## 六、我国政治体制改革的任务

### （一）健全民主制度

中国共产党是执政党。共产党执政，就是领导和支持人民掌握管理国家的权力，实行民主选举、民主决策、民主管理和民主监督，保证人民依法享有广泛的权利和自由，尊重和保障人权。发展社会主义民主制度更带有根本性、全面性、稳定性和长期性。要采取切实的措施，坚持和完善我国的根本政治制度、基本制度和其他方面的制度。

第一，一方面，要根据马克思主义国家学说的要求和宪法的规定，积极推进民主选举、民主决策、民主管理和民主监督，进一步加强人民代表大会的制度建设，切实强化人民代表大会的立法职能和监督职能，完善人民代表大会及其常务委员会的各项工作制度，把人民代表大会真正建设成为宪法所规定的有权威的国家权力机关。另一方面，要进一步密切人民代表与广大人民群众的联系。人民代表要经常深入到群众中去，了解他们的疾苦，倾听他们的呼声，从而保障人大做出的各项重大决定，都能切实代表人民的意志。同时，党也要进一步加强和改进对人大工作的领导，要善于通过民主程序，把党的主张转化为国家意志，进而变成全国人民的共同行动。

第二，要把改革和发展的重大决策同立法结合起来，逐步形成深入了解民情、充分反映民意、广泛集中民智的决策机制，推进决策科学化、民主化，提高决策水平和工作效率。决策的科学化和民主化相辅相成，没有民主，就不可能广开思路、广开言路，决策民主化必须有科学的含义，有科学的程序和方法。否则只是形式的民主而非真正的民主，这不仅是一个理论的问题，而且是一个紧迫的实践问题。切实解决好这个问题，是我们这一代人不可推卸的历史责任。

第三，在新的历史条件下，我们要继续坚持“长期共存、互相监督、肝胆相照、荣辱与共”的方针，加强同民主党派协商议事，巩固我们党与党外人士的联盟。要推进人民政治协商、民主监督、参政议政的制度规范化，使之成为党团结各方、听取意见、协调关系的重要渠道。要巩固和发展广泛的爱国统一战线，团结一切可以团结的力量，为推进我国的社会主义现代化建设，实现祖国团结统一而奋斗。

第四，要全面贯彻党的民族政策，坚持和完善民族区域自治制度，切实加强民族工作，巩固和发展平等、团结、互助的社会主义民族关系，促进各民族的共同进步。同时，还要坚持奉行宪法所规定的宗教信仰自由的原则，广泛团结一切宗教人士，充分调动他们的积极性，为社会主义现代化服务。

第五，要充分发挥工会、共青团、妇联等群众团体在管理国家和社会事务中的民主参与和民主监督作用，使之成为党联系广大人民群众的桥梁和纽带。

第六，不断扩大基层民主，保证人民群众直接行使民主权利，依法管理自己的事情，创造自己的幸福生活。基层民主具有鲜明的中国特色，是我国民主政治建设的一个重要内容，是社会主义民主最广泛的实践。在当前，进一步扩大基层民主就是要加强城乡基层政权机关和基层群众性自治组织的建设，健全民主选举制度，实行政务和财务公开，让群众参与讨论和决定基层公共事务和公益事业，对干部实行民主监督。坚持和完善以职工代表大会为基本形式的企事业民主管理制度，组织职工参与改革与管理，维护职工合法权益。坚决纠正压制民主、强迫命令等错误行为。

### （二）加强法治建设

社会主义民主与社会主义法治不可分。社会主义民主是社会主义法治的前提和基础，社会主义法治是社会主义民主的体现和保障。坚持“有法可依、有法必依、执法必严、违法必究”，是党和国家顺利发展的必然要求。

第一，加强立法工作，提高立法质量，到 2010 年形成有中国特色社会主义法制体系。完善社会主义法制体系是以宪法为核心，以各个部门法为主体的有机联系的完整的社会主义法的系统，使国家和社会生活的各个方面、各个领域都有法可依，有章可循。

第二，要加强和改善行政执法，严格依法行政。一切政府机关都必须依法行政，切实保障公民权利，实行执法责任制度和评议考核制度。加强执法和司法队伍建设。推进司法改革，从制度上保证司法机关依法独立公正地行使审判权和检察权，建立冤案错案责任追究制度。当前及今后一个时期，要突出加强和改善行政执法；要明确执法机关的责任，提高执法效率，切实解决执法不力、放弃法定职责或超越法定权力的问题；要狠抓行政执法队伍建设，坚持不懈地抓紧行政执法人员的思想教育、法律政策教育和岗位业务培训，促进依法行政，严格依法办事。

第三，要不断提高全民的法律意识，特别是领导干部的法规观念和依法办事能力。这是加强法制建设和推进依法治国的一个重要方面。首先，我们各级党政领导干部要努力学习法律知识，带头学好法律知识。这是各级领导干部做好工作，提高领导能力和管理水平的需要，是带领人民群众学法、用法和自觉遵守法律的需要，也是讲政治的体现和建设高素质干部队伍的必要条件。其次，要更新法制宣传教育工作的观念，拓宽思路，改变方法，通过一切行之有效的方法，全面、深入地在全体公民中推进普及法律常识的教育，努力提高全体公民的法律意识，增强运用法律手段管理经济和社会事务的能力。

### （三）推进机构改革

抓紧推进机构改革，这是推进政治体制改革、深化经济体制改革的迫切要求。当前，机构庞大，人员臃肿，政企不分，效率低下，官僚主义严重，给国家和人民群众造成了沉重的负担，直接阻碍改革的深入和经济的发展，影响党和群众关系。这个问题不解决，建立社会主义市场经济体制的任务难以顺利完成。

因此，我们必须从全局入手，通盘考虑，组织专门力量，抓紧制定方案，积极推进；把综合经济部门改组为宏观调控部门，调整和减少专业经济部门，加强执行监管部门，培育和发展社会中介组织；要深化行政体制改革，实现国家机构组织、职能、编制、工作程序的法定化，严格控制机构膨胀，坚决裁减冗员。同时，深化人事制度改革，引入竞争激励机制，完善公务员制度，建立一支高素质的专业化国家行政管理干部队伍。

### （四）完善民主监督制度

我们党和国家对监督问题是很重视的，经过长期的探索和工作，已经建立了有中国特色的社会主义监督体系，这包括人民代表大会及其常委会的监督，法律监督，政府专门机构的监督，政党的监督，社会的监督，人民群众的监督，舆论监督等。在新的历史条件下，我们应当如何加强和完善民主监督制度呢？正如党的会议指出的那样：第一，要深化改革，完善监督法制，建立健全依法行使权力的制约机制。第二，要坚持公平、公正、公开的原则，直接涉及人民群众切身利益的部门要实行公开办事制度。第三，要把党内监督、法律监督、群众监督结合起来，发挥舆论监督的作用。第四，要加强对党和国家方针政策的贯彻的监督，保证政令畅通。第五，要加强对各级干部特别是领导干部的监督，防止滥用权力，严惩执法犯法、贪赃枉法等行为。

### （五）维护安定团结

随着改革开放的深入和经济关系的调整，经济和社会生活中的各种矛盾出现了不少新情况和新变化，其中一些涉及群众切身利益的矛盾比较尖锐。解决好这些矛盾，维护社会安定团结，是我们事业发展的重要保障。因此，我们进行政治体制改革和民主政治建设必须把维护安定团结的政治局面作为重要目的。只有这样，其他工作才能得以顺利进行。对此，各级党委和政府必须努力做好两个方面的工作：一是处理好人民内部矛盾。要深入实际，调查研究，做好思想政治工作，区别不同情况，正确运用经济、行政和法律手段加以处理，防止矛盾激化。二是搞好社会治安，加强政法工作，依法严厉打击各种犯罪活动，坚持扫除黄、赌、毒等社会丑恶现象。加强社会治安综合治理，打防结合，预防为主，加强教育和管理，落实责任制，创造良好的社会治安环境。

（编辑整理：姚湘梅）

# 国家知识产权战略简介

李顺德

2009 年 3 月 9 日

李顺德

中国社会科学院法学研究所研究员

**摘　要**：在当前国际金融危机对我国经济发展影响日益加深的情况下，应该加快转变发展方式、调整经济结构，大力实施科教兴国战略、人才强国战略和知识产权战略，加快建立以企业为主体、市场为导向、产学研结合的技术创新体系。而要将科学技术优势变成经济优势必须通过知识产权的保护来实现。2008年6月《国家知识产权战略纲要》（以下简称《纲要》）出台，这一《纲要》的出台既受到国际社会的影响，也是我国自身发展需要的结果。认真学习《纲要》对我们正确理解国家知识产权战略大有益处。本文将具体分析该《纲要》，以期对它有一个全面准确的认识。

**关键词**：金融危机　知识产权　国家知识产权战略

2008年11月29日，胡锦涛同志在十七届中央政治局第九次集体学习中指出："人类社会发展的历史和我国发展的实践都告诉我们，消耗大量资源、破坏生态环境的粗放型增长方式是不能持久的。在当前国际金融危机对我国经济发展影响日益加深的情况下，不加快转变发展方式、调整经济结构，发展空间就越来越小、发展路子就会越来越窄。""要坚持走中国特色自主创新道路，大力实施科教兴国战略、人才强国战略、知识产权战略，加快建立以企业为主体、市场为导向、产学研结合的技术创新体系，在全社会大力弘扬创造精神、创新精神、创业精神，增强自主创新能力，加快建设创新型国家。"

2008年11月1日出版的《求实》杂志，发表了中共中央政治局常委、国务院总理温家宝的重要文章《关于深入贯彻落实科学发展观的若干重大问题》。文章指出：新时期，世界科技和经济的竞争，很大程度上是知识产权的竞争。作为开发和利用知识资源的基本制度，重视保护知识产权就是重视和鼓励创新，必须把知识产权战略作为国家发展的重要战略。这篇文章再次把知识产权战略提高到国家发展战略的高度。

在2009年3月5日"两会"上，国务院总理温家宝在政府工作报告中，关于2009年主要任务"加快转变发展方式，大力推进经济结构战略性调整"部分提出，要继续实施科教兴国战略、人才强国战略和知识产权战略；继续推进国家创新体系建设，加强基础科学和前沿技术研究，加快重大科技基础设施和公用平台建设；积极引进海外高层次人才和智力，加强各类人才队伍建设；提高知识产权创造、运用、保护和管理水平。

在这个报告中很值得注意的一个亮点就是把知识产权战略和国家的科教兴国战略、人才强国战略相提并论。在此之前，国家曾制定了三个战略：科教兴国战略、人才强国战略和可持续发展战略。现在随着国家知识产权战略的制定和实施，政府和党中央已经进一步明确了把国家的知识产权战略和过去的这三大战略提到了同一个层次、同一个高度，这一点我们应该注意。实际上在总理的政府工作报告发表以前，在一些文件里和一些领导在不同场合的讲话当中已经把这个意思提出来了，而现在不同之处是在总理的工作报告中明确把它提出来。现在知识产权界非常关注这点，就是国家知识产权战略已经成为国家发展的重要战略，与科教兴国战略、人才强国战略和可持续发展战略能够相提并论。从 2008 年下半年到 2009 年上半年，各单位都在进行科学发展观方面的学习，实际上科学发展观与可持续发展战略是密切相关的。所以在理解可持续发展战略的时候，应该和当前全党全国正在进行的科学发展观的教育、学习有机地结合起来。

在温家宝的政府工作报告中三次提到知识产权，两次提到品牌。回顾 2008 年政府工作，温家宝指出，我国对外开放水平继续提高，大力实施以质取胜和出口市场多元化战略，加强科技兴贸创新基地和服务外包基地建设，支持自主品牌和自主知识产权产品出口。

从政府工作报告来看，涉及知识产权和知识产权战略的就是这样一些比较新的提法。知识产权战略问题包括三个方面：第一是制定国家知识产权战略的背景；第二是国家知识产权战略的启动和进程；第三是国家知识产权战略的主要内容。

## 一、制定国家知识产权战略的背景

### （一）发达国家早已把知识产权提到国家战略高度

为什么我国要制定知识产权战略？从外界来看，我们是受到了哪些影响和启发？

很多人都注意到，日本在 20 世纪 90 年代末到 21 世纪初先后制定了《知识产权基本法》和国家的知识产权战略，提出了知识产权立国的口号，而且政府成立了推进知识产权的专门委员会，由日本的首相牵头，所有内阁大臣都是其中的成员。日本把知识产权战略问题提得非常明确，从组织上、法律上等各个方面加以落实。它不仅是出台了一个战略，每年还要出台一个关于战略实施的工作报告。在工作报告中，一方面是总结一年来在知识产权战略方面所做的工作和取得的成绩，另一方面实质上就是对它的国家知识产权战略进行进一步的调整、细化和修改。日本将知识产权立国的口号提出来以后，在日本的政界和企业界对知识产权问题有了进一步的认识，他们对知识产权更加重视。大家如果注意的话，有一个明显的变化，就是每年日本政府要组织企业的知识产权访问团到中国来，这个访问团规模较大，由政府官员带队，有日本的一些行业协会和大型企业代表参加，到中国来进行知识产权方面的考察，走访中国有关的知识产权行政管理部门、法院和一些中国企业，完全针对知识产权来进行考察、研究，并召开研讨会。他们到中国来的其中一项重要任务就是考察中国知识产权的实际状况，特别注意来寻找中国在知识产权保护方面对日本的产业界有哪些不利影响。收集这些信息并整理出来后提交给政府，由日本政府通过外交途径和 WTO 机制与中国政府进行交涉。这一招其实是日本从美国那里学来的。

我国当时提出要制定自己的国家知识产权战略的时候，很多人说为什么中国要考虑制定知识产权战略？直接原因是中国看到了日本在搞知识产权战略。仔细对它进行研究后，我们发现日本的知识产权战略在相当程度上是针对中国的。之所以这么说，如果我们看一下日本的知识产权战略制定过程就不难理解了。实际上日本国家知识产权战略的酝酿和制定是在 20 世纪 90 年代后期，即 1996 年以后。当时直接导致日本要考虑制定知识产权战略的重要背景是东南亚的金融危机。这次金融危机对亚洲国家特别是东南亚国家的经济冲击很大，当然对日本的冲击也很大。日本经济在金融危机之前发展相当快，仅次于美国，但是在金融危机面前也显得非常脆弱。而在这次危机中受到影响比较小的恰恰是中国。因此当时的日本就开始反省为什么会出现这种情况？怎样才能振兴自己国家的经济？要靠什么来振兴？他们分析了各方原因，其中特别考虑到日本的国情，觉得从人力资源的成本和物质资源上与中国没有什么可竞争的余地和优势，日本自身的优势一个是在科技方面，一个是随着科技而产生的知识产权的优势。他们认为与中国相比，在科技和知识产权方面是他们的竞争优势所在，而日本认为这个竞争优势发挥得还不够。所以日本结合其国情，认为要想经济得到振兴和复苏只有反思这个问题。在此之前日本提出的战略口号是“科技立国”，现在它把这一口号改为“知识产权立国”，因为日本发现单纯依靠科技立国经过这些年的实践证明行不通，科学技术优势变成经济优势必须通过知识产权的保护来实现。从 20 世纪 90 年代末以来，国内的学者也在高度关注着日本的变化，特别是在知识产权战略问题上关注和研究着日本。所以等到我国讨论自己知识产权战略的时候，自然首先借鉴了日本的做法，认为日本针对性很强地提出了知识产权战略问题，作为中国来说是不是也有必要来考虑这个问题？但是如果把我国制定知识产权战略仅仅理解为受日本的影响，我个人认为是不全面的。所以在讨论知识产权战略时我提出一个观点：从表面上看日本提知识产权战略最明确（这是亚洲人的习惯做法，做事情都喜欢提口号造声势，做宣传），但首先把知识产权提到国家战略高度的并非日本而是美国。美国是在20世纪70年代中期以后就已经将知识产权战略提到国家战略高度。在60年代末和70年代初国际上也出现了一次经济大衰退，当时各国特别是发达国家受到了不同程度的冲击。而在这次衰退中美国受的影响相当大，日本相比之下受到的影响比较小，所以当时的美国对此进行了反省，它认为在世界上自己应该是科学技术和经济最发达的国家，为何在这样一个经济危机面前却显得如此脆弱？在这次经济危机之前，日本对美国的贸易是逆差，而在经济危机到来之后这个逆差反而转为了顺差。也就是说日本在经济危机面前不但没有受到太大影响，反而借着经济危机有了很大的发展。这些问题引起了美国有关方面包括研究机构的重视。研究之后得出一个结论：之所以会出现这样的情况，一个根本的原因在于美国的知识产权在世界各地没有得到有效的保护，美国的科技优势不能有效地转化成经济优势，而这种转化恰恰是要借助于知识产权。所以后来美国就在一系列政策法律方面开始酝酿制定与贸易有关的知识产权条款。而这些条款从酝酿到最后的提出已经到了80年代。在此之前美国就已经开始从它的实务上把它的对外贸易和知识产权问题捆绑在一起，谈贸易就要谈知识产权。所以当时美国形成了一个提案并得到通过：今后美国政府在对外交流的双边协议中如果涉及知识产权问题，必须有知识产权保护的条款，要求对方必须有效地保护美国的知识产权，如果没有该类条款美国国会对这类协议就不予批准。而这个问题正好让中国赶上了。1978年党的十一届三中全会确定了改革开放的总方针，与此同时我们也开始酝酿建立自己的知识产权制度。1979年初中美之间签订了《中美高能物理合作协议》，在签订这个协议时，美国代表团就提出来在履行这个协议的时候要求中国必须有效地保护美国的知识产权。1979年的中国还没有知识产权制度，而且当时中方谈判的成员基本都不知道知识产权是什么，根本不清楚美国为什么非要加上这样一个条款。后来代表团就这一问题请示中央，最高领导层做出决定，说无论如何先把协议签下来，其他问题慢慢来解决。在这种情况下中美两国把这个协议签了。随后在1979年中美之间又签了一个贸易协定，美国仍然要求把这样的知识产权条款写进去。所以我们可以看出这是美国首先给我们的领导人上了堂知识产权课。之后美国将它这样的做法由一个法律的议案最后落实到成文法上，形成了美国贸易法的“特别301条款”。这一条款在1984年有了雏形，到1988年正式出台。按照“特别301条款”的要求，美国政府的专门委员会要对一年来国际上凡是和美国有贸易关系的国家从它们的法律上、政策上和实务上对保护美国的知识产权方面有何影响、有何损害做一个全面的评价。

根据评价的结果把世界上不同国家分为三个层次并进行排队：认为对保护美国知识产权不利比较严重的先将它们列入观察名单，再厉害的话就重点观察，最后问题依然严重就上升为重点国家。到了重点国家行列的，美国就准备动用贸易报复手段对它们进行制裁。该名单将公开发表，同时由政府通过外交途径与被列入名单的国家进行谈判。该报告第一次出台是在1989年，那时候重点观察的国家里就有中国。美国的"特别301条款"实质上就是把国际贸易和知识产权完全捆绑在一起，而且事实证明这样做对美国确实有好处。中国当时与美国的贸易占中国对外贸易的40%，一旦美国采取报复措施，将对中国产生重要影响。由此中国开始认识到必须关注知识产权。

总之，在世界范围内最早开始把知识产权和经济问题挂钩的是美国，具体说就是与它的国际贸易捆绑在一起，而且把这种做法法律化，突出的代表也是美国贸易法的"特别301条款"。从发达国家看，美国最先，接着是日本，后来欧盟也搞了一些类似知识产权战略的提法。中国是在参考和借鉴发达国家的经验并结合自己的国情提出了制定知识产权战略的任务。

### （二）知识经济时代知识产权的战略意义凸显

知识经济、新经济、经济全球化三者是密不可分的，对这三者有几点值得注意：

第一，知识经济、新经济、经济全球化三者实质上是密不可分的。

第二，从某种意义上来说WTO就是知识经济、新经济、经济全球化的产物。

在农业经济时代发展经济的第一要素是劳动力，在工业经济时代发展经济的第一要素是所占有的自然资源和技术，到了知识经济时代，知识资源、智力资源成为经济发展第一要素。所以在关贸总协定第八轮谈判时WTO应运而生。

过去的关贸总协定涉及的是有形货物贸易，基本没有涉及服务贸易和知识产权，WTO与关贸总协定的本质区别是由货物贸易这一条腿的关贸总协定变成了货物贸易、服务贸易、与贸易有关的知识产权三大支柱的WTO。与贸易有关的知识产权之所以会写入WTO，是以美国为首的发达国家强烈要求、坚持不懈努力的结果，其本质就是在国际层面上把知识产权和国际贸易捆绑在一起，相当于美国的"特别301条款"变成了国际公约。因此如果WTO没有把服务贸易与知识产权纳入，它对世界的影响就会小得多。

第三，知识产权战略是我国自身发展的需要。从改革开放到现在30年，我国知识产权制度从立法的层面已经达到国际先进水平，但是在知识产权执法方面存在的问题较多。为了利用知识产权发展经济，我国就自然想到了借鉴国外的一些做法，即通过制定知识产权战略来达到发展经济的目的。以上是我对国家制定知识产权战略背景的理解。

### （三）制定知识产权战略是我国自身发展的需要

要想实现“计划经济”到“市场经济”，从“制造型国家”到“创新型国家”，从“制造大国”到“制造强国”，离不开制定和实施知识产权战略。这些问题大家回去之后能找到很多例证，我在这里就不展开了。

## 二、国家知识产权战略的启动和进程

从2000年开始，国家知识产权局开始考虑知识产权战略问题，背景就是刚才讲的。因为国家知识产权局是在专利局的基础上形成的，名义上管知识产权，实际上主要管专利。所以在制定知识产权战略时首先考虑专利战略的制定。

2002年，国家知识产权局启动了专利战略推进工程，开始酝酿制定知识产权战略。

2004年初，国家知识产权局提出知识产权战略初步框架。吴仪副总理2004年初指出，要“认清形势，明确任务，大力推进实施知识产权战略”。根据吴仪副总理的讲话精神，国家知识产权局在全国专利工作会议上做出了“认真研究和积极实施知识产权战略”的部署。

2004年5月，国家保护知识产权工作组成立。吴仪副总理任组长，工作组由15个部门组成（以后扩展为17个部门），办公室设在商务部。

2004年6月，温家宝总理在海尔集团考察时明确指出：“世界未来的竞争就是知识产权的竞争。”6月，国家知识产权局召开专家论证会，许多专家认为，知识产权局提出的知识产权战略，内容以专利为主，商标和版权涉及较少，局限于国家知识产权局的工作管辖范围，不是国家的知识产权战略。而且这样一个国家战略，由一个部门提出，力度和影响不够。7月，国家知识产权局正式提出制定知识产权战略的设想。8月30日，国家知识产权局向国务院报送《关于制定和实施国家知识产权战略的请示》。随后，温家宝总理在国家知识产权局的报告上作了明确批示。9月，国家知识产权局沟通30多个国务院部委办局，协调制定国家知识产权战略工作的组织框架。

2005年1月，国家知识产权战略制定工作领导小组正式由国务院批准成立。吴仪副总理任组长，领导小组由28个部门组成，其中设有六个办公室主任单位，分别为国家知识产权局、国家工商行政管理总局牵头、国家版权局、科技部、商务部与国家发展和改革委员会。办公室设在国家知识产权局。

2005年6月30日，吴仪主持召开国家知识产权战略制定工作领导小组第一次会议，正式启动了国家知识产权战略制定工作。

2005 年 8 月 8 日，国家知识产权战略制定工作领导小组审定通过《制定国家知识产权战略工作方案》、《国家知识产权战略纲要提纲》等文件，战略制定工作全面展开。《纲要》与各专题争取在一年内完成，2006 年 8 月把报告写出来，10 月呈报审议，完成时间最长不超过一年半。

国家知识产权战略包括 1 个《纲要》和 20 个专题，《纲要》由国家知识产权局牵头制定。立法专题由国务院法制办牵头，执法专题由社科院牵头，专利专题由国家知识产权局牵头，商标专题由国家工商行政管理总局牵头，版权专题由国家版权局牵头，商业秘密专题由国家工商行政管理总局牵头，涉及知识产权滥用专题由商务部牵头，中医药专题由国家中医药局牵头，药品专题由药监局牵头，中介机构专题由国家知识产权局牵头，国防知识产权专题由国防专利局、总装备部牵头，生物资源专题由环保局牵头等。

2007 年 2 月，国家知识产权战略 20 个专题通过验收。

2008 年 4 月，国务院原则通过《国家知识产权战略纲要》。

2008 年 6 月 5 日，国务院颁布《国家知识产权战略纲要》。

按照计划，《纲要》是要公开的，而 20 个专题是不公开的，所以将来我们也无法看到。但是 20 个专题里主要内容和观点都被写进了《纲要》。国家知识产权战略专题分为五大类：法制建设研究，包括立法、执法等；宏观政策的研究，如人才队伍建设、宣传普及、战略目标、产业化及扶持政策研究等；知识产权主要类别的研究，包括专利、商标、版权等各类知识产权战略研究；知识产权重要管理环节的研究，如中介机构专题；重点行业的战略研究，如 IT、药品等热点行业。

胡锦涛总书记 2006 年 5 月 26 日的讲话中提到：抓紧制定并实施国家知识产权战略，从知识产权的创造、管理、保护、运用等方面采取措施，支持形成一批对经济社会发展具有重大带动作用的核心技术和关键技术装备的自主知识产权，形成一批拥有自主知识产权和知名品牌、国际竞争力较强的优势产业。

大家注意，在这个讲话中的提法是“制定并实施国家知识产权战略”，而且这里的八字方针顺序是“创造、管理、保护、运用”。后来出台的《纲要》对这个提法已经有所调整，把“运用”提前了。

2007 年 10 月胡锦涛总书记在党的十七大上的报告中指出：实施知识产权战略。这是因为当时战略已经基本完成，所以就由“制定”转入“实施”。

## 三、国家知识产权战略的主要内容

### （一）国家知识产权战略纲要的主要内容

2008 年 6 月 5 日，国务院发布《国家知识产权战略纲要》，《纲要》分为序言、指导思想和战略目标、战略重点、专项任务、战略措施五个部分，共计 65 条。我通过自己学习，将《纲要》归纳为以下几个要点：一个方针，两步目标，四项原则，五个重点，七项任务，九项措施。

(1) 一个方针，即国家知识产权战略的指导思想。这个指导思想是在八字方针的基础上扩张为十六字方针。《纲要》指出，国家知识产权战略的指导思想是“按照激励创造、有效运用、依法保护、科学管理的方针，着力完善知识产权制度，积极营造良好的知识产权法治环境、市场环境、文化环境，大幅度提升我国知识产权创造、运用、保护和管理能力，为建设创新型国家和全面建设小康社会提供强有力支撑”。

大家注意，这个十六字方针的顺序已经有所调整，“创造”排在第一，“运用”由第四排到第二，“保护”没变，“管理”放在了第四，突出“运用”。这是因为在国家知识产权战略制定过程中，大家认识上逐渐有了一个转变，感觉到对中国来说，知识产权比较少，需要创造才能有知识产权产生，但是更突出的问题是我们会不会运用知识产权，本来数量就不多，还不会用，因此认为“运用”更为重要。

(2) 两步目标，即国家知识产权战略的战略目标分成两个，一个是近期目标，一个是中期目标。近五年的目标是：自主知识产权水平大幅度提高，运用知识产权的效果明显增强，知识产权保护状况明显改善，全社会知识产权意识普遍提高。中期目标就是：到 2020 年，把我国建设成为知识产权创造、运用、保护和管理水平较高的国家。知识产权法治环境进一步完善，市场主体创造、运用、保护和管理知识产权的能力显著增强，知识产权意识深入人心，自主知识产权的水平和拥有量能够有效支撑创新型国家建设，知识产权制度对经济发展、文化繁荣和社会建设的促进作用充分显现。

(3) 四项原则，即贯彻实施国家知识产权战略的基本原则，也可以概括为“四个有利于”：有利于增强中国自主创新能力，建设创新型国家；有利于完善社会主义市场经济体制，规范市场秩序和建立诚信社会；有利于增强中国企业市场竞争力和提高国家核心竞争力；有利于扩大对外开放，实现互利共赢。

(4) 五个重点，即国家知识产权战略的重点。一是完善知识产权制度，健全知识产权执法和管理体制，进一步完善知识产权法律法规，强化知识产权在经济、文化和社会政策中的导向作用。这是从制度层面，讲的是立法和执法。二是促进知识产权创造和运用，运用财政、金融、投资、政府采购政策和产业、能源、环境保护政策，引导和支持市场主体创造和运用知识产权，推动企业成为知识产权创造和运用的主体。对我国来说更为现实和突出的问题是如何有效地运用知识产权制度，这是一个重点也是一个难点。三是加强知识产权保护，加大司法惩处力度，降低维权成本，提高侵权代价，有效遏制侵权行为，这是讲保护问题。四是防止知识产权滥用，制定相关法律法规，合理界定知识产权的界限，维护公平竞争的市场秩序和公众合法权益。五是加强知识产权宣传，提高全社会知识产权意识，培育尊重知识、崇尚创新、诚信守法的知识产权文化。

在五个重点中提到了立法、执法，提到了创造运用，提到了保护，也提到了管理。而在提到保护的同时强调了防止知识产权滥用。知识产权滥用这个问题在知识产权战略制定之前在知识产权界就有很大的争议，在制定知识产权战略的过程当中也一直存在争议。我国在讨论修改外贸法的过程中增加了知识产权一章，其中有几条把 TRIPS 协议中涉及的防止知识产权滥用的一些条款写进去了。到底在中国是加强知识产权保护更重要还是防止知识产权滥用更重要？哪个是主流？要不要提防止知识产权滥用问题？当时有两种意见，一种意见认为没有必要在外贸法中写进知识产权的条款，特别是防止知识产权滥用的条款。对此我们坚持认为很有必要写入。外贸法修改草案原来还有一些防止知识产权滥用的条款，由于存在争议，最后留下的就是 TRIPS 协议中涉及的那几条，这几条已经不能再删了，此外还把一些反垄断、反不正当竞争的条款写了进去。由此可以看出，对于防止知识产权滥用的问题争议还是很大的。在制定知识产权战略的过程中，20 个专题中就有防止知识产权滥用专题，要不要这个专题也引起了很大的争议，争来争去最后还是觉得有必要把它保留下来。2007 年《反垄断法》出台，2008 年 8 月 1 日施行，《最高人民法院关于认真学习和贯彻〈中华人民共和国反垄断法〉的通知》明确规定："各级人民法院负责知识产权案件审判业务的审判庭，要依法履行好审判职责，切实审理好涉及滥用知识产权的反垄断民事案件以及其他各类反垄断民事案件。"从司法角度明确规定，凡涉及反垄断的民事纠纷案件划归知识产权庭来审理。在 2008 年 4 月 1 日起施行的《民事案件案由规定》中也把反垄断的案由放在了知识产权案由的部分。这些说明知识产权和反垄断有密切的关系，特别是在《反垄断法》第 55 条直接涉及到知识产权滥用的问题。

（5）七项任务，即国家知识产权战略的七项专项任务，这七项任务也就是《纲要》中几个部分的标题：专利、商标、版权、商业秘密、植物新品种、特定领域产权、国防知识产权。其中特定领域产权就涉及到了对传统知识、遗传资源、传统文化这些方面的保护。我国目前虽然没有明确提出这些属于知识产权，但是也把这些问题初步纳入到知识产权的范畴。在国际上，发展中国家正在大力推进一项事业，力图在知识产权的框架下把传统知识、传统文化、遗传资源等纳入现在的知识产权框架保护。无论在世界贸易组织中，还是在世界知识产权组织中，几年来发达国家和发展中国家都在围绕着这些问题进行谈判，而且也推出了不少这方面的文件，这个动向也是值得我们大家关注的。在这次国家知识产权战略的研究中也在几个不同专题中不同程度地涉及了这方面的内容，如中医药的专题，国家版权战略对传统文化影响的专题，还有对生物遗传资源保护的专题等。

(6) 九项措施，就是在国家知识产权战略纲要的第五部分具体讲到的九个措施：提升知识产权创造能力、鼓励知识产权转化运用、加快知识产权法制建设、提高知识产权执法水平、加强知识产权行政管理、发展知识产权中介服务、加强知识产权人才队伍建设、推进知识产权文化建设、扩大知识产权对外交流合作。

## (二) 完善知识产权制度是《纲要》的核心

《纲要》指出："知识产权制度的建立和实施，规范了市场秩序，激励了发明创造和文化创作，促进了对外开放和知识资源的引进，对经济社会发展发挥了重要作用。但是，从总体上看，我国知识产权制度仍不完善，自主知识产权水平和拥有量尚不能满足经济社会发展需要，社会公众知识产权意识仍较薄弱，市场主体运用知识产权能力不强，侵犯知识产权现象还比较突出，知识产权滥用行为时有发生，知识产权服务支撑体系和人才队伍建设滞后，知识产权制度对经济社会发展的促进作用尚未得到充分发挥。"由此看出，在《纲要》当中把完善知识产权制度作为一个重点和核心。在《纲要》的最后形成过程中一度对该问题发生了争议，即到底《纲要》以什么为核心？最初有一个提法：在《纲要》中要突出知识产权是一种重要的知识资源，要把这个作为重点和核心。到国务院通过之前最后修改了，认为还是应该以完善知识产权制度为《纲要》的核心。因此我们在学习《纲要》的时候要抓住和领会这个重点，即知识产权战略纲要的核心是围绕着知识产权制度的完善，而不是单纯强调发挥知识产权这种知识资源的重要作用。《纲要》指出："要着力完善知识产权制度，积极营造良好的知识产权法治环境、市场环境、文化环境。"

第三部分战略重点当中提出的重点任务就是：

(1) 完善知识产权制度。

其中第8条讲到："进一步完善知识产权法律法规。及时修订专利法、商标法、著作权法等知识产权专门法律及有关法规。适时做好遗传资源、传统知识、民间文艺和地理标志等方面的立法工作。加强知识产权立法的衔接配套，增强法律法规可操作性。完善反不正当竞争、对外贸易、科技、国防等方面法律法规中有关知识产权的规定。"

第9条："健全知识产权执法和管理体制。加强司法保护体系和行政执法体系建设，发挥司法保护知识产权的主导作用，提高执法效率和水平，强化公共服务。深化知识产权行政管理体制改革，形成权责一致、分工合理、决策科学、执行顺畅、监督有力的知识产权行政管理体制。”这个提法是新的。过去一直在争论知识产权的行政执法和司法两条腿的关系，通过战略的制定最后确定了发挥司法保护知识产权的主导作用这一观点。但是这并不是说不要行政执法，而要强调的是加强行政管理。关于这一问题的理解，从世界范围来看，在知识产权执法问题上，过去社会各界形成了一种说法：中国的知识产权执法是司法与行政执法双轨制，这是中国的特色。这种提法是否正确？通过我们做课题研究得出一个结论，认为这个提法本身是不正确的，错在没有把各国情况搞清楚。实际上正确的说法应该是，世界各国知识产权执法都有司法保护和行政执法两条腿，世界各国的行政执法是专业的行政执法机关的执法，比如海关，它是一个准司法机构，也是一个专门的行政执法机关，各国海关都很强，海关在担负其他执法任务的同时也担负着知识产权的边境执法，还有各国的警察也担负着知识产权的执法任务，特别是针对刑事犯罪、打击假冒和盗版等方面。而海关和警察都属于行政执法机关。

中国和世界各国的不同之处在于：中国的知识产权行政管理机关在直接进行行政执法，外国的知识产权行政管理机关不从事行政执法，所以中国的问题是行政管理和行政执法不分。从长远看，中国的知识产权行政执法不是要取消，不是要弱化，而是要强调专业化，既要加强司法又要加强知识产权的行政执法，特别是专业的行政执法，要逐渐削弱乃至取消行政管理机关的行政执法。把行政管理和行政执法明确地分开，由专门的行政执法队伍去执法。

第 10 条：强化知识产权在经济、文化和社会政策中的导向作用。加强产业政策、区域政策、科技政策、贸易政策与知识产权政策的衔接。制定适合相关产业发展的知识产权政策，促进产业结构的调整与优化。这条讲的是政策。现在有关知识产权战略的文章有很多，其中有一个提法建议大家注意：知识产权法律制度和知识产权政策的关系。知识产权制度本来是一个法律制度，但是现在有些人把它说成是国家的政策工具，似乎这个政策比法律的地位还高，我认为这是把法律和政策的基本关系颠倒了，从《纲要》里的层次也可以看出，先提法律制度，包括立法、执法，之后才提政策，即在法律制度框架下具体有哪些政策。

《纲要》提出：“针对不同地区发展特点，提出完善知识产权扶持政策，培育地区特色经济，促进区域经济协调发展；建立重大科技项目的知识产权工作机制，以知识产权的获取和保护为重点开展全程跟踪服务；健全与对外贸易有关的知识产权政策，建立和完善对外贸易领域知识产权管理体制、预警应急机制、海外维权机制和争端解决机制。加强文化、教育、科研、卫生等政策与知识产权政策的协调衔接，保障公众在文化、教育、科研、卫生等活动中依法合理使用创新成果和信息的权利，促进创新成果合理分享；保障国家应对公共危机的能力。”

（2）加强知识产权保护。

第13条："修订惩处侵犯知识产权行为的法律法规，加大司法惩处力度。提高权利人自我维权的意识和能力。降低维权成本，提高侵权代价，有效遏制侵权行为。"

（3）防止知识产权滥用。

第14条："制定相关法律法规，合理界定知识产权的界限，防止知识产权滥用，维护公平竞争的市场秩序和公众合法权益。"

第五部分是战略措施。

（1）加快知识产权法制建设。

对于立法问题应该注意的地方是第44条："建立适应知识产权特点的立法机制，提高立法质量，加快立法进程。加强知识产权立法前瞻性研究，做好立法后评估工作。增强立法透明度，拓宽企业、行业协会和社会公众参与立法的渠道。加强知识产权法律修改和立法解释，及时有效回应知识产权新问题。研究制定知识产权基础性法律的必要性和可行性。"

这里面特别提到了关于研究制定知识产权基础性法律的必要性和可行性。前些年我们提出制定知识产权基本法，针对这个问题国家知识产权局条法司最近就提出了这样一个招标项目，围绕着知识产权基础法律的制定做一个课题研究，其实在《纲要》中已经有所体现。

（2）提高知识产权执法水平。

第45条："完善知识产权审判体制，优化审判资源配置，简化救济程序。研究设置统一受理知识产权民事、行政和刑事案件的专门知识产权法庭。研究适当集中专利等技术性较强案件的审判管辖权问题，探索建立知识产权上诉法院。进一步健全知识产权审判机构，充实知识产权司法队伍，提高审判和执行能力。"

这里说的是司法的审判体制问题。我们现在知识产权案件处理程序很复杂，特别是行政和司法衔接在程序上有许多重复的问题。这里关于审判体制有几个提法：一是优化审判资源配置；二是简化救济程序；三是"研究设置统一受理知识产权民事、行政和刑事案件的专门知识产权法庭"，即课题里所谓的"三合一"或"二合一"问题，即民事、行政和刑事合一或民事和行政、民事和刑事合一。法院系统目前在这个问题上有所行动。现在全国14个有知识产权庭的基层法院开始了"三合一"的试点，有9个中级法院开始进行"三合一"的试点。现在我国知识产权民事案件管辖以中级法院为主（全国中级人民法院大约有400个），所有中级法院基本上都可以审理知识产权一般民事案件，只有少数基层法院可以审理知识产权一般民事案件。知识产权一般民事案件是指版权、商标、反不正当竞争以及商业秘密等方面的民事案件。特殊的是专利、植物新品种、集成电路布图设计民事案件。专利民事案件全国现在有 71 个中院可以进行审理，植物新品种民事案件有 38 个中院可以审理，集成电路布图设计民事案件有 43 个中院可以审理，除此之外，特批了一部分县区级法院（现在审批下来有 66 个基层法院）。知识产权民事案件的管辖非常清楚，而且要求比较高，而知识产权的行政案件一般是由行政机关所在地的基层法院行政庭来审理，不管这个法院有没有知识产权庭，这样管辖权就变低了。知识产权刑事案件根据《刑法》和《刑事诉讼法》的规定也是由基层人民法院管辖。这样一来，就出现了知识产权的民事案件由中级法院审理，刑事案件由基层法院审理的不合理现象。好多基层法院去审理知识产权刑事案件，它连知识产权是什么都没搞清楚就把人判刑了，判完后当事人不服按照民事案件起诉到中级法院，最后证明侵权都没构成。现在一些地方搞地方保护主义，为了用关系密切的本地法院审理案件，就硬把一个民事纠纷变成刑事纠纷，用刑庭来审理知识产权案件。因为在司法上出现了种种混乱现象，所以才提出“三审合一”的问题。

第 46 条：“加强知识产权司法解释工作。针对知识产权案件专业性强等特点，建立和完善司法鉴定、专家证人、技术调查等诉讼制度，完善知识产权诉前临时措施制度。改革专利和商标确权、授权程序，研究专利无效审理和商标评审机构向准司法机构转变的问题。”

第 47 条：“提高知识产权执法队伍素质，合理配置执法资源，提高执法效率。针对反复侵权、群体性侵权以及大规模假冒、盗版等行为，有计划、有重点地开展知识产权保护专项行动。加大行政执法机关向刑事司法机关移送知识产权刑事案件和刑事司法机关受理知识产权刑事案件的力度。”

第 48 条：“加大海关执法力度，加强知识产权边境保护，维护良好的进出口秩序，提高我国出口商品的声誉。充分利用海关执法国际合作机制，打击跨境知识产权违法犯罪行为，发挥海关在国际知识产权保护事务中的影响力。”

（3）加强知识产权行政管理。这一点就是刚才提到的，把知识产权行政执法与行政管理区别开来。

第 49 条：“制定并实施地区和行业知识产权战略。建立健全重大经济活动知识产权审议制度。扶持符合经济社会发展需要的自主知识产权创造与产业化项目。”

第 50 条：“充实知识产权管理队伍，加强业务培训，提高人员素质。根据经济社会发展需要，县级以上人民政府可设立相应的知识产权管理机构。”

第 51 条：“完善知识产权审查及登记制度，加强能力建设，优化程序，提高效率，降低行政成本，提高知识产权公共服务水平。”

第 52 条：“构建国家基础知识产权信息公共服务平台。建设高质量的专利、商标、版权、集成电路布图设计、植物新品种、地理标志等知识产权基础信息库，加快开发适合我国检索方式与习惯的通用检索系统。健全植物新品种保护测试机构和保藏机构。建立国防知识产权信息平台。指导和鼓励各地区、各有关行业建设符合自身需要的知识产权信息库。促进知识产权系统集成、资源整合和信息共享。"

第 53 条："建立知识产权预警应急机制。发布重点领域的知识产权发展态势报告，对可能发生的涉及面广、影响大的知识产权纠纷、争端和突发事件，制订预案，妥善应对，控制和减轻损害。"

### （三）从战略资源高度认识知识产权

最初把从战略资源高度认识知识产权定为《纲要》的第一个重点，到最后才将它变过来，所以这个问题仍然是我们学习理解《纲要》的重点。对这个问题的理解也可以换一种说法就是：怎么正确理解知识产权是财产、是财富、是资源？《纲要》从国家战略资源的高度来讲知识产权。《纲要》明确指出："知识产权日益成为国家发展的战略性资源和国际竞争力的核心要素，成为建设创新型国家的重要支撑和掌握发展主动权的关键。"并且提出"大力开发和利用知识资源"，"缓解资源环境约束"，"实现知识产权的市场价值"等战略任务。这既是从国家发展的战略资源角度对知识产权重要意义的深刻总结和高度概括，也是对实施知识产权战略提出的一项具体而艰巨的任务，意义深远。

资源，特别是战略资源是制约国家经济发展的决定性因素之一。知识经济时代是"以知识（智力）资源的占有、配置、生产、分配、使用（消费）为最重要因素的经济时代"。在知识经济、新经济、经济全球化正待发展的今天，知识（智力）资源已经成为经济增长的首要因素，对经济发展具有决定性的先导作用。知识是人类智力劳动成果的结晶。知识要想成为资源，前提条件是必须首先承认知识是有价值的，而且应该从法律上给予承认和保护。

如果知识的价值得不到承认和保护，就谈不上作为资源投入经济运作，知识经济更是无从谈起。知识产权法律制度是保护人类智力劳动成果的法律制度，是承认和保护知识价值的法律制度，也是将知识转化为资源的法律制度，因而成为"开发和利用知识资源的基本制度"。

知识产权资源的制约，直接关系到我国的核心竞争力和经济安全。作为国家的战略资源，要和国家的发展、竞争力及经济安全紧密结合起来。这才是从战略资源的高度来理解知识产权。

我国已经成为一个"制造大国"，但还不是一个"制造强国"，经济发展面临着资源、环境的制约，特别是知识资源的制约，使得我国经济发展的效益远远低于国际先进水平。为了解决这一问题，《纲要》提出“将知识产权指标纳入科技计划实施评价体系和国有企业绩效考核体系”，“建立知识产权价值评估、统计和财务核算制度”，“建立健全重大经济活动知识产权审议制度”等相关措施，是十分必要的。这个在知识产权界已经呼吁多年了，现在被写入《纲要》，是很不容易的。

## （四）积极促进知识产权转化为知识资源

这也是一个重要的战略任务。促进知识产权转化为知识资源就是要运用知识产权，推动企业成为知识产权创造和运用的主体。促进自主创新成果的知识产权化、商品化、产业化，引导企业采取知识产权转让、许可、质押、投资等方式实现知识产权的市场价值。投资就是以知识产权入股，这样知识产权就成为一种资产了。现在知识产权投资入股的方式多种多样，外国公司到中国来定点加工，中国大量搞三来一补企业，从知识产权角度看就是外国公司以知识产权在中国进行投资经营的方式之一。《纲要》还鼓励知识产权转化运用，发展知识产权中介服务。

第 41 条：“引导支持创新要素向企业集聚，促进高等学校、科研院所的创新成果向企业转移，推动企业知识产权的应用和产业化，缩短产业化周期。”

第 42 条：“鼓励和支持市场主体……建立知识产权价值评估、统计和财务核算制度。”

第 54 条：“完善知识产权中介服务管理，加强行业自律，建立诚信信息管理、信用评价和失信惩戒等诚信管理制度。规范知识产权评估工作，提高评估公信度。”

第 57 条：“充分发挥技术市场的作用，构建信息充分、交易活跃、秩序良好的知识产权交易体系。简化交易程序，降低交易成本，提供优质服务。”

## （五）实施国家知识产权战略，企业任重道远

我统计了一下，在《纲要》中 22 处提到“企业”，10 处涉及“市场主体”，而且明确“企业”是“市场主体”，“推动企业成为知识产权创造和运用的主体”。

《纲要》对企业明确提出以下战略任务：

（1）全面提高企业的知识产权意识；

（2）大力增强企业创造、运用、保护和管理知识产权的能力；

（3）建立以企业为主体、市场为导向、产学研相结合的自主知识产权创造体系；

（4）支持企业通过原始创新、集成创新和引进消化吸收再创新，形成自主知识产权；

（5）选择若干重点技术领域，形成一批核心自主知识产权和技术标准，支持企业、行业组织积极参与国际标准的制定；

（6）促进创新成果向企业转移，提高把创新成果转变为知识产权的能力，推动企业知识产权的应用和产业化，鼓励企业参与增值性知识产权信息开发利用；

（7）促进自主创新成果的知识产权化、商品化、产业化，引导企业采取知识产权转让、许可、质押等方式实现知识产权的市场价值；

（8）引导企业改进竞争模式，进一步健全企业知识产权管理制度，全面提升运用知识产权参与市场竞争的能力；

（9）积极推动市场主体注册和使用商标，支持企业实施商标战略，在经济活动中使用自主商标，增加商标附加值，提高商标知名度，形成驰名商标；

（10）鼓励市场主体依法应对涉及知识产权的侵权行为和法律诉讼，提高应对知识产权纠纷的能力；

（11）将知识产权指标纳入科技计划实施评价体系和国有企业绩效考核体系；

（12）重点培养企业急需的知识产权管理和中介服务人才。

这12项是从《纲要》里归纳出来的，内容都很丰富，它直接围绕着如何使企业成为国家知识产权战略的主体，如何通过知识产权战略使企业迅速发展做出了明确规定。

（编辑整理：兰 悦）

# ·国际问题前沿·

# 奥巴马执政以来的中美关系

金灿荣

2009 年 10 月 26 日

**金灿荣**

中国人民大学国际关系学院副院长、教授

**摘　要：**奥巴马执政以来，中美关系成功避免了政党权力转换的怪圈，呈现出积极、稳定的发展势头。两国高层互动频繁，经贸联系不断增强，在应对全球金融危机方面合作顺利，在其他国际和地区事务中也加大了政策协调力度。首轮战略与经济对话既提升了中美关系的战略内涵，也增强了双方的政治互信。然而，两国之间的矛盾和争论也依然存在。但总体而言，奥巴马执政以来的中美关系开局良好，为未来双边关系的进一步发展奠定了坚实基础。

**关键词：**奥巴马　中美关系　外交

自奥巴马2009年1月20日执政以来，中美关系呈现出积极、稳定的发展势头。两国高层互动频繁，经贸联系不断增强，在应对全球金融危机方面合作顺利，在其他国际和地区事务中也加大了政策协调力度。首轮战略与经济对话既提升了中美关系的战略内涵，也增强了双方的政治互信。然而，围绕经贸、人权、气候等功能性议题，中美仍然争吵不断；因权力过渡而带来的政策波动在双边关系中也时有体现。总体而言，奥巴马执政以来的中美关系开局良好，为未来双边关系的进一步发展奠定了坚实基础。

## 一、中美关系开局良好及其原因

过去30多年来，中美关系存在一个基本规律，即每当政治权力从一个政党转换到另一个政党，新政府总是借批评前任政府的对华政策来凸显自己的地位，以至于中美关系总是成为美国内部权力转移的牺牲品。政治权力的更替造成了中美关系的周期性波动，凸显了双边关系的不成熟性和脆弱性。但是，奥巴马执政以来，中美关系成功避免了政党权力转换的怪圈，开局良好。究其原因，主要表现在以下六个方面：

第一，中国积极的政策应对。在奥巴马执政前，中方就积极与其决策班子建立了良好联系。奥巴马执政之后，双方在官方和民间层面进行了密切接触，尤其是两国的首脑会晤。到目前为止，中美进行了两次首脑会晤，这既是两国关系友好的象征，反过来又为中美关系的良好开局做出了重要贡献。在具体的政策议题上，中国也积极配合美国的战略调整，为维持中美关系的持续稳定提供了政策保障。

第二，中国国家实力的显现。自奥运会之后，中国30多年改革开放的成就逐渐显现，综合实力的增强有目共睹；60周年国庆大阅兵更是展示了中国强大的军事和国防能力。美国的实用主义特性要求其正视中国的能力增长，而战略眼光的长远也意味着美国对中国将更加尊敬和谦逊。这也是双方交往更加平等的物质前提。

第三，中国对外战略的和平性质。自邓小平同志确立“韬光养晦”的外交方针起，中国通过在对外事务中的低调姿态和积极合作为国内经济发展创造了良好的国际环境。中国的力量增长并没有改变其对外战略的和平性质。和平发展战略及和谐世界主张的提出进一步明确了中国外交的合作、和平原则。这使得美国战略界同意将对华政策的基调定位为把中国纳入现有的国际体系。利益攸关方、G2、G4都是这种政策思维的体现，意味着美国对中国的接受度有所增加。

第四，金融危机的正面效应。金融危机的爆发使得美国的金融霸主地位受到重创，并累及实体经济。美国经济的复苏越来越依赖于中国的高速增长和积极合作，美国对华的利益需求相应上升；而中国政府有效的危机应对以及中国在主要经济体中第一个摆脱危机，也有助于美国对中国能力的肯定。

第五，奥巴马政府的外交变革。奥巴马上台之后积极推行“巧实力”外交，综合运用多种实力资源，以更好地实现其国家利益。“巧实力”外交的一个重要表现是倡导多伙伴关系。从中美关系的角度来看，伙伴关系的定位有助于中美关系维持稳定，建立更具实质性的合作框架。

第六，奥巴马的决策班子。政策的实行有赖于具体的决策者，他们的知识经验、认知偏好和个性特征是影响国家对外政策选择的重要变量。在奥巴马的决策班子中，熟悉中国事务的外交精英较多，如财政部长盖特纳、国家安全委员会亚洲局局长贝德。他们对中美关系的重要性和复杂性都有着更加深刻的认识，趋向于对华采取理性务实的姿态。

## 二、中美关系存在的问题

尽管中美关系开局良好，但未来中美关系还存在大量问题，总体上可以分为以下几类：

### （一）议题争端

第一是贸易问题。在金融危机背景下，美国的经济民族主义和贸易保护主义有可能迅速抬头，这使得中美在经贸领域的争吵将增多，贸易环境会趋向恶化。轮胎特保案则再次提醒我们，不管中美两国政治关系多么好，在涉及经济利益的问题领域，美国一定会毫不犹豫，该出手时就出手。第二是人权问题。人权是长期影响中美关系稳定的政治问题，美国在不同时期有着不同的人权关切。克林顿时期，美国重视的是政治异议分子；小布什时期则强调宗教自由，特别关注地下教会领袖的命运；而奥巴马政府会更加关注少数民族权利，其中主要是西藏问题。第三是中国的军事现代化问题。随着中国军事现代化的迅速进展，美国对中国军力的担心会不断上升，将加大要求中国加入美俄裁军谈判的力度，在军事透明方面的压力也会进一步增强。第四是在气候变化、新能源等问题上中美竞争与合作并存，在竞争层面主要表现为更多地将责任推给中国，双方在减排的基本原则和责任分担上将争论不断。第五是在东亚地区合作上，中美领导权之争将进一步凸显。美国高调宣布重返东南亚，有明显针对中国的政策意图。而如果中日韩按照鸠山首相“东亚共同体”的设想进一步推进地区合作，美国则会更加紧张其被排除在亚洲合作进程之外。第六是台湾问题。尽管中美两国在遏制激进“台独”，维持台海稳定上保持了有限合作，台湾问题仍然是影响中美关系稳定的关键问题。

## （二）政策协调

美国面临两类政策协调的困难。首先是美国政府内部的协调。由于奥巴马的决策班子政治明星云集，各部门政治取向的不同会加大政策协调的难度。其次，更为困难的是，奥巴马决策班子与国内其他政治势力的协调。特别是在奥巴马与民众“蜜月期”结束、在国内政治地位下降的背景下，原来慑于奥巴马高民意支持率而不敢蠢蠢欲动的政治势力开始提高嗓门，因而对奥巴马对华政策的牵制也会相应加大。

在中国，随着国内利益的多元和社会力量的成长，网络和网民的出现，中国对美外交将很难在封闭的环境中进行决策，未来的政策协调也会更加困难。尤其是随着“走出去”战略的落实，中国的利益和影响将不断向海外拓展，在客观上与美国发生利益冲突的可能性上升，进而会牵动国内的利益需求和平衡。当这种影响达到一定程度，相关利益团体就会对政府形成强大的政治压力，影响中国的内部政策协调。

## （三）责任分担

近年来，随着美国对外政策的战略性失误以及金融危机的破坏性影响，美国已经意识到其战略地位下降和新兴力量崛起所带来的变化，而其中最重要的还是中国的崛起。美国采取的应对政策是，对内通过新能源开发找到新的经济增长点，通过社保医疗改革实现更加公平的社会结构，通过金融体系改革消除弊病，恢复美国的金融领导地位；对外则通过"巧实力"外交进行责任外包，通过"接触"、"倾听"和"磋商"换取他国对美国的政策和财力支持。由于中国是美国"巧实力"外交的主要对象，因此责任分担的矛盾在中美关系中会比较突出。G2、G4 的提法都是这种政策思路的外在表现。

但是，在客观上中国还没有做好责任分担的心理准备、制度准备和物质准备。从心理上讲，中国的民众和精英共同拥有的集体认知还是中国是一个发展中国家，中国面临的主要挑战来自于国内，关注点也来自于内部治理问题；在对外事务上，中国决策层的兴趣越来越强，关注度也在增加，但总体而言，还不愿在国际事务中投入更多的力量。客观而论，中国是一个兼具多种双重身份的国家，既将自己定位为发展中国家，又在具体利益层面与发达国家拥有广泛的共同利益；中国既是一个迅速发展、物质力量不断增长的巨型国家，但又是一个内部充满挑战、战略环境堪忧的脆弱大国。因此，在可见的将来，中国在外交上主要还是采取防御姿态，外交目标是为国内问题的解决创造良好国际环境，而不是在外部"开疆拓土"，创制新的国际体系。

但是，中国对责任分担要辩证对待。近期来看，如何进行责任分担是中美矛盾和争端的重要来源，但从远期来看，责任分担对中国而言则是一个重要机遇。适当分担美国治理全球事务的成本也意味着中国权力的相应上升。因此，中国不宜和美国直接对抗，而应该进行软应对。

需要指出的是，随着美国"巧实力"的提出，以及中国力量的进一步强大，美国是否对华进行软遏制需要仔细观察。软遏制是否存在？如果存在，具体内容是什么？中国应该如何应对？这是对美外交新的研究议题。

### （四）中国模式

中国2008 年年底对 30 年改革开放进行了总结，2009 年经历了 60 周年大庆，中国的实力得到极大的彰显，中国领导人对坚持中国特色社会主义越来越自信。然而，学界大多数人认为中国经验的成功还没有达到理论总结的高度，甚少谈论中国模式的问题，而代之以中国道路，中国模式则更多用于指经济领域。但是，中国模式这一命题在国际上早就被提了出来。2004 年 5 月 11 日，乔舒亚·库珀·拉默在英国伦敦外交政策中心发表了题为《北京共识》的一篇调研论文，首次提出了中国模式的问题。随后，海外各界开始热议中国模式及其启示。中国模式的提出从长期来讲，对美欧的自信心会构成强大冲击，也会对中美关系产生重要影响。

### （五）第三方问题

第三方问题主要表现在中国周边普遍存在的对华畏惧情绪和不信任感，都倾向于借助美国的力量来牵制中国。举其大端，比如虽然朝鲜与美国尚未结束敌对状态，因核问题而引发的战略对抗也不断加剧，但朝鲜并未放弃在条件适当时在战略上投靠美国的政策选择；俄罗斯最近在伊朗核问题上一改以前的政策立场，跟随美国对伊朗进行制裁，这并不能排除是出于对中国的畏惧；印度一直试图通过拉近与美国的关系来达到制衡中国的战略目的；日本最近也动作频频，设法推动美国在钓鱼岛问题上支持日本；东南亚国家在南海问题上也尽力让美国卷入，推动南海议题的“国际化”。所有这些来自第三方的问题都会对未来中美关系产生重要影响。

## 三、支撑中美关系发展的稳定因素

尽管中美双方存在诸多问题，但中美关系经过 30 多年的发展已经日益成熟，支撑两国关系的“稳定器”和“压舱石”不断增多，为未来中美关系的发展提供了可靠保障，主要表现在以下几个方面：

### （一）共同利益的扩大

中美在客观上存在大量共同利益，而且这种共同利益还在发展之中，体现在双边、地区和全球等各个层面。在双边层面，中美互为第二大贸易伙伴。不管双方在经贸领域存在多少冲突，巨大的贸易总额就足以说明双方在经济层面的相互需求和利益共生。此外，在社会领域，中美两国人民彼此都有良好的印象，保持着频繁交往的积极势头。在地区层面，中美在控制朝核危机、稳定亚洲金融和经济格局以及维持东亚地区整体稳定等方面具有共同的利益要求。在全球层面，中美在诸如反恐、防止核扩散、气候变化与其他环境问题、能源安全、航道安全以及维护全球自由贸易等议题上也拥有广泛的合作空间。

### （二）美国对中国的重视逐渐长期化、群体化

随着中国综合国力的上升，美国对华的重视达到了前所未有的高度，而这种重视将随着中国力量的进一步凸显而持续增加。就算是对华不满意或者心怀戒备的人也站在新的起点上看待中国，重视中国已经成为美国战略界的集体共识。正是在这一集体共识的作用下，美国逐渐提升了中美关系在其外交布局中的战略地位，并将其定位为世界上最重要的双边关系。这既为中美关系确立了重要基调，

也有利于未来两国关系的发展。

### （三）中美建立了良好的沟通机制

两国迄今已建立六大类60多个对话和磋商机制，涵盖政治、经济、军事、执法、科技、教育、能源、环保、航空等方方面面，其中最引人注目的是战略与经济对话机制。首轮中美战略与经济对话的成功举行为两国在政治层面进行战略沟通提供了新的平台，也起到了消解双方战略猜疑、培育政治互信的作用。中美关系的日益制度化使得任何问题都可以通过相应渠道迅速解决，也能避免因某一问题领域的争端而导致两国关系全面后退的恶果。这也是中美关系不断走向成熟的主要表现。

### （四）中美力量平衡达到了新的阶段

1979年中美建交时，中国的GDP是1700亿美元，美国是25000亿美元，双方差距达到15倍；到2001年，中国的GDP是10000亿美元，而美国是100000亿美元，双方差距变为10倍；到2008年，中美的GDP差距则缩小至3.5倍。中美力量对比的平衡意味着美国单方面改变中美关系的能力下降。如前所述，由于新兴大国和脆弱大国的双重身份，中国在相当时期内主要关注内部事务，不会主动挑战美国的地位，外交的目标还是成为美国的伙伴。因此，中国在双边关系中可定义为稳定因素，中国力量的增长在逻辑上有利于整体关系的稳定。

### （五）台湾问题的逐渐缓和

2008年5月20日，自台湾地区领导人马英九执政以来，两岸关系总体趋向缓和，基本性质是和平与发展。虽然台湾问题还没有解决，美国武器售台仍然刺激着中国人的神经，特别是指挥、情报、训练、人员培养和体制等软性合作方面，美台已经达到准军事同盟的程度，但是，这个在中美关系中最重要、最敏感和最具爆炸性的问题的可控度不断增强，两岸关系的改善也意味着台湾问题对中美关系的冲击力度将大大减小。

### （六）中美关系形成了新的关系结构

在美国的全球战略中，中国作为问题被排在问题清单的后面，而作为帮助者则被放在前面。在绝大多数战略家心中，中国的力量和模式都意味着中国对美而言是一个问题，但由于中国的和平合作姿态使得这一问题并不紧迫，而应对国际金融危机、打击恐怖主义、防止核扩散、安抚愤怒的俄罗斯和伊斯兰世界等在美国的外交议程中则更为紧迫。相反，美国决策者在解决上述所有的外交问题时，几乎都离不开中国的政策支持。这一崭新的关系结构无疑有助于中美关系的稳定。

综上，我们有理由对未来的中美关系保持乐观自信，中美关系仍然会维持吵而不破的局面。

## 四、如何应对奥巴马访华

美国白宫发言人宣布，美国总统奥巴马于 2009 年 11 月 15 日至 18 日对中国进行访问。这是奥巴马就职后首年就对华进行访问，凸显了中美关系的战略重要性。为了使首次访问取得实质性进展，我们需要了解奥巴马访华的基本背景和美国的利益关切，并争取在涉及两国关系的诸多议题上达成共识，为中美关系的进一步发展奠定基础。

奥巴马访华的基本背景包括以下四个方面：第一，奥巴马在美国国内的政治地位有所下降，因医疗社保改革而陷入与民众的对立，党派分歧也逐渐凸显。奥巴马对内部治理的重视程度会进一步提升，而外交层面的关注度则会相应减少。由于国内变革的困难，奥巴马更需要在外交领域有所建树，以巩固其执政地位。第二，在世界各国的积极应对和共同努力下，国际金融危机对全球经济造成的影响逐渐缓解，提前看到了世界经济走出危机的曙光。对经济复苏的乐观预期增强了美国的自信心，美国对中国的战略需求有所下降。其结果是，美国的贸易保护主义开始大胆抬头，并尽力推卸诱发金融危机的责任，将其归罪于世界经济的不平衡。第三，在经历了 60 周年国庆大阅兵之后，美国对中国的力量认识将更加清楚。美国意识到中国崛起不再是个假设命题，承认中国崛起、重视中国能力并正确引导中国的政治行为将成为美国对华战略的重要基点。中国力量的不断增强也为中美间的平等对话和战略合作提供了物质前提。第四，奥巴马是在新加坡出席完 APEC 之后才进行对华访问，因而对中国在周边国家的正负影响也会有比较明确的认知。随着中国实力的不断增强，周边国家面临着新的对华政策选择。对华友好的国家将进一步加强与中国的战略合作；对中国担忧的国家，则可能更加借助美国来平衡中国的力量影响。因此，美国将加大在中国周边地区，特别是对中国担忧的国家的资源投入，以形成对华的战略牵制。

上述四个方面的背景凸显了奥巴马访华的多重复杂性。美国在外交上的“急于求成”有可能强化中美的战略合作；而自信心的恢复则意味着美国将在涉及其基本利益的问题领域强硬立场。其结果是中美的战略关系会得到巩固，而在功能性议题上争吵会有所加剧。中国力量的展示有助于改变中美力量对比结构，增加美国对华的重视程度和敬畏感；而对中国在周边国家的影响限制的了解也使得美国继续进行“两面下注”的对华战略，通过重返东南亚、强化军事同盟等政策手段增加在对华关系上的发言权。

在此背景下，中国要力争在两个层面取得重要进展。在战略层面，中国要力争使奥巴马的访问取得成功。通过成功访问达到巩固中美关系，提升中国战略地位的政治目标。奥巴马多次强调中美关系是当今世界最重要的双边关系，而对华访问则是这一政策宣示的最好注解。

在具体议题层面，中国要据理力争，努力取得实际成果。

第一，经贸领域。①在贸易政策立场上，中美应该旗帜鲜明地反对贸易保护主义。②从双边贸易平衡的角度，美国应该加大对华贸易出口，特别是放宽对华高科技产品限制，同时承认中国的市场经济地位。③从整体经济平衡的角度，中美应该加大宏观经济的政策协调机制。中国需要改变不合理的产业结构，扩大内需；美国也需要改变其不负责任的财政和金融政策。④从全球经济平衡的角度，美国应该提升中国在国际经济体制中的决策权，中国的回报则是继续支持美元在国际货币体系中的中心地位。

第二，气候、环境与能源问题。随着全球气温的不断升高，气候变化已经成为国际公共话题。中美是世界上两个最大的二氧化碳排放国，对温室气体的减排负有重要责任，对推进国际气候合作影响重大。双方应该在气候和其他环境问题上寻求共同立场，积极开展合作，努力推动全球气候谈判进程。中国一方面需要警惕美国借减排问题压制中国的发展，另一方面也要借此加快在环境领域的技术革命，推动经济的可持续发展。在新能源开发的问题上，中美也有着广泛的利益基础和合作空间，双方需要逐渐从竞争走向合作，实现清洁能源的资源互补、技术共享和合作开发。

第三，反恐问题。反恐仍然是美国全球战略的重点。奥巴马上台以来，美国反恐的重心从伊拉克转向阿富汗，以基地组织为核心的恐怖势力成为美国军事打击的目标。而新疆“七五事件”也再次说明中国内源型的恐怖主义日益突出，严重影响中国的领土完整和政权稳定。虽然中美对恐怖主义的来源、类型和应对在认知上有所差异，但消除恐怖主义是中美双方共同的利益要求。中美需要在反恐问题上进一步协调立场，寻求合作，共同维持国际和地区稳定。

第四，西藏问题。如前所述，奥巴马上台后，与西藏有关的人权问题在中美关系中将进一步突出，美国政府官员与达赖进行会面仍然是不可阻止的政治现实。因此，中国必须要求美国重申西藏是中国领土的一部分，美国对此不持异议。此外，中国应该加强和拓展与美国的人权对话，明确彼此的利益关切，防止因局部问题损害两国的整体合作关系。

第五，台湾问题。尽管中美近年来在遏制激进台独上展开了有限合作，但美国仍然是台湾问题解决的重大外部困难，武器售台也不会因美国政权的变更而停止。在此情况下，中国必须要求美国重申其“一个中国”政策，鼓励两岸开展积极对话，并对台海的和平发展趋势表示赞赏。其目的也是尽力避免美台合作对中美关系构成全面冲击。

第六，防止核扩散。防止核扩散一直是美国外交政策的重要目标，核武器的扩散将对美国的国家安全形成实质性威胁，因而也是中美合作的坚实基础。在朝核问题上，中美需要重申半岛无核化立场，以及六方会谈是解决朝核问题的基本路径。中国则积极鼓励美朝对话，争取让美国接牌，尽快开展美朝双边会谈。在伊核问题上，中美也需要加强政策协调，争取通过和平对话加以解决。

第七，军事互信。中国实力的增加加剧了美国战略界的担心，战略互信已经成为影响中美关系稳定的重要因素，而其中军事互信最为关键。中国的军事实力究竟如何？中国将怎么运用其不断累积的军事实力？对中国军力的关注热度和不确定感加剧了美国的战略疑虑，反映在政策手段上就是美国在继续中美合作的同时，也加大对中国的防范力度。对此，中国应该积极表态，重申军事透明化的努力，但在具体行动上有所保留，保持对美的战略威慑。

第八，责任分担。随着中国的崛起，美国要求中国承担国际责任的力度不断加大。中国责任的提出，一方面使得中国能够更加积极地参与国际事务，在世界议题确立、国际规则制定上会有更多的发言权；另一方面美国强加的“一些责任”可能超出中国国力的承受范围。因此，中国在政策应对上应该是积极表态、以我为主、慎重行事、量力而行。

以上八个议题中，西藏和台湾问题着眼点是对中国国内政治冲击的危害控制，军事互信和责任分担则是美方有求于我国较多，在经贸、气候和能源、反恐、防止核扩散四个议题上双方各有优势。把握这三类议题的性质有助于我国更好地争取利益。

（编辑整理：李海涛）

# 当前国际战略形势的观察与思考

王在邦

2009年12月28日

# 王在邦

中国现代国际关系研究院副院长、教授

**摘　要：**全球金融危机加速了冷战结束以来世界力量对比变化的进程。这种变化的最突出表现是新兴大国群体性崛起、美欧等发达国家实力地位相对下降以及亚洲时代的悄然来临。力量对比变化促使大国关系的性质、结构与态势出现积极变化，国际体系启动实质性改革调整进程。随着中国实力地位的增强和国际地位的提高，中国的国际战略环境进入20年来的最好时期。与此同时，中国周边地区出现不少新的复杂情况与问题，中国塑造周边环境的成效与中国国际地位的提高显得有些不相称。中国对外战略需要加快理论与政策创新，创造性地坚持韬光养晦、有所作为的战略方针。国际问题研究需要倡导超前意识、进取精神与专业化道路。

**关键词：**国际战略　国际形势　中国

金融危机发生以来，国际形势发生了很大变化，世界经历冷战结束以来最全面、最广泛、最深刻的大变革与大调整，中国与外部世界的关系经历近代以来最具历史性的转折，国际战略形势出现不少新特点。

关于当前国际战略形势，具体谈以下几个方面：大国力量对比变化与趋势；大国关系调整的特点与方向；当前周边环境的特点与问题以及中国对外战略的调整与创新。

## 一、大国力量对比变化与趋势

战略是指对全局的谋划与指导。在国际政治中，最具影响力的是大国。因此，谈国际战略形势，就不能不谈战略力量间的对比。

从当前看，战略力量对比有以下值得关注的变化。

西方的整体实力地位相对下滑，新兴大国实现群体性崛起。2004年，世界GDP前15强中，有美国等11个发达国家和中国、印度、墨西哥、巴西4个新兴大国，而且新兴大国排名比较靠后（见图1）。

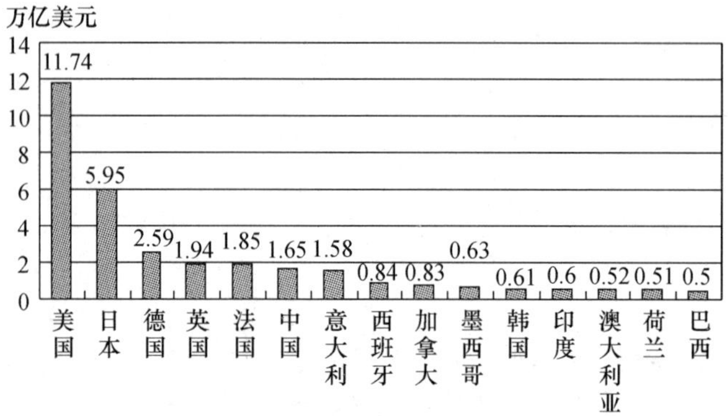


**图1　2004年GDP总量世界前15强**

4个新兴大国GDP在前15强中所占比重见图2。

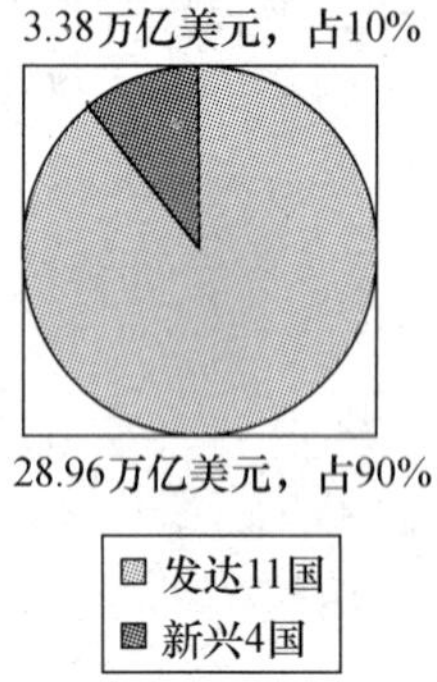


**图2　2004年发达11国与新兴4国GDP比重**

到2008年，GDP前15强情况有所变化。澳大利亚被淘汰，俄罗斯进入前15强（见图3）。

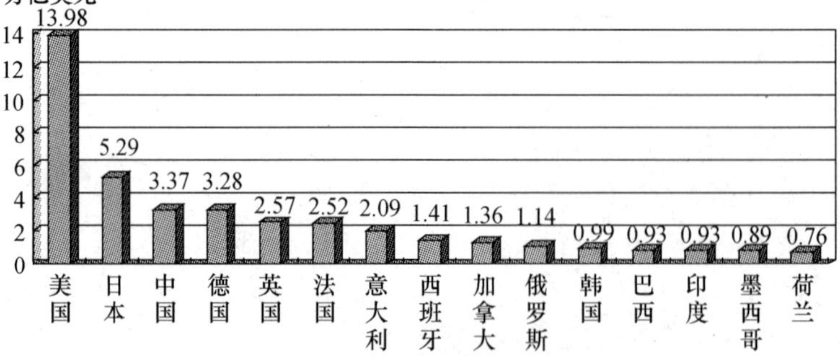


**图3　2008年GDP总量世界前15强**

到2008年，新兴大国增加到5国，与发达10国的GDP相对比重也从10%增长到17%（见图4）。

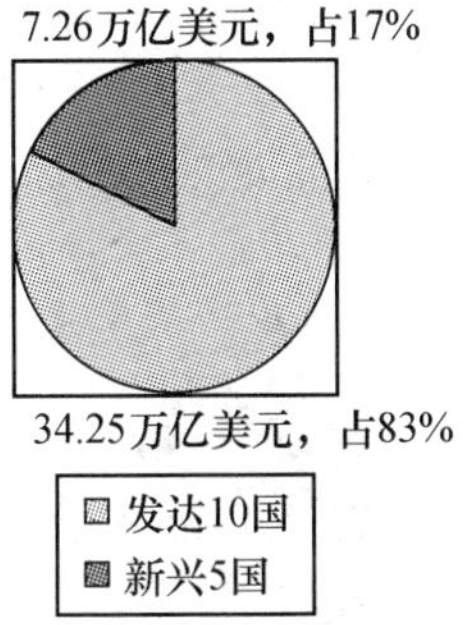


**图4　2008年发达10国与新兴5国GDP比重**

发达国家与新兴大国力量消长，主要是其间各国GDP增长率差异造成的（见图5）。

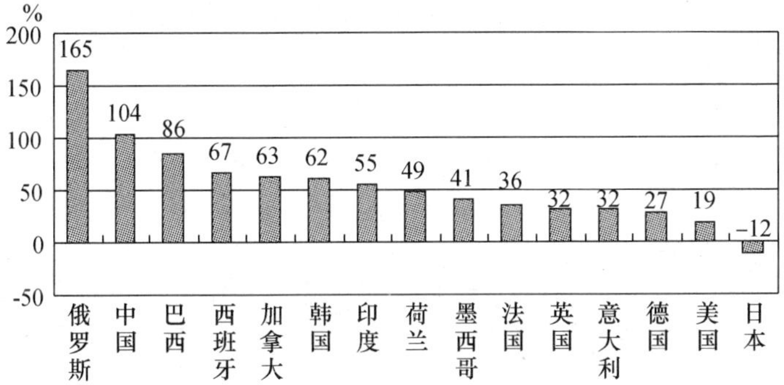


**图5　2004～2008年各国GDP累计增长率**

到2014年①，新兴大国在前15强排序中地位将明显靠前（见图6）。

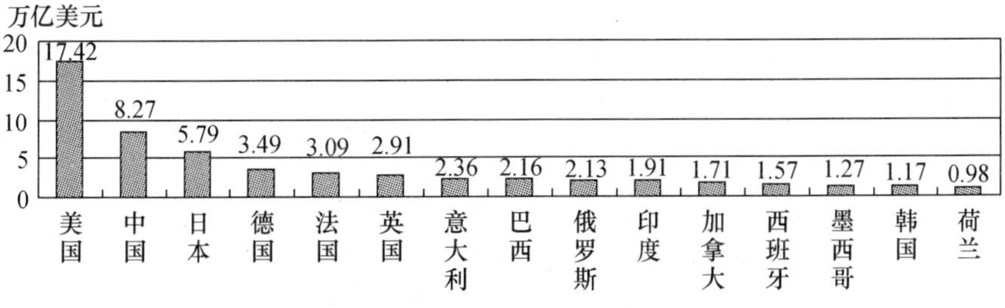


**图6　2014年世界经济GDP 15强**

① 本文中有关2014年的数据均为2009年时的预测数据。

随着新兴大国的排序靠前，其 2014 年 GDP 相对比重也明显增加（见图 7）。

在发达国家整体实力地位相对下滑和新兴大国实现群体性崛起的背景下，美国的实力地位也出现相对下滑趋势（见图 8、图 9）。

1991 年苏联解体，美国 GDP 占全球比重是 23%，2001 年达到 33%，随后掉头朝下，到 2014 年会回归 1991 年的水平（见图 10）。

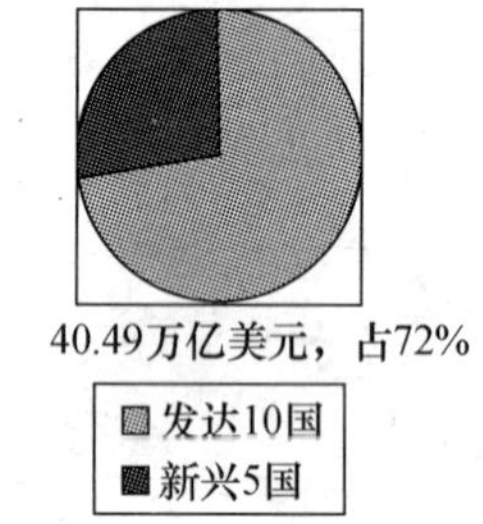


**图 7　2014 年发达 10 国与新兴 5 国 GDP 比重**

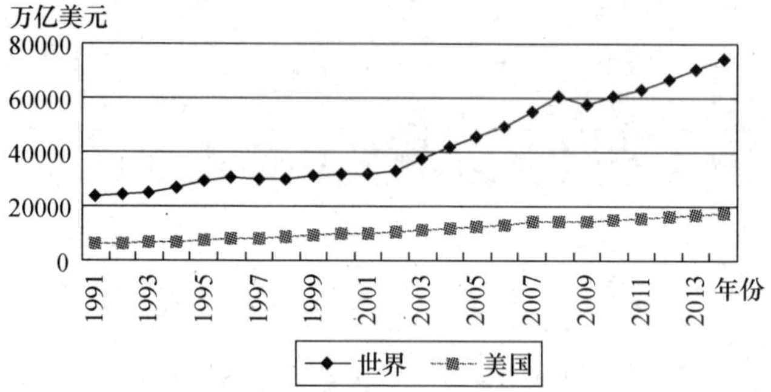


**图 8　1991～2014 年美国与全球 GDP 变化比较**

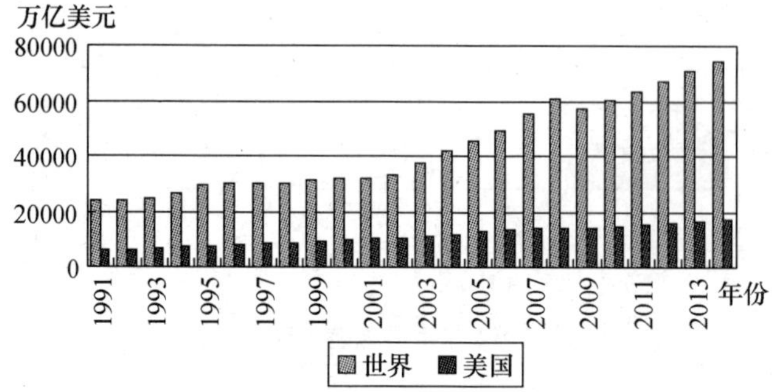


**图 9　1991～2014 年美国与全球 GDP 增长比较**

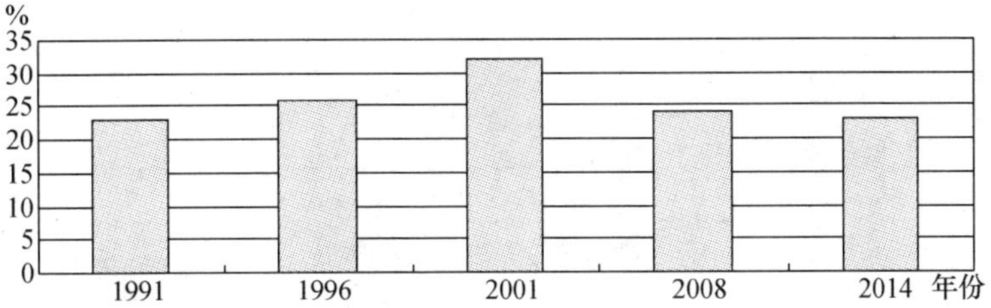


**图 10　美国 GDP 占全球比重变化**

随着发达国家整体实力地位下滑与新兴大国群体性崛起，亚洲在世界地缘经济格局中的地位明显上升，亚太逐渐成为世界增长中心，预示着亚洲世纪悄然来临，我们有理由相信，21 世纪必将是亚洲世纪（见图 11 ~ 图 13）。

在世界力量对比变化趋势中，中国加速崛起最令人瞩目（见图 14）。

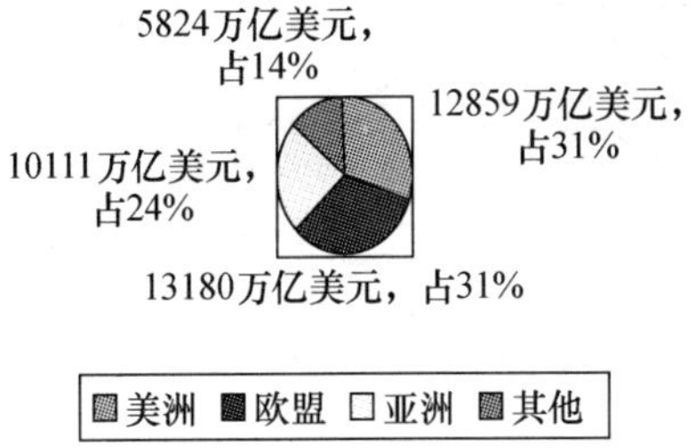


**图 11　2004 年三大洲与其他地区 GDP 比重**

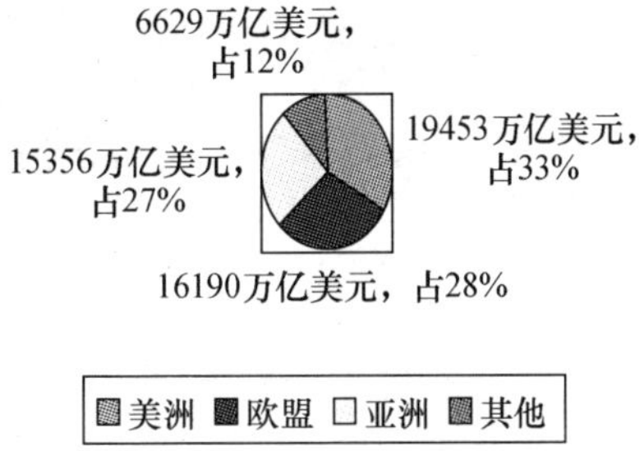


**图 12　2009 年三大洲及其他地区 GDP 比重**

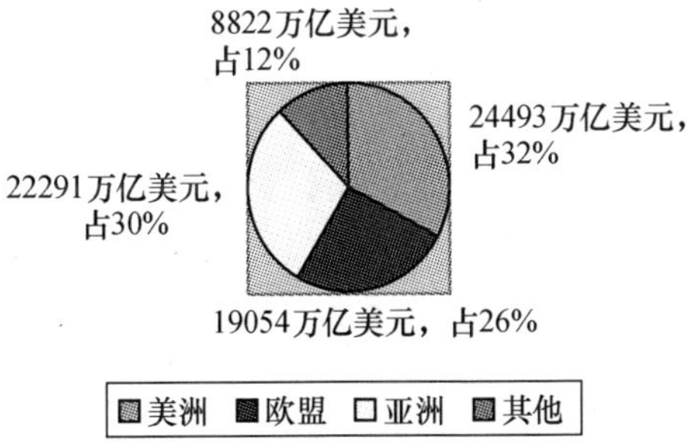


**图 13　2014 年三大洲与其他地区 GDP 比重**

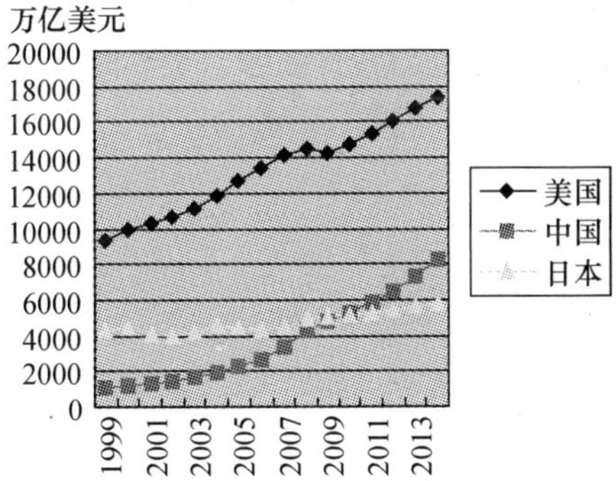


**图 14　1999 ~ 2014 年中美日 GDP 增长变化**

上述图数据都是用当前美元价格计算，不免有失偏颇，用购买力平价计算也有失公允，但它毕竟可以提供另一个观察角度。以下图均属用 PPP（购买力平价）计算所得结果（见图 15、图 16）。

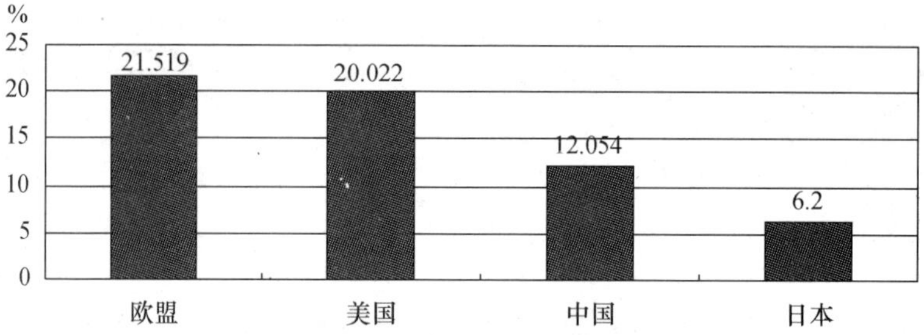


**图 15　2009 年美欧中日 GDP 按 PPP 计算占全球比重**

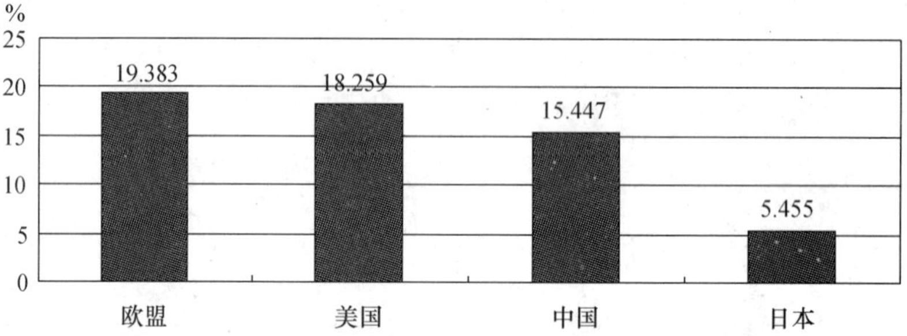


**图 16　2014 年美欧中日 GDP 按 PPP 计算占全球比重**

回顾几百年的国际关系史，我们可以发现，当今世界力量对比变化是具有历史性的。毕竟，这些新兴大国大多数是前殖民地与半殖民地。在 20 世纪两次大规模民族解放运动中获得独立后，很长时间里没有实现真正的经济独立和强大。此次新兴大国群体崛起，有其历史必然性。理解这一点，必须充分考虑并高度重视两大环境因素的影响。

第一，是全球化条件下的产业转移。我们知道，在市场经济条件下，资本靠追逐利润存在与发展。竞争促使公司企业竞相采用新技术以获取垄断利润。采用新技术形成的技术垄断会形成物以稀为贵，形成价格垄断和高利润，这势必促使其他企业公司竞相投资该领域，结果就会形成利润平均化趋势，导致产品供应逐渐增多，产品价格下跌。竞争发展到一定程度，就会迫使企业公司通过降低成本维持竞争优势，从而推动产业向低成本国家转移。这是理解为什么新兴大国能够在全球化加速发展的新时代实现群体崛起最重要的思维路径。

第二，是信息化条件下科技垄断的有限性。科技垄断的前提与条件是交通通信落后，沟通传播渠道不畅。在当今世界信息化程度高度发达的情况下，保持任何一项科技进步的秘密是很困难的。科学进步发展本身需要交流与争鸣，既然要交流与争鸣，任何公开发表的科研成果即使对最核心的机密部分不予披露，也难免给其他科研人员以某种研究思路与方法上的启发。一旦某种技术投入应用，形成产业化，都将引发模仿与跟进，科技垄断越来越困难。在此情况下，发达国家纵然拥有科技优势，但运用科技优势保持产业优势的时间势必越来越短。总之，信息化高度发达为拥有后发优势的国家实现科技与产业赶超式发展提供了前所未有的可能性与便利。我们评估力量对比变化时，既不能忽视发达国家与发展中国家相比所拥有的科技优势，也不能因此而将其绝对化，走到迷信的地步。评估与比较科技实力，也需要参照不同成本国家发展科技产业的差别。显而易见，在不同的国家投入同等数额的资金，其效益是不一样的。

除充分估计上述两大环境因素的影响外，分析和评估世界力量对比的变化，还要注意区分和把握几对关系。

（1）实力与活力的关系。传统国际政治讲究实力分析，特别是综合国力评估与分析。但在各国综合国力竞争逐渐从准备在未来战争中克敌制胜转向确保长远可持续发展的背景下，不仅经济实力在综合国力中的地位明显上升，经济活力也具有更重要的意义。实力代表的是过去和当前，活力代表的是未来。不管现在实力如何，没有活力，国家的未来实力就没有前途。

（2）存量与增量的关系。存量是指既有经济规模，如某国某个特定年份的GDP 总量。增量是在既有规模基础上新增加的部分。存量取决于增量，增量影响着存量。增量越大，存量增加越快，反之则反。前述新兴大国实现群体性崛起态势强劲，就是因为这些国家的增量很大。说新兴大国有前途，21 世纪必将进入亚洲世纪，就是因为新兴大国和亚洲未来一些年份的增量将远远超过发达国家和其他地区。

（3）民富与国富的关系。在国家力量对比中，民富国强是最佳状态。学者们历来重视和强调这一点，非常反感所谓国富民穷。但是，民富国穷也未必就是好现象。老百姓手中有钱，人均国民财富数值很高，国家财政能力不强，似乎也难以说这个国家的实力地位高。金融危机爆发后，我们发现很多发达国家的政府捉襟见肘，有的陷入破产，严重制约着政府应对金融危机的能力和效益。政府拥有雄厚的财政能力，就能够应对突发事件和复杂情况，最终结果也是对民众有利的。不能完全把民富与国富截然对立起来。

（4）均衡与差别的关系。国际政治与经济学历来憎恨不均衡，把不均衡视为洪水猛兽、万恶之源，把均衡发展视为理想状态。从另一角度看，恰恰是差别才提供发展的潜力，发展就是不断克服不均衡的过程。从某种意义上来说，有差距不可怕，可怕的是能不能正视差距并设法缩小差距，且在缩小差距中实现更大发展。

（5）成本与效益的关系。政府有财政能力实施宏观调控，加大投入，这是好事。但是投入有成本与效益问题，投入很多，产出很多，后遗症很大，无形中就加大了成本，为未来的发展留下包袱，这也是不可取的。中国改革开放以来的30多年里，主要靠投资拉动，增长率全球第一，但不问青红皂白地投资高能耗产业，极大地破坏了环境，污染了水源，对人们的日常生活乃至生命安全造成威胁，消极后果很大，给未来发展留下了沉重的包袱，教训是极其深刻的。

（6）制度与决策的关系。保持经济活力，实现可持续发展，仅有政府财政能力是不够的，只有钱的投入也是不够的，要让钱花在该花的地方，花出成效来，还需要良好的体制机制保障，确保科学决策。发达国家实行西方民主制，好处是可以公开辩论，避免盲目和决策失误。社会主义可以办大事，但如果决策随意失误，损失也是难以想象的。实现经济可持续发展，保持经济活力，归根到底还需要科学决策。只有决策具有科学性，才能避免盲目性和随意性，不走弯路或少走弯路，不犯错误或少犯错误。

## 二、大国关系调整特点与方向

当前国际战略形势的另一个值得注意的现象就是主要大国竞相调整对外战略，大国关系调整重在结伴交友，大国关系性质开始转向竞争与合作并存，大国关系态势渐趋均衡，但未来大国关系的发展仍具有很多不确定性。

第一，力量对比变化促使主要大国调整对外战略与策略。

奥巴马政府实施“巧实力”外交，推出“多伙伴世界”计划，其意图是着眼美国实力地位下降、美国无力单独应对诸多全球性挑战，希望通过与最有前途的新兴大国合作，避免新兴大国对美国的挑战，延缓美国霸权衰落的进程。欧盟推动《里斯本条约》生效，加速内部整合，意在着眼中国加速崛起与中美强化合作的现实，通过强化欧洲自身力量建设，在国际上发挥应有的作用。日本鸠山内阁抛出“东亚共同体”构想，其意图就是要尽早将加速崛起的中国纳入多边区域合作框架，避免中国实力地位进一步上升后使日本在推进区域合作进程中处于更加不利的地位。俄罗斯受金融危机爆发后石油价格暴跌的冲击，崛起进程受到影响，迫使其收敛强势外交，西向缓和与改善和欧洲大国的关系，东进强化中俄战略协作伙伴关系，积极落实中俄油气管道合作。印度面对中国国际地位加速上升和中美合作强化，失落感与紧迫感骤增，辛格访美不惜对美各界标榜印度的民主政体，对中国模式说三道四。巴西作为拉美第一大国，随着其实力地位上升，对外战略更加积极进取，当仁不让地要充当拉美地区的“领头羊”。

第二，大国关系调整重在结伴交友。

不管是国内政治还是国际政治，其本质就是通过尽可能多地联合可以联合的力量，壮大自身的实力与影响。毛泽东在领导中国革命的过程中，曾经有“团结两个95%”的著名论断。在国际政治领域，传统上讲究实力政治，重视结盟，维持均势或谋求优势。但在当代大国关系中，相关各国不再像过去那样寻求结盟，而是日益讲究找伙伴、交朋友，哪个国家的伙伴朋友多，它在国际战略格局中就处于有利地位，反之则反。

第三，大国关系性质正在转向和平竞争与发展合作。

冷战时期，大国关系的主调是两大阵营对抗性竞争，东西方两大阵营内的合作，着眼于两大阵营间的对抗。当前，新型大国关系的主旋律是发展性竞争，竞争与合作的边际模糊，合作着眼于发展竞争。其背景就是美国前国务卿赖斯在一篇文章中所承认的那样：“现在主要大国都在以和平方式竞争，而不是准备打仗。”但是，发展竞争复杂程度超出想象，超出我们很多的知识结构。在此形势下，传统国际关系理论所说的“囚徒困境”余地明显减少，因为共同利益摆在那里，哪个国家想逃脱都是办不到的。同时，恰恰是共同利益增多，使得有关各方难免希望尽可能少地负责任尽义务，尽可能多地得实惠，即“搭便车”诉求增多。

第四，大国关系的态势渐趋均衡。

这表现在美欧日等守成大国逐步倾向接纳与包容新兴大国，它们认识到，新兴大国的群体崛起不可阻挡，在应对全球性挑战中，新兴大国的作用不可或缺。新兴大国则多数倾向接受而不是摆开架式要挑战现存国际体系的基本架构，甚至另起炉灶。多数新兴大国意识到，它们不仅无力而且也无意将现存国际体系推倒重来，在维持国际体系基本框架前提下推进改革调整。此外，在中美日、中美欧、中美俄等三角关系中，以往中国所处相对不利地位明显改善。

第五，危机年代大国关系的积极发展，尚不完全具有不可逆性，未来发展仍具有不确定性。这些不确定性包括：

（1）美国能否继续发挥主导力？美国领导世界的意愿仍然足够强烈，问题在于其实力地位能否继续支撑美国的主导意愿，如果其实力地位不足以支撑其主导意愿，美国会像“一战”后那样退回到孤立主义？还是重整军备？

（2）随着实力地位的均衡化，其他大国能否继续接受美国主导。眼下，美国谋求广泛建立伙伴关系，问题是美国能否足够充分地尊重其他大国错综复杂的核心利益。随着新兴大国实力地位的进一步提高，必然在维护自身核心利益方面更具信心，美国能否适应这种变化，适时调整其战略与策略，事关美国与其他大国关系的未来。

（3）未来国际政治的管理模式是奉行有效多边主义，即主要大国协调与合作，形成共同应对全球性问题的全球治理长效机制，还是形成某种政治真空，即美国想管但管不了，其他大国无力也不愿管或者有力管却不愿管的局面？出现后一种情况，将使国际政治形成随意飘流的局面。

## 三、当前中国周边环境特点与问题

每个国家都具有特定的地缘位置，不可更改。周边环境因此构成该国战略环境的有机组成部分。谈国际战略环境不可不谈中国周边战略环境。这部分讲三个问题：影响中国周边环境的主要因素，中国周边环境的主要特点，中国周边环境中的主要问题。

### （一）影响中国周边环境的主要因素

（1）区域经济活力。多年来，国际社会一直在炒作21世纪是亚洲世纪。2009年全球经济陷入衰退，亚洲却成为全球抵御金融危机的中流砥柱。中国、印度和印度尼西亚增长率名列世界前三。

（2）大国逐鹿东亚。北约深入阿富汗维和，美军增兵南亚反恐，重返东南亚，2010年还要搞夏威夷“10＋1”，加紧渗透缅甸与尼泊尔，据说在美驻尼泊尔使馆有200多人。日本则涉足湄公河区域开发与中亚油气开发。俄罗斯到处卖先进战机。法国则启动对朝接触，有意在东北亚问题上发挥独特作用。

（3）多国经历社会转型。如尼泊尔、缅甸、朝鲜以及老挝、柬埔寨。

（4）领土领海争端。中国与越南、菲律宾等国南海争端、中印边境争端、中日东海与钓鱼岛争端。

### （二）中国周边环境的主要特点

（1）区域合作机制整合难度很大。现在东亚区域合作机制很多，有“10＋1”、“10＋3”、“ARF”、“APEC”、中日韩、东亚共同体、上合组织，还有中、俄、印三边战略对话。所有这些机制都相对独立，很难进行整合从而形成一个更大的区域一体化合作机制。这其中很重要的一个因素就是众多大国涉足其中，主导权争夺异常复杂激烈。

（2）周边国家对华倚重上升，疑虑与恐惧感也有所增强。如前所述，日本紧迫感增强，急于推动东亚共同体以将中国纳入区域多边一体化进程。印度失落感增强，急于推进对美关系来平衡中国的影响力上升。东南亚国家恐惧感很强，李光耀公开邀请美国强化在东亚地区存在以平衡中国影响力上升。

（3）中国外交成效与实力地位不对称。我们看到，最近几年，与中国整个外交局面相比，中国外交总体相对被动，在应对诸多重大热点难点问题上时常显得被动无章法，显示出塑造环境的能力与成效明显不足。

### （三）中国周边环境中的主要问题

（1）朝核问题政治解决苦无良药。朝鲜核问题的根源与症结是冷战后半岛战略力量失衡。解决的办法是美朝关系正常化，但美朝关系正常化涉及美国在整个西太平洋战略部署，眼下看，美国尚未做调整其西太平洋战略部署的思想与政策准备，美国不会轻易实现美朝关系正常化。六方会谈实质上是美国借口朝核问题对周边国家利害关系大于对美利害关系，以六方会谈来掩盖实质问题，类似要求中国召集有关国家开启朝核问题的大门，而美国则把“钥匙”藏在自己口袋里不拿出来。

（2）南海、东海问题与中印边界领土争端僵局难破。中国与南海争端有关方是个维权问题，但相关国家借美制华，又有如何处理与美国特别是太平洋舰队的关系问题。印度军方频打中国牌，两国民众对立情绪很强烈，增加了解决问题的难度。

（3）阿富汗与巴基斯坦问题前景难测。无论美国反恐成败，都会引发复杂的地缘战略与安全问题。

（4）缅甸与尼泊尔问题微妙复杂。缅甸军政府在面临美国等西方大国政治高压情况下对华倚重颇多。现在美国转变策略，实施对缅接触，后者对华倚重下降。未来中缅关系如何发展值得关注。尼泊尔受印度影响很大，毛派丧失政权后不甘心失败，正在发起反击，中、印、美在尼泊尔的较量异常复杂。

## 四、中国对外战略调整与创新

随着国际战略环境的发展变化，中国对外战略也需要与时俱进，务实求新。

### （一）切实把握中国国际战略环境新变化

中国战略与安全环境的新变化突出表现在以下几方面：

（1）国际战略大环境明显改善。眼下，中国国际战略环境处于1989年后的最好时期。1989年后西方国家曾经联合对我国实施制裁。即使前些年，我们讲战略机遇期，也主要是着眼美国集中精力反恐，无暇顾及中国，中国国际战略环境好坏主要取决于第三方因素。今天，中国国际地位的提高，使多数国家更加倚重中国，中国国际战略环境改善的主因发生了变化。可以说，中国为国内经济发展创造有利国际环境的任务不像以前那么紧迫了。

（2）周边安全中环境明显恶化。前面已经讲过。

（3）国内安全小环境压力上升。在内外两个大局密切互动的情况下，国内有些本来是经济与社会矛盾引发的事情，也越来越具有国家安全的性质。

## （二）创造性坚持韬光养晦、有所作为的战略方针

（1）在国际层面上更加韬光养晦。应当看到，新兴大国的群体性崛起并未完全改变国际战略力量对比北强南弱的格局。所以在相当长一段时间，国际体系调整与变革不可能取得重大实质性进展，在和平时期实现权力重新分配并非如有些人想象的那么简单。而且，中国实力地位日益增强和国际地位进一步上升，难免引发相关的猜疑忌妒与戒备甚至是联手防范，稍有不慎就会导致“枪打出头鸟”。

（2）在周边层面上必须有所作为。要下大功夫研究周边问题的症结所在，要有的放矢，避免病急乱投医，导致药不对症。一个日益崛起的大国不能在周边环境塑造上有所作为，将严重制约其成长为世界大国的进程。如果我们从现在开始不严肃认真地对待这个问题，我们将犯极大的战略错误。

（3）坚决把自己的事情办好。中国今天的国际地位从根本上说是源于中国自身的成功发展。未来中国的国际地位仍然要取决于中国自身的发展。在很多情况下，权力是争不来的。实力地位到达那个程度上，很多事情会瓜熟蒂落，水到渠成。

## （三）大力推动理论政策创新需要注意几个问题

（1）要正确理解“摸着石头过河”。按照认识论，世界是可知与不可知的统一。人们对于客观事物的认知受到既有主客观条件的限制，不可能完全充分地认识世界，但事物的发展变化是有规律可循的。在主客观条件具备的情况下是可以尽可能地认识世界的。改革开放初期，我们对市场经济的了解程度非常有限，经验缺乏，对如何处理与外部世界的关系心中无数，强调摸着石头过河，乃是实事求是精神的体现。但是，今天中国与世界的关系已经如此密切，互动如此频繁，而且我们也已经积累了一些经验，某些情况下，虽然仍然要继续摸石头，但应当适当强调发挥主观能动性，在对客观情势有一定把握的基础上，依据客观规律主动进行设计，不仅必要而且也是可能的。

（2）要树立“超前意识”。当今世界发展太快，如果我们不主动进行超前的观察与思考问题，就难免对随时发生的情况缺乏准备，陷入被动应付状态。

（3）要提倡“进取精神”。就是要敢于创新，勇于创新，敢于走前人没有走

过的路，做前人没有做过的事情，敢为天下先。

（4）要倡导“专业化道路”。研究处理国际问题，要避免无的放矢或药不对症，学术研究特别是社会科学的学术研究必须讲究科学精神，注重实证，避免捕风捉影和人云亦云，只有这样才能为对外战略决策提供有价值的参考与借鉴。

（编辑整理：李海涛）

# 国际援助的体制与政策

周　弘

2009 年 9 月 28 日

# 周　弘

中国社会科学院学部委员、研究生院欧洲系教授、欧洲所所长

**摘　要：**国际援助，也称国际发展援助，是对外援助的重要组成部分，具有一个非常庞杂的体系，有许多行为主体和理论作为支撑。从行为主体来看，由以联合国各发展组织、世界银行集团、亚洲开发银行等为代表的多边机构和以经济合作与发展组织/发展援助委员会成员为主要代表的双边援助方构成；从理论依据来看，有发展经济学理论、新自由主义理论、国际政治学理论等。中国既是一个受援国，又是一个援助国，在接受援助的过程中，吸收发达国家的经验，走出了一条渐进式的和平发展之路，对于人类的和平发展实践具有借鉴意义。

**关键词：**国际援助　国际合作　中国

现代国际援助大都与发展相关。邓小平曾说："现在世界上真正大的问题，带全球性的战略问题，一个是和平问题，一个是经济问题或者说发展问题。和平问题是东西问题，发展问题是南北问题。概括起来，就是东西南北四个字。南北问题是核心问题……第三世界人口大约占世界人口的3/4……南方得不到适当的发展，北方的资本和商品出路就有限得很，如果南方继续贫困下去，北方就可能没有出路。"①

胡锦涛同志在匹兹堡G20峰会上也发表了题为"全力促进增长推动平衡发展"的讲话，他强调当前的首要任务是应对国际金融危机、推动世界经济健康复苏，坚定不移推进国际金融体系改革，在解决全球发展不平衡进程中实现世界经济全面持续平衡发展。胡锦涛同志认为从根本上看，失衡根源在于南北发展的严重不平衡。我国政府从三个方面提议改变这种不平衡状态：第一，完善促进平衡发展的国际机制，主要包括使联合国在解决发展问题方面更好发挥指导和协调作用，推动世界银行增加发展资源、增强减贫和发展职能，敦促国际货币基金组织建立快速有效的优先最不发达国家的金融救援机制；第二，加大形式多样的发展投入；第三，高度重视技术合作对促进平衡发展的重要意义，降低人为技术转让壁垒，为广大发展中国家缩小发展差距创造条件。

---

① 《邓小平文选》，第三卷。

胡锦涛的讲话是对邓小平同志所说内容的继续阐述，特别是胡锦涛提到要“推动平衡发展”，这正是针对邓小平同志在分析世界主要矛盾时提出的南北发展不平衡问题的解决思路。我们这里通过对于国际援助体制和实践的分析，加深对于胡锦涛关于“促进平衡发展的国际体制”提法的理解。

## 一、国际援助的体制

国际援助体制主要由从事发展事业的多边援助组织和许多双边援助国，以及越来越多的国际性非政府援助机构组成，其中最具代表性的多边援助组织有联合国各援助机构、世界银行集团、区域性开发银行，以及为数众多的双边援助国。

### （一）联合国与千年发展目标

联合国系统不仅提供了大量的国际发展援助，而且在整合人类发展目标方面起着重要的作用。2000 年 9 月，189 个国家的元首和政府领导人签署了《千年宣言》，承诺在 2015 年以前将全球贫困人口比例减半。具体来说，宣言包含了 8 项“千年发展目标”，以及相关的 18 项具体目标和 48 项指数。其中，8 项千年发展目标为：①消灭贫穷饥饿；②普及初等教育；③促进两性平等；④降低儿童死亡率；⑤改善产妇保健；⑥与疾病做斗争；⑦确保环境可持续能力；⑧全球合作促进发展。为了达到这样一个千年发展目标，他们制定了相应的具体目标和相关指数。例如为改善产妇保健，就要将目前产妇死亡率降低 3/4；又如为消除贫穷饥饿，就要将非洲贫困率降低 50% 以上。所以，8 项目标都附加了一些很细致、很具体的目标和指数。这样，就使得大目标可以测算，也可以衡量，而不是说空话。然而，设定目标、设定方向这并非难事，最难的是如何实现这些目标。实现这些目标首先需要资金的投入和活动的开展，为此，在 2003 年 3 月，120 多个国家的领导人再次聚会墨西哥的蒙特雷，提出要想达到联合国的这个千年发展目标，各个援助国必须认捐比以往更多的援助款，就是说要加大投入，到 2010 年要实现世界发展援助总额达到 1300 亿美元，其中对非洲的援助要增加一倍。

实际上，在联合国发展目标设定的时候，没有几个国家对这个千年发展目标表示过真诚的热心。这是因为冷战结束以后，发展中国家在两极格局中的战略地位发生了变化，西方世界不需要通过援助来争取它们的支持，因此自 20 世纪 90 年代中期以后就一直在削减对外援助。但为什么在 2003 年的时候，这些主要的援助国会做出这样巨额的承诺呢？为什么美国和欧盟都在蒙特雷会议上答应把他们的对外援助增加一倍，甚至一倍以上？这是因为，在世界的格局里发生了一些重要的事件，如“9·11”事件、美国对阿富汗以及后来对伊拉克的入侵。当时，在美国很多人认为世界的主要威胁来自于恐怖主义，而欧洲的主流思想界认为恐怖来自于不发达，如果不解决发展问题，就没法解决安全问题。正是在这种压力下，也就是在欧盟和国际组织的强力推动下，美国有些人已经认识到发展问题是国际政治领域里一个很大的问题。当然，有些战略家也开始认识到，发展援助可能成为伸展国家实力的渠道，因此这些国家都开始愿意以实现千年发展为缘由，加大对发展中国家的援助力度。

当然，联合国不仅提出要增加发展援助的投入，还提出了国与国之间要相互合作，调动全社会的力量，让社会各界，包括政府部门、私营企业、民间团体、普通民众以及新闻媒体都参与发展工作。同时，联合国千年发展目标还为自己的行动确定了一系列的合作伙伴，如联合国开发计划署、千年运动、经济和社会事务部、世界银行、联合国儿童基金会、联合国环境规划署、联合国人口基金、世界卫生组织、国际货币基金组织、联合国人类住区规划署、联合国粮食及农业组织、国际农业发展基金、国际劳工组织、国际电信联盟、联合国艾滋病规划署、联合国贸易和发展会议、联合国发展集团、联合国教育科学和文化组织、联合国难民署、联合国妇女发展基金、联合国人权事务高级专员办事处、联合国世界粮食计划署等，要求所有这些伙伴都应把自己的力量集中起来去实现千年发展目标，形成一个联合国系统的国际援助的伙伴网。

从图 1 中可以看出，自 20 世纪 90 年代中期开始，国际援助规模开始徘徊不前，甚至下降，西方人称之为援助疲劳症。但是，到了 2002 年，特别是 2003 年以后，国际援助的规模急剧攀升，每年的增幅都是在 100 亿美元以上，在 2005 年官方发展援助总额达到了创纪录的 1068 亿美元，其中减免伊拉克和尼日利亚债务占到了 20%。那么 1000 多亿美元从发达的世界流向发展中的世界，是谁在背后起到了主导的作用？是谁在援助的流动过程中起着操盘和推动的作用？

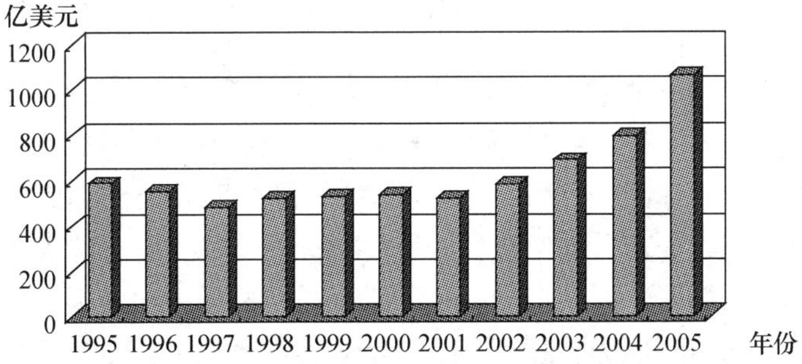


**图 1　OECD/DAC 国际援助规模的变化**

## （二）国际援助的主体

众所周知，1944 年的布雷顿森林会议协议成立了国际货币基金组织、国际清算银行和世界银行，这被统称为布雷顿森林机构或布雷顿森林体系。布雷顿森林机构的主要目的是利用西方控制的银行体系，调动西方资本市场帮助当时的布雷顿森林体系的成员国解决国内的一些经济问题，比如说就业问题、价格稳定问题、经济增长和收支平衡的问题等。其实，当时世界银行体系和联合国体系一样，主要是想通过解决经济问题来解决安全问题。它认为只要有一个国际体系帮助成员国解决国内的经济问题，只要国内的经济保持平衡、不失衡，就不会导致这些国家向外扩张，或采取一种危险的举动。所以，这些布雷顿森林机构的设计者当时是要服务于主权国家，但是他们同时认为，如果对于经济干预过多的话，就会影响经济的发展，影响世界未来发展的动力。国家不可能是世界发展的真正动力，企业家才是经济发展的真正动力。所以，世界银行的宗旨和原则都侧重于为企业家提供必要的发展条件，有时甚至直接向企业家提供发展所需的资金。当企业的发展超出了国家的范围，世界银行体系又为这些企业跨国活动和跨国发展提供条件。世界银行为营造一个囊括整个世界的市场体系创造条件，这就是它解决发展问题的一个思路，也是国际援助体制的主要思路。

另外，我们还应注意到 1947 年美国的“马歇尔计划”。这是双边援助的著名例证。“马歇尔计划”的目标既是经济的又是政治的，它提出要在西欧重建资本主义的市场经济体系，以抗衡当时在东欧和苏联出现的社会主义计划经济体制，因此，这种国际援助也是国际战略的一部分。

同样是在 20 世纪 40 年代，还出现了联合国的一些专业机构，这些机构的目标同样是帮助成员国进行战后重建。实际上，无论是布雷顿森林体系，还是美国的西欧重建计划，或是联合国的专业机构，都是通过提供发展援助，实现以西方的制度理念重建世界体系的目标。

（1）联合国开发计划署，简称 UNDP。在联合国系统中，它是最大的发展援助提供者，号称世界上最大的多边援助机构，在 166 个国家开展发展援助，在全世界有一个庞大的合作网络。UNDP 号称其宗旨是帮助发展中国家和地区加强经济和技术发展，倡导变革，提供知识、经验和资源，同时促进发展中国家自力更生。联合国开发计划署的援助资金来源于联合国成员国的自愿捐款，捐款数量直接影响这些机构的活动能力。联合国开发计划署提供的援款是无偿的，不需要回报的，各发展中国家都希望得到这种援助，所以援助者在投向和投入方式方面有很大的发言权或主导权，这使得它可以将提供的援助项目相对集中与软领导，也就是偏重于管理而非生产领域，如投资评估，它实际上是给外资流动做一个铺垫；又如技术合作，它主要支付专家咨询服务，受援国的人员在境外考察和培训费用以及很少量的设备和仪器。UNDP 捐助的项目也多用于培训和咨询，在 100 万美元的援款中就要有大约 40 万美元用于聘请西方的专家提供技术服务。另外，UNPR 还致力于让发展中国家更多地了解外面的世界，向外国学习，并为此提供受援国组团出国考察的经费。联合国发展开发计划署是第一家对中国进行发展援助的多边组织，也是第一个带有西方色彩的援助中国的机构。它在中国的援助重点是削减贫困，加强法制，促进环境可持续以及防治艾滋病。根据不完全统计，我国接受了联合国开发计划署 4 亿多美元的援助，但另有一个统计说是 6 亿多美元，我们完成了 UNDP 500 多个项目，其中教育的比重是最大的。由于中国在对 UNDP 的谈判中一直保持着强势的地位，所以在基础设施建设和先进技术引进方面争取到了大量的 UNDP 投入，如机械、电子、能源、冶金这些方面的知识和技术都是我们当时最需要的投入。也就是说，在处理与 UNDP 关系方面，我们国家比其他发展中国家有更多的主导权。从图 2 可以看出，在改革开放初期，多边援助曾经一度占到对华援助总数的约 85%，当时 UNDP 是最大的捐助者。后来，随着中国和西方一些大国建交，这些发达国家开始对华进行双边援助，多边援助的比例逐渐缩小并稳定在 20% 左右的水平上。到了 20 世纪 90 年代，外援在我国吸收外来资本的总数中仍然占有重要的比重。中国社会主义市场经济成熟了以后，在国际上的融资能力加强，外援的相对比重才真正降下来。但是，在改革开放初期，中国一方面急需外来投资，另一方面又很难说服外资到中国来，当时外援被看做一种“优惠的外资”，是倍受欢迎的。

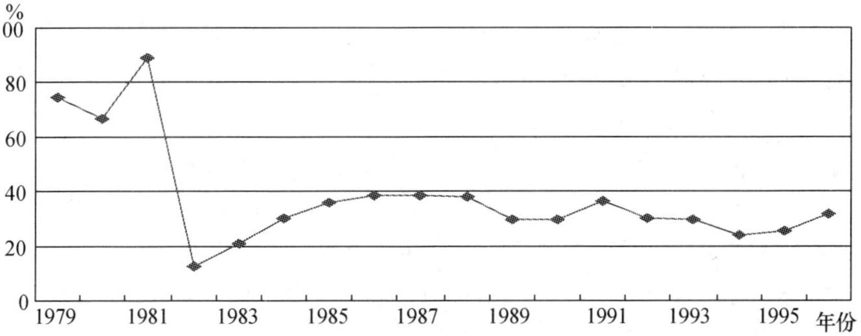


**图 2　对华援助中多边援助的比例**

（2）世界银行集团，简称为世界银行（The World Bank）。它主要包括国际复兴开发银行（IBRD，1945）、国际开发协会（IDA，1960）、世界金融公司

（IFC，1956）、多边投资担保机构（MIGA，1988）和国际投资争端解决中心（ICSID，1966）五个机构。它们联合向发展中国家提供低息贷款、无息信贷和赠款。其中，从事发展援助的机构主要为国际复兴开发银行（IBRD）和国际开发协会（IDA），特别是IDA，它对整个世界的发展投入是巨大的。但它们的援助方式和联合国是不一样的。联合国主要是对成员国认捐资金进行再分配、再发放；而世界银行有自己的规则，提供援助的方式是低息贷款、无息贷款和极少量赠款。赠款是带有条件的，也就是说，在签署了一系列低息贷款和很少量无息贷款以后，世界银行会提出，为了更好地执行项目，必须用它们推荐的专家；如果发展中国家不愿意使用西方专家，那么世界银行会提供一部分赠款，专门用于它们推荐的专家；再有就是提供培训赠款，让发展中国家的主管人士去“开开眼界”。目前，世界银行有184个成员政府。世界银行集团的所有组织都是由24个成员国组成的董事会领导，每个董事代表一个重要的捐助国或一组国家。由各国自己任命或派遣。我国也是24个成员国之一。从技术上来讲，世界银行也是联合国的一部分。但是，它的管理结构和联合国有很大不同。世界银行有自己的表决机制，低息贷款和优惠贷款给哪个国家、哪个项目是要通过一个表决机制来决定的，而这个表决机制规定成员国家所占的股份和它在表决时的权重是相对应的。换句话说就是，根据成员国缴纳会费的多少来决定它表决权重的大小。虽然它有184个成员国，而且其中绝大部分是发展中国家，但是如果按照各国所占股份权重进行表决，就只能受到发达国家的控制，因为在20世纪末的时候美国还占有16.4%的权重，日本将近8%，德国将近4.5%，英国、法国各占4.3%。根据世界银行的另外一项规则，就是任何重要的决议必须是85%以上的多数表决通过。那么美国一家就占了16.4%，也就是拥有一票否决权。只要是美国不想资助的项目，就达不到85%的要求。所以，我们可以看到，世界银行集团虽是一个很大的、资源雄厚的发展机构，拥有众多的成员，但在它的高层决策机制中，实际上就是美国一家说了算，无论你有多少股份，它都可以否决你。而且，世界银行的宗旨是帮助企业家或帮助国家扶持企业家来推动整个世界经济的发展，来解决世界的发展问题。从20世纪40年代中期到1960年间，它主要是帮助西欧和日本的经济得到迅速恢复。在1960年前后，世界银行公开宣布西欧诸国和日本已经是“发展毕业”了，它以后的任务主要是针对贫困，而它消除贫困的宗旨仍然是通过发展私营部门，推动发展中国家的私有化改革。因此，世界银行的发展援助往往与市场化、私有化相关。

（3）国际货币基金组织（IMF）。国际货币基金组织是布雷顿森林体系中的一员，其主要任务是监督货币的汇率和各国贸易情况，提供技术和资金的支持，然后保证全球的金融制度正常运行。如果哪个国家出现了资金短缺，它应该提供咨询意见和必要的帮助。它现有186个会员国，最高权力机构是理事会，每位成员有正、副理事代表，通常是本国的财政部长或中央银行行长。执行董事会由24名执行董事组成，执行董事由美国、英国、法国、德国、日本任命，其余由其他成员组成的选区选举产生，各成员的投票权按其缴纳基金多少来决定，这种体制和决策方式与世界银行有异曲同工之妙，其中发展中国家相对于发达国家来说，并没有平等的发言权和决策权。国际货币基金组织和世界银行有定期年会制度，在它们之间有非常畅通的沟通渠道，也就是说世界银行的宗旨和方式很快能够被国际货币基金组织接受，与此同时，国际货币基金组织的一些方式也会被世界银行参考或使用。然而，近些年来，国际货币基金组织在世界上受到了广泛的批评，这主要是由于它们给发展中国家提供的那些咨询服务、提出的那些建议到最后都没有收到很好的效果。其中，比较典型的就是阿根廷。它采用了国际货币基金组织提出的经济政策建议，曾经一度被称为市场化的典范。但是阿根廷本来就没有强有力的政府行政体制和充分的社会积累，私有化的结果使得政府丧失了在必要的时候干预经济的能力，同时使社会保护资源枯竭。所以，阿根廷出现经济危机时政府既没有办法投资基础设施，也没有办法维持社会福利计划，更没有办法投资教育，结果国家出现了经济几近崩溃的状态。因而从那时起，其他一些南美国家纷纷采取了中间偏左的路线，重新建立政府的权威，走上了国有化的进程。此外，还有肯尼亚接受了国际货币基金组织的建议，放宽了货币政策，放松了中央银行对国际货币流动的监管，结果导致了巨额的贪污，外商对肯尼亚的投资剧减。现在，肯尼亚是世界上最穷的国家之一。国际货币基金组织虽然不是严格意义上的发展援助组织，但是它和它的姊妹机构——世界银行联手，其政策会影响整个世界发展的方向。另外，它还会对一些发展中国家的金融体制进行注资，对国家的稳定起到非常大的作用。所以，胡锦涛主席在匹兹堡峰会上也提到了国际货币基金组织。

（4）经济合作与发展组织（OECD）及下设的发展援助委员会（DAC）。OECD/DAC成员都是双边援助国或国家集团，它号称提供了95%的世界发展援助。它的总部设在法国巴黎，历任主席都为美国人，只是前不久才换了一任欧洲人。在这个双边援助的平台里，美国的影响力也不容忽视。双边援助的主体都是主权国家，越是大国就越是倾向于提供双边援助。虽然北欧国家力主增加对多边援助组织的投入，但是发达大国更愿意把钱攥在自己手里，愿意给谁就给谁。这主要是因为它们把外援作为外交的一部分，在外援中表现出来的国家特性和国家利益与其他领域没有本质的差别，但是与其他对外政策工具相比，援助活动可以使援助国的影响深入到受援国社会的底层。OECD/DAC本身并不提供援助资金，但它组织调研、进行政策协调、同行评议，引领国际援助的方向。比如它提出，

2010年要想实现联合国千年发展目标，就必须加大发展援助投入，使其总额达到1300亿美元。它设立了这么一个标准，然后又通过调研提出近几年发展援助的年增长率只达到了5%，而要实现目标就需要使增长率达到11%，它还通过它的出版物，对一些援助国进行指名道姓的批评。它正是通过不断地出调研报告，不断地进行同行评议，不断地开会进行政策协调，来影响各个援助国，从而达到引领整个世界外援方向和为外援定调子的目的。但是，随着一些非OECD/DAC援助国的发展，尤其是中国和印度等国援助金额的迅速增长，OECD/DAC垄断地位也发生了变化。

(5) OECD/DAC把一些非成员称为"新兴的"援助国，主要包括中国、印度、南非、巴西、墨西哥，还有中东石油富国。OECD/DAC认为，这些"新兴的"援助国，已经进入到援助国的行列，但却没有进入国际援助体系。过去，国际援助体制的多双边成员之间有着广泛密切的联系，有非常大的默契，但是中国、印度、南非、巴西、墨西哥，还有阿拉伯联合酋长国，在发展中世界，特别是在非洲的影响越来越大，而这些援助国并不向OECD/DAC公布援助数字、通报信息，也不公开自己援助的方式，不按照西方的规则和默契行事，这令它们感到非常不安。

(6) 其他援助者。首先是主权国家组成的区域组织，如亚洲开发银行(ADB)。亚洲开发银行不是联合国的下属机构，但是却和联合国有密切的关系，是联合国亚洲及太平洋经济理事会赞助建立的机构，和联合国的专门机构及一些区域机构有非常密切的联系。它的宗旨和联合国的宗旨也相类似，主要是减少贫困，提高人们的生活水平。方法主要是政策对话，提供贷款、担保、技术援助和赠款。当然，与亚洲开发银行类似的还有欧洲开发银行、非洲开发银行等组织。其次是全球性和区域性的非政府组织。其中一些非政府组织是援助国援助项目的执行者，如OXFAM（中文也翻译成"乐施会"）。实际上，OXFAM本身并没有多少资金，但是它执行世界银行的项目，执行英国开发署的项目，实际上是西方国际援助体系向外的延伸。同时，也有一些非政府组织拥有自己的资金，直接提供援助。现在，有一些新的大亨把巨额资金拿出来建立基金和基金会，并在整个国际援助体系里占有一席之地，但他们的行为方式和刚才所讲到的国际组织是很不一样的。

## 二、国际援助的理论和政策

几乎每个援助国都宣布，要努力实现联合国的千年发展目标，增加援助金额，为人类的发展做出贡献。但是，每一个援助国在做贡献的时候都会有不同的方式，这些不同的方式往往体现它们不同的利益。

## （一）对外援助是一种战略工具

不能忽视对外援助的战略作用。1948 年 4 月 3 日，杜鲁门在签署《对外援助法案》时说："很少有总统有机会签署这么重要的法案。这些措施[①]是美国对于针对当今自由世界挑战的回应。"也就是说，杜鲁门认为，向西欧国家提供以"马歇尔计划"为标志的援助，主要不是为了发展，而是为了回应东方集团对于所谓自由世界的挑战。所以，美国的国际援助计划是战略性的，而不是发展性的。美国政府曾经坦言，它的援助与"西半球战略"密切相关。长期以来，美国对外援助的第一大户是埃及和以色列，其次是希腊和土耳其，这些地方都是美国"西半球战略"的前沿地带。只要是美国势力存在的地方就有美国的援助，而美国势力达不到的地方就是苏东阵营的地界。在东亚，美国在 20 世纪 50 年代曾长期保持对中国台湾的军事援助，那里是它的东亚战略前沿。美国对外援助的走向就是在世界格局中巩固西半球战略，也就是在巩固它的前沿阵地。"马歇尔计划"和美国的一些文件中说得非常清楚："马歇尔计划"在西部欧洲稳定了西方的制度和西方的方式，为美国的"西半球战略"做出了重要的贡献。到了 1960 年，随着西欧恢复了经济增长，美国停止了对西欧的援助，但这并不说明美国在战略上放弃了西欧，而是因为 1960 年在巴黎成立了经济合作与发展组织及发展援助委员会。自此，美国不是让出了西欧的地盘，而是让西欧国家也为美国的"西半球战略"贡献它们自己的力量，也就是说西欧国家也加入了援助国的行列，但援助国的主导者还是美国。

## （二）对外援助的理论依据

（1）发展经济学。它的主要代表人物是瓦尔特·罗斯托（Walt W. Rostow）和钱纳里（Hollis B. Chenery）。它们认为发展援助可以帮助不发达国家解决经济发展中碰到的实物、资金、技术、管理经验和制度方面的瓶颈。他们把西方发达国家的发展经验作为一个模本，认为在发展的过程中需要某些实物、资金、技术、管理和制度，而西方的发展历经了数百年才积累起必要的资本、技术、人才等。他们认为，通过发展援助的投入去"替代"西方耗费数百年形成的资本、技术和人才积累，可以帮助发展中国家更快地发展起来。也就是说，通过短期替代，解决发展中的瓶颈问题，使发展中国家的发展速度大大加快。实际上，这个逻辑就是：发达国家提供了发展经验，走发达国家已经走过的道路就能发展。发展中国家通过发展援助接受西方已经有的资金、技术、管理、人才、制度，就可

---

① 指对外援助。

以解决发展问题。比如，当时发展中国家最主要的问题是粮食短缺问题，所以，在早期很多援助都是投资在粮食等领域的，先把粮食运过去，然后再传播技术等。这是早期的发展援助能在西方立足的理论根据。

（2）新自由主义。20 世纪 70 年代石油危机之后发展经济学的理论受到了自由市场经济支持者的严厉批判。发展经济学家们认为，靠市场自己的方式去发展，不能解决发展问题中一些瓶颈问题。所以，他们认为需要政府，哪怕是外国政府的投入。但是新自由主义经济学家们却认为，政府的投入或非市场力量的投入会引起“政府失灵”。这不仅表现在发达国家，而且也表现在发展中国家，特别是在发达国家对发展中国家的援助中。比如，发达国家给发展中国家的援助落入一个强势但落后和腐败的政府手中，这只能加剧政府失灵。所以，从 1980 年里根上台后，开始调整对外援助理念和方式，强力推行以“结构调整基金”为主要方式的对外援助。他把美国对世界银行的投入拨出来建立了一个“结构件调整基金”，用它来鼓励和推动市场经济在全世界的建设和发展。如果谁想得到“结构调整基金”的资助，就必须对本国的市场进行结构性调整，进行市场化、私有化改造。

（3）国际政治学。在对外援助的领域里，有很多的行为主体，它们都是不一样的。因此，围绕着国际援助行为主体形成了不同的理论。

1）现实主义理论。一是以摩根索（Morgenthau）为代表，认为无论什么形式的对外援助，本质都是政治性的，其主要的目标都是促进和保护国家利益。也就是说，如果援助能够促进本国的国家利益，同时又能够符合某种国际指标，那么就提供援助；如果和国家利益相抵触，即使是千年发展目标所要求的，那也不提供。二是以华尔兹（Waltz）为代表，认为对外援助应服务于美苏争霸的国际格局。如在冷战时期的援助，都按照政治来划线，所有选择社会主义道路的国家，都到苏联去谋求援助，而所有选择资本主义道路的国家，都到美国和西方去寻求援助。三是以瑞德尔（Riddell）为代表，认为援助国应利用对外援助在后殖民时代延续殖民时期的各种传统不平等关系，比如不平等的交换关系等。四是以斯多克（Stokke）为代表，认为外援的本质是“通过压力（以停止外援拨款为压力），使受援国接受本来是不会接受的条件”。如果受援国不接受条件，那么援助国就会停止援助，这是所有国际援助的一个核心本质。现在，所有的西方援助国都认为这种“附加条件”是合理的，它们认为对于西方国家给出去的所有援助都应该增加附加条件，特别是要让受援国接受原本不能接受的政治条件。中国的对外援助尊重发展中受援国的主权，不附加任何政治条件，因此也最受到以西方为主导的国际援助体系批判。

2）建构主义理论。这种理论认为对外援助是社会与社会、公民与公民、行业与行业、机构与机构、个人与个人之间跨国联系、沟通、合作的渠道，通过这些渠道建立起了一整套包括国家行为体在内的全球治理体制。这个体制受到国家力量的推动，但这个体制的行为是由各行各业的专家执行的，是在国家层面之下，在次国家层面上，在区域政府层面上，在行业的层面上，在个人的层面上，在社会的层面上，建立跨越国家边界的联系，结果这些联系纽带最终就形成了一种新的国际社会现象，一种有时可以反过来推动国家力量的体制和力量。

### （三）国际援助的基本原理

为了深入理解对外援助的基本原理，我们首先回顾一下国际援助的基本方式。国际援助的基本方式主要有：①优惠贷款，这是一个最受到争议的方式。OECD/DAC 设立了一个标准，规定贷款的优惠率必须达到 25% 的赠予率才能算是发展援助，否则提供贷款、回收贷款、收取利息就是一种商业行为。当然优惠贷款有时会发生变化，例如一些受援国借了债，还不起，最后减债、免债了事，但还要算是优惠贷款，因为援助国可以分两次计算援助，一次是在提供优惠贷款时，另一次是在减债免债时。②赠款，这是一种比较普遍的形式。欧洲联盟对外援助的形式 100% 是赠款，联合国开发计划署的援款也是赠款，但赠款也不是白给的，通常是有附加条件的。③人道主义援助和实物援助，可以直接从援助国政府送达受援国基层。除此之外，各个援助主体还会利用援助进行网络化建设。比如说有一个援助的项目，援助额假设是 100 万美元，援助方会留出 15% 作为管理经费，主要用于经验交流、网络建设和其他自身的用途。这些经验交流活动促进了国际援助各个主体之间的网络化联系，它们之间的信息是十分畅通的。它们认为这种网络有利于发展理念的交流和传播，有助于相互学习经验，通过这些渠道，西方援助方的技术和观念得到更加广泛的推广，大大地增强了国际援助体制相对于发展中受援方的优势。

对外援助的理论体系中有发展经济学、国际政治学和战略思考，但它最原始的道理和最基本的行为方式是财政转移。我们知道，财政转移有自身的规律，如果财政转移发生在一国之内，由于缴费主体和支付对象是同一群体，是该国的国民，那么财政转移的方式和程度都将在很大程度上受制于这个国家内部的政治程序，由缴费者群体通过政治的方式来证明财政转移的合理性。因此，财政转移归根结底是一种通过政治程序达成的社会认同。对外援助是一种跨国的财政转移，它的缴费主体和支付对象是分离的，缴费主体是发达国家的公民，而支付对象却是发展中国家。因而，对对外援助这种跨国财政转移的合理性界定和需求认知都来源于援助国。援助国决定受援国需要什么，它们就给什么，援助国认为什么样的援助是合理的，就提供什么样的援助，因此国际援助领域里的一个重要问题是供给导向，力量失衡。援助国认为发展中国家需要什么就提供什么，即使提供的帮助可能是受援国并不需要的。反过来，发展中国家最需要的东西，它们可能不愿意给，这就造成了需求认知的脱节。例如，冷战结束以后，西方发达国家认为，不实行多党制民主选举的国家一定会产生腐败，而腐败的政府只能贪污和挥霍援助款，因此需要向发展中国家提供“民主援助”，要资助建立反对党，结果并没有给接受了这类援助的国家带来发展。供给导向的援助往往会导致以下的结果：一是发达国家从自己的历史经验出发，制定受援国的发展方案和思路，所以提供的援助未必适合受援国的国情；二是援助国提供的援助难免带有国家私利；三是在解决市场缺失时，往往会同时导致市场失灵和政府失灵，因此导致不发展的问题远远不止西方媒体所讲的腐败和低效益，还有被实践一再证明的国与国之间的依附关系。所以说，对外援助既可以是国家控制国家的工具，也可以是资本控制市场、控制资源的工具，当然如果使用得当，它也可以是一个发展工具。这里的关键是援助国的援助政策和援助方式是否建立在国家平等的原则基础上。

### （四）对外援助领域的国际关系学议题

第一是援助国之间的关系。以欧洲联盟为例，它和它的成员国花费了巨额资金用于发展中国家的发展，但是在这些巨额资金之间存在不协调和相互博弈问题。欧洲联盟因此提出了 3Cs 方针，即协调（Coordination）、互补（Complementarity）和一致性（Coherence）议题。就是说，援助国之间要在对外援助过程中相互协调，实现互补和步调一致。但事实上，每个援助国都有自己的传统势力范围和独特的利益，所以，要实现援助国之间的协调性和互补性其实并不容易。在国际援助领域里，有大量研究国与国之间关系的成果。第二是援助国与受援国的关系，特别是权力关系。发展战略和发展规划是在援助国之间讨论形成的，在发展援助项目里体现了援助国的主导权，而发展中国家则认为，援助应该体现一种平等的合作伙伴关系。如何解决发展援助领域里的主导和被主导的关系，这是一个值得探讨的问题。第三是决策程序的问题。在决策程序里，在落实发展援助的各个程序里，根据什么决策，谁说话算数，既是一个主导权的问题，同时也是一个所有权的问题，只有发展中受援国全面参与，积极主导，才会真正拥有发展，才会使发展可持续。第四是实施过程的问题。在对外援助中要考虑到适用性、文化差异和对称性。第五是一个焦点问题，即“附加条件”和“依附论”。附加条件的问题，已经变成一个政治化的议题，Stokke 认为，北方国家对南方国家的援助向来都是有条件的，只是这些条件随着时代的不同而在变化：在 20 世纪 60 ~ 70 年代，附加条件主要是经济上的；到了 80 年代变成了体制机制的改革；90 年代以后，西方援助的附加条件又发生了一次大变化，完全政治化了，变成了援助政治民主、法制建设和人权与自由，附加条件变成了政治条件。所以说西方发达国家的发展援助从来都不是受援国主导的。

中国和西方发达国家对外援助的一个根本区别就是中国提供的援助是受援国主导的，如果中国和受援国谈一个援助项目，一般中方会请受援国提出一个单子，列出在哪些方面最需要帮助，然后中国根据自己的能力审核要求，如果中国的能力能够达到，就帮助他们。但是，发达国家的对外援助是他们自己出一个单子，让发展中国家选择，然后谈判。这就是为什么附加条件一直都是由援助国控制的原因。发达国家认为受援国应该投资人力资源，就提供一系列投资人力资源的项目，超出这个范围就没有办法选择。第六，最近国际援助体系热议援助有效性的问题，实际上是希望通过有效性议题全面规范所有援助国的援助行动。

## 三、中国与国际援助

### （一）中国作为一个受援国

从 1949 年到 20 世纪 60 年代早期，中国一直接受苏联的援助。1949 年毛主席到苏联争取了 3 亿美元的优惠贷款，开始接受苏联的援助。这绝不仅仅是 3 亿美元贷款的问题，通过这 3 亿美元的贷款，中国学会了怎样制订第一个五年计划，邀请了大量的苏联专家教会了我们怎样去管理计划经济，投资了 156 个大型的重型工业化项目，奠定了我国工业化起步的基础。这说明了援助不仅仅是一个数字，不是援助资金达到多少数额的问题，援助带来的是技术的更新、观念的转变、制度的创新和政策的转变，它有相当大的厚度。从 60 年代初期以后，中苏关系破裂，苏联单方面宣布停止对中国的一切援助。但是，苏联方式还在很长的一段时间内影响着中国的发展进程。

从 20 世纪 60 年代到 70 年代末的将近 20 年中，中国没有任何外来援助。从 1979 年改革开放开始，重新敞开国门，开始接受西方援助。不仅是接受西方援助，而且是去争取了西方援助。1974 年，邓小平在联合国一次特别联大上提出，我们国家要准备接受西方国家的援助来发展我们自己，但后来因他再次离开领导岗位而没有实行。到了 1978 年，我国的经济代表团开始外出去寻找优惠贷款，希望接纳西方的援助，从而开启了中国和发达国家的一个交往通道。从那时起到现在的 30 多年来，实际上，外援的流入对我国的改革开放起到了很重要的作用。它带来了技术和技能，带来了人力资源和知识，带来了资本和投资，带来了对改革的财政刺激。80 年代世界银行的贷款、联合国的资助和其他一些机构的资助使北京和其他一些地方变得非常的活跃，到处都在开着研讨会，有大批的学生受到资助去国外留学，培养和造就了新一代的专家；获得了一些资本和投资，沿海地区很多基础设施建设都是通过国外的援助完成的，包括一些高速公路，中国的改革和发展全面提速。

中国接受外援的最大特点是保留了自己的主导权，也就是“以我为主、为我所用”。邓小平在与当时的世界银行行长麦克纳马拉（McNamara）谈话时讲到，没有这些援助我们一样搞经济建设，一样发展，一样实现我们的现代化目标，但是有了这些援助，有了世界银行的支持，有了各方面的支持，我们的发展就更快一些。另外，中国主管外援的官员也说过，外援对我国各个机构的改革起到了财政的刺激作用。联合国对我们的早期投入都是在一些关键的领域和部门，如人事、金融等。后来，通过援助建立对外交流与合作窗口的部门不断增多，除了早期的农业部、财政部、教育部、卫生部以外，最近几年发展到高等法院、警察部门、司法部门等，在这些部门的国际合作中，都有国际援助的身影。国际援助对中国的“硬件”投入在经历了20世纪80年代一个稳定的增长期以后，于90年代迅速下降，对经济基础设施和服务的投入也在同期开始下降，与此形成鲜明对照的是，对社会基础设施和服务的投入在90年代以后迅速增长，包括环境保护等领域的多部门跨领域投入也稳步增长。外援流入中国的这个趋势正好反映了中国发展的步伐。中国最初重视对基础设施的投入，最需要对基础设施的资金投入，随着中国的发展、经济的发展，我们需要社会各方面的发展，包括政治经济各个方面的发展。于是在这些方面，中国与援助国之间的国际合作开始加大。所以，外援在中国的变化折射了中国发展的路向。外援对中国绝不仅仅是优惠的外资，它带来了科技和人才，带来了基础设施建设的投资，带来了经济社会改革的经验，对于改革的认知、观念、态度、机制和政策一系列的转变。外援使我们和援助国之间建立了很深层次的合作，使我们进入了世界体系。

### （二）中国作为一个援助国

一位美国教授说过，中国对外援助的“历史厚度和经验广度不亚于任何一种成熟的西方援助”。在过去的半个多世纪里，中国向100多个国家和区域组织提供了约2000个援助项目，其中既包括受援国急需的生产基础设施，也包括各类社会和公共设施，还包括免除友好重债国的债务以及向自然灾害发生地提供的人道主义援助。近年来，中国加大了对改善民生项目的援助力度。截止到2005年底，中国在53个非洲国家建成了769个成套项目，大多数集中在与百姓生产和生活密切相关的领域，如铁路、公路、电站、水利设施、农场、学校、医院和体育场馆等。中国还派出了115万名医务人员，为发展中国家培训了2万多名各类人才，免除了109亿元人民币债务①。据统计，中国在2006年通过不同的机构向

① 《商务部对外援助司王世春司长谈中国对外援助》，http：//www. video. mofcom. gov. cn/class_onile010671790. html。

全球提供了 82137 亿元人民币的援助①。

从新中国成立到改革开放，中国对外援助经历了近 30 年的发展历程，确立了以“八项原则”为基础的中国对外援助方针，体现了国际主义和爱国主义的高度统一，为中国对外援助事业后来的发展留下了一份宝贵的遗产。我们国家在过去的 30 年里经历了一个援外体系快速改革的阶段，在改革的过程中坚持了八项基本原则，坚持了邓小平的实事求是的方针，改革了一些政策、一些方式、一些管理方法，现在改革还正在进行。其中，最关键的是中国经历了一个史无前例的社会市场经济的转变，从计划经济转到了市场经济，市场的力量进入到了我们对外援助的领域，从而也进入到了国际关系的领域。这些市场力量使我们对外援助更加有效率，更加遵循效率原则，但是这并没有改变我们对外援助的一些根本原则，即胡锦涛同志在 2005 年联大上讲的以人为本的一些国际发展的理念。

### （三）国际援助尚未解决的问题

在国际援助的体系的领域里有很多没有解决的问题，这些问题有很多人在努力研究和解决，但绝非易事。如在援助里无偿援助和有偿援助哪一种更有效？世界银行采用的是贷款，联合国采用的是无偿援助，日本采用的是贷款多赠款少，欧洲联盟采用是赠款。那么，它们为何采取不同的方式呢？世界银行认为，采用贷款作为国际援助的方式是要培养一种负责任的精神，因为有了还债责任就有了某种发展动力；欧洲联盟认为，采用赠款的方式是因为只有赠款才能够使提供有限援助的一方有更多的发言权和主导权，同时也不给受援国增加负担。所以，这里的优势和劣势、原因和理由都是莫衷一是的，值得探讨和研究。

还有一个问题是中国为什么能够成功地使用外援？这里有很多不同的解释，例如为什么中国能够消化结构调整资金，能够消化一些以市场为主导的基金，同时又不受这些基金的左右，能够使这些基金为中国的发展服务。有一个很有力的解释认为，虽然中国接受的外援资金很多，到 1995 年，中国是全世界最大的受援国，但所有的外援资金加在一起在中国只是很小的一部分。比如说扶贫基金，各个发展组织都集中来中国进行扶贫事业，但是相对于中国自己的扶贫投入来讲，它们只占到 1% 弱，因此不能动摇我们基本的社会制度，不能发挥它在其他受援国那样的杠杆作用。

再如援助方和受援方到底发展怎样的合作才是比较理想的？大家都讲援助，援助谁，谁受益是起关键的导向作用的。西方国家讲，中国提供的援助只是援助政府，如果政府腐败，援助就没有效益，这不是以人为本的；而它们直接援助给

① 中华人民共和国统计局编：《中国统计年鉴》，中国统计出版社 2007 年版，第 286 页。

个人，把它们的资金用于利益集团、非政府组织，使得它们对于自己的政府形成一些制约，但是也导致那些国家不可能上下一心谋发展。所以到底怎么援助？援助谁？谁受益？怎么影响发展的方向？这些都是值得讨论的。

还有就是在外援和外资的关系上，捆绑性的援助（Tied Aid）也有一些前沿性的问题需要探讨。比如说我们国家的对外援助受到批评最多的是进出口银行的优惠贷款。进出口银行在什么样的情况下可以算是国家行为，在什么情况下只能算企业行为，这也是需要解释清楚的问题。进出口银行是一家商业银行，它们去投资资源性的项目，因为资源性的项目回报率最高，这无可厚非。也有一些人说，资源性的投资有政府配套的利息减免，就使得银行有强大的力量去竞争，对西方的贷款形成了巨大的威胁。虽然西方援助国一向都是这样做的，但是它做得不好就要指摘别人，我们就需要在概念上、实践上解释清楚并进行合理化改革。

最后，中国援助到底要达到什么样的成效，用什么标准衡量，是用社会标准衡量，还是用政治标准衡量，还是用经济标准衡量，然后做出科学的评估这些都是尚未解决的问题。

（编辑整理：李海涛）

# 能源安全与石油
## ——走近石油，远离石油

杨　光

2009 年 12 月 14 日

# 杨　光

中国社会科学院西亚非洲所所长、研究生院西亚非洲系教授

**摘　要：**对于中国来说，能源安全与石油是一个非常重要且具有战略意义的问题。在此问题上，我们国家既要走近石油，如建立战略石油储备基地、石油供应来源多样化、石油企业走出去战略、开展石油外交等；又要远离石油，如提高能源使用效率、寻找石油替代能源等。

**关键词：**能源安全　石油　中国　中东

对于中国来说，能源安全与石油是一个非常重要且具有战略意义的问题。在此问题上，我们国家既要走近石油，又要远离石油。

## 一、能源安全的重要意义

### （一）能源决定着国家兴衰

实际上，能源与我们每个人的日常生活乃至于一个国家的发展都有着非常密切的关系。世界发展到了今天，我们已经不可能在谈论我们的生活、在谈论国家发展的时候不谈到能源问题。从我们的日常消费，到飞机导弹，都和能源有着密切的联系。现在，中国正在为全面建设小康社会、晋升中等发达国家行列而奋斗。在这样一个过程中，能源对我们国家的经济发展、整个经济实力的提高有着至关重要的作用。通常情况下，在考察一个国家的经济发展和能源的关系的时候，我们使用能源消费弹性系数这样一个指标来看一个国家的经济发展，特别是经济增长对能源的依赖程度。这里所谓的能源消费弹性系数，是指经济每增长一个百分点，能源消费需要增长多少百分点。如经济增长1%，能源消费也增长1%，那么能源消费弹性系数就是1；如果经济增长1%，那么能源消费只增长0.5%，能源消费弹性系数就是0.5。能源消费弹性系数是0.5的国家与能源消费弹性系数是1的国家相比，它的经济增长对能源消费的依赖程度就要低一些。如果把发展中国家和发达国家做一个比较，我们可以看到，通常发展中国家（包括中国在内）的能源消费弹性系数比发达国家高得多。一般来说，由于发达国家的产业结构的原因，它们已经不那么依赖能源密集型的产业，所以它们的能源消费弹性系数一般来讲是在0.5左右，而发展中国家，由于它们的经济增长仍然处在高度依赖高耗能产业的工业化阶段，所以它们的能源消费弹性系数一般来讲都在1左右。最近几年，我国的能源消费弹性系数一般都在1上下浮动。因此，从这个意义来讲，我国的经济发展对能源的依赖程度比发达国家要高得多，所以，相对而言，能源安全对中国比对发达国家有更加重要的意义。

### （二）石油时代还没有结束

从全球来讲，以石油为主要能源的时代现在还没有过去，在初级能源结构中石油仍然占有其他能源所不能比拟的地位。

让我们来看一下最近一百年来各种能源在初级能源结构中的比例。人们是从1880年才开始大规模使用石油能源的。到20世纪20年代，石油的使用开始有了比较快的增长；到20世纪40年代，由于发现了沙特阿拉伯的大油田，人们对石油消费的需求急剧上升；到20世纪60年代初期，石油第一次超过了煤炭，成为全世界初级能源结构中最主要的能源，这种现象一直持续到今天。但就中国而言，石油不是初级能源结构中的主要能源。因为我们国家有大量的煤炭资源，所以我们的主要初级能源是煤炭。在我国初级能源结构中煤炭大概要占到65%左右，而石油大约只占20%~25%。虽然，石油不是我国第一位的初级能源，但它却是一个重要的初级能源，其地位仅次于煤炭，排第二位。

在未来的20年，我国全面建设小康社会的这个阶段，石油在初级能源中的比例不会有太大的变化。在2002年，煤炭在初级能源中占69%，石油占24%；到2020年，煤炭还要占61%，石油比例可能略有上升，达到27%。这里为什么要提到石油呢？因为随着我国经济的快速增长，石油成为我国能源中的最大问题。众所周知，我国在20世纪50年代末发现了大庆油田。到60年代初，我们一下子就摘掉了贫油国的帽子，从一个石油进口国变成了石油的自给自足，当时全国人民心情是多么激动。但是，这样的情形到了90年代中期就一去不复返了。由于国内的石油产量远远赶不上石油的消费速度，所以在1996年，我国成为了石油的进口国。而且，我国石油对进口依赖上升得非常快，从1996年第一次成为石油的净进口国，到2008年，我国的石油消费已经有51%都要进口。换句话说，今天我国不仅成为了石油的净进口国，而且我国消费的石油也已经不是主要依赖于国内生产，而是依赖于国外进口，这是一个非常大的变化，这也是对中国能源安全的一个巨大挑战。

### （三）能源关系到生存环境

在今天，我们谈到能源安全的时候，已经不仅仅要从能源供应的角度来考虑能源的安全，而且也要从能源的使用、能源的消费方面来考虑能源安全问题。目前，全世界有这样一个共识，即化石能源（包括煤炭、石油）成为了环境杀手，它的使用和消费严重地破坏了环境。哥本哈根气候变化大会召开后，全世界都在讨论如何限制排放的问题。所谓的排放，它主要的来源就是化石能源的消费，特别是煤炭和石油的消费。而中国现在已经成为全世界的排放大国。早在2005年，中国的二氧化碳排放量已经占到了世界的第二位。正是由于化石能源所造成的排放和大量的污染，使我们今天在谈论能源安全的时候，必须要考虑我们生存环境的安全问题。我们生存环境的安全和能源的使用是有直接关系的，我们不能再像发达国家那样走先污染再治理的道路。

## 二、能源安全观的转变

### （一）传统的能源安全观

所谓传统的能源安全观，就是指20世纪60年代石油第一次成为世界的主要初级能源时，人们对能源安全问题的看法。当时，人们主要关注的是石油供应问题，它主要包括两个方面：首先，人们非常关注石油会不会枯竭。尽管大家不知道地球上到底有多少石油，但是大家都承认石油是一种不可再生资源，它早晚有一天会被用完。所以，什么时候全世界的石油能源生产就会达到一个顶峰，从而不可逆转地进入一个下降的过程？什么时候地球上的石油能源被用完？这种担忧从六七十年代直到现在一直萦绕在人们的脑子里。对此，也引起了很大的争论，而且莫衷一是。这里主要有两派：一是石油枯竭论者，他们认为石油资源很快就会达到生产的顶峰。这种论调是从70年代初开始出现的，当时随着第一次石油危机的爆发，就有人预言，说石油在十几年之内就会达到顶峰，然后就会下降，以后石油产量越来越少。他们还采用了一个词“石油生产到顶论”（Oil Peak）来支持这一观点。比较有代表性的是美国一个石油咨询公司的董事长（Mores）写的一本名为《沙漠黄昏》的书。他在书里重新研究了沙特阿拉伯的石油资源储量，研究了沙特阿拉伯石油统计的可信度。他的结论是沙特阿拉伯根本就没有那么多的石油储量，它的很多数据都是不可信的。因此，他告诫大家不要相信现在世界上还有那么多的石油，因为最大的石油资源国沙特阿拉伯的石油储量都是不可靠的。二是反对石油枯竭论者，他们认为现在世界上的石油储量究竟有多少，只有到石油用完那一天才能知道。在此之前，所做出的任何预测，都是耸人听闻的。我们可以看一些数据，据发布全世界石油储量最权威的机构——美国地质调查局的统计，在过去100年里，全世界尽管大量地开发和使用石油，但是我们只消费了全世界石油资源的20%，还有80%的石油资源我们还没有探明，也没有开采。根据美国地质调查局的评估，地球上究竟有多少石油呢？在1993年，它发表了一个报告，声称全世界一共有2.8万亿桶石油；但在2000年，它又发布了一个新的报告，将全世界的石油资源总量调高到3.3万亿桶。另外，不支持石油枯竭论的这一派还经常使用“石油出采比”这样一个概念来支持他们的论点。所谓的石油出采比，就是指按照现在的开采速度，现有的石油能够被开采多少年，也就是石油开采的年限。这个数据也是有所变化的，在1980年，按照当时的石油开采速度，全世界的石油只够开采29年；但到了2007年，全世界的探明储量的可开采年限却上升到了42年。换句话说，尽管我们不断开采、生产、消费石油，但是同时我们发现的、探明的石油资源远远比我们消费的多得多。在2008年，美国有一位专家克拉克·邓肯（Clark Dangken）也写了一本书，名为《为石油而战》。他在书里也坚信说，现在的石油枯竭论根本就是耸人听闻，在石油没有被用完那一天之前，你根本就不可能知道世界上有多少石油。

对这些争论，我们应该怎么看呢？或者说，从能源安全的角度来看，我们应该怎样看待这场争论？如果从能源安全的角度来看，对于石油顶峰论，我们认为：第一，它是不可避免的，是迟早要到来的，因为石油是不可再生资源，所以我们对此坚信不疑。第二，我们宁可信其会较早地到来，而不能盲目地相信它很久以后才能到来，因为当讨论一个关乎国家发展的重大战略问题时，我们谁也承担不了忽视能源枯竭这个问题所造成的历史责任。如果盲目地相信能源不会枯竭，从而不采取任何的防范措施，那么我们承受不了这样一个判断对一个国家发展可能带来的巨大损失。所以，我们对于石油资源的问题应该给予密切的关注。其次，对石油危机的关注。尽管人们对石油何时枯竭、何时达到顶峰争论不休，一时也看不到结果，但是石油危机的发生已经成了实实在在的现实。主要石油进口国对石油危机的关注又有两个问题：第一，石油供应中断。虽然这种中断不可能是全球性的中断，但是由于某种原因，石油供应每天中断300万、400万桶，就可能给全球的石油供应带来明显的影响。第二，石油的价格。如果世界出现石油供应中断或者石油供应中断的风险，由此也会导致国际石油价格的暴涨，对于石油进口国来说，这也叫做石油危机。1973年12月第一次中东战争爆发，一些阿拉伯石油输出国动用石油武器，国际石油价格一下子提高了4倍，从2.8美元一桶一下子提高到将近12美元一桶。从此，石油危机就成了石油进口国的一个挥之不去的梦魇。

## （二）可持续的能源安全观

20世纪90年代，传统的能源安全观发生了巨大变化，增添了新的内容，即在能源安全问题上，不仅要关注能源的供应安全，还要关注能源的使用和消费，以及对人类环境的影响。这形成了一种新的能源安全观，即可持续的能源安全观。1987 年联合国发表了一份名为《我们共同的未来》的调研报告，在这个报告比较完整地阐明了可持续发展的概念，并且把环境保护列为可持续发展的一项重要内容。与此同时，国际社会也达成了共识，认为化石能源的使用，包括石油，严重地影响了环境保护。在可持续发展观的提出和这一共识基础上，1992 年联合国召开了第一次世界环境大会。这次大会使可持续发展观，包括环境保护内容成为与会各国普遍接受的一种新的发展观。

当然，关于可持续发展观也是有争论的。主张环境与经济协调发展的一派认为，可持续发展依赖于使用清洁能源，不能使用石油这一类化石能源。化石能源会导致污染，导致二氧化碳排放，导致全球变暖，导致海平面升高，导致低地和岛国的生存受到威胁，导致沙漠化加剧，甚至这些环境变化还会导致地区冲突。比如说常提到的达尔富尔问题。包括我国在内的很多学者就认为，环境问题导致了达尔富尔问题的产生。因为达尔富尔问题的加剧主要是最近 100 多年的事情，在 100 多年前，达尔富尔地区的水草比现在要丰富得多，养活当时那个地区的游牧民族是不成问题的，但是，随着达尔富尔地区气候的变暖和沙漠化的推进，这个地区的水草资源急剧减少，而人口又急剧增加，最终才导致这个地区部落间的冲突越来越多，形成了我们今天所看到的达尔富尔问题。不过，也有一些学者不同意可持续发展。笔者在法国曾参加一个研讨会，题目就叫“超越可持续发展”。与会的一些学者认为可持续发展还没有解决人类发展中的所有问题，也有一些学者认为关于化石能源使用导致全球变暖，没有准确地描述我们生存环境的实际变化。特别是法兰西学院的一位老学者就认为全球变暖的观点是站不住脚的，因为从长期来看，全球在变冷。正是由于温度的下降，才使猿进化成了人。他认为我们所说的全球变暖，无非是反映了工业革命以来 100 多年的历史而已，而全球究竟是变暖还是变冷并不是以 100 多年为一个单位就能测定出来的。他说的有一定道理，人类社会和自然界固然有自己发展的规律，但是，世界上的很多事情，包括我们生存的环境，自从有了人类以后就发生了很大的改变。我们所要谈论的正是有了人类以后，特别是最近这 100 多年工业化的发展、人类活动的加剧所导致的问题。

根据科学研究、监测的结果显示，全球的气温确实是在变暖，在 100 年里全球的气温大概上升了 0. 75℃，尽管这个过程比较缓慢。因此，我们还是应该相信科学家研究、监测的结果，相信人类的活动有可能改变自然界发展的一些进程，从而关注气候变化问题，关注化石能源，包括石油能源的使用可能对气候变化造成的负面影响。

### （三）能源安全战略的演变

因为能源安全成为了一个重要的挑战，所以，自20世纪60年代以来，特别是进口石油的工业发达国家，它们为了维护能源安全，采取了很多办法，形成了能源安全的战略。这种能源安全战略的演变大概经历了这样一个过程。

在20世纪60年代，石油进口国仅仅关注的是能源供应的安全，因此当时它们采取的安全战略也是一种消极的安全战略，即一旦发生石油危机，它们要有一个应急的措施。这是60年代初，主要石油进口国，特别是欧洲国家，设立能源安全战略的主要出发点。而对此，它们采取的主要战略措施就是建立战略储备，换句话说，就是它们多买点石油，储存起来，一旦石油供应发生中断，就释放一部分战略储备，救一下急，从而等待石油市场恢复正常。1968年，欧共体通过了建立战略石油储备的决议，使这种能源安全战略在欧共体范围内付诸实施。但是，到了70年代，石油危机真的发生了，它引起了石油进口国对石油安全问题更加深入的思考，当时欧洲各国及美国认为仅仅采取一些应急式的办法不足以维护能源安全，如果能够减少对石油的依赖，可能才会更加安全。这就是我们要说的远离石油。主要石油进口国从70年代初便开始考虑远离石油。远离石油的标志性事件是1974年，经济合作与发展组织（OECD）的成员国集会，讨论长期能源战略问题，并且制订了国际能源计划。根据这一计划，能源安全战略被分为两个方面：一方面，是继续走近石油，加大战略石油储备，提高对石油中断的反应能力，推行石油供应来源的多样化；另一方面，就是远离石油，发展石油的替代能源，最终摆脱对石油的依赖。我把这样一种战略叫作积极地石油安全战略，因为它不仅考虑了消极的石油中断和短期的石油供应中断，而且积极地考虑到了替代石油能源，这就是70年代的能源安全战略。而到了90年代，当环境问题、全球气候变化问题进入到世界各国能源安全的视野的时候，石油进口国的能源安全战略也就不仅仅局限在建立战略储备、发展替代能源等方面，也开始考虑石油可能对环境造成的负面影响，从而加大了发展清洁能源、石油替代能源的力度。所以，90年代以来直到现在，我们所谈论的能源安全战略，实际上已经成为一个既包括石油能源供应安全，也包括石油使用安全的一种综合性的安全战略。

## 三、能源安全的国际经验

那么，国际上主要石油进口国是如何走近石油、远离石油的呢？换句话说，国际上这些石油进口国有什么可以称得上是经验的东西呢？

## （一）建立战略石油储备

在 1968 年，当时的欧共体通过了决议开始建立战略石油储备计划。到了 1976 年，国际能源计划的通过使战略石油储备成为所有 OECD 国家共同的能源计划。根据这样一个战略储备计划，每一个国家都应该建立不低于 90 天石油进口量的战略石油储备。当国际上石油中断的数量或者国家所遭遇到的石油中断的数量达到这个国家石油进口总量的 7% 的时候，就可以启动战略石油储备，给予应急，其他国家也应该给予支持。自 20 世纪 60 年代末 70 年代初战略石油储备建立以来，主要石油进口国在这方面进展都很快，美国因为国内有一部分石油，所以它坚持国际能源署 90 天进口量这样一个储备量标准；而欧洲和日本，因为自身生产石油的能力很弱，所以树立了更高的标准，战略石油储备量都达到了相当于 100 多天消费量的水平。战略石油储备自建立以来到现在，一共动用过三次，第一次是 1990 年，第二次是 1997 年，第三次是 2005 年。以 1990 年为例来看，它的效果还是比较明显的。1990 年年底，伊拉克刚刚打完“两伊”战争，百废待兴，战后重建急需资金，但自己的石油出口能力比较弱，石油价格又比较低，所以就看上了邻国科威特的大量石油。于是，伊拉克就找了个借口，入侵了科威特。而科威特的王室，在国家被入侵以后就呼吁国际社会干预，以美国为首的联军就出兵科威特，把伊拉克的部队赶回了伊拉克。其实，在发动这场战争以前，美国和西方国家就充分考虑到打这样一场战争，很可能会对全世界的石油供应产生很大的影响，导致石油供应中断，国际石油价格暴涨。所以，在决定发动战争的同时，也决定动用战略石油储备来平息可能发生的油价暴涨。结果不出所料，伊拉克军队在撤离科威特的时候，把科威特的 700 多口油井都付之一炬，对国际石油市场造成了很大的冲击。但是，由于发达国家动用了战略石油储备，所以当时发生的国际石油上涨并没有持续多长时间，几天就恢复了正常。所以说，战略石油储备还是有用的。但是，我们也要看到它的局限性。它只能在特定条件下应对短期出现的石油危机，时间一长，它就不管用了。例如，美国在 2001 年受到恐怖主义袭击，随后发动了两场战争，即阿富汗战争和伊拉克战争。在这个过程中，美国一直没有敢再动用战略石油储备。相反，伊拉克战争以后，国际油价已经达到了 148 美元一桶的天价，创历史新高，当时美国不但没有动用战略石油储备来平息油价，反而不管油价高低，拼命地增加自己的战略石油储备。这倒不是因为美国人对动用战略储备的短期效果有什么怀疑，而是因为美国人这时判断，这场战争未必会是一场短期的战争，可能不会在短期内结束。美国的战略储备只有 7 亿桶，而石油消费每年需要 65 亿桶，现有的战略石油储备只够用 1 个月的时间，而美国不能保证在 1 个月内结束战争，美国的总统没有这个把握。所以，在这种情况下，越动用战略石油储备，就越不安全，因为随着储备的减少，就会完全失去应急的能力。因此，可以看到战略石油储备只是一种应急的措施，而不是一种长效的机制。

## （二）供应来源多样化

所谓石油供应来源多样化，对于进口国来说，其实质就是远离中东。在20世纪70年代，西方的石油进口绝大多数都依赖中东地区的供应，中东地区的石油在国际市场上所占的比重达到70%以上。而供应来源多样化，其实就是不买或少买中东的石油，而去买其他地区的石油。石油供应来源多样化战略的大规模展开，发生在20世纪80年代，特别是1991年的海湾战争以后。伊拉克把科威特700余口油井全部给烧了，造成了相当巨大的石油供应中断，再次凸显了依赖中东石油供应的风险。而在中东地区，不仅是伊拉克和科威特之间有这种冲突的可能，很多国家之间都有冲突的可能，所以在经历了海湾战争以后，美国和西欧国家就下定决心一定不再过度地依赖中东地区的石油供应。所以，从那以后，主要石油进口国的石油供应来源多样化的趋势发展很快，到2008年的时候，中东国家在全球石油供应市场上的份额已经大大减少，只占到了36.8%，代之而起的是非洲（14.4%）、美洲（17.7%）、俄罗斯和中亚（15%）。同时，在2008年，美国的石油进口结构中，48%的石油都是从中美洲进口的，19.3%的石油是从非洲进口的，而从中东进口的石油比重已经退到了第三位，只占18.7%。西欧国家也是这样，在2008年，西欧国家进口的石油，从俄罗斯和中亚进口的占46.8%，从非洲进口的占22.2%，从中东进口的只占18.8%。可以看到，到了2008年，世界上的主要石油进口国都不再以中东为主要供应来源，中东在国际石油供应的地位已经明显地下降了。

## （三）走出去战略

从维护本国石油供应安全的角度来说，“走出去”战略就是指到海外去投资建立石油供应基地。几乎从世界石油工业一开始，美国和欧洲国家就开始在海外进行石油勘探开发活动了。20世纪伊始，英国就在伊朗投资成立了石油公司，后来的“七姐妹”几乎控制了全球的石油生产，它们都是受美国和欧洲资本控制的。

关于中国这样的新兴石油进口国是否应该实行“走出去”战略，有一个关于必要性的争论。美国和欧洲国家作为既得利益者，认为新兴的石油进口国到海外投资石油工业没有优势，也没有必要，如果需要的石油，直接向它们购买就是了，没有必要“走出去”。但是，美国石油公司的所作所为却难以让新兴的石油进口国放心，这里可以看一下日本的教训。日本是一个国内基本没有石油资源的国家。在“二战”后，日本完全依赖于美国公司的原油供应，美国不让它去海外开采石油，它就真的不去海外开采石油。日本建立了很多炼厂，炼厂的原油完全依靠“七姐妹”供应，炼厂生产的油品，在日本消费。所以，日本没有石油工业的上游产业。20 世纪 70 年代初，国际石油市场的形势发生了很大的变化，石油资源国纷纷实行石油国有化，收回石油资源权益，“七姐妹”控制的石油资源数量下降。1973 年第四次中东战争爆发后，中东国家开始对主要的石油进口国实行禁运。“七姐妹”，特别是美国的石油公司为了保证美国的石油供应，把手里能够掌握的原油资源优先供应给美国市场，致使日本成为了牺牲品，日本的原油供应量减少了 20%。对日本这样一个高度依赖原油进口的国家来说，这是一个非常严重的事情。所以，日本从 70 年代开始，就吸取了这个教训。一方面更加注意和中东石油资源国搞好国家关系，另一方面在海外投资方面也做了很大的努力，尽管它现在控制的海外资源也不太多。日本的教训很值得我们借鉴。美国公司对于一个盟国尚且如此作为，中国怎能希望美国公司保障中国的石油供应安全呢？“走出去”看来还是很必要的。

### （四）开展石油外交

外交本身是一个政府行为，是以政府为主体的。石油之所以和外交有关系，主要和石油资源与石油消费的地理分布有关系。我们所说的石油安全问题，实际上最初就是一个地理问题，即主要生产石油的国家，本身消费的石油很少，而主要的石油消费国，本身的石油资源却很少。世界上主要的石油生产地区有俄罗斯、中亚、伊朗、伊拉克、沙特阿拉伯、利比亚、非洲、尼日利亚、委内瑞拉及加拿大；主要的石油消费地区有中国的东南沿海、澳大利亚、欧洲及美国。由此，就造成一个问题，石油必须经过运输，才能从石油的原产地运送到它的消费市场。在运输的过程中，就涉及很多关系到国家安全的问题，也涉及到石油原产地的供应能不能稳定的问题，这样就产生了我们所说的石油外交问题，有很多问题需要通过外交的办法才能够维护石油的安全。在第二次世界大战以后，特别是 20 世纪 70 年代以来，世界上的主要石油进口国在开展石油外交方面，或者说在利用政府的交往的手段来维护石油供应安全上，大致做了四个方面的事情：

#### 1. 维护地区稳定

石油产区的政治局势的稳定对于国际石油供应的安全是至关重要的。在第二次世界大战以后，特别是 20 世纪 50 年代以来，全世界发生了一系列重大的石油供应中断事件。据国际能源机构的不完全统计，50 年代以来一共爆发过 23 次较大的石油供应中断。1973 年，第四次中东战争造成了每天 430 万桶的石油中断；1978 年，伊斯兰革命造成了每天 560 万桶的石油供应中断；2003 年，伊拉克战争造成了每天 230 万桶的石油供应中断；2005 年，卡特里娜飓风造成了每天 150 万桶的石油供应中断；等等。那么，总结一下这 23 次石油供应中断的原因都是什么呢？我们可以明显地看出，除了有一次是因为委内瑞拉的大罢工，还有一次是因为卡特里娜飓风以外，其他的供应中断全部都是由于中东地区爆发动乱和冲突引起的。因此，作为世界主要石油进口国，无不对维护石油产区的稳定十分关切，并且为此付出外交努力。就拿美国来说，它在 70 年代后期努力推动埃及与以色列媾和，在 90 年代采取"东遏两伊，西促和平"的中东政策，也就是通过制裁等手段对伊朗和伊拉克进行遏制，同时与苏联一起发起阿拉伯与以色列之间的"中东和平进程"，在很大程度上都是为了实现中东地区的稳定。当然，美国寻求的是美国主导下的地区稳定。

2. 构建相互依赖

最初，在石油输出国和石油进口国之间依赖是单方面的，主要是石油进口国对石油输出国供应的依赖。因此，石油进口国当时处于非常被动的局面，为此在第一次石油危机以后，石油进口国采取了很多的办法，使石油输出国对石油进口国也形成了一些战略性的依赖，如石油进口国对石油输出国开放国债市场、对石油输出国采取军事保护和军事援助等。这样，石油输出国和石油进口国之间就形成了一种战略性的相互依赖关系，从而使石油输出国不敢再随意动用石油武器，因为在损害石油进口国利益的同时，它们也在担心是不是会同时损害自己的利益。这种情况在美国与海湾的阿拉伯主要石油输出国之间的关系中比较常见。

3. 寻求集体安全

石油输出国组织是一个多边的政府间国际组织，是一个石油输出国的集团。1974 年，OECD 成员在巴黎召开能源安全会议，成立了石油进口国的政府间组织国际能源机构，并制定了国际石油计划，实际上这是石油进口国针对石油输出国组织所采取的一种多边外交行动。针对欧佩克宣布采取的通过控制产量来提升油价的措施，国际能源机构成员国协调行动，采取了建立战略石油储备和发展石油替代能源等有针对性的措施，寻求石油进口的集体安全。

4. 绕开风险水道

对于亚洲来说，最头疼的一个水道风险就是马六甲海峡。无论是中国还是日本，石油供应都对中东地区依赖很严重，而从中东地区运送石油到达中国东南沿海和日本的必经之路就是马六甲海峡。马六甲海峡很窄，无论是发生冲突，还是这个地区被谁控制，或是沉两艘船，运输通道都可能中断，而除此之外又没有别的地方可走。所以，亚洲国家都比较关心如何能够通过外交手段，来维护这条水道的安全，以及开辟绕开马六甲海峡的通道，从而使两个通道实行相互保障。现在已经提出的方案有两个：一是在泰国的克拉地峡开凿一个运河或者修建石油卸载和装载设施，从而使来自中东地区的石油经过克拉地峡运到东亚。二是在缅甸建立石油管道，使中东地区运过来的石油从缅甸通过石油管道运到中国。但这样两个方案的实现都关系到运输过境国的领土主权，没有政府间的共识和协调配合，是不可能实现的。

## （五）提高能源使用效率

提高能源使用效率，包括提高石油的使用效率，实际上也是远离石油的一个步骤。因为，如果能用较少的石油生产同样的产品，那么也就意味着对石油的依赖性相对地减少了。在提高能源使用效率方面，欧洲国家从 20 世纪 70 年代以后就做了巨大的努力，也取得了明显的成果。我们可以看一个统计数据，OECD 国家按照 1995 年的美元的固定价格计算，每生产 100 万美元产值，它的能耗在 1970 年的时候是 285 吨石油（石油当量），而到了 2002 年，已经下降到了 188 吨。这说明能源效率明显提高了。那么，提高能源使用效率有哪些具体的做法呢？大概有这样几个方面：第一，以立法的形式订立一些标准；第二，政府机构率先垂范；第三，依法落实强制性的措施；第四，采取多种财税激励政策；第五，开展宣传教育活动。

## （六）开发替代能源

开发替代能源，特别是清洁能源，从而使能源消费摆脱对石油的依赖。奥巴马就曾在竞选总统演说中提出这样响亮的口号，声称“让我们成为美国最终摆脱依赖石油的一代人”。为了开发替代能源，使用清洁能源，各个国家也采取了很多的措施，大概有以下几个方面：第一，以长期规划明确市场前景；第二，以立法手段开辟市场渠道；第三，以财政手段激励投资和消费；第四，以配额制度分配可再生能源电力。对于可再生资源，比如说风能，它的发电成本很高。因此，从市场的角度讲，谁也不愿意买风电。所以，国家就采取了配额制度，要求消费者必须购买，并把风电开发的高成本全部转嫁到消费者头上，以此来推动对可再生能源的投资。

# 四、中国的对策与挑战

面临如此严峻的能源安全和石油供应安全的挑战，中国是怎样做的呢？其实，我国的能源安全战略，也基本没有超出走近石油、远离石油这样一个基本的思路。作为一个后来的能源进口国和能源消费大国，我国的很多做法是和发达国家相似的。这也不是什么坏事，因为我们是后来者，所以就有一种所谓的后发优势。我们只要善于学习，就可以少走很多弯路，而取得同样的效果。我们只要善于学习，就可以少走很多弯路。因此，我国大致采用了下列能源战略。

## （一）建立战略石油储备基地

在21世纪以前，我国是没有战略石油储备的。想一想，现在中国是世界上第三大石油进口国，第二大石油消费国，却没有战略储备，一旦发生石油危机，就毫无还手之力，这是多么危险的处境。因此，从21世纪以来，我国就抓紧了战略石油储备基地的规划和建设。截止到2006年，我国第一期战略石油储备基地已经建成，包括舟山、镇海、大连、黄岛四个基地，并且现在正在注油。而第二期的战略石油储备基地已经规划，并且已经开工建设。在第二期石油储备基地中，不仅包括了在东南沿海地区的主要石油消费区，而且包括了西北地区。

那么，我国的战略石油储备的模式和水平怎么样呢？对于战略石油储备，发达国家基本上是有两种储备，一种是国家战略石油储备，另一种是企业战略石油储备。在西方国家，很多石化厂、炼化厂都有储备战略石油的法律义务。但是，我国到目前为止主要是建立国家战略石油储备基地。我国第一期战略石油储备基地的总容量是1700万吨，而中国一年的石油消费是4亿吨。也就是说，我国的第一期战略石油储备大概只能满足我国15天的石油消费量和大约30天的石油进口量。与发达国家相比，我国现有战略石油储备水平显然还有不小的差距。其实，我国很希望能够和国际能源机构在战略石油储备的使用方面进行协调，因为一旦石油危机发生，它不是一个国家动用石油储备就能解决的，必须有关国家协同应对。但国际能源战略石油储备必须达到一个门槛，就是90天的石油进口量。我国距离这个门槛还有一段距离，需要加紧努力。

## （二）供应来源多样化

中国和发达国家一样，也采取了供应来源多样化的战略。在20世纪90年代以前，我国进口的石油主要来自于印度尼西亚，但由于印度尼西亚经济发展很快，成为了石油进口国。所以，我们的石油进口必须转向其他地区。从2008年的情况来看，我国的石油进口主要来自三大战略区：第一，中东，占石油进口量的42.2%；第二，非洲，占石油进口量的24.7%；第三，俄罗斯和中亚，占石油进口量的10.3%。那么，为什么美国、欧洲都把中东排到进口量的第三位，而我国却把中东排在了第一位呢？我国是不是对中东的依赖过大了？一方面，这是因为我国从中东地区进口石油有很多经济上的优势。我国与中东国家关系密切，中东的石油资源非常丰富，从中东运送石油到中国成本最低。当然，如果从安全着想，我们应该考虑石油供应多样化，但是也不能一切都以战争为出发点，还是需要充分利用和平环境带来的机遇，以最经济的方式进口石油。另一方面，我国现在对中东石油进口的依赖程度还是比较适度的。日本对中东石油进口的依赖程度仍然高达82%，相比之下，我国对中东石油进口的依赖程度就低得多。在20世纪90年代末，中国对中东石油进口的依赖程度曾经超过60%，那是有些高了。但此后，随着中国石油供应来源多样化的努力，中东在中国石油进口中的比重逐渐下降，最近已经稳定在40%稍高的水平。在2005年，我国的主要石油供应来源国有沙特阿拉伯（18%）、安哥拉（14%）、伊朗（13%）、俄罗斯（10%）。在非洲，我国在苏丹等国实行了企业“走出去”战略。从非洲进口的石油有一部分就是中资企业生产的。我国在2006年正式建成了从哈萨克斯坦的阿塔苏到我国的阿拉山口的石油管道，取代了原来的油罐车运输，大大提升了石油运输能力。这条管道设计年输油能力为每年2000万吨，对于我国扩大从哈萨克斯坦进口石油有重大的意义。在俄罗斯，经中国的诸多努力，终于促使俄罗斯在2009年批准修建一条石油管道到我国大庆。这条管道完成后，对于中国进口俄罗斯东西伯利亚油田的原油将发挥关键作用，中国从俄罗斯进口原油的数量有望大幅度地上升。在缅甸，2009年中缅也达成了协议，决定修建一条从缅甸实兑港到中国昆明的石油运输管道，使来自中东的石油能够在实兑港卸货，通过这条管道直接运送到我国的昆明。这对于维护我国从中东地区取得石油供应会有重大意义。

### （三）企业“走出去”战略

西方国家进口的石油很多都是由它们自己的公司在国外开采的。从中国的情况来看，自从1996年以后，中国的石油企业“走出去”也取得了重大的进展。1997年中石油与哈萨克斯坦的石油公司成立了一个合资公司，一起开发哈萨克斯坦的石油。此后，中国的石油企业“走出去”就成了中国对外石油合作的一道亮丽风景。中国石油企业“走出去”，采取了多种形式。一种形式是通过投资获取份额油。例如在苏丹，中国的石油公司与印度和马来西亚的石油公司合资开采石油，然后把获得份额油运回国内，或在国际市场出售。另一种形式是以石油换贷款。例如在安哥拉，资源国以向中国提供石油作为保证，获得中国的贷款并向中国企业发包大量的建筑工程项目。还有一种是投资回购。例如，伊朗伊斯兰共和国的宪法明确规定，所有的自然资源属于国家，外国公司不得拥有，所以中国企业不能通过直接投资获得伊朗的石油资源。但伊朗又急需引进资金开发石油天然气资源，所以它采取了一个变通方法，叫做投资回购。就是说，外国企业带资开发石油天然气资源，伊朗方面再以石油天然气偿还投资。投资开发石油。除此之外，中国石油企业和其他国家的石油企业一样，也在许多石油资源国提供开发服务，即按照与资源国签署的服务合同，按照开采石油的数量，获得资源国支付的服务费。中国石油企业的“走出去”战略取得了比较明显的成效。截止到2007年，中国的公司在全世界一共掌握了大约每年8000万吨的石油生产能力，而中国的石油进口总量大概是2亿吨。当然，这并不是说有这么大的生产能力就会生产这么多的石油，也不是说生产出来的石油都要运回国内。真正运回国内的份额油每年大概只有3000万吨而已。当然，我国在石油企业“走出去”还是一个新鲜事物，遇到了一些问题在所难免，特别是如何应对一些资源国的高政治风险，如何迅速提高深海油田的开发技术等，都是需要应对的挑战。

### （四）中国的石油外交

中国为了保障石油进口安全、供应安全，在主要的产油地区都进行了大量的外交努力。在哈萨克斯坦和俄罗斯方面，1998年和2004年分别解决了边界问题，这对于发展中哈、中俄的友好关系，为石油开采创造良好条件都是非常重要的。同时，我国与俄罗斯和中亚国家在2001年正式成立了上海合作组织，胡锦涛同志于2006年又提出了要在上海合作组织区域内，加强反恐、能源合作及文化交流，建立一个和谐地区的主张。在非洲和中东方面，我国致力于巴以问题的公正解决，但美国对中国缺乏信任，一直不愿意让中国参加中东和平进程的主流机制，即所谓的“四方机制”。尽管如此，中国为了推动中东和平进程，还是采取了派遣中国中东问题特使的办法，在阿拉伯国家和以色列之间进行斡旋和促和。派遣特使也是中国外交史上的一个突破。在非洲方面，中国在苏丹有很大的石油利益，为了解决该国的达尔富尔问题，当西方国家威胁对苏丹进行制裁的时候，中国派出了达尔富尔问题特使，到苏丹去做巴希尔总统的工作，最终说服他接受了联合国秘书长的方案，避免了事态的升级。此外，中国还积极参加联合国框架下的维和行动。到目前为止，中国是联合国五个常任理事国中向国外派遣维和部队数量较多的国家，在2007年仅次于法国。2008年，中国在达尔富尔的工兵营全部部署到位后，就已经超过了法国，成为在海外派出维和部队人数最多的联合国安理会常任理事国。

### （五）提高能源使用效率

中国非常重视提高能源使用的效率，并且也取得了一定的成效。如按照2005

年的不变价格来计算，1980年和2006年相比，中国每生产1万元国内生产总值，能耗已经从3.4吨标准煤下降到1.2吨标准煤，这个成效是非常显著的。但是，我国和发达国家相比，差距还是很大。可以看一下，在2006年，美国每生产100万美元产值的能耗是175吨石油当量，而中国每生产100万美元产值的能耗是750吨石油当量，是美国的4倍多，因此在提高能效方面，我国还有很多工作要做。当然，为了更好地处理改革、发展、稳定的关系，我国现在的能源价格都是政府指导价格，还不可能完全放开能源价格。

我国在提高能源使用效率的技术方面也需要经历一个逐渐提高的过程。

### （六）开发替代能源

在替代能源上，我国也有很多计划，一个综合性目标是，在2010年到2020年期间，使我国可再生能源要占到全国能耗总量的15%，其中不包括核电。在核电方面，我国有核电发展专题规划，计划要在2005年到2020年期间，把核电运行装机容量从目前的906.8万千瓦，提高到6000万千瓦；在煤炭方面，重点是应用清洁煤炭的使用技术，特别是煤变油、煤变气技术；在风电方面，我国在内蒙古的东部、新疆地区，还有少量的东南沿海地区，都建立了很多风力发电厂；在太阳能方面，在许多地区都建立了光热转换和光伏发电项目。我国正在发展成为风力发电设备和光伏电池的世界生产大国。

## 五、结论：后发优势

在世界主要能源进口国中，中国是一个后来者。吸取和借鉴发达国家的教训与经验，避免发达国家所遭受过的挫折，是后来者的后发优势所在。发挥后发优势，解决能源安全这个和平发展道路上的重大战略问题，将有助于中国以较短的时间和较低的代价，实现全面建设小康社会的发展目标，在安全的能源供应保障下，走可持续发展道路，早日晋升发达国家行列。

（编辑整理：李海涛）

# 欧洲经济一体化：由来、发展与前景

吴　弦

2009 年 10 月 12 日

## 吴 弦

中国社会科学院研究生院欧洲系教授

**摘　要：**欧洲经济一体化是指要打破欧盟成员国之间的经济界限与割裂状态，在市场、政策与货币三个层面，不断地促使各国连接成为一个统一的经济空间与实体的历史进程。具体来说，一体化发展到今天实际上经历了三次重大的历史性飞跃，即“关税同盟”阶段、“单一市场”（或称“内部市场”，国内通常称作“统一大市场”）阶段直至今天的“经济与货币联盟”阶段。

**关键词：**关税同盟　单一市场　经货联盟

所谓欧洲一体化是指“二战”后以欧共体/欧洲联盟为核心组织的欧洲民族国家，通过和平途径，根据平等与自愿的原则，依靠机构化、制度化、法律化的方式不断打破民族国家之间的界限，实现共同市场与共同政策，建立统一经济空间乃至政治实体的历史进程。它主要包含了以下几层涵义：第一，推行与实现欧洲经济一体化的行为和利益主体是欧洲的民族国家，它们是欧洲共同体/欧洲联盟的基本构成单位。因此，民族国家的意愿与意志、立场和取向从根本上决定了一体化的进程和发展方向。第二，欧共体/欧盟是欧洲一体化的核心组织，具有超国家调节的突出特点。就是说，它涉及民族国家主权的转移与共享。它既不是一般意义上的国际组织（如联合国），也不是一个超级国家或联邦（即使它已经很接近联邦了），而是介于两者之间的一种组织形态。第三，民族国家与欧盟之间的互动实际上构建了人类社会一种新型的组织形态。所以，研究欧洲一体化有重要的现实和学理意义。

从现实层面来看，自20世纪50年代创立以来，欧共体经历了半个多世纪，不断走向了深化与扩大，对当代的世界政治经济格局产生了重要影响。所谓深化是指一体化的程度越来越高，经历了关税同盟阶段、单一市场阶段，发展到经济与货币联盟阶段；所谓扩大是指从横向上来讲成员国数量越来越多，从最初的6个创始国，发展到9国、10国、12国、15国、25国和目前的27国，且以后还要继续发展下去。所以说，无论从深化还是扩大上来看，它都取得了长足的进展。

欧盟对欧洲本身和外部世界都产生了越来越深远的影响。就欧洲本身来说，欧洲一体化的产生与冷战直接相关，体现出东西方两大阵营的对峙。但 1989 年的东欧剧变，使中东欧国家向市场经济和民主代议制转型，东西欧之间的界限被打破了，许多中东欧国家加入了欧盟。如果从主权转移共享这个意义上来讲，欧洲一体化组织现在只剩下欧盟了。所以说，它对欧洲本身的影响是毋庸置疑的。就外部世界来说，欧盟通过关税同盟和统一市场，通过各项经济政策，通过单一货币欧元，通过共同外交与安全政策，对外部世界发挥着或大或小的影响。而且欧洲一体化这种模式对世界经济一体化具有示范效应。它强调了非暴力，强调了国家合作，强调了利益共同体，这些都对人类社会的发展方向具有示范作用。当然，各地的条件不同，欧洲一体化有它特有的历史渊源和条件，但它确实有泛化和需要我们注意的一面。此外，还有一个现实意义就是欧盟对我们中国的影响。随着和平崛起和对外开放，中国也越来越看重与欧盟的关系。目前双方建立了全面战略伙伴关系，欧盟已成为中国最大的贸易伙伴。

从学理层面上看，欧洲一体化的影响更大，也更值得我们去思考与探讨。因为它创造了一种既非一般意义上的国际组织，也非超级国家的一种人类国际社会的新型组织形态。这对西方传统的政治学、经济学和法学的分析框架都提出了挑战。所以在理论上对它进行解读与探讨，在西方早已成为一门重要学问。这也是对人类智力的一个挑战。

## 一、欧洲经济一体化的由来

欧洲经济一体化是指要打破成员国之间的经济界限与割裂状态，在市场、政策与货币三个层面，不断地促使成员国连接成为一个统一的经济空间与实体的历史进程。实际上，欧洲在最近几百年的时间里，已经在民族国家层面上确立了政治架构。从民族国家内部看，市场统一了，政策统一了，货币统一了。但从民族国家与民族国家之间来看，欧洲经济从整体上看还是分裂的，每个国家都有各自的市场、政策和货币。因此，所谓实行欧洲经济一体化，就是要打破这三个层面的界限，在欧洲的层面上把各个民族国家在市场、政策和货币层面上连接起来，从而形成真正的欧洲经济，而不是国别经济。在这里，我认为欧洲经济一体化的产生绝非偶然，而是有着极其深远的历史渊源，并在特定的条件下逐步走向成熟。

### （一）历史渊源与经济基础

欧洲实际上有三个根本要素促成了经济一体化的最终产生，即资本主义生产方式、工业革命和近现代意义上民族主权国家的出现。三者之间相互作用，相互影响，最终形成了世界上所特有的发达资本主义民族国家群体。首先，资本主义生产方式（或者说市场经济）和工业革命，创造了极大的生产力，为资本的生产和发展创造了利益冲动。资本主义生产方式和工业革命都要求突破民族国家的界限，进而实行生产与分工的国际化。同时，在特定的历史条件下，生产与分工的国际化对民族国家也有利。正是在这种情况下，“二战”前就已形成了欧洲发达国家之间高层次的水平分工趋向。这和欧洲国家与殖民地之间的垂直型分工不同，它是一种高端分工。实际上在 18 ~ 19 世纪，欧洲国家之间的经济联系已经很紧密了。其次，从客观条件上来看，欧洲各国市场规模相对狭小，历史文化背景与发达程度相近，政治与经济体制具有同质性，而且西欧各国法律机制的形成与完善，为日后一体化走上法制道路也创造了条件。尽管在“一战”到“二战”之间，由于资本主义市场经济固有矛盾的爆发（特别是 1929 ~ 1933 年间的大衰退），各个民族国家竞相采取国家保护主义措施，导致了欧洲经济的解体化进程。但实际上，发达资本主义国家群体之间的相互联系一经形成，便很难彻底割断。所有这些都为战后欧洲经济一体化的发展奠定了比较坚实的基础，促成了区域经济一体化在战后的发展。

### （二）政治性因素

虽然表面上看欧洲是在建立经济一体化，但实际上其创建者考虑的是政治一体化，这与欧洲独特的历史条件有关。众所周知，欧洲历史上战争不断，两次世界大战，特别是“二战”的惨痛教训，促使欧洲人开始考虑如何才能真正避免战争再度爆发。欧洲人认为战争的根源在于民族主义的恶性膨胀，民族主义发展到极端，必然导致战争。所以，要想消灭战争，实现欧洲和平，就应当消除民族国家，组成更大的民族统一体。统一体的建立有助于消除各个国家之间的利益对抗，从而实现消除战争这样一个总体目标。在此，它涉及到了国际政治学中的一个根本问题，就是战争与和平问题。所以说，欧洲人在考虑经济一体化的时候，实际上是从战争与和平这个角度考虑的。正是出于对这种政治性因素的考虑，促使欧洲人曾想通过一种自上而下的方式来建立一个更大的共同体，建立欧洲联邦。就是说各个成员国坐在一起商量并制定一部欧洲宪法，各国共同向欧洲层面转移主权，建立一个欧洲联邦。但历史证明，当时的这个想法是不成熟的，是做不到的。所以海牙大会、推动欧洲政治共同体和欧洲防务共同体建设的尝试都失败了。有鉴于此，欧共体的缔造者们认为，应当首先从经济领域，特别是从不太敏感的商品自由流通领域入手，推进一体化进程。正是在这种思想指导下，促成了欧盟的前身——欧洲共同体的诞生，在 20 世纪 50 年代成立的三个经济领域的共同体，即欧洲煤钢共同体、欧洲经济共同体和欧洲原子能共同体。政治性考虑对经济一体化的影响，主要体现在以下三个方面：

（1）促成了经济一体化的高起点。根据西方经济学的定义，经济一体化可以分为很多层次，有自由贸易区、关税同盟、共同市场和经货联盟等。当时欧共体创始国有意识地选择了关税同盟作为共同体的起点与基石，而没有选择自由贸易联盟。这主要是因为只有关税同盟才能够为成员国创造一个共同的经济空间。关税同盟要求成员国之间不仅要消除关税壁垒和贸易限额，而且对外要实行统一的关税。如果对外实行统一关税，就意味着第三国的产品一旦进入关税同盟的任何一个成员国，就可以在整个关税同盟内自由流通。这一点自由贸易联盟是做不到的，因为它只是要求成员国之间消除关税壁垒和贸易限额，但对外不实行统一关税，而是各有各的关税，各有各的海关控制，原因在于要防止第三国产品进入贸易区后出现偏转。从这个意义上来讲，关税同盟才是一个真正的经济一体化的起点，自由贸易联盟则被认为只是把各成员国的经济“聚拢”而已。

（2）制度创新。由于欧共体的创始人所考虑的是政治一体化，而政治一体化的最难点就在于主权权力的转移和共享。所以他们认为应当在经济一体化中实现主权权力的转移与共享，使大家习惯于这种思维方式和行为模式，以为建立政治联盟创造条件。为此他们创造了一套不同于任何国际组织的全新组织架构，这是一种人类社会的新型组织形态。

（3）政治意愿使欧共体法的建设成为可能。众所周知，欧共体法既不是国内法，也不是一般意义上的国际法，它是介于两者之间的独特法律体系，即自成体系。一旦把欧洲一体化纳入到法治轨道，就在相当程度上保证了其能够有序发展。实际上这种法律权力的转让是以国家政治意愿为前提的。没有国家的政治意愿，就没有欧共体法，没有欧共体法就不可能有欧洲经济的一体化。

### （三）“二战”后欧洲特定的周期性、结构性因素

第一，雅尔塔格局的确立，形成以美苏为首的东西两大阵营。它实际上是两种政治、经济制度的对抗，两种意识形态的对抗，首先表现为军事上的对抗和冷战的存在。这也就决定了当时的欧洲一体化只能发生在西欧，而不可能发生在东欧。当然，东欧也有自己的一体化形式，即“经互会”。但“经互会”是计划经济体制的产物，是与苏联联系在一起的。而西欧的一体化实际上有两个根本性条件，一是市场经济，二是要求实行民主代议制，这是欧共体吸收成员国的两个基本条件。由此导致了欧洲一体化一直在西欧范围内发展。只是随着东欧剧变和冷战结束，才使得中东欧国家向西方政治、经济体制靠拢，最终加入了欧盟。所以说，冷战、东西方阵营的对峙和西方国家的同质性是欧洲一体化发展的一个前提。而且，当时由于东西方的对峙，使西欧国家之间最为敏感的安全问题由美国

人给包办了，即靠北约来支撑。西欧国家最不放心的是德国，建设欧洲一体化实际上也是想把德国约束起来。但由于美国、北约的存在使德国问题在北约的范围内得到了解决，也使得对抗苏联这一面得到了解决。因此欧共体成员国可以不考虑军事问题，不考虑军事对抗，这无疑有利于经济一体化建设。

第二，欧洲经济自身的发展演变和国际竞争压力加大也有助于战后欧洲一体化的发展。从市场需求来看，自20世纪50年代初起，西欧经济已经恢复至“二战”前水平，并开始进入所谓西方经济发展的黄金期。同时，50年代以来，在第三次科技革命浪潮的推动下，西欧高度发达的生产力又有了新的飞跃，既促进了传统经济部门的技术改造与劳动生产率的提高，又导致了一系列新兴工业部门的建立，如石化、航天、计算机等。正是由于以上两点，使得西欧国家内部市场相对狭小的矛盾进一步凸显，进而需要一个高层次消费水平的共同市场。从经济体制、经济结构和政策协调角度来看，战后西欧国家实际上都经历了一个大致相同的发展演变，比如都是农业部门趋于缩减，制造业增长，特别是服务业最终占据了主导地位。甚至在同一产业部门之中的具体生产结构往往也存在着相似性，如农业领域小农居多等。同时，西欧国家对经济生活与社会各个领域的管理与干预能力都进一步得到了确立和加强，而且日趋成熟化，如社会福利制度和福利国家的确立，特别是就业保障制度对劳动力市场的干预等。这在相当长的时间内有助于彼此之间的开放，特别是当西欧国家实行反周期的财政、货币政策对宏观经济进行调节，也为区域经济的调节奠定了基础。这是因为参加经济一体化的主体毕竟是国家，任何超国家调节的效果都首先取决于各国对本国经济调控机制的完善，后者调控水平愈高，前者也就愈高。而从国际竞争压力这个角度来讲，“二战”以来，随着世界经济越来越走向全球化，西欧国家所面临的外部竞争压力也就越来越大。一是来自于美国的压力，它与美国农业、制造业和高新技术产业的竞争越来越激烈；二是日本作为后发的发达经济实体，其竞争力越来越强，对欧洲的冲击也越来越大；三是新兴经济体的发展，在劳动密集型产品、资本和某些技术密集型产品上给欧洲国家的压力也是越来越大。所以，西欧国家有必要利用自己的市场优势，来发掘统一市场的潜力，以此来提高自身的经济竞争力，有效应对国际挑战，如利用规模经济效应、降低交易成本、优化资源配置、加强内部的竞争效应等。从这个意义上来讲，欧洲非常有必要搞一个区域经济一体化，或者说利用区域一体化来应对全球化的挑战。所以欧洲越来越看重发掘区域经济一体化的潜力以应对全球化挑战。随着时间的推移，这一点越来越凸显。与此同时，其他的某些政治性因素考虑则趋于淡化了。

正是由于以上三个方面的原因，促成了欧洲经济一体化的产生，导致了欧洲经济共同体的诞生和发展。

## 二、欧洲经济共同体的发展

欧洲经济一体化发展到今天，经历了三次重大的历史性飞跃，即三个不同的发展阶段：从关税同盟阶段、单一市场阶段发展到经济与货币联盟（经货联盟）阶段。每个阶段都向前迈进了一大步，都比前一个阶段高级，但不应把这三个阶段截然分开。把握了这三个阶段，实际上就把握了欧共体经济一体化发展的基本脉络。

### （一）关税同盟阶段

所谓关税同盟是指成员国之间消除关税壁垒与贸易限额，对外实行统一关税，以创造一个统一的经济空间。关税同盟从1958年开始实施，到1967年7月提前建成。欧共体之所以要建立关税同盟，实际上有诸多原因：一是生产力发展水平已经恢复到“二战”前，并进入到了一个飞速发展阶段，这使成员国之间的水平分工进一步发展；二是新兴产业部门的形成需要一个较高消费水平的共同内部市场；三是雅尔塔格局导致欧共体各国与东欧不可能有经贸关系的大发展；四是随着民族解放运动兴起，欧共体的海外市场进一步缩小；五是美国大力推动，因为“二战”后的20世纪50年代，美国实际上是希望欧洲国家能够联合起来，加强彼此之间的经济交往与合作，以有效对抗苏联；六是欧洲国家在历史上有过建立关税同盟的先例，而且当时比、荷、卢三国在建立欧共体之前实际上已经是一个关税同盟。正是具备了这些条件，当时欧洲国家选择了关税同盟作为一体化的起点与基石。关税同盟的建成对欧洲一体化发展的意义和影响非常之大，可以说如果没有关税同盟就不可能有后来经济一体化的发展，就不可能有今天的欧洲联盟。

从根本上来讲，关税同盟的意义和影响就是通过其建立，使得欧洲共同体成员国之间首次有了一个共同的经济空间，使得外界不能不把欧共体作为一个统一的经济体来看待。因为它的关税统一了，从理论上来讲，外来商品进入任何一个国家就等于进入了欧共体的所有成员国，不管是从哪一个国家入境的。具体来说，关税同盟的影响有两大方面，一方面体现在市场层面，另一方面体现在政策层面。

从市场层面来讲，一是关税同盟有一个静态效应。所谓静态效应，就是指贸易创立效应和贸易转移效应。贸易创立是指由于成员国之间关税壁垒和贸易限额取消，导致一个成员国内部的贸易转化为成员国之间的贸易；贸易转移是指因为关税的取消，原来一个成员国与第三国的贸易转化为成员国与成员国之间的贸易。贸易创立和贸易转移效应的产生，导致了成员国之间的贸易增长大大快于非成员国之间的贸易增长速度。这加强了成员国之间经济利益的交织。二是关税同盟还有动态效应。关税的取消，使成员国之间都失去了关税保护，从而导致竞争加剧。为此，各个成员国的企业不得不采取种种举措，提高自身产品的竞争力，以应对来自其他成员国的竞争。正是在这种情况下，出现了欧洲区域范围内的生产专业化发展，导致了区域化的进一步形成。三是从货币的角度来讲，成员国之间商品流通的加强势必导致货币流动的加强，最终要求成员国之间货币合作的加强（后来随着美元危机的爆发，欧洲搞了一个欧洲货币体系）。实际上这也是关税同盟在发挥着作用。总之，从静态来讲，有贸易创立效应和贸易转移效应；从动态来讲，有竞争效应导致生产的专业化；从货币这个角度来讲，导致货币流通加强，促成了成员国之间货币金融合作的加强，促成了欧洲货币体系的产生。

从经济政策领域来讲，关税同盟还有诸多的政策层面效应。为了切实保证商品在成员国之间自由流通，欧共体必须打破民族国家界限，在欧洲层面上建立公平竞争的秩序。为了保证这一秩序的建立，保证成员国之间的企业都得到公平待遇，它必须实行一套相应的政策。没有这一整套政策，商品自由流通也不可能真正实现。具体说来有以下诸方面：

第一，建立了共同农业政策。共同农业政策是当时欧共体最为重要的一项政策，被视为经济一体化程度最高的领域，曾与关税同盟并称为欧洲经济共同体的两大支柱。之所以如此，是因为没有共同农业政策，就不可能有农产品的自由流通。当时西欧的农业生产结构是小农居多，没有规模效应，非常害怕竞争。如果简单按照工业品自由流通的方式，就是说直接消除成员国之间的关税壁垒和贸易限额，让农产品自由流通起来，那么，势必会导致各个成员国大量小农的破产。故当时各国都有自己的农业政策，都对本国的农产品和农业生产者实行高度的保护和干预，致使农产品无法自由流通。因此，如果不实行共同农业政策，即对欧共体各国的农产者实行共同的保护，就不可能有农产品的自由流通。而没有农产品的自由流通，也就没有了完整意义上的关税同盟。因为根据条约安排，关税同盟既包括工业品的自由流通，也应包括农产品的自由流通。所以当时的《罗马条约》规定，必须建立一项共同的农业政策。但这项政策要建立起来又是非常困难的，结果为此召开了马拉松式的会议，经过多方努力，最终还是建立起来了。共同农业政策的开支曾经长期占到共同体预算的80%，甚至接近90%。现在虽然降到了50%以下，但在共同体预算中的比例仍然是最高的。

第二，建立了竞争政策。为了消除关税壁垒，切实推动商品自由流通，就必须要有一项公平竞争政策。没有一项政策来保证各个成员国企业之间的公平竞争，实际上就不可能有关税同盟的建立。竞争政策的核心内容就是要限制各国政府对本国企业的补贴。某些补贴是可以的，但要有种种限制，以防止各国政府纷纷援手本国企业，扭曲整个共同体范围内的公平竞争。

第三，共同贸易政策。这一政策实际上也涉及到公平竞争问题。对外关税壁垒的高低与竞争条件有着直接关系，各国政府实行的贸易政策直接影响到企业的成本。在这种情况下，如果实行了共同关税，而各个成员国又保留各自贸易政策的话，那么共同关税的维持就不可能做到，因为关税还有可能被各国更改。而如果每个国家都随意更改对外贸易关税的话，实际上对其他成员国的企业就不公平了。同时，种种贸易措施也影响到企业的竞争成本。所以欧共体就实行了共同贸易政策。共同贸易政策实际上是欧盟迄今为止对外领域里一体化程度最高的领域，其他任何政策都不能与之相比。

第四，货币政策协调。这是指由于商品流通使得货币领域的合作尤为重要，导致了欧洲货币体系的诞生。该体系的诞生实际上又为今天经货联盟的建立打下了一个基础。

第五，建立了共有财源。共同体原来的预算是对成员国进行摊派。由于有了关税同盟，当第三方的产品进入到欧共体的任何一个海关时，它的最终目的地不见得是它的入境国，很可能在欧共体各个成员国之间流通。所以，关税所得就不应该完全由入境国来掌握。基于此，欧共体做了个规定，要求各成员国的关税所得除了自留一部分作为本国海关的行政管理费用之外，其他部分要上缴共同体，由共同体统一分配。可见，正是由于有了关税同盟，共同体才有了自有财源；而有了自有财源，共同体就有了自己固定的预算收入；有了自己固定的预算收入，共同体在财力上就得到了相当程度的保证，包括自身机构运转和用于共同农业政策的补贴费用。所以这也可以看作是关税同盟的重大影响之一。

## （二）单一市场阶段

国内通常译为“统一大市场”，欧共体自己则称为“单一市场”（Single Market）或“内部市场”（Internal Market）。实际上，《罗马条约》对此早就有规定，称为“共同市场”（Common Market）。从某种意义上来讲，这三个概念是一样的。建设单一市场是指要真正实现《罗马条约》已提出的目标，即成员国之间不仅要实行商品的自由流通，而且要实行服务的自由流通、资本的自由流通和人员的自由流动，这就是所谓的“四大自由”。可见，这显然要比商品自由流通的一体化程度高出许多。单一市场建设始于20世纪80年代中期，当时提出了一个统一大市场计划。一直到1992年底，或者说1993年1月1日，这个统一大市场的基本框架已确立起来，实现了四大自由。这被认为是欧洲经济一体化的又一次重大历史性飞跃，在关税同盟的基础上，大大向前迈进了一步。其意义是非常深远的。

统一大市场的建设有其特定的原因。第一，从1973年到1981年西方两次世界性经济危机、经济滞胀的出现，使得欧洲经济始终回升乏力。其表现为增长率低于美国，经济结构调整不力，与美国的差距由缩小转变为加大等，这使它感到很是不安。第二，在高新技术领域，与美、日相比又有了较大差距。当时普遍认为高新技术领域是经济竞争的制高点，谁占领了高新技术领域，谁就占领了竞争的制高点。第三，新兴经济体的竞争对它造成的压力越来越大。包括“四小龙”、东亚国家产品竞争力的提升，使它受到了冲击。

由于以上因素，欧洲人的危机感大大加强。当时欧洲最流行的说法是欧洲患了“硬化症”，或者说“欧洲衰落说”普遍兴起。欧洲人对此不停地开会来讨论，最后认识到，必须进一步发挥、发掘欧洲市场自身的潜力，来应对国际竞争压力，即迎接全球化的挑战。当时欧洲人认为，之所以缺乏竞争力，是与各国国内市场的狭小有关。比如说德国当时是欧洲最大的一个市场，但德国本土市场还不及日本一半，不及美国的1/4。所以，欧洲人认为靠加强自身的市场潜力，优化欧洲的资源配置来提高竞争力，是最可靠的方法，而且《罗马条约》也有规定要建立四大自由。不过当时的条约对四大自由实施的规定流于空泛，不像对关税同盟那样详细具体。为此，欧共体修改了《罗马条约》，形成了《单一欧洲法令》，为实行四大自由从法律上创造了条件，做出了明确规定。它还制定了具体实现四大自由的行动时间表与措施，改革了自己的决策机制。

进一步而言，欧洲人认为建立单一市场，至少有下述潜力可以挖掘：一是可以降低欧洲企业由于“边界”、“技术”、“税收”障碍的存在而付出的交易成本。据委员会估算，三大障碍如果得以消除，其所促成的成本节约数额，可望高达890亿到1100亿埃居之间。二是可以加强成员国企业之间的竞争活力，提高规模经济效益，进一步优化资源配置。三是特别有利于欧共体的增长率高、附加值大的高新技术产业。因为高新技术产业往往需要成员国之间统一的大市场，如航空、航天业等。四是如果各成员国政府辅之以使“潜在效益最大化的适当经济政策”，大市场实施还可望在中长期产生可观的宏观经济效应，如促进国内生产总值增长，降低通胀率，创造更多就业等。在上述考虑的推动下，实施统一大市场计划，终于在欧共体的日程中，占据了压倒一切的核心地位。由于目标明确，措施得当，大市场计划的实施进展得基本顺利。至1992年底时，96%的相关立法提案获得通过，其中80%已转化为成员国立法。1992年12月的成员国爱丁堡首脑会议，确认了单一市场计划将如期实施。1993年1月1日，欧共体举行了隆重仪式，庆祝大市场建成。

统一大市场的建成，主要体现在以下四个方面：

（1）加强了成员国之间的商品流通。关税同盟取消了关税壁垒与贸易限额，体现了成员国之间实现商品流通的硬性要求。但实际上，影响成员国间商品流通的还有许多非关税壁垒，如边界、技术、税收三大障碍。故欧共体此次在消除非关税壁垒方面下了很大功夫，从而进一步促进了商品自由流通。

（2）促进了资本自由流通。在推进单一市场计划之前，成员国之间的资本管制力度很大，大大阻碍了资本的自由流动。为此，欧共体下了很大功夫，算是比较彻底地解决了这个问题。

（3）服务自由流动。主要指“提供服务的自由”和“设业自由”等，涉及到银行、证券、保险、通信、运输业等。在以上诸领域，欧共体同样取得了较为不错的进展。

（4）人员自由流动。在这个环节上面临较大困难，因为它涉及到一系列问题，如各国劳保标准的协调、跨国犯罪等（尤其是跨国犯罪问题，因为人员一旦自由流动不仅涉及到欧共体成员国的公民，而且还涉及到第三方国家的人员在欧共体的自由流动）。但欧共体还是采取了一系列措施，取得了若干进展，比如相互承认学历文凭等。

总之，四大自由的框架最终是确立起来了。但同时也应看到，四大自由与欧共体自身的发展是一样的，它是一个历史进程。也就是说，它可能永远达不到完美状态，它只能是一个不断的、渐进的、向前发展的过程。

此外，四大自由也导致了政策层面的进一步发展。

首先，它加强了地区发展政策。四大自由的实施容易使落后地区的资本向发达地区流动，导致落后地区更加落后，发达地区更加发达，欧共体内部的发展不平衡加剧。为此，欧共体必须加强经济与社会的凝聚力，采取相应的地区发展政策。根据该项政策，欧共体加大了资金扶持力度，即增加直接转移给落后地区的资金，用于支持其发展，以抵消市场自由化所带来的负面影响。

其次，加强了社会政策。实际上，社会政策方面在《罗马条约》中也有规定，如建立社会基金等，但其主旨是要保证流动工人的生产与生活条件、保险条件的一致与统一，以最大限度地防止竞争扭曲，1989 年 12 月，欧共体成员国以正式声明的形式发布了工人基本社会权利宪章，即社会宪章。旨在保证有关国家的某些社会权利，包括劳动力市场、职业培训、机会平等、工作环境等。并在此基础上，1992 年 6 月通过了 11 项最具重要意义的相关立法，确立了欧洲一体化的社会对话机制，强化了欧洲社会基金。

最后，颁布了一些企业政策，为中小企业参加单一市场提供某些帮助。除了上述政策之外，为了保证四大自由的实施，欧共体还实行了一系列的配套性政策，涉及环境保护、泛欧网络、能源等领域。同时，在货币合作、技术开发与合作等领域（甚至在外交政策领域），都加强了协调与合作。这些合作都被明确写入了《欧洲单一法令》，使之从法律上得到了保证。

### （三）经济货币联盟阶段

建立经货联盟，实行单一货币，是大市场计划启动之后，欧共体着手实施的更加宏伟的一体化目标。自1991年开始直到今天，欧共体都处在经济与货币联盟的建设阶段。所谓经货联盟，就是说成员国之间不仅要实行商品自由流通，不仅要搞四大自由，而且还要实行单一货币，建立统一的欧洲央行和欧洲央行体系，实行单一的货币政策，加强财政政策协调。欧共体之所以要搞经货联盟，其根本原因来自于经济一体化与货币一体化之间的互动。也就是说，经济一体化有助于推动货币一体化向前发展，反之亦然。比如说关税同盟建成之后，欧共体就曾试图建立经货联盟，虽然当时未能建成，但建立了欧洲货币体系，有助于商品的自由流通。四大自由建立之后，条件相对来说就更加成熟了。因为单一市场属于经济联盟的范畴，而这时特别需要货币联盟建设来给予加强，否则经济联盟也不能得到巩固与发展。

同时，从更为直接的意义上来讲，进一步深化区域一体化以提高自身竞争力，应对日趋激烈的经济全球化挑战，是推动欧共体决计实施经货联盟的主要动因。具体来说有以下三个方面：

首先，实现单一货币，是对“欧洲单一市场的必要补充”和“深化”。这是因为，单一货币能够：①防止因竞争加剧而引起成员国之间货币的竞争性贬值和汇率倾销，最终威胁到市场的统一；②消除了由于多种货币存在而带来的交易成本，包括巨大的汇率风险和兑换成本；③根除汇率变动对贸易与投资的负面影响；④大大提高了市场价格的透明度。

其次，有助于成员国的宏观经济政策的调整。全球化竞争加剧，对宏观经济调控，提出了更高要求。众所周知，战后欧洲各国实行凯恩斯的扩张性政策，即通过财政赤字促进有效需求，最后导致滞胀局面的出现。为此，需要改变宏观经济调控方式，使货币政策中性化，并抑制财政赤字。成员国希望，能够通过经货联盟建设，实现这种转变，最终确立健康、稳定的宏观经济政策框架，加强彼此间的协调、统一，以优化欧共体的政策环境，为发挥本国资本的效率与效用，吸引外来资本，创造有利条件。

最后，强化欧洲在国际舞台上的存在。美元在国际货币体系中居主导地位。而欧洲的整体经济实力、贸易额和投资额在整个世界中的比重，都不逊于美国。故欧共体认为，单一货币的实施，有助于增强其在世界经济中的竞争地位（虽然它也认识到，由于种种原因，与美元竞争难度很大）。

在以上诸多因素的推动下，经货联盟的建设计划得以成功启动。自1991年开始实施到1999年欧元确立，2002年欧元纸币面世，成员国货币退出流通，欧元终于宣告成功诞生。经货联盟建设的成功主要表现在它实现了货币统一和机构与制度创新建立了欧洲央行与欧洲央行体系。同时确立了经济趋同标准，即加入欧元区的标准。除了单一货币之外，从西方国家干预市场经济最常用的两项宏观经济政策的角度来讲，欧盟国家有了两大飞跃：

一是货币政策的统一。单一货币的发行，必须有相应的政策支持进行配套和管理。因此，欧元区成员国的货币政策必须统一。为此成员国签订了《欧洲联盟条约》，其重要内容之一，就要建立经济与货币联盟，并实行单一的货币政策。根据条约规定该政策最主要的目标，就是要保持价格稳定。

二是财政政策协调。由于财政政策直接影响到货币政策，所以也要在欧盟层面加以高度的协调和干预。为了配合货币政策核心目标的实现，根据条约规定欧盟在一定程度上获得了对各国财政赤字的监管权。如果一旦认定某国财政赤字过度，就可以通告其限期消解，如对方置之不理，共同体有权进行制裁。成员国通过缔结《稳定与增长公约》，试图实行更严格的财政纪律。尽管从事态发展来看，严格控制财政赤字并非易事，成员国也为此争吵不休，随着内部矛盾的产生欧盟还适当放宽了规定，但其政策取向与协调框架的确立，对于保证良性财政、货币政策的实施仍然至关重要。

以上所讲的都是一体化的深化，如从欧共体的扩大来讲，实际上它遵循这样一个原则，即新加入国应当承认共同体的既有成果，加入不应使既有成果弱化。比如说，要加入欧共体就必须遵守关税同盟的规则，虽然可以有过渡期等相应安排，但不应长期通过附加条件来破坏其规则。欧盟正是利用这一原则来保证它的深化不被扩大所弱化。

## 三、欧洲经济一体化的前景

由于时间关系，再简单谈一下一体化的发展前景。从长远来看，一体化符合欧洲区域经济的内在发展要求和欧盟成员国的根本利益，故具有较强的生命力。以此次金融危机为例：尽管其来势凶猛，百年罕见，欧盟成员国最初也曾试图各自为战，但事态发展表明，在今日因欧洲一体化所形成的利益与治理网络之中，任何成员国都已无法置身其外，单独应对危机。因此，在金融部门与实体经济两大领域加强欧盟层面的协调、统一，终于成为危机应对中的主导趋向。当然，随着一体化的不断深化与扩大，要求高度统一与发展不平衡的矛盾会愈加突出，欧盟很可能会针对具体情况，采取一系列相应举措，包括更加强调多种速度，来加以应对。但无论如何，欧盟将至少坚持以实行四大自由为基本条件，因为这是一体化存在与发展的根基，任何成员国都不应要求例外。

（编辑整理：李海涛）

# 全球区域主义的发展趋势

李向阳

2009 年 11 月 30 日

李向阳

中国社会科学院亚太所所长、亚太系教授

**摘　要**：1990年以来，全球区域经济合作进入了一个新的发展阶段，也表现出与20世纪60年代的区域经济合作所不同的特征。随着新区域主义在全球经济中的作用越来越大，亚洲国家开始谋求建立亚洲的区域经济合作，而我国的基本导向是建立“10+3”的亚洲区域经济共同体。

**关键词**：经济　区域主义　中国

我们知道，区域主义或者叫做区域经济一体化在“二战”前就存在，但真正的发展是在“二战”后。在20世纪60年代前后，国家要独立，民族要解放，在反殖民主义的运动中产生了一些发展速度很快的区域经济一体化浪潮。到了70~80年代以后，全球的区域经济合作进入了一个低谷。而进入到20世纪90年代以后，全球区域主义又进入了一个新的发展阶段。可以说，一直到现在20多年的时间里，区域主义的发展速度之快是人类历史上前所未有的。

## 一、1990年以来全球区域经济合作的发展现状

### （一）RTAs的发展速度

如图1所示，在20世纪80年代以后，发展速度是相对较慢的，而在90年代

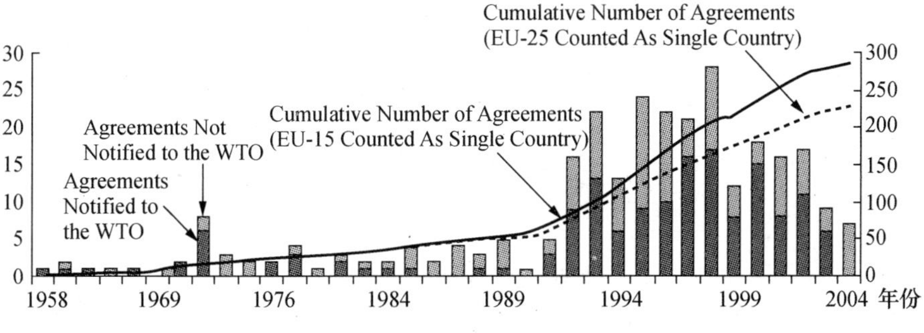


**图1　区域贸易协定的数量**

Sources: WTO Data and WTO Staff.

以后，数量开始迅速地增加。

## （二）RTAs 的类型分布

区域贸易协定按照不同的标准可以分成不同的类型，图 2 是根据协议的内容的类型而划分的。其中，FTA 是指自由贸易区；Customs Union 是指关税同盟；Partial Scope 是指非完全的 FTA 协定，即没有完全做到 FTA 的规定。

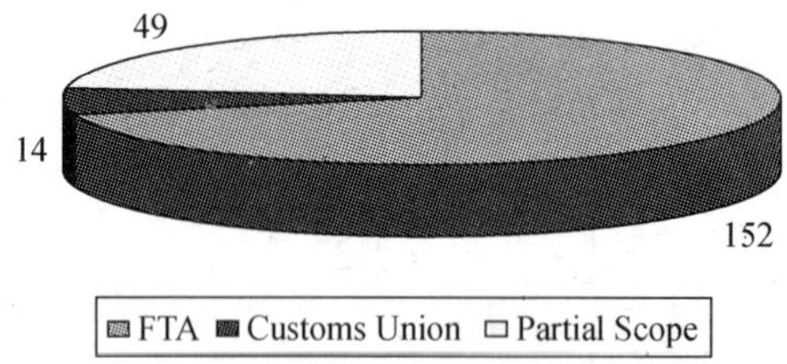


**图 2　RTAs in Force, as of October 2003, by Type of Agreement**

## （三）RTAs 的地区分布

可以把区域贸易协定分为两类：一类是已经实施的；另一类是正在谈判中的。图 3 是按照区域贸易的实际运行状况而划分的分布区域。

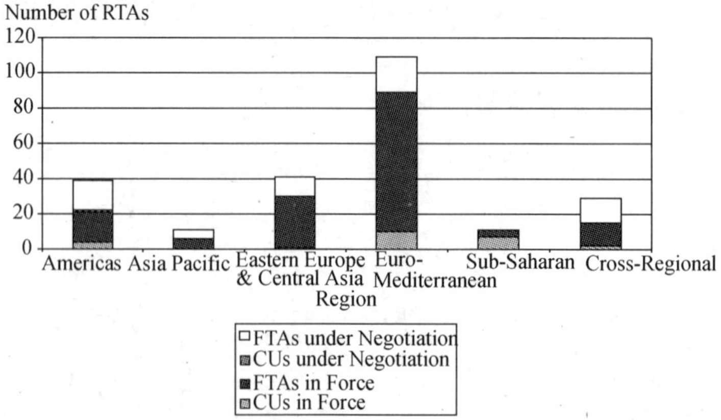


**图 3　RTAs 的区域分布**

其中，跨区域的贸易协定是 20 世纪 90 年代以来的一个新的现象。传统上的区域贸易协定一般是在地理上相互毗邻的一些国家所形成的自由贸易区，或关税区。

但是，近些年来，全球的跨区域的贸易协定的数量在迅速地增长。从图4中可以看出相关变化的一个趋势。在已经实施的贸易协定中，跨区域的只有10%左右；在已经签署和正在谈判中的，跨区域的达到了30%以上；提议中的，竟然超过了40%。

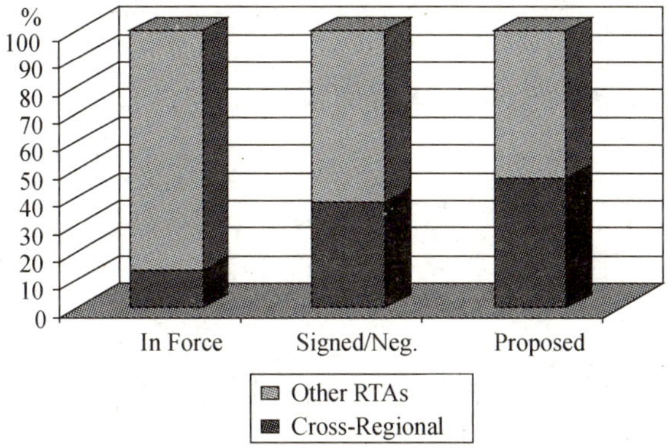


**图4　Cross - Regional RTAs, as A Percentage of Total RTAs as of October 2003**

## （四）RTAs 在全球经济中的地位

这里，我们选择了一个代表性的指标，就是区域内贸易比例，它是衡量区域贸易主义在全球经济中重要地位的一个最重要的指标。图5是2005年世界银行的发展报告里专门对全球区域贸易所做的一个评估。如图所示，在20世纪90年代，区域内贸易只占全球的10%左右，而到2002年，这一比例已超过了30%。也就是说，全球的贸易有1/3是区域内贸易。通过图5我们可以清晰地看到，区域主义对全球经济的影响在不断扩大。

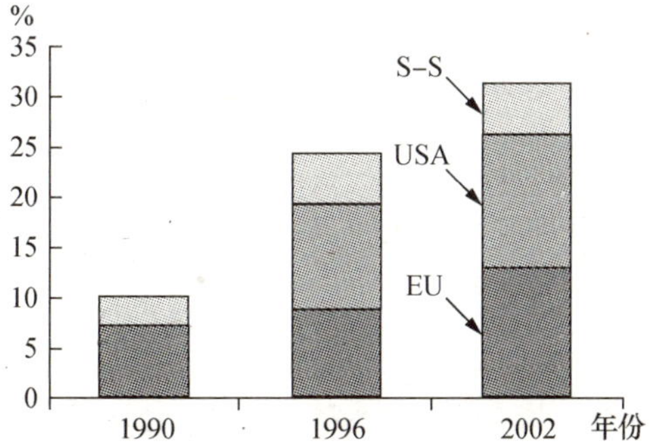


**图5　区域内贸易比例的变化趋势**

## 二、区域主义的发展趋势

对于20世纪90年代以来区域主义发展的一些特征，不同的人有不同的表述。在这里，我主要从五个方面对其做一个概括性的说明。

### （一）从数量型扩张向质量提高转变

在过去十几年间，区域主义正在从数量型扩张向质量提高转变。如图1所示，在20世纪90年代，区域贸易数量的增加速度是最快的，而近几年，年度区域贸易协定的数量却在下降。这是否意味着全球区域主义的发展步伐放慢了呢?当然不是，这主要是由于区域贸易协定从单纯的数量增加转向了质量的提高。而促使这种转变的因素有两类：一是原有的区域贸易协定正在趋于整合。比如说在欧盟东扩过程中，新成员国的加入导致了它们在加入之前，它们之间、它们与欧盟之间、它们与欧盟之外的成员国或地区之间所签订的各种各样的双边贸易协定或区域贸易协定的失效。所以，全球区域贸易协定数量的减少并不等于区域贸易的降温。再比如，在进入21世纪以后，美国着力推进美洲自由贸易区统一大市场的建立。如果一旦美洲自由贸易区成立，绝大多数美洲的区域贸易协定就将消失。当然，美洲自由贸易区到现在还没有完全实现。二是多边贸易体制的进展和RTAs涵盖内容的增加。多边贸易谈判推进了全球贸易自由化的程度越来越高。而所有类型的区域贸易协定，它们的贸易投资自由化程度都必须高于多边贸易。因为，它如果等于或低于多边贸易的自由化程度，区域贸易协定就没有了存在的必要。所以，随着多边贸易体制推动贸易的自由化程度越来越高，使得区域贸易协定所涵盖的内容也必须要提升。不提升就没有存在的基础。从表1中我们可以看到，区域贸易协定所涵盖的内容从商品贸易已扩展到了标准、运输、关税合作、服务、知识产权、投资、劳工、争端解决和竞争等方面。它也正反映了全球多边贸易的一个发展方向。因此，有人说，区域主义是多边主义的一个试验场，很多多边主义规则的谈判最初都是在区域层面上制定出来的。

**表1　RTAs覆盖了商品贸易以外的领域**

| | 标准 | 运输 | 关税合作 | 服务 | 知识产权 | 投资 | 劳工 | 争端解决 | 竞争 |
|---|---|---|---|---|---|---|---|---|---|
| US—新加坡 | Y | N | Y | Y | Y | Y | Y | Y | Y |
| US—澳 | Y | N | Y | Y | Y | Y | Y | Y | Y |
| NAFTA | Y | N | Y | Y | Y | Y | Y | Y | Y |

续表

| | 标准 | 运输 | 关税合作 | 服务 | 知识产权 | 投资 | 劳工 | 争端解决 | 竞争 |
|---|---|---|---|---|---|---|---|---|---|
| EU—南非 | N | N | N | N | Y | N | N | Y | Y |
| EU—智利 | Y | Y | Y | Y | Y | Y | N | Y | Y |
| EU—地中海 | N | N | N | N | Y | N | N | Y | Y |
| MERCOSUR | Y | Y | Y | Y | N | Y | — | Y | Y |
| AFTA | Y | Y | Y | Y | N | Y | N | N | N |
| 日本—新加坡 | Y | N | Y | Y | Y | Y | Y | Y | Y |

## （二）从南—南型合作向南—北型合作转变

全球的区域主义正在从早期的南—南型合作向南—北型合作转变。在20世纪80年代以前，全球的区域经济主体是南—南型区域经济合作，因为当时，许多发展中国家，原来的殖民地国家在“二战”以后要变成独立的主权国家，变成一个独立的主权国家之后，在政治上要摆脱原来宗主国的统治，就必须在经济上割断或减少对宗主国的依赖，因此，基于这种考虑，这些发展中国家极力要发展相互之间的合作。通过发展中国家相互间的合作来减少对发达国家的依赖。到了90年代，第二波的区域主义发展过程中，这种情况发生了一个根本性的改变。南—南型的合作逐渐转变成了南—北型的合作，对于这种南—北型的合作，有几个促进因素：一是经互会的瓦解导致了东欧和苏联的一些加盟共和国倒向了欧盟，签订了许多南—北型的区域贸易协定；二是欧盟加强了周边国家的区域经济合作；三是未来的FTAA，也将加大南—北型贸易协定。

不同类型RTAs的影响。首先，在经济学理论上，不同的区域贸易协定类型对成员国收入水平影响差异很大。1999年，Venables完成了一个代表性的研究成果，他认为南—南型RTA会拉大区域内成员国之间的收入差距，也就是说，通过合作穷者更穷，富者更富；相反，南—北型的RTA会缩小成员国之间的差距。如图6所示，随着欧盟成员国数量的增加，内部合作水平的深化，相应地欧盟成员国之间的收入差距在不断缩小。从0.34下降到了0.13左右。

其次，南—南型合作与南—北型合作对经济增长率的影响也不同。通过一系列经验研究显示，南—南型RTA对经济增长的贡献度要远小于南—北型RTA的贡献度。在南—南型区域合作中，呈现的是一种“集群效应”，就是说区域内的生产要素随着区域化的发展会集中于发达地区。反过来，对于南—北型区域贸易则会出现“反集群效应”。

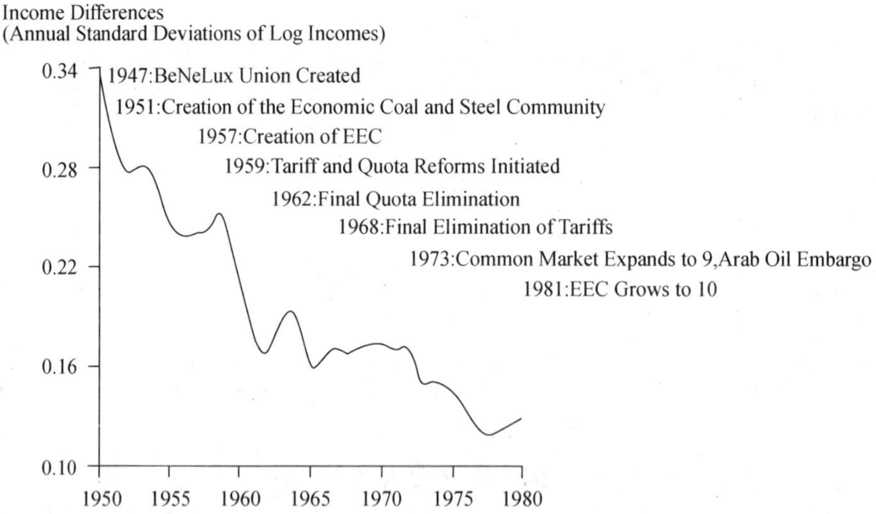


**图6　欧盟成员国收入差异**

Source：Ben－David（1993）.

## （三）动态经济因素与非经济因素在大国的区域经济合作发展战略中的地位上升

在早期的区域主义发展过程中，大多数成员国追求的都是静态经济收益。所谓静态经济收益主要是指通过降低关税、减少贸易投资壁垒来促进贸易自由化以及相互间贸易的发展速度带来的贸易创造效应等。但进入到20世纪90年代以来，特别是新一轮的区域主义的发展，这种静态的经济收益所占的比例越来越低。相比之下，动态收益和非经济收益的影响则变大。从经济学来讲，动态经济收益主要是指规模经济效应和竞争效应。之所以说它是动态经济收益，是因为经济收益的多少主要取决于成员国合作的方式以及合作双方的类型。此外，还有一类就是非经济收益，这种非经济收益，在近几年的区域贸易协定中的作用越来越明显。因为，在全球的区域贸易合作中贸易的自由化程度越来越高，在新一轮的区域贸易发展过程越来越需要这种非经济收益。下面是四种比较典型的非经济收益：①提供区域内的公共产品；②化解历史、外交和民族纠纷；③扩大对国际经济规则（乃至整个国际事务）的影响力；④服务于民族国家的全球战略。

## （四）大国之间的竞争正在演变为区域贸易组织之间的竞争

在全球的区域经济合作中，既有大国与小国间的合作，也有大国与大国间的合作；既有发达国家间的合作，也有发达国家与发展中国家间的合作，实际上，不同类型国家参与区域贸易经济合作的动机是有很大差异的。对于大国来说，参与区域经济合作更多的是追求动态收益和非经济收益，而大国之间的区域贸易合作在可预见的将来是难以形成的。这反映了大国在推进区域贸易协定时更多的是与大国在全球的经济利益和目标联系在一起的。因此，大国之间的相互竞争推动了全球范围内的区域经济合作。这里有几个代表性的例子。①欧盟东扩进程；②美洲自由贸易区的谈判进程大西洋两岸的竞争进程（见表2）；③美欧都在扩充与区域外国家签订区域贸易协定；④日本也在加强和周边国家签订双边的区域贸易协定；⑤新的世界经济中能否出现“三足鼎立”，现在还是个未知数。

**表2　大西洋两岸的竞争进程**

| 时间 | 欧盟 | 美国 |
|---|---|---|
| 1986年 | 欧共体决定与EEFA在1992年<br>建立欧洲统一大市场 | 美国决定与加拿大签署FTA |
| 1992年 | 欧盟签署《欧洲统一法》 | 美加FTA扩展为NAFTA |
| 2004年 | 欧盟东扩完成（25国） | FTAA谈判完成 |

## （五）小国合作中的“轮轴—轮辐”战略区域化进程中小国的战略选择

大国在新一轮的区域主义发展过程中极力争夺未来世界中的主导地位，小国面对大国之间的竞争也不甘示弱。区域主义的自愿性和非排他性为小国留下了非常大的发展空间，小国可以选择的区域发展战略大致有三类：①自主型战略，如南—南合作。它主要追求经济上、政治上的自主。目前，这种战略在部分地区还存在，如东盟、南方共同市场。这种合作大多都是历史遗留下来的，从发展趋势上看，大多都在萎缩，或停滞不前，甚至已经解散。②依附性战略，也就是区域经济文献中常说的新区域主义。前文已提到大国在区域合作中，追求的是动态收益和非经济收益，而小国追求的是一种静态收益。这种目标的差异，决定了在南—北型的合作中形成了新区域主义。③主导型战略，也可以具体称为“轮轴—轮辐”战略。如图7（亚太地区区域贸易协定）所示，有几个网状的核心部位，如墨西哥、智利、新加坡，这些就是所谓的“轮轴”国，它们像一个轮轴与周边的许多国家都有双边的贸易协定。因此，在贸易过程中，“轮轴”国比“轮辐”国有更大的贸易收益，有巨大的优势。这就是小国在区域经济中的一种很好的选择。因为在目前以南—北型区域合作为主的区域主义发展格局下，小国的“轮轴—轮辐”战略是最成功的。

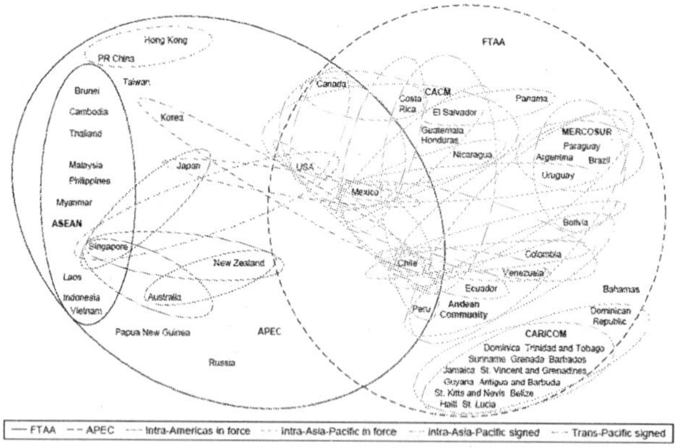


**图 7　亚太地区区域贸易协定分布**

# 三、区域主义对全球经济的影响

20 世纪 90 年代以来，新区域主义在全球经济中的作用越来越大，它具体地可以表现在三个领域：

## （一）区域主义与全球贸易

首先，是对区域内国家贸易的影响，主要原理是贸易创造效应和贸易转移效应。通过经验研究显示，对区域内国家贸易的创造效应大还是转移效应大，国际学术界尚未有定论。对欧盟来说，贸易创造效应大一些，而对南—南型合作来说，贸易转移效应大一些。其次，是对贸易条件的影响。也就是说，当一个国家加入到一个区域贸易协定中以后，它的贸易条件究竟是会改善，还是会恶化？对此，大多数经验研究是持肯定态度的。最后，是对区域内标准的影响。前面已经提到，商品的安全标准、生产过程中的技术标准以及一系列与贸易相关的标准对国际贸易的影响非常大。随着区域一体化的发展，在区域内形成统一的标准有助于推进区域内贸易的发展。以上的这些影响多是正面的，而原产地规则对贸易的影响则多是负面的。区域贸易协定只要求成员国之间取消关税，而成员国对外部仍然保持各自的关税，所以有可能会出现贸易转向效应。为了避免这种情况，就采取了原产地规则。而多重的、复杂的原产地规则给企业增加了很大的负担，对区域贸易的影响是负面的。

## （二）区域主义与国际投资

区域主义对国际投资的影响到底有多大？我们可以看一下表3，这是一个典型的经验研究成果。一般情况下，PTA投资条款和“深度一体化”条款对于FDI的进入多是积极的；贸易和FDI的替代关系在很多情况下，不是很明显，是模糊的；市场规模的扩大会吸引外资的进入。通过区域主义扩大市场规模，进而吸引外资，在逻辑上和经验上都是成立的；通过区域主义的发展，实现动态的竞争效应对于外资的引进也是积极的，但是存在着高度的不确定性。

**表3　区域主义对FDI的潜在影响**

| 传递渠道 | FDI的预期变化 |
|---|---|
| PTA（优惠贸易协定）投资条款 | 其他“深度一体化”条款 |
| 贸易—FDI的弹性 | 市场规模（东道国与母国） |
| 动态/增长效应 | 积极的 |
| 大多数是积极的 | 模糊的 |
| 积极的 | 积极的，但有高度的不确定性 |

## （三）区域主义与多边主义

在区域主义与多边主义的关系上：第一，相对于多边主义，区域主义是一种次优选择。国际经济学的基本原理告诉我们，在全球范围内实现贸易投资和生产要素的自由化符合所有国家的利益，也会提高全球的总福利，这种状态在经济学上是一种次优选择。第二，区域主义是多边主义的“跳板”吗？区域主义是多边主义的“绊脚石”吗？图8是世界银行一次大型经验研究所做的一个模拟研究成果。它选择了三种状态：第一种是全球范围内贸易的自由化，在2015年理论上收益会增加多少；第二种是其他国家与四大贸易国（地区）（美国、欧盟、日本、加拿大）签订的双边贸易协定，给全球带来的福利，似乎对发达国家所带来的福利不大，全球福利降低了60%以上；第三种其他国家与除四大贸易国（地区）之外的国家（不包括中国、巴西、印度）签署双边贸易协定，这种情况最糟糕。很显然，无论是哪种情况，自由贸易区或称区域主义对每一类国家和全球福利的影响都是负面的。

| | Clobal (1) | Bilateral with Quad (2) | Bilateral mtuns large countrtes (3) | Clobal (4) | Bilateral with Quad (5) | Bilateral mtuns large countrtes (6) |
|---|---|---|---|---|---|---|
| | S billton | | | Percent | | |
| High-income countries | 154.4 | 133.6 | 46.9 | 0.6 | 0.5 | 0.2 |
| Low-income countries | 16.6 | –19.0 | –1.9 | 0.9 | –1.0 | –0.1 |
| Middle-income countries | 92.2 | –2.6 | –4.7 | 1.2 | 0.0 | –0.1 |
| All developing countries | 108.8 | –21.5 | –6.6 | 1.2 | –0.2 | –0.1 |
| World Total | 263.2 | 112.0 | 40.3 | 0.8 | 0.3 | 0.1 |

Source: World Bank Stmulatlons:

**图 8 世界银行经验研究结果**

另外一个问题，关于区域主义是不是多边主义的“跳板”，赞成者认为这是一个“跳板”，反对者认为这不是一个“跳板”。因为在区域内部，所有的区域贸易协定，在推进贸易投资自由化方面，都要高于多边的。而且，几乎所有多边贸易谈判新规则的制定，起初都是在区域层面上先实施的。所以说区域主义是多边主义的实验场。从这些角度来看，区域主义实际上为多边主义提供了一个桥梁。如果随着区域主义包括的范围越来越大，人们设想第一步要成立三大区域统一市场（欧洲统一市场、亚洲统一市场、美洲统一市场），然后达到三个市场的再统一。从这个角度来讲，区域主义就是多边主义的“跳板”。但是反对者则认为区域主义是多边主义的“绊脚石”。因为不论是什么样的区域主义，它都是一种次优的选择。而且，还有一种危险就是随着区域主义的发展，它形成一种自我的循环，一种强化，也就是区域主义文献中经常提到的多米诺效应。本来很多国家不愿意参与到区域经济一体化当中去，它们更愿意推进全球多边主义的发展，但随着邻居都参与进去了，迫使它不得不参与进去。因为经验研究显示，在一个区域里，当你的主要贸易伙伴都成为区域贸易协定成员的话，如果你被排除在外，这时你就成了一个纯粹的贸易受损者，没有任何收益。这里有几种情况：如果大家都不参与，这可能是最好的；如果大部分参与，少部分被排除在外，就是一种纯粹的受损；如果主要的贸易伙伴都参与进来，这时候会介于前两者之间。这种多米诺效应迫使本来能够推进多边主义的力量越来越弱。从这种意义上来讲，区域主义又是全球多边主义的“绊脚石”。因此，对待区域主义和多边主义的关系，在理论上没有定论。

## 四、亚洲区域经济合作与我国的选择

亚洲是与中国最密切的一个区域。中国要想成为一个世界大国，首先需要成为一个地区大国。而如果没有亚洲的区域经济合作，中国地区大国的进程势必会受到影响。因此，推进亚洲的区域经济合作是我们的一个既定政策。

## （一）亚洲区域经济合作发展现状

可以说，亚洲地区国家对区域经济合作是非常不热衷的。在20世纪90年代以前，亚洲地区基本上不存在区域经济合作。不过，东盟除外，东盟是在50年代为了抵御来自社会主义阵营的压力而建立的一个非经济组织，但后来它逐渐演化成一个经济组织。还有，虽然在南亚次大陆有南亚自由贸易区，但因印巴的军事冲突以及长期以来的隔阂，使得南亚自由贸易区协定名存实亡，基本上就没有发生过效应。同时，亚洲地区最核心的国家中国、日本和韩国基本上又游离在全球区域经济发展之外。但是，随着1997～1998年的亚洲经济危机，亚洲国家突然间意识到应该加强亚洲的区域经济合作，美国、国际货币基金组织等都指望不上。因此，亚洲金融危机过后，东亚国家中原来对区域经济合作持反对态度的，突然转向变成了赞同态度。中国的立场也是那个时候改变的，中国在亚洲金融危机之前，国内学术界，以及政界，从来没讨论过中国要参与区域经济合作的事情，但在1999年“10+3”峰会上，朱镕基总理表态，中国将全力支持并参与亚洲地区的区域经济合作。在某种程度上，中国立场的改变可以说是整个东亚合作上的一个“分水岭”。

图9是截止到2007年底亚洲地区主要国家的区域贸易协定的数据图。Concluded表示已经达成的；Under Negotiation表示正在协商中的；Proposed表示提议中的。在总计中，又可以分为两类：第一类是亚洲内的区域贸易，也就是说双方都是亚洲国家；第二类是跨区域的，就是说有一方不是亚洲区域内的。由图9可知，亚洲地区的双边的自由贸易区协定有134个，很难想象到会有这么多。而且，从数量增加来看，绝大多数都是在过去10年里发展起来的。在这种状态下，为什么大部分亚洲国家似乎感觉不到它的存在？这当然有一个特殊情况，就是说在100多个双边贸易协定中，有些还在谈判中，有些还只是提议。并且，在这134个中，有104个是跨区域的，是亚洲国家与区域外国家签署，或者准备签署的。图10对此又做了进一步的分类。通过图10可以看出：第一，在过去10年里，亚洲区域贸易协定的贸易数量增速很快；第二，双边的自由贸易区协定占主体；第三，亚洲的区域经济一体化主体是通过和区域外国家签署协议实现的。因此，亚洲尽管表面上看起来区域主义发展的速度很快，但是亚洲地区的真正一体化进程质量很低。这就是我们亚洲地区区域经济合作的一个基本的格局。在图9中，我们可以看到亚洲地区的区域内贸易几乎没有变化，亚洲内的区域贸易比例基本上是走平的。也就是说，迄今为止签署的双边自由贸易协议对促进区域内贸易没发生任何效应。这反过来也就说明，我们迄今为止所建立的区域贸易协定是不成功的。

| Negotiating body | Concluded | Under negotiation | Proposed | Toted | of which Inside IA | Cutside IA |
|---|---|---|---|---|---|---|
| ASEAN | 2 | 4 | 0 | 6 | 4 | 2 |
| Brunei Darussalam | 3 | 0 | 4 | 7 | 3 | 4 |
| Cambodia | 1 | 0 | 2 | 3 | 2 | 1 |
| China. People's Republic of | 7 | 6 | 9 | 22 | 8 | 14 |
| Hong Kong，China | 1 | 1 | 0 | 2 | 1 | 1 |
| India | 8 | 10 | 12 | 30 | 8 | 22 |
| Indonesia | 3 | 1 | 6 | 10 | 4 | 6 |
| Japan | 8 | 7 | 4 | 19 | 12 | 7 |
| Korea, Republic of | 6 | 5 | 11 | 22 | 9 | 13 |
| Lao People's Dem. Rep. | 3 | 0 | 2 | 5 | 3 | 2 |
| Malaysia | 4 | 5 | 4 | 13 | 5 | 8 |
| Myanmar | 1 | 1 | 2 | 4 | 2 | 2 |
| Philippines | 2 | 0 | 4 | 6 | 3 | 3 |
| Singapore | 11 | 10 | 5 | 26 | 6 | 20 |
| Taipei, China | 4 | 2 | 1 | 7 | 0 | 7 |
| Thailand | 6 | 6 | 6 | 18 | 7 | 11 |
| Viet Nam | 1 | 1 | 2 | 4 | 3 | 1 |
| **Total** | 44 | 49 | 41 | 134 | 30 | 104 |
| Concluded | | | | | 14 | 30 |
| Under negotiation | | | | | 8 | 41 |
| Proposed | | | | | 8 | 33 |

ASEAN=Association of Southeast Asian Nations. IA= Integrating Asia.

**图 9　亚洲地区主要国家的区域贸易协定的数量（2007 年）**

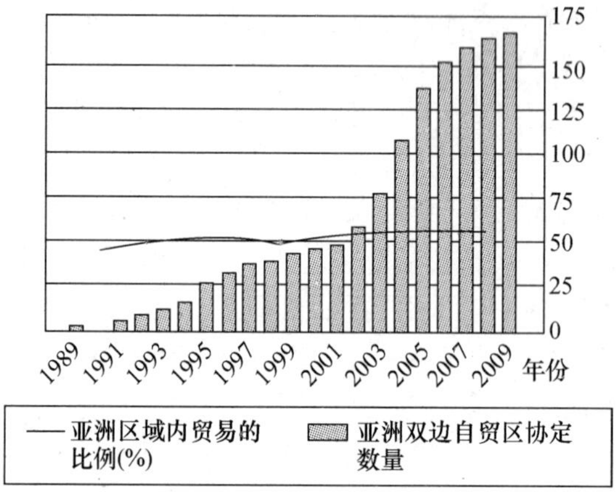


**图 10　亚洲区域贸易协定的影响**

资料来源：亚洲开发银行。

## （二）亚洲区域经济合作发展的动力

在区域经济合作发展中，大国有大国的考虑，小国有小国的诉求。对于亚洲地区的区域经济合作发展中的动力，除去理论上的，我们可以看一份亚洲开发银行所提供的一个问卷调查统计（见图 11）。它主要是对亚洲主要国家领导人的问卷调查，Costs 是成本，Benefits 是收益。从统计结果中可以看到，亚洲主要国家的领导人认为亚洲区域经济合作发展的成本主要有：第一，有可能使富国与穷国之间的获益差异太大；第二，有可能会弱化与非亚洲国家之间的经济合作；第三，民族国家政策的独立性可能会受损；第四，本国民族文化所特有的特征会因此而丧失。而收益主要有：第一，快速的、更加有活力的经济增长；第二，能够在国际场所或国际谈判过程中使亚洲的声音得到扩大；第三，能够加深与全球经济的一体化进程，加深与世界经济的联系；第四，对全球多边机构一种替代选择。这就是亚洲主要国家领导人对于亚洲经济的一种基本的判断。由此，也决定了他们对待区域经济合作的基本的态度。

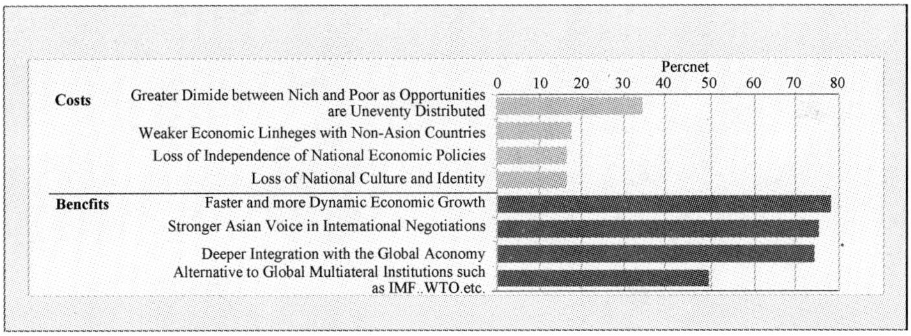


**图 11　区域主义的成本与收益**

## （三）亚洲区域经济合作发展的方向

如图 12 所示，左边是亚洲能否从亚洲经济贸易中获益的示意图，图中显示大多数人是持肯定态度的，只有 13% 的人认为成本过高，而有 4% 的人没有回答。右图是建立一个推进亚洲统一的市场的途径选择示意图，36% 的人选择了“10 +3” 模式，即“东盟 + 中日韩”；21% 的人选择了“10 + 1”，即“东盟 + 中”，或“东盟 + 日”，或“东盟 + 韩”，也有可能是“东盟 + 澳”，强调以东盟为核心；14% 的人选择了东盟；也有 14% 的人认为亚洲应该建立统一的市场，建立亚洲共同体；还有 13% 的人选择了建立东亚工会；2% 的人选择了其他。这就是通过问卷调查显示的结果。我们说亚洲在推进区域化的进程中，压力更多的是来自于外部的，或者说是和外部相比亚洲所面临的压力比较大。那么，在未来一个时期内，特别是国际金融经济危机爆发后，全球经济所面临的最大压力就是再平衡压力。再平衡压力的双方中，一方要求美国人要减少消费，要增加储蓄，另一方受到压力最大的就是东亚。虽然他们把中国排在第一，但实际上，中国在一定程度上承担着整个东亚对于欧美贸易不平衡的压力。因为，中国在东亚是一个自上而下的国际终端网络，中国处在网络的最末端。如果中国对欧美市场的出口无法完成，那么整个东亚的出口就更不可能了，它们的中间品会找不到市场。由于东亚缺少最终消费市场，所以全球再平衡的压力直接带来的冲击就要求亚洲必须扩大最终消费市场。当然，除去单个国家来扩大消费以外，更多的是要求亚洲通过建立统一的市场来扩大区域内的消费。在这个方面，很多人说亚洲本来区域内贸易比例就很高。因为统计显示，现在亚洲整体的区域内贸易占总贸易额的50%以上，甚至有人说中国出口贸易的依存度是36%。但是，实际上在中国附加值的部分只有50%，也就是说中国的出口依存度只有17% ~18%。不过从全亚洲的情况来看，整个亚洲对区域外国家的依存程度非常高。

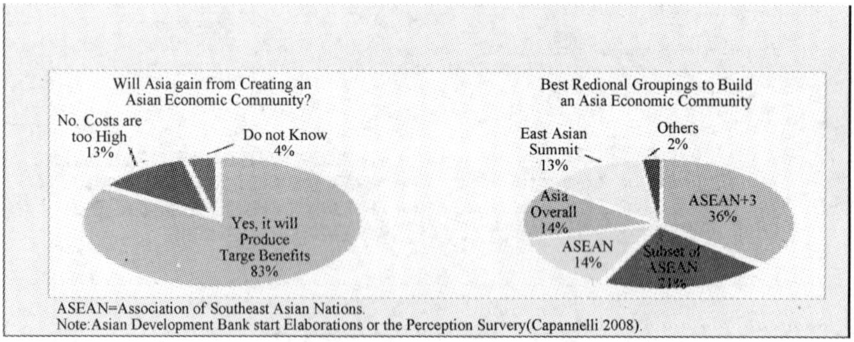


**图 12 亚洲经济问题调研结果**

图 13 是一项对亚洲出口的分解研究结果。在 2006 年亚洲地区出口中，官方统计为区域内贸易比例达到 51. 8%，区域外贸易比例达到 48. 2%。但是从最终需求上看，区域内贸易里有 35%是用于生产中间品的贸易，而中间产品用于最终消费的、卖给亚洲的只有 15. 1%。也就是说亚洲的 35%贸易里，还有 20. 2%再次出口到区域外，而区域外也存在生产和最终消费。最终，统一算起来亚洲的出口贸易中真正用在亚洲的最终消费需求只有 32. 5%，而区域外的最终消费达到 67. 5%，这和最初的 52%和 48%差异非常大。通过这些数字可以说明，从亚洲经济自身的发展考虑，在面对全球再平衡大环境的这种压力下，必须要建立统一的区域经济合作，这也是亚洲经济的一个基本出路。否则的话，就可能出现多种情况，比如亚洲的国际生产网络将被重新再配置，在重新配置的情况下，亚洲的贸易伙伴也出现重新选择等。后危机时代就会对亚洲经济带来巨大的挑战。

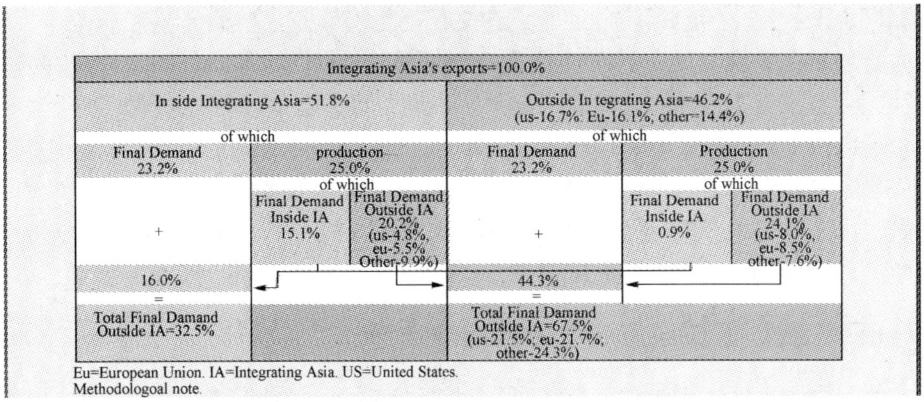
Integrating Asia's exports=100.0%
In side Integrating Asia=51.8%
Outside In tegrating Asia=46.2%
(us-16.7%; Eu-16.1%; other=14.4%)
of which
of which
Final Demand
23.2%
production
25.0%
of which
Final Demand
Inside IA
15.1%
Final Demand
Outside IA
20.2%
(us-4.8%,
eu-5.5%
Other-9.9%)
+
16.0%
=
Total Final Damand
Outslde IA=32.5%
Final Demand
23.2%
Production
25.0%
of which
Final Demand
Inside IA
0.9%
Final Demand
Outside IA
24.1%
(us-8.0%,
eu-8.5%
other-7.6%)
+
44.3%
=
Total Final Damand
Outslde IA=67.5%
(us-21.5%, eu-21.7%,
other-24.3%)
Eu=European Union. IA=Integrating Asia. US=United States.
Methodologoal note.

**图 13　亚洲出口对区域外市场的高度依赖**

总的来说，目前亚洲地区的未来区域经济合作，主要有以下几种代表性的选择：第一种是“10＋3”，即“东盟＋中日韩”。它是目前多数国家所接受的，也是中国政府的基本导向。第二种是“10＋1”，即“东盟＋中”、“东盟＋日”、“东盟＋韩”。它是以东盟为核心，把东盟作为“轮轴”分别与这个地区的大国签署双边的自由贸易区协定。第三种是“10＋6”，即“东盟＋中日韩印澳新”。它是日本的选择，日本基本的考虑是通过把印度、澳大利亚、新西兰这些所谓的民主国家纳入进来，可以遏制中国在东亚地区获取东亚一体化的主导地位。第四种是中日韩的合作。实际上，这四种合作途径的实现最终都取决于中日韩的合作，而中日韩的合作又取决于中日的立场。中国和日本的立场将决定整个亚洲合作未来的进程。其实，对于日本来说，在早期是想建立以自己为核心的东亚共荣圈或东亚共同体。但是，中国的经济规模越来越大，这是日本必须面对的一个现实。所以，日本由原来寄希望于以日本为核心，前两年发展到以中日两国共同治理亚洲，而现在日本人担心的是中国单独来治理亚洲。因此，这就是日本对“10＋6”的一个基本考虑。“10＋1”是东盟的主张，因为东盟要想成为一个“轮轴”，但东盟自己的经济规模又太小。中日韩三国的经济规模，差不多占到亚洲的2/3，这还包括印度，如果不包括印度，在东亚中日韩三国的经济规模可能占到90%。所以，亚洲地区的东盟最担心的就是在未来的区域经济合作中被边缘化。无论是中日韩的合作，还是“10＋3”的自由贸易协定，都意味着东盟的边缘化。所以，东盟希望推进“10＋1”。而韩国的立场却在转变，前几年，韩国试图充当中日之间的桥梁，明确说它们要充当亚洲合作的推动者。韩国不仅在地理上介于中日之间，在政治上也可以有能力协调中国和日本之间的关系，而且在经济上、在技术上，它的发展水平也是介于中国和日本之间，特别是在文化上，它们一直认为是韩国把中国的文化传到日本的，它们在文化上也能够充当桥梁。但在近两年，韩国的立场正在发生变化，韩国对亚洲的合作失去了希望。因此，韩国首先选择了和美国签署了自由贸易区协定，又先后和欧盟、印度签署了自由贸易区协定。因此，可以说中日韩、“10+3”、“10+1”、“10+6”等形式最终都取决于中国，取决于中日。而中日之间除去历史问题、相互之间的不信任等问题之外，最重要的是未来主导权争夺的问题，日本在客观上已经不能否认中国在未来作为亚洲最大经济体的作用。所以中日之间需要一个大战略家推进亚洲区域合作进程。

### （四）我国区域经济合作发展战略选择

对于中国来说，推进中日韩的合作，推进整个亚洲的合作，是符合中国的根本利益的。但是坦率地说，中国对亚洲区域经济合作，乃至整个的区域经济合作战略没有一个明确的目标。中国的对外经济合作目标还是一个摸索和建立的过程。以下是几项可供参考的区域经济合作的目标：①融入全球化进程中的避风港。中国的基本对外政策导向就是推进全球化的进程。在多边主义和区域主义之间中国更支持多边主义，但是推进多边主义，融入经济全球化，需要一个区域化的避风港，这是亚洲金融危机给我们带来的深刻教训。②为经济发展创造良好的周边环境。如果没有一个良好的周边安全环境，那么可持续发展是很难做到的，而且周边的安全环境必须有一个经济基础作支撑。如果我们只停留在安全和政治，比如与东盟的南海问题、与印度的边界问题、与越南的领海冲突问题等，那么就会发现中国与周边的冲突非常多，要克服这些冲突，创造一个良好的周边环境，经济区域化可能会发挥很好的作用。③成为地区性大国的必要条件。要想成为地区性大国，就必须建成地区性经济共同体，能代表一个地区发出这个地区的声音。④扩大对国际经济规则制定的影响力。⑤国家统一的重要推动力。

目前，我国的对外区域合作战略，总体上是以“10+3”为导向的。但是，由于中日之间达不成共识，所以导致了亚洲地区的大国纷纷建立跨区域自由贸易区协定的一个很尴尬的局面。现在，整个亚洲地区的区域经济合作正处在一个十字路口。后危机时代已经来临，对于亚洲的国家来说这既是一个机遇，也是一个严峻的考验。

（编辑整理：李海涛）

# ·经济学前沿·

# 当前宏观经济走势分析

李雪松

2009 年 10 月 15 日

## 李雪松

中国社会科学院研究生院数技经系教授、数技经所副所长

**摘　要**：对当前国际宏观经济走势和中国宏观经济走势进行分析发现，在美国、欧元区、日本三个区域中，这次金融危机对日本实体经济的影响最大，美欧日的经济已经触底，但是发达国家的失业率高起使得复苏进程缓慢。中国经济与世界经济联系紧密，这次金融危机对中国的冲击强于1998年的亚洲金融危机，在实施积极财政政策、适度宽松的货币政策情况下，中国经济在2008年第四季度、2009年第一季度已经触底，出现回升，2010年GDP增长率应达到9.4%，CPI维持在2.3%。

**关键词**：金融危机　宏观调控政策　先行指标　实体经济

当前中国经济与国际经济之间的关系越来越密切，特别是2001年，中国加入世界贸易组织以后，2003年以来尤其是最近几年，中国与国际经济之间相互联系不断增多，这些可以从中国领导人在国际经济事务、国际会议中，包括中国财长在国际会议中不断进行政策的协调和政策会谈中看到。另外，中国外贸总额在世界上的位次不断前移。近几年外需对中国经济增长的贡献率显著上升。2002～2004年货物及服务净出口对中国GDP增长的贡献率约为5%，而2005～2007年货物及服务净出口对中国GDP增长的贡献率上升了20%左右，拉动GDP增长2.2～2.6个百分点。鉴于此，本文主要分析两个问题：一是对当前国际宏观经济走势进行分析，二是对当前中国宏观经济走势进行分析。

## 一、对当前国际宏观经济走势的分析

### （一）国际金融危机对中国出口的影响

国际金融危机对中国经济的影响主要是在两个方面：一是对中国金融业的影响；二是对中国实体经济的影响。对中国金融业的影响相对有限，因为中国并没有发生金融危机，金融危机的核心地带在美国，但对金融业的影响超出了美国范围，对欧盟、日本等被次贷危机的金融衍生体卷进去很大份额的国家造成了国际性影响。金融危机使国际实体经济受到很大影响，与金融业相比，对中国实体经济的影响较大，主要是影响中国出口。

对中国经济的贡献构成进行分析，进而分析中国和世界经济之间的关系。根据图 1 可知，2001 年、2002 年的经济增长率小于 10%，分别为 8.3%、9.1%，2003～2007 年逐渐上升，2007 年达到这一轮经济周期的顶点。2003 年中国开始进行宏观经济调控，使得经济周期拉长，特别是上升期拉长。2007 年达到顶点之后，加大了对宏观经济调控的力度，2007 年底中央工作会议提出防止经济过热，中国加入世贸组织以来，中国经济与世界经济之间的互动关系不断增强。预期 2008 年的增长速度将低于 2007 年 13% 的水平，但是由于国际实体经济下降，中国实体经济在 2008 年下半年快速回落，2008 年全年增长率为 9%，比 2007 年下降 4 个百分点。该结果受到国内宏观经济调控的影响，但主要是受到国际实体经济衰退的影响。从 2008 年第一季度到 2009 年第二季度的经济增长率可以看出，2008 年下滑的速度较快，特别是第三、第四季度的下滑超过了政策制定预期，也超过了许多学者的预期，2008 年第四季度仅为 6.8%，2009 年第一季度仍在下滑达到 6.1%，第二季度出现回升。

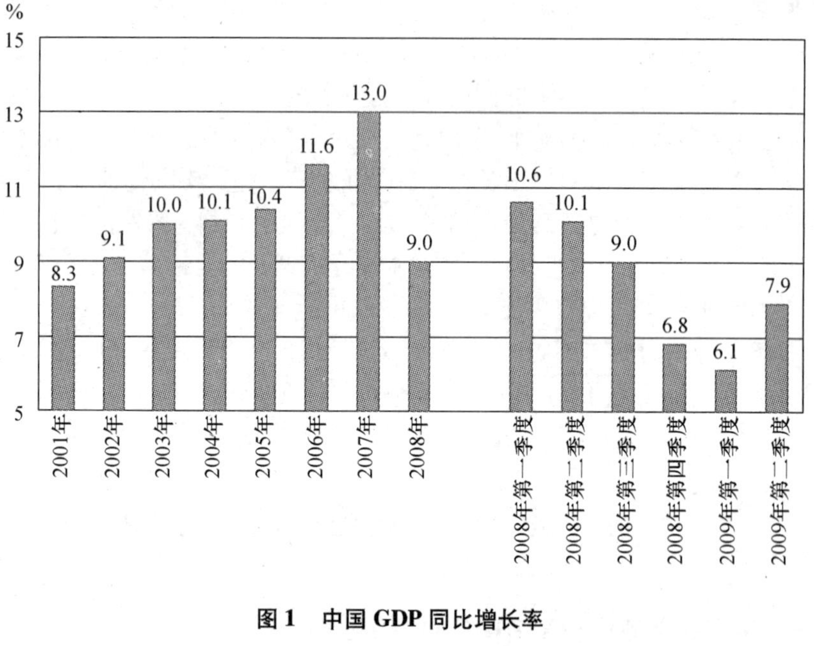


**图 1　中国 GDP 同比增长率**

国际金融危机是中国这一轮经济下滑的主要因素。这次国际金融危机会对中国有如此大的影响，主要是因为货物及服务净出口对中国的影响太大。根据图 2 对三大需求（最终消费支出、资本形成总额、货物和服务净出口）对中国 GDP 增长的拉动进行分析。2005 年、2006 年、2007 年货物和服务净出口分别拉动中国经济增长2.5个百分点、2.2个百分点、2.6个百分点，这可以看出货物和服务净出口占中国经济的比重较高。2008年、2009年国际经济形势恶化，使得出口对中国经济增长的拉动降低，2008年货物和服务净出口对中国经济增长的拉动变为0.8个百分点，使中国经济增长率降为9%。尽管9%是很高的经济增长率，但是从2007年的13%降到9%的速度太快。2009年第一季度出口的拉动为-0.2个百分点，第一至第二季度为-2.9个百分点，2009年第一至第二季度中国经济增长率为7.1%，投资拉动为6.2个百分点，消费拉动为3.8个百分点，这两部分的拉动可使中国经济增长10%，但是由于存在出口拉动为-2.9个百分点，所以中国经济在2009年上半年增长率为7.1%。因此，中国出口拉动型的增长方式有优势，但也存在劣势。优势在于中国可以抓住好的世界经济形势形成战略机遇期，加快发展。例如2004~2007年之间的快速发展，就是利用比较好的国际经济形势出口得到快速发展。也使得中国经济获得快速发展。实际上，2003~2008年期间中国出现了产能过剩，但是产能过剩并未引起中国国内的经济危机，这是因为利用较好的国际经济形势将过剩的产能出口。劣势在于中国的对外依存度较高，容易受到国际经济的冲击，2008~2009年国际经济形势不好，对中国出口的影响巨大。如图3所示，2005~2008年货物及净出口对中国经济增长的贡献率较高，2009年上半年的贡献率为-41%（贡献率=对GDP的拉动/经济增长率=-2.9/7.1），投资对中国经济增长的贡献率超过80%。

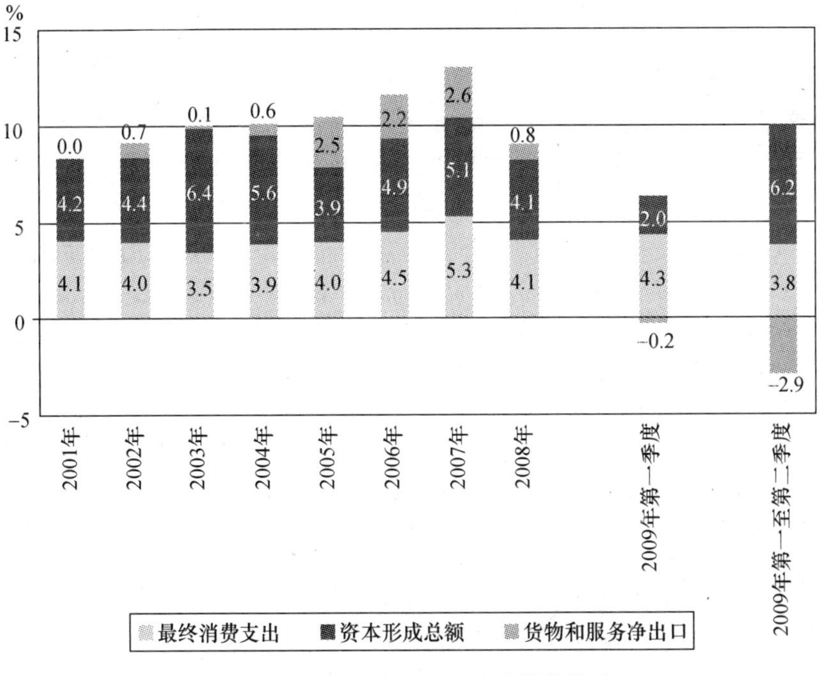


**图2　三大需求对中国GDP增长的拉动**

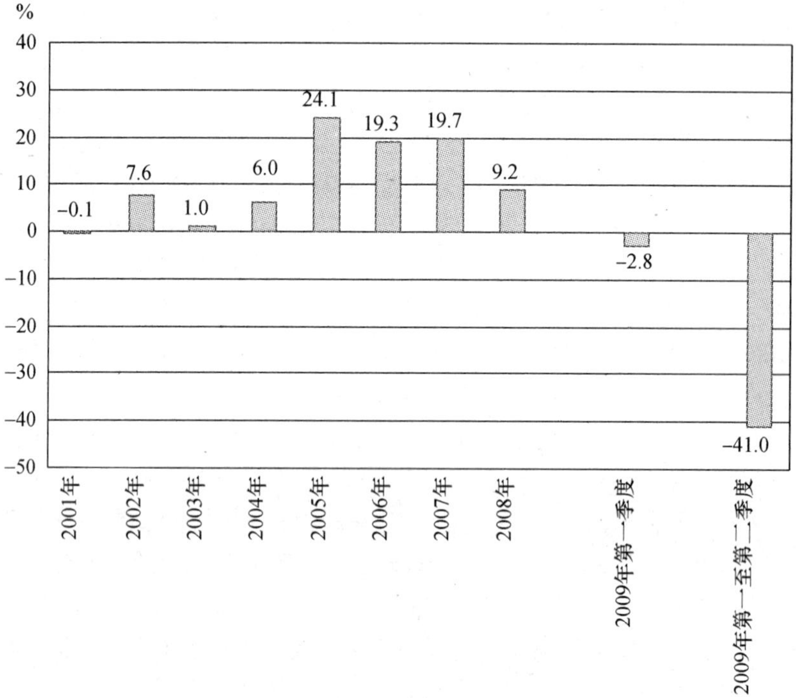


**图3　货物及服务净出口对中国经济增长的贡献**

中国出口与世界进口之间存在相关关系，如图4所示，中国出口增长率与世界进口增长率之间存在很强的相关性，当其他条件不变时，世界进口增长率每下降1个百分点，中国出口增长率将下降0.96个百分点，基本上是1:1。联合国预测2009年世界进口下降22.7%，按照简单的推算，2009年中国的出口大概下降21.8%，2009年1～9月中国出口下降了21%左右，第四季度可能会出现上升，但从全年来看下降水平应该在15%以上。图5显示出中国进出口月度同比增长率，2009年1～9月中国出口同比增长率都在15%～25%之间，在国际经济没有好转之前中国的出口情况不可能有所好转。最近几个月出口的环比有所上升，这是因为西方圣诞节采购提前发出订单，使出口环比有所上升，但不可能达到去年的水平。通过这些分析可以看出，中国经济和国际经济，特别是中国出口和国际经济，之间存在很强的相互关系，中国出口受制于国际经济的影响，这种影响具有两面性，国际经济形势好时可以加速发展，但是当国际经济形势不好时，受到的影响也是加倍的。

## （二）当前国际经济总体走势

根据图6可知，2008年受到金融危机的影响，全球经济增长率为2.1%，比

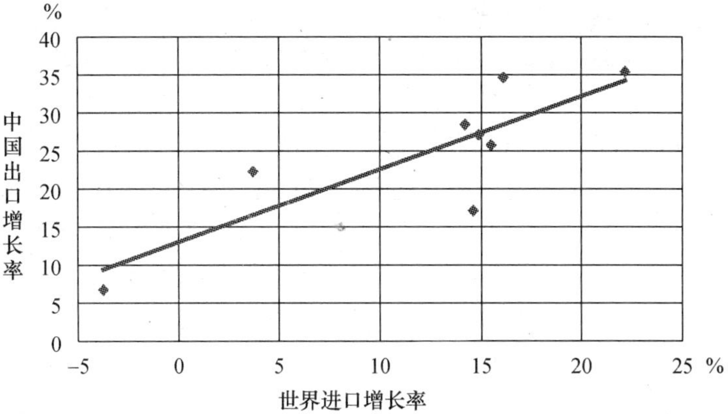


**图 4　中国出口增长率与世界进口增长率的相关关系（2001～2008 年）**

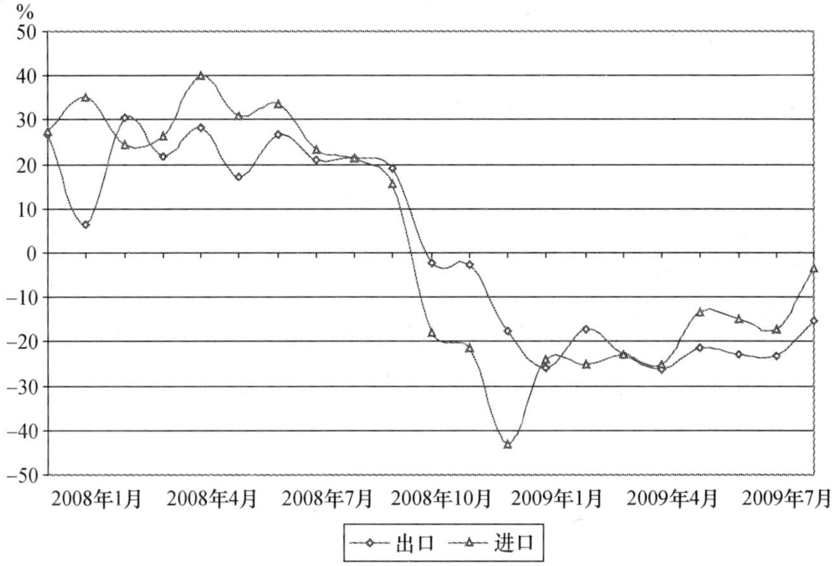


**图 5　中国进出口月度同比增长率**

2007 年的 3.9% 下降了 1.8 个百分点，下降幅度较大。联合国预测，2009 年世界经济下降 2.6%，下降的幅度为 4.7 个百分点。从 1997～1998 年亚洲金融危机来看，当时欧美发达国家的经济为正增长，全球 GDP 增长率分别为 3.4%、1.9%，而这次国际金融危机预期会使全球经济出现负增长，这次危机对实体经济的冲击远大于 1997～1998 年的亚洲金融危机。这主要是因为亚洲金融危机期间只有亚洲国家经济出现下降，欧美国家依然是正增长，而这次美国、欧盟、日本同时陷入经济负增长，由此使得全球 GDP 增长率出现负增长。从世界进口增长率走势来看，由图 7 可知，2005 ~ 2008 年期间世界进口增长率在 15% 左右，但是 2009 年根据联合国的预测，将是 -22.7%。与 2008 年相比，2009 年世界进口下降 37 个百分点。需要说明的是，图 7 中的增长率是按照进口的美元价值进行计算的，如果按照进口量计算，则下降的幅度会小一些。对比图 6 和图 7 可知，过去 10 年间，国际经济年增长率在 3% 左右，而国际贸易增长率远远大于国际经济增长率，扣除价格因素影响，世界贸易按实物量进行核算的增长率在 6% ~ 7%。也就是说，在过去 10 年国际贸易增长率是国际经济增长率的 2 倍，平均而言，各个国家的对外依存度上升，随着全球化发展，各个国家之间的联系更加密切。

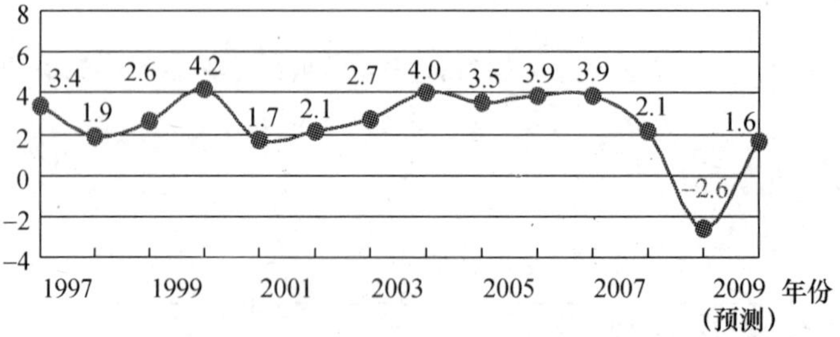


**图 6　全球 GDP 增长率走势（UN, %）——全球 GDP 按市场汇率计算**

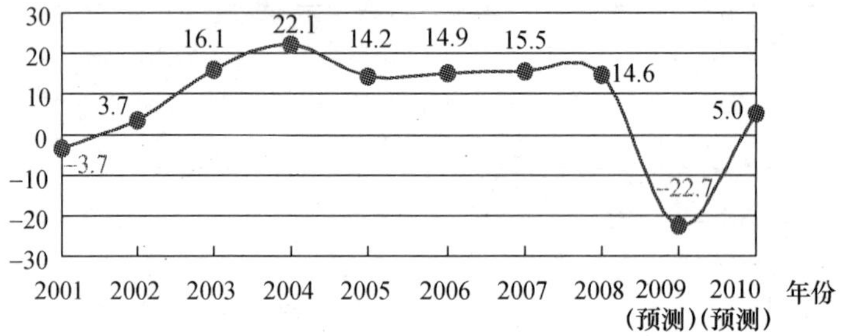


**图 7　世界进口（价值）增长率走势（UN, %）**

对国际原油价格走势进行分析（如图 8 所示），国际原油的价格经历了很大波动，特别是金融危机之前。2006 年以前原油价格未超过 60 美元/桶，2000 ~ 2003 年期间在 20 ~ 30 美元/桶。2006 年以后，特别是 2007 ~ 2008 年间加速上涨，联合国预测 2009 年全年原油的平均价格为 60 美元/桶，2008 年平均价格是 96.9 美元/桶，但是 2008 年高峰时超过 146 美元/桶。图 9 反映了 2002 年 11 月 25 日至 2009 年 9 月 29 日塔皮斯现货原油的价格，2006 年底开始上升，原油价格从不到 60 美元/桶上涨到 2008 年 6 ~ 7 月的 146 ~ 147 美元/桶，之后急剧下降，从147美元/桶降至40美元/桶。在金融危机中，原油价格剧烈波动，相对于原油价格波动，黄金价格波动较小，没有迅速下滑，维持在800～900美元/盎司，现在1000美元/盎司（如图10所示），金融危机期间，黄金受到追捧，而石油有较大波动。总体来看，石油和黄金价格的波动随着经济周期、美元汇率的波动而变化。

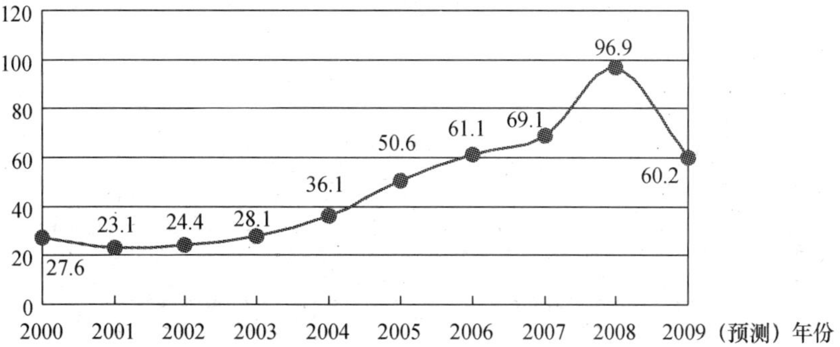


**图8　国际原油价格走势（UN，美元/桶）**

**图9　原油—塔皮斯现货价格**

图11反映出美元指数的走势，美元一直在贬值，特别是2009年以来美元贬值幅度较大，2009年3月美元指数为89，10月略高于70。美国实施了刺激经济的政策，特别是奥巴马7000亿美元的财政刺激，但是美国财政处于赤字，财政

刺激需要发行国债，但是美国国内储蓄率低，无法购买国债。因此国债分为两部分，一部分由其他国家购买，另一部分需要通过发行货币的方式筹得，美联储发行3000亿美元的钞票来购买美国国债，铸币税导致美元走软，美元指数下滑，美元贬值。通过对原油价格、黄金价格及美元指数趋势的对比可以发现，美元和石油、黄金之间的关系是此消彼长的，如果美元走强，则石油、黄金的价格下降。在这次金融危机中，石油受到的冲击比较大，由于黄金的量少，所以黄金波动比石油波动小。

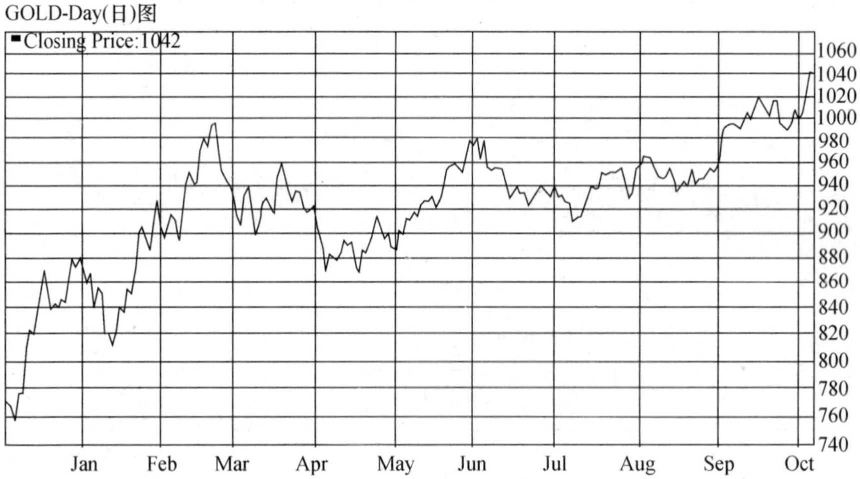


**图10　现货黄金走势（2009年）**

通过干散货运输市场波罗的海综合运价指数反映国际贸易量。运价可以迅速反映运量水平，特别是水运，如果国际贸易量大，则运价比较高。波罗的海的运价是国际上的海运综合运价指数的第一指数，该指数把国际上很多航线的指数进行加权得到综合运价。如图12所示，在2008年春季，干散货运价指数超过11000点，接近12000点，在2008年12月5日达到最低点，该指数略超过600点，仅为原来的1/20。2009年干散货指数有所上升，达到4000多点，由于担心国际经济会二次见底，再次出现下降，现在的指数为2000多点，但是距离12000点还有很大差距，所以国际贸易处于比较低迷的状态，恢复比较缓慢。

## （三）美国应对金融危机采取什么政策以及这些政策的效果

就美国应对金融危机的货币政策而言，主要是释放市场流动性，下调利率，根据图13可知，在2008年1月美联储开始下调利率，从4.0%下调到3.0%，一

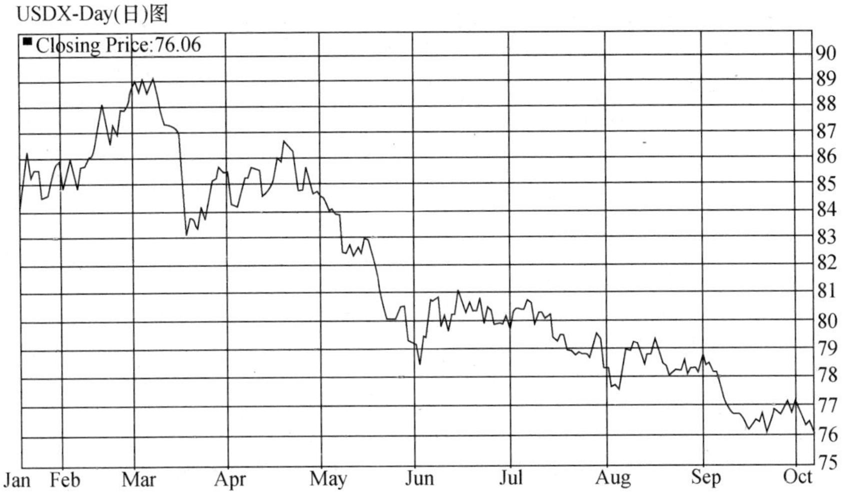


**图11　美元指数走势（2009年）**

注：美元指数的币别指数权重：欧元57.6%，日元13.6%，英镑11.9%，加拿大元9.1%，瑞典克朗4.2%，瑞士法郎3.6%。当前的USDX水准反映了美元相对于1973年基准点的平均值。到目前为止，美元指数（美元汇率）曾高涨超过165个点，目前在80点以下。

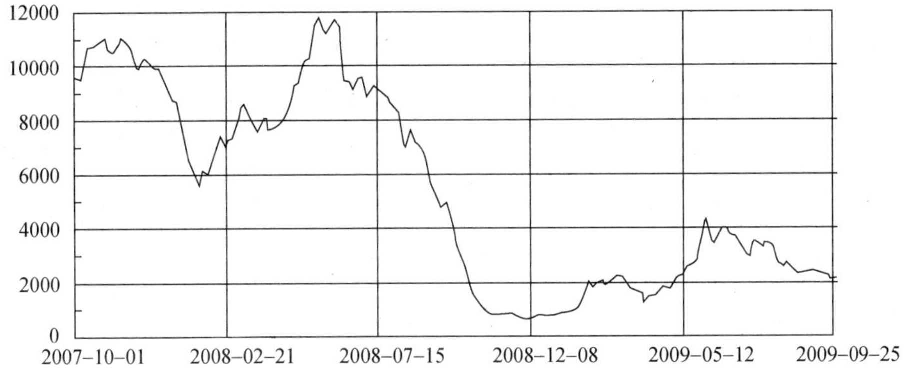


**图12　干散货运输市场波罗的海综合运价指数BDI**

次调整了1个百分点。一般情况下，美联储对利率进行调整时为0.25个百分点，或者0.5个百分点，相对于以往政策，这次下调力度较强。利率从3%下调到2%时，共下调4次，每次0.25个百分点。从2%下调至1%，先是下调0.25个百分点，然后又下调0.75个百分点。目前，美国联邦基准利率在0～0.25之间波动，几乎是0利率政策。这次利率下调较快，2008年年初的基准利率为4.25%，在2009年年底已经接近于0。

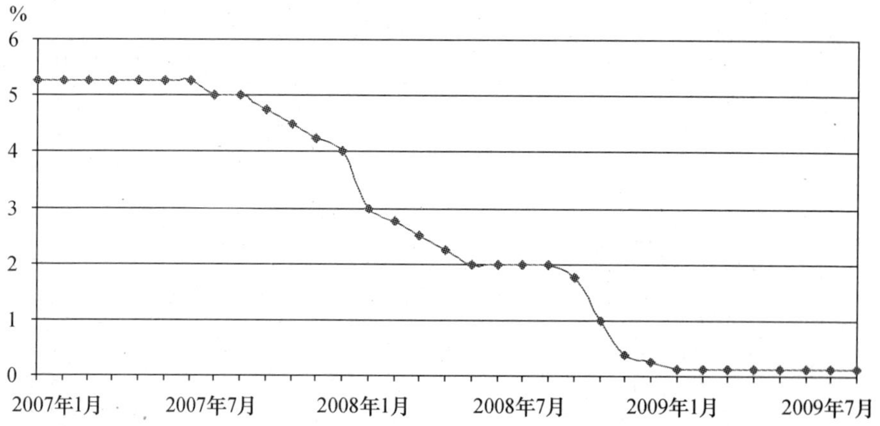


**图13　美国货币政策的调整：下调联邦基准利率**

就财政政策而言，有两大财政政策：一是小布什推出的7000亿美元“不良资产救助计划”（TARP：Troubled Asset Relief Program）。小布什任职期间，保尔森任财政财长，国会通过了7000亿美元金融救助基金。该基金分为两个阶段，第一阶段的3500亿美元，于2008年10月通过。因为2008年9月雷曼兄弟破产，美国的金融流动性短缺，不良资产救助计划主要是释放流动性，救助金融机构，因此第一阶段迅速投放3500亿美元。第二阶段的3500亿美元，于2009年1月通过，对银行、保险业注资2160亿美元；购买美国保险集团（AIG）高级优先股400亿美元；购买银行不良资产1000亿美元；对汽车业注资209亿美元（主要是对通用和福特的救助）；救助房地产业500亿美元；活化信贷市场，确保中小企业取得贷款，协助消费者获得买车贷款、学生贷款，主要是因为当时金融机构已经不愿意发放贷款。2009年9月，美国政府开始逐渐退出TARP计划，财政部逐步缩减对金融公司、汽车公司及信贷市场的扶持计划规模。到目前为止，这7000亿美元还未用完，第二阶段的3500亿美元还有剩余。这是因为2008年年终之后一些金融机构运营好转，还回部分不良资产救助计划的贷款，当时美国想把还回的这部分资金循环使用，利用其对中小金融机构进行救助。值得注意的是，美国政府并不是把所有的还款都进行循环使用，因为对循环使用在美国存在很大争议，有人认为，不能把纳税人的钱随意向资质不好的中小金融机构进行救助。

二是奥巴马推出的7870亿美元“美国复兴与再投资计划”（ARRA：American Recovery and Reinvestment Act）。奥巴马2009年1月上台之后，于2009年2月签署这项计划。该计划超过了小布什7000亿美元的计划，7870亿美元经济刺激计划是“二战”以来美国政府最庞大的开支计划。小布什的7000亿美元主要用于救助金融系统，而奥巴马推出的这项计划主要用于实体经济，5000亿美元（约65%）用于扩大投资，2870亿美元（约35%）用于减税和刺激消费。5000亿美元公共投资支出的分配如下：1150亿美元将被用于州及地方一级的医疗保健领域；1000亿美元将用于改善教育设施、职业培训等；800亿美元将用于公路、铁路等基础建设；700亿美元用于能源环保领域；600亿美元用于州及地方政府的公共开支；500亿美元用于失业救济；200亿美元用于科技研发；其余的用于住宅建筑方面。在这项投资计划中，仅有800亿美元用于公路、铁路等基础设施建设，这是因为美国的基础设施已经很完善了，虽然存在一些比较旧的路段，但是路网比较完善。另外是在能源环保领域投资700亿美元，以及部分科技研发的投资。用于民生问题方面（教育、医疗、社会救济）的投资比重较高，超过50%。这种分配方式与中国不一样，中国财政政策刺激，主要是投资于基础设施建设，用于教育、医疗、失业等方面的比较少。这是由于中美的国情不同，美国的基础设施比较全面，而主要投资于服务业。2870亿美元减税投资主要是以下几个方面：1162亿美元将用于补贴年收入低于7.5万美元或是家庭年收入低于15万美元的美国人；698亿美元为中产阶级减免“替代最低税”；320亿美元用于企业减税；其余部分将用于儿童抵税、个人购房购车的抵税等，抵税相当于进行减税。虽然这部分计划是在2009年2月签署的，但是减税计划从2009年6月才开始实施。

奥巴马ARRA计划的特点包括以下几个方面：首先，ARRA是一个长短结合的计划，目的在于重塑美国经济基础，为美国经济实现持久发展和繁荣奠定基础。其次，ARRA重视救助实体经济；重视产业转型升级和研发投资；重视就业、教育、医疗等民生问题；重视提高企业竞争力。最后，2009年6月，奥巴马宣布将加速落实总额7870亿美元的ARRA计划。截至6月，政府只花费了440亿美元的ARRA资金，相当于总额7870亿美元的5%。大部分投入要到2009年年底和2010年才能陆续到位，减税计划从6月开始，一些能源环保或是基建上的投入周期较长。与中国不同，中国很多基础设施项目一直处于等待投资的状态，一旦落实速度很快，而美国这些投资需要论证的时间比较长，对医疗保健的投资涉及到医疗改革，可是医疗改革在美国存在众多分歧，决策的速度对执行产生影响。这项计划主要是为了重塑美国下一轮经济的竞争力及产业增长点，而小布什当时的救助主要在于解决流动性短缺，这两项政策各有特点，而且都起到很大作用。

### （四）当前美欧日等发达国家经济已经触底

通过这些措施，美欧日等发达国家的经济已经触底。如图14所示，其中2009年、2010年的GDP是联合国预测值，2007年美国的GDP增长率为2.1%，2008年下降至0.4%，预计2009年变为负增长率（-2.7%）。从2008年各季度的增长率来看，由于小布什在2008年初实施了1860亿美元的减税计划，所以2008年第一、第二季度的增长率比较高，分别达到2.0%、1.6%，第三季度减税计划的作用已经减弱，增长率为0，第四季度雷曼兄弟破产，增长率为-1.9%。2009年第一、第二季度的增长率分别是-3.3%、-3.9%，GDP增长连续两个季度出现下滑，说明美国经济进入衰退，从下降幅度来看，衰退程度比较大。与美国相比，欧盟和日本衰退幅度更大。由于美国的消费占GDP的比例达到70%以上，其中个人消费占主要部分，所以对美国的个人消费进行分析。根据图15，近几个月个人消费支出的月度环比增长率不断上升，特别是在2009年8月个人消费支出环比增长率达到1.3%，环比增长幅度较大。根据该环比增长率，美联储判断美国经济可能开始走向复苏。这是实体经济的指标，说明美国消费得到恢复，如果消费水平上升则可以使经济较快恢复。

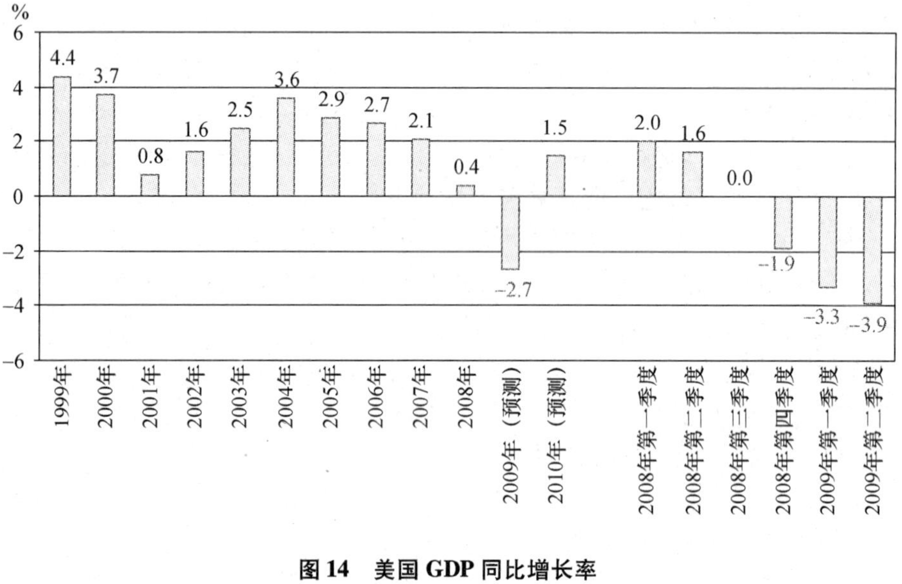


**图14 美国GDP同比增长率**

根据图16可知，2008年欧元区经济增长率为0.7%，预计2009年为-3.7%，2010年基本为0增长。2009年第一、第二季度欧元区GDP增长率分别为-5.2%、-5.6%。由此可以看出，欧元区的经济增长率比美国更低，衰退程度比美国更强。图17反映日本GDP增长情况，日本在20世纪90年代，房地产泡沫破灭，出现0增长或负增长，日本把这个时期称为“失落的十年”。21世纪以来的前几年日本经济与上个10年相比有很大改观，2000~2007年日本经济基本处于增长的状态。但是这次金融危机使日本再次进入负增长，2008年为-0.7%，

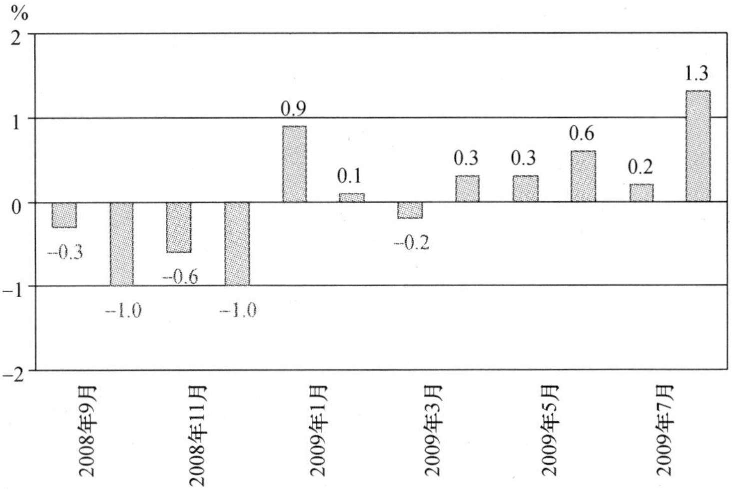


**图 15　美国个人消费支出月度环比增长率**

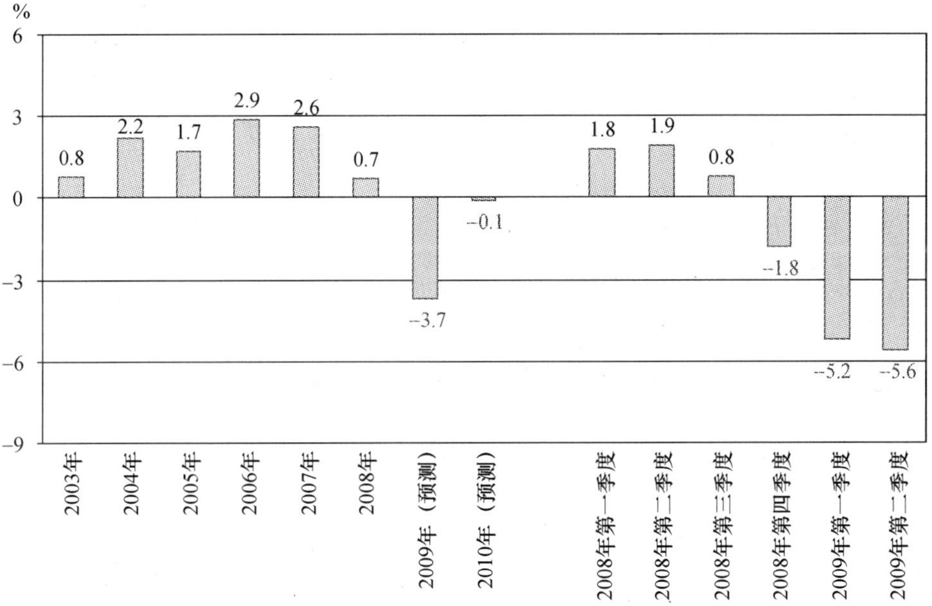


**图 16　欧元区 GDP 同比增长率**

预计 2009 年为 -7.1%。制造业大国在国际市场中竞争力比较强，贸易出口量比较大，因此受到金融危机的影响比较大，而德国和日本是发达国家中的制造业大国，由此可见日本的经济缩水较大。在美国、欧元、日本这三个区域中，日本的负增长程度最强，2009 年第一季度日本的经济增长率为 -8.7%，第二季度为

-6.4%,最差的情况已经结束，现在出现好转。

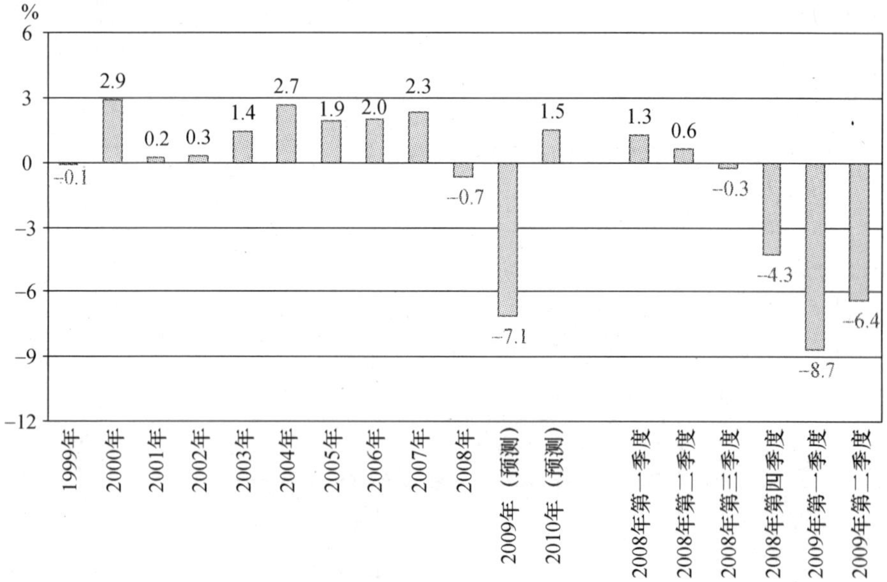


**图17 日本GDP同比增长率**

对美国消费者价格指数（CPI）进行分析，如图18、图19、图20所示。根据图18可知，美国的通货膨胀率从2001年以来一直维持在2%、3%左右。2008年最高达到3.8%，美联储预计2009年为-1.4%，2010年上涨到1.6%。从月

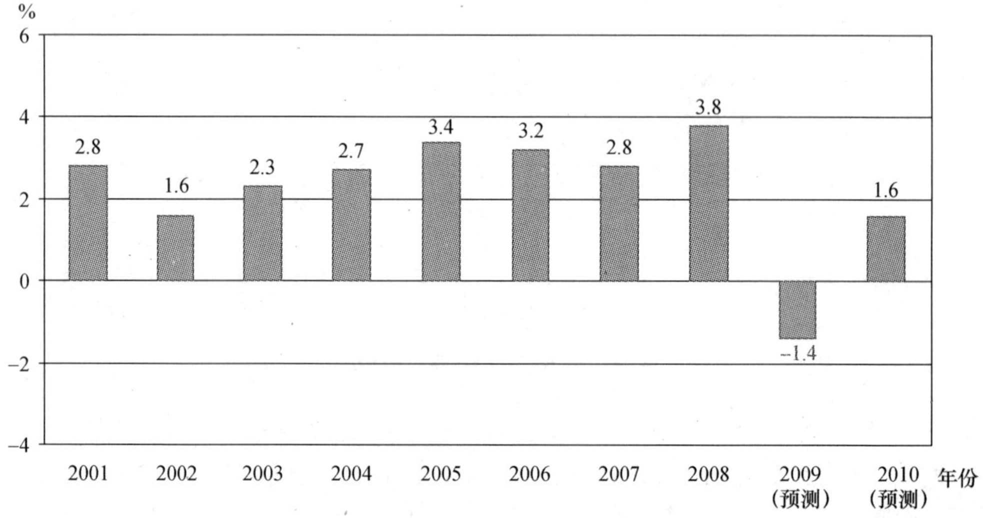


**图18 美国CPI上涨率**

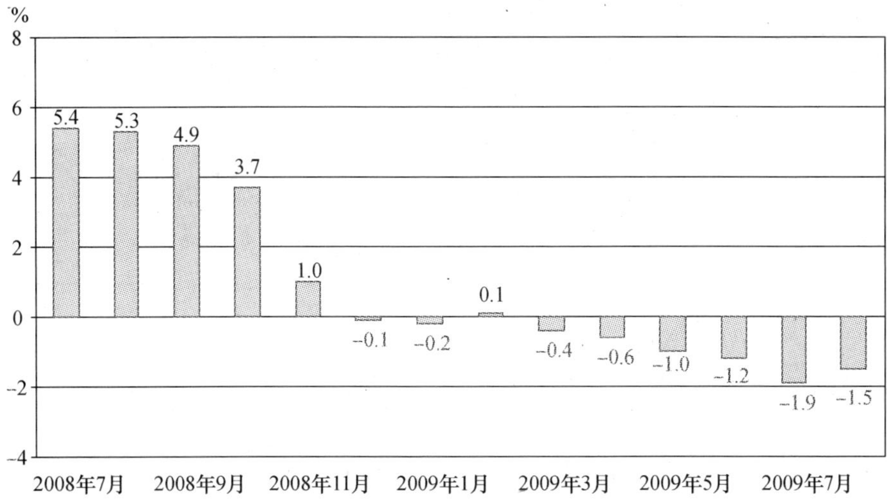


**图 19　美国 CPI 月度同比上涨率**

度同比数据来看（见图 19），2008 年 7 月美国物价水平较高，达到 5.4%，但在 2008 年年底出现负增长，2009 年持续负增长，2009 年 7 月是 -1.9%，处于最低点。一般来说，物价持续 6 个月负增长，说明经济进入通货紧缩。我们对通货紧缩的关注并不是很强，因为物价指数除了关注同比指数外，还需关注环比指数。从月度环比指数来看（见图 20），2008 年 10 月、11 月、12 月 CPI 月度环比出现负增长，2009 年 3 月是负增长，但是从 2009 年 5 月开始环比出现正增长。从环比来看，物价没有出现持续 6 个月的负增长。同比增长率和环比增长率出现如此大的差异，原因在于同比是与去年每个月进行比较，去年每个月物价水平的高低有差距，因此基数不同。基于环比已经出现正增长，所以对于通货紧缩的关注并不多，物价最低点已经结束。

对美国生产者价格指数（PPI）进行分析，如图 21、图 22 所示。根据图 21，PPI 月度同比增长率在 2008 年最高点达到 9.8%，2009 年 7 月为最低（-6.4%）。由此可以看出，PPI 的波动大于 CPI 的波动，CPI 仅为 PPI 波动幅度的一半左右。PPI 也可称为上游产品价格，CPI 称为下游产品价格，上游产品受到原材料波动较大，但是产品市场处于产能过剩状态，所以原材料价格上涨不一定会带来产品价格的上涨。图 22 反映出 PPI 月度环比增长率变化，2009 年 1 月出现上升，之前的几个月一直处于负增长状态，2009 年 2 月、3 月又出现下降，之后出现上升。与 CPI 的月度环比增长率进行比较可以发现，PPI 波动幅度大于 CPI 波动幅度。

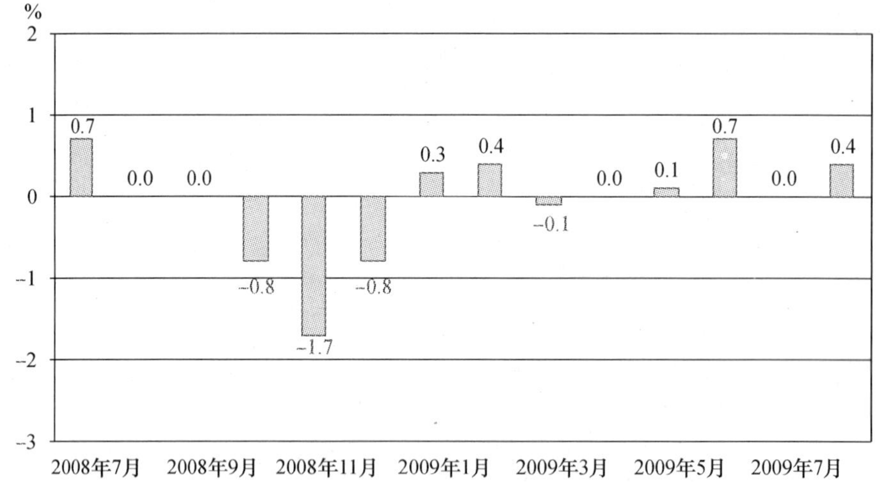


**图 20　美国 CPI 月度环比上涨率**

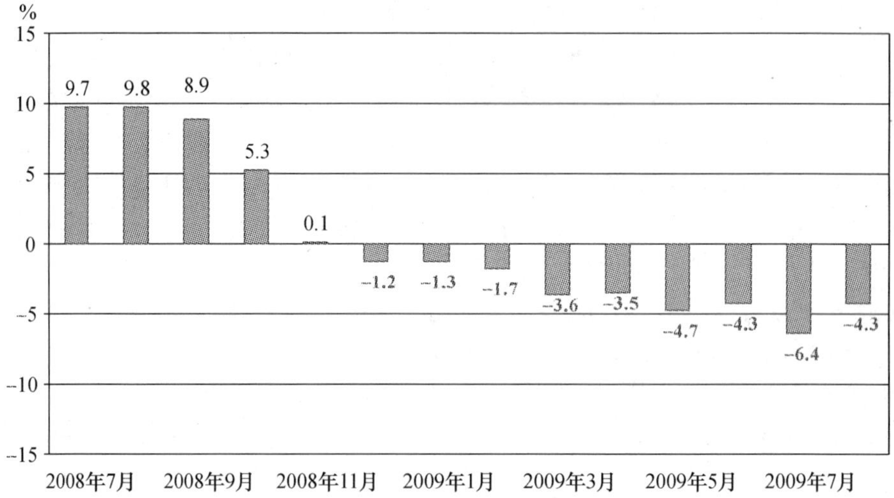


**图 21　美国 PPI 月度同比上涨率**

## （五）发达国家失业率高企复苏进程较为脆弱

对上述因素进行分析发现，金融危机对美国、欧元区、日本的影响较大，对欧元区、日本实体经济的影响要强于对美国的影响。同时，经济已经触底，美国的消费水平已经开始上升，但是这样的上升是脆弱的，主要是因为发达国家的失业率高企，仍未达到顶点。

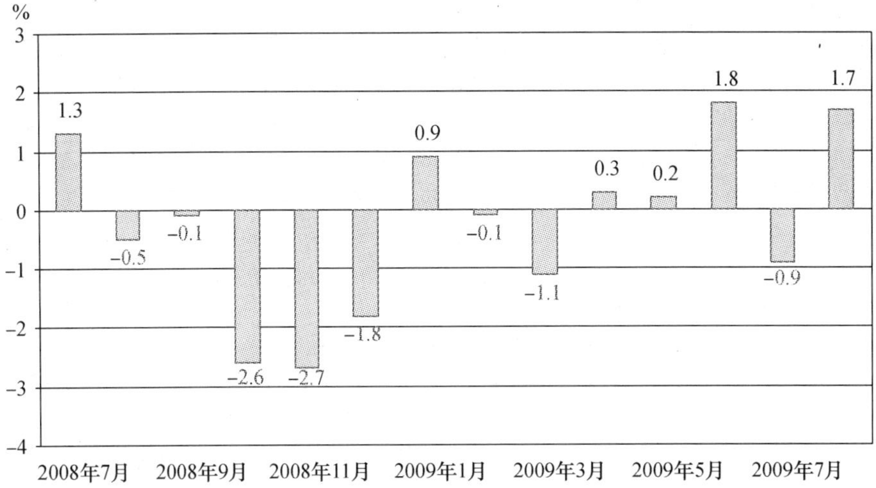


**图 22 美国 PPI 月度环比上涨率**

对美国的失业率进行分析，如图 23、图 24 所示。1999～2008 年期间，美国的失业率低于欧盟水平，美国失业率在 5% 左右（见图 23）。这是因为美国的劳动力市场比较灵活，社会保障比较低，欧元区的社会保障水平比较高，如果工资水平不理想，则会选择失业，依赖社会保障生活。美国 2008 年的失业率达到 5.8%（见图 23），在对美国 2008 年以来的月度数据进行分析后发现，2008 年 8 月以前，失业率在 6% 以下，2008 年 8 月之后一直上升，在 2009 年 5 月失业率

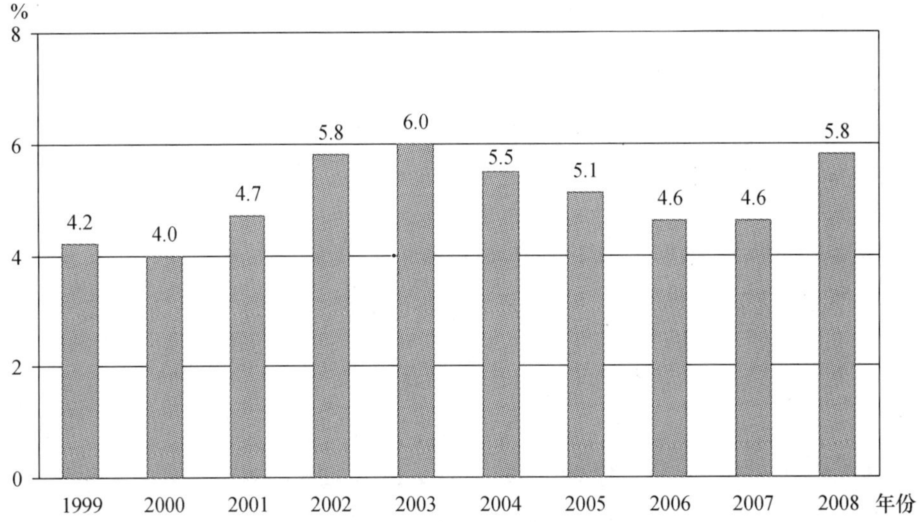


**图 23 美国失业率——年度指标**

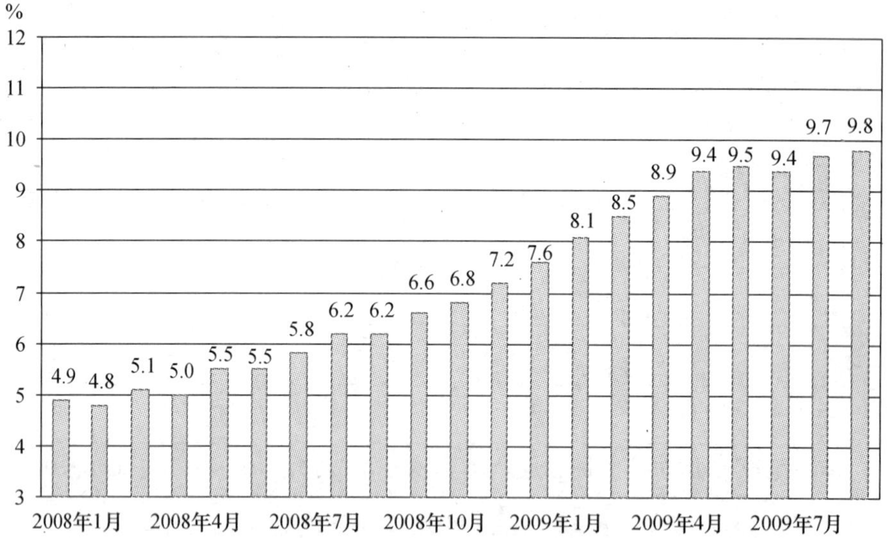


**图 24　美国失业率——月度指标**

超过9%，9 月达到9.8%。预计美国失业率水平会突破10%，现在来看已经连续5 个月超过9%，基本达到顶点，没有进一步大幅上升，现在企业裁员基本减缓，有所恢复，但失业最高点还没有达到，当然也不排除9.8%就是最高点。如果失业率水平不下降，个人收入水平难于上升，消费水平上升有限，进而制约了美国经济恢复。

对欧元区的失业率进行分析，如图25 所示。欧元区的失业率一直高于美国，正常情况下，失业率在7%左右。金融危机之后，失业率上升到8%以上，2009 年8 月达到9.6%，同美国一样，也没有触顶。日本的失业率在发达国家中是比较低的，在3%左右，2008 年年底超过4%，2009 年4 月超过5%，2009 年7 月达到5.7%，8 月略下降，日本的失业率也处于顶部的位置（见图26）。

## （六）发达国家正在走向复苏的初始阶段

通过失业率来看，复苏是缓慢的，且不可能出现很快的复苏。因为发达国家靠消费来拉动经济增长，在高失业率水平下，消费水平不可能大幅上升。发达国家正处在走向复苏的初始阶段，这主要是根据若干先行指标。以美国为例进行分析，有以下先行指标，世界大型企业联合会发布的美国经济先行指数（LEI），美国供应管理协会发布的美国制造业采购经理人指数（PMI），世界大型企业联合会发布的美国消费者信心指数（CCI）。

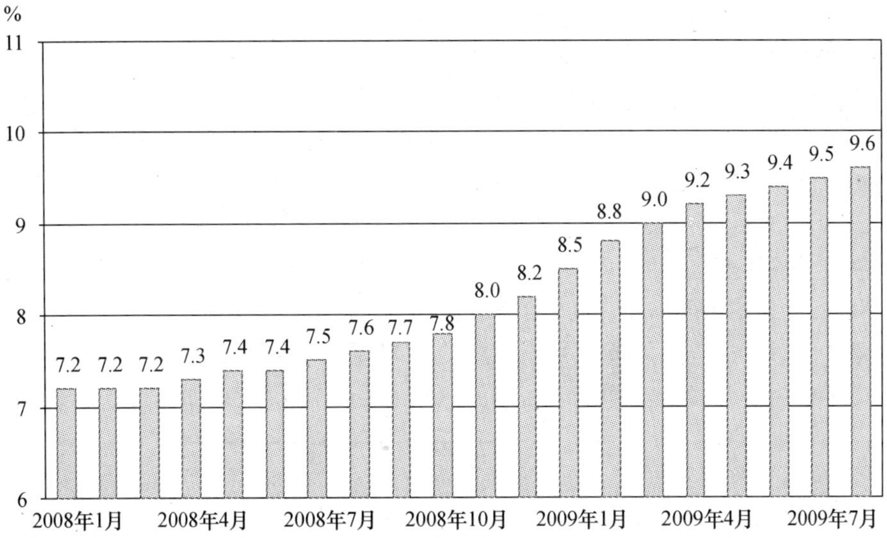


**图 25　欧元区失业率——月度指标**

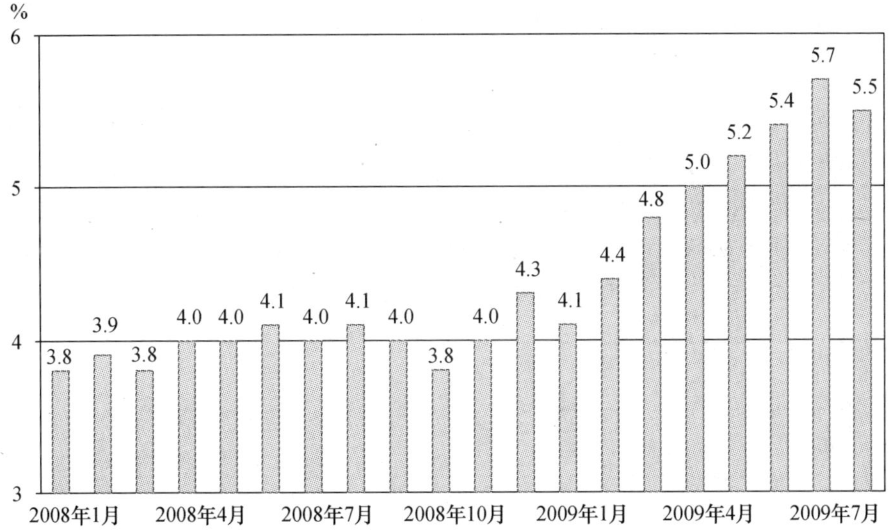


**图 26　日本失业率——月度指标**

美国经济先行指数在2009 年3 月触底，2009 年8 月已经上升至102.1，先行指数已经持续5 个月上升（见图27）。从先行指数来看，最低点已经结束。但是从前面的分析发现，实体经济刚到触底的时候，一般先行指数比实体经济提前3～6 个月。根据图28，分析美国制造业采购经理人指数，2008 年12 月已经触底（32.9），2009 年9 月已经上升到52.6（见图28）。在调查中，订单下降记为0，如果订单上升则记为100，当平均水平超过50时，说明经济扩张，如果低于50，则说明经济收缩。2009年8月、9月制造业采购经理人指数已经超过50，说明出现扩张。2009年上半年制造业采购经理人指数已经开始上升，但是实体经济仍在收缩，这是因为该指数依然低于50，但值得注意的是收缩幅度逐渐减小。对美国消费者信心指数进行分析（见图29），2009年2月该指标已经触底。美国经济的先行指标已经触底几个月，但是实体经济何时复苏，要根据实体经济指标来分析。对月度经济进行分析时，主要关注工业增加值、消费，2009年第三季度内各月个人消费环比缓慢上升，8月为1.3%，这是很重要的上升，该上升能不能持续，要依赖9月的水平，如果9月依然上升，那么美国2009年第三季度的GDP下降不会太多。通过实体经济和先行指数的分析可以看出，美国的经济在2009年第二季度已经触底。

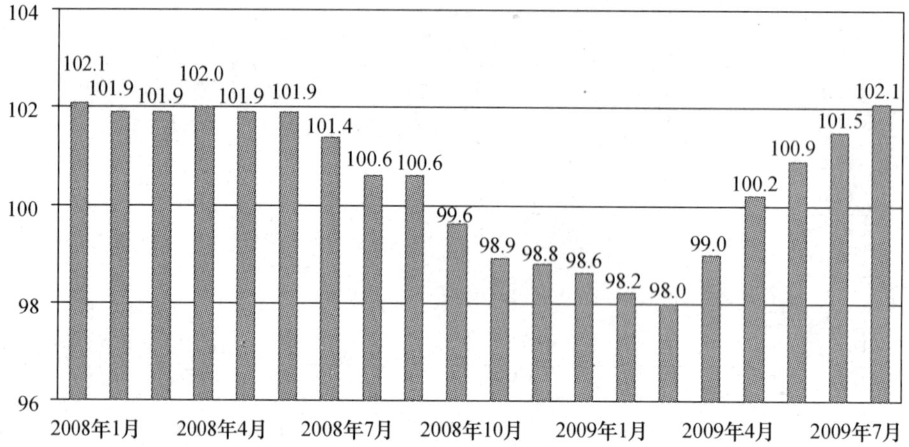

图27 美国经济先行指数（LEI）

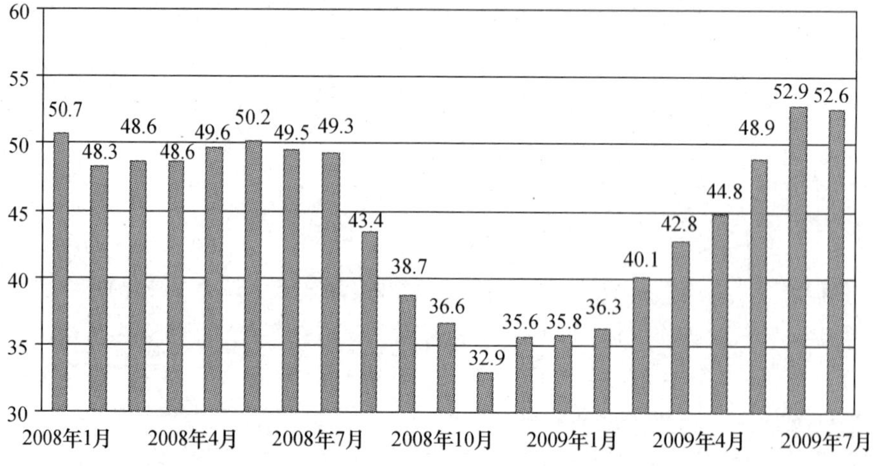

图28 美国制造业采购经理人指数（PMI）

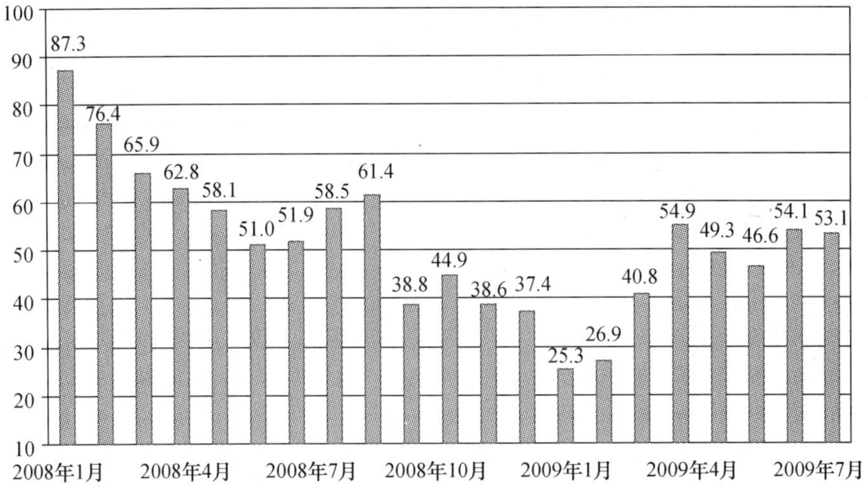


图 29　美国消费者信心指数（CCI）

# 二、对当前中国宏观经济走势的分析

## （一）中国应对国际金融危机的政策措施

分析改革开放30多年来中国的经济增长如图30所示。中国GDP增长的最低点在1990年（3.8%），在亚洲金融危机期间，GDP增长率低于8%，1998年、1999年分别为7.8%、7.1%，虽然没有实现8%，但当时提出很多改革措施，这些改革也是这一轮经济周期（1999~2007年）平稳上升的原因，而且上升期比较长。同时，相对于1998年以前，1998年之后通货膨胀波动较小。这是由于市场经济体制不断完善，企业主体发挥积极作用，同时宏观调控也积累了一些经验，对经济走势进行微调、预调，使波动幅度减小。1998年金融危机使得经济有所下降，但是下降幅度没有这次金融危机影响的大，这是因为中国现在与国际经济的联系更加紧密。

2009年提出保证8%的增长，与1998年相比，这次保增长的有利条件包括以下几个方面：第一，中国现在的内需空间比较大，人均收入水平与1998年相比有很大提高；第二，具有健康的财政体系，前几年存在财政盈余，增收和超收比较大；第三，稳健而有执行力的银行体系，通过银行体系的改革，现在银行的不良资产率比较低；第四，外汇储备比较高；第五，政策比较灵活。另外，与1998年相比，也存在两个不利因素：第一，外部经济环境比1998年更为严峻；

第二，现在中国经济的对外依存度比 1998 年更高。

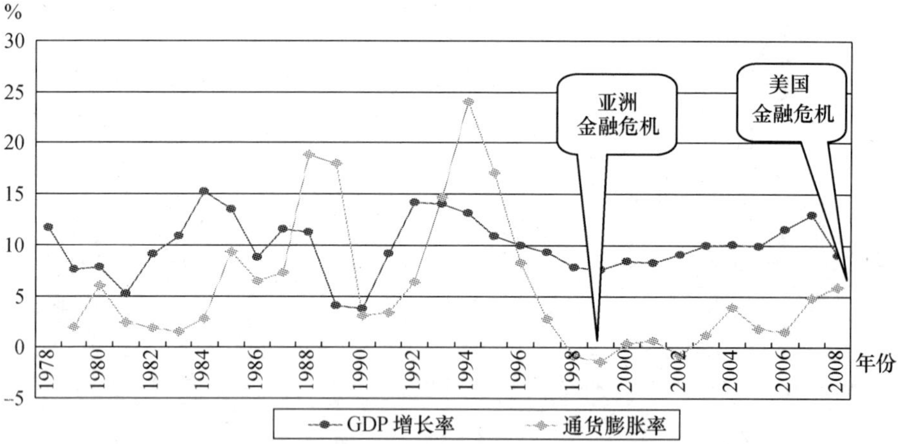


**图 30　中国 GDP 增长率及通货膨胀率**

2009 年中国实施的“一揽子”刺激计划，总体方向是推行积极的财政政策和适度宽松的货币政策，具体计划包括以下四个方面：第一，大规模增加政府投资，实施总额 4 万亿元的两年投资计划，其中中央政府拟新增 1.18 万亿元，实行结构性减税，扩大国内需求；第二，大范围实施调整振兴产业规划，提高国民经济整体竞争力；第三，大力推进自主创新，加强科技支撑，增强发展后劲；第四，大幅度提高社会保障水平，扩大城乡就业，促进社会事业发展。

与美国实施的计划相比，相对于 GDP 水平来说，中国的刺激力度更大。如果能够全面执行这四个方面的计划，那么可以很好地促进中国经济下一轮的增长。中国政府两年“4 万亿”支出计划的构成：铁路、公路、机场和城乡电网等基础设施建设 1.5 万亿元（占 38%）；地震重灾区的恢复重建投资 1 万亿元（占 25%）；民生工程 4000 亿元（占 10%）；农村民生工程和农村基础设施建设 3700 亿元（占 9%）；结构调整和技术改造 3700 亿元（占 9%）；节能减排和生态工程建设 2100 亿元（占 5%）；医疗卫生和文化教育等社会事业 1500 亿元（占 4%）。其中，第一、第二项属于基本建设方面，达到 2.5 万亿元，占到 60% 以上，因为这两个方面对经济拉动效果很强，但是这方面的投资也存在重复建设和低效率等方面的问题。2009 年 3 月两会出台这项政策时，主要是为了快速拉动经济，这是因为 2008 年第四季度、2009 年第一季度经济增长率很低，分别为 6.8% 和 6.1%。

在这样的政策下，计划中国2009年的财政赤字为9500亿元，依据欧盟内部规定，计划实施3%的财政赤字率。2009年之前财政状况较好，财政赤字率不断下降，2007年出现财政盈余。2009年前几个月财政收入出现负增长，这是因为经济环境较差，企业利润比较低，物价水平比较低。预计2010年继续实施积极的财政政策，财政赤字率依然保持在3%，如果2010年经济形势很差，那么可以通过提高财政赤字来解决民生问题，但是需要注意的是不能过高（见图31）。对中国的新增贷款进行分析（见图32），2006年、2007年、2008年中国新增贷款分别为3.1万亿元、3.6万亿元、4.2万亿元，预计2009年新增贷款为10万亿

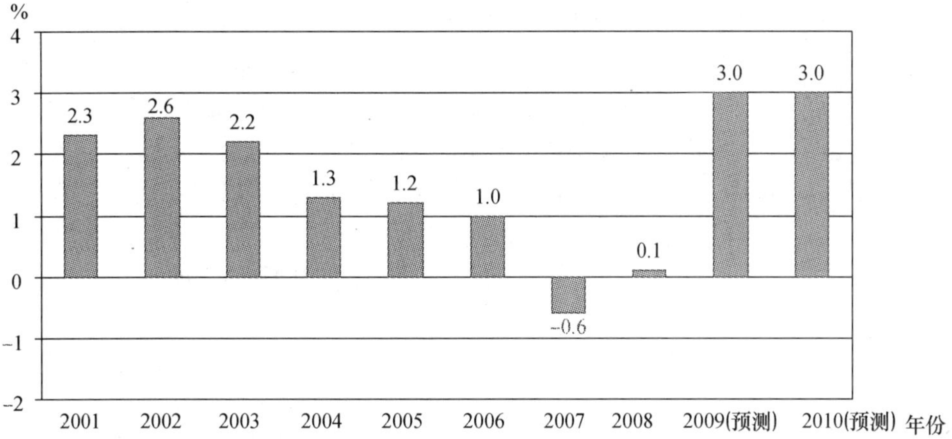


**图31　中国财政赤字率**

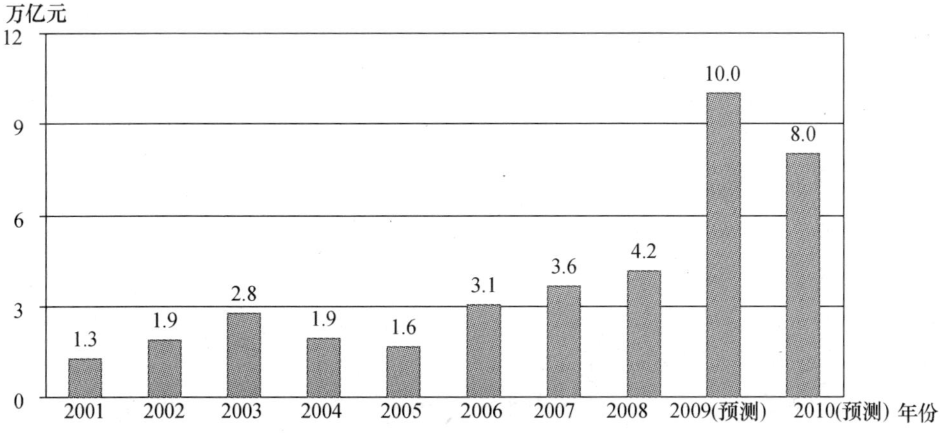


**图32　中国新增贷款**

元，前3个季度已经达到8.7万亿元。预计2010年的新增贷款为8万亿元，高于2008年，低于2009年。这是因为即使现在减少新增项目，但是已经实施的项目在明年依然需要投入资金，同时2010年企业的效益有所恢复，那么企业的生产性贷款也会增加，如果强制压缩，则可能形成“烂尾楼”，银行的贷款无法收回。

实施积极财政政策和适度宽松的货币政策的同时，我国推出了十大产业振兴计划，这是一个结构调整计划。第一，汽车产业调整振兴计划。从2009年1月20日至12月31日，对1.6升及以下排量乘用车减按5%征收车辆购置税，使中国产销量爆发式增长，成为全球第一大市场；支持大型汽车企业集团进行兼并重组，支持汽车零部件骨干企业通过兼并重组扩大规模；今后3年中央安排100亿元专项资金，重点支持企业技术创新、技术改造和新能源汽车及零部件发展；实施新能源汽车战略。中央财政安排补贴资金，支持节能和新能源汽车在大中城市示范推广。第二，钢铁产业调整振兴计划。落实扩大内需措施，拉动国内钢材消费，实施适度灵活的出口税收政策，稳定国际市场份额；严格控制钢铁总量，淘汰落后产能，不得再上单纯扩大产能的钢铁项目；推进企业联合重组，培育具有国际竞争力的大型和特大型钢铁集团。第三，纺织工业调整，统筹国际国内两个市场。加强技术改造和自主品牌建设，推进高新技术纤维产业化，提高纺织装备自主化水平，培育具有国际影响力的自主知名品牌；加快淘汰落后产能，制定和完善准入条件，淘汰能耗高、污染重等落后生产工艺和设备；优化区域布局，东部沿海地区要重点发展技术含量高、附加值高、资源消耗低的纺织产品；加大财税金融支持，将纺织品服装出口退税率由14%提高至15%。第四，装备制造业调整振兴规划。要依托高效清洁发电、特高压变电、煤矿与金属矿采掘、天然气管道输送和液化储运、高速铁路、城市轨道交通等领域的重点工程，有针对性地实现重点产品国内制造；推进装备自动化，要结合钢铁、汽车、纺织等大产业的重点项目，推进装备自动化；提升配套产品技术水平，要提升大型铸锻件、基础部件、加工辅具、特种原材料等配套产品的技术水平，夯实产业发展基础。第五，船舶工业调整振兴规划。成立船舶工业发展基金和成立融资租赁公司，确保重点船企订单的顺利完成和交付；通过对国轮国造的进一步信贷和产业政策，支持提高国内船东在国内船企造船的积极性；加大研发投入，实现船企升级；强强联合，鼓励兼并收购；强制性淘汰措施以促进拆船。第六，电子信息产业调整振兴规划。近三年内，振兴电信行业的任务包括，核心产业重点突破，逐步掌握发展主动权；即将上马的重点工程分别包括集成电路产业技术水平和产能提升、平板产业升级和彩电工业转型。政策措施包括：加大财政投入力度，国家新增资金投入向电子信息产业倾斜；改善投资环境，加强产业基地公共基础设施和支撑服务条件建设，鼓励地方政府进一步调动资源支持企业创业发展。第七，石化产业调整振兴规划。保持产业平稳运行，完善能源产品价格形成机制；提高农资保障能力，调整化肥农药生产结构，完善化肥淡储制度；统筹重大项目布局，抓紧实施在建炼油乙烯重大项目；控制总量淘汰落后产能，停批单纯扩大产能的焦炭、电石等煤化工项目；加大政策扶持，抓紧落实成品油储备，完善税收政策；完善公司治理结构，提高管理水平。第八，轻工业调整振兴规划。临时降低酒及酒精、化妆品、贵重首饰、高档手表等商品的消费税，提高进口高档消费品关税。将“家电下乡”范围扩大到全国，并将产品扩大到所有家电产品和节能照明电器、燃气具等。继续提高家电、家具、皮革、五金等轻工 631 项商品的出口退税率，恢复到 2007 年 7 月 1 日前的水平。第九，有色金属产业调整振兴规划。稳定和扩大国内市场，改善出口环境，调整产品结构，支持技术含量和附加值高的深加工产品出口；严格控制总量，加快淘汰落后产能；加大技术改造和研发力度，推动技术进步。开发前沿共性技术，提高装备工艺水平和关键材料加工能力；促进企业重组，优化产业布局，加强企业管理和安全监管，提高产业竞争力；充分利用国内外两种资源，增强资源保障能力；加快建设覆盖全社会的有色金属再生利用体系，发展循环经济，提高资源综合利用水平。第十，物流业调整振兴规划。振兴规划四点要求包括扩大市场需求，促进物流企业与生产、商贸企业互动发展；加快企业兼并重组，培育一批服务水平高、国际竞争力强的大型现代物流企业；推动能源、矿产、汽车、农产品、医药等重点领域物流发展；加强物流基础设施建设。振兴物流业的九大重点工程：多式联运和转运设施、物流园区、城市配送、大宗商品和农村物流、制造业和物流业联动发展、物流标准和技术推广、物流公共信息平台、物流科技攻关、应急物流。

从国际上来看，制造业大国主要是德国、日本、中国，美国和英国的制造业已经空洞化，主要依靠金融服务业，依赖大量逆差来维持高消费。全球经济可以分为三个区域：第一个区域是以美国、英国、欧盟为代表的消费型国家（地区）；第二个区域是以德国、日本、中国为代表的制造业国家（地区）；第三个区域是以中东、俄罗斯、澳大利亚为代表的资源类国家（地区）。制造业国家从资源类国家获取原材料，把产品卖给消费型国家，美国主要是靠金融服务，输出美元，购买产品，资源型国家和生产型国家把美元投资于美国购买美国国债，美国国债的收益率在 2% ~3% 之间，美国将资金投向资源型、生产型国家获得 10% 左右的收益，这就是“斯蒂格利茨怪圈”。从长期来看，中国必须调整产业结构，使制造业升级，促进金融产业发展，使两者并重才能实现可持续发展。

实施积极财政政策的同时，实施宽松的货币政策，对利率进行调整。2008 年 9 月 16 日对人民币贷款利率进行向下调整，2008 年 12 月 23 日调整为 5.31%，存款利率是2.25%（见图33），之后没有再进行调整。中国的存贷款利差在世界上是比较大的，中国的银行业利润水平较高。在这种情况下，存款人受损，2008年CPI增长率为5.9%，但存款利率仅略大于4%，实际上是负利率。中国的利率差（3个百分点）大于世界平均水平（1个百分点）是因为，中国的银行业用的人比较多，成本较高；另外，存贷量的差额比较大，存款总量大概是58万亿元，贷款总量为39万亿元。从贷款规模来看，39万亿元的贷款总量已经不低，之所以会出现比较大的差额是由于储蓄率太高。从长期来看，利率要市场化，降低银行成本，加快治理结构改革，使银行向现代企业制度靠拢。

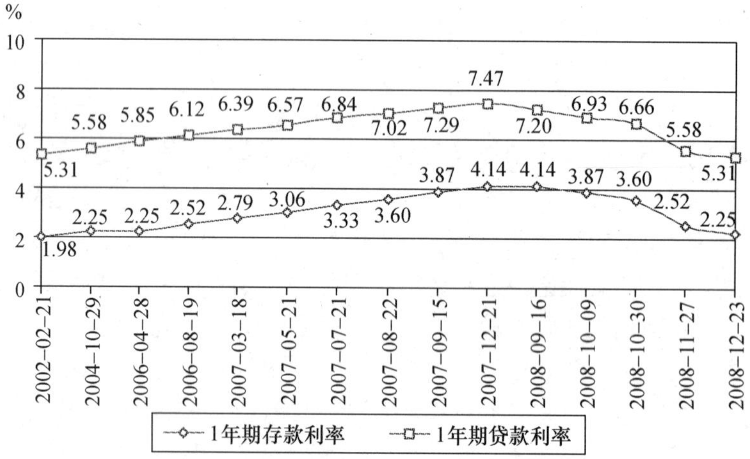


**图33 人民币1年期基准利率**

法定存款准备金率进行下调，从17.5%下调至14.5%（见图34），中国现在的流动性很强，没有对存款准备金再进行下调。虽然进出口受到很大影响，但是贸易顺差一直上升，外汇储备不断上升，外汇储备占据的人民币基础货币投放一直在上升。中国M2的同比增长率在2009年1~9月期间增长29.3%（见图35），该增长率较高（常态是12%左右）。2009年人民币贷款余额增长很快，到9月末增长率达到34.2%，这样的增长率支持了中国的高增长（见图36）。

## （二）中国当前宏观经济走势

上述的财政政策和货币政策对中国的实体经济产生影响，通过以下几个方面来分析中国宏观经济走势。从工业增加值来看，在2009年1~2月期间工业增加值同比增长率仅为3.8%，现在已经有了较大的恢复（见图37）。规模以上企业利润同比增长率在2009年1~2月期间为-37.3%（见图38），还在下降但下降

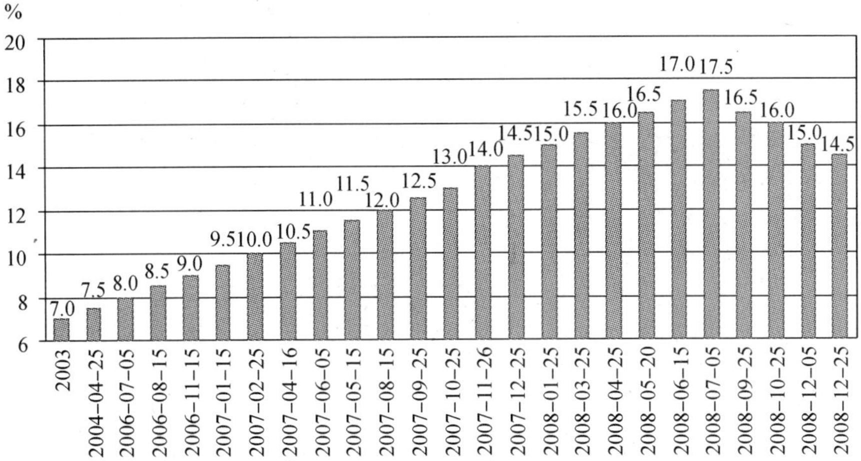


**图 34　中国法定存款准备金率**

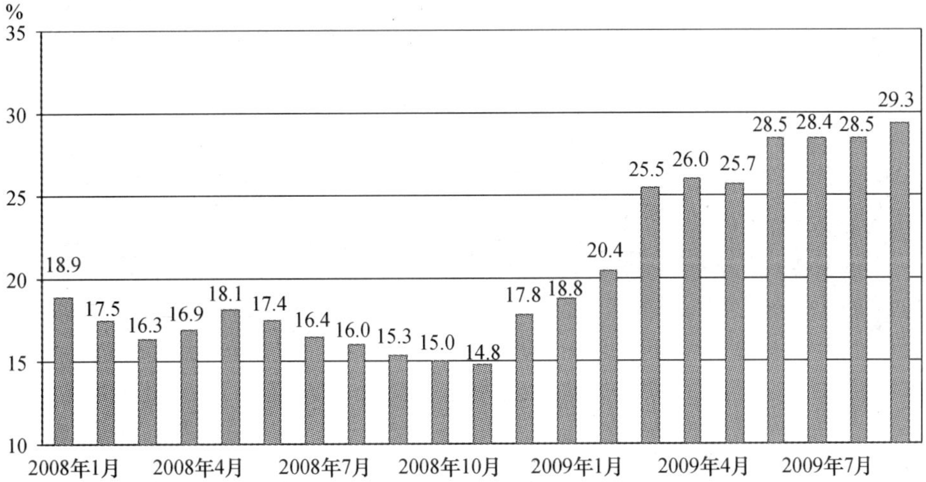


**图 35　中国 M2 同比增长率**

幅度减缓。中国城镇固定资产投资在 2009 年 1～8 月期间增长了 33%，2008 年大于 20%（见图 39），增长幅度为 10 多个百分点，但是实际来看要比这个值高，因为 2008 年投资品价格指数为 11%，固定资产投资实际值为 15%～16%，但是 2009 年投资品价格指数为负，所以实际增长达到 40% 左右。房地产开发投资额反映社会投资水平，2009 年 1～2 月增长率为 1%，从 2008 年大于 20% 的增长率急剧下降，之后房地产投资势头比较强，在 2009 年 8 月增长率已经恢复到

14.7%（见图40）。对利用FDI的水平进行分析，2008年第四季度利用外资的水平开始下降，2009年8月第一次出现上升，外资开始流入（见图41）。从社会消费品零售总额来看，2008年名义累计增长在20%以上。2009年在15%以上（见图42），从实际值来看，2009年的增长与2008年的水平相当，因为2008年CPI的增长率为5.9%，2009年CPI依然是负增长（见图43）。

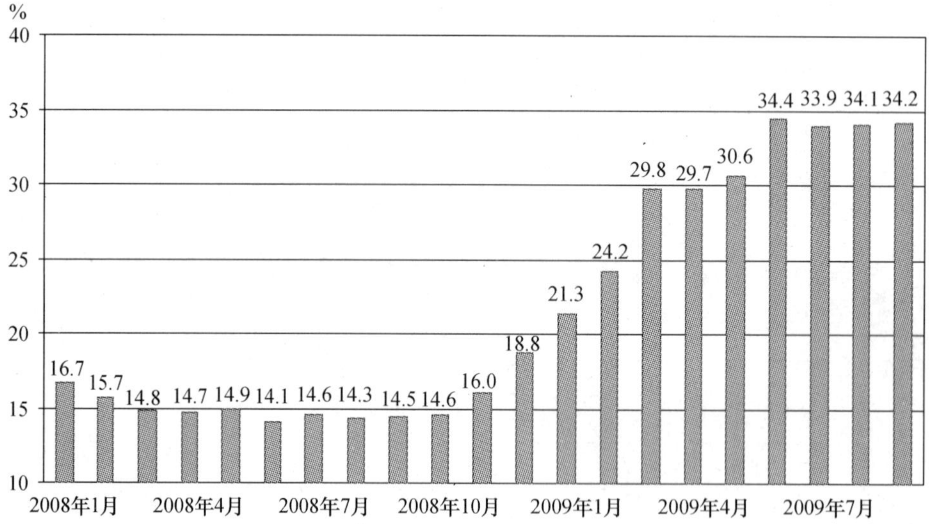


图36　人民币贷款余额同比增长率

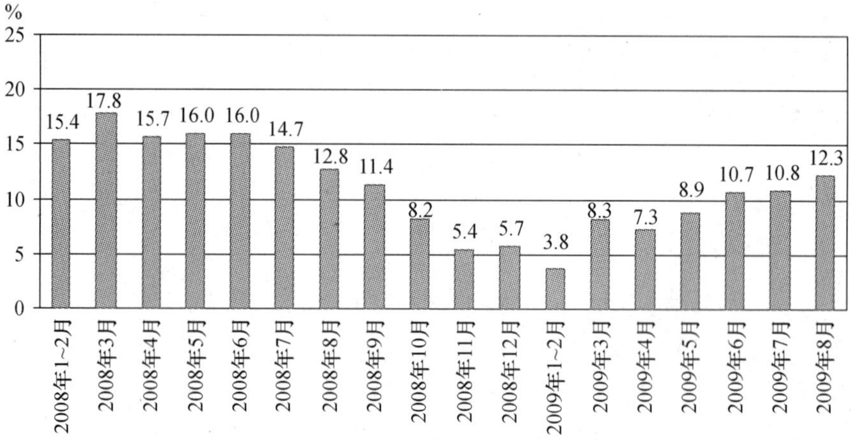


图37　中国工业增加值月度同比增长率

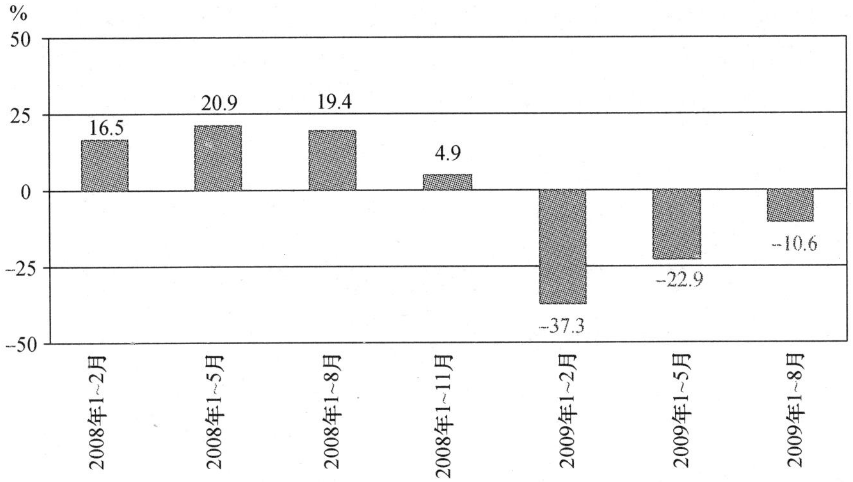


**图38　中国规模以上工业企业利润同比增长率**

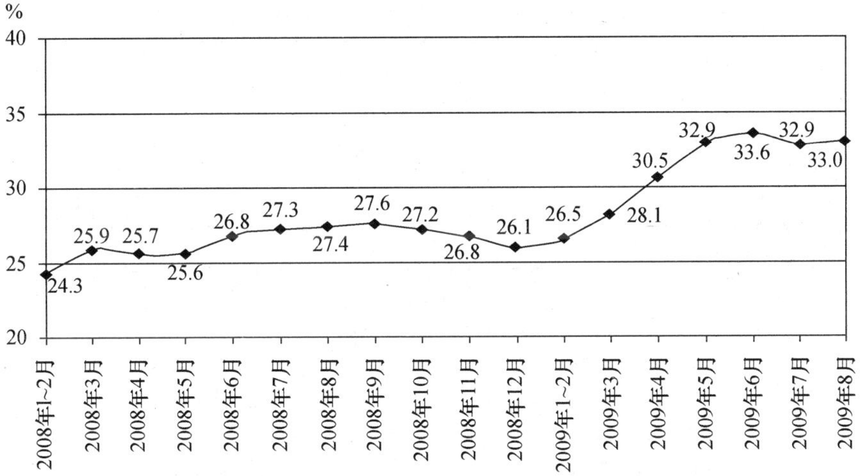


**图39　中国城镇固定资产投资月度累计名义增长率**

对价格走势进行分析，CPI同比增长率一直是负增长，同比增长率在2009年7月已经为正增长，说明已经开始上升（见图43）。同比增长一直为负，主要与2008年物价水平基数比较高有关。对翘尾因素进行分析，2009年中国CPI增长率中价格翘尾因素的月度平均影响为-1.2%，四个季度分别为-1.4%、-1.6%、-1.3%和-0.2%（见图44）。PPI上涨率在最高时达到10.1%，最低时为-8.2%（见图45），波动幅度大于CPI。中国70个大中城市房地产价格月度同比上涨率，2009 年年初同比下降，6 月开始逐渐上升（见图46），环比上涨更快（见图47），如果每个月都上涨9%，则全年来看增长率会超过10%。中国的财政收入增长率在2008年后半年下降幅度较大（见图48）。

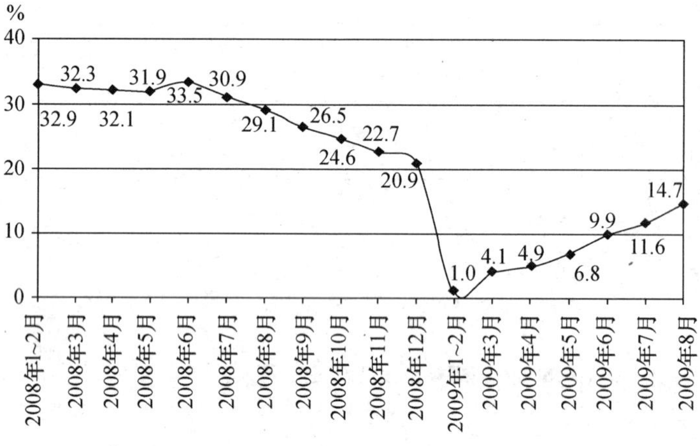


**图40　中国房地产开发投资月度累计名义增长率**

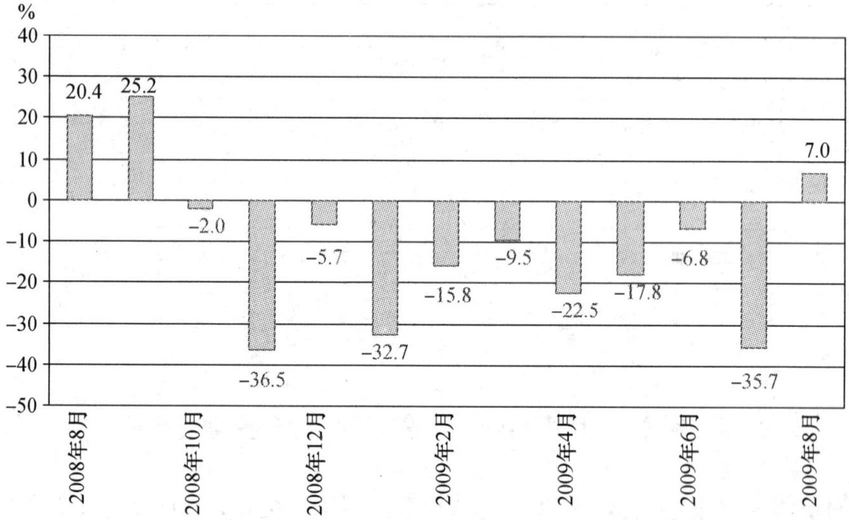


**图41　中国利用FDI月度同比增长率**

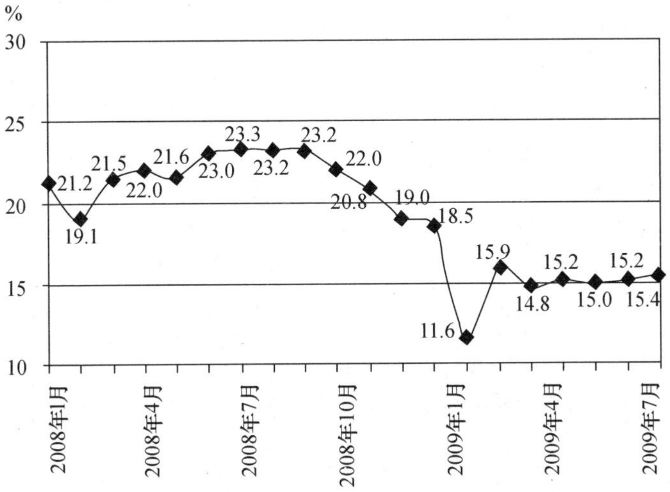


**图 42　中国社会消费品零售总额月度同比名义增长率**

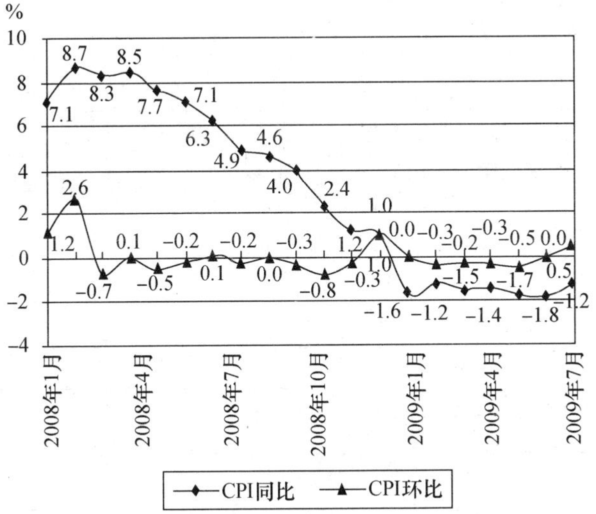


**图 43　中国 CPI 上涨率**

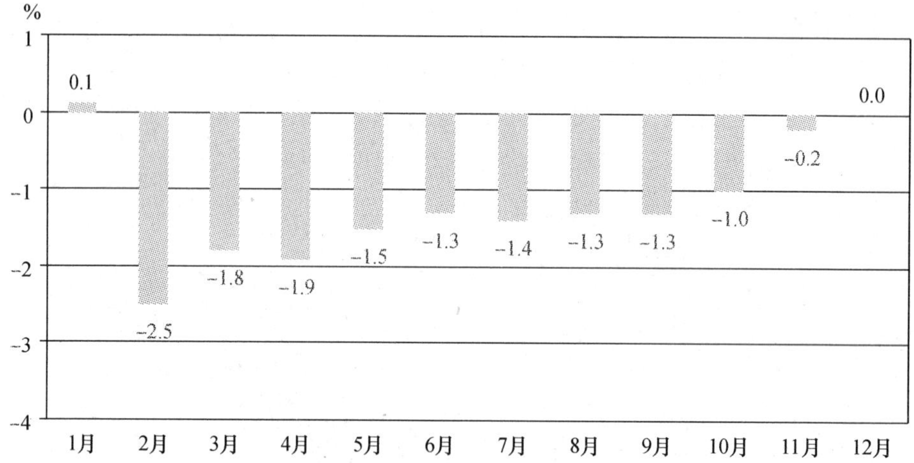


**图44　2009年CPI中的翘尾因素**

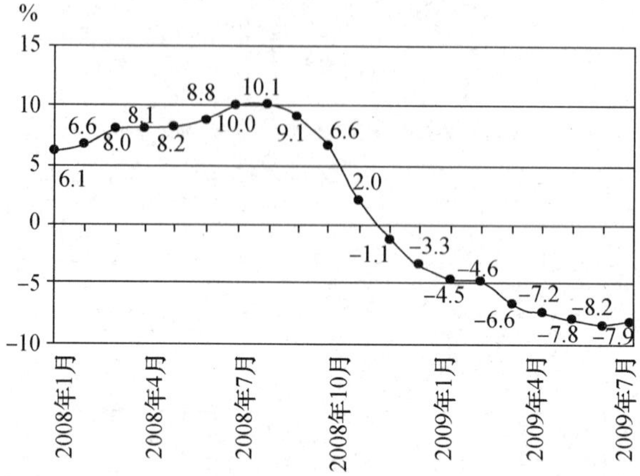


**图45　中国PPI上涨率**

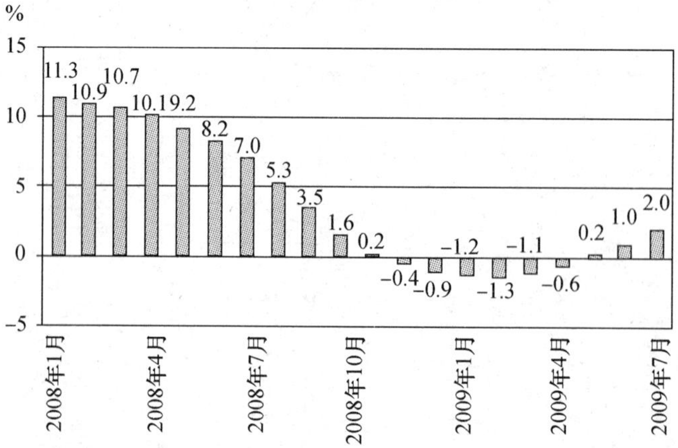


**图46　中国70个大中城市房地产价格月度同比上涨率**

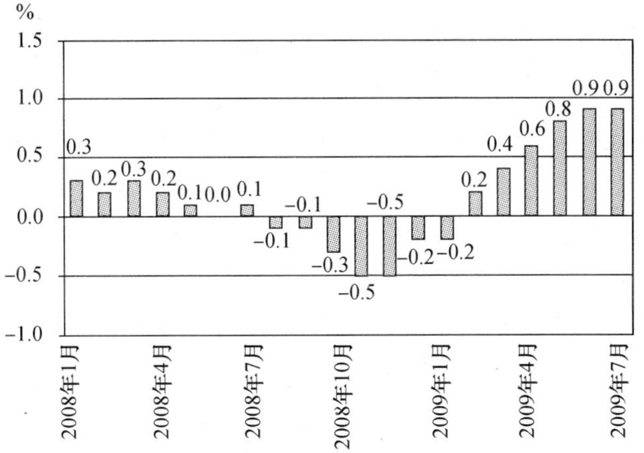


**图 47　中国 70 个大中城市房地产价格月度环比上涨率**

财政收入增长除了与经济形势有关外，还与通货膨胀有关，当通货膨胀率较高时，财政收入增长较快。从目前形势来看，2009 年财政收入增长 8% 的目标难于实现，2009 年 8 月比 2008 年同期增长 36. 1%，但是 1 ~ 8 月的累积增长率小于 4% （见图 48）。通过物价、投资、进出口等方面的分析，发现中国经济增长的最低点在 2008 年第四季度、2009 年第一季度，GDP 增长率分别为 6. 8%、6. 1%，2009 年第二季度增长率为 7. 9%，第三季度接近 9% （见图 1），预计全年超过 8%。

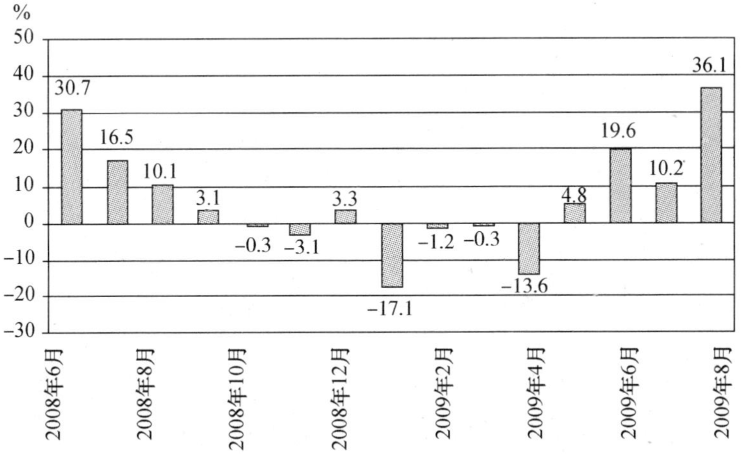


**图 48　中国财政收入月度同比增长率**

### （三）中国经济若干重要参考指标走势

在经济发生波动时，除了上述指标外，还需要一些参考指标对经济走势进行分析。参考指标主要包括：制造业采购经理人指数（PMI），该指标由两个机构发布，一是中国物流与采购联合会（CFLP），另一个是里昂证券（CLSA）；发电量；钢材产量；货运量；沿海主要港口货物吞吐量；波罗的海干散货运综合运价指数（BDI）。相对于 GDP 和投资而言，这些指标不容易失真。

由中国物流与采购联合会发布的中国制造业采购经理人指数，在 2009 年 9 月为 54.3，而且该指标在 3 月时已经超过了 50（见图 49），说明先行指数在 3 月已经开始扩张，但是实体经济仍未复苏。里昂证券发布该指标略有差异，2009 年 4 月超过 50，9 月达到 55（见图 50）。中国的发电量在 2008 年 10 月至 2009 年 5 月为负增长，现在为正增长。中国工业用电远大于生活用电，所以发电量是反映工业经济的重要指标（见图 51）。钢材产量在 2008 年 7 月已经开始下降，中国在发展过程中对钢材的需求量较高，钢材产量及价格对经济形势非常敏锐，价格由边际产量决定，钢材的价格波动幅度较大。2009 年 8 月钢材产量同比增长 28.9%（见图 52），这与 2008 年 8 月钢材产量较低有关。中国货运量、沿海主要港口吞吐量、干散货运输市场波罗的海综合运价指数有所恢复但恢复不明显（见图 53、图 54、图 55）。

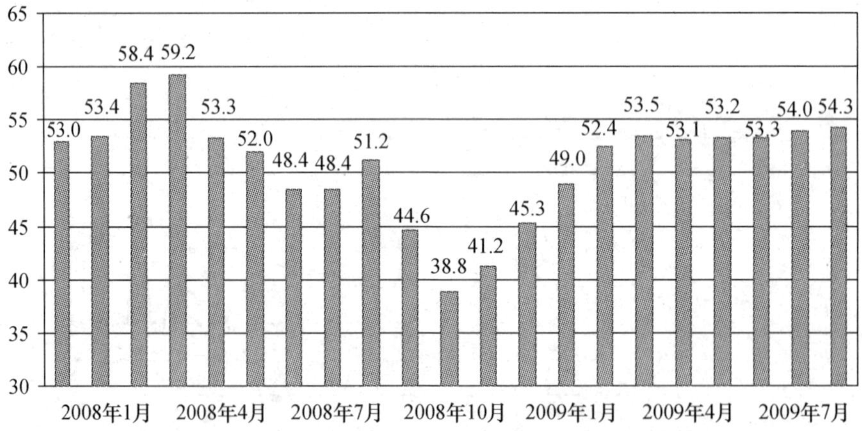


**图 49　中国制造业采购经理人指数（PMI）——中国物流与采购联合会发布**

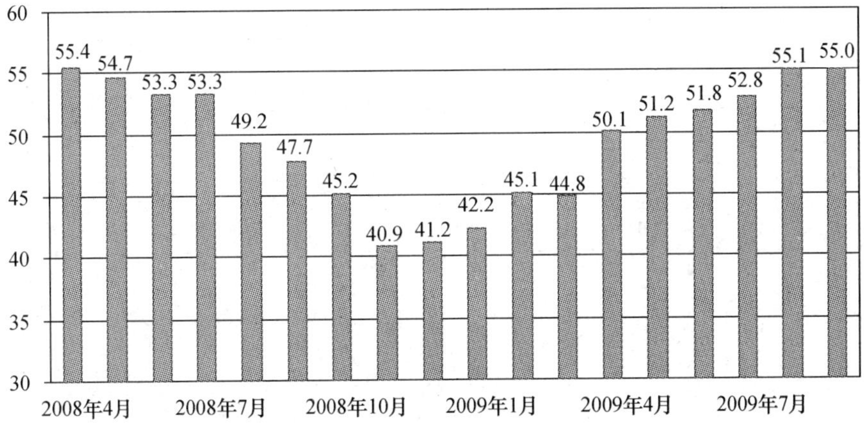


**图 50　中国制造业采购经理人指数（PMI）——里昂证券发布**

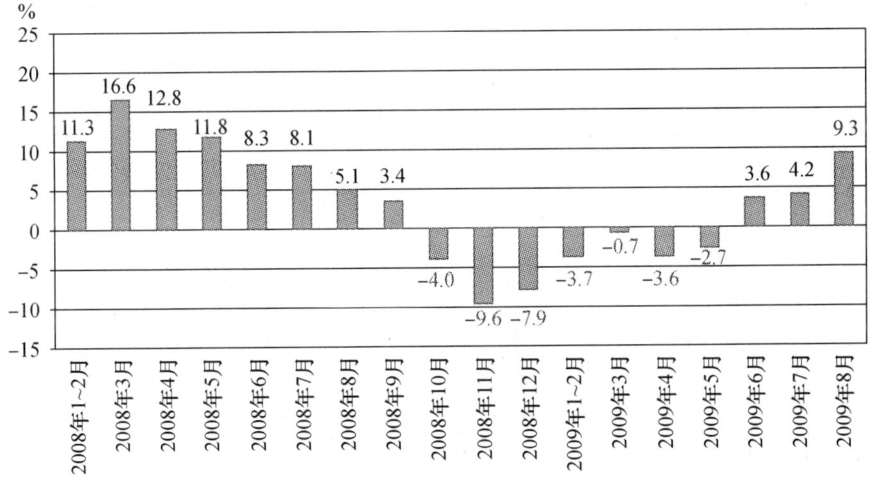


**图 51　中国发电量月度同比增长率**

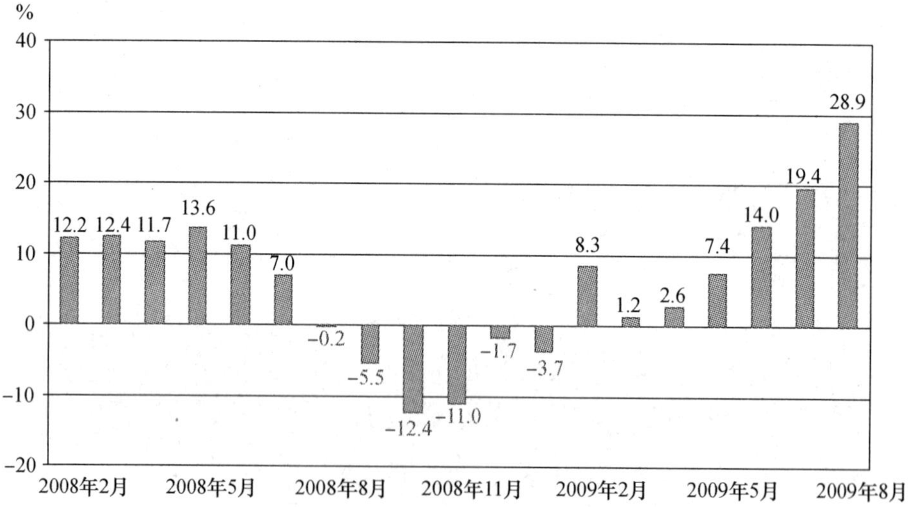


**图 52　中国钢材产量月度同比增长率**

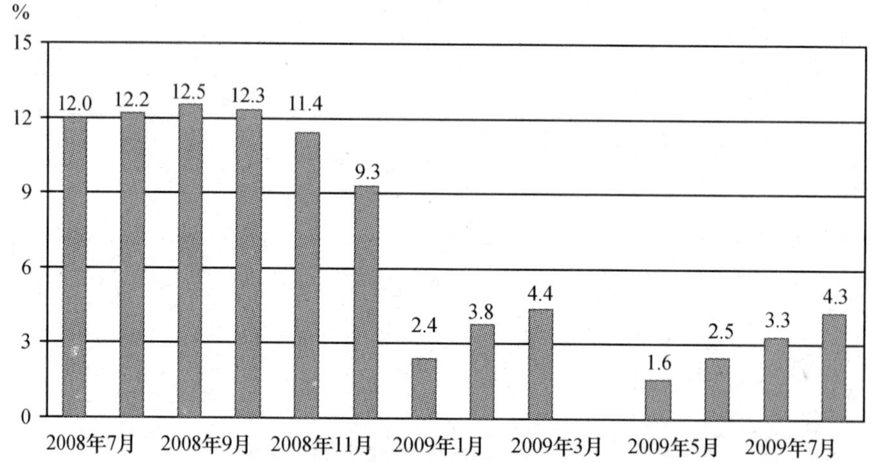


**图 53　中国货运量月度累计同比增长率**

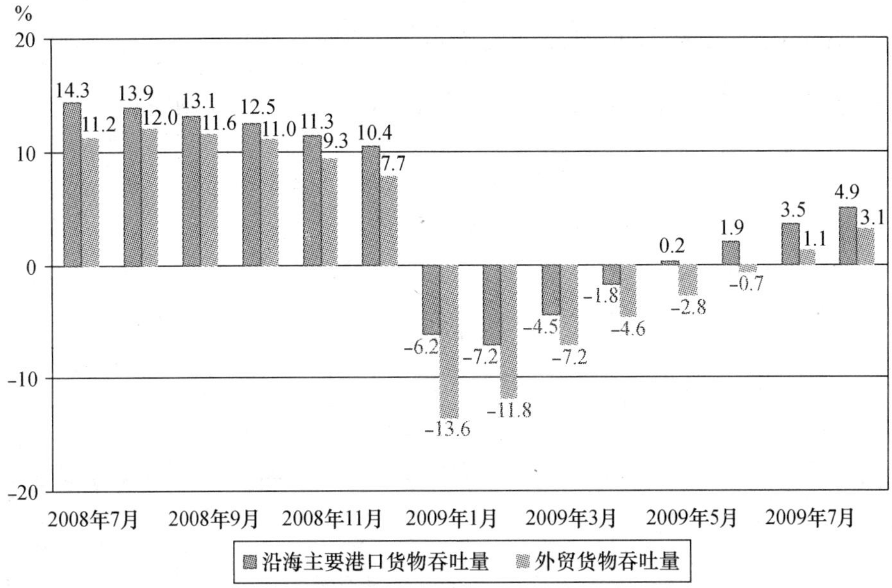


**图 54　中国沿海主要港口货物吞吐量月度累计同比增长率**

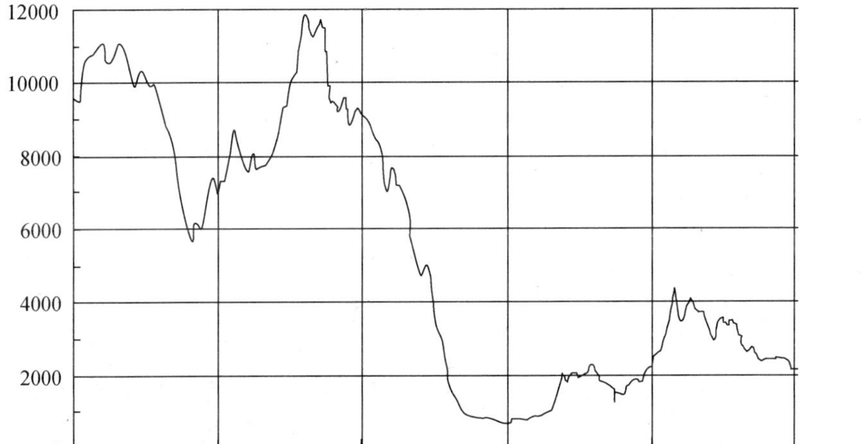


**图 55　干散货运输市场波罗的海综合运价指数 BDI**

利用这些指标判断中国经济是否走向复苏，有的是先行指标，有的比较滞后，例如中国制造业采购经理人指数、钢材指标是先行指标，发电量反映当期指标，货运量及吞吐量比较滞后，但这些指标都很敏感。

## （四）中国各省市区的经济增长状况

各省份提出2009年经济增长目标，山西和贵州最低，计划增长目标是8%，内蒙古和陕西最高，计划增长13%（见图56）。2009年上半年完成情况（见图57），山西是-4.4%，第一季度小于8%；上海、甘肃、浙江、新疆、宁夏、广东、云南、北京GDP增长率均低于8%；四川、广西、增长超过13%，四川是由于灾后重建，广西由于地方政府投资拉动力度比较大；天津、内蒙古增长超过16%，天津依赖于环渤海开发，内蒙古这些年依赖于煤炭资源一直增长很

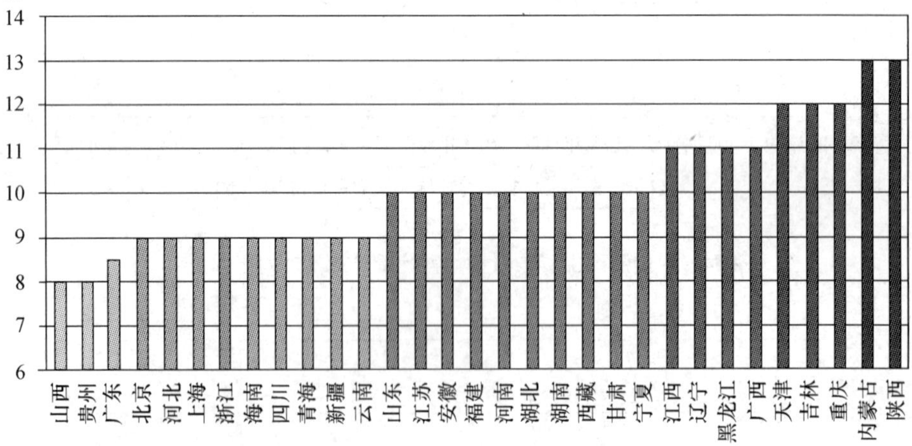


图56　2009年全国31个省市区GDP增长目标

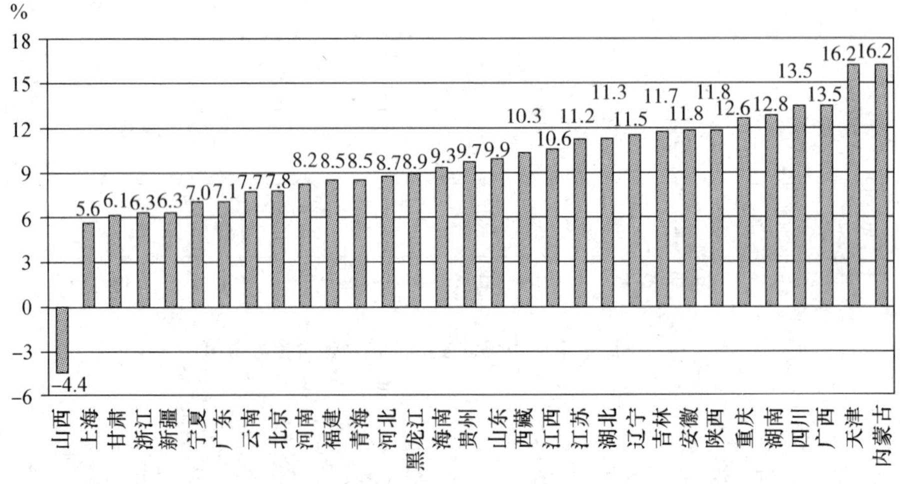


图57　2009年上半年全国31个省市区GDP增长率

快，而且煤炭价格增长较快，内蒙古的煤炭产量已经超过山西，前几年内蒙古的增长达到20%，16%的增长对内蒙古来讲已经较低。从2009年上半年来看，在各省政府刺激的情况下，对经济的拉动比较显著。

### （五）加快改革创新，推动结构调整

上述这些情况说明中国经济出现了一些回升，但是依然存在一些问题，高的投资增长，那么投资消费结构恶化肯定是问题，对于基础设施的投资有些地方是需要的，但也存在重复建设的情况。贷款很多，但是微型企业、小型企业得到的贷款很少，中小金融机构发展严重不足，另外，信用建设对中小企业贷款存在阻碍作用。存在的这些问题要通过加快改革创新，推动结构调整来解决。存在的主要问题和挑战包括以下几个方面：外需严重下滑，贸易保护主义加剧，出口拉动的经济增长模式受到制约；美国通过调整经济结构，未来的国际竞争力将进一步提升，中国高新技术企业将面临更大国际竞争压力；产能过剩严重，产业组织结构不合理；小型企业和微型企业融资困难。面对挑战的同时也存在机遇：提高了我国经济发展中的“金融战略意识”，为促进虚拟经济和实体经济的协调发展带来机遇，中国金融企业在世界500强中排名相对提前；提供了中国参与国际经济金融秩序修改和完善的机遇；提供了推进转型升级、结构调整、改革开放的倒逼机制。

利用机遇加快改革创新，推动结构调整。首先，加快推进资源性产品价格改革。继续深化电价改革，逐步完善上网电价、输配电价和销售电价形成机制，适时理顺煤电价格关系；积极推进水价改革，逐步提高水利工程供非农业用水价格，完善水资源费征收管理体制；加快建立健全矿产资源有偿使用制度和生态补偿机制，积极开展排污权交易试点。其次，加快推进财税体制改革。改革完善资源税制度；研究推进房地产税制改革；深化预算制度改革，实现政府公共预算、国有资本经营预算、政府性基金预算和社会保障预算的有机衔接，积极推进预算公开；按照公共服务均等化原则，完善财政转移支付制度。再次，加快推进金融体制改革。深化国有金融机构改革；稳步发展多种所有制中小金融企业和新型农村金融机构；积极引导民间融资健康发展；推进资本市场改革，维护股票市场稳定；发展和规范债券市场；稳步发展期货市场；深化保险业改革，积极发挥保险保障和融资功能；推进利率市场化改革；完善人民币汇率形成机制，保持人民币汇率在合理均衡水平上的基本稳定；健全金融监管协调机制。最后，加快推进国企改革和非公有制经济发展。深化国有大型企业公司制、股份制改革，建立健全现代企业制度；加快铁路、电力、盐业等行业改革；完善民航、电信管理体制，制定出台电信体制改革配套监管政策；鼓励、支持和引导非公有制经济发展；调动民间力量促进发展，落实放宽市场准入的各项政策，积极支持民间资本参与国

有企业改革，进入基础设施、公用事业、金融服务和社会事业等领域。

### （六）国际机构对2010年中国经济的最新预测

16家机构对中国经济进行预测（见表1），平均预测2009年中国经济增长率为8.3%，最高的是高盛亚洲（9.4%），最低的是中银香港（8.0%）。2010年最高的预测为11.9%，最低的为8.3%，平均值为9.4%，2010年的经济增长率一定高于2009年。按照这样的发展水平，2010年中国的GDP增长率为9.4%、CPI为2.3%，进出口为正增长。更重要的是，要追求2012~2050年更长远的发展，深入改革开放，使中国经济逐渐强大。

**表1　若干国际机构对2009年及2010年中国经济的最新预测**　　单位：%

| | GDP | | 名义零售 | | 名义投资 | | 工业增加值 | | CPI | | M2 | |
|---|---|---|---|---|---|---|---|---|---|---|---|---|
| | 2009年 | 2010年 | 2009年 | 2010年 | 2009年 | 2010年 | 2009年 | 2010年 | 2009年 | 2010年 | 2009年 | 2010年 |
| 均值 / 机构 | 8.3 | 9.4 | 15.4 | 17.0 | 30.2 | 23.3 | 9.9 | 12.5 | -0.6 | 2.3 | 23.8 | 17.5 |
| 高盛亚洲 | 9.4 | 11.9 | na | na | na | na | 7.1 | 12.0 | -0.9 | 2.6 | 20.0 | 15.0 |
| 摩根斯坦利亚洲 | 9.0 | 10.0 | 15.0 | 18.0 | na | na | 10.7 | 14.0 | -0.6 | 2.5 | na | na |
| 花旗集团 | 8.7 | 9.8 | na | na | na | na | 9.4 | 11.3 | -0.6 | 3.2 | 17.0 | 16.0 |
| 巴克莱资产 | 8.3 | 9.6 | 17.0 | 20.0 | 34.5 | 28.0 | 10.2 | 13.0 | -1.0 | 2.0 | 26.5 | 15.0 |
| 德意志银行 | 8.3 | 8.3 | 14.5 | 14.0 | 31.0 | 16.0 | 11.5 | 10.8 | -0.4 | 3.4 | 27.0 | 15.0 |
| 荷兰国际集团 | 8.3 | 9.8 | 15.5 | 18.0 | 30.0 | 25.0 | 10.8 | 15.0 | -0.8 | 2.0 | 23.0 | 18.0 |
| 瑞银集团 | 8.2 | 8.5 | na | na | na | na | na | na | -0.5 | 2.0 | 26.0 | 16.0 |
| 牛津经济预测 | 8.1 | 8.6 | 14.8 | 13.8 | na | na | 10.8 | 11.8 | -1.0 | 1.2 | 26.7 | 19.1 |
| 汇丰经济论坛 | 8.1 | 9.5 | 15.0 | 17.0 | 27.5 | 26.0 | 9.5 | 14.0 | -0.6 | 2.6 | 26.0 | 19.0 |
| 野村证券 | 8.1 | 10.0 | 14.8 | 18.0 | 35.0 | 26.0 | 10.9 | 14.0 | -0.5 | 2.5 | 28.0 | 23.0 |
| 全球观察 | 8.1 | 10.1 | 15.0 | 14.1 | na | na | 9.7 | 13.2 | -1.1 | 0.0 | 23.2 | 15.8 |
| 经济学家情报机构 | 8.1 | 8.5 | na | na | na | na | 9.3 | 11.4 | -0.8 | 1.6 | 23.8 | 17.1 |
| 中银香港 | 8.0 | 8.5 | 17.5 | 20.5 | 29.0 | 23.0 | 7.5 | 12.8 | 1.0 | 4.0 | 20.8 | 16.6 |
| 东亚银行 | 8.0 | 8.5 | 14.8 | 16.0 | 30.5 | 26.5 | 11.2 | 9.0 | -0.8 | 1.7 | 27.5 | 20.0 |
| 瑞士银行 | 8.0 | 9.0 | 15.0 | 15.0 | 25.0 | 20.0 | 8.5 | 11.5 | -0.5 | 3.0 | 23.9 | 17.8 |
| 恒生银行 | 8.0 | 9.0 | 15.0 | 14.0 | 28.0 | 19.0 | 10.5 | 12.0 | -1.0 | 2.0 | 24.0 | 20.0 |

资料来源：Consensus Economic Inc. UK. 2009年9月。

（编辑整理：孙婧芳）

# 关于西方经济思想史的几个问题

张世贤

2009 年 11 月 19 日

## 张世贤

中国社会科学院研究生院工业经济系教授

**摘　要：**系统介绍了西方经济史发展的脉络，将其归结为“三大高峰”和“两片丛林”，即斯密、马克思、凯恩斯。分析了各种思想之间的联系与不同，特别是把马克思纳入到西方经济思想史的发展中，阐述了其对凯恩斯思想的影响。通过学习西方经济思想史有助于培养洞察力、提高鉴别力、提高解决问题的能力，在学习过程中提倡逻辑与历史相统一，提倡无立场的分析方法。

**关键词：**西方经济思想史　发展脉络　方法论

本文主题是系统梳理和掌握西方经济思想史的发展脉络。西方经济思想史是进入经济学殿堂的必由之路，我们在学习经济学、管理学时所使用的概念、范畴、分析范式理论、方法系统都是西方经济思想，所以学经济学一定要学西方经济思想史，要不然就不知道它的思想由来和发展脉络，因为东方的思想基本上是不用的。“西洋经济两司马，南阳经济一卧龙”，这个经济是指经邦济世，主要是政治，而我们现在用的“经济”是从日本翻译过来的，日本用“经济”来表示中国“财货”的概念，也就是西方经济学中的economy。用中国的古代思想来理解西方的经济，就像用中医来理解西医一样，是两套不同的理论系统。现在学习的经济学都是西方的，所以一定要清楚西方经济思想发展的脉络。

## 一、西方经济思想史的发展脉络

西方经济思想史是一条思想河流，从远古走来，从小到大，终于形成了今天这种壮阔的气象，但是需要从头对其进行梳理，才能清楚其由来。

早期需要从古希腊开始，毛泽东在《改造我们的学习》中批判过“言必称希腊”的观点，说中国学者不了解中国国情，言必称希腊，这使得我们在做学问中，都不敢再称希腊，但是今天这个问题必须“言必称希腊”，因为希腊是西方文明的发源地。在古希腊，色诺芬时期，就已经有经济思想碎片，但是当时的这条河流仅仅是经济思想的湿地，没有多少水。经过柏拉图、亚里士多德这些大哲学家时，虽然经济思想只是他们哲学思想的一部分，但也使这条河流成为一条涓涓细流，因为他们也需要衣食住行，也要关注经济现象，由于他们哲学的智慧，使他们在经济思想领域也留下了深深的烙印。再经过古代罗马，成为潺潺小溪，可是在这个时候，整个西方的经济思想进入了比较黑暗的时期，也就是在中世纪，罗马教会的宗教思想束缚使这条小溪在将近一千年的时间内几近干涸。但是毕竟还存在一些神学家，像托马斯，为了教廷的财政收入不得不关注财货和民生，一直到“文艺复兴”，这个时候西方思想才迎来真正的春天，这时经济学家的思想才得以延续和发扬，又回归到古希腊、古罗马时期。但是此时的经济本身并不发达，所以经济思想依然是以碎片的形式在这条河流中熠熠放光而不成系统。这应该就是早期的经济思想史，主要包括三个主要时期——古希腊、古罗马、中世纪，尽管有两千年的历史，但是经济思想的内容却很少。

真正的西方经济思想要从重商主义开始，重商主义是西方经济思想的重要源泉。思想认识始终源于社会实践，新航路的开通使货物交换的半径急剧扩大，这时重商主义作为古典经济学出现和发展的前提有其历史的必然性，商业是资本主义发展的先驱，没有商业就没有经济，就没有资本主义。最近大家发现广西的香蕉烂了，到 1 毛钱一斤仍然卖不出去，这是由于商业的问题，物流问题，信息流问题。中国改革开放三十年相当于西方三千年的缩影，某些农村发展起来是因为那里有个能人，这个能人会做生意。商业成为资本主义发展的先驱具有一定必然性。这就像美籍历史学家黄仁宇先生在《万历十五年》中提到，资本主义是一种组织、一种系统，即马克思在《资本论》第二卷中论述资本主义生产方式，公式为 W - G - W，也就是商品交换为货币，货币再交换为商品，但是货币是一种公众的制度，它把原来属于公众的权利授予私人，从那时开始直到现在谁掌握了货币谁就掌握了公权力。同时商业资本是工业资本的先驱，商业有了充足发展，工业的发展才能同样增进，这是欧美资本主义发展的特征。重商主义是西方经济思想的重要源泉，正是这种把公权力授予私人的行为成就了早期的商人和思想家对于商业的崇拜，似乎只有商业才能积聚起社会的财富，从而成为富国强国，这是重商主义的思想源泉。早期英国的重商主义者是约翰·海尔斯，晚期是英国贸易差额论的代表人物托马斯·孟。法国的重商主义晚于英国，法国早期重商主义的代表人物是孟克莱田，他在 1615 年发表的《献给国王和王后的政治经济学》中第一次使用政治经济学的概念，在此之前的经济学严格来讲不叫经济学，而叫家政管理，也就是说，经济学最早是研究微观经济学的，不是研究个人和企业，而是研究家庭。到了重商主义这个阶段，发展为宏观经济学，在当时被称为政治经济学。

古典经济学的形成准确地说是从重农主义开始。威廉·配第在思想史上占有极其重要的地位，威廉·配第获得医学博士学位，可主要成就却在经济学领域。

他提出“劳动是财富之父，土地是财富之母”，这句话在经济学中永远不过时，不论是劳动价值论还是效用价值论，都可从这里找到渊源。但是威廉·配第的品性比较差，是个投机分子，共和时期投奔共和，王权时又投奔王权，在爱尔兰做总监，获得5万英亩的土地，去世时土地面积达到36万英亩，但是关键在于其有思想，如果没有思想充其量也就是个大地主。他对人类的贡献不在于他占有多少土地，而在于他贡献了思想。威廉·配第在价值论、分配论、地租理论、货币论等方面都有贡献，很多人把他作为古典经济学的开创者。重农主义的深入发展依然是在法国，法国一直以来都是农业大国，由于农业发达，所以更重视农业。重农主义认为只有土地才能创造价值，第二产业工业只是转变价值形式，并不创造价值。布阿吉尔贝尔、魁奈、杜尔格都是重农主义中具有很高成就的人。特别是魁奈，本职工作是医生，63岁开始学习经济学，65岁创建了“经济表”，被马克思称为“天才的经济表”，这个表将整个国家的国民生产、国民经济结构及国民经济运行描述得一清二楚。斯密到法国时见过魁奈，并受到魁奈的很大影响，包括马克思也受到魁奈的影响。这从另外一个角度说明，经济学不是很难学，研究历史会发现，很多经济学家都不是学经济学的；相反，有一些一直学经济学的却没有显著的成果，因此，学习的目的是要有思想，要有自己的内容。在经济改革的过程中，我国对经济理论的需求过旺，导致经济学成为显学，但是萨缪尔森说，学习经济学不能保证不加入失业的队伍，但是可以保证知道为什么失业。

这条河流沿途有很多的沼泽原野、丛林丘壑，但是其中有“三大高峰”，即亚当·斯密、马克思、凯恩斯，这条河流真正的形成与这“三大高峰”有不可分割的关系。学习经济学，这三位经济学家的著作是必须要读的，而且不能节选，要系统地读，斯密是《国富论》，马克思是《资本论》，凯恩斯是《通论》，即大家常说的“三斯三论”，学完这“三斯三论”后其他的也就可以不用学了，因为其他的论著尚未超过他们的水平。除了《国富论》，斯密还有一本非常重要的著作就是《道德情操论》，建议大家认真地读一下。凯恩斯对中国不是很友好，因为在巴黎和会上，将中国的青岛割让给日本，凯恩斯代表英国出席，是表示同意的，但是其个人有思想。因此，将这三位大师的著作作为重点来掌握是很重要的，至少我个人认为应该系统地读这三部书。鲁迅说，人们宁可吃剜烂的苹果，也不愿吃口服的维生素C。读书其实就是吃苹果，要系统地读，读原著。

### （一）西方经济思想史中的“三大高峰”

第一座“高峰”是亚当·斯密。无论是哪个经济学领域的论文，在做文献综述时都要追溯到斯密，可见斯密在经济史上的地位，因此，学习西方经济学，要系统理解西方经济思想发展脉络，都不能不认真学习和尽可能理解斯密的思想和学说。总体上讲，斯密是一个经济自由主义者，从分工理论出发引出交换理论，再到货币理论，分析和倡导的都是市场机制，即“看不见的手”。斯密认为，利己之心人皆有之，在利己心的驱动下，虽然这个人主观上追求的仅仅是个人利益，却无意识地增进了社会利益，甚至比其真正想要促进社会利益时所得到的效果还要好，这被无数历史事实所验证，斯密将这奇妙的结果归功于“看不见的手”。斯密特别强调市场机制的作用，“如果某一部门投资太多，利润的降低会纠正这种错误的分配，用不着法律干涉，个人的利害关系与情欲自然会引导人们，把社会的资本尽可能按照最适合于全社会利害关系的比例分配到国内一切不同的用途”。所以斯密是市场机制的发现者，也是市场机制的坚决捍卫者，他认为市场机制能够自动地协调人们的行动，能够给社会带来最大的福利。人类社会的两大发明，一个是“语言”，另一个是“市场”，有了这两大发明就有了人类社会。但需要注意的是，斯密的逻辑关系有一个假设的前提，即都需要建立在一定的道德基础上，强盗逻辑在市场上是不成立的。

在价值理论方面，斯密提出了“劳动价值论”，认为劳动是衡量一切商品交换价值的真实尺度，最早是配第提出的“劳动是财富之父，土地是财富之母”，就是劳动需要生产条件，就算是做皇帝的新衣也需要尺子和剪刀，也就是必须存在一定的条件，但是斯密始终认为劳动是交换价值的真实尺度。同时，斯密又认为价值可以分解为工资、利润和地租。工资、利润和地租是一切收入和一切交换价值的三个根本源泉。一个是尺度、一个是源泉，这与他的收入理论和社会再生产理论紧密相连。但需要注意的是，在斯密的理论中，价值是劳动创造的，价值又被分解为工资、利润和地租，这就存在矛盾。那么究竟什么是价值，哲学中用“好与不好”来评价价值，经济学中用“稀缺性”来评价价值，还有“凝结在商品中的必要劳动时间”、“效用”。那么需要我们思考的是，关于“价值”及“价值”的思想、学说、理论究竟应该如何认识，所以在读西方经济思想史时一定要引入自己的思考。笔者个人的理解是，价值的创造是劳动，但是价值的分配和价值的创造没有必然的联系，如果一定坚持劳动创造价值，劳动就占有价值，劳动就是唯一的价值分配的所有者，那么这个社会就乱了，所以这就是关于它的本质和它的运行，本质论和功能论之间的区别。所谓资本的本质是“资本来到世界上，从头到脚每个毛孔里都流着血和肮脏的东西”，这是它剥削的结果，是它的本质。但是，资本来到世界上，在它一百年中所创造的价值比之前创造的所有财富之和还要多，这是它的功能，所以我们要认清它的本质，也要发挥它的功能。这个矛盾从“价值”开始，但是不要害怕这种矛盾，要是没有矛盾就没有了世界。总的来说，斯密的思想不但充满自由主义论调，而且存在自相矛盾，但这也为后世的争论留下了空间。

第二座“高峰”就是马克思。从20世纪50年代到90年代东西方一直处于冷战时期，意识形态的对垒成为冷战的一个重要内容，所以在人们的思想意识中认为，东方的就是马克思主义的，西方的就是资产阶级的，因为马克思是反对资产阶级的，所以西方的就一定是反对马克思主义的，进而绝不能把马克思的思想与西方的思想混为一谈，以至于在中国的西方经济学教科书中，都需要用马克思的思想对其进行批判。但实际上，历史发展到今天我们要还历史真实面目，马克思也应该回归其本来面目。

马克思是德国人，主要的经济学活动在英国，逝世于英国，花费40年的精力完成著作《资本论》，主要是研究资本主义生产方式以及与它相适应的生产关系和交换关系。马克思为此专门指出，“我在理论阐述上，主要用英国做例证，但是如果德国读者看到英国工农业工人所处境况而伪善地耸耸肩膀，或者以德国的情况远不是那样坏而乐观地自我安慰，那我就要大声地对他说，‘这正是说的阁下的事情’”。如今140多年过去了，马克思对于西方资本主义经济的许多论断得以验证。

世纪之交，在资本主义的故乡连续爆发了三则震惊世界的新闻，也可称为奇闻。一是1999年在英国剑桥大学的文理学院发起评选“千年第一思想家”的活动，马克思位于第一，早已习惯被公认为第一的爱因斯坦屈居第二。二是紧随其后英国广播公司又以同一命题在互联网上进行公开征询，一个月后汇集全球投票结果，仍然是马克思第一，爱因斯坦第二。三是2002年英国路透社邀请政界、商界、学界、艺术界评选“千年伟人”，结果马克思以一分之差略逊于爱因斯坦。这是西方人评价的结果，这使我想起了1883年3月17日恩格斯在马克思墓前的讲话，他说：“3月14日下午两点三刻当代最伟大的思想家停止思想，让他一个人留在房里总共不到两分钟，等我们再进去的时候发现他已经在安乐椅上安静地睡着了，但已经是永远地睡着了，这个人的逝世，对于欧美战斗着的无产阶级，对于历史科学，都是不可估量的损失。这位巨人逝世以后所形成的空白，在不久的将来就会使人感觉到。”正像达尔文发现有机界的发展规律一样，马克思发现了人类历史的发展规律，即历来为繁茂芜杂的意识形态所掩盖着的一个简单事实：人们首先必须吃、喝、住、穿，然后才能从事政治、科学、艺术、宗教等。所以，直接的物质的生活资料的生产，从而一个民族或一个时代的一定的经济发展阶段，便构成为基础；人们的国家制度，法的观点，艺术以至宗教观念，就是从这个基础上发展起来的。因而，也必须由这个基础来解释，而不是像过去那样做得相反。不仅如此，马克思还发现了当代资本主义生产方式和它所产生的资产阶级社会的特殊的运动规律。由于剩余价值的发现，而先前无论资产阶级经济学家或社会主义批评家所做的一切研究都只是在黑暗中摸索。一生中能有这样两个发现，该是很够了，甚至只要能做出一个这样的发现，也已经是幸福的了。但马克思在他所研究的所有领域（甚至在数学领域）都有独到的发现，这样的领域是很多的，而且其中任何一个领域他都不是肤浅地研究的。这位科学巨匠就是这样，但这在他身上远不是主要的。在马克思看来，“科学是一种在历史上起推动作用的、革命的力量。”

那么为什么要关注马克思在经济思想中的地位，这并不是说一定要把它作为指导思想，而是作为经济学研究者，我们必须还马克思在西方经济思想史上本来应有的面目，给他在经济领域应有的地位，因为他是伟大的思想家和革命家，他的经济思想和理论对西方经济思想的发展同样起到了巨大的推动作用，正是马克思的思想和理论揭示了现代社会的运动规律，不掌握这种规律是不可能的。使得后来的经济学家，像凯恩斯，意识到了国家干预的必要性，并对西方国家经济社会的发展提出政策主张。不要认为凯恩斯是凭空出现的，他有他思想发展的脉络和渊源。萨缪尔森说：“一个经济学家可以不同意马克思，但是不可以跳过马克思。”这一点很重要，我们现在是把马克思放在西方经济思想史的框架中来看他的地位，不要把两者对立起来，两者本来就是一脉相承的，在高中时就学过马克思的三个来源和三个组成部分。制度经济学创始人之一——诺斯，在他著名的《经济史中的结构与变迁》中也曾明确指出，在所有描述长期变迁的各种理论中，马克思的分析框架是最有说服力的，这恰恰是因为他包括了新古典分析框架所遗漏的所有因素：制度、产权、国家和意识形态。

马克思的经济思想集中在他的《资本论》当中，《资本论》是思想史上的鸿篇巨制，其内容的科学性、批判的深刻性、论证的严密性，在思想史上都是罕见的，马克思批判地继承了斯密和李嘉图的古典劳动价值论，并在此基础上创立了剩余价值论，这也为我们无产阶级的解放提供了武器，由此《资本论》也被尊为工人阶级的圣经。事实上，不仅如此，读《资本论》不能只读第一卷，要读第二卷、第三卷，第一卷只是揭示了资本的本质，是相对完整的。过去我们学经济学了很多年仍不知道经济是如何运行的，因为我们学的是其本质和规律，但经济是如何运行、如何发展的是经济的运行论和发展论，而《资本论》第二卷就是讲运行论的，第三卷讲剩余价值的分配，实际上就是在探寻经济发展的根源，只不过第三卷做到地租理论时做不下去了，所以马克思没有对其进行发表。即使如此，马克思在经济思想史上的地位也是显著的。

马克思深刻揭露了资本主义经济危机的根源。在《资本论》中，马克思指出，“一切真正的危机的最根本的原因，总不外乎群众的贫困和他们的有限消费。资本主义生产却不顾这种情况而力图发展生产力，好像只有社会绝对的消费力才是生产发展的界限”。马克思论述的资本主义周期性危机理论，被实际的经济周期不断反复地证实，马克思理论的深刻性还表现在深刻揭示了资本主义制度内在的生产资料私人占有与生产社会化的根本矛盾，揭示了企业内部生产的严密计划和整个社会生产的无政府状态的矛盾。引入这一段的意思在于，当前源自美国的这场大危机，各国经济学家都在寻找这次危机的根源，但是没有寻找到危机的真正根源。在《资本论》中马克思早就把今天的这种现象描述清楚了。截至目前，马克思对信贷的论述依然是最清楚的，他在《资本论》第三卷第二十七章把关于信用制度所做的一般评述归结为四条。第一，信用制度的必然形成，整个资本主义的生产就是建立在信用运行的基础上。第二，流通费用的减少，货币以三种形式得到节约，由于信用的存在，整个再生产过程得到加快。第三，由于股份公司的成立，生产规模惊人的扩大。第四，信用为单个资本家或被称作资本家的人，提供了一定界限内，绝对支配别人的资本、别人的财产从而支配别人的劳动的权力。由此，掌握了资本就掌握了社会的公权力。

马克思也指出了信用潜在的投资风险，马克思说："进行投机的批发商人是拿社会的财产而不是拿自己的财产来进行冒险的，资本起源于节约的说法也是荒唐的，因为那种人正是要求别人为他而节约的，奢侈也成为信用的一种手段，正好给予禁欲的说法一记耳光，在这里成功和失败同时导致资本集中。危机本质上是虚拟资本的投机和欺诈，信用使少数人越来越具有纯粹冒险家的性质，因为财产在这里是以股票的形式存在的，所以资本的运动和转移就纯粹变成了交易所赌博的结果，在这种赌博中小鱼为鲨鱼所吞掉，羊为交易所的狼所吞掉，信用制度加速了生产力的物质上的发展和世界史上的形成，使二者作为新生产形式的物质基础发展到一定的高度，是资本主义生产方式的历史使命，同时信用加速了这种矛盾的暴力的爆发，即危机，因而也加强了旧生产方式解体的各种要素。"马克思通过这一段描述把危机的原因全都讲述清楚了，所以在用现在的经济理论找不到各样经济现象的答案时，到马克思的《资本论》中肯定可以找到科学的答案。正是在这些深刻分析的基础上，马克思科学地接受了社会发展的基本规律，这些理论见解也为西方经济学者所深深折服。

当历史发展到今天，当我们探讨和借鉴西方市场经济运行、发展过程中的思想和理论精华时，不能忘记马克思的突出贡献，要还历史于本来面目，就要在西方经济思想史上给马克思以应有的地位，而这种地位无论怎么评价都不为高，不能忽视马克思的思想，如果忽视则会出现理论发展中的断层，他的批判为后来西方经济思想的发展奠定了基础。

第三座"高峰"是凯恩斯。凯恩斯在《就业、利息和货币通论》中提出的观点与斯密的观点恰好相反，他反对自由主义，主张国家干预，凯恩斯观点的提出实际上与马克思有关。值得注意的是，马克思所揭示的资本主义矛盾，被后来不断表现出来的经济危机所证实，凯恩斯正是正视了这些危机，看到了社会生产的这种无政府状态才大胆提出了否定斯密传统的、以国家干预为特征的凯恩斯主义，从而在经济思想史上引发了“凯恩斯革命”。

凯恩斯实际是接受了马克思的生产过剩的观点，只不过他是用有效需求不足的理论从反面来概括这一现象，其实这就是硬币的两面。将生产过剩和消费需求不足结合起来就会发现这其实是一个问题，从生产的角度来讲就是生产过剩，从消费的角度来讲就是消费需求不足。凯恩斯是利用边际消费倾向递减的规律、资本边际效率递减规律及流动偏好规律等推论出经济危机产生的原因在于社会的有效需求不足，而市场机制的自发调节不能克服的问题，必须借助于国家力量，由国家干预来调节运行，由此凯恩斯得出的结论是，“我们不能把当前决定投资量之职责放在私人身上，因此政府应该通过财政政策和货币政策等刺激经济，通过政府投资增加就业，在乘数效用作用下实现充分就业”。

在此需要引入凯恩斯的背景，凯恩斯是马歇尔的学生，是新古典经济学的奠基者之一，最后他没有否定他的老师，而是引入其他内容，也就是不能局限于经济学而分析经济学。在经济思想史上有很多人不是学经济学的，像魁奈这样的医生，马克思这样的哲学家，凯恩斯是从心理学方面来研究经济学的，这也警醒我们要多涉猎其他学科，这样对我们的研究是有好处的。可以说“凯恩斯革命”挽救了资本主义，使得资本主义垂而不死、腐而不朽，凯恩斯的这些理论和政策主张颠覆了自由传统，也就是从这个时候开始，世界各个国家的政府都对市场给予高度的关注，并根据实际情况作一定的干预，完全放任的自由主义经济现在已经不复存在了。

实际上，自从美国实施罗斯福新政以来，现代社会的各国政府都有干预经济的偏好，尤其是中国，从2008年经济危机到现在中国政府就是凯恩斯灵魂附体，4万亿元投资出台后不到一个月，全国仅11个省的投资就已经达到18万亿元。挽救世界经济依靠中国，中国是依靠中央政府，出现这种情况的原因，在于中国本身就有干预的偏好，几千年的封建专制国家，新中国成立以来实施了30多年的计划经济，计划经济与市场干预相比对市场的影响是有过之而无不及，所以那时的阴影还在，提出需要干预时就运用了大量的政策——财政政策、货币政策、收入分配政策等，房地产市场的极度扭曲在很大程度上是由政府政策引起的。在救市的时候需要运用凯恩斯的理论，使经济恢复，但是在救市之后也会暴露出大量的问题，保证经济增长的情况下，结构调整就容易被忽视。未来的发展应该是在科学发展观指导下进行的，既需要凯恩斯主义，也需要自由主义，什么时候运用什么样的思想就像医生开方子，尽量对症下药。

## （二）西方经济思想史中的“丛林”

余秋雨说“读书如行路”，这具有一定道理，人在旅途中走到高远之处必会驻足而望，深深地吸一口气，极目远望，此时只觉天地特别开阔，特别亲近，自己也变得器宇轩昂。看到远处仍然有一座高峰，云蒸霞蔚，很是壮阔，想要登上另一座高峰时却发现两座山峰之间存在一片丛林，丛林之间一定有大量的丘壑、沼泽、烟瘴，虎啸狼嚎，让人心生畏怯，然而对于勇敢的行路者来说，这反而是最想深入的地方，这不仅仅是为了穿越它而达到另一个高爽之地，而它本身就蕴藏着无限魅力。在经济思想史上，斯密、马克思、凯恩斯应该是三大“高爽之地”，而之间是两大理论的“丛林地带”。

首先，斯密到马克思之间的“丛林”，有李嘉图、马尔萨斯、萨伊、约翰·穆勒等。这些人都是从斯密出发，却分为两派，一派是以李嘉图为代表的古典学派，另一派是以马尔萨斯为代表的庸俗学派，庸俗经济学其实是通俗经济学，是马克思给这些人冠以庸俗的头衔，认为这些人只为资产阶级辩护。两个派别之间相互论战，但也存在重新组合。

李嘉图应该是古典经济学的杰出代表，最终的完成者，发展了斯密的劳动价值论，始终坚持劳动创造价值，劳动时间创造价值。在分配理论方面，李嘉图的地租理论占重要地位，他认为，地租是为使用土地的缘由和不可摧毁的生产力而赋给地主的土地产品，明确区分了地租和土地投资的利润和利息，李嘉图在国际贸易和比较优势等方面对后世的影响都非常大。另外，李嘉图还是一个经济的成功实践者。

马尔萨斯的价值构成论和人口理论都具有很强的影响，马尔萨斯认为价值是劳动、资本、土地共同创造的，那么这自然会划分为工资、利润、地租。在与李嘉图的论战中，马尔萨斯主要代表地主阶级的利益，强调地主收益的合理性和合法性，李嘉图代表新兴资产阶级的利益，强调利润的合法性，但是李嘉图把现在的生产规律当成是永恒的生产规律，因此，最后无法继续前进。另外，马尔萨斯提出，产品是按算术级数增长，而人口是按几何级数增长，产品不可能永远满足人的增长。这在一定的历史条件下具有道理。马尔萨斯认为为了平衡人口和产品之间的矛盾，就要延缓人口增长，他提出的手段是比较激进的，包括战争、瘟疫。

萨伊是法国人，提出“三位一体”、“萨伊定律”。他把政治经济学划分为财富的生产、分配、消费，也就是著名的“三分法”。这种划分使政治经济学较之前的更加明确，但他舍去了社会经济关系特别是抽掉了交换关系。分别分析了生产、分配、消费，抹杀了资本主义生产与历史上各种生产关系的本质。萨伊是著名的效用价值论者，认为效用是通过生产要素的协同活动和协力作用生产出来的，任何社会的生产都离不开三个要素——劳动、资本、土地，劳动获得工资、资本获得利润、土地获得地租，在三要素的基础上自然提出“三位一体”。萨伊对市场的研究认为，供给会自动创造需求，即萨伊定律，认为不会出现全面的生产过剩危机。

李嘉图的后继者，詹姆斯·穆勒、迈克库勒赫等人为捍卫劳动价值论形成了李嘉图学派。詹姆斯·穆勒把自然力也看成了劳动，即陈葡萄酒比新葡萄酒贵，认为自然力也参加了劳动，所以也创造价值。因此，土地、工厂等都会创造价值，这种误区最终导致李嘉图学派的破产。李嘉图学派破产之后，经济学就彻底进入了庸俗化的阶段。

随后是约翰·穆勒，他的学说具有明显的折中特征，他把斯密、李嘉图、马尔萨斯、萨伊等人的观点进行综合，形成了在19世纪中叶之前的综合，试图调和不能调和的东西，也正因为如此，他被马克思评为毫无生气的混合主义。但马克思也很客观地提出，“为了避免误解，我要指出，像穆勒这样一流人物，固然要受到责备，但是要把他们和一味进行辩护的庸俗经济学坏蛋混为一谈，那也好像是很不公平的”。

英国古典政治经济学是属于阶级斗争不发展的时期，它的最后的伟大代表人物李嘉图，终于有意识地把阶级利益的对立、工资和利润的对立、利润和地租的对立当做他研究的出发点，因而，他天真地把这种对立看做是社会的自然对立，这样资产阶级的经济学也就达到了不可逾越的界限。因为这是那个特殊时代的规律，把其作为自然规律是不可行的。当时西斯蒙蒂已经开始批判资产阶级经济学，但他是站在小资产阶级的立场上来进行的。

1820～1830年，经济学方面的科学活动极为活跃，这是李嘉图理论庸俗化和传播的时期，同时也是其立场同旧的学派进行斗争的时期。这个时期，英国政治经济学的文献使人想起魁奈逝世之后法国经济学狂飙的时期，但这正像晚秋晴日使人想起春天一样。1830年最终决定一切的危机发生，马克思说，“现在的问题不再是这个或那个原理是否正确，而是它对资本有利还是有害，方便还是不方便，违背警章还是不违背警章，不偏不倚的研究让位于豢养的文丐的争斗，公正无私的科学探讨让位于辩护士的坏心恶意”。这使我想起了我国每天上电视的那些经济学家的嘴脸，要么站在开发商的立场上，要么站在某个政府的立场上，要么站在某个阶层的立场上，进行辩护，就是“不偏不倚的研究让位于豢养的文丐的争斗，公正无私的科学探讨让位于辩护士的坏心恶意”。在当时的情况下，资产阶级的学术代表分为两派，一派是精明的贪利的实践家，另一派是以经济学教授资望自负的人。追随约翰·穆勒，德国人在资产阶级经济学衰落时期也同它在古典时期一样，始终只是学生、盲从者、模仿者、外国大商行的小贩。中国改革开放以后，特别是对新制度经济学的介绍和德国这些小贩们一模一样，这也难免，因为我国过去没有搞过商品经济。

其次，马克思到凯恩斯之间的“丛林”，边际革命、数理经济学派、历史学派、制度学派、新古典经济学都是在这50年间发展起来的，这是近代经济学繁荣和发展时期。

19世纪70年代，西方经济学界发生了一场革命，奥地利、英国、瑞士一批经济学家在研究经济问题时是以心理为出发点，以效用为中心，以边际分析为基本方法，从而形成了广泛的学派，即“边际效用学派”。由此也引发了在经济学方法论上的革命，被称为“边际革命”，其代表人物主要分布在德国、奥地利、瑞士、法国、英国、瑞典、意大利及美国，使数学和心理学进入经济学。边际学派有很多分支，影响最大的是奥地利学派，当时主要以效用为主。数理经济学派是边际效用学派的一个分支，代表人物是英国的杰文斯、法国的瓦尔拉、意大利的帕累托。杰文斯是数学家，同时也是天文学家，他将太阳黑子爆发与经济危机相联系。瓦尔拉是一般均衡论的创始人，而帕累托是瓦尔拉最得意的门生。由于瓦尔拉和帕累托先后供职于洛桑学院，也被称为洛桑学派。数理经济学派使经济学研究更加精确化，甚至是有了数学才使经济学上升为一门科学。美国学派的代表就是克拉克，他用抽象演绎的方法建立了自己的理论体系，提出边际生产力论，并试图通过边际生产力论找出工资和利润均衡的标准。与边际学派相对应的是德国的历史学派，以李斯特为代表的德国国民经济学的产生开创了德国经济学中的反古典传统，国家主义的理论和思想称为历史学派的先驱，历史学派继承了国家主义、反对世界主义，将政治经济学看做是研究一个国家经济道路的科学的观点。同时，历史学派认为效用是一种纯粹的心理作用，而本国的生产是与本国的历史基础紧密联系在一起的，所以到现在德国始终是制造大国。就是否存在边际价值、边际价值是主观的还是客观的，两派之间存在很大差异。

19世纪末，美国出现了德国历史主义变种的制度经济学，因为美德是在英法等西欧国家已经进入工业化之后的数十年，才从经济非常落后的情况下发展起来。经济学在美国开国之后的很长一段时期也是一门外来科学。虽然引入的是英法自由主义，但是在19世纪末期德国的历史主义却侵入了这个理论空虚而自由主义又不能完全适应这个新兴需求的国家。和法国一样，美国在摆脱殖民统治之后很长时期，贸易保护主义一直是美国对外贸易的信条和国策，直到现在。

这个时期还必须要提及的是马歇尔和新古典经济学。马歇尔应该是三大高峰之中比较高的山峦。19世纪末的西方经济学出现了第二次综合，主要是由英国经济学家马歇尔将斯密、李嘉图的古典经济学和19世纪以来边际经济学的内容相结合，形成了全新的综合体系，与约翰·穆勒的综合相比，这次综合更具有里程碑式的历史意义。在英国，理论经济学和历史经济学一直存在分歧，之所以没有出现德国那样的四分五裂，一个重要的原因就是马歇尔从19世纪80年代开始就在剑桥大学政治经济学教授的位置上领导着英国经济学界，直到1930年，他的资望和权威地位都极其巩固。马歇尔的《经济学原理》被看做是与斯密的《国富论》、李嘉图的《政治经济学》及《赋税原理》等齐名的划时代著作，是对古典经济学的继承和发展。《经济学原理》出版之后约翰·穆勒的《政治经济学原理》就显得陈旧而逐渐被取代，在此后40年里，《经济学原理》一直是英美等西方国家经济学研究和教学的重要著作。马歇尔和他的门徒庇古、凯恩斯等都在剑桥任教，被称为剑桥学派，剑桥学派被西方经济学称为是古典经济学的继承、发展，因而马歇尔又被称为新古典经济学的创始者，直到凯恩斯1936年提出国家干预以后，马歇尔的局部均衡思想才逐渐失去统治地位，但其影响并没有完全式微。

最后，“三大高峰”和“两大丛林”，在凯恩斯之后，特别是第二次世界大战之后，西方经济思想的发展进入河网地带，呈现出纵横交错的局面，此时的经济学派林立又相互交融，各自用各自的理论观点解释各种各样的经济现象，提出各种经济政策。各种理论互相交锋，此时的经济学研究不纯是理论研究，开始有政策研究、对策研究，这也是经济学与其他学科不同的特点。在美国，新古典综合派、剑桥学派、供给学派、货币学派、新凯恩斯主义经济、新古典宏观经济学、新制度经济学等各学派林立。在美国以外，还存在很多学派，如伦敦学派、弗莱堡学派、新奥地利学派等自由主义学派，还有福利经济学、公共经济学、选择理论、瑞典学派、发展经济学等也都在经济理论的研究上独树一帜。在当代经济学的这些流派中，有两个主要派别：一个是以主流经济学自居的新凯恩斯主义经济学，一般也把他们在凯恩斯《就业、利息和货币通论》基础上发展起来的各种经济理论统称为后凯恩斯主义经济学（或现代凯恩斯主义），在美国的代表人物有汉森、萨缪尔森、索洛、托宾、奥肯等，这些经济学家的理论形成了后凯恩斯主义的主流经济学，其中，萨缪尔森是主要代表人物。以凯恩斯主义自居的还有英国新剑桥学派，但是与后凯恩斯主义相对立，代表人物有琼·罗宾逊、斯拉法。另一个是以反对凯恩斯为特征的新自由主义经济学，他们反对国家干预，主张发挥市场配置资源的功能。新自由主义又分若干派别，其中，货币主义学派是芝加哥学派中最早也是最长期坚持同凯恩斯主义对立的自由学派，号称是“货币主义反革命”，其主要代表人物就是弗里德曼。然后是以理性预期为基础的新古典宏观经济学，主要代表人物是卢卡斯，以理性预期著称。卢卡斯之后出现了真实经济周期理论，此时已经处于21世纪，它解释了很多货币解释不通的东西。

新制度经济学是用新古典的方法分析社会经济的制度安排，实际上，新制度经济学总体上属于自由主义的范畴，反对国家过度的支持干预，主要代表人物有科斯。与新制度经济学对立的是新凯恩斯主义，新凯恩斯主义是由与卢卡斯等新自由主义论战中捍卫凯恩斯的人组成，代表人物有斯蒂格利茨、伯南克、曼昆。

经济学发展到现在，理论进入一个繁荣时期，各个学派林立，在每个学派中都出现了主要代表人物，但是谁也没有能够一统江山，由此才出现了百家争鸣的繁荣局面。现在的经济学解释力更强，几乎没有经济学不能解释的现象，经济学有一种帝国主义情节，对社会学、哲学、历史学中的内容也能解释。在方法上更加数学化，经济学家也成为各国政府的智库。

## 二、为什么要学习西方经济思想史

首先，有助于培养我们经济分析的洞察力。西方经济的运行和发展给我们提供了许多可以借鉴的思想材料，这些思想材料大多集中在思想家的理论和观点当中。当我们面对资本与劳动、通胀与失业、竞争与垄断、价格与价值、交换与分配、公平与效率、市场机制与国家干预等互相交织的经济现象和矛盾时，西方经济思想家其实在不同历史时期，都为我们提供了系统而深刻的理论思考，这些成果可以使我们面对纷繁复杂的经济现象时而得以洞察其内在本质，并运用经济分析方法解剖其原因、掌握其规律，这是一般的经济教科书所不能及的。理论功底有没有历史的纵深感，就看你是不是系统地学习、理解、掌握了西方经济史。

其次，有助于我们提高鉴别力。经济思想的历史长河中，各个时期的经济思想都有其独特的地位和影响力。历史本身是一面镜子，有的思想观点历久弥新，有的则是昙花一现，有的是一时新颖，后来却被证明是错误甚至是庸俗的，有的当时不被注意经过若干年后发现很有价值，例如交易费用理论、科斯定理。斯密、马克思、凯恩斯他们影响之广泛、生命力之强，这在历史上是罕见的，这是因为他们的学说对于经济现象的解释力强。只有在比较的情况下才能鉴别，通过对历史上各家学说的比较，可以使我们去伪存真、去粗取精，提高对经济思想的鉴别能力。

最后，有助于我们提升解决问题的能力。每个时代的经济思想都是对那个时代经济问题所包含的最主要矛盾的理解，西方经济学思想所论述的往往是那个时代有代表性的经济思想和理论观点。所以按照熊彼特的说法，“不管哪个学术领域，任何时期所存在的问题和使用的方法包含过去在完全不同条件下工作的成就，而且仍然带有当时留下的创痕，任何特定时间的任何科学状况都隐含它过去的历史背景，如果不把这个隐含的历史明摆出来就不能圆满地表述这种科学的状况”。历史往往有惊人的相似之处，学习古圣先贤的分析方法，可以使我们获得对经济现象和矛盾的分析能力和解决问题的能力，所以用经济思想推动社会发展也是这些先哲们对我们的要求，学习和发展西方经济思想史是一件很有意义和价值的事情。凯恩斯曾经说过，“经济学家以及政治学家之思想其力量之大往往出乎常人意料，事实上统治世界者就只是这些思想而已，许多实行家自以为不受任何学理之影响，却往往当了某个已故经济家之奴隶，狂人之症自以为得之天启，实则其狂想之来乃得自于若干年之前的某个学人，我很确信，既得利益之事里未免被人过分夸大，实则远不如思想之逐渐侵蚀之力大，危险的倒不是既得利益，而是思想”。所以思想力量之伟大可见一斑，学习经济学、研究经济学关键在于思想，没有思想就等于没有了灵魂，一流经济学家出思想，二流经济学家做模型，三流经济学家才做预测。数学的引入使得经济学模型化，用模型来掩盖思想，精确的模型之下却没有思想，既有思想又有模型论证的才是可行的。

## 三、如何学习西方经济思想史

要系统读书，“数百年旧家无非积德，第一件好事还是读书”。掌握每个时期每个思想家的核心思想、理论体系，就要读书，博士最好读熊彼特的三卷《经济分析史》。在我所写的《西方经济思想》中，从古希腊一直延伸到21世纪，并且把马克思放入西方经济思想史中。

首先，我个人比较欣赏马克思的逻辑与历史相统一的方法，思想史本身的发展有其连续性，即使发生了革命性的变化，也有其内在的发展逻辑和历史必然性，如马克思经济思想的出现就是西方经济思想史上最彻底的一次革命，但马克思却是在批判地继承了斯密和李嘉图的古典经济学理论的基础上，资本主义矛盾已经充分暴露，工人阶级已经作为独立的政治力量登上历史舞台的时候，在资产阶级经济学家的辩护嘴脸充分显示的时候才出现的，有它逻辑的必然性、历史的必然性。凯恩斯革命也是如此，20世纪30年代的大危机逼迫经济学家必须做出新的解释，凯恩斯并不认为马歇尔的均衡理论已经失去了应有的解释力，而是均衡被打破以后如何才能恢复新的均衡，这是政府要着力解决的问题，国家干预正是要解决充分就业条件下的国民收入均衡问题。到了20世纪60年代新自由主义成为凯恩斯反革命，是因为干预过度、出现滞胀。逻辑和历史的统一是说观点的出现有其历史必然性，也有其内在的逻辑必然性。一方面，理论的发展存在继承性和延续性，另一方面，又根据新情况存在理论的批判性、挑战性，两者的结合就自然出现了理论的发展。

其次，提倡无立场的分析方法，反对任何一种立场的无条件权威和批评豁免权。思想就是思想，它不能服务或服从于任何一个立场。可以试着去理解一个经济学家的立场，但是不要轻易苟同。学习要像水一样不断地从一个立场流入到另一个立场，这样可以多角度地理解某种思想，这样会更客观。

（编辑整理：孙婧芳）

# 国际货币体系的变革及中国的机遇

李　扬

2009 年 9 月 17 日

# 李　扬

中国社会科学院副院长、研究员

**摘　要**：对国际货币体系发展进行概述，对发展过程中摆脱美元所做的努力（SDR、区域货币）进行分析，探讨当时摆脱美元的动机及结果。对当前国际货币体系进行分析，多元化已经成为国际货币体系的主导，而且近期不会发生巨大波动。分析英镑及美元国际化的过程及衰落，发现人民币国际化的条件尚未成熟，应慎言人民币国际化问题。

**关键词**：国际货币体系　IMF　特别提款权　人民币国际化

对经济体系、金融体系的研究均以欧洲中心论为基础，从欧洲中心论的角度来看，中国处于边缘地区，随着中国的崛起，对欧洲中心论的观点提出质疑。1400～1800年，世界的中心在东方，中国处于康乾盛世时期，当时，“欧洲是加入世界体系，而非兼并形成世界体系”；使用康德拉季耶夫周期解释全球的发展演变及经济中心转移，由此认为，东方先崛起，边缘的欧洲则利用亚洲政治经济衰落的时机而兴起。欧洲兴起是世界体系内节奏振动的结果，存在两个有利条件：一是欧洲获得了美洲的金银，中国当时的货币材料主要是金银，从这个角度来说，中国的“丝绸之路”是为了寻找货币材料；二是欧洲当时先实行进口替代政策，然后实行出口拉动政策。康德拉季耶夫周期理论的基础是科技创新及科技产业化，从面对金融危机各国采取的政策来看，也体现了科技创新的重要性。美国经济衰退已经过去，但是复苏还未到来，衰退走向复苏的时间关键在于能否找到新的科技创新并将其产业化，奥巴马上台后出台的政策主要包括三个方面：金融救助、经济救助、对未来复苏的救助，目的在于找到新技术使经济转入复苏。中国面对金融危机出台各项政策的同时启动了16项科技计划。由此看出，要对欧洲中心论提出质疑，必须从长期的角度看待经济中心的转移。

在此对国际货币体系的含义进行阐述。国际货币体系，是指一组由大多数国家认可的用以确定国际储备资产、汇率制度和国际收支调节机制的习俗或有法律约束力的规章和制度框架。这个概念中包括三个方面：第一，国际储备资产，即确定国际货币、储备资产的定价；第二，汇率制度，在货币确定之后不可能所有的货币都为国际货币，在多国多种货币存在的条件下，汇率是要确定的内容；第三，国际收支调节机制，在货币及汇率制度确定下，各国需要发展，发展又是一个值得关注的问题，发展的不平衡，一定表现为国际收支的不平衡，如何对这种不平衡进行调节。在对国际货币体系进行改革时，主要是上述这三个方面的改革与创新，进而实现国际收支平衡，否则难以建立新的国际货币体系。

在本文中，主要包括以下几个部分：第一部分对国际货币体系发展进行概述；第二部分阐述摆脱美元所做的努力；第三部分描述国际货币体系的新时代；第四部分分析人民币国际化问题。

## 一、国际货币体系发展概述

### （一）前史

人类社会长期以来实行的是复本位制，金、银、铜等同时作为货币。在《资本论》中，马克思把金本位制作为最早的货币制度，但是要注意马克思在叙述时是按照逻辑顺序进行的，对于事件的描述并不是按历史时间顺序，从逻辑上来讲，金本位制应该是最早的，但是按照历史发展顺序来看，首先是复本位制。在整个中世纪迈入现代的时期，银是主导货币，主要有德国、奥匈帝国、斯堪的纳维亚国家、俄国和远东国家等。同时，也有采用铜本位（瑞典）和金本位（罗马）的国家。在 19 世纪，多数国家采行的是复本位制，1803 年法国货币法是复本位的典型代表，只有英国于 1816 年完全实行金本位制。马克思的研究以英国为出发点，根据马克思的观点“存在决定意识”，因而英国的金本位制对马克思的研究具有一定影响。

长期以来采用复本位制的原因主要是受到工艺的限制，最早的金、银比价为 1∶15.5，就是说 1 两黄金兑换 15.5 两白银，金币代表的价值太大，由于工艺的限制难以铸造小的金币，这使得金币的流通受到限制，因此主要采用相对价值较小的银作为主导货币，进而采用复本位制。

在讨论复本位时，需要注意格莱希姆法则，其是指两种东西存在相同的功能与作用，那么它们之间一定存在比较，出现劣和良的区别，一定是劣的驱逐良的。因此，复本位自身存在的困境就是劣币驱逐良币。1850～1875 年，欧洲采用银本位的国家大多遇到了各种困难，而英国因工业革命，机缘巧合地成为世界工商业的鳌头，19 世纪末金本位随之走向世界。有人提出解决当前金融危机，摆脱以美元为核心的货币体系，而采用金本位制，但是需要注意的是，金本位制本身也不稳定，而且存在的时间不长。

## （二）金本位制

### 1. 金本位制的主要内容

对金本位制而言，主要存在三个要点：

第一，黄金充当国际货币，成为国际货币制度的基础。在金本位制下，黄金具有货币的全部职能，即价值尺度、流通手段、贮藏手段、支付手段和世界货币。当然这并不排除金的替代物的存在，但是最终是由黄金作为支付手段的。

第二，货币的含金量决定各国货币之间的汇率。例如，宣布人民币含金量，美元含金量，则根据两种货币的含金量来确定之间的汇率。需要指出的是黄金输送点，由于黄金可以自由输出入，金币可以自由兑换和自由铸造，外汇市场上的汇率波动得以维持在由金平价和黄金运输费用所决定的“黄金输送点”以内，从而使国际金本位制成为严格的固定汇率制。历史资料显示，在1880～1914年整个35年间，英国、美国、法国、德国等主要工业化国家的汇率平价基本上没有发生变动，这个制度是比较稳定的。

第三，国际收支自动调节机制。在这种制度下，排除了任何国家根据自身需要调整国际收支的可能，货币制度作为外生制度强迫各国进行某个方向的调整。

以上三个要点分别说明了什么是国际储备货币，如何确定汇率，出现国际收支不平衡时如何调整，在金本位制下，金本身是储备货币，根据含金量确定汇率，自动调节国际收支不平衡。

### 2. 国际金本位制是自由竞争资本主义时代的产物

对金本位的怀念，主要是对货币当局失去信心，宁愿选择金本位制来稳定货币、汇率及国际收支平衡，进行自动调节，但是金本位本身也不稳定。另外，需要注意的是，任何制度没有好和坏的分别，只有适应和不适应的区别，金本位制活动的时期主要是在自由竞争的资本主义时代。国际金本位制于19世纪80年代在英国、拉丁货币联盟（包括法国、比利时、意大利和瑞士）、荷兰、德国和美国等国在国内实行金本位制的基础上形成的，国际金本位制延续了30年左右。

在金本位末期，发现金本位制并不像人们想象的那样完美。历史资料显示的事实与理论描述的并不一致，历史资料记载的黄金跨国流动规模实际上很小，远远达不到能够与国际收支的调节幅度相匹配的程度。另一个重要的方面在于，国际金本位制虽然有助于各国稳定名义汇率，并有助于各国相当迅速地调整国际收支赤字，但是，它不能发挥稳定国内经济的作用。这提出一个要点，国际货币制度维持汇率稳定、国际收支平衡等，这是作为最终追求目标还是仅作为一种手段，更一般地讲，金融和经济究竟以哪个为主，这是一个很重要的问题，要平衡国际收支，对汇率进行调整时，要注重调整的目标是什么。这涉及到国际货币制度与各国经济利益的关系，货币和经济的关系，强调把经济健康运行放于首位，货币制度的安排，利率、汇率，都必须服从经济发展，也必须用经济发展来验证。当外在的国际货币规则与本国的经济发展发生不一致时，发展本国经济就会带来冲击，金本位制的崩溃与这种冲突存在一定的关系。

维持国际金本位制显然需要严格的条件：一旦条件发生变化，自动调节机制就很难发挥作用。自动调节机制的关键是构成该机制的因果链条各个环节所需要的条件都必须满足，主要包括两个条件，一是各国都要规定本国货币的含金量并保证随时兑换，二是黄金可以自由输出入。这两个条件都不易实现，政府并不愿意自由兑换，而且对输出入都存在限制。除此之外，各国货币当局必须拥有一定的黄金储备以随时准备按官方比价无限制地买卖黄金和外汇，但并非每个国家都有黄金准备。由于国际间的支付和结算、各国价格波动和货币供应量的增长都与世界黄金产量直接相关，如果世界黄金产量的增长跟不上世界经济发展的要求，或者黄金在世界各国的分布过于集中，国际金本位制的物质基础将会被削弱。

### （三）金汇兑本位

在金本位结束之后，提出金汇兑本位，其主要存在于两个时期：1922～1929年，1945～1971年。

#### 1. 金汇兑本位的特点

第一，黄金依然是国际货币制度的基础，但它不再直接出现在市面上。流通的货币主要是纸币和银行券。这种信用货币虽然规定有含金量，但只是在一定的条件下才能兑换黄金。

第二，各国的货币与黄金挂钩，或通过另一种同黄金直接挂钩的货币与黄金间接挂钩，从而与黄金保持直接或间接的固定比价。在间接挂钩的情况下，本国货币只能在其直接挂钩的国家存入一定数量的黄金和外汇，以作为维持汇率的平准基金才能通过挂钩货币（外汇）获取黄金。黄金只能是维持汇率稳定的最终手段。

国际金汇兑本位制下，黄金的自动调节机制受到进一步的限制。随着经济危机的不断深化，各国政府越来越不愿使本国的货币供应受“黄金纪律”（维持黄金流出入与国内货币供给的直接联系）的严格约束；当汇率发生剧烈波动时，很多国家甚至不愿继续维持其货币对黄金的固定比价。也就是说，黄金虽然在名义上又主宰了国际货币制度，但其基础不牢固。所以，1929年世界性经济危机爆发，国际金汇兑本位制几乎立即崩溃。

2. 重建金汇兑本位制

为建立国际金融机构以促进国际货币合作的会议，于1944年在美国的布雷顿森林小镇召开，当时中国是参加国。布雷顿森林体系主要包括五个方面：第一，实行美元—黄金本位制，美元直接与黄金挂钩，规定其含金量，其他国家货币则根据自己的含金量确定其与美元的比价，并可以随时用美元向美国货币当局按官价兑换黄金；第二，各国货币均与美元保持固定汇率，只在出现国际收支“基本不平衡”时并经国际货币基金批准，方可调整汇率，这说明在建立国际货币制度时，对于汇率而言更倾向于固定汇率，特别是对于发展中国家来说，汇率相当于国内的物价水平，需要稳定的对外价格（汇率）；第三，国际收支的失衡，将主要依靠国际货币基金向成员国提供短期融资来协助解决；第四，废除外汇管制；第五，制定了稀缺货币条款（Scarce - currency Clause），其规定，当一国国际收支持续盈余，并且该国货币在IMF的库存下降到其份额的75%以下时，IMF可将该国货币宣布为“稀缺货币”，于是，IMF可按赤字国家的需要实行限额分配，其他国家有权对“稀缺货币”采取临时性限制兑换措施，或限制进口该国的商品和劳务，这一条款的设置是希望盈余国主动承担调整国际收支的责任，但是这个条款并未真正得到落实。

3. 特里芬难题

布雷顿森林体系本身存在不稳定的问题，即“特里芬难题”，布雷顿森林体系包括两个支柱：一是黄金支柱，该制度最终是建立在黄金基础上的；二是汇率支柱，各国货币是保持在固定汇率基础上的，两个支柱以美元为中心。在布雷顿森林体系中，美元占据非常独特的地位。它是美国的货币，因此，美元的供应必须充分考虑美国货币政策需要及其黄金储备的规模；它又是世界货币，美元的供应则须适应国际贸易和世界经济发展的需要。实践证明，美元的这种双重存在，存在着深刻的内在矛盾。要满足世界经济和国际贸易增长的需要，美元的供给必须不断增长，这要求美国的国际收支赤字不断扩大。美国国际收支赤字的不断扩大和美元供给的持续增长，将使美元与黄金之间的固定比价难以维持，从而动摇布雷顿森林体系的黄金支柱。持续的国际收支逆差将对美元产生贬值压力，从而使美元与他国货币的固定比价也难以长期维持，这将动摇布雷顿森林体系的汇率支柱。这里存在的内在矛盾是不可解决的，即“特里芬难题”。存在的另一个问题是，短期资本流动的冲击。当国际资本意识到“特里芬难题”的存在时，便会利用其中的矛盾来牟利。所以，20世纪80年代以来的所有国际金融危机，都有国际游资冲击的影响甚至由其造成。

除了“特里芬难题”、“短期资本流动冲击”，还有两个问题。第一，汇率调整困难。布雷顿森林体系规定，在出现国际收支基本不平衡的条件下，可以进行汇率调整。但是，由于对什么是“基本不平衡”没有明确的定义，事实上也难以判断，所以，即便调整是可行的，各国也不愿贸然进行调整。第二，国际收支和汇率调整的代价很大。赤字国的货币趋于贬值，为了维持与美元的固定汇率，中央银行必须在外汇市场抛出美元购进本国货币，这将减少国内的货币供给，导致通货紧缩，进而导致经济衰退和失业。在盈余国一方，由于其货币趋于升值，为了维持与美元的固定兑换比率，它们必须在外汇市场抛售本币，购进美元，这又将“输入”通货膨胀。这种状况，显然也与布雷顿森林体系设计者们的初衷大相径庭。

总之，一个包容大量独立国家在内的货币体系要正常运行，最重要的是保证其具有内部相容性，而布雷顿森林体系所缺乏的正是这种相容性。布雷顿森林体系在“二战”后对经济恢复具有重要的作用，但是由于其自身的不相容，而不断受到冲击，因此首先是要维持。

### （四）挽救布雷顿森林体系的努力

经历了三次美元危机之后，布雷顿森林体系才最终崩溃，首先对三次美元危机进行回顾。

第一次美元危机，短债超过黄金储备。当短期债务超过外汇储备，货币会出现不稳定，现在美国的短期债务并未超过外汇储备。1960 年，美国的对外短期债务首次超过黄金储备，爆发美元危机。后经美国与其他主要工业国家联合采取了一系列措施，方才平息。1961 年 10 月，美国联合英国、法国、意大利、荷兰、比利时、瑞士及西德，建立了“黄金总库”，利用各国的黄金，维持两个支柱，防止金价下跌。1961 年 9 月，英、美、法、意、比、荷、德、瑞典、日、加等组成“十国集团”，达成“借款总安排”，规定 IMF 可以向这十国借款，贷放给发生货币危机的成员国。1962 年 3 月，美国又分别和各主要西方国家，主要是“十国集团”国家，签订了双边的“互惠借款协定”。与现在所实施的各种挽救金融危机的政策相似。

第二次美元危机，由于越南战争，造成军费大量开支，双赤字增加，体系稳定又受到冲击，为了维持这种体系，1968 年提出黄金“双价制”（官价和市场价），考虑到布雷顿森林体系的缺陷，国际货币基金于 1969 年创设了被称为“纸黄金”的特别提款权（SDR）。

第三次美元危机，越南战争危机使美国出现了很大危机。国际收支和财政收支双赤字，第一次石油危机，从此石油成为国际政治的因素，成为国际金融的问题，这次金融危机把石油定义为类金融产品。美国总统尼克松于1971年8月15日宣布实行“新经济政策”，停止美元兑换黄金，终止美元与黄金的官方兑换关系，同时决定在国内冻结工资水平。在美国，尽管主导思想是由市场调节来实现经济平衡的，但是出现危机时，可以动用各项政策来稳定经济，并不是无政府的状态。

### （五）信用本位制

布雷顿森林体系崩溃之后，关于建立新的货币体系的国际努力就一直没有停止。从实际运行来看，1971年布雷顿森林体系崩溃，1976年，国际货币基金“国际货币制度临时委员会”在牙买加召开会议，就若干重大的国际金融问题达成协议（“牙买加协议”，Jamaica Agreement），1978年4月1日，“牙买加协议”生效，“牙买加体系”形成国际货币制度的新格局，即信用本位制。信用本位制的特点主要有：第一，浮动汇率制合法化，汇率制度多样化；第二，黄金非货币化，储备货币多元化；第三，扩大基金份额，增加对发展中国家的资金融通。

“牙买加体系”面对的问题。“牙买加体系”崇尚浮动汇率制，但是，资料显示，牙买加协定以来，全世界的汇率波动似乎并没有像一些人预期的那样十分剧烈，而是各国都在努力维持固定汇率水平。另外，浮动汇率制并不像一些“市场原教旨主义”所宣传的那样完美，它亦有固有弊端，主要有以下五个方面：第一，在浮动汇率制下，各国可能“以邻为壑”，竞相贬值，从而阻碍国际贸易的正常发展，在面对这次危机时，G20会议达成一致，没有竞相贬值，一致挽救经济恢复；第二，由于汇率变动不居，国际投资和国际长期信贷将很难进行；第三，基于汇率的变动，在此次全球金融危机中肆虐的金融衍生品获得了生存和发展的良好条件；第四，国际投机活动获得了有利的条件，使用其他手段使汇率发生变动而从中牟利；第五，浮动汇率制有通货膨胀、通货紧缩的倾向。从另一个角度来看，应该对“市场原教旨主义”持一种批判接受的态度，而非全盘接受。

## 二、摆脱美元的努力

### （一）特别提款权

前已述及，用美元（欧元也一样）充当国际储备货币的基本矛盾之一，就是美元不可能以不损害美元地位（美元对内和对外价值的贬低）的方式源源不断地被提供出来。

人们认识到，国际储备资产的存量及其增长，不应仅仅被动地由各国国际收支所决定的储备货币的累积余额来确定，而应当主动地反映全球贸易与经济增长的需要。换言之，国际社会应当根据全球经济、国际贸易和国际投资增长的需要，主动且有预见性地增加国际储备。在这方面，国际货币基金组织应当发挥积极的作用。它应当成为一个国际流动性的主要提供者，这种流动性不仅应有条件地通过提供金融援助来提供，而且应无条件地通过创造某种新的流动性来提供。特别提款权相对于普通提款权提出，提款额超出普通提款的部分被称为特别提款，创设 SDR 体系，便是在创造这种无条件的流动性。

尽管 SDR 的创设凝聚了大量世界一流专家的心血，其设计也不可谓不精巧，国际货币基金组织在推广它的使用方面更是不遗余力，然而，设置它的最初目的，即作为一种世界性储备资产，并取代黄金和美元（以及其他主权或区域货币），至今并没有达到，而且，随着全球经济的发展，这一目标似乎离我们越来越远。其矛盾主要表现为以下几个方面：

第一，定值问题。若用当时的十几种货币来定值，那么其价值依然摆脱不了对主权国家经济和金融状况的依赖，最终确定为五种货币，欧元形成之后，变为四种。

第二，分配问题。创建时基于不平衡，解决需要货币的国家不能获得货币的问题，基于类如普通提款权的机制来进行分配，设置 SDR 的目的不能实现，如果将钱直接分给落后国家，而这些国家直接消费，那么可能出现的一种情况是这些国家不再创造财富。若根据其他机制，例如根据需要，则其合理性难以保证。例如，2009 年 7 月 21 日，IMF 发布 2500 亿美元特别提款权分配草案。美国在 IMF 中占有 16.83% 的投票权，中国只占 3.72% 的投票权。所以，按同等比例计算，中国获得等值于 90 亿美元的特别提款权，美国获得等值于 426 亿美元的特别提款权。显然，这次分配基于普通提款权机制，那么 SDR 要解决的问题是不可能解决的。

第三，利率问题。当涉及到金融问题时，首先要考虑利率的问题。利率是信用的价格，是一种对信用的评价，确定利率就是要确定货币的信用基础，然而 SDR 无法确定其信用基础。目前，依据四种主权货币确定价值，同时依据这四种主权货币利率的加权平均来确定其利率水平，并且每 3 个月调整一次。

第四，作用问题。要想使其发挥作用，就必须有其增长的趋势，每年都对其进行分配是困难的，自创设以来，仅分了三次，两次成形。利率机制如何实现，是否延续欧元的道路依然无法确定，在技术上也难以解决其面对的问题。缺乏合理增长机制、分配机制及利率水平的“纸”资产，解决不了其提出的所要解决的问题。

由于存在这种问题，个人认为SDR仅是一种暂时的措施，试图通过其解决最终问题比较困难。

## （二）区域货币的尝试

另一种摆脱美元的努力是区域货币的尝试，区域货币最成功的是欧元。对欧元启动的原因、过程、机制、遇到的问题等方面的研究对中国现阶段具有现实意义，因为中国正处于欧元启动的阶段，要创立亚元、处理中日之间的关系，借助韩国力量处理亚洲关系，以“10+3”作为处理亚洲事务的基础，欧元形成的经验值得借鉴。

### 1. 欧元形成过程

简要介绍欧元形成的过程，1950年欧洲支付联盟的成立，是欧洲货币一体化的开端。1957年3月，西欧六国在意大利首都罗马签订了《欧洲经济共同体条约》和《欧洲原子能共同体条约》（通称《罗马条约》），决定成立欧洲经济共同体。20世纪60年代末，欧共体建立了关税联盟，实现了共同农业政策，并开始着手推动劳动力与资本流动的自由化。在这种背景下，货币的一体化问题，也就提上了议事日程。《魏尔纳报告》提交后，欧共体部长理事会经过几个月的审议，于1971年3月达成协议，决定正式实施货币联盟计划，包括以下三个方面：第一，在欧共体内部实行可调整的中心汇率制，对外则实行联合浮动。第二，建立欧洲货币合作基金。支持成员国干预外汇市场，维持汇率的稳定，管理成员国中央银行之间的信贷流动；逐步集中成员国的外汇储备，以便逐步发展成为成员国之间的清算中心。第三，设立欧洲计算单位（European Unit of Account，EUA，1974），EUA是欧洲统一货币的萌芽。

在法、德的联合推动下，欧共体各国首脑于1978年12月5日在布鲁塞尔达成协议，决定1979年1月1日建立欧洲货币体系，继续实行过去的联合浮动汇率机制，继续运用欧洲货币合作基金，创设欧洲货币单位（European Currency Unit,ECU）。在EMS成立之初，各成员国向EMCF提供国内黄金储备的20%和美元及其他外汇储备的20%，用以向EMCF交换相等数量的ECU。在欧共体内部，ECU具有计价单位和支付手段的职能。1987年7月开始生效的建成欧洲内部统一大市场的白皮书，为欧洲货币联盟的建立打下了实体经济基础。该白皮书要求建立一个资本能够完全自由流动的欧洲金融共同市场，所有成员国的货币自由兑换。在共同体内，资本市场完全自由化和金融市场一体化；在共同体内实行固定汇率。“出于经济、心理和政治的原因，单一货币可看成为货币联盟的一个自然和理想的进一步发展”，提出分三阶段实现经济、货币联盟计划。

2. 欧元产生及发展的条件

欧元产生和发展需要一系列条件，这些条件的创造与形成是一个长期的过程，而且难于维持，涉及到三个主要条件。

第一，欧元覆盖的区域中各国要有走向政治统一的共识，就是说尽管欧元的建立是一个金融问题，但是首先要形成政治的统一，是政治问题。两次世界大战使欧洲各国认识到应该达成政治共识，而且欧洲有统一的历史。

第二，从实体经济领域的合作起步，货币的统一以实体经济的统一为基础。最早是在1960年，两个协议，一个煤钢协议，一个是原子能协议，在最重要的领域合作，体现了当时合作的共识。

第三，经济一体化是货币统一的基础。以德国为例，当时以区内贸易为主，主要是与即将形成的贸易区内部的国家进行合作，发展实体经济。

欧元的最终形成经历了将近50年的准备，而亚元的提出是从东南亚金融危机开始，由日本提出，相对于日本而言，中国的研究能力及经济发展水平依然是比较薄弱的，所以应该慎言人民币国际化的问题。

3. 欧元区的内在矛盾：统一货币，分散财政

货币统一需要财政政策的配合，这体现在《马斯特里赫特条约》之中：①成员国其一年的通货膨胀率不能超过欧洲联盟中通货膨胀率最低的三个国家平均数的1.5个百分点。②成员国其长期利率水平（以一年期国库券收益率为准）不能超过欧洲联盟中物价最为稳定的三个国家平均利率的2个百分点。③成员国其各级政府的预算赤字总额不能超过本国的国内生产总值的3%，除非该国的预算赤字已在显著持续下降，并接近上述规定的百分比，或者只是暂时地超过标准。④成员国其政府债务总额不能超过本国国内生产总值的60%，除非该国的政府债务已明显下降并以较快的速度接近上述百分比。⑤成员国其货币币值至少在过去两年里一直在欧洲货币体系的汇率机制规定的幅度内（±15%）波动；尤其是在同一时期内，该国不能主动地降低它与任何一欧盟成员国之间的双边中心汇率（指不能主动宣布货币贬值）。

值得注意的是，预算赤字总额不能超过本国的国内生产总值的3%，以及政府债务总额不能超过本国国内生产总值的60%，仅是成员国进入的门槛，并非是安全的标准，现在日本国债占GDP的比重为170%，美国国债占GDP的比重超过60%，均未涉及安全的问题。利率水平要与物价水平之间形成稳定的关系。对汇率而言，合作的国家需要在汇率方面达成协议，避免大幅波动。

统一的货币和分散的财政，是欧元区的根本缺陷。在正常情况下，这种矛盾

似不显著，一旦出现货币金融危机，这种缺陷便暴露无遗。当前欧元区面对危机进退维谷，正是这种状况的反映，在主权国家，货币政策可以与财政政策同时进行，当从金融救助转为经济救助时，财政政策才能起到作用，但是在欧洲财政政策无法同步进行，所以其经济救助是迟缓的、经济复苏是迟缓的，所以欧元对美元而言，欧元有贬值的倾向，笼统地讲美元贬值不准确。

## 三、国际货币体系的新时代

### （一）国际货币体系进入“战国时代”

1999 年 1 月 1 日，世界货币史上划时代的跨国区域货币——欧元，伴随着新年钟声诞生，从各种意义上说，欧洲货币联盟都具备了在单个民族国家内部运行的金融体系的所有特征，因此，欧洲中央银行也就具备了一般国家中央银行的全部功能。如果说这中间存在什么区别，那就是，欧洲中央银行是一个超国家的“超级”中央银行；由此，在欧洲范围内，欧元也就是“超主权”货币。从这次金融危机来看，欧元与美元抗衡并未完全实现，欧元的地位有所下降。从现实来看，经过多年的曲折发展，目前世界已形成以美元、欧元、英镑、日元等为主的多元储备货币体系。这种格局在较长时期中很难改变，多元货币体系已经形成，在经济格局没有大变化的时候，金融格局不会发生巨大变化，而且即使经济格局发生变化，由于滞后性的存在，金融格局发生变化也是相对缓慢的。

#### 1. 国际货币体系存在的问题

布雷顿森林体系崩溃后，国际货币体系陷入混乱当中。在“无规则”的国际货币体系下，国际储备主要由最发达国家的信用货币构成，汇率制度按各国意愿自主选择，国际收支调节缺乏一致认同的目标和机制。然而，理想的国际货币体系应具备货币环境稳定的特质，而当前国际货币体系却恰恰缺乏稳定汇率的合理安排。在没有规则的情况下，各国无法达成一致共识，当前国际货币体系的发展实质上是利益冲突中的公共选择，由于重大的一致意见难以达成，构建汇率稳定的全球安排只能是一个不具备现实性的理想。在这种不稳定的情况下，重要的是如何防范不稳定，那么维持人民币对一揽子货币的稳定就是一种防范措施，以我国经济较快平稳发展为唯一目标。

#### 2. G20 会议回避了国际货币体系改革的要害问题

G20 会议宣言，关于国际货币体系改革问题语焉不详，只是提到了增加份额、增加信贷资源、改革IMF等浅表的问题。在题为《携手合作，同舟共济》的发言中，胡锦涛同志强烈表达了改革国际货币体系的诉求，“健全储备货币发行调控机制，保持主要储备货币汇率相对稳定，促进国际货币体系多元化、合理化”。在谈到加强全球金融监管协调问题时，胡锦涛同志强调：“国际货币基金组织应该加强和改善对各方特别是主要储备货币发行经济体宏观经济政策的监督，尤其应该加强对货币发行政策的监督。”这两段尖锐且富于建设性的表述被G20会议的《首脑宣言》忽略，恰恰表明其切中了当前国际货币体系的要害。这种监督很难实现，原因在于IMF与美国的关系，磋商制度本身没有问题，但是磋商受到实力的影响，实力不同磋商的级别、效果不同。

## （二）多元储备货币体系下，汇率是关键

### 1. 关键货币之间的汇率应当稳定

国际货币体系多元化，固然在一定程度上克服了美元独霸世界的弊端，但也增加了新的“病因”。这就是，储备货币之间汇率变动不居，造成货币投机盛行。这意味着，如果不能在各储备货币之间确定某种游戏规则，这种国际货币体系并不会对全球经济发展产生有利影响，反而会形成新的祸害。简单地讲就是，美元、日元、欧元要稳定，若其不稳定，则以其作为储备货币的国家将无所适从。

鉴于此，自然就要求对储备货币发行国的货币政策和宏观经济政策加强监督，自然就要求在多元的储备货币之间建立负责任、有管理、透明且有约束力的汇率关系，自然就要求各储备货币国家应对维持这种汇率体系承担主要责任。

### 2. 非储备货币和储备货币之间的汇率关系

如同“市场原教旨主义”在此次危机中遭到否定一样，国际货币体系安排中对浮动汇率制的迷信理应受到质疑。在全球实行有管理的浮动汇率制，可能是最有利于广大非储备货币国家经济发展的选择。对于包括中国在内的广大新兴市场经济国家来说，如果不能为有管理的浮动汇率争得合理的地位，我们不仅总会面临那些储备货币国家对我们“操纵汇率”的指责，而且将始终生活在汇率风险的达摩克利斯剑之下。

人民币盯一揽子货币、盯美元，还是盯SDR，这种选择很困难，现有制度下，甚至无法得到次优的结果。在国际收支出现不平衡的条件下，当事国应该进行调整，但是只有美国的对手国进行了国内经济结构和汇率的调整。20世纪80年代以来，以美国为一方，以其他亚洲国家为一方，先后爆发过多次贸易冲突及汇率争端，体现在三个事件：第一次是20世纪80年代的美日摩擦，要求日本做

出调整，在外调整日元汇率，在内调整发展战略；第二次是美国和东亚国家，出现亚洲金融危机；第三次，就现在来看，美国要求中国调整人民币汇率，调整出口导向政策、降低出口退税率等，我们进行一段时间的调整之后，不再进行调整，转向以国内经济发展为主的政策导向。更有甚者，凭借美元霸权，美国利用全球的资源固化了其经济结构的失衡。此次金融危机，本质上就是这些矛盾的集中爆发。妄谈“中国责任论”，不顾历史事实，是不负责任的。

## 四、人民币国际化

### （一）人民币国际化

随着中国经济地位的进一步提高，人们自然想到要让人民币在国际金融体系中发挥更为重要的作用。按目前的发展速度测算，也许 10 ~ 20 年后中国经济总量将会接近美国的规模。随着中国经济的发展，人民币不断走向国际化甚至成为国际主要储备货币或许成为一个趋势。交易与支付手段、金融资产定价标准、储备货币，是人民币国际化必须经历的三个阶段，或被称为三个要素。更深层的机制是货币互换和清算机制，货币互换和清算机制的建立，构成人民币国际化的必要条件。从目前情况来看，东南亚国家希望人民币实现可自由兑换，甚至愿意接受人民币作为其国际储备货币的一部分。海湾国家也表示对于投资中国 A 股市场、债券市场甚至货币市场都有兴趣。但是，个人持谨慎态度，由此认为，人民币国际化究竟是机遇还是诱惑，抑或兼而有之，依然是一个需要认真讨论的问题。

### （二）英镑的经验

人民币要实现国际化，取代美元的地位，要借鉴英镑的经验，研究当时的条件及过程，对其初步研究来看，一些基础的因素我们尚且不具备。

目前，美元、欧元走出本土的主要途径，是美国和欧洲产生长期、持续的贸易赤字。美元通过赤字走出，造成美元贬值，使得汇率不能维持，对黄金的价格不能维持，欧元也走向了这条途径。一些研究基于这一经验来研究人民币国际化问题，认为这是有误的，目前这些国家通过赤字把本国货币疏散到国际市场当中，是以其已经是国际货币为前提的，但目前我们是要争取实现人民币的国际化，新兴货币走出国门，必须首先解决本币被接受的问题。

就英镑历史而言，全球经济的平衡枢纽在英国，其平衡机制则是贸易项目顺差与资本项目逆差的对应，英国通过贸易顺差造成世界对英国产品的依赖，吸收黄金，再通过资本项目逆差（资本输出）将黄金或黄金的代表物（英镑）贷放到附属国去。经济依赖形成之后，货币依赖随之形成，通过对外输出资本，形成这些附属国家的购买力，以便其反转来购买英国的商品。对现在的中国而言，产品走向世界，但依赖的是低成本，并未形成世界对中国产品的依赖，英国当时用高技术生产方式代替低技术生产方式，形成对其他国家产品的替代，从这个角度来看，科技进步、提高效率尤其重要。

美元的国际化过程也是这样，刚刚登上全球经济之领导宝座的美国，基本上秉承了其昔日的宗主国的行为模式。从第一次世界大战结束至20世纪60年代（布雷顿森林体系建立的最初十余年），美国不仅取代了英国的货币中心国地位，并且也保持了当年英国的贸易/资本的回流机制。一方面，通过贸易顺差，向全球输出商品，并不断在国内积累货币财富；另一方面，通过“援助”、对外投资和贷款，逐渐将美元撒向全球。战后，欧洲没有实物与美国交换，美元无法流出，就出台了著名的租借法案——“马歇尔计划”，利用金融租赁的方式把美国在战争中的东西租借给欧洲，使新增的美元投放到欧洲。

英镑衰落是由于黄金缺乏、经济地位下降，自然被美国替代，但是这个过程缓慢，在美国经济地位已经超过英国的情况下，又经历了10~20年的时间才实现美元霸权的地位。20世纪60年代以后，随着其他国家逐渐从战争的破坏中恢复，美国主导的全球经济的平衡机制遇到了挑战。1971年，美国货物贸易首次出现逆差，此后，除个别年份，其贸易逆差一直处于恶化趋势。与长期持续的贸易逆差对应，其资本项目则出现了相反的变化，美国不仅不再向外净输出资本，反而需要吸收国际资本来平衡其贸易逆差。这一过程不断重复，美国遂成为全球最大的资本输入国和债务国。当储备货币发行国的贸易项目存在长期逆差时，改革以该货币为中心的国际货币体系的时机便已到来，美元被替代是一种必然的趋势。于是，改革国际货币体系的呼声自20世纪60年代便已产生，且随美国贸易逆差日趋严重而日趋高涨。

### （三）中国的现实选择

人民币国际化要求中国经济必须保持长期强劲增长，经济效率不断提高，从而不断提升自己在全球的经济地位，基于此，提高在全球的政治地位和军事地位。在人民币尚未被大多数国家接受作为交易中介、支付手段和储备货币之前以目前的国际储备货币为载体“走出去”，只会进一步巩固现有国际储备货币的地位。中国全面推动人民币国际化的条件可能还不成熟，在这种情况下，越开放，就越容易被控制。这次全球金融危机对我国的直接冲击不大，优势之一就是我国的资本项目管制还没完全开放。谨慎地判断，目前，人民币国际化的弊端可能大于收益，也许，按照目前的增长格局走下去，5~10年以后，利弊可能易位。目前，我们正处于从利小于弊到利大于弊的转轨时期。因此，制定合理可行的人民币走出去的路线图，是推行人民币国际化的首要任务。

### 1. 人民币国际化的条件

第一，在全球经济联系上，中国必须形成对他国的长期持续贸易顺差，由此形成他国对中国在经济上的依赖。中国虽然总体上长期存在贸易顺差，其收支结构却存在严重偏颇。一方面，我们对少数发达国家（地区）保持了巨额贸易顺差，另一方面，我们却对多数国家保持着不小的贸易逆差。这是“中国制造”的必然结果。因此，我们必须全面提升贸易竞争力，从而基本形成并保持对多数国家（地区）贸易顺差的格局。这显然需要我们彻底改变目前的贸易格局，全面提升对外部门的竞争力。第二，通过以人民币为载体的对外借贷、资本输出和援助，将人民币推向世界。第三，逐步实现人民币可兑换，并以此为基础建立发达的人民币市场，吸引非居民持有人民币定值资产。可以先放开人民币存款，然后再逐步放开人民币贷款业务、货币市场、固定收益产品市场，逐步提高人民币流通性；在此基础上，逐步放开股票市场。作为整个过程的基础，我们应在国内建立发达的金融市场。第四，严格、可信赖的产权保护。第五，便利和低成本的交易机制，支付清算体系的国际化。

在慎言人民币国际化的过程中，以上条件是需要努力实现的，不仅有利于人民币国际化，而且有利于经济发展。

### 2. 人民币国际化过程中的汇率选择

首先，在人民币国际化过程中，保持人民币汇率稳定是比较理性的选择。保持汇率稳定的主要内容是保持人民币对“一揽子货币”的稳定。在汇率稳定的环境下，稳步推进人民币的国际化。简言之，在人民币国际化的过程中，特别是在初期，我们可能还需要一个“货币锚”，借以让世界逐渐接受人民币。美元替代英镑以及欧元的启动，无不经历过这个过程。

其次，汇率稳定的目的在于保持稳定的外部环境。调整国内经济结构，发展国内经济，全面提升中国产品和劳务的竞争力；做强国内金融体系；发展人民币定值的金融市场；完善宏观调控体系。

### 3. 更远的问题

当德国马克很强的时候，德国拒绝了德国马克国际化的任何要求，日本对于日元国际化一直处于犹豫状态，鉴于德国马克和日本日元的经验，人民币是否应国际化，依然是个需要讨论的问题。

如果要国际化，则除了前述五项条件外，还需要以下条件：只有在他国已形成在经济上对中国的依赖，从而形成对人民币的长期需求时，我们才有可能通过贸易逆差来源源不断地向世界输出人民币；支持离岸市场发展；建立着眼于全球经济运行的国内货币政策框架。

但是，到那时，我们也将面临“特里芬难题”。或许，到那时超主权货币已经登上历史舞台。这些事是很远的问题。

（编辑整理：孙婧芳）

# 国际金融危机与凯恩斯主义

杨春学

2009 年 10 月 10 日

## 杨春学

中国社会科学院研究生院经济系教授

**摘　要**：国际金融危机主要由美国次贷危机引起，本文主要讨论国际金融危机与凯恩斯主义的关系，这种关系是双重的，凯恩斯主义对金融危机负有责任，低利率政策引发房地产泡沫，泡沫崩溃引发次贷危机。危机之后对救市而言，采用的政策出自凯恩斯主义，使这次国际金融危机没有演化成为“大萧条”，但是需要思考救市政策存在哪些潜在危险。救市政策既要考虑到短期效应，也要考虑到那些必须预见到的效应——长期影响。

**关键词**：金融危机　思想根源　新凯恩斯主义　新古典主义

## 一、问题的提出：国际金融危机和凯恩斯主义的关系

这次金融危机的思想根源是什么，学术界存在很大争议，从宏观经济学来看，争论主要存在两个流派，一是新古典主义，二是新凯恩斯主义。

### （一）对此次危机的思想根源的学术界争论

新古典主义经济学家认为，这是政府造成的，民主党执政时期的美国政府干预市场运行，让本来买不起房的穷人也纷纷“有其房”，是导致这次危机的根本原因，危机再次证明“政府不能解决问题，它本身就是问题的一部分”。这可以被称为新自由经济学家最经典的语言，里根在就职总统时也是这样讲的。

新凯恩斯主义认为，这次危机标志着以自由放任为特征的“里根主义”彻底“破产”，代表人物是克鲁格曼教授，他在获诺贝尔经济学奖当天，还就救市问题在《纽约时报》上撰文，嘲讽布什政府的“两个凡是”——“市场总是对的，政府总是错的”，而这种观点是新自由主义的主要观点；斯蒂格利茨更是发表“新自由主义的终结”的文章。克鲁格曼和斯蒂格利茨均是新凯恩斯主义的代表人物。危机发生之后，这两派互相指责，指责对方负有责任。

### （二）媒体对救市政策的某些误解

媒体对这次金融危机有很多的误解，媒体通常把此次金融危机类比于 20 世

纪30年代“大萧条”，并以“经济自由主义的终结”、“经济自由化的终结”、“凯恩斯主义的回归”或“复兴”之类的语言来描述和评论西方国家拯救经济的政策。这些描述都存在问题，凯恩斯主义不存在“回归”的问题，它一直都在支配着西方的经济思想。把凯恩斯主义与新自由主义的争论归结为“姓资”、“姓社”的问题，金融机构的国有化倾向于社会主义。另一种极端的观点宣称，要彻底埋葬凯恩斯主义。就我个人认为，没有谁说过要埋葬凯恩斯主义，尽管凯恩斯主义存在很多缺陷，但是其一直存在说明它的存在是有一定道理的，不可能被轻易地埋葬。

那么国际金融危机与凯恩斯主义之间真实的情形究竟是什么？这就是本文所要探讨的核心问题。为了说明两者之间的关系，必须先说明宏观经济学的状态。

## 二、宏观经济学的状态

宏观经济学存在两个传统，一个是“凯恩斯传统”，一个是“古典传统”，只有分清楚两种传统的思想，才能更好地理解两种传统的倾向性。“凯恩斯传统”是指从凯恩斯出发的一组思想，也分为不同的派别，对不同的凯恩斯派别进行阐述讨论。遵从“古典传统”的，现在依然存在的被称为“新古典主义宏观经济学”，可以把它视为“古典传统”的附和，“古典传统”是指“凯恩斯传统”之前的。在这一部分，还将讨论新古典综合，现在一直是新凯恩斯主义与新古典主义共享主流地位。

### （一）两种传统：“凯恩斯传统”和“古典传统”

#### 1. 凯恩斯传统

“凯恩斯传统”源于凯恩斯的《通论》（1936）和《自由放任主义的终结》（1926）。《通论》被视为20世纪最伟大的论著，伟大并不是说它没有错，但是它的错误引出来许多新的理论。这种传统主要包括三种核心思想：第一，对资本主义资本弊端的判断，认为“我们生存于其中的经济社会，其显著缺点，乃在于不能提供充分就业，以及财富与所得之分配有欠公平合理”，这是资本主义最根本的弊端。第二，上述这种情况，表现为资本主义经济内在不稳定，这种不稳定导致有效需求不足。第三，要修补制度的这些缺陷，政府就必须终结“自由放任主义”，采取积极的行动。政府采取的积极行动主要是两个方面，通过财政和货币政策进行总需求管理，通过收入再分配政策使收入分配变得相对均等，而且提高低收入者的收入会提高总需求水平。凯恩斯的思想并不能否定资本主义，而是认为只有采取上述两方面的措施，自由资本主义仍然可以发展下去。

凯恩斯主义是20世纪30年代“大萧条”的产物，30年代“大萧条”的剧烈程度要强于现在这场危机，当时美国失业最高峰达到26%，工业产值在1929～1933年之间减少了一半，英国相对少一些，而德国、意大利等国减少得更多，超过50%，英国下降得少，主要是因为第一次世界大战后英国的整个经济状态都处于衰退状态。在30年代之前，主要奉行“无形之手”的理念，但是在大衰退之间“无形之手”并未起到作用，因当时的苏联并未受到这次“大萧条”的影响，故转而向苏联学习，但是又不能逃脱资本主义和私有制，德国等国走向法西斯道路，基于此凯恩斯提出改良资本主义，进而推进资本主义的发展，而非走社会主义道路和法西斯道路，在改良过程中仍然保留自由市场经济，只是在运行过程中政府可以提供帮助。在凯恩斯理论中，根本不存在社会主义的思想，而且持批判态度。当时在西方社会中，并没有完全接受凯恩斯思想，在20世纪50年代初，美国一流大学仍然把凯恩斯的思想视为是红色思想，新制度主义经济学的教授加尔布雷斯因讲解凯恩斯思想的内容而遭到哈佛大学的解聘。

#### 2. 古典传统

在凯恩斯《通论》出版之前，在经济学中占统治地位的是古典传统。“古典传统”深信市场机制会使经济恢复到充分就业的均衡状态，市场机制可以理解为“无形之手”。古典传统存在三大基石：第一，微观层次的瓦尔拉斯均衡模型，所有市场都会通过价格机制而同时处于出清的均衡状态，供给等于需求；第二，宏观层次的“萨伊定理”，其核心思想是“供给会自动创造它自身的需求”；第三，货币中性论，是“古典二分法”的必然产物。严格来讲，在《通论》之前没有宏观经济学，《通论》之前存在的宏观经济学思想是，把货币领域和真实领域划分开。在真实的生活领域中，决定就业和产量的是增长模型所讨论的内容，即劳动、资本积累、技术进步；货币领域只是界定了通货膨胀、价格水平，货币只是一种交换媒介，是一种面纱，不会对实体经济产生任何影响。因此，此时的货币中性论是以“古典二分法”为基础的，即货币领域与真实领域的区分。

资本主义经济危机在18世纪已经出现，但是认为这种危机是经济周期的存在，并没有违反经济理论，当经济繁荣之后出现衰退，这种波动是市场机制得以实现的宏观表现形态，价格趋势的存在不等于价格不能波动，而这种趋势只能是通过波动来实现的。整个自由市场经济可以正常地发展，正是由于这种波动的存在，而且波动的结果是均衡处于更高的层面。这与凯恩斯有根本的不同，古典传统认为这种波动具有很强的内在稳定趋势，而凯恩斯认为经济内部不稳定，而且这种不稳定的危害很大。

受到古典传统理论的影响，在凯恩斯之前，整个西方社会中，尽管政府对经济存在各种各样的干涉，但是从来不用货币政策、财政政策进行有意识的管理。当时的货币政策目标只是为了维持纸币与黄金之间的比价关系，财政政策奉行“预算平衡”。而且按照古典传统的理念，也没有必要用货币政策、财政政策对经济进行干涉，政府的干涉都会扰乱市场运行。美联储在20世纪20年代成立，成立的目标只是为了保证美国政府债券的稳定，保持物价的稳定。

## （二）凯恩斯主义的三种主要形态

在凯恩斯传统的基础上，发展出了各种各样的凯恩斯主义。《通论》出版之后，一直到20世纪50～60年代，《通论》的引用率一直排在首位，当时被称为“凯恩斯革命”。一是理论的革命，创建了现代的宏观经济学；二是政策的革命，使得政府对总需求进行管理的思想深入人心，凯恩斯主义包括三种主要形态。

### 1. 正统凯恩斯主义

“正统凯恩斯主义”，其典型的表达方式是IS－LM模型，与新古典微观经济学组合在一起，被称为“新古典综合派”，曾经在20世纪50～60年代统治着西方经济学，并且对工业化社会在这一时期的政策有着巨大的影响。正统凯恩斯主义的代表人物中有十多个获得诺贝尔经济学奖，这也从一个方面说明埋葬凯恩斯主义不容易，离开了凯恩斯的思想，现在的宏观经济学教材也难以形成。正统凯恩斯主义在50～60年代占据统治地位是绝对的统治地位，一是统治西方经济社会，二是“二战”后50～60年代工业化国家（OECD）的经济状况处于非常好的形势，失业率、通货膨胀率低，经济增长较好。1950～1973年，只有英国的年均GDP增长率较低（2.93%），但也是1820～1950年GDP增长率最高的时期，美国是3.93%，德、法都超过5%，而日本达到了9.29%（见表1）。尽管高的增长率有很多原因，但是从政策的实施来看必归功于凯恩斯主义，在20年期间，虽然也存在波动，但是波动幅度与之前相比变小。

20世纪70年代初布雷顿森林体系的崩溃、“石油危机”的冲击，以及随之而来的“滞胀”问题，彻底暴露出“正统凯恩斯主义”的缺陷，菲利普斯曲线崩溃。1972～1982年美国的年平均通货膨胀率达到8.7%，失业率是7%，GDP增长率仅为2.2%，这种滞胀是对凯恩斯主义毁灭性的打击。正统凯恩斯主义的理论基础是菲利普斯曲线，即通货膨胀率与失业率之间是一种反比例关系，但是滞胀的情况下，高通货膨胀率与高失业率同时并存，这使得菲利普斯曲线处于瓦解地位。尽管50～60年代正统凯恩斯主义处于统治地位，但并不意味着不存在其他理论对它的批判，这些理论包括60年代以弗里德曼为代表的“货币主义”、

表1 GDP增长率：1820～1998年 单位：%

| 国家 | 1820～1870年 | 1870～1913年 | 1913～1950年 | 1950～1973年 | 1973～1998年 |
|---|---|---|---|---|---|
| 美国 | 4.20 | 3.93 | 2.84 | 3.93 | 2.99 |
| 英国 | 2.05 | 1.90 | 1.19 | 2.93 | 2.20 |
| 德国 | 2.01 | 2.83 | 0.30 | 5.68 | 1.76 |
| 法国 | 1.27 | 1.63 | 1.15 | 5.05 | 2.10 |
| 加拿大 | 4.44 | 4.02 | 2.94 | 4.98 | 2.80 |
| 意大利 | 1.24 | 1.94 | 1.49 | 5.64 | 2.28 |
| 日本 | 0.41 | 2.44 | 2.21 | 9.29 | 2.97 |

70年代以卢卡斯为代表的“理性预期学派”。一方面在实践上“滞胀”的出现，另一方面在理论上又遭到“货币主义”、“理性预期学派”的批判，到70年代，正统凯恩斯主义结束了它在学术界的统治地位，但是凯恩斯主义并没有消失，在批判中又出现了新的凯恩斯主义。

### 2. 新凯恩斯主义

“新凯恩斯主义”（New Keynesianism）诞生于20世纪70年代中期，成长于80年代，代表人物包括阿克洛夫、斯蒂格利茨、菲尔普斯、克鲁格曼，这些都是诺贝尔经济学奖获得者，还有现任美联储主席伯南克。正统凯恩斯主义受到挑战后，构建了总供给与总需求模型（AD－AS模型）用于解释滞胀现象，新凯恩斯主义者在这个基础上发展起来。新凯恩斯主义在80年代末又重新回到主流，成为主流之一。

新凯恩斯主义对凯恩斯主义的最重要贡献是：①把各种价格和工资粘性的解释建立在个人理性行为的基础上；②论证市场的不完全性、信息的不对称性、交易成本的存在如何放大各种外部冲击对经济运行波动的影响。新凯恩斯主义有各种各样的经济周期模型，侧重点各有不同，有的侧重市场不完全，有的侧重信息不对称，有的侧重交易成本（菜单成本）。新凯恩斯主义与正统凯恩斯主义存在很大差异，在与古典主义的比较中进一步对其进行说明。

### 3. 后凯恩斯主义

“后凯恩斯主义”在正统凯恩斯主义时期和新凯恩斯主义时期都存在，只是一直处于边缘地区，没有处于主流。“后凯恩斯主义”一般分为两个阵营：“欧洲阵营”和“美国阵营”。观点的差别是：“欧洲阵营”比较重视凯恩斯所说的资本主义“财富与所得之分配有欠公平合理”这一缺陷，支持收入再分配政策，对政府政策影响很大；“美国阵营”把注意力集中在不确定性以及货币金融对经济体的影响和作用方面。欧洲阵营中的代表人物琼·罗宾逊认为，剑桥大学的凯恩斯才是正宗的，对《通论》的核心思想是什么，是后凯恩斯主义与新古典综合派之间的争论焦点。

通过以上分析可知，如果对凯恩斯主义进行批判，必须要分清楚是对哪一派的批判。

### （三）新古典主义宏观经济学：“古典传统”的复活

新古典主义宏观经济学是新自由主义经济学的一个组成部分，诞生于 20 世纪 70 年代，主要代表人物包括卢卡斯、普雷斯科特、基德兰德等诺贝尔经济学奖获得者。

新古典主义宏观经济学从货币主义中产生，但是最后反叛了货币主义。新古典主义宏观经济学有三个基本假说。第一，“货币主义”，以弗里德曼为代表的货币主义的基本观念得到了大多数经济学家的认可，新凯恩斯主义和新古典主义都对其基本观点认可。以“附加预期的菲利普斯曲线”来证明“货币中性”，而古典传统的“货币中性”是按照“古典二分法”来证明的。卢卡斯获得诺贝尔经济学奖时的演讲主要讨论货币中性。第二，“理性预期”，这可能是新古典主义最具革新性的假设。“理性预期”存在两种形式：一种是弱的形式，是指决策者在做出决策时会充分有效地利用他所能获得的所有信息，这意味着预测还是会出错的，但是会立刻从中找出原因，不会犯系统性错误（举例说明什么是系统性错误，等公交车，十点钟会来车，假设一天在等车的时候被掉下来的东西砸到，如果是重复地掉下来，那么第二天不会在同一个地方等车，如果依然在那个地方等车，那么这种错误就是系统性错误）。另一种是强的形式，即做出的预测是准确的，预测结果与最终得到的结果几乎完全一样。第三，“市场出清”，经济中的所有市场处于连续的出清状态，也就是随时都处于出清状态，这是新古典主义最重要的假设，充分表明新古典主义宏观经济学对瓦尔拉斯一般均衡世界中价格机制的信仰。

将这三个假说结合在一起形成经济模型，那么这个模型一定是处于均衡状态的，出现的波动都是个人最优决策的产物。如果对这种波动进行干涉，则扰乱了个人的最优决策。另外，这种经济波动来自于外部冲击，出现冲击之后个人会对最优决策进行调整，冲击主要来自供给方面的技术进步，但是技术进步是非常随机的。既然冲击的性质是随机的，那么政府是无法干涉的，所以说政府的干涉是没有必要，而且有害，只能使经济波动加剧。

### （四）新的综合：新凯恩斯主义与新古典主义共享主流地位

经过长期的争论之后，凯恩斯主义和新古典主义之间达到了某些共识。首先，信奉自由市场具有一种内在均衡和效率的机制。凯恩斯主义只是反对放任自由的市场制度，而不反对市场制度。其次，新凯恩斯主义接受了新古典主义的2/3假说，只是拒绝“市场连续出清”的假设。但是老派的凯恩斯主义是不接受的，例如，托宾不接受理性预期假设，索洛不承认自然率假说。

新凯恩斯主义与新古典主义在理论上最大的分歧：新古典主义认为，经济波动并不是自由市场经济存在缺陷的证明，而是个人最优化决策的产物，是价格机制发挥作用在宏观上的表现形式；而新凯恩斯主义坚持认为，经济周期现象表明了某种重大的市场缺陷。但是在政策上存在很大分歧，新古典主义宏观经济学主张“政策无效论”，认为总需求管理的政策是无效的，新凯恩斯主义与新古典主义对总供给政策是完全一致的。对经济增长方面的政策而言，不存在新凯恩斯主义与新古典主义之争。

虽然新古典主义在学术上居于显赫的地位，宏观动态一般均衡模型都来自于新古典主义。但在宏观政策的实践方面，却一直是凯恩斯主义或其变体居于支配地位。新古典主义的理论模型很完美，但是提出“政策无效论”，认为总需求的政策没有意义。相反，新凯恩斯主义认为总需求管理有效，但是缺乏统一的理论框架，所以在解释经济波动时存在很多模型。为了弥补双方的缺陷，已有学者在讨论“一种新的综合”趋势问题，被称为“新兴的新古典综合”（New Neoclassical Synthesis）。

## 三、金融危机的思想根源：美国近期的经济政策与凯恩斯主义

20世纪80年代以来，美国的经济政策已经转换为新凯恩斯主义和新古典主义并用的政策形态。新凯恩斯主义已容纳了货币主义的思想，曼昆认为现在的新凯恩斯主义应该被叫为新货币主义。经济学与真实世界之间最强有力的纽带是政治，而政治总是要权衡多方势力的利益的。

### （一）曾经的评价

20世纪80年代初美国处于滞胀的状态，货币主义对其有很大影响，1981年里根上台时在就职演讲中说“在当前这场危机中，政府不能解决问题，政府本身

就是问题"，形成里根主义。1979年英国撒切尔夫人上台，也实行新自由主义的政策主张。在这次金融危机爆发之前的10多年中，美国经济的运行是相当稳定的，自1991年以来，曾连续120个月处于增长状态，根据表2中各指标的标准差可以看出20世纪90年代的波动是最小的，卢卡斯认为经济周期已经被消灭。在这次金融危机爆发之前，经济学家普遍认为，美国经济之所以出现这种稳定状态，一个重要的因素是"良好的经济政策"，具体地说，宏观上的格林斯潘主义使经济没有出现通货膨胀的压力，而微观上的里根主义却使经济充满增长的活力。这种政策使美国摆脱滞胀，得到赞美，但危机爆发后，却都被批判！

**表2　20世纪下半叶美国宏观经济的经历：以10年为一个时间计算单位**

| | 50年代 | 60年代 | 70年代 | 80年代 | 90年代 |
|---|---|---|---|---|---|
| 实际GDP增长率 | | | | | |
| 平均（%） | 4.18 | 4.43 | 3.28 | 3.02 | 3.03 |
| 标准差 | 3.89 | 2.13 | 2.8 | 2.68 | 1.56 |
| 通货膨胀率 | | | | | |
| 平均（%） | 2.07 | 2.33 | 7.09 | 5.66 | 3 |
| 标准差 | 2.44 | 1.48 | 2.72 | 3.53 | 1.12 |
| 失业率 | | | | | |
| 平均（%） | 4.51 | 4.78 | 6.22 | 7.27 | 5.76 |
| 标准差 | 1.29 | 1.07 | 1.16 | 1.48 | 1.05 |

## （二）格林斯潘主义是新凯恩斯主义的政策化

凯恩斯主义的政策特征是相机抉择的利率、货币政策，格林斯潘这位从1987年到2006年期间的美联储主席，正是他运用相机抉择的利率和货币政策，创造出良好的条件，使美国经济保持在合适的轨道上，使经济处于平稳的状态，避免了深度的衰退和通货膨胀的失控，尽管出现过两次8个月的衰退。

特别是20世纪90年代利率的大幅下调，强烈地刺激着美国企业不断增大设备投资，其中，增长最显著的是与IT产业相关的投资。这使美国的产业生产率得到显著的提高，为这一期间的经济增长提供了坚实的基础，把这个时期称为美国的"新经济"。根据表3可知，个人消费支出、投资不断增长，特别是设备投资大幅增加，这与当时的低利率有很强的关系，消费者价格指数、失业率不断降低。

**表3　20世纪90年代美国的各项基本指标**　　单位:%

| 年份 | 实际GDP增长率 | 个人消费支出 | 设备投资 | 失业率（军人除外） | 消费价格指数（综合） |
|---|---|---|---|---|---|
| 1991 | -0.5 | -0.2 | -4.9 | 6.9 | 4.2 |
| 1992 | 3.0 | 2.9 | 3.4 | 7.5 | 3.0 |
| 1993 | 2.7 | 3.4 | 8.4 | 6.9 | 3.0 |
| 1994 | 4.0 | 3.8 | 8.9 | 6.1 | 2.6 |
| 1995 | 2.7 | 3.0 | 9.8 | 5.6 | 2.8 |
| 1996 | 3.6 | 3.2 | 10.0 | 5.4 | 3.0 |
| 1997 | 4.2 | 3.4 | 10.7 | 4.9 | 2.3 |
| 1998 | 4.3 | 4.9 | 12.7 | 4.5 | 1.6 |
| 1999 | 4.1 | 5.3 | 8.3 | 4.2 | 2.2 |

如果说这次金融危机的根本原因在于美国自身的宏观经济政策，那么，新凯恩斯主义无法脱离干系。格林斯潘主义虽然使美国得以避免陷入严重经济衰退的风险，但同时也造成各种投机性泡沫的产生。特别地，2000年，美国纳斯达克股市泡沫破裂，美国面临经济衰退的风险。为刺激总需求，美联储由加息周期转为减息周期，于2001年1月3日开始降息。加上为抵消“9·11”恐怖袭击对经济的负面影响，到2003年6月，已经13次降息，将联邦基金利率从6.5%，下调至1%，之后一直保持到2004年6月。这种低息政策与20世纪90年代初的低息政策不同，20世纪90年代初的低息政策主要是刺激了IT产业，而现在的低息造成泡沫。正是这一政策刺激了美国房市的高度繁荣，2000～2006年间，房价涨幅达到90%以上！日本90年代房地产泡沫崩溃之前的房价增长并非很快，1985～1990年期间，日本的房价仅涨了50%。那么美国如此高的房价涨幅与次贷危机相联系，由住房贷款产生的金融衍生品要求房价必须一直增长，否则就面临崩溃的问题。由此批判格林斯潘，认为20世纪初的低息造成非理性的住房信贷，为这次次贷危机埋下祸根，格林斯潘用房地产泡沫来弥补股票市场的崩溃，相当于用一种泡沫代替另一种泡沫。从另一个角度来讲，每位学者、政策制定者都存在知识局限性，在促进经济增长的过程中如何防止泡沫变大，在实践中很难识别是否存在泡沫，是否出现泡沫变大。格林斯潘也无法识别这些泡沫，但是他持有的思想是，没有办法识别泡沫，美联储能干的事情是等泡沫破灭之后对其进行处理。现任美联储主席伯南克也同样持有这样的观点，对美联储来说不能把资产价格放入监控指标，如果放入则无法进行监测。格林斯潘主要承担的责任是他的思想问题，这次危机的爆发其是无法脱离干系的。

## （三）里根主义是新古典主义的政策化

如果说“以自由为核心的监管理念、监管制度的漏洞和监管手段的不足使金融体系的风险逐步积累，是导致此次危机的重要原因”，那么，新古典主义经济学也脱不了干系，这部分的新古典主义包括新自由主义经济学，就自由化而言，两者是一致的。

20 世纪 80 年代，里根政权掀起“新自由主义”政策潮流，形成“里根主义”。这种“里根主义”的核心思想其实也就是新古典主义政策思想的核心，即“小政府”和“经济自由化”。“小政府”就是要减少政府开支，特别是要减少各种各样的福利开支，他们认为福利开支会减弱经济效率。“经济自由化”主要是放松管制，金融自由化只是经济自由化的一个方面。经济自由化包括对研究开发体制进行改革。在里根改革之前，科研经费大部分由政府承担，因此对研究成果也具有很强的管制，在改革之后，科研成果的转化更自由化，这些促成了 90 年代的 IT 产业的改革，即对美国新时代具有推动作用。在美国的实践中，“里根主义”政策集中表现在三个方面：①大幅度减税，把个人所得税中的最高税率从肯尼迪政府时期的 77% 降为 50%，相应地，最低税率降至 11%；②削减政府开支，并且削减一部分社会保障项目；③大幅度减少联邦条例和法典，“放松管制”。

在微观政策方面，格林斯潘其实也是一位“里根主义者”，崇尚自由经济，信奉“市场有效假说”，认为金融市场自我监管比政府监管更为有效，坚决反对政府加强金融监管。对实体产业的“自由化”，提高了实体产业的效率，促进了经济发展。2005 年美国金融衍生产品泛滥时，国会提出要对金融业进行监管，但是格林斯潘坚决反对，从事后来看，正是这种无监管的状态引发了“次贷危机”。针对这次危机，格林斯潘承认原来对自由市场制度过分信赖，对它的情形认识不足，存在部分错误。

从思想根源来看，凯恩斯主义和新自由主义都有责任。凯恩斯主义是利率太低，出现了房地产泡沫，而且在破灭之前没有进行干预。新自由主义就是金融自由化，放松了对金融市场的监管，金融衍生产品的基本价值已经无法判断。

## （四）如何评判政策制定者的行为

要对格林斯潘主义和里根主义做出准确和公正的评价，必须充分考虑到政策制定者本身面临的知识局限：如何在拯救衰退和促进经济增长的过程中防止资产泡沫的一再发生？作为学者，经济学家也许可以用逻辑的一致性给出恰当的答案，但对政治家和决策者来说，那就不是那么轻松的事。更何况经济学家对这一问题也没有统一的解释，还在争论不休！

# 四、欧美的救市政策与凯恩斯主义

以政府直接参与金融机构的重组，甚至对某些金融机构实行暂时的以国有化为核心的政策，想通过斩断金融崩溃中的关键链条来达到阻止危机进一步蔓延的做法，这是面对金融危机所能做出的最优选择。这符合新凯恩斯主义债务型通货紧缩假说的精神。此外，政府对接受注资的企业提出一系列的附加条件，强迫企业进行改革，所有这些政策都属于政府对市场的直接干预。

## （一）救市政策方案的思想本质是新凯恩斯主义

这次实施救市政策的思想本质是新凯恩斯主义，值得注意的是，不同学者之间也存在差异。在新凯恩斯主义中，克鲁格曼的立场靠近正统凯恩斯主义，菲尔普斯的政策思想比较靠近新自由主义经济学家，斯蒂格利茨居于中间。凯恩斯主义认为，在经济正常的情况下，通过相机抉择的政策减少经济波动，但是在应急的情况下可以运用一切手段干预经济，缩短衰退时间实现复苏。最具有代表性的克鲁格曼的观点："我们要以不惜一切代价扭转形势的精神来应对当前的危机，如果我们做得还不够，那就加大力度，改变方法，直到信贷开始流动，实体经济开始恢复"；"通货膨胀预期会降低人们存钱的意愿，从而将一个经济体拉出流动性陷阱"；"一旦形势转危为安，就必须立即对金融体系实施再私有化"。

这次的救市政策都可以在克鲁格曼的《萧条经济学的回归》和《2008 年经济危机》中找到。

## （二）对政策方案的争议

对这次政策方案的批评不仅来自于新自由主义者，而且还来自于新凯恩斯主义者。自由主义经济学家加里·贝克尔和凯文·墨菲认为，当前国际社会应对危机的方式存在三个基本缺陷：①对问题过于宽泛的诊断，对劳动政策的改革、反垄断审查，但是这些政策与金融危机无关或相关性不大；②有关市场失败能够通过政府的解决方案轻松克服的错误看法，认为这次危机在一定程度上是由于政府政策导致的，那么通过政府政策怎么可能解决这些问题；③未能关注当前各项行动的长期代价，为了应对金融危机，很多不能通过的项目被通过，这种项目造成的负面影响可能需要花费更大的代价进行治理。新凯恩斯主义经济学家菲尔普斯，认为弗里德曼的政策是行不通的，这次的危机就是由其引起的，但是新凯恩斯主义也无法救市，只能是局部的解决。

自由主义经济学为这次金融危机开的处方就是市场清算主义，波动是市场经济自身调整的必然过程，有助于清算繁荣时期积累的问题。任何经济体在繁荣时期都存在很多不良决策，但是借助繁荣这些企业依然可以存在，那么衰退时期就是对这些不良决策的清理，政府不应为这些不良决策埋单，而应由企业自身来承担，通过清理只有那些优秀的企业可以存活。

## 五、基本的结论

第一，凯恩斯主义是以需求导向型为主的经济模型。“凯恩斯革命”带来的永久性政策影响就是总需求管理政策的提出和不断完善。只要是这类政策，就必然带有凯恩斯主义的性质，因此不可能埋葬凯恩斯主义，每个国家都利用利率来管理经济。把凯恩斯主义暂时国有化的政策视为实施社会主义政策，但是两者之间是没有关系的，所有形态的凯恩斯主义都是自由制度的拥护者，它们反对的只是放任自由主义形式的市场制度。凯恩斯在写《通论》之前，写过《放任自由主义的终结》，当时是为了批判古典传统。这次危机爆发之后，斯蒂格利茨写了《新自由主义的终结》。新自由主义与凯恩斯主义的差异主要表现在理论假设和信念，但是都认为自由市场制度是有缺陷的，但政府也有缺陷。新自由主义，是相对于政府缺陷而言，倾向于接受自由市场缺陷。与此相反，新凯恩斯主义倾向于接受政府缺陷，与正统凯恩斯主义比较，新凯恩斯主义在实施政策方面采取较为谨慎的态度。这次金融危机对新自由主义的影响可能在于，其对政府的怀疑态度降低，对新凯恩斯而言，其会进一步认识到政府存在的缺陷。

第二，在此次国际金融危机中，欧美救市政策是凯恩斯主义性质的政策方案，其中的相当一部分政策属于一种应急政策，开启的是危机管理机制，并不会改变欧美社会经济的基本制度，但对它们未来的政策取向会产生显著的影响。无论是学者还是政府，在西方，对私有财产制度、自由市场制度是极其信赖的，但是这些由政府干预的危机管理是普遍存在的。在“大萧条”时期，2/3 的金融机构破产，美国政府当时对银行注资，对部分金融机构国有化，危机过后又将持有的股份卖掉。里根政府时期，政府购买面临破产银行发行的股份，危机过后政府将拥有的股份出售。这次危机中，已经出现了银行对政府持有股的回购。这些都说明在危机中采取的国有化，只是一种暂时性的应急措施。2008 年美国提出用 7000 亿美元救市时，有 100 多位经济学家联名批评。英国的布朗政府提出要用财政救市时，也遭到了经济学家的反对。在西方社会中，涉及到社会福利等方面的内容，被归为公共部门的政策。

第三，“是药三分毒”，要正确对待凯恩斯主义政策方案的有效性，谨防其潜在的危险。这次国际金融危机之所以没有演化成为 20 世纪 30 年代“大萧条”

那样的大灾难，多亏了凯恩斯主义式的救市政策方案。但是这次救市政策会存在哪些潜在的危险是需要思考的。在西方国家，已经在讨论退市问题，认为既然是应急方案，当危机过后这些方案应该退出，而且不会再实施更大规模的救市。对中国而言，值得注意的是，任何一个经济体不可能一直维持高增长，一定会存在一个调整过程。如果是人为地维持高增长，那么在其他方面一定会付出巨大的代价。也就是说，救市政策不应该阻碍正常的经济调整，更不应该保护那些原本就应抛弃的落后的生产力部分。明智的经济政策既要考虑到短期效应，也要考虑到那些必须预见到的效应——长期影响。

第四，这次金融危机一方面会使凯恩斯主义者更谨慎地审视自由市场制度本身存在的内在缺陷，另一方面也会使新古典主义经济学家对政府干预行为的怀疑程度降低。因此，此次金融危机给凯恩斯主义提供了一个很好的机会，可以强化其学术地位，并加快这两种“主义”走向“新的综合”。

（编辑整理：孙婧芳）

# 国际金融危机与全球竞争新格局

金 碚

2009 年 10 月 29 日

# 金　碚

中国社会科学院工经所所长、工经系教授

**摘　要：**金融危机的背后有其深刻的原因，主要是三大产业现在都面临着深刻的矛盾，传统产业面临着严峻的资源环境约束，发达国家的传统产业面临的成本提升的压力，越来越缺乏机制的弹性，使得创新不足与创新失度并存、整个经济机体可能发生严重的系统性风险以及销售乏力。国际金融危机以后，世界各国积极调整产业发展战略，并且国家间的国际地位也发生了明显的变化，国际竞争规则和机制也将发生显著的变化。危机对于中国来讲，并不是彻底的坏事，这是一个促进产业结构调整，加快升级，提高国际竞争力的重要机遇。

**关键词：**金融危机　产业结构　国际竞争　产业发展

## 引　言

当前，无论是在中国学界还是新闻界广泛讨论的一个问题是国际金融危机与全球竞争新格局。这个议题涉及到几个方面：我们应该如何看待现在的国际金融危机，面对如此剧烈的经济波动我们应该保持什么样的心态？国际金融危机发展到了现在，从各种统计的数据上看，好像已经制止了下滑的势头，世界经济开始回升。甚至有学者认为中国的经济复苏已经呈现出“V”字形的回升趋势，即经济的下行刚刚探底然后立即开始以较快的速度回升，并且认为整个世界经济也已经企稳，金融危机带来的衰退已经在逐渐地成为过去。目前，尽管似乎大部分的经济学家认为这场金融危机已经过去了，但也有一些经济学家认为这个事情没有那么简单，不能对世界经济高兴得太早，有的经济学家甚至认为再过一两年，可能更深刻的经济危机还会再来。接下来我们就来讨论，这场国际金融危机到底暴露了世界经济的一个什么问题。学过经济学的同学对经济周期的理论都应该比较熟悉，经济周期的理论告诉我们，经济本身就是波动的，有起有伏，有景气的阶段，也有停滞的阶段，并且也可能产生危机。但是，我们又说这次国际金融危机是百年一遇的，没有一个经济周期的理论说某个经济周期是百年一遇的，最多也就四五十年，即所谓的长周期。这场金融危机到底反映了世界的什么问题，在这个情况下世界会发生什么变化，在这些变化下，中国的产业以及各个方面应该怎样应对全球竞争格局变化的挑战。

一个值得思考的问题是：我们现在讨论中国经济发展问题的时候，总是说中国现在缺乏自主创新，产业结构不合理，必须要进行调整，要进行升级，我们的企业管理水平也不高，产品缺乏品牌，提出要建立现代产业制度等。我们经常说，中国经济取得了很多的成就，但是也有很多问题，即以上列举的问题。但是，我们上面列举的这些问题美国不是都解决了吗，我们不是认为美国有很强的技术创新能力吗，其产业结构不是也很合理吗，而且我们通常说什么是合理的产业结构时都把发达国家特别是美国的产业结构统计的表现作为依据，比如第一产业是百分之多少、第二产业是百分之多少、服务业占到百分之六七十，这样一个产业结构就是合理的，那么美国不也就是很合理的了吗？而且其产业结构已经高级化了，美国的管理水平也很高，但是即便是实现了这样一些目标之后，美国为什么还会发生这样深刻且难以恢复的金融危机和金融衰退？它现在的产业状态已经是我们所追求的，既然它已经实现了，那么为什么还出现这么大的问题呢？在这里我们也可以深刻地来说，到底金融危机是不是仅出现在金融的层面，现在全世界都很谨慎，说到危机的时候，大部分的媒体和学者特别是中国的都认为这是一个国际金融危机，问题主要出现在金融上，是金融的失衡，是金融上行为的问题（有些人的行为很贪婪），是金融的体制有很多缺陷等，所以导致了这样的一些问题。

## 一、世界经济机制缺陷的急性症状

那么现在我们面临的国际金融危机又是不是一场经济危机呢？是不是有更深刻的原因呢？我们看到，这场国际金融危机实际上是世界经济机制上的一个急性的症状。就是说世界经济在机制上存在着深刻的缺陷，或者说它有重大的问题没有解决。首先我们需要探讨和思考的是，到底现在世界处于一个什么样的时代，我们现在站在什么地方。这才能深刻认识当前所发生的现象和问题究竟是什么性质。

### （一）当代世界产业发展的时代特征

第一，以石油等化石能源为基础的传统产业发展达到巅峰时期。早在 20 世纪 70 年代的时候，就有许多学者、政府、学术机构等针对当时爆发的石油危机做出了大量的考察和研究。认为在全世界的范围内，以化石能源为基础的增长时代已经走到了必须要转折的一个关头。对于 20 世纪 70 年代中期产生的很多世界性问题，特别是从1973年到70年代末期，出现石油危机以后，产生了两种认识世界发展的代表性思潮，这两种思潮直到现在都仍然很有影响力，而且这两种思潮中也有很多合理的因素。其中，一种思潮是认为，以化石能源为基础的经济产业发展状态是不可持续的，这样一种经济增长和发展方式必须要终止，它是有极限的，并且这个极限就在不久的将来。以德内拉·梅多斯、乔根·兰德斯等为代表的罗马俱乐部，针对当时世界出现的问题，做出了一个直到现在都很有名的发展报告，叫《增长的极限》。该报告认为，人类经济的增长是有极限的，不能一直这样增长下去。该报告还认为，在20世纪末或者21世纪初，世界必须要出现经济的零增长，地球上的资源和环境才能保证人类持续生存下去，否则就会出现所谓的世界末日。并认为，只能以停止增长的方式来解决资源、环境问题，来解决化石能源枯竭的问题。另一种思潮认为，世界还是要实现经济的增长和发展，但是不能继续按照发达国家走过的那条工业化的道路一直走下去，必须有新的突破，走出第三条道路。例如，印度曾经提倡和试验的绿色农业、绿色革命。即不要再走以化石能源为基础的工业化道路，这条道路代价很大，也不人道，破坏环境、浪费资源、增长缺乏人性。当时很有名的一本著作叫做 *Small is Beautiful*（E. F. 舒马赫写的一本小册子，《小的是美好的》）。舒马赫认为，西方世界的生产问题直到20世纪60～70年代都没有得到解决，西方资源密集型产业大量消耗着自然资源。如果我们滥用化石燃料一类的不可再生的资源，就会威胁文明，如果我们肆意糟蹋周围的自然环境，就会威胁到人类的生存。出路在于发展一种新的生活方式、生产方式和消费模式。并且认为大工业不好，大工业产生了很多的问题，我们要走小的工业化道路，要使用中间技术，农业不要用石油（曾有人做过计算，美国的粮食很多都是用石油和土地资源换来的）。但是，世界没有这样发展，从70年代直到现在，整个世界工业化的路径，特别是像中国、印度、巴西这样一些国家进入工业化增长的路径以后，仍然顽强地、不可遏止地沿着西方发达国家曾经走过的工业化路径在发展。在70年代的中国，其实也讨论过这样一些会因为资源受到限制的发展问题，例如，中国当时没有石油，那么没有石油怎么能发展汽车呢？如果中国要发展汽车，石油就要依赖外国，况且全世界没有那么足够的石油，所以中国很长时间不发展汽车或者限制发展汽车，即当时认为汽车进入中国家庭是不可行的，但是，结果还是走了这条路。所以，可以认为，迄今为止，以石油等化石能源为基础的传统的产业发展到它的巅峰时期，这个以化石能源为发展依赖的时代还没有过去。80年代看到这些问题的时候，在世界范围内有讨论认为石油会用完（这种讨论差不多每十年就会有一次），需要想办法寻求替代石油的资源，如充分利用煤炭，因为煤炭大概还能用二三百年，而石油只剩几十年就被用完了。但是，从经济的发展来看，在短时间内，石油资源还没有被用完，而且如果大规模地进行能源的替代，很不经济，因为到目前为止，化石能源特别是石油仍然是所有能源中经济效率最高的，尽管它确实会枯竭，而且会有污染环境及破坏气候等问题。目前，这个依靠化石能源发展的时代还没有过去，尽管人们早在70～80年代就在考虑世界的发展与增长是不是还有其他新的“动力”。

第二，以电子信息技术为代表的高新技术产业发展处于高平台期。OECD国家曾经组织过很多经济学家、科学家、企业家进行过探讨，讨论的结果认为尽管世界发展受到资源的约束和环境的限制，但是世界依然具有一个非常美好的前景，就是以电子信息技术为代表的高新技术产业可以成为新的经济增长的引擎。对于高新技术产业来讲，从20世纪80年代，特别是90年代，很多国家的领导人对其产生了很多乐观的情绪，比如当时的美国总统都认为，现在世界已经进入了一个新经济的时代——一个高新技术的时代，世界从此以后就进入一个弱周期的经济增长。弱周期指的是在经济的增长过程中不会有大的波动，由于克服了资源的约束，使得全球经济能够一直保持增长下去。高新技术产业不以石油等化石资源为依赖，而靠的是人的无穷无尽的创新能力和智慧，从而使得将来能够有一个美好的世界。但是，高新技术带来的好景也并不长，到21世纪初，以美国的纳斯达克指数的崩盘为标志，意味着投资人对高新技术产业失去了投资信心，高新技术产业高增长带来的经济泡沫转眼间趋于破灭。尽管大家当时认为高新技术产业是一个好的事物，然而好的事物并不见得就一定值得获得商业性的投资，因为商业性投资的前提是考虑投资对象是否具有长期的可盈利性，但高新技术产业的某一个项目是否能够长期盈利很不确定，很多投资人认为高新技术产业不能长期盈利，原因在于高新技术产业在竞争性环境下，产品的边际报酬趋向于无限小，如果没有垄断的话，行业的新进入者的成本很小，使得在位者的研发动机下降。即高新技术产业的竞争规则不清楚，没有一个有效的价格体系能够促使这个产业不断地创新。尽管高新技术产业出现过一系列的问题，但是我们现在仍然可以看到，以电子信息技术为代表的高新技术产业到现在已经发展到了一个高平台期。从技术上来讲，到目前为止，我们还没有清晰地看到以电子信息技术为代表的高新技术产业在下一轮的革命性的产业突破是什么，即下一轮革命性产业突破的路线和方式在哪里，我们仍然不是很明确，因此，高新技术产业内的企业在这个发展的高平台上会产生越来越强烈的困惑。因此，21世纪初开始，美国等发达国家又不得不依赖对房地产等传统产业的投资来支撑经济增长，也确实导致了2002～2007年的经济繁荣。

第三，以金融为代表的现代服务业发展进入扩张期。以电子信息产业为代表的高新技术产业支持了服务业，特别是金融服务业的发展。例如20世纪80年代以前，若要将一笔钱从北京汇到广州至少要一个星期，而现在几秒内就可以将款项汇到几乎全世界的任何地方。可以说，电子技术支持了现代金融服务业的蓬勃发展。金融业作为一种虚拟的产业经济形式，它要基于传统产业或者高新技术产业等实体经济产业。

由此可以看出，当代产业包括：一是以化石能源为基础的传统的实体产业；二是以电子信息为代表的高技术产业；三是在以上两个产业基础上产生的庞大的金融服务业。这三类产业成为经济的三大支柱，各居要地、相互渗透、相互依存。

## （二）三大产业面临的深刻矛盾

三大产业现在都面临着深刻的矛盾，传统产业面临着严峻的资源环境约束，发达国家的传统产业面临着成本提升的压力，越来越缺乏机制的弹性，越来越觉得欠缺一种能够消化这种不断上升的成本的机制。举一个例子：美国通用汽车，这样一个优秀的强大的、一度让中国企业学习的企业，具有自己的技术，具有自己的品牌，具有一流的管理水平，但是为什么却“活”不下去，而不得不让政府来救它呢？一个很重要的原因就是它的成本控制的机制缺乏弹性。有估计计算，通用支付给员工，包括退休员工的医疗费用，分摊到生产出的一辆车上的话，那么平均一辆车仅此一项成本就占到 1200 ~ 1500 美元。而相比之下，日本在美国生产的车，这笔开支大概在 150 ~ 200 美元。另外通用的一辆车的工资成本大概也是 1000 多美元，而一辆日本车相应的成本也才二三百美元。这样一来，使得传统产业的竞争归根于价格竞争。

对于有技术的高新技术产业，缺乏有效的商业模式的支撑，就是没有一个有效的商业模式能够保证高新技术产业的持续的可盈利性。因此投资于高新技术产业的风险投资模式和投资于传统产业的投资模式是大相径庭的。大家可能知道，股神巴菲特是不投资高新技术产业的，他不相信高新技术产业能够长期赚钱，作为一个长期投资人来说，投资高新技术产业不能保证资金的安全，他和比尔·盖茨是好朋友，但他不买微软的股票。这说明了，在技术创新阶段商业模式的创新没有跟上，或者说在全世界内，这个行业的竞争规则还没有完善，所以导致了投资人长期信心不足，更倾向于风向性的短期投资。对于金融业，特别是金融服务业过去为传统的产业服务，20 世纪 80 年代以来，金融业取得了蓬勃的发展，然后又去支持高新技术产业的发展，而当高新技术产业的泡沫一破灭，金融强大的创新和增值的能力则无路可去了，于是只有将巨大的金融资源引向最传统的房地产行业。2002 年开始，美国不断地进行所谓金融创新的方式，不断地降低利率，加强流动性，目的是让金融的资源去支持房地产，让中低收入者也有购房的能力。从理论上讲，这并没有什么大的过错。再通过一个例子来看一下金融业是如何来解决中低收入者的住房问题的。在美国，一个中低收入者的工资收入大约是一个月2000多美元，一个美国家庭夫妻两人都工作的话，一个月收入就是5000多美元，家庭除去租房的费用，还能有一点小的积蓄，假设这个家庭现在已经拥有5000多美元的存款，在这样的情形下，房地产贷款公司会通过该家庭的资质证明，只要现在贷款就可以买房而不再是租住。于是这个家庭就通过贷款买了房子，首付5%大概不到5000美元。但是这个家庭买了房子以后出了一点问题，丈夫由于某些原因失业了，没有能够在短时间内寻找到新的合适的工作，妻子在不久后生了一场病，也影响到了她的工作。这时，由于家里就没有多余的积蓄，而基本的生活开销又比较高，该家庭就产生了还贷的困难。在此困难时期，如果房价比当初购买时要高，那么该家庭可以选择将此房屋售出，从而不仅能够将房贷还上，还能赚取一笔钱。但是，（当时2006年以后）房价却是跌了，那么一旦出手这个房子，这个家庭就会亏损，不但还不上贷款，还会使得生活更加拮据，于是家庭就破产了。据统计，像这样的中低收入家庭贷款购房后出现困难的，在整个购房人群中大约占20%的比例，正常情况下，这个比重并不高。因此，金融服务业的一个问题是，产业的自我增值和扩张如果不能基于实体产业的话，它就可能崩溃，毕竟它是虚拟的。

由以上事实可以看出，当代世界经济产业发展面临的主要问题可以归结为：传统产业面临越来越严峻的资源、环境约束；发达国家传统产业面对成本推进压力却越来越缺乏机制弹性，层层向发展中国家转移。高新技术产业尽管具有技术优越性，但技术创新的巨大“破坏性创造力”缺乏有效的新商业模式支撑，导致投资人长期信心不足而倾向于风险性短线投资行为——电子信息产业已进入技术发展的高平台期。金融服务业具有强烈的自我增值能力，迅速扩张导致虚拟经济膨胀，系统风险性剧增。

### （三）世界产业发展的三大机制出现明显障碍

从前面对世界发展的三大机制的分析可以看出，目前已经出现以下几个问题。第一，创新机制出现创新不足与创新失度并存现象，基本原因是创新外溢和创新风险导致产业创新动力不足；同时，因创新者可以转嫁失败风险又导致一些领域创新失度。因此，世界产业核心技术的突破性创新前景不明。同时，虚拟经济吸纳大量投资资源，并积累起越来越高的风险。第二，由于体制机制趋向缺乏弹性，企业特别是大型企业的成本控制能力衰减，盈利能力高度依赖于金融虚拟经济以及以此为支撑的“资本运作”（兼并、收购、剥离、重组、证券化等），而一旦市场环境发生变化，整个经济机体可能发生严重的系统性风险。第三，传统产业和高新技术产业的市场渗透能力都呈现缺乏适应性和扩张力的疲态，表现为销售乏力，而不得不越来越依赖于信贷扩张。

## 二、世界经济的竞争格局的新态势

为了实现经济战略调整，解决实体经济创新的方向问题和经济的发展问题，在金融危机的背景下，各国将进一步反思现行竞争规则及国际贸易规则的有效性。国际竞争规则和国际贸易规则将发生显著的变化。

### （一）相互依存的世界

现代的世界，是一个国与国相互联系的世界，国家之间织起了一张密切的关系网络，密不可分。国际金融危机表明，当前的全球竞争关系中，竞争各方具有密切的利益相关性甚至相互依赖性。在2007年美国出现次贷危机苗头的时候，中国当时还是出于一种经济过热的状况，表面上丝毫没有发生经济危机的症状，但是就在之后短短的一年左右的时间内，美国的金融危机以惊人的速度“传染”到中国乃至全世界，正是对当代世界紧密联系的一种最好写照和体现。同时，这又丝毫不会降低竞争的对抗和激烈程度。因此，一方面，竞争各方的合作不仅是可能的，而且是必要的；而另一方面，在合作竞争中，竞争各方的利益意志会趋向强化，甚至为维护短期利益、集团利益，而损害长期利益和整体利益的情况也常可能发生。可以叫做竞争者相互依存条件下的“理性合作的竞争”和“饥不择食的竞争”并存。例如，美国奥巴马政府批准了对中国出口轮胎的特保制裁。世界既是相互依存，又是高度竞争。

### （二）全球化趋势下的一体化和多元化

一体化和多元化并存是当代世界的特点之一，美国独霸主导的经济一体化趋势，将变为承认世界多元性（即“一超多强”）前提下的经济一体化趋势。因此，未来的全球竞争关系，并不再是美国一国主导的格局，而必然是在多元化利益格局下多方参与过程中形成的全球化竞争合作关系。

### （三）中国国际地位的变化

第一，中国相对国际地位和话语权显著提升。中国刚刚参与全球化时，一个重要问题是担心自己只能做一个规则的接受者，接受那些已经由发达国家制定好的全球化规则，中国本身可能没有足够的话语权来保证自己的利益不受损失。全球化发展到现在这种程度，全球的格局已经发生了明显的变化，特别是金融危机以后，凡是涉及世界发展的问题，如果离开了中国的参与，就不能或者很难开展下去。

第二，中国从自由贸易的被动接受国，成为积极捍卫国和主张国。国际金融危机之前，无论是在中国国内还是在发达国家，都普遍流行一种认识，即中国接受自由贸易的原则是被动的，认为由于中国缺乏足够的竞争能力，在中国加入 WTO 之后，一定会违反 WTO 的相关原则。但金融危机后，我国已经成为了自由贸易的捍卫国，反对保护主义，促进自由贸易，这充分表现了中国国际竞争地位的增强。

第三，中国基础设施实力将大大增强。这也是一个议论很多的问题，包括四万亿的投资带动了十几万亿的投资从而刺激了经济的增长，许多讨论围绕着投资的利弊和价值展开。当然，我们可以看到，在短期内，这四万亿的投资带动的经济增长肯定是利大于弊的，因为拉动经济增长的出口和消费不能增加甚至倒退时，刺激经济增长的一个办法就是增加投资，政府投资的一个理想选择就是基础设施的建设，这样能够创造一定的就业和促进经济的增长。在中期，这种由投资拉动的经济增长就会出现一定的问题，例如呆账坏账产生，工程上不严谨论证而导致建设泛滥，盲目投资等。再从长期来看，中国目前进行的新一轮的基础设施的建设，会产生长远的利大于弊的效果。加大中国基础设施的建设的投资力度，将会使中国成为全世界基础设施最好的发展中国家，甚至很多方面可以和发达国家相媲美。中国的高速铁路在全世界来说也是首屈一指的。相比之下的印度，却没有一条完整的高速公路；很多发达国家的基础设施也在不断地老化。

第四，中国产业和企业的国际竞争力将显著增强。金融危机对中国很多企业的这种严重的冲击，从某种角度上讲是对中国企业“发育”的一次很好的洗礼，从危机中走过来的企业会不断提高自身抵御风险的能力，提高管理水平，从而使得国际竞争能力不断地增强。

第五，金融危机之后，中国模式的优越性充分展示。曾经一度让很多外国人瞧不上眼的中国模式，在应对危机时的有效性，在国际上被引起了广泛重视。不少学者产生了对中国模式或者中国道路的研究兴趣。

第六，西方国家不得不在心理上逐渐接受中国强大的事实。在“中国游戏”中，越来越多的人将改变对中国的看法。世界舆论中的中国形象将发生很大变化。例如，美国现在已经出版了不少关于中国问题或者中美关系的畅销读物，约翰·米勒·怀特和戴敏的著作《中美关系新战略——跨越零和博弈的中美双赢之路》在美国亚马逊网络书店的热销，就表明了美国主流意识对中国地位的态度正在发生根本性改变。

## 三、经济战略调整的新动向

### （一）关于金融业

金融业在金融危机之后，战略和规则的调整会有很大的变化，对金融业的监管、国际储备货币结构的优化等问题必然会被提上议事日程。

### （二）关于制造业

目前，发达国家越来越重视曾经出现在制造业上的问题。美国政府已经意识到制造业在产业中所占比重下降太快而产生的不利的影响，无论是提出的新能源开发利用还是节能减排技术，都将会依赖于一个更加发达的制造业。美国国内的“再工业化”的观点，体现了振兴美国的制造业的行为动向。事实上，尽管美国的制造业在统计上看只占不到20%，但美国仍然是全世界制造业最发达的国家，其绝对规模仍然大于中国。

### （三）关于新产业

金融危机发生以后，世界各个国家都在寻找新的产业发展的方向。全球各个地方都在积极进行产业发展战略的调整。

## 四、国际竞争规则的新变化

受到金融危机的教训，为了实现经济战略的重大调整，各国将进一步反思现行竞争规则及国际贸易规则的有效性问题，必然需要有新的经济竞争规则来支持经济发展战略的调整。因此可以预见，金融危机后，不仅是各国内部，特别是国际竞争规则和国际贸易规则都将发生显著的变化，因为战略调整的最直接表现就是规则的变化。这些变化主要表现为以下几个方面：

第一，在国际竞争中，国家意志的介入与作用，特别是国家间政府协调与合作的作用将会显著增强。但是全球市场经济制度的基本竞争规则不会发生根本性改变，自由贸易、自由竞争的总趋势不会改变，经济全球化的趋势不会逆转。从长期来看，各国市场经济体制的完善化程度，特别是制度弹性和应变性，仍然是决定产业和企业国际竞争力的决定性因素。国家之间的经济竞争归根结底是会反映国家制度和体制的竞争，从目前的世界经济竞争格局来看，中国和美国是世界范围内最具有制度弹性和反应能力的两个国家，金融危机以后，将会实现更高层次的发展。例如，对于中国来说，现代服务业实际上从它的发展路径上来讲，大部分是从制造业中间分解出来的，制造业要高度发达，然后高度的专业化，高度的精致化之后，自然会分解出服务业，比如说物流，比如说设计，比如说很多咨询等，实际上它们原来都在制造企业内，后来才发展出来。这个过程在金融危机之后，竞争环境格局的变化，会促使中国的企业必须向这些方向去努力。

第二，竞争规则和国际贸易规则的变化将对国际产业及贸易的竞争格局产生重要影响。一个基本的事实是，发展中国家更倾向于传统自由竞争和自由贸易，中国从自由贸易的被动接受国成为积极主张国，发展中国家呼吁国际自由贸易的声音将会增强；发达国家则会倾向于在自由竞争和自由贸易中加入各种非传统因素，即那些在过去不会被作为规则或者原则进行考虑的贸易因素，发达国家为了维护自己经济战略的目标，会不断地提高或者改变自由竞争和自由贸易的游戏规则，以保证自己的优势地位。例如，要求企业承担更多的“社会责任”诸如限制员工加班、环保等；要求国家和政府必须承担更多的“国际责任”，在国际交往中必须承担各种各样的责任，实施严格的自我约束和自我限制；要求全球范围内实行更严格的“知识产权保护”，要求更高的“产品安全标准”、“环境标准”、“卫生标准”等。

第三，对资源和全球环境因素的考虑（主要是二氧化碳排放）将成为影响产业国际竞争力的重要因素。在国际竞争和国际贸易规则中加入全球环境因素，加入能源和气候因素，将成为一个十分突出的问题。例如，美国之所以能够在全世界保持领袖的地位，一个主要的原因在于其在资源和应对气候的问题上做出了重要的决策，让全世界其他国家理所当然地认为在这个涉及人类长远发展的问题上，美国是领导者，从而推动美国成为下一轮产业调整的世界领袖。

第四，金融制度的变化以及金融业与实体经济的关系形成新的互动关系，将深刻影响世界的产业竞争格局。即是说，在今后相当长的时期内，金融服务业如何支持实体经济的发展、采取什么样的方式支持实体经济的发展，实体经济又将如何成为金融业创新的基础，对于世界产业竞争新格局的形成和演变将会产生深远影响。

第五，科技进步和新兴产业的形成，特别是信息化、网络化和网络经济的加速发展，将会深刻影响世界的竞争规则、贸易规则和政府监管规则——电子和信息、网络产业在经历了21世纪初期的泡沫破灭和此次国际金融危机以后，将可能再次出现创新高潮，但新一轮创新的高潮将会明显区别于上一轮的快速增长，企业将会更加冷静和用理性的方式去主动地寻求有效的商业模式。例如，“物联网”和“智慧地球”设想。

# 五、中国产业发展的新态势

在前一段时间，不少人认为中国工业的发展破坏环境，消耗资源，不能再发展了。现在看来，金融危机是一剂清醒剂。它使我们意识到，经过30多年建设，虽然中国工业取得了长足的发展成就，但是目前所处的阶段仍然是工业化阶段，我们还没有到不再需要发展工业，特别是不发展重化工业的时候。在现阶段，中国所有重大问题的解决，都必须依靠继续推进工业化。举个例子，中国的粮食要靠化肥、水利和农药、环境保护，如果没有工业，根本解决不了13亿人的吃饭问题。更不要说是城市建设、农村发展、基础设施、国土整治、资源开发等。尤其是，不发展工业，就难以解决差不多占世界1/4的中国劳动人口的就业问题。在现阶段，中国只有落后的产品和落后的工艺，而没有所谓的“夕阳产业”。中国的产业需要全方位的发展。当前，在消费平稳增长的情况下，如果能通过扩大投资来弥补出口需求的减少，就必须通过基础设施和工业投资来保增长。所以，中国必须进一步推进工业化。最近政府推出了十大产业振兴规划，明确表示了我们十大产业都要发展。中国产业发展的空间可能比美国更大些。中国是一个发展中国家，大多数产业还远没有饱和，基础设施建设、城市建设、农村建设，都还有很广阔的空间，还处于发展的过程，特别是产业深度还有很大的拓展空间。从这个角度来看，我对中国经济的看法比较乐观，中国的产业发展空间比美国要大很多。

## （一）发展资源密集型产业的同时，形成节能和节约资源的技术创新机制

中国工业包括资源密集型产业将以显著快于世界平均的速度向更有效利用资源（即更节约资源）和更清洁的方向升级。

争议最大的一个问题是，发展到了现在这个阶段，资源密集型产业或者重化工产业还要不要继续发展下去。前面已经提到，到目前为止，全人类还没有走过依赖化石能源的时代，目前中国仍然处于工业化的中期。中国重大的经济社会问题，甚至安全问题的解决都离不开工业化的继续推进。在中国，发展任何一个产业的特点是将土地大力释放出来，以及支持资源密集型工业的发展。现在一些企业上新项目，并不仅仅是为了制造产品，同时也是为了拿到项目用地。这样，工业投资含有强烈的“圈地”动机。土地具有很大的潜在价值。批准一个投资项目，实际上可以获得很大面积的土地，而且往往是以很低的价格获得。然而，要实现中国工业经济的持续发展，必须另辟蹊径，不能重蹈过去的老路，必须促进

能源资源的节约和有效利用。特别是要形成高度外溢性的技术创新机制和制度，解决经济发展的资源环境约束问题。同时，能源替代（新能源）也将以显著高于世界平均的速度发展，目前中国的风能和太阳能等新能源产业的发展都相对比较快。但由于风能等新能源产业的发展离不开传统产业的支持（例如建立风力发电厂需要投入大量的风车，而风车的建设需要大量的优质钢铁，钢铁的冶炼又需要煤炭等的投入），那么在促进新能源的开发的同时，仍然需要保证传统资源密集型产业的发展，当然，资源使用的效率必须要提高。

目前，我国一个基本的事实是处于工业化快速进行过程中。工业化有其客观规律，所谓的资源密集型产业、劳动密集型产业必然要有很大发展，而这又必然表现为开发和利用大量的自然资源，如果技术水平落后就会造成资源浪费，环境破坏。但我们要看到问题的本质，工业生产本身就是一个将自然资源转化为工业产品的过程。实际上，正是由于工业化需要开发利用地球物质，这些物质才成为“资源”，而没有开发利用价值的物质就叫“废物”或者“荒地”，而当工业技术水平提高后，越来越多的“废物”和“荒地”都会变为资源。我们需要澄清一个事实。由于中国经济规模大，经济增长快，所以开发利用的资源必然较多，但这并不等于说中国工业发展就是一个浪费资源和破坏资源的过程。国内外许多研究机构和学者的研究结果都表明：中国对更高效率地使用资源，做出了很大的世界性贡献。统计分析表明，中国经济的增长与发展对于世界能源资源利用效率的提高具有非常积极的作用，对于单位 GDP 的能源强度下降也做出了积极贡献。即使仅就能源消耗来说，实际情况也是：中国在大规模开发利用能源资源的同时，也促进了能源资源利用效率的显著提高。只有科学地认清这两方面事实，才能科学地推进我国节能减排工作。此外，中国现在处于工业化和城镇化的时期，不能因为发展工业会消耗资源、产生污染，就得出应该停止发展工业的结论。如果我们不发展工业，中国的资源环境问题根本没有解决的可能。例如，如果不发展煤炭、石油、电力等产业，环境是否就会变好呢？一定不会！如果没有这些工业，人们对能源的需求依然存在，到时候山上的树木只怕都会被砍光当做薪柴。只有煤炭、石油和电力工业发展了，才可能真正保持青山绿水。因此，资源和环境问题只能用更好地发展工业的方式来解决，我们必须发展更先进、更节约、更清洁的工业。

## （二）中国实现产业升级的创新机制

国内很多地区曾经做过一些大力发展高端产业、高新技术产业、现代服务业的尝试，也提出了一些相关的口号，有些人似乎认为现在已经到了一个高端时代。事实上，从全国来讲，我们不能把这个问题简单化，且远远没有到达这样一个完全走高端发展道路的时代。在现阶段，中国还没有“夕阳产业”，必须实行全方位的产业发展战略。作为一个拥有13亿人口的大国，从低端到高端的任何一个行业，中国都还有发展空间。当然，这并代表我们不需要进行产业升级，产业的升级和经济结构的调整仍然需要，而且很迫切。所以，中国的一个国情是产业升级的意义不仅仅是产业间升级，更重要更具普遍意义的是产业内升级，即工艺升级、价值链升级、产品（服务）质量升级，以形成“精致制造（服务）”的企业素质。世界发达国家，无论德国、瑞士还是日本，企业生产的精致程度已经达到了惊人的程度。例如，在德国奔驰的一个配套设备生产线，主要生产螺丝刀和螺丝钉，螺丝钉和螺丝刀的耦合程度非常高，几乎没有任何缝隙，从而保证了操作的精度。日本的一个医疗器械厂商生产的一种注射用针头非常的细，注射时，几乎不会产生疼痛的感觉。对于中国来说，要达到如此精密、精致的水平，还有很长的路要走。这不仅仅是一个技术的问题，而且是一个工业文明的问题，是一个文化传统的问题。要把产品做的非常精致，中国现在的产品要和日本、德国、瑞士等这些国家相比，应该非常清醒地认识到，无论是高端产业还是低端产业我们的工业品精致程度都有很大差别。

另外，产业的升级并不完全是淘汰某些产业，还有将产业向深度发展的含义，世界上的产业很难从绝对意义上说什么是高端什么是低端的。可口可乐无论从营养价值上来讲还是从技术上来讲都算不上好产品，麦当劳也不是什么高端食品，那它们为什么能发展得这么好？沃尔玛主营业务非常普通，就是一个零售商、一个折扣店，但却在行业内做到极致。实际上，产业的长期发展必然是一个不断升级的过程。但我们必须科学认识产业升级的含义。产业升级包括产业间升级，即不同产业的替代过程；也包括产业内升级，即同一产业的进步过程。实现产业间的升级当然很重要，但目前更重要的是实现产业内的升级。比如，相比其他工业行业，纺织业可能属于落后的产业。那么，纺织业还要不要发展呢？当然需要！并不能因为纺织业属于工业化初期的传统产业，不是“高新技术产业”，就要让这个行业消失，完全由其他产业来替代。我国很多产业需要升级，但升级并不意味着国家不再需要技术含量低、劳动密集型的产业。一方面，市场需求本来就是多元的、多层次的，有高端需求也有低端需求；另一方面，中国目前依然是一个发展中国家，工业化远远没有完成，所有产业都是需要的。

因此，明确产业升级的方向是重要的，但更重要的是正确选择产业升级的可行路径。中国产业升级不是简单的“低端—高端”的替代过程，而是沿着竞争力优选路径（不断形成更具竞争力的产业）推进。一个值得重视的现象：“高端”产业和产业链的高端领域（例如研发）的进入者不断增加，竞争强度显著增强，创新竞争呈现常态化特征。

## （三）继续保持中国的劳动力成本优势

中国劳动密集型产业仍然将保持比较优势的竞争力，同时，传统劳动密集型产业将向新型劳动密集型产业，即高新技术产业链上的劳动密集型环节升级。从长期来讲，劳动密集型产业，仍然是我们保持竞争优势的一个基础。同时，劳动密集型产业内部也必定会升级，工作环境会发生明显改善，生产设备会不断更新和升级。劳动密集型产业的员工素质也会不断提升，过去劳动密集型产业的生产人员往往是低技能、低学历的人，而现在越来越呈现出劳动密集型产业内集聚了一大批高学历、懂技术、会经营的高素质人才。另外，劳动力成本较低的优势在今后相当长一段时期内还会得到保持。

我国是一个拥有 13 亿人口的大国，稳定就业是一个重要目标，而这有赖于劳动密集型产业的发展。尽管目前我国工业增加值已占到 GDP 的 40% 以上，但依然还有超过半数的农村人口，只有劳动密集型行业才能为他们提供就业机会。产业升级的本质不仅仅是生产技术的升级，更重要的是劳动者素质的升级。我国需要全方位的产业发展，也需要全方位的产业升级，而不能把产业升级狭隘地理解为仅仅是用所谓高端产业替代低端产业。中国将众多人口作为“负担”的状况将越来越弱化，而人口多作为经济增长和发展的优势，包括形成更大市场空间的优势，将越来越深刻地显示出来。例如，中国众多的人口将使信息技术和网络经济的发展具有独特的市场空间优势。

## （四）探索新的技术以及商业模式创新并营造良好的制度环境

实现技术创新和商业模式创新的有效结合，同时，要安排好有助于企业实现技术创新和商业模式创新有效结合的制度环境。例如，光伏产业、新能源汽车、环保产业等的发展都不仅仅是一系列的技术问题，它还需要有一定的有效制度安排。如何保持充满活力的商业模式和有效的竞争秩序，甚至有时候还会比技术来得更加重要。因为，企业创新只有以商业投资信心为基础才能成为可持续和高效率的活动，成为推动经济持续增长和发展的动因。

## （五）继续保持产品的成本优势

中国企业必须解决在新形势下如何继续保持成本控制优势的问题。金融危机之后，企业的经营环境、竞争规则、国际贸易规则将发生重大变化。中国企业竞争力主要依赖于劳动密集比较优势的情况虽然没有根本的改变，但是，比较优势与竞争优势的格局正在发生重大变化，这对中国企业的成本控制机制发出了很大挑战。中国改革开放 30 多年来，劳动密集型产业的比较优势，劳动者的低工资以及人为地压低资源的使用价格等，在很大程度上提高了成本竞争能力。在新形势下，需要改善劳动者的劳动条件、提高劳动者的工资、更加注意生产过程中的资源环境约束等问题，但是必须注意保持中国企业的低成本优势，这也将是中国企业面对的一个挑战。

结合中国的实际情况以及借鉴发达国家的经验，中国企业要在未来继续保持成本优势，有以下几个充分条件：首先是解决好企业发展的人力资源问题，人力资源是任何一个企业发展的关键资源，没有人就不可能有一切。既要保证员工享受到经济发展的福利，有一个满意的收入，享受到良好的福利待遇，工作环境得到改善，又要保证优质的人力资源大力促进企业竞争力的提升。其次，信息化的推进以及良好的基础设施，将会大大改善区位不利地区的生产条件和降低成本。另外保持体制机制的弹性和应变性也将是保持成本优势的一个主要方面。

### （六）增强企业拓展市场的能力

中国企业必须提高市场拓展能力，包括国内市场和国际市场的拓展渗透能力。国际金融危机表明，现代财富结构以及很大程度上由其决定的需求结构已经发生了实质性变化，企业面对的市场空间也发生了极大的变化，国际和国内的市场竞争规则和贸易规则也将发生显著变化。只有适应这种变化的企业才能具有持续的市场竞争力。

我国坚实的产业根基和广阔的工业化空间，是我们可以率先摆脱危机的可靠基础和有利条件；而进一步增强产业国际竞争力特别是进一步发展壮大工业，是我国经济摆脱国际金融危机不利影响并长期保持平稳快速发展的关键。我国工业经历过市场竞争的风浪，不仅可以成为抵御危机的中流砥柱，而且能够发展成为更强大、更高效、更清洁的现代工业体系。

（编辑整理：张彬斌）

# 气候变化经济学

潘家华

2009 年 11 月 5 日

# 潘家华

中国社科院城市发展与环境研究所所长、研究生院城市发展与环境系教授

**摘　要：** 本文主要介绍了气候变化经济学的属性与定位，气候变化问题的成因、理论基础与解决路径，并从发展权益的角度，给出了中国应对气候变化问题的方案，深入分析了在全球气候背景下，中国面临的挑战、机遇及政策选择。结论表明，中国作为一个发展中大国，城市化与工业化仍未完成，人民生活水平的提升仍需较大的排放空间，因此从发展权益的角度来看，国际气候变化谈判要坚持共同但有区别责任的原则。在发达国家率先垂范并提供技术和资金的条件下，根据我国低碳发展和生态文明建设的实际需要，不断加大减排力度，适应气候变化，保障全球气候安全，促进我国的人文发展。

**关键词：** 气候变化　理论基础　发展权益　政策选择

## 一、气候变化经济学的属性与定位

气候变化是一个典型的全球尺度的环境问题。早在20世纪70年代，一些科学家就已经提出气候变暖是一个全球属性的重大环境问题。20世纪80年代以来，国际科学界和世界上大多数国家政府都高度关注和重视全球气候变化对各国经济和社会发展产生的影响。由于全球气候变化问题涉及气候、环境、经济、社会、政治、科技等众多领域，时间跨度长，影响范围广，因而应对全球气候变化的战略和决策需要考虑国家长远社会经济发展的实际，需要将气候变化问题放到国家对外政治、经济与外交政策的大框架下统一考虑，以期气候变化问题的解决途径有利于国家和全球的可持续发展。

在全面建设小康社会，开创中国特色的社会主义事业新局面的过程中，如何从可持续发展的战略高度来有效应对全球气候变化面临的挑战是一个摆在我们面前的重要课题。显然，气候变化是一个经济学问题，需要在理论、方法和政策分析等方面开展深入分析研究，所涉及的问题不仅仅是发展与保护的矛盾，更重要的是在经济全球化进程中寻求气候变化这一全球性问题的解决途径，包括风险和不确定性、创新和技术、发展和增长、国际贸易和投资、金融市场、法律问题、伦理和福利的经济学，以及公共和环境经济学。这无疑需要进一步拓展分析方法，且还需要跨学科的合作，要求自然科学家和社会科学家的密切合作，从不同的视角解读、分析气候变化问题，寻求解决方案。

既然气候变化是一个经济学问题，就必须考察其经济学属性。根据现有的经济学理论，学术界对气候变化经济学的属性的认知存在巨大差异，有的把它界定为外部性问题，有的把它界定为公共物品问题，有的把它界定为共享资源问题。属性认知上的差异，意味着理论深化、方法规范和政策选择的路径就会有所不同，对于各国的责任和义务的含义也会必然不同。中国作为最大的温室气体排放国和世界第二大经济体，如何认知和采取行动，无疑受到世界的普遍关注。

2006 年，英国政府资助前世界银行首席经济学家斯特恩就气候变化问题进行一项深入的经济学评估。斯特恩带领的团队在经过大量的分析研究和交流的基础上，定量的结论表明及早采取温室气体减排可以较低的成本避免今后高额的经济损失。这一结论出来后，国际经济学界产生巨大的反响，有的给予肯定，高度赞同，也有的提出质疑并给予批判，引发了一场大辩论。随后，主流经济学界的学者在各种不同场合发表意见，形成了一场众说纷纭的大论战。不同学派的经济学者在概念、方法、政策分析中，或定量或定性，开展了大量的深入研究。

面临各种不同的声音，斯特恩在原有经济学评估的基础上又进行了一些理论上的梳理，于 2008 年在《美国经济评论》发表长篇回应文章①，明确提出气候变化经济学的概念，成为一篇开创性的较为经典的文章。在 2006 年的评估报告中，斯特恩在理论上没有做出很多尝试，但在《美国经济评论》的这篇文章中，做出的理论和方法探讨较为系统规范。斯特恩认为，气候变化问题有别于一些一般比较特定的问题比如金融问题、贸易问题、产业经济问题。气候变化经济学的问题涉及范围非常宽泛，包括金融问题、法律问题、伦理问题、福利经济学问题以及公共和环境经济学的问题。如果把气候变化作为一个外部性问题，属于环境经济学的范畴；如果是一个公共物品的话，就属于公共经济学的问题；如果涉及权益、福利问题的话，那就属于福利经济学的范畴。当前的分析研究，从不同的视角，均有所涉及，覆盖了气候变化问题的方方面面。

由于应对气候变化需要减少温室气体的排放和适应气候变化，涉及发展问题；而一个国家或个人能够排放多少，在相当程度上是一个发展权益问题。2006 年在美国柏克莱举办的中美气候变化经济学论坛上，美国学者欧克洛夫②指出：气候变化涉及发展权益，已经超出了经济学的范畴。他认为，如果将超出自己应

① Nicholas Stern, The Economics of Climate Change, American Economic Review: 2008, 98: 2, 37.

② George A. Akerlof, Thoughts on Global Warming, delivered to the China/US Climate Change Forum in Berkeley in May 2006.

有份额的那部分碳排到大气有限空间，那就等于拿走了在权益上本不属于自己的东西。大气温室气体排放空间属于全人类，每个人都应该有权享用。一个人或一个国家无权占用他人或其他国家的排放空间，有如我们无权偷偷溜进邻居的房子并吃光他们家桌上的晚餐。是否应该确保发展权益相应的排放空间，并不是一个成本与收益的问题，而是一个基本的对与错的问题。这就意味着，占用他人的排放空间，涉及伦理道德问题。欧克洛夫认为，中国不应该看着美国，等它带头；中国应该在这方面多做一些工作。世界的领导权不应该仅仅由于某些国家富裕和强大就交给它们；它应该交给那些有道德的使命感去做符合人道和正义的事情的国家。全球变暖正是这样一个领域。美国只顾眼前而罔顾是非。对中国树立其道德威信是个机遇，也许还不需要付出特别大的代价；气候变化问题可以成为中国树立其世界领导权的起点。从这一意义上看，欧克洛夫对气候变化的分析，已经超出了经济学的范畴。

斯特恩在《美国评论》的文章中把温室气体的排放当做外部性问题。但是，他认为这是一个特殊的外部性，跟一般的外部性有所不同。这种不同主要表现在：第一，起源和影响上，它是全球性的，而我们一般理解或考虑的外部性是属于周边环境的、局部区域的。第二，从时间尺度上看，气候变化的影响是非常长远的，并且在流量和存量上有自己的规律。温室气体排放到大气以后，其半衰期是一百年，这也是为什么温室气体浓度在大气中不断增加的原因。第三，气候变化具有很大的不确定性。很多外部性都是确定的。例如，一般常规的环境污染物（二氧化硫、氮氧化合物、化学需氧量、重金属等），其影响的范围、幅度和方向，是非常确定的。而在温室气体排放问题上，很多还具有相当大的不确定性。我们不知道未来升温后，对某一地区乃至于全球影响的具体情况，因为时间尺度比较长。这就涉及风险管理的问题，与简单的、一般的外部成本内部化有很大的区别。第四，潜在的影响非常大，涉及到未来、长远的问题，很多影响可能不可逆。全球温升造成海平面上升，很多影响将是不可逆转的。

正是因为气候变化问题的特殊性，需要考虑许多常规经济分析所不涉及的问题。第一，要针对风险的不确定性来讨论气候变化经济学的问题，因为气候变化存在巨大的风险性和不确定性，不仅仅是一个信息不充分或信息不对称的问题。第二，涉及伦理问题，地区之间，发达国家与发展中国家之间，人均排放、排放总量、累积排放差别特别大；当代与后代人之间，历史和当前排放情况下，后代人将来是一种什么样的排放，他们还有多少的排放空间，还存在一个代际公平的问题，所以这是一个伦理问题。第三，国际治理构架和经济政策的作用。由于气候变化问题的全球性，其应对不是一个国家可以决定的，没有超越国家主权的世界政府。这就需要相应的国际协定来规范多个国家的行为。第四，应对气候变化，各国的选择涉及一个更广义的问题，那就是发展道路的问题：高碳的还是低碳的发展。

碳的排放实际上贯穿经济活动的各个方面和全过程。如果仅仅从一个视角来考察气候变化问题，外部性也好，公共物品也好，在经济学分析中，都只是一种方法论属性或工具性的讨论而没有涉及到其根本。我们认为①，全球大气具有公共物品的属性，因此它具有“公地悲剧”的可能性，这是一个公共资源的问题，温室气体排放属于人类活动的一种副产品，由于这种副产品的影响没有内部化，它是外部性问题，为了保护全球气候系统，大气容纳温室气体排放的有限的环境容量成为一种稀缺资源。温室气体排放权与一般经济学意义上的产权（如土地等的产权）有本质不同，主要表现在大气空间具有均质性特征，一旦排放就均匀扩散到大气层中，其所造成的影响是全球性的。而土地资源有级差，土地等级不同，土地收益便不同，地租额也就不同；且土地资源不存在主权争议，不涉及发展权益的分配，而温室气体的主权属性尚未明确，也不可能进入市场交易。国际社会有必要通过谈判达成国际气候制度，促进有限碳排放权空间资源的合理使用，使全球福利最大化。

由于碳排放的经济属性，碳的排放具有社会成本。如何确定碳的社会成本？温室气体的排放具有特殊性，它是历史积累的过程，对未来有着长期影响。全球温度的升高已成为不可否认的事实。在过去的一百年里，全球地表温度呈明显上升趋势，幅度达到0.86℃。按照这种趋势，即使我们现在减少排放，到2100年，还是有50%的上升惯性。2007年联合国巴厘岛会议提出、2008年哥本哈根协议中明确提出，将应对气候变化的具体目标定为：温升控制在2℃的范围。由于温度的升高与大气二氧化碳浓度水平相关联，而人类的活动又是大气温室气体浓度升高的直接原因，因而，控制温升就是要控制或调整人类社会经济活动强度或方式。由于化石能源燃烧使得温室气体的排放呈加速趋势，根据这种加速趋势，如果不加以控制，按照目前的气候模式计算，至2100年，全球温度将上升4～5℃。一些科学分析评估认为，由于全球持续温升，至2300年，海平面上升幅度可能高达6米，使得气候变化的不确定性变得更大。国内的一些学者分析认为，气候变化对中国的影响尽管具有不确定性，但在许多方面表现为负面。如果温度升高1～2℃（2020），全国所有地区水供需仍可以平衡，农业需水量增加，东北冷害减轻。如果温度升高2～3℃（2050），则华北缺水2%，西北缺水3%，其他地区可以平衡；在农业方面，作物产量减少5%～10%，但区域和作物间差异很

① 潘家华、陈迎：《碳预算：一个公平、可持续的国际气候制度构架》，中国社会科学，2009年第5期。

大。对于碳吸收率高的作物，由于大气中二氧化碳浓度提高到550ppm①，产量可能增加17%；通过适应手段，所有作物的产量可能高于基准年。如果温度升高幅度达到3～5℃（2080），则华北缺水1%，西北缺水4%，其他地区可以平衡；在农业方面，二氧化碳浓度达到560～720ppm，通过适应措施，可使农作物在水、肥、品种改良，抵消由于气候变暖3.2～3.8℃引起的粮食减产。

## 二、外部性途径：环境经济学

由于温室气体排放者没有考虑排放产生的温升效应，因而具有经济学意义上的外部性特征。英国经济学家庇古于20世纪20年代在其福利经济学分析中就给出了外部成本内部化的处方，通过征收环境税，消除经济活动对环境的负面影响。

二氧化碳的排放是人们正常经济活动的副产品，并没有形成产品进入市场流通和消费。但是，这一副产品累积在大气中引发温室效应，产生人类社会经济发展所不需要的而且带来不利影响的“负外部性”。排放者并没有承担他们引起的损害的全部成本，因此减少二氧化碳排放的激励严重不足。如果对排放到大气的二氧化碳课征碳税（Carbon Tax），就会形成一种市场激励，使碳的排放具有成本，化石能源的使用者就会在生产过程中考虑这一成本因素，从而减少化石燃料的消费，降低二氧化碳的排放。

从理论上讲，如果税率与社会成本相等同，碳税是具有市场效率的。但是，社会成本的估算具有不确定性，而且市场波动会造成碳税的减排效果出现不确定性。在这样一种情况下，为了确保碳的排放总量不超过大气环境容量，则可以通过科学评估确定社会经济活动排放到大气的总量。这一总量是给定的，通过行政手段强制确定；但是，排放总量的具体使用，则可以由市场确定，使得温室气体排放产生最大的收益。这就是控制温室气体排放的“限额—交易体系”，或碳排放贸易系统。正是由于环境污染社会成本核算的困难，美国经济学者提出排污权交易系统②，将污染物排放作为一种可市场交易品，只控制总量，不控制微观市场运行。这一体系首先在美国使用，用以对二氧化硫的控制，获得成功。在20世纪70年代后期，美国二氧化硫的排放量超过2500万吨，对美国环境的负面影响非常大。对二氧化硫排放征税，但税率不好定。于是，美国政府根据大气环境容量确定二氧化硫的排放总量，并不对具体企业的排放实施控制。对于二氧化硫排放效益高或控制成本低的企业，则具有市场竞争力，而那些效益低而成本高的

---

① ppm，parts per million，容量浓度单位，百万分之数量。550ppm，即百万分之550，0.55%。

② W. Baumol and W. Oates，Theory of Environmental Policy，Cambridge University Press，1975.

企业，则不具有市场竞争力。这样，二氧化硫排放总量得到有效控制，单位二氧化硫排放的效率达到最大化。在1997年全球温室气体减排的谈判中，这一排放权交易的市场手段被纳入控制温室气体排放的《京都议定书》。欧盟在2003年正式制定二氧化碳的限额—交易体系，确定二氧化碳的总量，实施市场交易，控制温室气体排放。通过排放贸易体系，将温室气体排放外部成本通过市场手段内部化。

碳排放问题还涉及国际贸易。一般说来，如果一个国家（A国）控制温室气体排放，实现排放贸易体系，而贸易伙伴国（B国）没有控制温室气体排放的政策，这就导致国际贸易比较优势地位的变化。而且，A国的高碳产业和产品的生产也可能转移到B国，形成碳的转移或碳泄漏。因而，在经济全球化背景下控制温室气体排放，需要采取国际一直的行动，例如国际统一碳税，或国际限额交易体系，避免碳泄漏、保障贸易公平。如果没有国际统一碳税或国际限额—交易体系的建立或运行，A国可以通过对从B国进口的高碳产品课征碳关税或边境调节税，以抵消这些商品在碳税方面的比较优势。实际上，世界贸易组织（WTO）允许为环境保护和可持续发展采取贸易限制措施。例如美国禁止进口泰国用“不利于海龟”的网捕的虾。WTO原则认同全球环境保护利益胜过狭隘商业利益。限制高碳产品或高碳技术所生产的商品的进口，有利于保护全球气候。

由于市场上的很多产品都需要消耗化石能源，因而也就有碳的排放量内含于产品。因此在生产方面，如果建立统一的（全球的）碳税①，则可以将二氧化碳排放的社会成本内在化。同时，利用统一的碳税支持低碳技术的研发和低碳发展。由于碳税是矫正税（Corrective Taxes），可以取代不利于扩大生产规模的资本税和就业的所得税。碳税回避了绝大多数排放权分配上的争议，有利益碳排放的市场效益。通过征收碳税，激励生产者和消费者选择低碳技术和产品。

但是，不论是全球统一碳税，还是碳关税，在当前的国际经济和贸易格局下，具有强势地位的发达国家不仅可以转嫁其碳的社会成本，而且还会制约发展中国家的发展。这是因为，经济实力会影响碳税的缴纳，经济实力强的国家能够缴纳的碳税多，则可排放的碳量就大，而技术水平相对较低和经济能力弱的国家，其生产能力将受到限制，其国民的消费水平也将下降。而且，碳排放的来源不同，如有些国家碳排放主要来自于煤炭，有的国家碳排放主要来自于天然气，而不同的化石能源中每吨所含的碳量不一，也涉及公平问题。

---

① Joseph E. Stiglitz, A New Agenda for Global Warming, The Economists' Voice,: Vol. 3: Iss. 7, 2006.

## 三、公共物品：公共经济学

公共物品是指公共使用或消费的物品，可以供社会成员共同享用，具有非竞争性和非排他性。非竞争性指一个人对公共物品的消费并不会影响别人同时消费该产品及其从中获得效用，即在给定的生产水平下，为另一个消费者提供这一物品所带来的边际成本为零。非排他性指一个人在消费一种公共物品时，不能排除其他人消费这一物品（不论他们是否付费），或者排除的成本很高。公共物品的分类方法有很多，例如根据排他性分有纯公共物品、准公共物品；根据服务范围分，有全球性、局地性公共物品；根据公共物品的普遍性，可分为经济性公共物品、焦点性公共物品。经济性公共物品（Economic Public Goods），包括国防、基本医疗服务、义务教育等，涉及全社会的基本公共服务，具有普遍性、连续性、长期性。提供经济性公共物品，可以采取指令—控制式管制方式，可以采用数量导向的市场方法，也可以采用税收或者基于价格的规制方式。焦点型公共物品（Focal Public Goods），多具有特定性、间断性和临时性，如消除艾滋病、天花、金融危机、核灾难、核爆炸以及贸易壁垒等。那么，应对气候变化如果是公共物品，具有什么特征呢？气候变化影响涉及每一个人，因而具有纯公共物品属性；同时，减少温室气体排放或适应气候变化，影响的是特定地区或群体，因而具有一定的准公共物品、局地性特征。由于气候变化的长期性和普遍性，具有经济性公共物品属性；但同时，气候变化的核心或焦点是碳排放，因而又具有焦点型公共物品的属性。

由于气候变化的空间范围具有全球性，因而可以将气候变化、温室气体排放定义为全球性的公共物品，因为气候变化、温室气体排放的影响所及不止一个国家、城镇或者家庭，其影响遍及全世界。全球公共物品不同于局地性公共物品之处在于，有效解决这些问题的经济和政治机制极其薄弱。由于没有全球政府，全球公共物品的解决机制只能是协议或自由放任方式。框架性或原则性协议多不具有强制性，例如《联合国气候变化框架公约》或者非强制性自愿协议；专门和有约束力的条约——主权国家之间缔结的契约——这是解决国际问题的标准方法（目前生效的是有关含氯氟烃的协议，以及其他许多全球环境协议）；内含于较大安排中的协议（如西方国家在最近的多边贸易谈判中强迫发展中国家接受严格的专利保护）；管制和财政当局派往超国家实体的权力有限的代表团（见诸如欧洲中央银行之类的某些欧盟活动，世界贸易组织的某些权力，以及诸如国际货币基金组织之类的国际金融政策。

解决公共物品问题的供给存在两大难题：第一，在没有超越国家主权的世界政府的情况下，在多大程度上可以“适度联邦主义”（Appropriate Federalism），即将决策制定定位在某个政治层面上，能够使溢出效应内部化。对于全球公共物品来说，其供给超越了次国家层面、主权国家和国家集团的范围，需要全球合作。第二，如何超越威斯特伐利亚困境①。在由1648年《威斯特伐利亚和约》所衍生并在西方世界得到发展的国际法当中，未经主权国的同意，义务就不能被强加于该主权国身上，换句话说，并不存在这样的法律机制，可以使大多数无私的国家借助它而强迫搭便车的国家进入到提供全球公共物品的机制当中。而且，一个现实的困境还在于如何界定主权国家对于在应对气候变化方面的全球公共物品的提供。也就是说，应对气候变化作为一种全球公共物品，可以有多种贡献方式。美国学者巴莱特认为②，应对气候变化有五种不同的公共物品：第一，温室气体的全球排放必须得到削减：来自任何国家的削减都是一种公共物品，因为温室气体在世界范围均等地扩散。减少排放将要求一些联合措施，诸如能源效率、燃料替代、转向可再生能源以及对燃烧矿物燃料的发电厂排放的废气进行碳捕获。第二，基础研究的投入：全新的能源和相关技术是必需的，而这类知识是公共物品。第三，从大气中直接去除二氧化碳：植树、防止森林砍伐、用铁给海洋施肥以吸收大气中的二氧化碳。第四，减少照射地球的太阳辐射量的可能性，从而抵消大气中温室气体浓度上升的效应。第五，适应气候变化，例如，增高泰晤士河岸以防止伦敦洪水灾害就是一种地方公共物品。

对于公共物品的提供，显然需要考虑成本收益问题。控制全球气候变化这一公共物品，不同于一般的公共物品的成本收益分析，关键在于对不确定性的宽容/风险厌恶程度。假定个人偏好规避风险。全球变暖的潜在后果十分不确定，不确定的损失值应该等于一个大于期望的损失。未来影响——尤其是未来消费的损失一的当前贴现率应该是多少？阿罗③用下面这个简单的公式来表示消费贴现率 $\delta$：

$$\delta = \rho + g\eta$$

式中，$\rho$ 是社会时间偏好率，$g$ 是预计平均消费增长率，$\eta$ 是消费变化的社会权重（Social Weight）的弹性；参数 $\eta$ 解释了这样的可能性，即随着消费增

① 《威斯特伐利亚和约》包括《明斯特条约》与《奥斯纳布鲁克条约》，由神圣罗马帝国皇帝分别同法国国王、瑞典女王于1648年10月24日在威斯特伐利亚地区的两个小镇签订，从而结束了残酷的欧洲三十年战争（1618～1648年）。和约规定了国家主权原则，建立了近代国家体系，体现出国际法是主权国家之间而非主权国家之上法的性征。

② Scott Barrett, Proposal for a New Climate Change Treaty System, The Economists' Voice: Vol. 4: Iss. 3, Article 6, 2008.

③ Arrow, Kenneth J. Global Climate Change: A Challenge to Policy, The Economists' Voice: Vol. 4: Iss. 3, Article 2, 2007.

加，边际单位消费量所具有的社会价值将被认为递减。类似于私人消费的边际私人效用递减这一概念。赋予 η 的值多大合适是有争议的，但 2 ~3 似乎比较合理。斯特恩在气候变化经济学分析中采用 1。社会时间偏好率 ρ 在现实决策中一般取值大于零，但在《斯特恩报告》采用了值为 0 的做法，引起许多批评。把 $CO_2$ 水平控制在可接受的范围之内十分必要，争论 ρ 值为多少并无多大意义。假设：消费边际效用递减的贴现率的分量 η 等于 2。收益的现值（GDP 增长率从 1.2% 增加到 1.3%）是否大于成本的现值（同一时间段内 GDP 增长的水平总是降低 1%）。计算表明，减缓比“一切照旧”好——收益的现值大于成本的现值——因为任何情况下的社会时间偏好率（ρ）均小于 8.5%。即使是那些相信对未来要打相对大的折扣的人所做的纯粹时间偏好率的估计，也从来没有接近过 8.5%。即使赋予未来大的贴现值，《斯特恩报告》对未来收益和成本的估计也意味着当前的减缓通过了收益—成本检验。

风险的经济学对存量和流量都有目标要求，而成本和效率的经济学则对实现该目标的价格机制有目标要求。以温室气体边际损失的价格为开端的政策面临：①该价格估计对未来的伦理和结构假设是高度敏感的；②存在着一个因存量高于预期而造成重大损失的风险，因为损失会随着存量上升而急剧上升并且多数是不可逆转的。就损失进行形式建模，提供全部损失的风向标式估计以便指导战略风险分析，提供温室气体的边际损失成本的估计，以便与边际减排成本进行比较。

从气候变化的风险管理经济学角度考虑，控制大气中温室气体的浓度水平越低，成本越高。根据斯特恩的分析，从 430ppm$CO_{2e}$ 开始，稳定在 550ppm$CO_{2e}$ 或更低的水平，在有着良好的政策和及时决策的情况下，可能要花费世界 GDP 的大约 1%；如果要稳定在 450ppm$CO_{2e}$ 的水平，成本则可能高出 3 ~4 倍（甚至更多）。如果政策不好，成本就可能更高。行动越滞后，成本越高：等 30 年后再采取有力行动，我们将被带到大约 530ppm$CO_{2e}$ 的水平，从这个水平开始将浓度稳定在 550ppm$CO_{2e}$ 的水平上的成本，很可能等于从现在的水平开始将浓度稳定在 450ppm$CO_{2e}$ 水平上需要付出的成本；在对增长和贴现进行最合理的假设下，从现在开始的 50 ~100 年内 1% GDP 的付出，将比从 30 年后开始的同样时期的大约 4% GDP 流量所花费的成本要少许多。

从另一方面看，与其现在就把钱花在战胜未来气候变化的问题上，倒不如现在在 6 ~7 个百分点上进行投资，然后再将钱花在战胜气候变化的问题上。这一高社会贴现率的方法，忽略了温室气体积聚和气候变化的不可逆性，可能犯另一个错误。环境商品的价格很可能已经迅猛上涨，我们从标准类型的投资中所获得的回报却可能使我们在降低环境损害方面获得的东西少之又少。如果环境服务随环境容量的枯竭而日益下降，那么，用这种商品作为计价标准的社会贴现率就将是负数。

纯时间贴现率（PTDR）社会贴现率既有联系又有区别。在时间 t 点上的社会效用函数 u（c）$e^{-\delta t}$，对于这一非常简单的单一商品结构和消费求导，得到社会贴现函数 λ，即 u’（c）$e^{-\delta t}$。其下降的比率（社会贴现率）为 η（$\dot{c}/c$）+δ，其中 η 是与消费有关消费的社会边际效用（Social Marginal Utility of Consumption）的弹性。通常 η 被当作一个常数。社会贴现率和纯时间贴现率之间的区别在于，第一，纯时间贴现率是一个消费单位的价值下降率，这仅仅因为它是未来的，所以它低于当前享有的消费水平。纯时间贴现率是 δ。例如，当 δ=0，η=1.5，且 $\dot{c}/c=2.5\%$，我们就有了一个 3.75% 的社会贴现率。第二，尽管我们假定消费的纯时间贴现率为零，但是，η（$\dot{c}/c$）>0 的事实表明，后代人很可能比我们更富，我们应该对他们的消费进行贴现。根据这种计算方法，《斯特恩报告》采用了 0.1% 的 δ 值。

关于 η 的含义，其取值涉及价值判断。这是一种规范性的而不是实证性的运算；并不意味着 η 是主观随意的。η 发挥着三个作用，即引导期内分配（Intra-temporal Distribution）、跨期分配（Intertemporal Distribution）、对风险的态度。

第一，期内分配。我们来进行一个在非常简单背景下的、与直接的消费转移相关的思维实验。如果 A 的消费是 B 的 k 倍，那么在 η 为常数的情况下，对 B 而言的一个消费单位的社会价值就是对 A 而言的同类价值的 $k^{\eta}$ 倍。例如，设 k=5，η=2，相应的价值是 25，那么从 A 到 B 的转移就是有社会价值的，即使其中高达 96% 的价值在转移途中流失了①。一个值为 2 的 η 是非常符合平等主义要求的。当 η=1 时，上例中的 96% 变成了 80%，因为对 B 而言这个单位的价值相当于对 A 而言的 5 倍。有些人也许会认为，即使是这样的立场也是平等主义的。对隐含的福利权重的经验估计可以赋予 η 一个大的数值范围，包括小于 1 甚至小至 0。

第二，跨期分配。在跨期框架中讨论 η 时，很多人都关注到隐含的储蓄率。一些学者批评《斯特恩报告》给后代人的消费（无论是通过 η 还是 δ）赋予了过高的权重。《斯特恩报告》的参数选择可能意味着高得令人难以置信的最优储蓄率。就像《斯特恩报告》中清楚地解释的那样，当 δ=0，产出与资本成比例，同时，也不存在技术进步，最优储蓄率为 1/η。当 η 接近 1 时，将导致非常高的最优储蓄率。同时，《斯特恩报告》也明确指出，这一结果高度依赖于模型假

① 即所谓的“漏桶”效应。美国经济学家阿瑟·奥肯（Arthur Okun）根据税收的转移支付问题提出了著名的“漏桶”原理，即富人交纳了一美元的税款，实际上转移支付到穷人手中的钱数要远少于这些。“漏桶”原理的最终结论是：高税率会使税收总额有所减少，因为追求平等损害了效率，从而减少了国民收入。

设。布拉德·狄龙指出，这一“达斯古普塔-诺德豪斯立场”（Dasgupta - Nordhaus Position）存在缺陷，认为技术进步将大大降低最优储蓄率。莫里森和斯特恩认为，使用单一商品的、无穷时域的标准拉姆齐增长模型，假定规模收益不变，运用柯布-道格拉斯（Cobb - Douglas）生产函数，可以证明在某个特定前提下——人口为常数，有竞争力的资本份额等于 0.375，外生技术进步为 3%——$\eta = 2$、$\delta = 0$ 时的最优消费路径所包含的储蓄率 s 介于 0.19 和 0.29 之间（当 s 被限定为常数时即为 0.23）。这个数字远低于 0.5。在产出与资本成比例、也没有技术进步的更简单的情形中，当 $\eta = 2$，$\delta = 0$，0.5 是最优的。

第三，对风险的态度。从风险和不确定性分析中得到对 η 的“指导”（Guidance），谈不上有什么启发意义。在个人行为的预期效用模型中，我们可以将 η 解释为相对的风险规避参数。然而，用预期效用模型来描述风险态度是靠不住的，而且，我们还观察到了如此种种的行为，比如赌博中对“违规风险”的容忍（类似于 $\eta < 0$、保险中对风险的极端规避（非常高的 η））。

关于社会边际效用的消费弹性（η），必须直接处理伦理问题。从跨期选择或其他途径，得不到什么能够给我们提供答案的简单的市场信息。如果我们以标准的福利经济学术语来表述这一问题，即把目标描述为一个社会效用的积分的期望值，我们不能对福利的变化使用边际的近似值，因为我们正在比较的是能够产生非常迥异的路径的各种战略。在这一框架内，可以集中讨论边际社会效用的弹性 η 和纯时间贴现率 δ。但在这样做时，我们必须认识到这种方法在伦理上的狭隘性。针对 η 和 δ 的直接的伦理讨论表明了 η 的数值范围之大，尽管对简单转移的影响让许多人认为超过 2 的 η 是令人无法接受的平等主义。另外，在伦理论证的过程中似乎没有什么观点支持远大于 0 的 δ。在边际分析框架内，真正有关的贴现概念在这里是社会贴现率。在 η - δ 的数值范围狭小的情形下，当 η 介于 1～2 之间，且 δ 非常低，增长率为 1.5%～2.5% 时，我们发现社会贴现率为 1.5%～5%，接近于长期的消费者实际借款利率以及政府项目评估的贴现率。

## 四、共享资源途径：发展权益

关于发展权益的共享资源途径，目前在国际上也有相应的说法。在当前的能源结构和技术水平下，任何经济活动均涉及化石能源的燃烧，因而温室气体排放是一种基本需求。从经验数据来看，在一定范围内，排放水平与生活质量呈正相关，即排放量越高，则生活质量就越高，社会发展水平也就越高。碳的减排是与资金技术水平明确相关，温室气体排放作为一种公共资源，我们每一个人都有分享的权利，而不是一种简单的外部性，通过庇古税或限额—贸易就能够实现公正公平分配的。

目前对于温室气体的排放格局有几种理解或表述：第一，总量上的排放。以国家作为政治实体，以国家单元确定总量。中国近期排放增长迅猛。根据国际能源署的数据，我国2007年二氧化碳排放量已超过美国，成为世界第一排放大国。中国在20世纪50年代末，经济发展较快，碳的排放量较高，而在随后自然灾害的影响下，经济衰退，中国的温室气体排放量有所下降。1997年亚洲金融危机后，中国的温室气体排放量也有所下降。从历史排放的轨迹看，有发展就会有温室气体排放量的增长，有危机则温室气体排放量就会下调。第二，人均排放水平。发达国家人均排放量较高，社会发展水平也比较高。而发展中国家，比如中国、印度、巴西，人均排放量水平较低。美国在经济大萧条时人均水平排放量下降很多，这也是跟危机引发的经济衰退相关。第三，经验数据显示，如美国，人均排放量达到一定水平以后就不再增长。因此，从人均水平上来看，发达国家例如美国人均排放水平稳定，或持平、下降，德国的人均排放量达到一定水平以后呈下降趋势，呈现出较为明显的环境库兹涅兹曲线形态。进入21世纪，由于中国进入大规模工业化城镇化进程，化石能源消费迅猛攀升，全世界温室气体的新增排放量中国要占一半左右。而成熟的发达经济体，例如德国，不论是人均水平还是总量，温室气体排放与经济增长已经大体实现脱钩，即收入增加而温室气体排放减少；但对于发展中的经济体，温室气体排放量随收入水平的增加而增加。

实现“2℃”温升的目标，意味着全球只有1万亿吨二氧化碳左右的排放空间。1850~2005年，全球累积二氧化碳排放量约为11000亿吨。如果全球温升超过2℃的概率不超过50%，则全球2000~2049年的累计二氧化碳排放不能超过14400亿吨，年均不超过288亿吨。如果全球温升的概率不超过1/3，则全球2000~2049年累计二氧化碳排放不能超过11600亿吨，年均不能超过232亿吨；2050年排放比1990年减半，2000~2050年累计二氧化碳排放约为12000亿吨。关于温室气体排放量的分配问题，发展中国家与发达国家之间存在分歧。有学者认为，温室气体排放并不是完全可以贸易的，因为这涉及基本需求，属于人的基本权益，因此不可完全贸易①。发展中国家尤其是新兴经济体的经济发展，使得全球碳排放格局不断发生变化。截至20世纪90年代，发达国家碳的排放量占80%，而发展中国家所占份额只有20%。到2000年，发达国家碳排放量占60%；到2007年，发达及发展中国家各占约50%。由于发展中国家人口占总人口80%，发达国家人口占20%，发达国家在人均水平上仍然远高于发展中国家。从人均收入水平上来看，发达国家人均收入水平是发展中国家人均收入水平的

① J. Pan, Emissions rights and their transferability: equity concerns over climate change mitigation, International Environmental Agreements: Politics, Law and Economics, 2003, 3 (1): 1-16.

6倍。

全球气候公平，国际谈判考虑的是国际公平问题，而不是人际公平问题。但是，由于排放涉及人的发展权益，温室气体排放是每个人的权利而不是国家的权利，不应该按照国家来分配碳的排放量，而是按人分配。英国全球公共资源研究所提出“人均排放的紧缩与趋同方案”①，即发达国家从比较高的人均水平不断下降，最后到世界平均水平，而发展中国家从比较低的人均水平不断增加到世界平均水平。但是，这一方案从发展权益的视角，并非公平。这是因为，如果按照这一方案，发达国家的人均温室气体排放轨迹，永远大于等于世界人均水平，而发展中国家的人均排放水平，只能永远低于等于世界人均水平。相对说来，发达国家在资金技术方面具有低碳发展的优势，而发展中国家则缺乏低碳发展的资金和技术。正是在这样一种情况下，德国全球变化咨询委员会提出了碳排放权分配方案——两个趋同②，即人均趋同与人均累计趋同。在过渡期内，发展中国家的人均排放可以先升后降，以确保发展中国家必需的发展空间。在过渡期内，发展中国家的人均排放可能要暂时超过发达国家，这是发展的客观规律。

为了实现将温升控制在2℃以内的目标，许多分析认为，需要采用50－50全球长期目标下的人均累积排放分析。何为50－50？即到2050年，全球温室气体排放量比2005年下降50%。发达国家目前的人均累计排放量（940吨/人）已严重超出了其到2050年允许的人均累计排放量（560吨/人）。在50－50目标下，即便发达国家实现2050年比1990年减排80%，其2005～2050年的人均排放量（266吨/人）仍远高于留给发展中国家的人均累计排放空间（107吨/人）；在50－50目标下，1850～2050年，发展中国家的人均累计排放空间（330吨/人）仅为发达国家人均累计排放量（1206吨）的1/4。这对发展中国家的发展权益的保障显然不够。因此，发展中国不可能接受50－50全球长期发展目标。

保障发展权益，实现碳公平，同时又要满足温升控制目标，有基本需求和碳预算两种不同路径。基本需求是一种自下而上的方法思路，通过界定人的基本需求及标准，再根据各国国情对基本需求进行调整，考察各国满足基本需求的碳排放能否满足全球长期目标，再进行调整和反馈，界定人的基本需求及标准。而碳预算则是一种自上而下的思路。首先确定全球长期目标而获取一个全球碳预算总的额度。然后，将这一碳预算额度按发展权益公平分配。各国在给定的碳预算额度内根据国情进行调整。如果碳预算额度不能满足人的基本需求，则需要考虑政策调整和排放路径安排，使得自上而下的分配方案能够保证基本需求和发展权益。

---

① Global Commons Institute, 1999. Contraction and Convergence.

② German Advisory Committee on Global Change, 2009. The Budget Approach.

# 五、政策选择

气候变化问题已经演变成一个涉及全球环境、国际政治、世界经济、国际贸易等问题的复杂议题。作为一个负责任的大国，中国需要利用自身的影响和地位，积极开展国际合作，推动气候问题的最终解决，同时采取正确的措施维护自身的国家利益和发展中国家的权益，维护世界正义。

国家利益永远都是一国政策、目标的最高准则，在气候变化领域也不例外。气候变化对世界各国的影响具有不平衡性。正如并非世界上所有国家都平等地享受到经济全球化所带来的繁荣一样，也不是所有国家都平等地接受了气候变化的影响。每个国家都是在衡量其行动的成本和收益之后，才决定是否参与国际气候协议。换句话说，一国在考虑是否参与减缓气候变化的国际行动之前，通常要仔细衡量本国对气候变化的脆弱性以及采取减缓行动的成本。正是因为世界各国在气候变化问题上的国家利益存在差别，立场难以完全一致，国际气候行动的效果与人们的预期相距甚远。美国拒绝批准《京都议定书》，始终坚持气候政策的灵活性；发展中国家还远远没有完成工业化和城市化，因而强调气候行动的速度和范围取决于本国的发展目标；虽然欧盟积极推进通过京都机制减缓气候变化，但是，没有排放大国美国和发展中国家的实质性参与，总的温室气体减排效果将大打折扣。事实上，迄今为止，全球温室气体排放仍然在持续增加。

首先，目前认为好的政策还是应该给温室气体进行定价。不管是什么学派，什么样的理念，什么样的方法，都认可碳是有价的。体现这一价格，可以既减少温室气体排放又保持低减排成本的激励机制。但是，碳价的选择，存在着风险、紧迫性和决策的惰性，存在着在国际框架内提供明确可信的未来价格信号的难题，存在着市场不完善性、消费者权益的无保障性，以及对公平的严重关切。其次，好的政策鼓励技术进步与创新，降低信息和交易成本，特别是与能源效率有关的成本，制止森林砍伐的国际框架——森林砍伐系市场失灵；要求稳定的国际制度框架，以促进合作、顾及公平，并降低全球成本。从消费视角看，一方面，人口的增加导致消费的增加；另一方面，生活质量的改善和生活方式的选择，对碳排放的影响更大。20 世纪七八十年代碳排放的变化，表明人口数量变化和消费格局的影响。到了八九十年代，消费情况有所变化，能源结构调整对于温室气体减排产生较大影响。天然气取代煤炭，可再生能源使用也在增加。但是由于生活质量改善所增加的排放比较快，到了 20 世纪 90 年代末 21 世纪初，技术的进步对减排的贡献加大。收入的增加使得生活质量显著提高，生活品质的提高增加了相当多的排放。这样的观察分析结果表明：政策的出发点和重点需要考虑三大要素：消费、技术、能源结构调整。

中国是一个发展中国家，实现经济和社会发展、消除贫困是首要和压倒一切的优先事项。在未来相当长时期内，中国经济仍将保持较高的增长，人民的生活水平必将有一个较大幅度的提高，能源需求和二氧化碳排放量不可避免地还将增长，作为温室气体排放大国的形象将更加突出，无疑对中国的社会经济发展带来严峻的挑战。气候变化对中国现有发展和消费模式提出的挑战更为严峻。自然资源是经济发展的基础，资源的丰度和组合状况，在很大程度上决定着一个国家的产业结构和经济优势。中国人口基数大，发展起点低，面临着继续完成工业化和城市化的长期发展任务，人均资源短缺是中国经济发展的长期制约因素。传统的消费和生产模式资源耗竭型、不可持续，已经对中国的社会经济发展构成严重障碍。

世界各国的发展历史和趋势表明，人均商品能源消费和经济发达水平有明显相关关系，可以说，在目前的技术水平和消费方式下，达到工业化国家的发展水平意味着人均能源消费必然达到较高的水平。世界上目前尚没有既有较高的人均GDP水平又能保持很低人均能源消费和排放水平的先例，中国面临开创可持续消费和生产新模式的挑战。中国的国际地位日渐凸显，但中国的发展水平还是很低下。1971年，中国温室气体排放占全球的5.7%；到了1990年，占到了10.5%，而美国温室气体排放占全球的份额下降了7个百分点，欧盟占接近20%的比重；到了2007年，中国温室气体排放占到了全球的20.8%，美国不到20%，欧盟则进一步下降，不到全球排放总量的14%。因此，从总量上看，中国的地位不断凸显，从1971年至2007年，中国占全球的份额在不到40年的时间里翻了两番。从人均排放量来看，1971年中国人均为0.95吨，不到世界人均排放量的1/4，到了1990年，世界人均排放量为3.99吨，中国为1.95吨，不到世界平均水平的一半，到了2007年，世界平均排放量为4.38吨，中国为4.57吨，超过了世界平均水平。在短短的三十多年的时间里，中国已然步入高碳国家的行列。

由于中国在全球温室气体排放格局中的地位变化，不管是发达国家还是发展中国家，都把目光投向中国。但是从发展水平上看，根据有关数据显示，在1971年，世界生产总值为12.91万亿美元，美国占到了近30%，而中国只占到了0.83%；到了1990年，世界生产总值增加到了24.2万亿美元，美国还是占到了29.15%，中国增加到了1.84%；到了2007年，世界生产总值是40万亿美元，美国仍然占29%，中国增加到6.1%，但全球经济总体格局并没有发生根本变化。

2009年，中国政府向国际社会宣布，到2020年将单位GDP碳排放量比2005年水平下降40%～45%；到2020年非化石能源占一次能源消费比重达到15%；

增加森林碳汇，2020年森林面积比2005年增加4000万公顷，蓄积量增加13亿立方米。这些行动，尽管没有成为国际协定的条款，但体现了某种程度的自愿承诺。在《京都议定书》下，由于发达国家通过清洁发展购买减排额度，使得中国开展了许多在自愿条件下难于进行的项目，如许多风电、余热利用、生物质能利用的项目。这就意味着，如果发达国家提供充足的可量化的资金和技术，中国可以做出更大的减排贡献，这体现了条件承诺的性质。中国文化崇尚节俭，反对奢侈浪费。在资源有限的情况下，中国人的消费，不可能也不应该追求发达国家高额而且带有奢侈浪费性质的消费模式。中国政府规定夏天空调温度26℃冬天18℃，就是一种道义上的气候友善的承诺，避免一些发达国家夏天开着空调穿着西装、冬天高温供暖穿短衫的浪费能源的生活方式。这样一种道义上的承诺，是一种责任、一种追求，保护全球气候，这体现了道义承诺的性质。

（编辑整理：刘长松）

# 全球不平衡、美国金融危机和国际货币体系改革

余永定

2009 年 9 月 24 日

## 余永定

中国社会科学院研究生院世界经济与政治系教授

**摘　要：**根据国民收入恒等式、国际收支平衡表分析全球不平衡的来源，说明全球不平衡是由于一些国家国内投资大于国内储蓄，出现经常项目逆差，一些国家国内投资小于国内储蓄，出现经常项目顺差。从理论和实际经验分析全球不平衡的可持续性，关键在于中国对美国的经常项目顺差是否具有可持续性。对美国金融危机原因的探讨，存在两个趋势，一是探究全球不平衡，二是国际货币体系改革。改革现有国际货币体系，不再以一个国别货币作为国际储备货币，建立脱离国别的超主权货币，或增加SDR发放，或者建立替代账户。

**关键词：**全球不平衡　可持续性　国际储备货币　超主权货币

2005年左右，在国际经济学界讨论最多的问题是全球不平衡问题，2007年美国次贷危机爆发，将注意力转移到美国的金融危机，这种危机对世界产生什么影响、什么时候可以见底、各国对这种危机应该采取什么样的措施。最近，情况又发生了一些变化，在对金融危机分析的过程中，再次回到了全球不平衡问题，经济学家认为这次金融危机的爆发不仅有其微观基础，而且存在宏观基础，宏观基础就是全球不平衡。现在西方国家的首脑要求重新重视全球不平衡的问题，因为全球不平衡、美国金融危机的发生与国际货币体系的内在问题有密切关系。在2008年年底联合国成立了改革国际金融和经济结构委员会，由斯蒂格利茨领导，讨论了一系列关于国际货币体系改革的方案。与此同时，周小川行长提出了对国际货币体系进行改革的重要主张，该主张与斯蒂格利茨领导的委员会提出的主张是一致的，国际货币改革是我们所面临的一个重要问题。本文主要是介绍全球不平衡问题，介绍一些基本理论概念，也介绍一些基本具体情况，在温习知识的同时对现实问题有一个比较好的感觉。

## 一、全球不平衡

### （一）基本概念和关系式

为了说明全球不平衡的概念，首先介绍一些基本概念和基本关系式。

第一个概念是国民收入恒等式，即 (I－S) ＋ (G－T) ≡M－X，就是说投资减去储蓄（非政府部门的储蓄）加上政府开支减去政府收入，恒等于贸易逆差。如果I＞S，G＞T，则一定有贸易逆差，为简化分析，以后把M－X等同于经常项目逆差。

当I≠S时出现投资与储蓄不平衡，当G≠T时政府收支不平衡，把这个概念扩展成为国内储蓄和国内投资不平衡，(I－S) ＋ (G－T) ≡ (I－S) ＋ (GI＋GC－T) ≡ (I＋GI) － (S＋T－GC) ≠0，因为政府的消费开支由两部分构成，一部分是政府投资，一部分是政府消费，将政府投资并入私人投资当中构成国内投资，那么政府收入减去政府消费就是政府储蓄，政府储蓄加上私人储蓄构成国内储蓄。国内储蓄和国内投资的不平衡，通过恒等式必然意味外部不平衡，反之亦然，这是一种恒等关系，并不等价于因果关系，两者之间的因果关系需要通过实证分析来确定。这种关系是从国家层面来考虑的，并不是从全球范围，如果扩展到全球范围，一些国家国内投资大于国内储蓄，出现经常项目逆差，一些国家国内投资小于国内储蓄，出现经常项目顺差，那么这样的状态就被称为全球不平衡(见图1)。

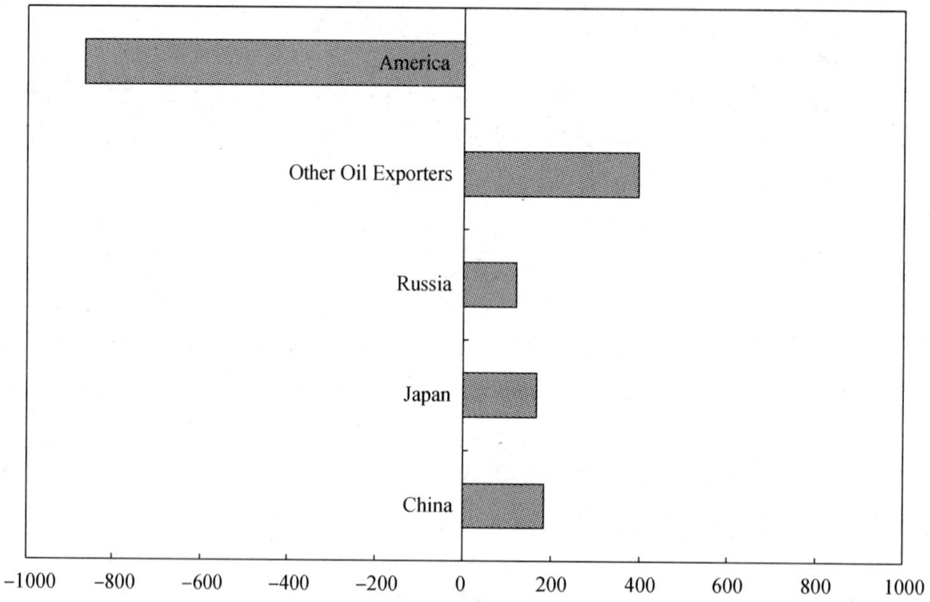


**图1　不同国家经常项目比较**

Source: World Bank Prediction , October 2006.

第二个概念是国际收支平衡表。其最简单的形式就是 $CA + K \equiv \Delta F$，即经常项目差额加上资本项目差额恒等于外汇储备变动量，比如说经常项目顺差 100 亿元，资本项目逆差是 100 亿元，那么外汇储备不会出现变动。当 $CA>0$ 时，经常项目顺差，当 $K>0$ 时，资本项目顺差，当 $CA+K\equiv\Delta F\neq 0$ 时，即为国际收支不平衡，也就是说外汇储备增量不为 0，就处于国际收支不平衡状态。另一种情况是双顺差，即 $CA>0$，$K>0$，必然导致 $\Delta F>0$，如果处于双顺差状态国际收支一定处于不平衡状态，国际收支双顺差必然引起外汇储备增加。另外，当 $CA+K\equiv\Delta F<0$ 时，出现国际收支逆差，引起外汇储备减少。

## （二）全球不平衡的可持续性

通过上述分析可以看出，美国的债务非常高，全球不平衡非常严重，进而提出全球不平衡的可持续性问题，实质上就是美国经常项目逆差的可持续问题。

### 1. 可持续性的两个问题

第一是美国净外债占 GDP 的比是否会趋于某一个稳定值？如果趋于无限大，那么一定是不稳定的系统，债务国最终将因为无法偿还债务而破产。如果趋于一个常数，例如美国的净外债/GDP 比的极限值为 200%，美国是否还有能力还本付息？如果美国的净外债/GDP 比达到 500% 时呢？此时需要考虑是否有能力偿还债务。

第二是净外债/GDP 比在趋于某一稳定值的过程中，外国是否会继续为美国的经常项目逆差融资？美国一直处于经常项目逆差的状态，20 世纪以来，经常项目逆差占 GDP 的比重持续上升，净外债占 GDP 的比重也达到很高水平，从趋势线来看，美国的净外债一直是增长的，而且有加速趋势。对美国净外债占 GDP 比的极限值有不同的估计值，但基本方法是可知的，根据 2003 年的初始条件，美国净外债占 GDP 比的极限值为 98%。

### 2. 净外债/GDP 比的承受能力

由此提出，美国可以承受多高的净外债/GDP 比，通过国际经验来看，20 世纪 90 年代澳大利亚的该比值为 60%，20 世纪 80 年代爱尔兰的该比值为 70%，20 世纪 90 年代新西兰的该比值达到 90%，这些国家都不曾发生债务危机和货币危机，尤其是澳大利亚，自第二次世界大战以来，一直处于贸易逆差状态，但是并未发生过债务危机。

可以达成共识的是，当其他条件不变时，净外债占 GDP 的比重越高则偿还能力越弱，倾向于无法获得外债。但从另外一个角度来讲，是否有人就是愿意将钱借给他，即贸易顺差国是否会继续为美国逆差融资？若是愿意，这意味着，对美要保持经常项目顺差，资本项目逆差，日本是美国一个重要的资金提供国，在美国购买金融资产，进行直接投资等。另一种方式是对美保持经常项目顺差，中央银行增持美元外汇储备，由于资本市场情况不同，外汇储备增加量可能大于、小于、等于经常项目顺差。

存在四类贸易顺差国，这四类为美国提供融资的国家在未来如果还是保持原来的方式，继续保持贸易顺差为美国融资，那么美国的逆差可以继续。从理论上来看，这四类国家应该是什么样，从实际中观察到的是什么情况，如果出现不一致，需要对原来的模型进行修正。以下将分别从理论和实际经验两个角度对四类贸易顺差国进行分析。

3. *贸易顺差国的理论与实际经验*

（1）理论分析。一个国家的经济增长与国际收支结构的变化有密切的关系，一个国家的收支结构分为六个阶段。第一个阶段是年轻债务国：由于经济发展水平和储蓄水平低，必须从外国获取商品和资本，该国经常项目中的贸易项目和投资收入项目（债务利息和 FDI 红利）同时是逆差。经常项目逆差通过资本项目顺差来弥补，因而该国是债务国。发展中国家是典型的例子，发展中国家储蓄率比较低，要赶超发达国家，要求投资率比较高，在这种情况下势必缺乏资金，通过第一部分的分析可知，此时发展中国家必然是经常项目逆差，意味着要借外国的资源来发展本国经济，借外国的资源使得外国资金流入必然形成资本项目顺差。第二个阶段是成熟债务国：由于出口行业的发展，贸易项目由逆差转变成顺差，但贸易顺差还不足以抵消投资收益逆差。该国依然有经常项目逆差和资本项目顺差，与第一阶段的主要区别是投资收入的变化。第三个阶段是债务偿还国：该国经常项目中的投资收益项目依然是逆差，但贸易顺差抵消了投资收益（债务利息和 FDI 红利）汇出，因此呈现经常项目顺差和资本项目逆差，即该国已成为资本输出国。第四个阶段是年轻债权国：经常项目顺差和资本项目逆差进一步增加。此时，该国的投资收益已经由逆差转变为顺差。第五个阶段是成熟债权国：由于人口老龄化、竞争力下降等原因，该国将出现贸易逆差。但是，由于海外资产的积累，投资收益项目的顺差大量增加，在保持资本项目逆差的同时，该国依然能够保持经常项目顺差。第六个阶段是债权减损国：由于储蓄不足，投资收益顺差不足以抵消贸易逆差，因而出现经常项目逆差。而海外资本回流导致资本项目顺差。该国的海外资本净值逐渐减少。如果这种趋势无法扭转，该国将无可避免地陷入衰弱。

在上述六个阶段没有出现经常项目和资本项目同时顺差的情况，这些是从传统发展经济学中得出的结论。

（2）实际经验。首先对日本的国际收支进行分析。第二次世界大战结束之后，日本也处于发展中国家阶段，经常项目逆差，资本项目顺差。如图 2 所示，20 世纪 70 年代之后，日本进入经常项目顺差，资本项目逆差阶段，而且经常项目顺差比较大，说明日本在 20 世纪 80 年代之后，成为成熟的债权国，输出资本。其经济实力比较强，工业较发达，经常项目顺差较大，挣得大量外汇，并将其进行海外投资形成资产项目逆差。

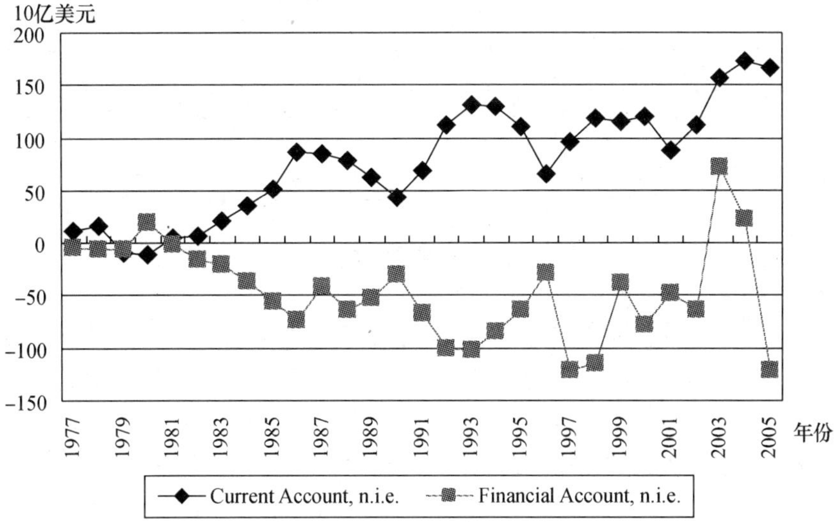


**图 2　日本国际收支**

其次对泰国国际收支进行分析。泰国是典型的发展中国家，如图 3 所示在 1997 年之前，经常项目一直处于逆差状态，大概持续 30 多年，直到金融危机爆发。这种状况是合理的，泰国为发展中国家，需要引入资本，这样形成资本项目顺差，利用引入的资金购买先进的机器设备，形成经常项目逆差。金融危机爆发之后，资本项目出现逆差，经常项目成为顺差，这是因为发生金融危机之后资本外逃，同时为了稳定经济增加出口。1997 ~ 2004 年期间泰国的国际收支结构与之前的 30 年不同，这是危机期间的特殊情况，2005 年，经常项目又成为逆差，而资本项目是顺差，恢复为原来的国际收支结构。

再次对韩国国际收支进行分析。韩国的情况与泰国的存在差异，因为其经济水平高于泰国，但是大致模式一样。根据图 4 可知，除了 20 世纪 80 年代中期，资本项目处于顺差，经常项目处于逆差，因为韩国在 80 年代中期发生一次金融危机，在金融危机的情况下，国际收支结构发生变动。但是东南亚金融危机发生

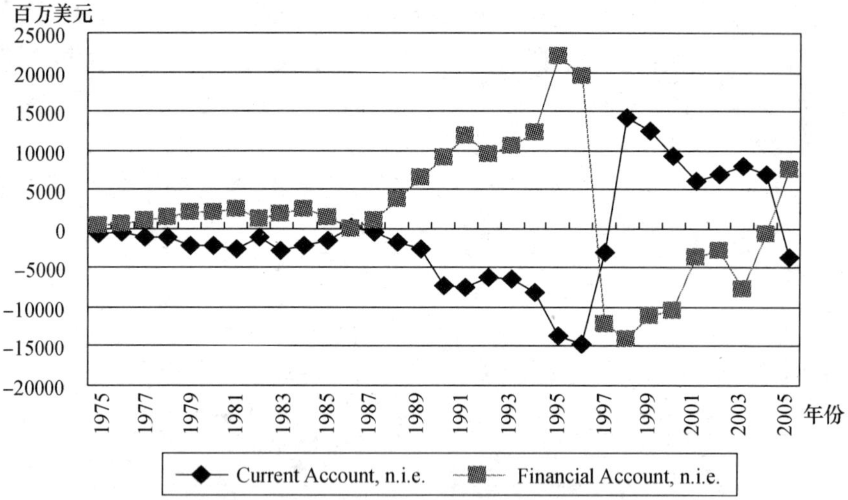


**图 3 泰国国际收支**

之后，情况发生变化，即经常项目变为顺差，经常项目顺差主要是为稳定韩元。为了稳定韩元，除非可以找到大量的外国资金援助，否则就必须依靠出口来挣取外汇。另外，韩国资本流入恢复较快，在 1999 年之后出现双顺差，韩国的这种双顺差也是与危机有关的，持续的时间不会很长。

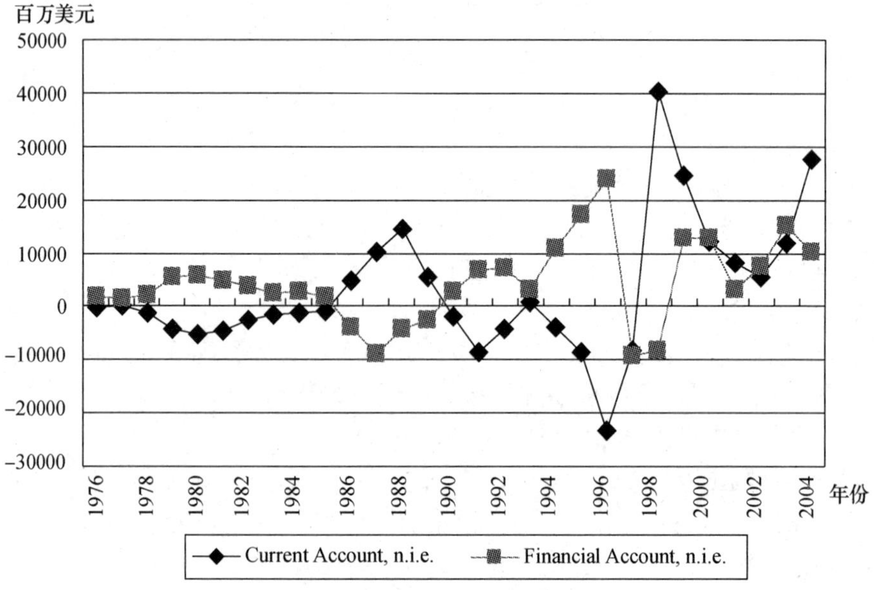


**图 4 韩国国际收支情况**

对马来西亚、印度尼西亚的国际收支进行分析。根据图5、图6，发现马来西亚、印度尼西亚的模式与泰国的模式基本一致，转折点都发生在1997年金融危机时期。在1997年之前经常项目逆差，资本项目顺差，1997年之后经常项目顺差，资本项目逆差，2004年出现双顺差。

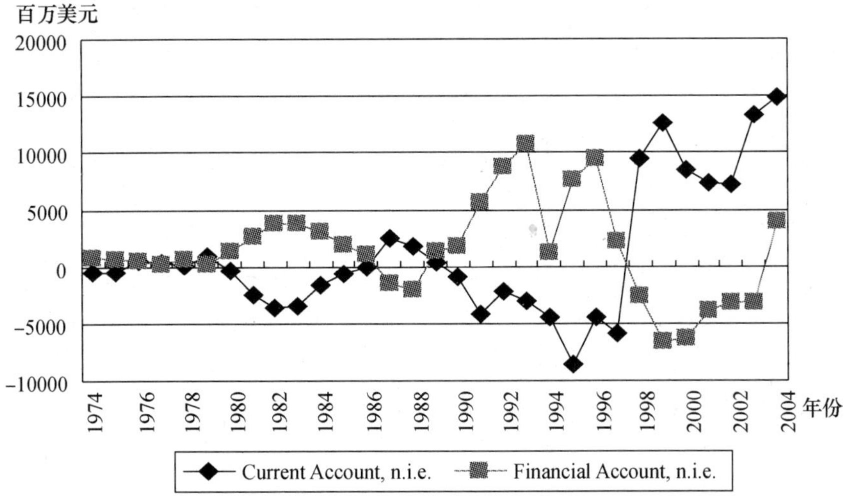


**图5　马来西亚的国际收支情况（1974～2004年）**

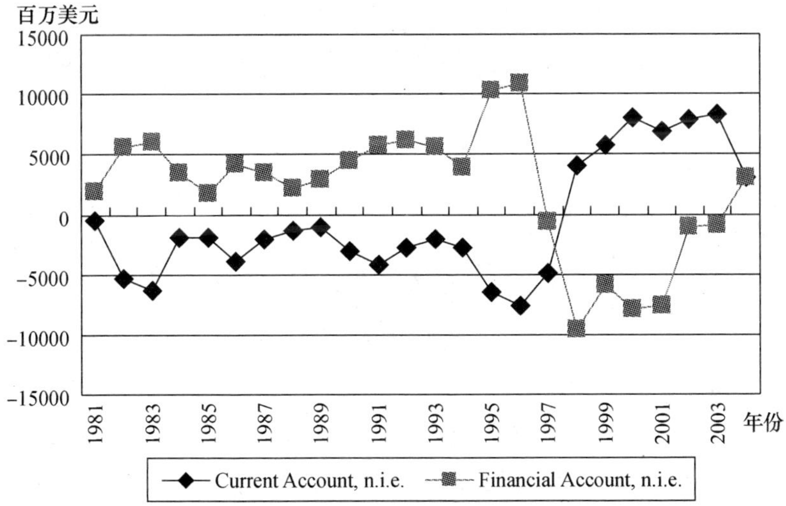


**图6　印度尼西亚的国际收支情况**

最后，分析中国国际收支的双顺差特点。1990年之后，除1993年由于经济过热导致经常项目逆差之外，经常项目一直保持顺差，2005年之后经常项目顺差大幅度上涨，1991～2009年一直处于经常项目顺差，而且幅度越来越大。2005年之前资本项目是我国外汇储备增加的主要原因，1998年由于东南亚金融危机导致资本外逃，出现资本项目逆差，除此之外，资本项目基本上处于顺差（见图7）。近20年来，中国始终是双顺差，2005年后经常项目顺差保持在2000亿～3000亿美元，资本项目顺差500亿～600亿美元。

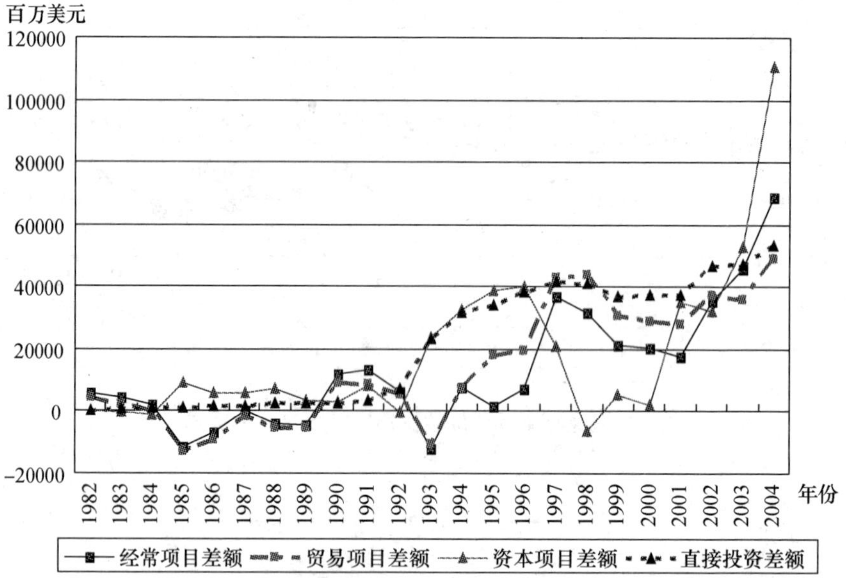


**图7 中国国际收支的双顺差特点**

通过理论和实际经验分析，可以看出，只有日本的实际经验基本上与理论相一致；1997年东南亚金融危机之前，东亚新兴国家与理论基本一致，1997年之后出现不一致；中国则与理论基本不一致。

*4. 贸易顺差国的未来趋势*

通过贸易顺差国是否愿意继续为美国的逆差融资，来讨论美国经常项目逆差是否能够持续的问题，依然通过国民核算恒等式来对其进行分析，对国民核算恒等式进行变形，可以得到如下恒等式：

居民储蓄 + 政府储蓄 + 企业储蓄 - 投资≡ 经常项目顺差

首先，用恒等式来分析日本的情况，日本的居民储蓄在下降（如图8所示），

1980 年日本的居民储蓄率达到 16%，现在的储蓄率大概是 7%；政府存在大量赤字是负储蓄；企业储蓄是国内储蓄的主要部分，日本企业利润较高，非投资性开支、分红较低，剩余的部分作为企业储蓄，成为企业投资的源泉。为了研究日本会不会继续对美国保持经常项目顺差，必须对上述四个部分进行分析，但是结论并不明确，只能说日本储蓄率在下降，企业储蓄率依然较高但不稳定，政府是负储蓄，而投资波动较大。总体来讲，对美国的经常项目顺差不会有大幅增加，日本继续成为美国第一大资本输出国的情况不可能持续。需要说明的是，判断一个国家是资本输出国还是资本输入国，只有一个标准，就是经常项目，如果经常项目顺差一定是输出国，那么经常项目逆差一定是输入国。

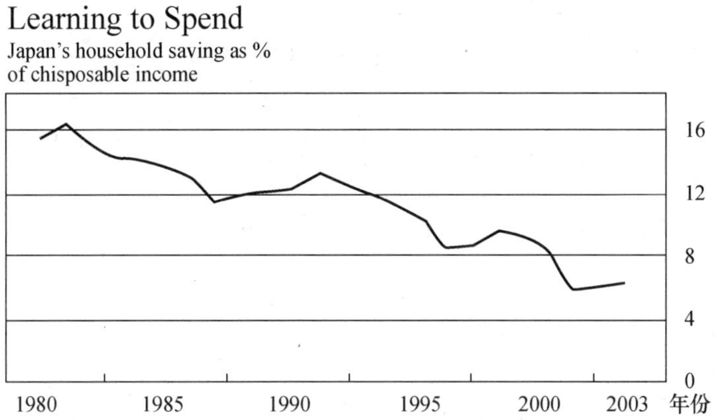


**图 8　日本居民储蓄率变动趋势**

Source：Charles Yuji Horioka，Osaka University.

其次，用恒等式分析石油输出的情况。利用国内储蓄与国内投资的关系分析经常项目，如图 9 所示，20 世纪 90 年代初，石油输出国的投资大于储蓄，所以一定是经常项目逆差，21 世纪之后，石油价格上涨使储蓄大于投资，出现经常项目顺差，但是这种顺差受到石油价格的影响波动性较强，与日本相比稳定性较差。

最后，对中国进行分析。日本经常项目顺差的趋势减弱，石油输出国经常项目顺差稳定性较差，那么能否继续维持美国的经常项目逆差，关键在于中国能否对美国继续保持大量的经常项目顺差，很难得出结论。个人认为，中国不应该对美国保持 20 年的双顺差，有以下两个主要的原因。

第一，一个国家在其经济发展的初级阶段，作为一个穷国不应该是资本输出国，而中国现在是世界上最大的资本输出国之一，是美国国债的最大持有者。一个穷国投资回报率较高，而且人力资本急需改善，那么在国内投资的收益一定大于对外投资的收益，对外投资只能是购买美国国库券，而美国国库券最高回报率仅为5%～6%，短期内更低，现在其回报率在一段时期内为0，甚至出现负回报率。放弃国内的投资机会而去购买美国国库券是一种资源误配置。虽然由于我国的改革实践可能推翻了这种理论，但是其在相当长时间内直到现在依然是公认的经济学原理。

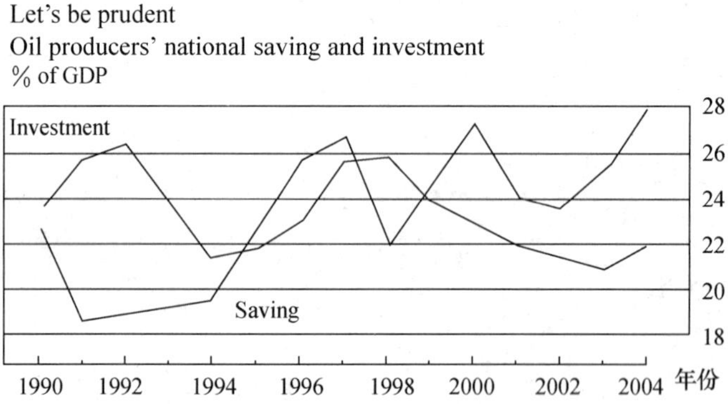


**图9　石油输出国储蓄率、投资率变动趋势**

Source：IMF.

第二，引资国应该把引入的资金转化为经常项目逆差。如果是发展中国家，认为国内资源不够，要引入外国资本，那么需要把引入的资金转为经常项目逆差。也就是说，当资源不足时，引入外资，用引入的外资购买外方的机器设备，因此必然是经常项目逆差。但是在我国不同，通过一个例子来说明中国的情况，企业A需要购买一种由国内企业B生产的设备M，企业A缺乏资金，但是企业A又无法从银行获得贷款，在这种情况下企业A去香港地区融资，获得的直接投资并没有从香港或者是国外购买设备M，而只是在人民银行将融资兑换为人民币，然后购买企业B的设备M，人民银行用这部分融资购买美国国债，另外来自香港地区的这笔资金可能就是从美国融资获得的。那么我国出现这种情况的原因在于我国金融体制内部的问题，价格扭曲，造成企业的上述意愿，进而形成双顺差。这种扭曲造成我国资源配置不合理，使得国内利润被分割，造成国民福利损失，这种情况不应该是长久发生的。现在出现一个转变，将20世纪90年代初的政策问题转变为现在的结构问题，引资优惠、鼓励出口政策已经建立成严重依赖外资的经济结构，我国有大量出口企业依靠外汇来获得生存，一旦出口减少，可能意味着2000万～4000万人失业。值得注意的是，这种事情不应该发生，但是在已经发生的情况下需要寻找解决的途径。另外，2009 年预期出口退税可达 8000 亿元，由此获得贸易顺差的保持，其结果是我国获得 GDP 的增长，获得大量美元，进而再购买美国国债。另外，对出口企业有利，对就业也是有利的，但是对整个国民福利而言是一种损失，所以强调经济结构的改革，由于存在其他问题，结构调整的进程较慢，那么受到的冲击会较小，但是与此同时损失的福利就越多，这是一种两难选择。

### （三）全球不平衡纠正及其可能产生的后果

美国在 2007 年之前净外债占 GDP 的比值的拟合值一直处于上升趋势，从实际值来看甚至存在加剧上涨的趋势，在这种情况下，引起恐慌，美国的许多经济学家认为这种情况会导致全球投资者对美国丧失信心，不愿意再向美国借贷，那么向美国的资金流入会减少，由此引发美元的贬值，一旦贬值发生就有可能引发一场美元危机（Currency Crisis），那么这种美元危机会迅速造成一种金融危机，因为在任何国家都有很多企业、金融机构向他人借钱的情况，但是美国是一个负债国家，企业、金融机构及个人都有债务，净债务已经占 GDP 的 20%，如果所借债务是外国的，美元一旦贬值就会造成所借债务的上升，但美国与其他国家不同，美国所借的债务是以美元计的。其他国家的债务也是以美元计的，例如泰铢贬值，当泰国偿还外债时使得用泰铢表示的债务大幅上升，会引发一些借外资的企业倒闭。美国不是这种情况，但是其美元贬值会冲击其金融市场，造成金融混乱，而引发金融危机。

当时讨论的主要问题是美元是否会急剧贬值，存在两类观点。依据上述分析，美国学者一派认为，美元贬值会引发美元危机。另一派认为，美元贬值具有自动纠正机制，不会引发危机，因为美国的债权是以当地货币计的，美国的债务是以美元计的，所以一旦美元贬值是可以改善美国国际收支。实际上，中国比美国更担心美元贬值，因为中国的债权都以美元计，美国认为像中国这样的国家会尽力支撑美元，在一定程度上这是对的。中国不能把美国国库券卖掉，因为卖掉会使美国国库券价值下跌，进而造成中国的损失。需要说明的是，这种状况不能保证美元不发生贬值，尽管美元国际储备货币的地位早已确立，但是也爆发过美元危机，例如 1995 年美元大幅贬值，美元对日元的汇率曾经达到 1 美元兑换 79 日元，因此必须保持谨慎小心的态度。2007 年金融危机爆发之前，美国大部分经济学者认为，美元会在一段时间内持续贬值，美元贬值作为一种长期趋势是从 2002 年第二季度开始的，当时被称为美元战略性贬值。由于美国净外债占 GDP 的比值不断上升，当时经济趋于疲软，美国利息率下跌，所以在美国这次金融危机之前，认为美元贬值是不可避免的。

# 二、美国金融危机

危机终于发生，但是危机发生的方式却出乎意料，上述发生危机的方式没有发生，发生危机的方式是次贷危机、信用危机，信用紧缩使美国的次贷危机转变为美国经济危机，蔓延至全世界造成全球经济危机，但是危机发生之后，出人意料的是美元没有贬值反而升值。

## （一）危机发生的原因

2007 年美国金融危机发生，2008 年莱曼兄弟倒闭，美国经济达到最底部，2008 年年底到 2009 年年初，不再讨论全球不平衡问题，而是转向美国金融危机爆发的原因。

### 1. 微观层面原因

在很长一段时间内并没有把全球不平衡作为分析金融危机爆发的因素，而是在讨论监管的缺失，即对信用工具的创造没有进行监管，微观层面监管缺失的情况下金融泡沫破灭，爆发金融危机。以 CDS 为例，CDS 在 2007 年达到 62 万亿美元，2007 年美国的 GDP 为 17 万亿美元，这主要是一种投机行为。面对这种投机行为，美国监管机构并没有对其进行监管，这是因为在金融危机爆发之前，“市场原教旨主义”认为这是金融自由化，对金融创新不能监管，不应干预。这种监管缺失是金融危机爆发的主要原因，是美国金融危机爆发的必要条件，但不一定是充分条件。另外，美国一直处于低利率的情况，如果利率高，则无法创造这些泡沫。美国之所以可以维持低利率的水平，是因为其他国家不断地把资金注入美国市场，即其他国家对美国有大量贸易顺差，获得美元，但是并未对美国的产品形成购买而是购买美国国库券，使得美国国库券价格上升，收益率下降，进而导致美国居民不购买国库券而转向其他金融市场，转到一个市场之后该市场金融商品的价格上升，收益率下降。因此，有人认为，美国金融危机爆发的一个重要原因是全球收支不平衡，很多国家对美国有大量的贸易顺差，把顺差得到的美元用来购买美国金融资产，从而助长了美国的金融泡沫。伯南克提出，美国之所以有这样的泡沫是由于亚洲国家储蓄率过高，把大量的钱投入美国，但是把这种原因归于中国是错误的。不过从中国的角度来讲，我们也应该进行反思，为什么要长期购买美国金融资产，是不是要继续维持过去的经济增长模式？

### 2. 制度层面原因

经济学家对美国金融危机爆发的原因进行反思，认为全球收支不平衡依然是其发生的一个重要原因。从微观层面监管缺失，扩大到宏观整体的全球收支不平衡，是研究金融危机爆发原因的一种趋势。另一种趋势是国际货币体系固有的缺陷使得国际收支不平衡可以维持造成了泡沫发生，进而导致危机爆发。

经济学家的探讨在以下几个方面达成共识：第一，全球不平衡迟早导致美元发生问题，现在美元的升值是短期的，是一种避险行为，那么恢复之后这种现象会结束，返回之前的方式，即美国经常项目赤字不断增加，美国外债对 GDP 的比值不断增加，对美元产生怀疑，美元贬值。第二，全球不平衡不是金融危机的直接原因，但助长了由金融自由化、无限度金融创新引起的金融泡沫的膨胀，金融泡沫迟早要破灭。第三，国际货币体系是全球不平衡的必要条件，如果国际货币体系不是现在这种样子，那么金融危机不会发生或者没有现在这么严重。第四，金融危机导致了全球不平衡矫正的提前发生，如果没有美国金融危机的发生，那么不会深入讨论国际货币体系的改革。尽管后布雷顿森林体系自 1973 年建立以来，存在很多问题，但是仍然没有达到非改不可的地步，然而，美国金融危机爆发使经济学家认识到对这种国际货币体系进行改革的必要性。但需要注意的是，随着全球经济的好转，对国际货币体系进行改革的呼声可能会减弱。另外值得注意的是，大的危机之后会有很强劲的复苏，但是复苏之后会重新陷入危机，而且危机的程度可能会更深，所以面对现在的复苏应当予以重视。例如，美国的“大萧条”，日本 1989 年的经济危机。1989 年日经指数从接近 40000 点的地方暴跌，但是 1993 年、1994 年时经济有所好转，1996 年日本的经济增长指数达到 5%，但是 1997 年、1998 年日本的经济再次迅速下滑，危机进一步延伸。

### （二）金融危机与全球不平衡问题

通过图 10 做一种尝试，将美国金融危机与全球不平衡问题结合起来。基本含义是在其他条件一定的情况下，外债占 GDP 的比重越高，那么这个国家无力偿还外债的可能性就越大，如果外债余额占 GDP 的比重很低，那么投资者所要求的风险贴水就很低。随着外债余额占 GDP 的比重不断上升，要求的风险贴水也越高，在危机发生之前，当达到 r 时，认为该国无力偿还债务，即达到不可持续点 1。那么当危机爆发之后，对美国的信心减弱，外生因素发生变动（其他条件一定的情况不再成立），那么与原来相比，对同一外债余额占 GDP 的比值要求更高的风险贴水，即危机发生之后曲线向左上方移动，不可持续点由不可持续点 1 移向点 2。例如，危机爆发之前，当外债余额占 GDP 的比值达到 50% 时才要求 r% 的风险贴水，爆发之后，外债余额占 GDP 的比值达到 25% 时就要求 r% 的风险贴水，在点 2 就使得金融体系不可维持了，使得经常项目逆差的状态不可维持。也就是说，金融危机的发生使得全球不稳定的问题更为敏感，更为严重，更容易导致美元出问题。现在美元不贬值反而升值是由于美国实施了一系列刺激经济的政策，原来美联储的超额储备金是30亿美元，现在是8000亿美元，最高的时候甚至达到12000亿美元，另一方面是美国的国债，美国的国债是11.7万亿美元，根据美国的财政预算，2009年美国的财政赤字将达到1.6万亿美元，甚至更多，在未来的10年中将增加9万亿美元，也就是说美国国债占GDP的比将超过120%。但这些政策只是临时性的政策，当这些政策退出之后，原来的基本问题将会显露。

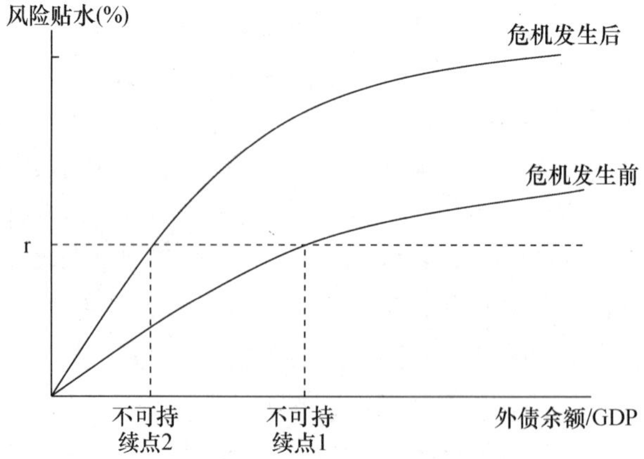


**图10 危机发生后不可持续点的变动**

## 三、国际货币体系改革

### （一）布雷顿森林体系的最根本问题

布雷顿森林体系自身存在两个最主要问题。第一个问题是特里芬难题。美元作为黄金的辅助，成为国际储备货币，因为要进行交易就必须存在交易媒介，国际贸易开始时黄金作为储备货币，后来是可兑换货币，在布雷顿森林体系下，黄金是储备货币，美元也成为国际储备货币，而且美元成为更主要的国际储备货币，因为经济不断发展需要更多的流通媒介，而黄金的产量是有限的，但是美元只是一种凭据，只有规定了美元与黄金之间的兑换比率，美元才能被接受为储备货币，因此按1盎司黄金=35美元进行兑换。由于国际经济的发展，其他国家需要更多的美元作为交易媒介和价值贮存，那么美国必须存在国际收支逆差，例如中国对美国进行出口，存在贸易顺差，美元则流入中国。因此，基本矛盾是随着各国持有美元的数量不断增多，但是黄金数量未变或仅有少量增加，那么外国持有的美元资产对黄金之比越来越高，不再相信原来的兑换比率（1 盎司黄金 = 35 美元），因此不想持有美元，而是要将美元按 35 美元兑换 1 盎司黄金的比率兑换为黄金。特里芬提出在这种情况下美元迟早要崩溃。这种怀疑使美元与黄金的兑换存在两种比例，一是官方的兑换比例（1 盎司黄金 = 35 美元），二是自由市场中的兑换比例，该比例远高于官方兑换比例，由此产生了投机行为，如果持续进行则导致美国的黄金储备耗尽，因此只能采取停止自由兑换的措施。这种冲突是导致布雷顿森林体系崩溃的一个主要原因。

第二个问题是戴高乐问题。戴高乐认为只有美元可以作为国际储备货币是不公平的，因为如果法国有贸易逆差只能通过黄金或美元进行支付，但是黄金供给有限，而法国又不能印制美元，因此必须有贸易顺差或资本项目逆差，法国才能获得美元或黄金，当法国无法获得黄金或美元时，只能压缩法国本国经济减少贸易逆差，强制自身恢复平衡。但是如果美国出现贸易逆差，由于美元是国际支付手段，那么通过印制美元就可以解决问题。由此产生了美国和其他国家的不对等问题，美国不受约束，而其他国家受到很大的约束，因此具有一种特权。戴高乐认为这是不公正的，美元与法郎应该是对等的，而不应该存在这种差异，应该要求改变这种状态。

## （二）后布雷顿森林体系

上述两个问题的同时存在，导致了布雷顿森林体系的解体。布雷顿森林体系解体之后实施浮动汇率，取代了固定汇率，浮动汇率原本的意思是不再需要积累黄金储备。因为如果是固定汇率下存在贸易逆差，则会出现货币贬值，如果要阻止贬值，就必须在外汇市场中抛出美元购买本币，这要求事先具有美元储备，但是以美元作为外汇储备存在上述的两个问题。在浮动汇率下，如果具有贸易逆差，那么本币贬值，美元升值，并不需要用外汇储备进行调节，因此不需要具有外汇储备。但是这种情况是不能实现的，因为国家一般不愿意让汇率剧烈波动，在一定程度上依然保持对外汇市场的干预，这依然需要进行外汇储备。

通过泰国的国际收支情况对此进行分析，经常项目逆差突然变为顺差，是由于当时国际流动资本对泰国的冲击，使泰国认识到，长期的经常项目逆差导致泰国国内外汇储备数量少，一旦外国投机者在外汇市场抛空泰铢，没有足够的美元购回泰铢而保持泰铢的汇率不变，泰铢一旦发生贬值，则有外资的企业面临倒闭。因此，为了维持本币不贬值就必须具有大量的外汇储备，经过东南亚金融危机之后，亚洲国家都使经常项目由逆差变为顺差，也尽量使资本项目变为顺差，积累外汇储备。

## （三）国际货币体系改革

斯蒂格利茨委员会认为，发展中国家为了防止外来的冲击，而积累大量外汇储备，才保持双顺差，因此有必要对这样的国际货币体系进行改革。但是需要注意的是，这种观点对中国是不成立的，中国只有在 1996 年、1997 年是为了储备外汇而发生顺差，但是之后储备外汇并不是中国发生双顺差的主要原因，当存在外来攻击时，中国可以利用资本管制，因此在 1998 年时损失的外汇储备仅为 30 多亿美元。斯蒂格利茨认为，国际货币体系安排存在的最主要问题是，美元这种国别货币成为了国际储备货币，这种国别货币本身不能作为一种优良的价值尺度、交换媒介和价值贮存的。黄金具有内在价值，而美元这种纸币是不存在内在价值的，其价值受到美国国内经济波动及政策的影响。如果美国大量增发美元出现通货膨胀，那么美元贬值。如果美国政府采取不负责任的财政政策和货币政策，实施大幅度财政赤字、大量增发美元，那么美元贬值是不可避免的。在正常的情况下，美国保持每年 4% 的通货膨胀率，也就是其他任何情况都不发生的情况下，外汇储备每年 4% 的价格就会消失。因此，要改变这种状况，就必须使国际储备货币脱离一个国家内部政策的影响，需要建立一种国际储备货币，这种货币是超主权的。斯蒂格利茨提案（Stiglitz Proposal）中也提出，货币体系改革应该解决三个问题：第一，储备资产的积累必须和储备货币国的经常项目逆差相分离；第二，对经常项目顺差国必须有所约束；第三，应该提供一个比美元更为稳定的国际价值贮存载体。超主权货币的实现需要长期的发展，在其实现之前，一个最为现实的方法是大量增加 SDR 的发放，SDR 的发放同任何国家的经常项目逆差无关。同时，由于 SDR 的价值由一篮子货币决定，当篮子中各货币的汇率发生相对变化（如美元兑其他货币贬值）时，其价格肯定比美元（对其他货币的相对价格）更为稳定。如果通过增发 SDR，使 SDR 逐渐成为超主权货币也无法实现，则要求国际货币基金组织建立替代账户，可以将美元换成 SDR 转为存款放入国际货币基金组织。在这种情况下，一旦美元发生贬值，遭受损失的程度将减弱。这样做对中国有利，但是也遭到了很多人的反对，认为中国利用这种方法可以减少外汇储备的风险，但是国际货币基金组织其他成员国要分担中国的风险。但是，如果存在这种替代账户，美国可能就不会大量增发美元，美元也就不会发生贬值，那么中国不会抛出美元，实际上损失不大，如果发生损失，通过该账户中国的损失减少，可以将一部分收益分给其他国家予以补偿。

现存的国际货币体系具有三大缺陷：第一，通货收缩压力，有时是通货膨胀压力，在现在的国际货币体系下，斯蒂格利茨认为，很多国家必须积累外汇储备，积累外汇储备就是将通过出口获得的外汇用于储蓄而不用于消费，那么存在一种通货收缩的压力。但是这种观点不全面，有时会存在通货膨胀的倾向。第二，不稳定性，因为美元是一种国别货币，其价值受到美国国经济政策的影响，大幅增加货币，引起其他国家的怀疑而抛售美元。第三，不平等性，发展中国家必须积累大量的外汇储备，美元或美国国库券，但是其收益非常低，为得到这些储备丧失了国内投资机会，损失了国内福利水平，而且很多发展中国家的外汇储备不是通过贸易顺差得到的，而是通过向美国借款，但借款的利率较高，这种货币体系的安排不利于发展中国家的发展。中国更应该推动国际货币体系的改革，因为中国双顺差导致外汇储备积累已经超过2万亿美元，如果美元贬值、美国发生通货膨胀、美国国库券价格下降，中国的外汇储备将遭受巨大资本损失。

应该如何改革国际货币体系，中国面对的有三种途径：一是推动国际货币体系改革；二是推动人民币国际化，如果人民币是国际货币就不需要大量美元作为外汇储备，但这也是漫长的过程，其中也会有风险；三是加强区域合作，考虑建立区域货币。最根本的问题是，中国应该改变现在的经济增长方式，必须进行经济结构调整，改变现在严重依靠外需的状态。2008年9~10月中国经济急剧下滑，主要是由于金融危机导致的国际经济危机的急剧恶化，下降最严重产业的是钢铁，钢铁行业53%的下降，是由钢铁行业出口需求的直接减少造成的，沿海地区大量的失业，这都说明中国处于严重依赖外需的状态。认为中国主要依靠内需的观点带来的政策含义是不需要对中国的经济结构进行调整。这是危险的，我们应该借助金融危机积极调整国内经济结构，减少现在这种贸易顺差，因为现在每挣1美元就转变为外汇储备的增加，而外汇储备在贬值。“十一五”规划中提出要在2010年实现国际收支基本平衡，这说明本身是要对经济结构进行积极调整的，但是现在并未实现。短期内，不可能将我国的贸易顺差减为0，但是应该把顺差变为资本项目逆差，可以转化为对外直接投资，对战略物资的购买，中国企业对海外企业进行并购，中国金融机构对海外进行股权、债券投资，对外发放贷款，对第三世界的援助，为国际金融组织和区域金融组织提供资金，而不是转化为美国国库券。

（编辑整理：孙婧芳）

# 生态经济理论与实践的进展

李　周

2009 年 12 月 3 日

# 李 周

中国社会科学院农发所副所长、农发系教授

**摘　要：**本文对生态经济理论及实践的进展进行分析，生态系统经济特征包括可再生性、可修复性、传递性、竞争和进化机制。中国生态经济学经历了近30年的发展历程，进入以生态环境与社会经济可持续发展为核心的研究阶段。对生态经济学研究中的差异性进行评价，并对生态经济学进行定位。生态经济学理论研究进展，提出新的物质分类方法；完善成本核算公式；解释生态环境问题；探讨可再生资源与可持续经济的关系，生态经济与清洁生产、生态工业园区、循环经济的关系，生态经济与社会和谐的关系。生态经济实践研究进展，实施可持续发展战略的制度研究；区域层面上的生态省建设研究；产业集群层面上的循环经济实践研究。

**关键词：**生态系统的经济特征　生态经济理论　能值分析　生态足迹分析

## 一、生态系统的经济特征

### （一）生态系统的承载力具有可再生性

生态系统的承载力对来自外部的冲击有一定的应对能力，只要对生态系统承载力的利用不超过它的自我调节能力的阈值，生态环境的承载力就具有可再生性。这是人类社会可持续发展的基础。为了维护这种可再生性，必须采取生态系统保护措施。

### （二）生态系统的承载力具有可修复性

由于缺乏合理利用生态系统承载力的知识、技术和政策、机制，现实中的一些失当的生态系统承载力利用方式，会削弱生态系统的承载力。然而，生态系统的承载力具有一定的可修复性，只要这种负面影响不超过它的可修复的阈值，这类措施造成的负面影响是可以消除掉的。

为了及时纠正各种过度利用生态系统，如毁林开荒、围湖造田等行为造成的偏差，必须尽快采取生态修复措施。生态系统承载力的可修复性可借助于生态库兹涅茨曲线来解释。该曲线的含义是，在经济增长、产业结构和技术结构演进的过程中，生态状况先趋于恶化，然后逐渐改善。

经济发展和生态的关系的变化将从互竞互斥走向互补互适的关系，类似于库兹涅茨考察的经济增长与收入分配之间的关系，所以可以把描述经济发展与生态变化关系的曲线称为生态库兹涅茨曲线（参见图 1），经济发展的过程越来越不依赖于自然资源的过程，从依靠自然资源到依靠人造资本到依靠人力资本的过程，这个过程也是科技发展过程。

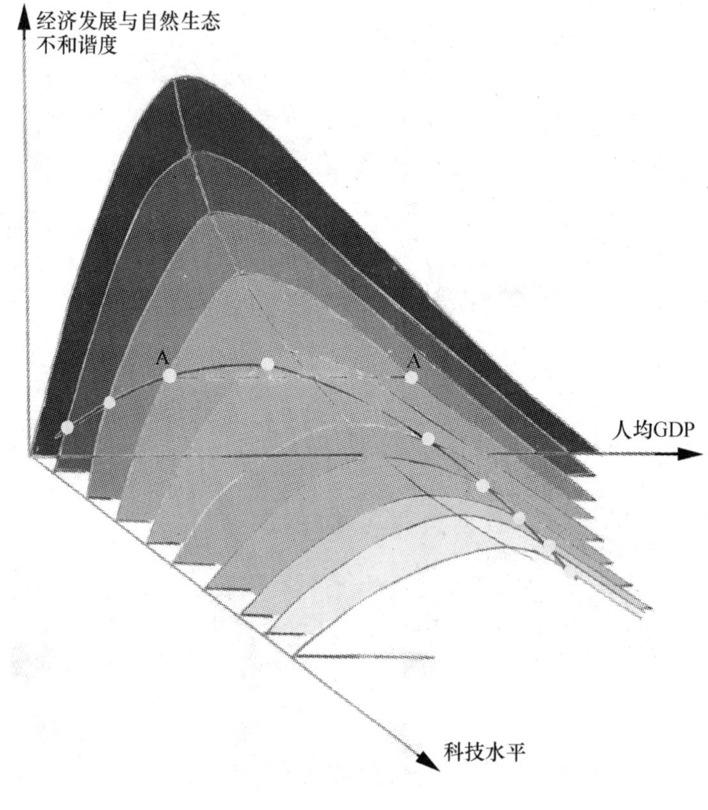


**图 1　生态库兹涅茨曲线**

## （三）生态系统的承载力具有递增性

生态系统的承载力不是固定不变的。从某种意义上讲，人类社会的发展过程，就是通过生态系统承载力的开发和资源利用结构的提升不断提高生态系统承载力的过程。这是乐观派认为世界无极限的主要依据。生态系统的承载力的递增，需要采取一系列相互协调的措施，包括挖掘和提升生态系统承载力的技术措施、增加生态系统承载力的建设措施，以及与之配套的激励政策和机制，涵盖技术进步、价格机制和法律、法规等诸多方面。以下通过农业来解释生态承载力是不断递增的。

社会伊始，人类是以渔猎和采集为生的。渔猎动物和采集植物果实均依赖于大自然的恩赐，所以土地的人口承载力极低。据估计，当时的平均人口承载力为0.02～0.03 人/$km^2$；冬季也温暖、物产丰饶的地区，平均人口承载力为0.3～0.6 人/$km^2$；气候寒冷的地方或沙漠地带，平均人口承载力为0.01 人/$km^2$。随着人口的增长，这种生活方式变得越来越难以为继了。人类不得不改变立即食用所捕获的动物或所采集的果实的习惯，开始饲养它们或种植它们，由此形成了原始农业。这一变化，使土地的平均承载力上升到0.5～2.7 人/$km^2$，提高了25～90 倍。在这个过程中完成创新的人得以发展，而没有完成创新的人则消失。在原始农业阶段，种植业和养殖业相互独立，它们各自完成自己的物质循环和能量转换。此时，种植业和养殖业均不能在固定的地块上持续生产，不得不采用轮耕制和游牧制，以解决地力恢复的问题。由于大量土地处于休闲状态，土地的平均承载力仍然很低。随着人口的继续增长和消费水平的提高，原始农业越来越难以为继了。为了摆脱困境，人类完成了将两个独立的循环整合成一个循环的技术创新，即用种植业的“废弃物”作为养殖业的饲料，用养殖业的“废弃物”作为种植业的肥料，实现了农业在固定地块上的持续生产，由此形成了传统农业。这一变化使土地的平均承载力提高到40 人/$km^2$，与原始农业相比，土地承载力提高了14.8～80 倍。

传统农业完全依赖于有机物质的循环，土地产出受到耕作层土壤中有机养分有限和作物生长发育受自然干扰大的双重制约，土地的平均承载力仍然不可能很高。随着人口的继续增长和消费水平的继续提高，传统农业也越来越难以为继了。为了摆脱困境，人类完成了将有机循环与无机循环整合在一起的技术创新，由此形成了现代农业。这一变化使土地的平均承载力上升到160 人/$km^2$，与传统农业相比，土地承载力提高了4 倍。现代农业主要通过外部的能量投入获取更高的农产品产量。捷克所做的一项为期10 年的试验结果表明，农产品每增加1%，能源消耗增加2.5%。现代农业也是由农产品供不应求的市场信号诱发出来的，然而，现代农业作为科学技术加速发展的产物，又有不同于其他农业类型的特征。原始农业和传统农业旨在逼近可达到的增长极限，而现代农业旨在形成突破极限制约的能力。这种能力具有两重性：一方面，它解决了农产品短缺对经济增长的制约；另一方面，农产品的过快增长造成了农产品剩余，并对生态系统施加了一系列负面影响，如过量使用化肥造成的水体富营养化，过量使用农药造成土壤中有毒元素的增加，过量使用塑料薄膜造成土地中含有大量不易溶解的化学物质，以及农产品中的有害物质超标，等等。

农业是最为古老的产业。在漫长的岁月中，农业扩张对森林、草场和湿地造成了冲击，但生产的都是有机产品，没有对环境造成污染。中国农业大量使用化学物品的时间很短，但在短短的几十年里出现如此多的问题，值得我们反思。为了消除这些负面影响，人类进行了将生产循环与生态循环有机统一起来的技术创新，由此形成了生态农业。所谓生态农业，就是通过可再生资源对不可再生资源的替代，低物级（能级）资源对高物级（能级）资源的替代，实现经济再生产与生态再生产的统一。

**表1　低物级资源对高物级资源的替代**

| 农业类型 | 渔猎时期 | 原始农业 | 传统农业 | 现代农业 | 生态农业 |
|---|---|---|---|---|---|
| 目 标 | 化解需求压力 | 化解供给压力 | 化解供给压力 | 化解资源压力 | 化解生态压力 |
| 主要措施 | 渔猎采摘 | 外延的资源利用 | 外延的资源开发 | 内涵的资源开发 | 内涵的资源利用 |
| 关键要素 | 天然食品 | 自然资本 | 自然资本 | 人造资本 | 人力和生态资本 |
| 技术特征 | 依赖自然恩赐 | 分离式有机物循环 | 互补式有机物循环 | 有机与无机结合 | 生产与生态结合 |
| 最优土地 | 天然生长食品 | 易于开垦耕作 | 宜于作物生长 | 便于进入市场 | 生态环境稳定 |
| 技术基础 | 渔猎技巧 | 经验传授 | 经验科学 | 实验科学 | 系统科学 |

生态农业的外延极为丰富。我们要建设的是具有主导农业类型特征、具有市场竞争力的现代生态农业，而不是属于传统农业组成部分的传统生态农业。现代生态农业和传统生态农业与自然的关系都有和谐、交融的特性，资源配置都具有复合、循环的特性，产品都具有无污染特性。所不同的是，现代生态农业具有市场化、专业化和品牌化的特征，而传统生态农业不具有这些特征。现代生态农业通常采用农户合作经济组织、龙头企业等方式，农产品通常有注册商标，农产品品牌不仅向消费者传递产品质量标准的信息，而且向消费者传递达不到质量标准承担赔偿责任的信息。而在传统生态农业阶段，农户是独自面对市场的，通常以地名为品牌，向消费者传递的是产品的产地信息。与这种变化相对应，现代生态农业有两项基本制度：第一，政府制定并实施的食品安全检验制度；第二，生产经营者要通过品牌公示产品质量和承担违约责任的制度。

生态农业能否成为主导农业类型，不取决于现在的主导农业类型有多少缺陷，而取决于它是否具有更强的市场竞争力和社会认同感。现代生态农业何时成为主导农业类型，取决于生态农业技术的竞争力、适用性、可推广性，以及生态农业技术信息传播和推广体系的完善程度。总之，现代生态农业绝不是简单地后退一步，向传统农业回归，而是向前再走一步，既保持现代农业的高生产力和市场运作机制，又有效地解决食品不安全和生态环境恶化问题。生态农业成为主导农业需要具备三个基本条件：第一，能更好地利用自然和生态环境，有更好的经济效益，得到农业生产经营者的青睐；第二，能提供质量更好的农产品，得到广大消费者的信赖；第三，能兼顾生态效益和社会效益，得到政府和社会的支持。这三个条件会随着经济发展，居民收入水平提高，技术创新而逐渐形成，所以生态农业会逐步成为主导农业类型。

### （四）生态系统具有竞争和进化机制

自然生态系统之所以能够生生不息，和谐相处，不断进化，最为关键是它具有三个机制：第一，植物、动物和微生物相互连接的循环机制，该机制使生态系统能够生生不息；第二，生物之间相互依赖和相互制约的和谐机制，该机制使基因、物种和生态系统的多样性得以持续，即任何物种都不能占据垄断地位，其过于强大时，繁衍环境会趋于恶化；第三，任何物种都不会轻易消失，其过于弱小时，繁衍环境会得到改善。此外，还存在物竞天择、优胜劣汰的进化机制，该机制使生态系统能朝着顶级群落的方向演替。这几个机制实际上也是社会经济系统具有可持续性的必要条件。所不同的是，自然生态系统的这三种机制是内生的，而社会经济系统的这三种机制是外生的，它们是技术创新和制度创新的结果。具体地说，通过制度创新构建和谐机制，使人与人之间、人与自然之间保持和谐状态。通过技术创新和制度创新构建循环机制，实现“资源→产品→废弃物”的开环流程到“资源→产品→资源”的闭环流程的转换，使生产和消费过程中排放出的废弃物不高于环境的自净能力，使经济和生态具有相容性；通过发育市场体系构建竞争机制，促进技术、产品、企业和制度的优胜劣汰。在漫长的农业社会里，关注的是循环机制和和谐机制，进入工业社会以后，越来越重视竞争机制，相信所有问题都能在竞争机制的作用下得到解决，对和谐机制和循环机制的重视程度逐渐降低了。

随着地区之间和人群之间发展差异的不断加大，和谐机制开始得到关注，逐步形成了讲求公平的政府分配、讲求责任的社会分配弥补讲求效率的市场分配之缺陷的分配体系，引入第三分配，富裕起来的来帮助依然贫困的。随着“资源—产品—废弃物”的开环流程对社会造成的负面影响越来越大，循环机制再次得到关注，并在循环方式上发生了五大变化：从企业内的循环提升为企业间的循环；从产业内的循环提升为产业间的循环；从社区内的循环提升为区域间的循环；从小尺度的循环提升为大尺度的循环；从满足自身效用最大化的循环提升为产出效益最大化的循环。经济流程从闭环到开环，再从开环到闭环，绝不是简单的重复，而是建立在更高层次上的否定之否定。

## 二、中国生态经济学研究的历程

将生态学原则有目的地应用到生产实践中始于20世纪60年代。随着森林破坏、水土流失、土地沙化和工业污染等问题日益突出，社会经济发展和人类生活遭到的冲击越来越大，有效地处理好经济增长、资源利用与环境保护的关系，成为越来越紧迫的任务，成为科学家必须履行的最为重要的责任①。

我国的生态经济学研究始于1980年。20世纪80年代初，中国生态经济学的倡导者、奠基者，已故著名经济学家许涤新多次提出要认真总结和对待新中国成立以来在现代化建设过程中出现的新情况和新问题。他指出："在生态平衡与经济平衡之间，主导的一面，一般来说，应该是前者，因为生态平衡如果受到破坏，这种破坏的损失，就要落在经济的身上。"这实际上是讲自然规律和经济规律之间的关系。这与差不多同时出版的罗马俱乐部的第九个报告《关于财富和福利的对话》是一致的。中外学者从不同角度得出相同的结论，说明这个问题的普遍性。马克思的《资本论》多次提出人与自然之间的物质变换问题。受马克思主义的启发，特别是对中国社会主义现代化建设实践的深入研究，许涤新以其科学的敏锐性和前瞻性，于1980年8月首次提出"要研究我国生态经济问题，逐步建立我国生态经济学"的目标。同年9月，许涤新主持了我国首次生态经济问题座谈会，拉开了我国创建生态经济学的序幕。这次座谈会上，许涤新、马世骏、侯学煜、阳含熙、王耕今等经济学家、生态学家在一起共同研究我国生态经济学问题，这是两大科学领域在生态经济学上的第一次密切合作。会后，出版了我国第一部生态经济学论文集《论生态平衡》。我国生态经济学发展历程，大致可以分为三个阶段。

### （一）以维护生态平衡为核心的研究阶段

1978年，党的十一届三中全会要求把工作重点转移到社会主义现代化建设上来，其中包含了从滥用资源、破坏生态环境转为保护自然资源和改善生态环境的内容。这次会议做出的《中共中央关于加快农业发展若干问题的决定》明确指出："过去我们狠抓粮食生产是对的，但是忽视和损害了经济作物、林业、畜牧业、渔业，没有注意保持生态平衡，这是一个很大的教训。"1983年1月，

① 马世骏：《展望90年代的生态学，现代生态学透视》，科学出版社1990年版。

《当前农村经济政策的若干问题》指出，“实现农业发展目标，必须注意严格控制人口增长，合理利用自然资源，保持良好的生态环境”，在这三个前提下，走出一条具有中国特色的社会主义的农业发展道路。我国生态经济研究是在中央文件精神的指引下开展起来的。在党的解放思想、实事求是的政治思想路线的指引下，一大批科学工作者对新中国成立以来，由于政策、工作上的失误而带来的一系列严重的生态环境问题进行了深入广泛的研究。科研人员对我国生态破坏、环境污染的严峻现实忧心忡忡，大声疾呼，其中，“小兴安岭林海面临危机”、“西双版纳森林资源亟待拯救”和“长江有变成第二黄河的危险”，产生了巨大的社会影响。在生态经济学初创阶段，其研究核心是发展经济必须遵循经济规律和生态规律。许涤新反复强调“生态经济学的要求是客观存在的，只有遵守这个规律，才能在发展我国的社会主义现代化建设中，保持生态平衡的相对稳定，才能把局部利益同整体利益结合起来，而以整体利益为主导；才能把眼前利益同长远利益结合起来，而以长远利益为主导”。这是生态经济学最初的主要思想。

### （二）以生态经济协调发展为核心的研究阶段

在1984年召开的“全国生态经济科学讨论会暨中国生态经济学会成立大会”上，我国经济学家、生态学家、环境科学家、农学家、林学家等，从不同角度论述了社会经济必须同生态环境相互协调的重要性，并在以生态与经济协调发展的思想指导我国经济建设这一点上取得了共识。该阶段的生态经济研究，主要集中在生态经济协调发展上，并以此为贯穿生态经济理论的红线。20世纪80年代后期至90年代初，生态经济协调发展论成为我国生态经济理论的主流。这一理论的建立和发展，是我国生态经济学建设中的一项重要成就，是我国生态经济学发展上具有重要意义的大事。1987年9月，许涤新主编的《生态经济学》的出版，是以生态经济协调发展理论为核心的生态经济学初步形成的标志。这一时期，共有150多本论述生态经济协调发展理论的生态经济学著作问世，涵盖基础理论、人口、自然资源、生态环境，以及农业、森林、草原、渔业、城市、区域、乡镇企业等方面。这些成果不仅为中国生态经济学的形成奠定了理论基础，而且为我国实施生态环境与社会经济可持续发展战略提供了科学依据。

### （三）以生态环境与社会经济可持续发展为核心的研究阶段

环境与发展是当今世界普遍关注的重大问题，1992年，联合国在巴西里约热内卢召开的环境与发展大会上提出的可持续发展战略，得到了世界各国的积极响应。1994年我国率先公布《中国21世纪议程——中国21世纪人口、环境与发展白皮书》，明确了走可持续发展之路，是中国在未来和21世纪发展的自身需要和必然选择。“只有将经济、社会的发展与资源、环境相协调，走可持续发展之路，才是中国发展的前途所在”。同年，中国生态经济学会理事长刘国光在“全国资源、环境与经济发展学术讨论会”上的报告指出：新的形势，给我们带来了新任务，生态经济的理论与实践都要进一步深化，完成三个转变，从一般的宣传工作到扎实做好普及培训工作的转变；从理论概念的研究到参与实践工作的转变；从生态经济研究到研究生态环境与社会经济可持续发展的转变。

因为传统发展观忽视了维持自然生态财富的非减性是确保经济社会健康、稳定、可持续发展的前提条件，忽视了自然资源和生态环境承载力的有限性，忽视了经济增长和物质财富增加要以生态环境良性循环为基础的法则，从而实现不了人口、经济、社会与资源、环境、生态相互协调与可持续发展的目标。20 世纪 90 年代中期以来，生态经济协调发展理论与实践向深度与广度扩展的最重要、最显著的特点就是向可持续发展领域渗透与融合。在生态经济协调发展理论的基础上创立可持续发展理论，是生态经济学理论体系的又一次深化，丰富和完善了我国生态经济学的理论体系，并为用生态经济学理论指导实践提供了更有力的基础。由理论与发展专业委员会组织，王松霈主编的《走向 21 世纪的生态经济管理》和由生态经济教育专业委员会组织，刘思华主编的《可持续发展经济学》，是这一时期生态经济研究的代表作。

## 三、生态经济学研究中的差异性评价

### （一）国内外生态经济研究产生背景的差异分析

国内外生态经济研究始点上存在三个差异。第一，无论是博尔丁还是戴利，提出生态经济概念，针对的是相对剩余状态（或过度消费）下的生态恶化。鉴于有限的生态承载力满足不了无限的经济增长的需求，他们提出稳态经济和零增长理念或理论。中国学者在 20 世纪 80 年代初提出生态经济概念时，针对的是相对短缺状态（或基本消费不足）下的生态恶化。当时的中国尚不具备发达国家学者提出的稳态经济和零增长的边界条件。这是国内外生态经济研究存在的第一个差异。第二，在发达国家，生态经济的提出，针对的是工业生产和化肥、农药污染造成的负外部性，而中国当时主要针对初级资源开发中暴露出来的负外部性，这是国内外生态经济研究始点上存在的第二个差异。第三，在发达国家，生态经济的提出，主要针对市场失灵和制度失灵，而中国当时针对的是政府失灵和政策失灵。更直截了当地说，针对的是片面强调“以粮为纲”和低成本的政策造成的严重后果。当时的生产者并没有因为成本外部化而获得好处，所以不是自利与利他的冲突。

**表 2　不同发展阶段生态共性、问题、举措的比较**

| | 不发达阶段 | 越过不发达阶段之后 |
|---|---|---|
| 共性 | 生态恶化 | 生态恶化 |
| 面临的问题 | 增长不足，短缺具有常态性<br>农业开发方式不当<br>政府失灵 | 增长过快，过度消费具有常态性<br>工业污染<br>市场失灵 |
| 基本措施 | 增加供给<br>加速资源开发 | 抑制供给<br>抑制资源耗竭 |

在常规的经济增长满足不了基于人口快速增长的基本需求增长的阶段，解决供需矛盾的主要措施是开发自然资源，把自然财富存量转换为社会财富流量（生活资料）和存量（生产资料）。在这个阶段，开发方式上的顾此失彼，确实引发了诸多的生态恶化。我们可以将它们称为不发达阶段的生态恶化。在这个阶段，生态经济学是否比发展经济学更便于指导经济增长与发展，可以作为一个问题进行思考与研究。跨越了这一阶段或基本需求解决之后，通过扩大内需和外需的方式刺激生产，不断地加大把自然财富存量转换为社会财富流量（生活资料）和存量（生产资料）的总规模，以致有限的生态承载力满足不了无限的经济增长需求，同样会引发生态恶化。我们可以将它们称为越过不发达阶段的生态恶化。在这个阶段，生态经济学的作用会不会变得越来越重要，也可以作为一个问题进行思考和研究。我的基本假设是：经济越发展，生态经济学的作用越显著。其依据是，经济越发展，认同生态经济理念的人占总人口的份额越大。这也是生态经济学越来越有市场的主要原因之一。

### （二）生态经济学家认知的差异

把生态经济学分为三个派别：一是温和派，认为现在问题不解决是不行的，强调以人为本，以经济为中心使现实社会更加美好。二是关注自我价值实现派。三是激进派，认为现有的经济学理论已经不能解释当前的问题，必须对其进行代替。只关心人是片面的、狭隘的，强调以物种为本，以生态为中心，“以生态为中心来替代以经济为中心就是用日心说来替代地心说”，即经济不是主流的，生态才是主流，其目标就是使自己的主张得到认同。

表3 生态经济学家认知的差异比较

| | 温和派 | 自我价值实现派 | 激进派 |
|---|---|---|---|
| 判断 | 现存问题不解决不行 | 生态经济学科发展前景看好 | 现有经济理论不替代不行 |
| 理念 | 以人为本（人的平等） | 以自己为本 | 以物种为本（生物的平等） |
| 主线 | 以经济为中心 | 以社会热点为中心 | 以生态为中心 |
| 目标 | 使现实社会更加美好 | 自己的能力得到最充分的发挥 | 使自己的主张得到认同 |
| 方法 | 实证研究 | 不确定 | 规范研究 |

### （三）相近学科的经济学家的认知的差异

在现实中，相近学科的经济学家的认知也有差异。有些学者不愿意从学科界定入手来廓清相关学科的关系，而是利用学者的论述来界定学科。例如，一些人认为，因为博尔丁提出了生态经济概念，所以他是生态经济学家，他的论述就是生态经济学；另一些人认为，因为博尔丁论述了很多环境问题，所以他是环境经济学家，他的论述就是环境经济学。人们之所以会对同一篇论文、同一本书的学科归属做出不同的理解，说明不同学科之间确实存在界定不清的问题。环境经济学比生态经济学问世更早，所以一些研究环境的学者把生态经济学视为环境经济学的分支。例如，现有的一些文献把日本学者坂本藤良编撰、1976 年出版的《生态经济学》，视为世界上第一本生态经济学专集，这本专集的副标题是“环境科学入门”。我国清华大学的何强、井文涌等人撰写、清华大学出版社出版的《环境学导论（第三版）》中，也将生态经济学划为环境经济学学科的组成部分之一。

## 四、生态经济学的定位

将主流经济学、资源经济学、环境经济学、生态经济学进行比较分析。主流经济学利用边际分析解决资源配置优化问题。资源经济学关注可持续性问题，研究的基本方法是消长均衡及替代均衡，关键是人力资本创新是自然资源的有效利用；环境经济学更关注外部性问题，讨论如何追求正外部性，限制负外部性，关键举措是博弈，对污染总量进行控制并开展排污权交易。生态经济学关注的基本问题是增长过度，利用社会最优化分析，培育集体理性，调控的手段是拓展自利与利他相统一的尺度。

表 4　主流经济学、资源经济学、环境经济学、生态经济学的比较

| | 主流经济学 | 资源经济学 | 环境经济学 | 生态经济学 |
|---|---|---|---|---|
| 基本问题 | 资源配置 | 持续性 | 外部性 | 增长过度 |
| 基本方法 | 边际分析 | 消长均衡替代均衡 | 课税—补贴 | 社会最优化分析 |
| 关键举措 | 竞争 | 提升人力资本 | 博弈 | 培育集体理性 |
| 调控手段 | 财政、货币 | 创新 | 总量控制与交易 | 拓展自利与利他相统一的尺度 |

主流经济学的进展大家都比较清楚，这里不再赘言。资源经济学的进展包括四个方面：一是确定可持续利用量；二是以发放取水、采伐、放牧和捕获许可证等形式，把它的使用权界定给特定的社区（或人群）；三是做出适宜的制度安排，包括诱致性制度安排和强制性制度安排，前者如森林、草地、渔场生态补偿制度，以及引导合作（或集体行动）的制度，后者如禁伐、禁牧、禁渔制度，以及资源缩小开放尺度的制度；四是促进技术创新，提高资源利用效率。环境经济学的进展包括两个方面：一是实施污染排放总量控制；二是开展排污权交易。一方面使生态系统的自净能力得到充分利用，另一方面使排污权成为稀缺资源，进而变得有需求、有价格。实行排污权交易，可以降低污染治理的成本，可以引导排污权流向更有效率的企业或产业。各级政府、环保组织购进排污权而不再卖出，可排放的污染总量就会逐渐降低，环境质量就会逐步得到改善。生态经济学的进展，我个人认为最主要的就是借助于集体理性追求社会最优解。自利是一种权利，利他是一种责任，自利与利他通常是统一的，任何交易，如果仅考虑自利，不考虑利他，交易是不可能实现的。所以自利与利他实际上是相辅相成的，宛如一个硬币的正反面。自利与利他相统一的尺度，随着共同规则认可面的扩大而增大。人类伊始，自利与利他相统一的尺度很小，仅局限在氏族内部。一旦出现短缺，通常用暴力方式进行财富重新分配，暴力冲突中会有大量的财富损耗，所以其结果属于负和博弈。这种做法不利于社会财富的积累，不利于人们形成稳定的预期，不利于促进人类的发展。为了扭转这种局面，人们琢磨出了获得正和博弈结果的方式，这就是对财富界定形成共同认可的规则。所谓正和博弈，就是帕累托改进或卡尔多改进。其中，帕累托改进是指至少有一个人受益而没有任何人受损。卡尔多改进是指在有人受益有人受损的改进中，可以通过受益人对受损者的补偿，达到至少有一个人受益而没有任何人受损的结果。要获取这类结果或社会最优解，客观上需要集体理性和利他的视角。于是，共同认可的规则趋于不断完善，自利与利他相统一的尺度越来越大。自私与自利是不一样的，自利是在合乎社会规则的前提下追求自身利益最大化，而

自私则是在破坏社会规则的情况下达到自身利益，不可以将二者混淆。人类历史的进展是从小尺度的集体理性（村民对村落和乡规民约的认同）扩展到大尺度的集体理性〔国民合作、地区合作（欧盟）、全球合作（对全球化和世界贸易组织的认同）〕。集体理性形成的缘由是显在的和潜在的共赢机会需要通过合作方能获得。集体理性尺度增大的缘由是要想追求更大的共赢机会，就必须相应地扩大合作的尺度。人们都是为了追求更大的利益才来进行合作的，这应该是一种共同的认同规则。

生态经济学是最早揭示人与自然存在不和谐问题的学科之一，是最早探索人与自然和谐关系的学科之一，也是最早认识到经济理性必须与生态理性结合起来，生产、生活必须与生态结合起来，利润最大化目标必须与社会可持续目标结合起来的学科之一。生态经济学倡导并追求企业最优解与社会最优解的有机结合，个体理性与集体理性的有机结合，经济理性与生态理性的有机结合，这是生态经济学区别于其他经济学分支的一个极为重要的特征，这个研究视角正在被越来越多的人所认同。经济学重视对经济关系的剖析，旨在消除人对人的剥削，而生态经济学重视人与自然关系的剖析，旨在消除人对自然的剥夺，这是生态经济学区别于其他经济学分支的另一个极为重要的特征，这个研究视角也在被越来越多的人所认同。生产领域的效率损失和消费领域的过度消费，都是导致生态危机的根源。随着市场经济体系的不断完善，随着贫困问题的基本解决，生产领域中的效率损失和破坏生态的行为不断减少，消费领域的过度消费对资源耗竭、环境污染、生态冲击的负面影响越来越大。与这种变化相对应，消费领域和消费行为开始成为生态经济学家的研究重点。

生态经济学研究主要有三个切入点。第一，以生态系统作为研究的主体，利用数学方法和生态模型，分析人类活动对生态环境的影响，包括生态系统顺向演替带来的价值增值和逆向演替造成的价值损失，在此基础上引申出生态环境必须保育的政策含义。第二，从制度、组织创新入手，规范企业和人的行为，协调人与人之间的关系，将企业和个人的自利目标与利他目标统一起来，实现经济与生态协调，人与自然和谐。第三，从利益相关者的协商、谈判入手，在界定利益相关者的基础上，通过利益相关者的学习、协商和合作，形成并实践具有双赢和多赢性质的解决生态问题的方案。与此相对应，生态经济研究有三类工作。第一，生态经济研究工作，做好这工作，必须不断完善生态经济学的科学体系。第二，生态与环境管理工作，做好这类工作，必须不断完善有关生态经济的法律、法规和政策体系。第三，引导利益相关者共同解决生态问题的组织工作，做好这类工作，必须不断完善公众参与的平台，发育和培养有引导公众参与能力的社团组织和志愿者。为了将学者和官员参与的生态经济学拓展为公众参与的生态经济学，当前最需要做的是第三类工作。引导利益相关者参与的方法的提出，使生态经济学不仅具有评价政府、企业和他人行为的工具特征，而且具有引导公众建设和谐社会的纲领特征。

集体理性与社会最优化的实现程度可以通过三个维度来把握。一是生态资产和社会资产的递增或稳定。二是有限供给的拓展，即建立地球与外部星球的联系，例如太阳能的利用、太空育种等。目前太阳能作为能源还不具有现实可能性，但是，通过光电、光热和光磁转换，提高太阳能的能级，使之替代化石能源，是非常重要的方向。关注时间越早，关注力度越大，就会越早实现其变为现实的可能性。所以，基本问题不是最近30～50年或100年最适宜的能源是什么，而是继化石能源之后的替代能源是什么。三是无限需求的调控，即建立更为有效的体制机制。

## 五、生态经济理论研究的进展

### （一）提出了新的物质分类方法

人们通常把物质分为可再生资源和不可再生资源两大类。其中生物资源属于可再生资源，而非生物资源属于不可再生资源。这是人们普遍接受的分类方法。然而，我们也可以把物质分为资源和能源两大类。按照物质不灭定律，只要投入足够的能源，所有资源都是可再生（可复原）的（极少数过程不可逆，从而不可复原的资源除外）。这个分类方法的理论意义是把工业和农业统一起来了，即它们都是利用能源生产产品的过程，它们的差异仅仅表现在农业借助于流量性能源（太阳能）进行生产，工业借助于存量性能源（太阳能的转化形式，包括薪柴、煤炭、石油、天然气等）进行生产。这个分类方法的现实意义是把培育可再生能源和提高太阳能的能级作为科学研究最重大的方向。

太阳能在总量上足以持续地满足人类的能源需求，但它的能级太低，无法直接替代存量性能源。所以，资源可持续利用的关键是通过光电转换和光热转换，提高太阳能的能级，使其能够替代存量性能源。世界银行的一份报告指出，在发展中国家，太阳照射的能量大约为每年商品能源消费量的6500倍。按照目前15%的转换效率计算，为满足这些国家原生能源的全部需求，理论上需要的土地不到其土地面积的0.1%。就工业国而言，这个比例为0.5%，所需的土地面积小于目前全世界水力发电水库的面积。实际上，太阳能方案占地率平均只有水力发电方案占地率的1/20。20世纪70年代以来，各种商品形式的可再生能源的成本明显下降。在太阳能高析出地区，太阳能电力将在2010年前后可与核电相竞争，在2020年前后，可与矿物燃料相竞争。如果太阳能利用的技术创新达到这个水平，能源短缺的危机就被解除了，资源可持续利用的目标也将得以实现。随着太阳能开发和资源利用技术的不断进步，原先以为不可再生的资源将会越来越多地都能再生（复原）出来，而可再生资源一旦灭绝却无法再生出来了。因此，保护生物多样性要比保护非再生资源更为重要。由此得出的事关可持续发展的两个结论是：开发可再生能源，保护生物多样性。

### （二）完善了成本核算公式

人类最初应该是劳动交换，当时的资源环境没有被考虑，随着经济社会发展，逐渐加入资源成本、环境成本和使用者成本，使得成本核算公式不断完善，如下所示。

$C_T$（总成本）= $C_V$（活劳动成本）+ $C_C$（物化劳动成本）+ $C_R$（资源成本）+ $C_E$（环境成本）+ $C_U$（使用者成本）

其中，$C_V$ 和 $C_C$ 分别反映生产产品和提供劳务过程中的活劳动和物化劳动消耗；共同构成生产成本，它是适应市场竞争的成本概念，一个企业想占有市场份额，就必须降低生产成本。$C_R$ 反映的是生产产品和提供劳务过程中的资源消耗；资源稀缺性的变化会通过资源价格反映出来，将资源纳入成本核算体系，企业就会减少稀缺资源消耗或用相对丰富的资源替代相对稀缺的资源，从而诱发资源节约和资源替代的技术创新。$C_E$ 是环境成本，将环境纳入成本核算体系，生产者就无法采用损害他人利益的做法来谋利，这样就解决了代内公平的问题。$C_U$ 使用者成本，它是指当代人和后代人利用资源的效率差异，把使用者成本纳入成本核算，就解决了代际公平的问题。

### （三）解释了生态环境问题

（1）产业结构理论。结构理论的含义是经济发展是产业结构不断提升的过程。期间，经济增长依赖的资源结构会相应地发生变化，即经济结构、资源结构与经济发展水平有着密切的关系。不同的发展阶段，自然力是不一样的。低收入国家以第一产业为主，农业和采掘业对资源施加的压力较大，产生对资源的破坏；中等收入国家以第二产业为主，制造业尤其是重化学工业对环境施加的压力较大，造成比较高的污染；高收入国家以第三产业和高新技术产业为主，对自然资源的依赖程度较低，对环境施加的负面影响也趋于下降。按照产业结构理论，经济发展初期的资源与环境问题是产业结构低级化的后果，这些问题要通过提升产业结构来解决。

（2）产权理论。有关产权与资源、环境关系的分析是以公地悲剧为例展开的。经济学家以公地上的悲剧为例，做出了如果资源没有排他性的产权，必遭过度利用之厄运的结论。无论历史上还是现实中，产权界定清楚的资源利用和保护得更好一些，几乎是一个不争的事实。针对各国捕捞半径愈益扩大和海底矿产资源开发技术不断提升，海岸国家将领海扩展至200海里，其实质是从缩小资源开放尺度（将世界级改为国家级）入手，降低资源管理的难度，遏制资源耗竭和环境恶化。

产权界定是解决资源耗竭和环境恶化问题的重要手段，但无限夸大产权的作用也是不适宜的。第一，各种资源的产权界定难度是不一样的。一般来说，大尺度资源的产权界定难于小尺度资源；弱可分性资源的产权界定难于强可分性资源；流动态资源的产权界定难于固定态资源，例如空气、水的流动难于界定，而矿产资源却比较好界定。第二，在产权界定清楚的情形下，如果资源价格不适宜，仍有可能出现资源过度开发，导致资源和环境灾难。例如，如果资源的增值率低于银行利率，那么开发资源并将其变现，然后把钱存在银行里面就比留住资源还有效。由此可见，除了产权界定以外，资源价格变动对资源利用决策也有重要影响。第三，将所有资源的产权都私有化是不太现实的。

（3）外部性理论。所谓外部性，就是行为个体的行动不是通过价格而影响到其他行为个体的情形。外部性有两种：负外部性，即生产者把一些成本转嫁给社会。例如一片森林，如果采伐者获得全部收益，由此产生的水土流失造成的损失由大家承担，那么尽管林主知道采伐会造成严重的水土流失，他仍有可能为了降低成本而选择对水土保持负面影响最大的采伐方式。如果在制度上规定林主要交纳相当于采伐森林造成的负外部性的税金，就可以有效地解决诸如采伐森林这样具有负外部性的问题。正外部性，即社会获得了生产者的效益外溢。例如造林给社会带来的正效应。如果效益外溢导致造林者收益过少，造林者的积极性就会受到抑制。为了激励造林，就要采用赠款、软贷款、价格补贴、税收减免等生态补偿方式，让造林者间接地获得一部分正外部性。

## （四）论述了危机与创新的关系

人们往往谈危机色变。其实发展，实际上就是通过创新克服危机的过程，所谓经济活力实际上就是克服危机的能力。相反，一个没有危机的社会，很可能会因为没有创新的激励而缺乏活力。人类社会碰到的危机有三种，一种是资源短缺的危机，一种是资源原有比较优势丧失的危机，一种是环境承载力超过极限的危机。资源短缺和资源原有比较优势丧失可以通过技术创新加以解决，而环境承载力是有限的，超过环境自净能力的污染将累积在环境中，污染累积超过阈值后将对生态环境造成毁灭性打击，所以第三种危机是最难以应付的危机。在应对危机的过程中出现了三个转变，与三种危机出现的顺序相似，最先出现的是旨在化解资源短缺的创新，尔后是旨在形成新的比较优势的创新，最后是旨在化解环境承载力接近极限的创新。

第一，创新类型的转变。改革开放前，中国面临的是生产不足的压力，当时是围绕着如何开发生产潜力这一任务进行创新的。进入20世纪90年代以后，情形发生了质的变化，我国通过天然林保护和退耕还林等措施，实现了由开发生产潜力到保护生产能力的转变。发展的过程是从生产潜力开发向生产能力保护转变的过程，所以也是可持续性变得越来越强的过程。

第二，从依赖自然资源到依靠人造资本和人力资本转变。发展的初级阶段是人跟着资源走，哪里有自然资源，人造资本、人力资本就向哪里迁移，发展的高级阶段是自然资源跟着人造资本和人力资本走。例如森林，一方面把东北、西南的天然林保护起来，另一方面在更适宜森林生长的南方培育速生丰产林、工业人工林。水资源也是如此，不是人向水资源丰富地区迁移，而是把水资源调到人造资本、人力资本丰富的地区。

第三，从资源基础型经济向科学基础型经济转变。最基本的根据就是科技进步对经济增长的贡献越来越大，即经济增长越来越不依赖于自然资源，而依靠科学技术进步。所以美国经济学家，1979年诺贝尔经济学奖获得者 Theodore W. Schultz 指出：自然资源是最不重要的，资本在经济起飞阶段是重要的，最重要的是人力资本。一个越来越依靠人力资本的社会，显然是可持续性越来越强的社会。

### （五）探讨了可再生资源与可持续经济的关系

广义的可持续发展是与共产主义理念相通的。其中，代内公平强调发展的普遍性，主要措施包括增加穷人的福利和制止各种有损于他人利益的行为；代际公平强调发展的持续性，主要措施是保护资源与环境，制止有损于后人利益的行为。狭义的概念是指通过生物科学革命、生态产业革命和资源替代革命，建立以可再生资源为基础的经济。

早在100多年前，马克思在分析工农差别时就曾经指出，工农差别的实质是科学发展的差别。他认为，生物科学的发展远远滞后于力学、物理学的发展，是造成工农差别的根本原因。当生物科学赶上了物理科学之后，工农差别才有可能消除。换言之，现有的经济发展模式，即工业化、城市化、市民化的模式，很可能是物理学遥遥领先于生物科学的结果。一旦生物科学的发展赶上了物理学的发展，生态产业的发展赶上了传统工业的发展，经济发展模式很可能会发生变化，工农差异、城乡差异就有可能逐步消失。最初的资源替代是以不可再生资源替代可再生资源，以高级资源替代低级资源为特征的。随着以可再生资源为基础的经济体系的形成，资源替代方向将发生变化。如用太阳能替代石油、天然气，用棉毛产品替代化纤产品。从非再生资源为基础的经济体系回到可再生资源为基础的经济体系，是建立在生物科学革命基础上的否定之否定。

### （六）探讨了生态经济与清洁生产、生态工业园区、循环经济的关系

人们早就认识到生产中排放出的污染物的严重性，最初采取的是“末端治理”的方式。这种做法是有效的，但存在四点不足：影响企业的经济效益和竞争力，以致企业缺乏治理污染的积极性；治理难度大，并存在污染转移的风险；不能消除生产过程中的资源浪费；政府监督管理的成本过高。鉴于30%～40%的工业污染可以通过优化生产工艺加以解决。于是出现了以过程治理替代末端治理为内涵的清洁生产。清洁生产使污染治理成为企业发展战略的有机组成部分，而不是强加于企业的约束手段。生态工业园区是模拟自然生态系统的人工生态系统，它根据企业资源利用上的相互关联，组成一个结构与功能协调的共生网络系统，实现污染物的“零排放”。例如，将火力发电企业产生的粉煤灰作为建筑企业的原料，建筑企业产生的废料作为其他工业企业的原料，由此形成良性循环。企业群聚集在一起称工业生态园区，不在一起称虚拟工业生态园区。生态工业园区旨在解决无法通过优化生产工艺解决的60%～70%的工业污染。循环经济旨在实现生产领域与消费领域的连接，使生活中废弃的各种资源或废旧物资通过回收加工实现再利用。清洁生产、生态工业园区和循环经济内在的逻辑联系是：清洁生产是生产设计和环境管理理念的质的飞跃，生态工业园区是清洁生产从企业走向企业群，循环经济是清洁生产从生产领域拓展到消费领域，它们是清洁生产的两次扩展，是实现清洁生产的新方法和新途径。

生态经济关注的是协调人与人、人与自然的关系这样的软措施，并对影响人的行为的制度和组织进行创新和评价。清洁生产、工业生态园区和循环经济关注的是工艺技术这样的硬措施。它们之间具有很强的互补性，即生态经济理论为清洁生产、工业生态园区和循环经济提供理论和方法论的支持，后者是生态经济付诸实践的具体举措。所以，许多研究清洁生产、生态工业园区和循环经济的著作都声称生态经济是它们的理论基础。生态经济与循环经济相比，概念的含义更适宜、更确切。

### （七）生态经济与社会和谐的关系

人类认同并追求可持续发展和社会和谐的目标，与自然资源的承载力和生态

环境的容量无法支撑经济增长对它们的冲击有极大的关系。可持续发展和社会和谐目标的提出，为改进资源配置、保护生态环境提供了可能性。从长远来看，只要持之以恒地努力，人类社会将会随着政治、经济、文化的发展逐渐步入可持续的和谐社会，理由包括以下几个方面。

首先，从自然方面看，生态系统具有应对外来冲击的能力，只要对生态系统的利用不超过它的自我调节能力的阈值，自然生态系统的再生性是可持续的。生态系统具有可修复性，只要对生态系统的过度利用不超过它的可修复的阈值，并尽快采取有效的生态修复措施，过度利用生态系统的行为造成的偏差是能够纠正的。生态系统的承载力具有递增性。只要采取有效的措施，包括提升生态系统承载力的技术措施以及与之配套的激励机制，自然生态系统的承载力会越来越高，人与自然的协调性会越来越好，人与自然的关系会越来越和谐。

其次，从社会方面看，人类对资源和环境的影响会随着经济发展由趋于恶化转向不断改善。这个假设可采用库兹涅茨倒 U 形曲线方法做实证研究。库兹涅茨的研究表明：收入分配在发展初期趋于恶化，人与人的关系趋于紧张；随着经济发展，这种趋势先得到遏制，尔后得以扭转，随着收入差异不断缩小，人与人的关系会变得越来越和谐。采用这个方法所做的实证研究结果表明，人口、污染总量和资源（土地、能源、淡水）需求量也会随着经济发展出现负增长，即社会经济发展越过某个阶段后，人口压力会越来越小，进而对资源和生态环境的压力也会越来越小。人与人的关系越来越和谐，人口压力、资源和生态环境的压力越来越小的社会，显然是可持续性趋于增强的社会。

最后，从公众意识看，随着公众的环保意识的增强，企业最优解与社会最优解应该统一，人的需求与自然需求应该统一，自利和利他应该统一，将成为越来越多的人接受的理念。通过政府的法律（法规、政策）、企业、个人的自律和社会的他律，会使对应于社会最优解目标的可行域边界与对应于企业利润最大化目标的可行域边界越来越趋于一致；通过利益相关者的参与和诉求，对应于社会最优解目标的可行域边界会越来越清楚。随着公众收入水平不断提高，参与环境保护行动且有支付愿意的公众会越来越多，用于资源、生态与环境保育的资金会越来越多。

## 六、生态经济实践的研究进展

### （一）旨在实施可持续发展战略的制度研究

在决策机制上要以核规制替代核定制，消除决策的主观随意性，实现依法决策的目标；在考核机制上要以自下而上的选举制替代自上而下的任命制，实现民主监督的目标；在问责机制上要以终身问责制和评审专家连带问责制替代首长问责制，以制止各种不负责任的行为，实现权责对称的目标；在评价机制上要完善评价的标准和评价的指标体系，消除各种钻营行为，实现科学评价的目标。

### (二) 区域层面上的生态省建设研究

从20世纪80年代开始做生态农业的研究，90年代开始建设生态省，近些年来，生态社区建设已列入各级政府工作的议事日程。1999年3月以来，国家环保总局先后批准海南、吉林、黑龙江、福建、浙江、山东、安徽、广东8省为生态省建设试点。江苏、陕西等省开展了生态省建设的试点工作。近年来，生态省建设的发展势头良好，生态建设重点工程进展顺利，生态产业有了新的发展，生态环境保护取得新的进展。山东省，在2001~2010年的10年时间里将投资3600亿元用于生态省建设。海南省通过退耕还林、天然林保护等生态工程，有效地保护了中部和沿海生态敏感区的生态环境，森林覆盖率连续5年年均递增1个百分点。文明生态村累计达到2938个，占全省自然村的12.6%；无公害农业基地160万亩，无公害瓜果蔬菜产量240万吨，产值38亿元，23家企业的45个产品被评为国家绿色食品。黑龙江省启动了一批集约化畜禽养殖污染防治项目，农用薄膜回收率达88%。绿色食品生产基地1810万亩，绿色食品年产量710吨，产值190亿元。

生态省建设立足于区域内独特的资源优势和生态环境优势，以提高人民收入水平和生活质量为出发点，以生态环境现状调查为基础，以适用技术和高新技术为支撑，以制度创新和组织创新为动力，运用生态学与生态经济学原理，对主导核心产业、重点工程、结构调整和生态保护、恢复、建设项目进行统筹规划，形成经济布局合理，环境承载力不断提高的产业体系，把生态优势转变为生产力，促进区域内的经济与生态的协调发展，逐渐走向生态文明。

生态省建设是依据省人大审议、颁布的《生态省建设规划纲要》实施的，并通过目标和任务的层层分解，形成切实可行的目标责任体系，确保生态系统和生态功能不被破坏，对已遭受破坏的重要生态系统开展恢复与重建。生态省建设通常分为层次逐渐递进的三个阶段。启动阶段（一般为10年）的目标是遏制生态环境恶化的趋势，初步形成生态产业的框架和生态建设的科技支持体系。推进阶段（一般为10年）的目标是经济与生态复合系统步入良性循环，资源利用和更新达到国内先进水平，城市生态化进程明显加快，公众素质和生态意识明显提高。完善阶段（一般为30年）的目标是形成以高新技术和适用技术为支撑，以生态产业为主体的高效生态经济体系，实现生态与经济的协调发展，实现物质文明、精神文明、制度文明和生态文明。

### （三）产业集群层面上的循环经济实践研究

中国提出的循环经济，是一种以资源的高效利用和循环利用为核心，以减量化、再利用、资源化为原则，以低消耗、低排放、高效率为基本特征，符合可持续发展理念的经济增长模式，是对大量生产、大量消费、大量废弃的传统增长模式的根本变革。强调的是以资源利用为核心，从产业而非主要从产品方面来实施循环经济，这是中国的理论与德国、日本等国家的理论的根本不同之处。

现在亟待要做的事情是，利用资源与产品相互派生、相互依存、相互支撑的关系和通过减量化、再利用、再循环三类途径，尽快完成从“资源——→产品——→废弃物”的开环流程到“资源——→产品——→资源”的闭环流程的转换，使最终排放的“废弃物”控制在环境自净能力的阈值之内，扭转稀缺资源难以为继、生态环境不堪重负的局面。将“废弃物”的排放量控制在环境自净能力的阈值内，主要出于这方面的考虑：使环境所具有的自净能力得到较为充分的利用。

### （四）生态区划研究的进展

生态区划把中国分为三个区，分别是东部季风区、西部干旱区、青藏区。东部又分为 33 个亚区，干旱地区分为 8 个亚区，青藏区分为 9 个亚区，共 50 个亚区。在亚区中又可以继续细分，这样可以做更具有针对性的研究，例如东部区分为 33 个区，又分为 144 个亚区，又可以细分为 1113 个功能区，这样就可以更具有针对性，对各种功能进行界定。中国生态经济研究中，在这些界定的基础上再进一步分析各个区的重要性，然后将保护措施落实到具体的区域，并根据重要性不同采取不同的措施。

### （五）林业生态工程与降低碳排放的贡献的研究进展

通过我国近三次森林普查可以发现，我国森林蓄积量在增加，储存的碳也是增加的（见表 5），这是我国多年来的林业建设为减少全球温室气体做出的贡献。为了保护生态，我国实施了大量生态保护工程，例如天然林资源保护工程，退耕还林工程，三北防护林体系和京津风沙源治理工程，长江、珠江流域和沿海防护林体系和太行山绿化工程，全国野生动植物保护及自然保护区建设工程，重点地区速生非产用材林基地建设工程。弄清这六项工程在增加碳汇方面的作用，也成为一项重要的研究内容。表 6 就是这项研究的主要结果，具体包括新增森林面积带来的碳汇和改善森林经营带来的碳汇两个指标的估计。

表5　各气候区近三次普查的森林总生物量和碳变化趋势

| | 面积 | 1990年（第四次） | | 1995年（第五次） | | 2000年（第六次） | | 年增碳汇 |
|---|---|---|---|---|---|---|---|---|
| | | 蓄积 | 碳 | 蓄积 | 碳 | 蓄积 | 碳 | |
| 寒温带和温带 | 194.76 | 3137.87 | 1443.42 | 3340.29 | 1536.54 | 3467.78 | 1595.18 | 15.18 |
| 暖温带 | 378.17 | 841.72 | 345.1 | 959.03 | 393.2 | 1056.02 | 432.97 | 8.79 |
| 亚热带 | 338.8 | 5497.28 | 2680.19 | 6068.69 | 2942.5 | 6853.46 | 3292.04 | 61.18 |
| 热带 | 44.96 | 433.03 | 190.53 | 540.4 | 237.77 | 720.38 | 316.97 | 12.64 |
| 合计 | 956.69 | 9909.9 | 4659.24 | 10908.41 | 5110.01 | 12097.64 | 5637.16 | 97.79 |

表6　林业六大工程（2000～2010年）项目实施完成后中国年增固碳量

| | 总项目 | | 其中新增森林面积 | |
|---|---|---|---|---|
| | 实施面积（万平方公里） | 年增固碳量（百万吨） | 实施面积（万平方公里） | 年增固碳量（百万吨） |
| 退耕还林工程 | 31.98 | 73.46 | 27.3 | 71.08 |
| 环北京风沙源治理工程 | 4.94 | 11.13 | 3.17 | 7.13 |
| 天然林保护工程 | 38.88 | 94.99 | 8.39 | 18.99 |
| 防护林工程 | 34.4 | 95.46 | 14.27 | 37.6 |
| 速生丰产林工程 | 13.33 | 40.2 | 13.33 | 40.2 |
| 森林自然保护区工程 | 9.74 | 22.98 | 0 | 0 |
| 合计 | 133.27 | 338.22 | 66.46 | 175 |

## （六）森林生态补偿实践的研究进展

国际生态效益补偿主要分为以下三种类型，即政府扶持、政府补贴和对受益部门征收补偿费（见表7）。其中，政府扶持和政府补贴是较为常用的手段，向受益部门征收补偿费发生在同一流域内关系极为密切的上下游之间，但至今还不是常用的手段。我国已经开始实行生态效益补偿政策，具体地说，就是中央政府对参与天然林保护工程、退耕还林工程和重点生态公益林保护工程的企业和农户给予一定数量的生态补偿（见表8）。除中央政府外，一些较为发达的省市政府，例如北京、浙江、广东，也拿出一定数量的财政收入用于生态补偿。

**表7 国际生态效益补偿类型**

| 补偿类型 | 国家 | 补偿形式 |
| --- | --- | --- |
| 政府扶持 | 美国 | 由政府购买生态效益、提供补偿资金，国有林和公有林由国家林务局和州林业部门做预算报联邦和州议会批准 |
| | 英国 | 国有林收入不上缴，不足部分再由政府拨款或优惠贷款 |
| | 德国 | 国有林实行预算制，由州议会审议后，财政拨款 |
| 政府补贴 | 奥地利 | 鼓励小林主不生产木材，只要经营森林接近自然林状态，政府给予补助 |
| | 英国 | 私有林主营造针叶林，给予补贴 |
| | 法国 | 国家森林基金（受益团体投资，特别用途税、发行债券）开辟林业资金渠道 |
| | 芬兰 | 营林、森林道路建设及低产林改造提供低息贷款，由财政贴息 |
| 对受益部门征收补偿费 | 加拿大 | 森林公园、植物园、自然保护区等以森林为主体的旅游部门，必须在其门票收入内提取一定比例补偿费给育林部门，欧盟推行二氧化碳税，实现生态效益补偿 |
| | 美国 | 在国有林区征收放牧税，用于牧场的更新、保护和改良哥伦比亚污染者和受益者收费 |
| | 日本 | 水的使用者收费补偿河流上游的林主 |

**表8 我国森林生态效益补偿**

| | 保护范围的划定 | 实施省区 | 补偿标准（元/公顷·年） |
| --- | --- | --- | --- |
| 天然林保护工程 | 原始林，天然次生林，人工林中划为防护、特用等的公益林 | 18个省区<br>0.73亿公顷天然林 | 封山育林：210<br>飞播造林：750<br>人工造林：<br>3000（长江上游）<br>4500（黄河上中游） |
| 退耕还林工程 | 25度以上的坡耕地，主要包含水土流失、风沙危害严重的重点地区 | 长江上游地区和黄河上中游地区的25个省份和新疆生产建设兵团，涵盖2293万公顷退耕地 | 日常开支补助：300<br>种苗补助费：750<br>粮食补助：<br>2250千克（长江上游）<br>1500千克（黄河上中游） |
| 重点生态公益林保护 | 重点生态公益林林地中的有林地，以及荒漠化和水土流失严重地区的疏林地、灌木丛地、灌丛地 | 全国推广，涵盖面积为2600万公顷 | 补偿性支出：67.5<br>公共管护支出：7.5 |

最后，以2000年世界银行出版的《世界发展报告》中的一张表，对这些年来我国经济增长对生态的影响，做一个概括性的评论（见表9）。表9的意思是生态代价延期支付等带来的储蓄率是储蓄虚数，即如果当时就把森林消耗等问题妥善地处理好，这部分储蓄就没有了。由此可以看出，1985~1999年，国内储蓄率由33.48%提高到42.63%，增加了9.15个百分点，储蓄虚数由21.61%下降到10.65%，下降了10.96个百分点；由于一增一减，我国的真实国内储蓄率从11.87%上升至31.98%，增加了20.11个百分点。这些数据的变化，也反映出我国在生态保护方面的成效。储蓄虚数的依然存在，则说明我国的经济增长还有很多亟待解决的问题。

**表9　中国资源环境的恶化所致的国内储蓄率的下降**　　单位：%

| 年份 | 1985 | 1990 | 1995 | 1999 |
|---|---|---|---|---|
| 国内储蓄率 | 33.48 | 37.95 | 43.13 | 42.63 |
| 净国内储蓄率 | 27.69 | 31.73 | 35.18 | 34.50 |
| 森林消耗 | 0.70 | 0.62 | 0.53 | 0.43 |
| 二氧化碳损失 | 3.48 | 3.69 | 2.50 | 2.33 |
| 自然资本损失 | 19.83 | 15.43 | 7.80 | 4.53 |
| 教育支出比率 | 2.21 | 2.18 | 1.98 | 2.00 |
| 真实国内储蓄率 | 11.87 | 18.47 | 29.36 | 31.98 |
| 储蓄虚数 | 21.61 | 19.48 | 13.77 | 10.65 |

资料来源：世界银行：《世界发展报告（2000）》。

（编辑整理：孙婧芳）

# 我国区域经济发展趋势与展望

魏后凯

2009 年 12 月 10 日

## 魏后凯

中国社会科学院城市发展与环境研究所副所长、研究生院城市发展与环境研究系教授

**摘　要：**本文主要探讨两个问题：一是从区域竞争、区域增长、地区差距、产业布局及经济增长驱动五个方面分析中国区域经济发展的基本趋势，发现中国区域经济已经进入一个重要的转折时期；二是从新时期国土开发的新思路、国家区域政策方向调整、区域经济的转型升级三个角度对我国区域经济发展进行展望，认为应实行多中心网络式的国土开发战略、实行有差别的区域调控与国家援助政策、应从传统发展模式转变为科学发展模式，提出了“4+2”方案的基本政策框架、“五新”转型战略和多元化的综合转型等未来政策导向及区域转型升级方向。

**关键词：**区域经济　区域政策　区域发展转型　国土开发战略

## 一、我国区域经济发展的基本趋势

当前中国区域经济已经进入一个重要的转折或者拐点时期，主要体现在以下五个方面：一是区域竞争从个体竞争走向群体竞争；二是区域经济由以前的不平衡增长转向相对均衡增长；三是东西差距由差距扩大逐渐转变为差距缩小；四是产业布局由向沿海集中转变为向中西部扩散；五是中国经济增长的驱动由过去主要依赖珠江三角洲地区、长江三角洲地区等单极驱动转向多元化的竞争格局。

### （一）区域竞争：从个体竞争到群体竞争

改革开放以来中国的城市化快速推进，可以分为两个阶段（见图1）：①1978～1995年为稳步推进时期。18年城市化率提高了11.49个百分点，平均每年提高0.64个百分点。在1978年之前波动较大，平均而言每年提高0.28个百分点。②自1996年以来为快速推进时期。城市化率由1995年的29.04%提高到2008年的45.68%，13年提高16.64个百分点，平均每年提高1.28个百分点，远远高于改革开放以前年均提高0.28个百分点的平均水平。有一些地区甚至快于全国平均水平，如江西省从2000年到2008年城镇化水平每年提高1.71个百分点。

随着中国城市化的快速推进，近年来中国涌现出一批都市圈或城市群，如长三角城市群、珠三角城市群，以及山东半岛和京津冀等都市圈，成为引领中国经济发展的增长极。随着城市群的发展，当前区域竞争主要表现为各都市圈之间的群体竞争，而不是过去那种单个城市之间的竞争。群体竞争主要表现在两个方面：一是都市圈的竞争，如珠三角、长三角、京津冀等都市圈之间的竞争；二是产业链的竞争，包括产业链各环节之间的竞争，尤其是以都市圈为载体的产业链竞争。以IT产业为例，中国的IT产业主要集中在三个地区，珠江三角洲、长江三角洲和京津冀，三个地区在产业链之间形成了竞争格局。值得说明的是，区域竞争是个中性概念，有市场经济就会有区域竞争，区域竞争是区域合作的基础，没有区域竞争就不会有高水平的区域合作。以上海和苏南为例，上海从自身利益出发，为促进就业、提高财政收入和GDP水平，在其远郊建立了一大批工业园区，通过工业园吸收市中心的产业，而非将这些产业转移出去，这些产业的档次要低于苏南的水平，因此苏南认为上海建立了一个反扩散圈。后来由于来自苏南地区强有力的竞争，这些产业依然转移了出来。由于这种竞争，高端产业集中在了上海，需要占用大量土地的辅助配套产业转移到了苏南，由此形成了产业链之间的分工合作；再来说京津冀都市圈。该都市圈的产业主要集中在北京和天津的市区，郊区比较落后。河北的经济发展水平与北京、天津之间存在很大差距，环京津贫困带主要集中在河北。这样，都市圈各地区之间未形成强有力的竞争合作格局，使得该都市圈的推进较缓慢。

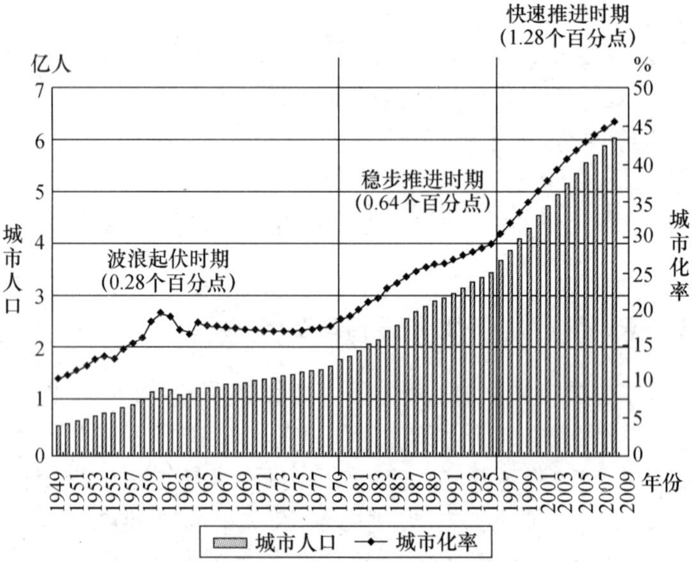


**图1　中国的城镇化阶段划分**

因此，在这种城市群与产业链竞争的时代，应该以都市圈为载体，实行错位竞争、链式发展，构建一体化的新型产业分工格局，形成都市圈产业链整体优势，这是提升都市圈整体竞争力的重要途径。区域分工分三个不同阶段（见图2）：第一个阶段是部门间分工，不同地区、不同城市发展的产业部门是不同的，地区专业化是部门的专业化，我们把这种分工称为传统分工，错位是部门错位，因为各地区发展的部门不同；第二个阶段是产品间分工，各地区都发展同一个产业，但产品存在差异；第三个阶段是产业链分工，产品价值链的不同环节、不同阶段都可以在不同地区进行投资，模块化也是一种产业链分工。我们把产品间分工和产业链分工称为新型分工。事实上，目前对一个地区而言，这三种形式的分工都是存在的。这样，在切入点的选择上就需要考虑以下两个方面：第一，鼓励和推动错位竞争、链式发展，这种错位竞争，包括部门错位、产品错位和功能错位；第二，要推动形成面向都市圈的一体化优势产业链。

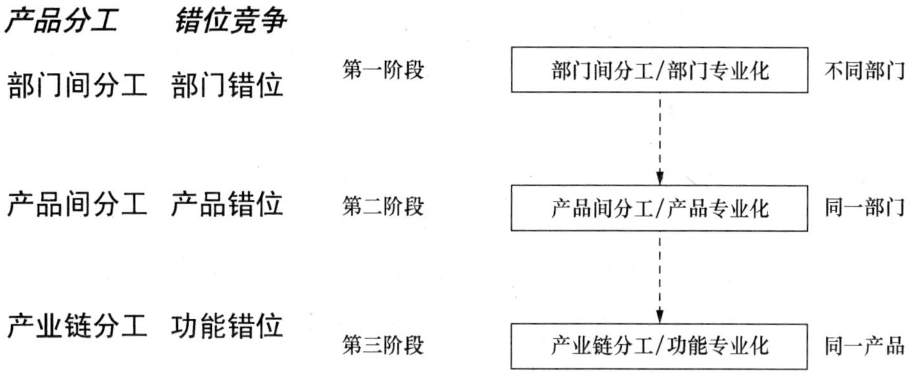


**图2 新型分工和错位发展格局形式**

大都市圈应该实行产业链分工模式。以北京为例，北京市应采取“哑铃型”发展战略（见图3），即“控制两头，甩掉中间”，两头是总部、研发、设计、培训和营销、品牌运作等，中间是加工制造和零部件组装等。北京市中心区，应控制总部和研发、市场营销环节，大力发展总部经济，力争将北京建成为中国的区域性国际管理控制中心；北京近远郊，要建立一批高新技术产业化基地、先进制造业基地以及高附加值的现代都市工业基地；并把一般加工制造环节转移到周边地区，这样就可在京津冀都市圈乃至更大范围内来构建其产业链经济，统一配置资源，建立新型的产业分工格局。但是，如何度量产业链分工是一个重要问题。

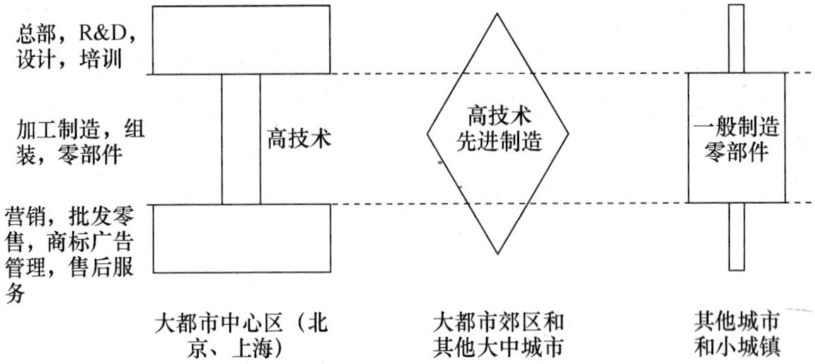


**图3 大都市圈的产业链分工模式**

在这种产业链分工模式中，由于大都市通常集中的是总部、研发、设计、营销等脑袋产业或决策产业，因此可将这些大都市称为管理控制中心。从发展的角度来看，个人认为中国的管理控制中心应该分为三个层次：第一个层次包括三个城市，分别是香港、上海、北京，这三个城市主要是跨国公司区域性总部、营运中心所在地，面向东亚、亚太地区；第二个层次是区域性的管理中心，主要是为中国大区域性进行服务，例如南部沿海、西北、西南、东北等，这些管理中心包括广州、深圳、青岛、大连、武汉、西安、重庆、成都等；第三个层次是省会城市与区域性中心城市，例如昆明、南宁等，是省域或周边地区总部、研发机构的集聚地和决策中心。

根据新型产业链分工模式，以京津冀都市圈为例，个人认为，从战略定位来看，京津冀都市圈存在五个定位：世界规模级的大都市圈（带）；世界级的研发和创新创业基地；中国高端服务业和制造业聚集区；中国北方的门户地区——空港、海港、信息港；中国经济发展的增长极——滨海新区、曹妃甸新区、乐亭新区。从发展眼光来看，未来京津冀都市圈将形成从双核到三核或多中心的发展格局（见图4）。随着曹妃甸的加快开发开放，唐山将有可能与北京、天津共同成为首都圈的中心城市、河北省的经济中心、河北省的“大连”和“青岛”。未来的京津冀都市圈产业链的构建应该以北京、天津、唐山，甚至石家庄为中心，依据各城市的比较优势来控制产业链中的各个部分，构建产业链的合作竞争格局。

## （二）区域增长：从不平衡增长到相对均衡增长

近年来，中西部地区各省份增速加快，与东部地区的差距逐渐缩小，我国区域经济正在由不平衡增长向相对均衡增长态势转变。在此需要强调的是，在进行经济增长速度比较时要考虑统计口径差异，统计年鉴公布的 GDP 的增长率 2008

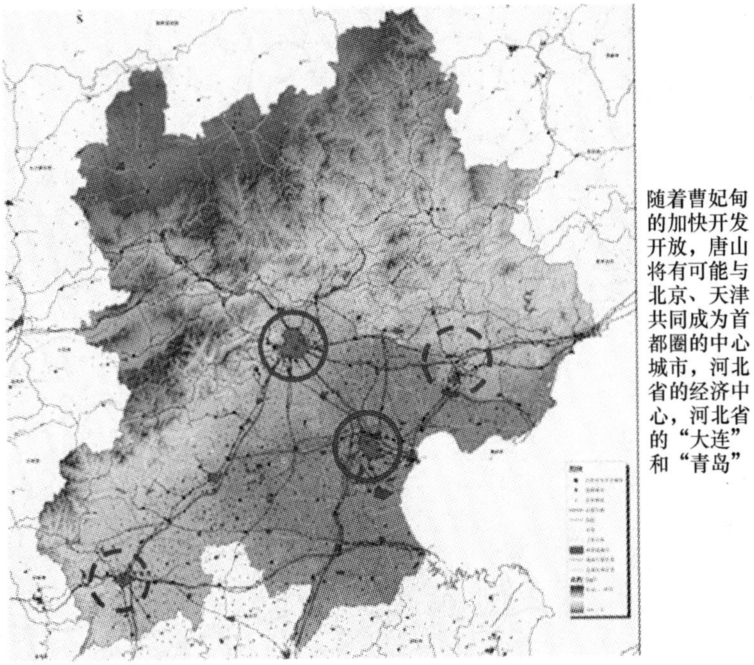
随着曹妃甸的加快开发开放，唐山将有可能与北京、天津共同成为首都圈的中心城市，河北省的经济中心，河北省的“大连”和“青岛”

**图4　京津冀都市圈：从双核到三核或多中心的区域格局**

年为9%，2007年为11.4%，但是值得注意的是，各省份的GRP（地区生产总值）增长率均快于全国平均水平，因此不能直接进行比较。20世纪90年代以来，国家统计局发布的增长速度与各省份加总数的差距越来越大，国家统计局将其归结为统计口径与数据来源差异，但是我们认为这种差异所占的比重很小，更多是由于：①企业跨地区投资越来越多，重复计算问题增加。②“水分”问题。从地方的“水分”来看，发达地区往下压，落后地区往上提。即使是税收，也存在一定“水分”，如提前缴税或推后缴税的问题，还有买税的问题。③统计制度问题。统计制度不健全，特别是容易低估第三产业。根据我们的研究，省一级的增长速度平均比国家发布的增长速度高2个百分点，1992~2007年高1.9个百分点。地级市比省级高1.0~1.5个百分点（14个省区），其中，2005年高1.5个百分点，2006年高0.9个百分点，2007年高1.3个百分点。但是，县级与地级市差别不大。因此，我们认为应该用31个省市的加总数据进行比较（见图5、图6、表1）。

根据比较结果，2006年之前中西部增速一直低于东部地区，呈现出不平衡增长的态势，2006年之后中西部增速明显加快，特别是2007年西部地区的增长速度达到14.5%，高于全国平均水平，也高于东部地区水平（见图7）。1991~1998年，增长速度比较快的地区是福建、浙江、广东、山东等沿海地区，1999

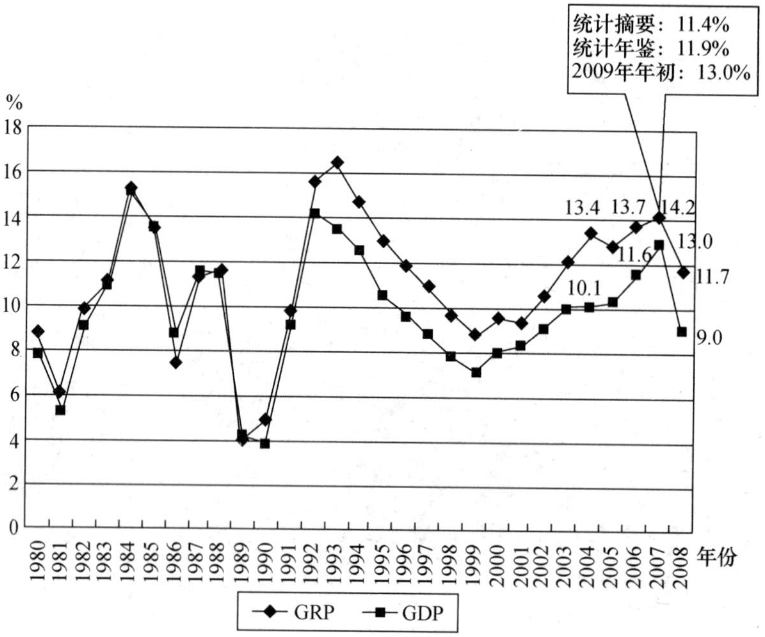


图 5　中国 GDP 与 GRP 增长率比较

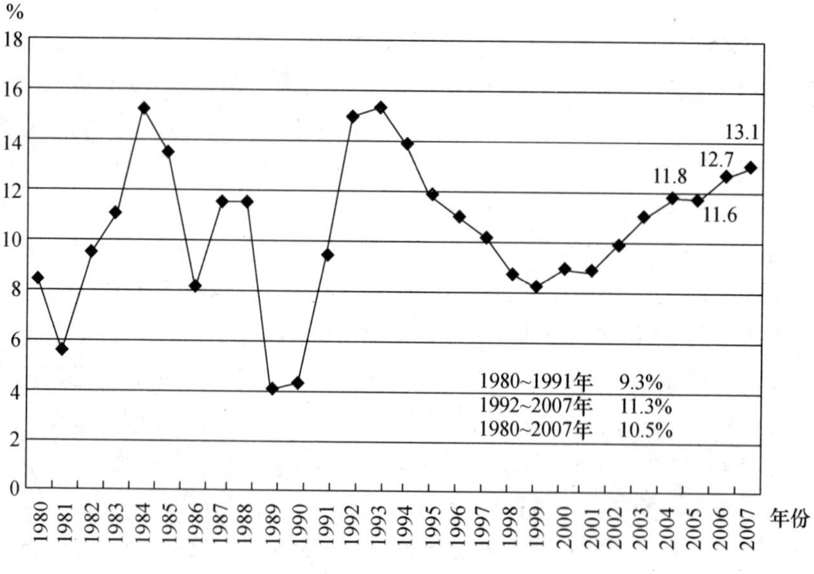


图 6　中国真实 GDP 增长率的简单估算

表1　中国各地区 GRP 增长率比较　　单位:%

| 年份 | 全国 | 东部地区 | 东北地区 | 中部地区 | 西部地区 |
|---|---|---|---|---|---|
| 1980~1990 | 9.4 | 10.2 | 8.1 | 8.8 | 8.8 |
| 1991~1998 | 12.7 | 14.7 | 9.5 | 12.0 | 10.4 |
| 1999~2006 | 11.3 | 12.2 | 10.5 | 10.6 | 10.7 |
| 2007 | 14.2 | 14.2 | 14.1 | 14.2 | 14.5 |

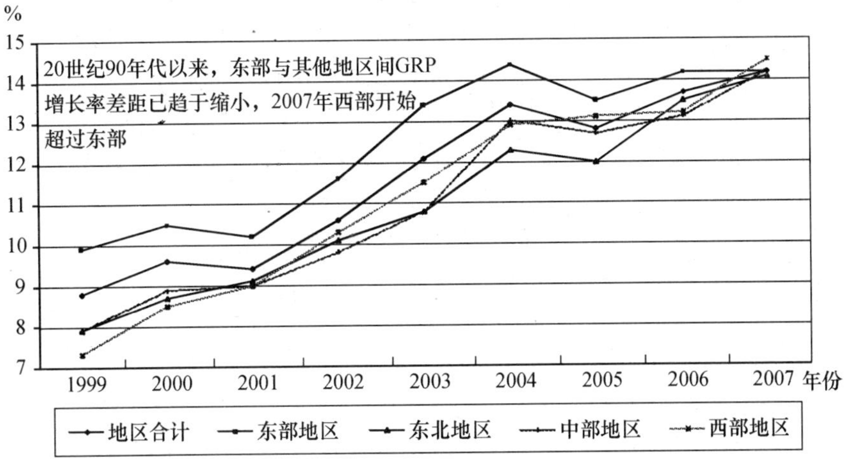


图7　各地区生产总值增长率

年之后，东部地区增长较快的省份逐渐减少，中西部地区增长较快的省份不断增加(见图8)。以内蒙古为例，依靠投资和资源拉动，近几年其增长率一直处于领先地位，但是，内蒙古的这种经济发展模式是否具有可持续性，就需要从要素驱动转向主要依靠技术、制度、品牌和管理方面的创新驱动型的发展方式。在此需要说明的是内蒙古的品牌经济，目前获得全国驰名商标的品牌企业销售额占内蒙古规模以上龙头企业销售额的55%。为什么会存在这么多知名品牌，是不是与其文化有关，这也是值得探讨的。然而，现实情况是，1999~2008 年西部地区的产业结构出现逆向调节，越来越低级化，原材料工业的比重越来越高，而加工工业的比重越来越低。从2008 年的 GRP 增长率来看（见图9)，中部、西部、东北地区的增长率均超过了东部地区，2008 年西部地区生产总值 58257 亿元，同比增长 12.4%，高于各地区加总平均水平 0.7 个百分点，高于东部地区 1.3 个百分点，从理论来看，这是很正常的。但是也应该看到，这种改变只是近一两年的现象，中西部地区的发展水平低，规模小，这种趋势是否会稳定下来也值得关注。

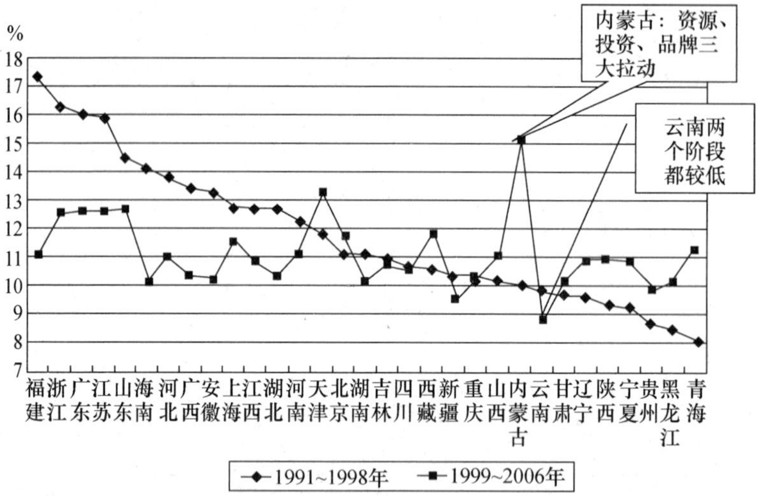


**图8 中国各省区市GRP增长率的变化**

注：1991～1998年曲线中，重庆为1996～1998年数据。

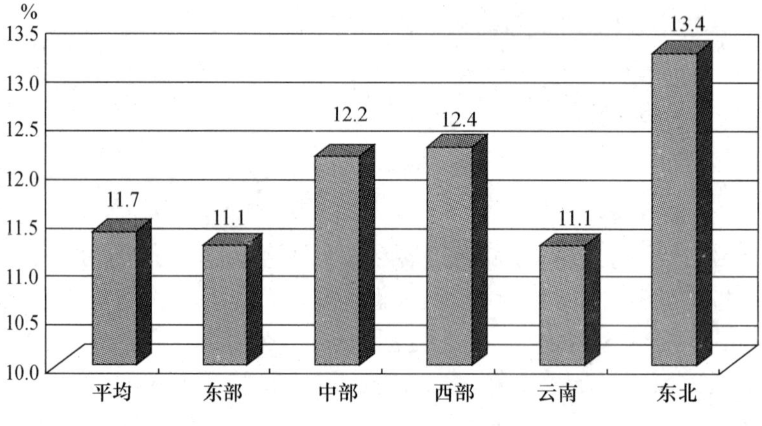


**图9 2008年各地区GRP增长率**

工业增长也呈现出“东慢西快”的态势（见图10），工业增速较快的省份大多集中在中西部地区，包括内蒙古、广西、安徽、江西、湖北、重庆、青海等，但是这种态势是否稳定，是否是由于金融危机的影响，还需要探讨。

从2009年上半年来看（见图11），沿海省份增长速度偏低，天津由于滨海新区的拉动，增长速度较快，受金融危机影响较大的主要是两类地区：一类是浙江、广东、上海等外向度较高的地区；另一类是山西、甘肃、宁夏等资源型地区，经济低迷，对资源的需求下降，资源的价格下降，尤其是山西下降4.4%。

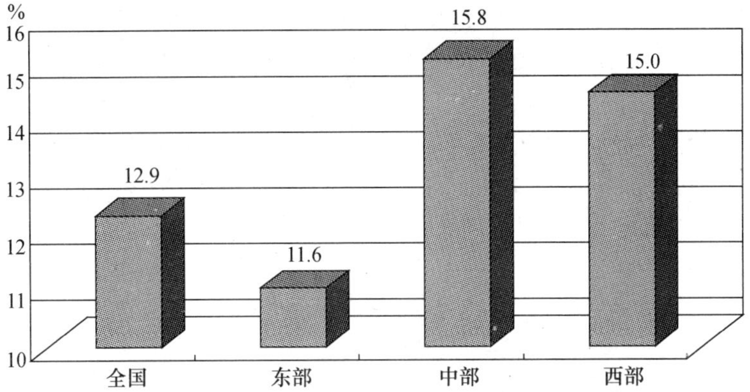


**图 10　2008 年规模以上工业增加值增长率**

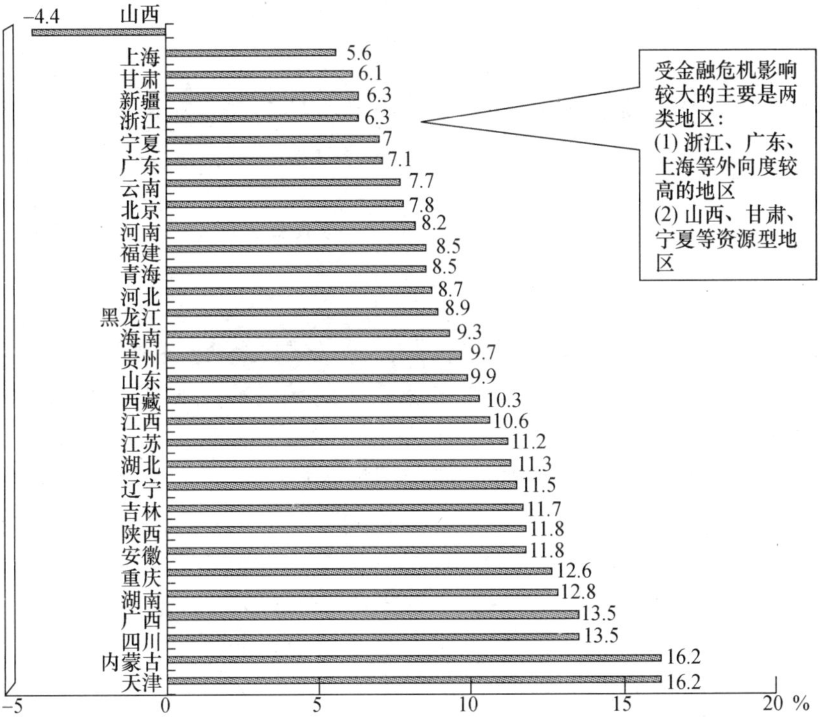


**图 11　2009 年上半年中国各地区 GRP 增长率**

## （三）东西差距：从差距扩大转变为差距缩小

以 2003～2004 年为拐点，之前东西部之间的差距不断扩大，之后东西部差距开始缩小（见图12）。需要指出的是，东西部之间差距扩大不是从改革开放之后才开始的，改革开放之前东西部差距也呈现出扩大的情形。

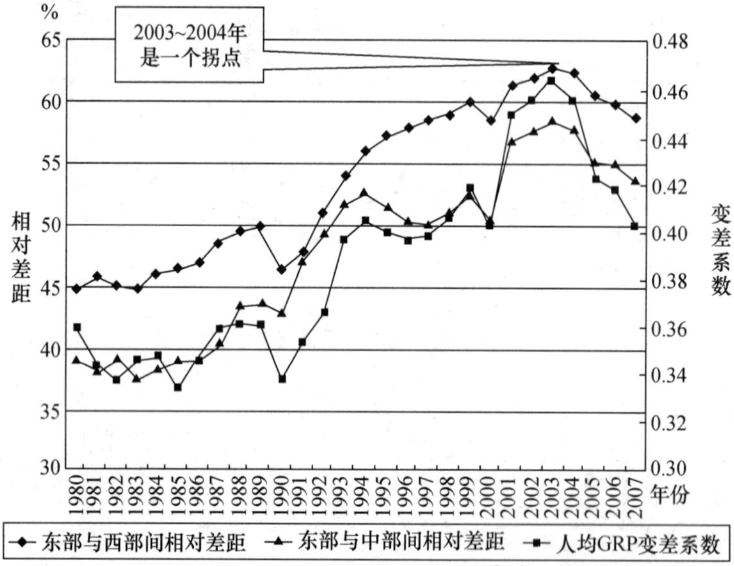


**图12　中国东西部人均GRP差距变化趋势**

1. 20世纪90年代地区差距扩大的原因

1992年以来，我国东西差距加速扩大，主要是市场转型的结果，包括五个方面原因：第一，市场力量加强。地区差距扩大最明显的时期发生在1991年邓小平同志南方谈话之后，计划经济向社会主义市场经济的转轨加快，市场改革推进速度加快，这也说明市场的力量只能加剧差距扩大的态势，市场的趋利因素使得差距扩大。第二，制度变迁。民营经济发展的快慢与经济增长速度、工业增长速度成正比，一个地区民营经济比重越大，该地区的增长速度越快，一个地区国有经济比重越大则增长越慢，这反映出制度变迁对发展的影响。第三，对外开放和全球化。东部地区外商投资和出口分布高度集中，由图13可知，中国出口的89%、实际利用FDI的87%集中在东部沿海省区，外商直接投资在东西差距扩大中起着十分重要的作用。我们可以认为，过去中国经济的全球化主要是沿海少数地区的全球化，广大中西部地区在这种全球化过程中获得的好处并不多。第四，工业化和城市化推进的差异。中西部地区的工业化水平远落后于东部地区，近些年这种差距不断缩小，但是需要注意的是，西部与东部城市化水平的差距还在不断扩大。第五，过去国家政策向沿海的倾斜，这期间地理位置和自然条件并没有发生太大的变化，所以不能把差距扩大归之为自然因素。

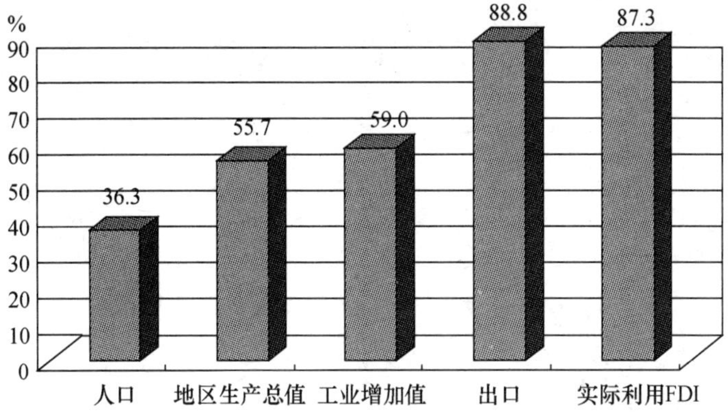


**图13　东部地区主要指标占全国的比重**

2. 近年来地区差距缩小的原因

近年来，东西部差距缩小的原因主要有三方面：第一，在国家政策的推动下，2004年以来产业不断地向中西部地区转移，中西部地区的增长速度越来越快。第二，中央财政转移支付的影响。从狭义来看，根据各方面的测算，一般性转移支付规模扩大缩小了地区差距。但是，一般性转移支付的总量规模仍然较小，2005年只有1120亿元，只占中央财政收入的6.8%，占财力性转移支付的29%。现行中央财政转移支付采取"撒胡椒面"的办法，难以发挥实质性的作用，且目前有20多个省份享受一般性转移支付。从广义来看，如果包括税收返还在内，前些年中央财政转移支付事实上起到了扩大地区差距的作用。原因在于，现行的税收返还制度与各省份的经济实力挂钩，维护了沿海发达省份的既得利益。第三，统计口径变化和人口迁移的影响。2005年之前中国的人口统计主要是按户籍人口进行，以此为依据计算的人均收入差距的误差很大，2005年之后按常住人口统计，人口迁移的变化得以体现。如2005～2006年重庆的人口增长率为-10%，而广东超过10%（见图14）。根据图14也可以看出，人口主要是从中西部欠发达地区迁移到东部沿海发达地区。从国际经验来看，人口迁移是缩小地区差距至关重要的原因之一，人口迁移可以使人均收入差距缩小。

虽然各地区之间的差距在缩小，但是，应该看到，各地区之间发展差距仍然较大。一是人均经济总量的差距。2008年，深圳人均GRP已经超过1.3万美元，广州超过1.2万美元，上海、宁波、青岛等超过1万亿美元，珠三角超过9000美元，整个沿海超过5000美元，而大西南只有2000美元，贵州不到1300美元

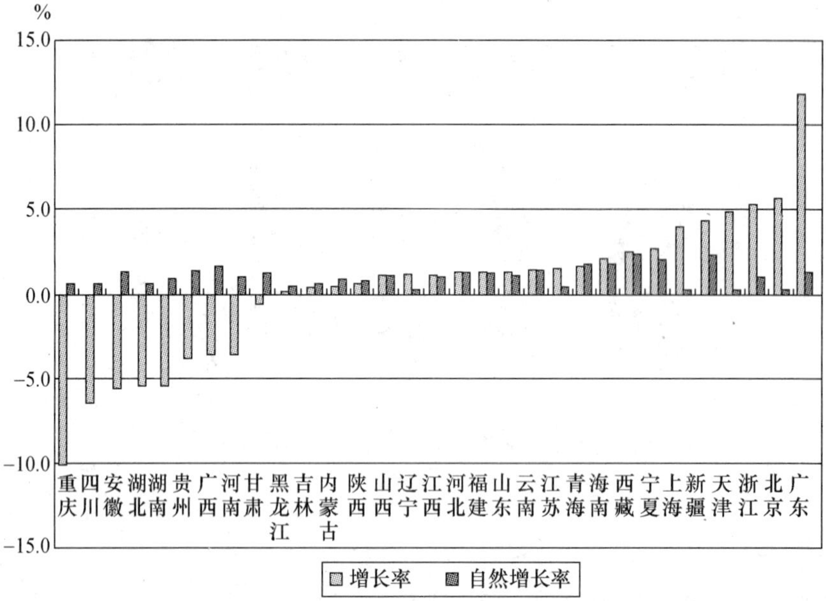


**图 14　2005～2006 年各地区人口增长率**

（见图 15）。如果考虑乡镇级的收入差距，那么差距会更大。二是城镇化的差距。尽管中国各地区工业化差距缩小，但是城市化差距却在扩大。1999～2008 年，西部地区工业增加值比重由 32.9% 迅速提高到 41.1%，增加了 8.2 个百分点，而同期东部、东北和中部地区仅分别增加 4.5、5.4 和 6.4 个百分点（见图 16）。2007 年，西部地区城镇化率仅有 37.0%，比全国平均水平低 7.9 个百分点，比东部地区低 18.0 个百分点。2000～2007 年，西部与东部地区间城镇化率的差距由 16.6 个百分点扩大到 18.0 个百分点（见图 17）。

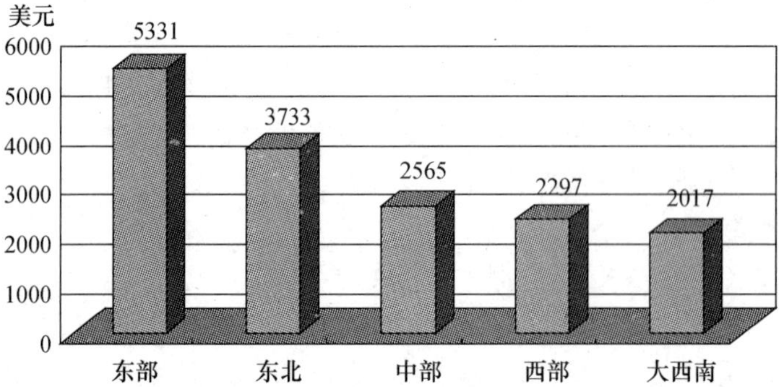


**图 15　2008 年各地区人均 GRP**

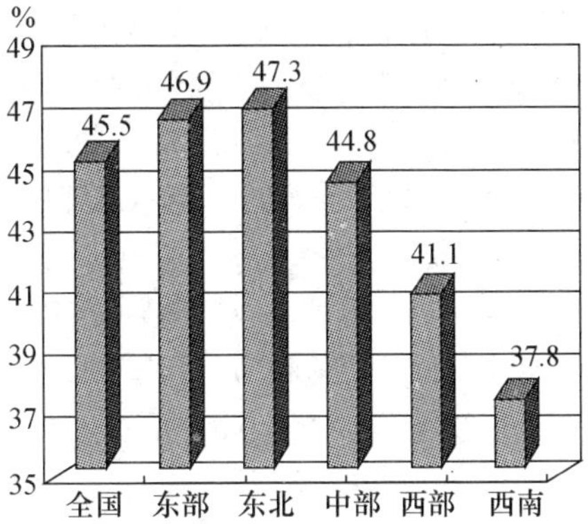


**图 16　2008 年工业增加值比重**

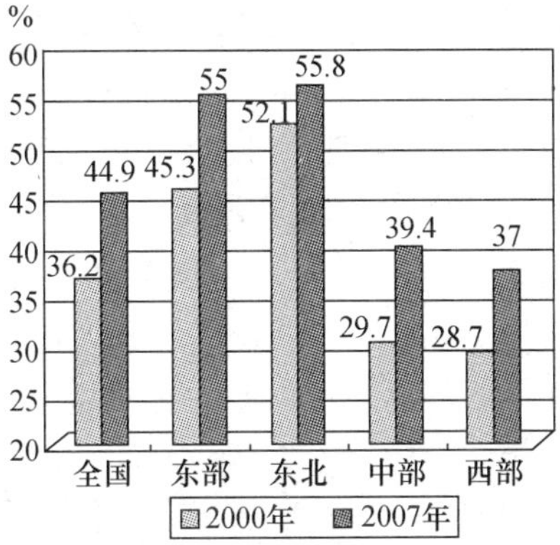


**图 17　2000 年与 2007 年城市化率**

## （四）产业布局：从产业集中到转移扩散

大体以 2003～2004 年为拐点，中国产业尤其是制造业分布由过去向沿海集中，逐步转变为向中西部转移扩散。如 1985～2003 年，除烟草制造业外，钢铁、石化、电子信息、纺织等制造业生产能力都在向东部地区集中。

### 1. 产业向沿海集中及造成的影响

改革开放以来，中国经济总量和制造业活动在不断向东部地区集中。但是，由于采取固定的户籍制度，人口分布几乎没有出现大的变化，由此导致人口与产业活动分布的空间不均衡。在 1980～1990 年间，中国四大区域人口与生产总值分布的不协调系数平均为 14.6 个百分点，而 1991～2000 年该系数提高到 18.1 个百分点，

2001～2005年则提高到20.3个百分点。2006年，中国东部10个省市集中了全国55.7%的生产总值、59.0%的工业增加值、88.8%的出口和87.3%的实际利用外商直接投资，却只集聚了全国36.3%的人口。显然，这种人口与经济活动分布的高度不协调，是造成加工能力与资源产地严重脱节、全国范围资源大调动和劳动力大流动以及地区收入差距扩大的重要原因之一。

人口与产业分布不协调造成中国各地区收入差距很大，而且又形成了三个不协调：第一，工业生产与能源、原材料产地脱节。我国加工能力主要集中在沿海，而能源原材料主要集中在内地，新中国成立初期毛泽东就想改变这种工业生产与能源、原材料产地脱节的状况，但是近年来这种脱节进一步加剧。第二，就业岗位与人口分布不协调。东南沿海地区有大量的就业岗位，但是中国的人口主要分布在四川、河南、湖南、湖北、安徽等地区。第三，人口与产业集聚不协调。一些大都市圈在大规模集聚产业的同时，并没有相应地大规模集聚人口。这一点与欧美国家是不同的，我国三大都市圈人口占全国的12.58%，但GDP占35.96%，两者之比为1∶2.86，美国东北大都市区的人口占美国总人口的17%，GDP占美国的20%，两者之比为1∶1.18。中国的区域差距相对而言很大，如果产业继续向珠三角和长三角移动，而人口分布保持稳定，那么地区间差距会进一步扩大。这三种不协调又造成三方面影响：第一，造成大规模的民工流动。预计2015年中国城市化水平将超过51%，这就意味着中国每年的城市化率要增加1个百分点，每年增加千万以上的农民进城。第二，造成大规模的资源调动，加剧运力紧张。第三，造成经济过密与过疏问题。由图18可知，沿海经济核心区开发强度过高，几乎快连成一片，如深圳的开发强度达到40%，东莞的开发强度达到38%，而香港开发强度仅为19%。相反，在中西部地区、资源丰富地区有大量的剩余劳动力，要素成本较低，但是开发程度也较低。

### 2. 产业向中西部地区转移扩散及其原因

近年来，沿海企业向西部转移的速度开始加快。从2000年到2007年上半年，东部地区到西部地区投资经营的企业累计近20万家，投资总额15000多亿元。其中，仅上海企业在西部地区投资就达1700多亿元，浙江、福建企业也分别达到1300多亿元。以浙江省为例，2002年浙江企业在四川的投资仅为23亿元，2008年达到362亿元，增长超过15倍（见图19），也可以看出沿海企业向西推进的速度不断加快。三方面的因素共同促进了沿海企业西进加快：一是西部大开发、中部崛起、东西互动、万商西进等国家政策的支持；二是能源电力紧缺、工业用地缺乏、要素成本上涨、环保要求提高、产业升级压力等使东部沿海地区

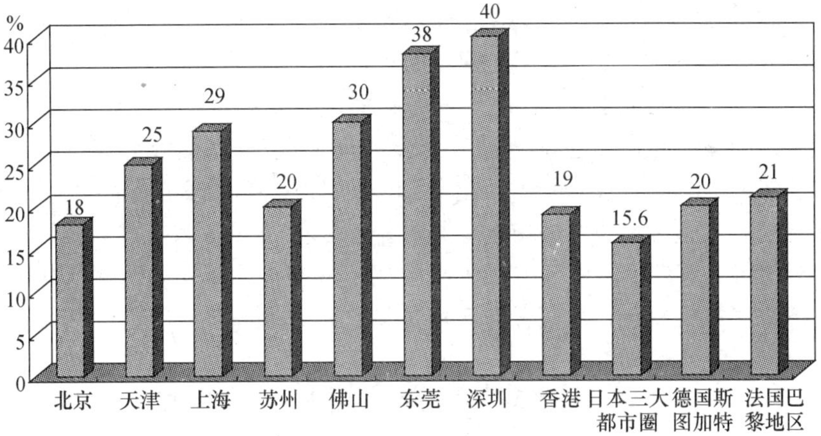


**图 18　国内外部分地区开发强度比较**

产生了推力；三是能源矿产丰富、工业用地充裕、要素成本低、地方优惠力度大等使中西部地区形成了拉力。

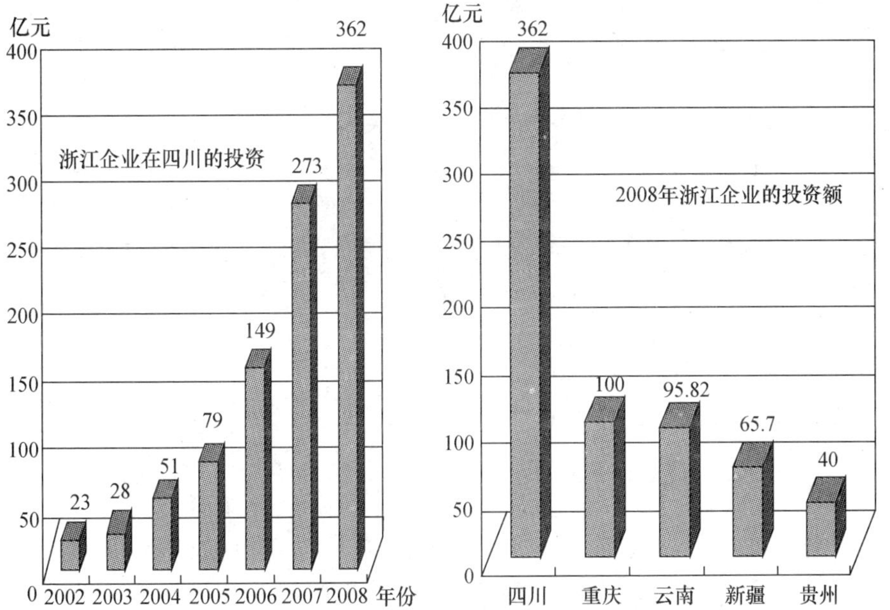


**图 19　浙江省在西部主要省份的投资额**

## （五）主导地区：从单极驱动到多元化竞争

改革开放以来，中国经济的高速增长主要是依靠珠三角和长三角等少数地区的支撑，20 世纪 80 年代主要是珠三角，90 年代以来是珠三角和长三角。在 20 世纪 90 年代初期，我们设想，通过浦东开发带动上海、长江三角洲，进而带动长江中上游地区，但是实际效果是，仅依赖浦东开发带动长江中上游地区的发展存在困难，应该在长江中上游地区发展新的增长极，充分发挥武汉、重庆的作用。中国未来经济发展应该是多元化竞争的格局，京津冀都市圈、山东半岛城市群、东北哈大产业带、中原城市群、武汉都市圈、长株潭城市群、成渝都市圈、关中城市群等，都有可能成为支撑未来中国经济增长的新的主导地区和增长极，由此将形成“群雄并起”的多元化区域竞争格局。

## 二、未来我国区域经济发展展望

未来我国区域经济发展的趋势，应从以下几方面进行把握：一是在国土开发的思路上，应实行多中心网络开发战略；二是在国家区域政策调整的方向上，应在因地制宜、分类指导的原则下实行有差别的区域调控与国家援助政策；三是在区域经济的转型升级上，应从传统发展模式转向科学发展模式。

### （一）新时期国土开发的新思路

从空间国土开发的角度来看，国土开发模式应与经济发展阶段紧密联系，相应地，空间开发可分为三个阶段：经济落后地区应该是极点开发（据点开发），即点状开发；发展中地区应采取点轴开发；经济发达地区应采取网络开发。在 20 世纪 80 年代中期编制的《全国国土规划纲要》中，提出“T”字形点轴开发（沿海和沿长江主轴线）战略，后来又提出“Π”字形开发（沿海、沿长江和陇海—兰新沿线地区）战略。但是，经过 20 多年的发展，目前我国已经进入网络开发的新阶段，尤其是长三角、珠三角等沿海地区相继进入网络开发阶段。

未来中国的国土规划，应该实行多中心网络开发战略。多中心，即在抓好珠三角、长三角经济转型升级的基础上，依托大都市圈和城市群的建设，在环渤海、中西部和东北地区培育一批新的增长极和增长区，形成多中心的多元化区域竞争格局。如京津冀都市圈、山东半岛城市群、沈大都市圈、长株潭城市群、成渝都市圈、关中—天水经济区、北部湾经济区等都有可能成为支撑未来中国经济高速增长的新的主导地区和增长极。网络开发，即在继续完善沿海轴线的基础上，进一步加强沿海长江轴线尤其是中上游地区的开发，并依托主要交通干道和综合交通运输网络，以大都市圈和城市群为载体，以主要中心城市为节点，加快推进建设一批新的国家级重点开发轴线，逐步形成“五纵四横”的网络开发总体格局。“五纵”主轴线是沿海轴线、京广轴线、京深轴线（北京—济南—合肥—南昌—深圳）、齐哈大轴线（齐齐哈尔—哈尔滨—大连）、包南轴线（包头—西安—重庆—贵阳—南宁）。“四横”主轴线是沿长江轴线、陇海—兰新轴线、沪昆轴线（上海—杭州—株洲—贵阳—昆明）、青西轴线（青岛—济南—石家庄—太原—银川—兰州—西宁）。个人认为，假如采取这一措施，实施多中心开发战略，至少在未来20年可以继续维持中国经济的持续快速增长。

## （二）国家区域政策调整的方向

*1. 改革开放以来中国区域政策的演变*

改革开放以来，中国实施的区域发展政策可分为三个阶段。第一阶段是1979～1990年向东倾斜的不平衡发展阶段。国家投资布局和区域政策强调效率目标，向条件较好的沿海地区倾斜，同时对贫困落后地区和少数民族地区给予一定的补偿。随着经济发展战略和体制的转轨，国家区域政策的手段也不断增加。从“六五”计划开始，中国生产力布局和区域经济发展的指导方针，由过去主要强调备战和缩小地区差别，逐步转移到以提高经济效益为中心，向沿海地区倾斜，提出积极利用沿海地区的现有基础，“充分发挥它们的特长，带动内地经济进一步发展”。《国民经济和社会发展第七个五年计划》进一步将全国划分为东部沿海、中部、西部三大经济地带，提出“要加速东部沿海地带的发展，同时把能源、原材料建设的重点放到中部，并积极做好进一步开发西部地带的准备”。在这些政策方针的指导下，首先，国家投资布局重点逐步东移。从1985年到1988年，在全国基本建设投资的地区分配中，沿海地区所占比重由48.4%提高到53.2%，内地由45.0%下降到39.9%，沿海与内地投资之比由1.07∶1增加到1.36∶1。其次，实施沿海对外开放政策。党的十一届三中全会确定了中国实行对外开放、对内搞活经济的重大战略方针。再次，实行国家扶贫开发政策。20世纪80年代初，中国开始酝酿并着手解决贫困地区的问题。1982年与世界银行合作，国家增加了扶贫资金投入，并制定了一些旨在减轻贫困地区负担、支持经济开发的政策。最后，进一步完善民族地区政策。1979年以来，国家在人力、财力、物力和技术等方面对少数民族地区给予相应支持，并在政策上给予特殊照顾。

第二阶段是1991～1998年区域协调发展战略启动阶段。1991年3月，国家首次提出促进地区经济的协调发展，“促进地区经济朝着合理分工、各展其长、优势互补、协调发展的方向前进”。1992年邓小平同志南方谈话以来，在进一步巩固沿海地区对外开放成果的基础上，逐步加快了中西部地区对外开放的步伐。1995年9月进一步明确提出“坚持区域经济协调发展，逐步缩小地区发展差距”的方针，实行全方位的对外开放政策。基于此，首先，国家先后在沿海地区设立了15个保税区，增设了一些沿海经济技术开发区并相继对外开放了一批沿边口岸城市、长江沿岸城市和内陆省会城市，设立了三峡经济开放区，在中西部地区增设了一批国家级经济技术开发区，扩大内地省、自治区和计划单列市吸收外商直接投资项目的审批权限，鼓励东部地区的外商投资企业到中西部地区再投资；其次，调整国家投资和产业布局政策，为加快中西部地区的经济发展，中央增加了在中西部地区的投资比重，并积极推动沿海一些加工制造业逐步向中西部资源丰富地区转移扩散；最后，完善国家扶贫政策和民族地区政策。为推进扶贫工作，国家进一步加大了扶贫资金投入，积极推进扶贫协作和对口支援，还采取了一系列政策措施促进少数民族地区发展致富。

第三阶段是1999年以后区域协调发展战略全面实施阶段。1999年9月，正式提出“实施西部大开发战略”，2003年10月提出“实施东北地区等老工业基地振兴战略”，2004年1月中央首次提出“促进中部崛起”。另外，完善国家扶贫政策和民族地区政策。从现在开始，区域发展将进入到新区域协调发展阶段，需要更多地考虑科学发展观要求，这也与中央区域政策目标相关联。过去学术界对区域政策目标存在很多争论和误区，有人提出效率优先论，认为应该给予高效率地区更多投资，有人提出效率公平兼顾论，之后又提出公平优先论。个人认为，在社会主义市场经济体制下，中央区域政策主要考虑的是公平问题，效率原则应主要通过市场机制来解决，而政府干预应该是在市场机制的基础上更多地考虑公平原则，应该对欠发达地区、落后地区、存在问题的地区采取倾斜政策，应是“雪中送炭”，而不是“锦上添花”。

### 2. 中央区域政策存在的主要问题

过去中央区域政策存在一些问题，首先是比较强调效率目标，各种特殊经济区过多地集中在沿海地区；其次是普惠制，近年来实施的西部开发、东北振兴等，主要采取区域普惠制的办法，没有较好地体现分类指导的思想，实施效果较差；最后是政出多门，缺乏协调。

### 3. 中央区域政策的科学基础

首先，中央区域政策应体现公平目标；其次，依据国际经验，中央区域政策应针对问题区域展开，属于问题区域的，且问题严重，以致自身无法解决，确实需要国家援助的，国家可以给予政策支持，而非对所有出现问题的区域都给予优惠政策；最后，中央区域政策应体现分类指导的思想，避免“一刀切”，这样有利于区域调控，提高政策实施效果。现行西部开发、东北振兴等没有很好地体现分类指导的思想。

此外，区域政策也应体现各地区之间的协调发展。区域协调发展的标准，主要包括以下几个方面：一是各地区优势能够得到充分有效的发挥，形成合理分工、各具特色的产业结构；二是各地区形成人与自然和谐发展的局面；三是各地区人均居民收入差距逐步缩小，并保持在适度的范围内；四是各地区居民均能享受到均等化的基本公共服务；五是保持地区间人口与经济、资源、环境的协调发展；六是保持国民经济的适度空间均衡。

#### 4. 未来中央区域政策的基本框架

当前，中国已经进入全面建设小康社会的关键时期。在这一新的时期，要实现经济又好又快地发展，就必须坚持以人为本，全面落实科学发展观，促进城乡区域协调发展，逐步形成主体功能定位清晰，东中西良性互动，公共服务和人民生活水平差距趋向缩小的区域发展新格局。为此，必须按照建立区域发展新格局的要求，不断调整和完善国家区域政策，逐步形成科学合理的国家区域政策体系。

对于未来中央区域政策的基本框架，2005 年我国提出“4 + 2”方案，“4”代表 4 大区域（东部 10 省、中部 6 省、西部 12 省和东北 3 省），“2”代表 2 种类型区（主体功能区和关键问题区）。在战略规划层面，采取四大区域为地域单元的优点：一是能够全覆盖，对全国的区域发展进行统筹安排和布局；二是易于贯彻区别对待、分类指导的方针，便于区域调控和区域政策的实施；三是利于国家战略和政策上的衔接，便于操作。事实上，在国家“十一五”规划中，已经采取了“4 + 1”的区域发展战略和政策框架。近些年的开发战略主要集中在西部、东北和中部地区。但是，自 2006 年以来，国家又“一对一”地出台了很多区域规划和政策，到目前为止，几乎所有的省都被涉及。

在政策操作和实施层面，要针对不同类型的区域实行有差别的区域调控与国家援助政策。

（1）主体功能区。划分依据包括三个方面：资源环境承载能力、经济开发密度、发展潜力。在发展和改革委员会的“十一五”规划思路中，最初提出将国土划分为优化整合区域、重点开发区域、生态脆弱区域和自然保护区域四类。后来，中共中央关于“十一五”规划的决定正式确定为优化开发区域、重点开发区域、限制开发区域和禁止开发区域四种类型。①优化开发区域，主要包括环渤海地区、长江三角洲地区、珠江三角洲地区。该地区的定位为提升国家竞争力的重要区域；发展导向是提升参与全球化和国际分工档次，提高自主创新能力，促进产业升级和产业扩散。②重点开发区域，主要包括中原地区、长江中游地区、北部湾地区、成渝地区、关中平原地区等。该地区的定位为集聚经济和人口的重要区域；发展导向是加快工业化和城市化，承接产业和人口转移。③限制开发区域，主要是"十一五"规划中的22个区域。该区域定位为保障国家生态安全的重要区域；发展导向是生态修复和保护环境，发展特色产业，引导人口转移。④禁止开发区域，主要是国家级自然保护区、世界文化自然遗产、国家重点风景名胜区、国家森林公园、国家地质公园。该区域定位为保护自然文化遗产的重要区域；发展导向是实行强制性保护，严禁不符合主体功能定位的开发活动。主体功能区的作用主要包括四个方面：促进人与自然和谐发展；有利于实行空间管治；优化资源空间配置；便于分类管理和调控，解决宏观调控中的"一刀切"现象。

要促进各类功能区的协调开发。如图20所示，将限制开发区、禁止开发区的人口转移到重点开发区，将优化开发区的产业转移到重点开发区，而且不同区域对生态环境的影响不同（见图21）。要对不同区域设置生态空间底线和开发强度"天花板"。优化开发区、重点开发区、限制开发区、禁止开发区的生态空间底线可分别设为30%～40%、40%～50%、大于80%、大于95%。就开发强度的"天花板"而言，优化和重点开发区要小于25%，城市地区要小于30%。

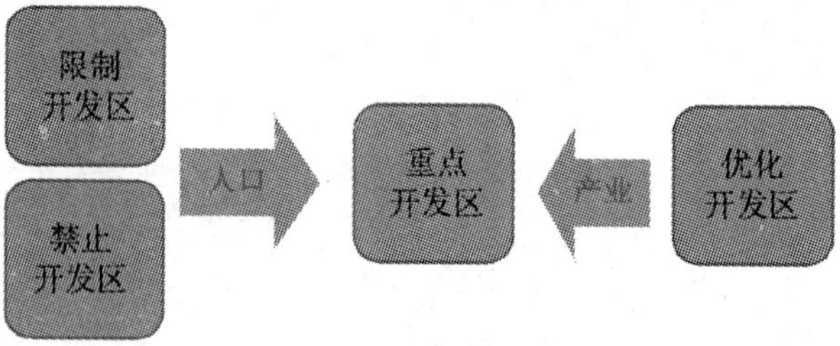


**图20　促进四大功能区域协调发展的思路**

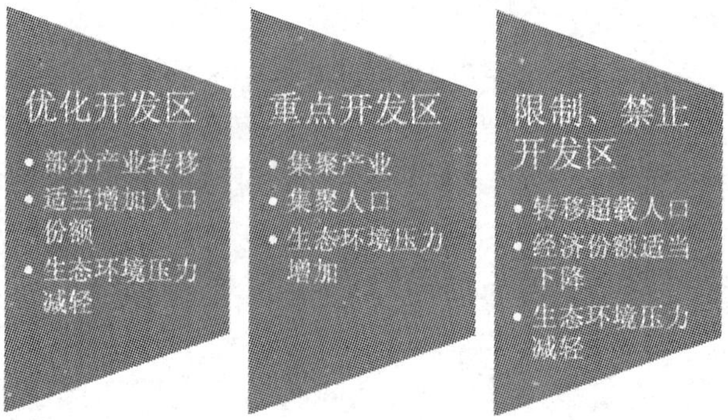


**图21　主体功能区建设对生态环境的影响**

需要指出的是，主体功能区的作用是有限的，并非能“包治百病”，解决区域发展的所有问题。首先，不能完全解决区域协调发展问题。其原因是：①主体功能区建设将会进一步加剧空间不平衡；②主体功能区并非能解决问题区域的发展问题；③将会加大西部大开发和落后地区发展的难度。科学发展、低碳经济理念事实上都提高了西部开发的成本。按照规划，我国禁止开发区和限制开发区主要集中在中西部，对这类地区而言，我们可以限制或禁止其开发，但不能限制或禁止其发展、富裕。这样就需要探索“不开发的富裕”、“不开发的发展”这种新的模式，应对这些地区加大支持力度，使这些地区不搞工业化和城市化也很富裕，公共服务水平也很高。但目前来看，中央对限制和禁止开发区的扶持力度还达不到。需要指出的是，对限制和禁止开发区仅仅实现基本公共服务的均等化是远远不够的，公共服务的均等化对每个地区都有，由于是国家限制或禁止这些地区开发，剥夺了该地区开发的权限，这就意味着这些地区为全国甚至全球的生态环境做出了贡献，因此应该对其进行补偿。其次是需要配套的政绩考核和区域政策体系。主体功能区建设是区划、规划、政策、考核“四位一体”，没有系统的配套政策，将很难实施。

（2）关键问题区域。要按区域问题的性质和严重性划分问题区，以此作为国家援助和支持的地域单元。关键问题区域主要包括以下五种：发展落后的贫困地区，结构单一的资源型地区，处于衰退中的老工业基地，财政包袱沉重的粮食主产区，各种矛盾交融的边境地区。另外，考虑大都市膨胀问题日益突出，可以把大都市膨胀区作为单独的问题区域。对于老区和民族地区，由于不是典型的问题区，应该采取同等优先、照顾的办法。当前，需要研究探索的重要问题是如何划分中国的问题区域。

### （三）区域经济的转型升级

传统区域发展模式的特点是高增长、高消耗、高排放、乱开发、不协调。这里着重讲乱开发的问题。由于乱开发，导致国土空间开发无序。主要表现在：①农村地区盲目开发，造成耕地大量减少、农产品供给安全面临挑战；②生态地区肆意开发，使得生态系统整体功能退化、越来越多的国土成为不适宜人类居住的空间；③城市地区过度开发，资源和环境压力越来越大。乱开发也造成空间结构高度不合理：①从生产与生态看，生产占用空间偏多，留给生态的空间偏少；②从生产与生活看，生产占用空间偏多，用于生活的空间偏少；③从城市和农村看，农村居住空间偏多，城市居住空间偏少；④从城市内部看，工业空间偏多，居住空间偏少。同时，近年来一些地方大建“花园式工厂”，搞“圈地运动”，主要依靠“用地规模扩张”来维持高速增长。因此，从空间开发角度来看，过去中国的工业化是以牺牲人的福利为代价的。对这种模式应该进行反思，必须提高产业用地的效率。

作为传统发展模式的典范，珠三角过去高度依赖国外市场。个人认为外贸依存度与经济发展呈“倒 U”形关系，外贸依存度过高与过低都不利于经济发展。长期以来，珠三角主要依靠低成本、低工资、低价格维持竞争优势，处于产业链低端环节，缺乏自主创新，缺乏品牌，大量 OEM（贴牌）。据统计，中国出口的 50% 以上是加工贸易，OEM 比重很大，大量利润被跨国公司攫取，例如广东钟表生产占世界总产量的 90% 以上，但市场上很少见到广东的品牌。广东每生产一块手表的综合生产成本 7 元左右，以 10 元的价格卖给跨国公司，跨国公司贴牌后以 100 元以上的价格出售。深圳眼镜生产也是如此，在生产过程中只赚取微薄的加工费。因此，这种传统的区域发展模式将是不可持续的。

片面追求高速增长带来了巨大代价。包括：①大量消耗资源、能源、土地、水资源等；②大量排放“三废”，生态环境质量下降；③大量 OEM，缺乏自主创新；④忽视劳动者权益和社会责任，从 1980 年到 2005 年，珠三角地区民工工资曾 20 多年基本保持不变；⑤缺乏特色和持续竞争力，中国的城市都一个模样；⑥对外开放中的不和谐因素，把扩大出口、利用外资作为目的，而不是手段。

这次金融危机加速了沿海地区传统发展模式的终结，中国的区域经济必须走科学发展的道路，不能再依靠大量消耗资源、大量排放“三废”、大量出口廉价产品来谋求发展。因此，必须加快推进区域经济特别是沿海经济的转型升级。总体上讲，区域发展转型包括发展方式和发展模式的转变，即从传统发展模式转变为科学发展模式。在区域发展转型中，首先要实行战略转型。为此，要实施“五新战略”：①新型工业化战略。其特点是资源节约、环境友好、生产效率高、注重自主创新、充分发挥人力资源优势、共享工业化成果。②新型城镇化战略。这是一种强调以人为本的全新的城市化战略。为此，要确立新的城市生态观、突出城市特色、注重城市效率、坚持城乡统筹理念、重视城市空间结构改善。③新型开发战略。要实行严格的空间管治，规范空间开发秩序；保持适度的空间均衡，实行人的繁荣与地域的繁荣相结合。④新型开放战略。以开放促改革、促发展、促升级、促协调、促和谐，全面提高开放型经济水平。⑤新型社会管理。要注重社区管理，发挥中间组织和民众参与的作用。同时，区域发展转型是一种多元化的综合转型。其转型方向是：增长方式从粗放向集约转型；发展重心从注重经济增长到更加关注品质提升、社会发展和民生改善转型；产业结构从产业链低端向中高端转型；城乡关系从城乡分割向城乡一体化转型；动力来源从投入驱动向创新驱动转型；空间结构从无序开发向有序开发转型。

（编辑整理：孙婧芳）

# 我国现代服务业发展的经验与理论分析

裴长洪

2009 年 11 月 12 日

## 裴长洪

中国社会科学院研究生院财贸系教授、财贸所所长

**摘　要：**总结我国改革开放30多年服务业发展的经验，进而探讨发展我国现代服务业的可选路径。城市发展不仅产生了对服务业的最大需求和集中需求，而且为服务业发展创造了产业规模的市场基础；商业地产商（市场业主）+分散小商户+各类服务供应商+公共服务部门的商品市场服务业模式，成为各类各式服务业发育的重要摇篮，商品流通的组织创新是扩大分工、延伸服务业发展的重要基础；外部化的经营战略促进了新的第三方服务供应商的发育成长，而且还使一部分制造企业向服务企业转型。

**关键词：**现代服务业　城市化　商品市场　外包与供应链

# 引　言

服务业来自于三产业分类法，第三产业被称为服务业，但是在行业定义、统计归类上尚存在困难。目前国际上的统计标准并不统一，主要的依据是WTO对服务贸易的12个大类、160多个行业的分类，而且统计上也存在一些问题。现在针对服务业有许多新概念，比如现代服务业和生产性服务业。现代服务业，对应于传统服务业，从定性的角度进行区分，其关键是生产力，而生产力水平取决于生产工具。例如，古代钱庄票号的信用手段、经营模式、管理模式是落后的，以计算机、互联网为基础的当代银行业的信用手段是先进的，而且经营模式和管理模式与钱庄票号有很大区别。所以当代的银行业是现代服务业，过去的钱庄票号是传统服务业。但是，现在仍旧存在一些很落后的商业形式，例如农村的夫妻店与城市的大卖场、超市、连锁店的经营手段无法具有可比性。因此，对整个行业下定义比较困难。生产性服务业，对应于生活性服务业、公共服务业，与生产过程联系密切，不直接为消费者服务，但是在统计上的分类也存在一些困难。教育、文化、医疗、健康救助从理论的角度都可以归到服务业，但这些行业并没有完全市场化，没有交换价值，因此，在统计上很难计算。旅游业是最典型的服务业，但是旅游业的收益无法计算，例如，旅游所花费的交通费被计算在交通运输业部门，住宿费被计算在餐饮酒店业中，对旅游产品的消费被计算在商业中，因此从统计的角度进行归类仍然比较困难。

我国改革开放30年，服务业获得了一定发展，但是和其他产业相比仍显滞后。当前我国十分强调发展服务业，“十一五”规划中提出用3~5年时间使服务业占GDP的比重提高3个百分点，即从2006年的40%提高到43%。2009年前3个季度服务业固定资产投资的增长速度是最快的，出现了服务业加快发展的趋势。如何发展现代服务业，首先应该以总结改革开放30年的经验为出发点，其次参考国外的学说、经验，从而找出发展的可选路径。

## 经验一：城市化推动

发展经济学研究的是非均衡条件下的结构变动，从而达到经济增长的目标。从产业现象上分析就是产业积聚，提高了产业效率和产业竞争力，产业积聚导致了区域竞争优势，区域竞争优势与城市化又相联系，所以，发展经济学研究的产业积聚、提高产业效率、促进经济增长、形成区域竞争优势，是城市发展理论的基础。但是，发展经济学没有分析工业产业积聚与服务业产业积聚的不同特点，以及两者之间的相互关系，也没有分析产业积聚条件下不同的城市化道路。因此，中国的经验具有理论意义和实践意义，因为中国的城市化、服务业发展提供了西方经济学理论中没有分析的现象。

### （一）城市经济发展

#### 1. 国家城市经济的历史

工业革命提供了现代城市形成的历史机遇，现代城市也是工业化和城市化发展成熟的标志，因此，现代化初期的城市发展与工业经济有着密切的联系。20世纪50年代以后，发达国家的经济结构开始了第二次变化，城市经济从工业经济逐步向服务经济过渡。到80年代中后期，发达国家的服务业比重普遍超过了60%，城市经济逐渐从以工业经济为主转向以服务经济为主，服务业成为城市经济的主导产业。

#### 2. 中国改革开放前城市经济的历史

新中国成立以后，在国家工业化的带动下，形成了一批新兴的工业城市，不仅原有的行政中心城市和消费型城市转变为工业城市，而且涌现了在资源开发和工业发展直接带动下形成的单一工业型的城市。工业发展和人口聚集的需求，推动了服务业一定程度的发展。但是工业化、城市化的发展缓慢又限制了服务业发展。

3. 改革开放中两个新的轨迹

一是由于城乡分割和所有制分割的体制障碍被打破，城市国有工业向乡镇集体工业扩散和转移。由于管理权限下放，大批国有工业企业的隶属关系下放到中小城市当地政府，例如隶属于煤炭部的矿务局，在煤炭部撤销之后由地方管理，由此形成了工业化的加速度发展和与新体制相适应的城镇化的新发展。二是在不断扩大对外开放中，最初是经济特区和沿海开放城市，后来在沿边、沿江以及全国的开放城市中都建立了大量面积不等、行政层级不同的经济技术开发区和高新技术开发区，大多数坐落在大中城市附近。在改革开放之初，并没有土地市场，开发区通过土地批租搞工业，因此把土地市场引入开发区，开发区的设立是一种重大体制突破，即土地是可以"卖的"（批准租让）。开发区对于城市化的意义在于，形成了依附于原有中心城市的新的工业聚集区，由此带动了工业的集聚和搬迁，大大扩展了原有中心城市的空间、人口以及经济容量，为原有中心城市的改造提升提供了历史性机遇。例如，昆山在改革开放前是一个县级市，当时的城区面积是5平方公里，20世纪80年代开始建立"自筹经费自办开发区"，把土地批租给投资者，效果很好，国务院批为国家级开发区，开发区的面积大于原来县城的面积，江苏省又批了一个江苏省的开发区，现在的县城区面积是50平方公里。昆山的经验说明依托中心城市的开发区带动了城市发展。相反的例子是洋浦，洋浦开发区在离海口很远的地方，结果开发区和海口都没有得到更快的发展，对于洋浦来说，可以按照计划经济时期企业办城市的经验来发展，洋浦开发区归儋州市，儋州市是县级市，其经济能量很小，应该把周围几个乡作为行政辖区批给开发区，在办好开发区的基础上，办"洋浦市"，以解决没有大中城市可以依托的问题。

## （二）工业化、城市化与服务业发展

以改革开放后城市化出现的两个新轨迹为基础，工业化得到迅速发展，在此基础上服务业发展提速，但是服务业依然落后，而且需要工业发展作为依托。

1. 工业化、城市化与服务业的关系

工业化、城市化加速，服务业发展提速。在新体制的工业化、城市化发展推动下，我国服务业也呈现较快发展。1992年我国城市化率不足30%，2007年提高到43%，服务业增加值占生产总值的比重也从不足35%提高到40%，就业人口比重从不足28%提高到45%。但与世界平均水平相比，我国服务业发展水平的落后仍是明显的。全球服务业增加值比重平均水平达到60%以上，主要发达国家达到70%以上，即使是中低收入国家平均也达到43%；吸收劳动力方面，西方发达国家比重普遍达到70%，少数发达国家在80%以上。但服务业发展落后的根本原因是，工业化和城市化的先导尚未发挥充分作用。因此，具有双重任务，需要同时发展工业化和服务业，既实现新型工业化，又加快现代服务业发展。

目前，对“双重任务”这个问题存在争议，有些专家学者认为，我国可以跳过工业化发展，直接发展服务业。个人认为，该观点在个别情况下有一定的道理，例如专门依托某一种资源、不需要发展工业的地区可能可以，但是，对于稍大一些的行政辖区恐怕难以实现，完全依赖旅游业不可能解决大量就业。同时发展工业化和服务业的原因包括以下三个方面。

首先，我国现代服务业发展离不开工业化特别是工业现代化的发展。我国是大经济体，不可能像某些小经济体那样依托某些资源优势发展少数服务行业来支撑国民经济；大国发展道路的一般规律是需要以实物经济为基础并建立比较健全的产业体系，因此工业发展是所有产业现代化的前提。同样，在服务业的产业体系中，我国既需要发展消费性服务业，也需要发展生产性服务业，而如果没有工业现代化的同时进行，生产性服务业的发展就没有需求和市场；反过来，生产性服务业的要素供给，特别是人力资本的积累，可以在工业化进程中逐渐实现，却难以在消费性服务业的单一发展中获得。

其次，我国工业经济体制改革和开放，从所有制改革到产品生产与流通的市场化改革以及资本的市场准入等各方面条件，都优于和领先于服务产品的改革和开放，这也决定了我国工业经济必然领先以及必须在工业现代化继续完成的条件下加快发展服务业的既定格局，形成两者相互依存、相互促进的必然趋势。

最后，我国社会主义市场经济制度的建立和保障，既需要以价值量衡量的增加值和收入的持续增长，也需要以实物为基础的经济实力、科技实力和军事实力的不断壮大，而这些都离不开工业现代化的继续完成。

### 2. 我国城市化发展的双重产业积聚

在我国，新型工业化必须领先发展，这就要求工业化与服务业同时发展。因此，我国城市化发展是双重的产业积聚，而这正是西方经济学中没有涉及的内容，西方经济学中只是分析一般意义的产业积聚、城市化。

一方面，城市化的发展要求工业产业的集聚，即向工业园区（各类经济开发区和高新技术开发区等）、新的城市区域集中，也包括星罗棋布的乡镇工业企业向乡镇工业园区的集中，以构建工业的产业集聚新能极；另一方面，城市化的发展要求服务业特别是现代服务业的产业集聚，即向城市中心区集聚，不仅在扩大容量的城市空间中扩展，而且要不断逼迫工业撤离并填充其遗留下的空间。例如首钢搬迁，但是这种远距离变迁只能是个别案例，因为各地区的财政是分离的，要素不能充分流动、实现合理配置，所以要依托城市办开发区，与现行的财政体制相吻合。

改革开放之前的中国城市化道路与改革开放之后的城市化道路存在差异。改革开放之前，工业化中心（产业积聚）把行政中心变为城市，或企业办城市、把矿区变城市。改革开放之后主要是两个方面：一是产业积聚从发展小城镇开始，把农村变为城市；二是产业积聚从大中城市开发区入手，通过工业与服务业积聚，实现城市扩容，是扩大现有大中城市的城市化道路。新中国成立60多年，中国的城市化存在三条道路，至今都可以找到现实依据，那么今后采用哪条道路，是值得讨论的问题。与洋浦条件类似的可以采用改革开放前的形式，利用企业办城市；有一些专家仍然支持发展小城镇，十七大报告中指出，我国处在城镇化、工业化、市场化、信息化、国际化的时期；个人认为中国还是采用大中城市化的道路，十七大报告中的“城镇化”没有总结改革开放以来通过开发区、启动开发区的土地市场以及城市服务业积聚与工业化积聚的互动关系形成城市化的道路，这条道路是最重要的道路，而且是最节约的道路。因为我国发展城市化最大的问题是地盘相对太小，小城镇的工业和服务业难于形成规模，人口的积聚中心是大城市。北京无可奈何地扩张，因为其拥有极强的向心力和凝聚力。工业化发展阶段、服务业发展阶段以及人口流动、要素流动趋势都偏向回报率高的大中城市，决定了中国近十几年和未来的城市化道路发展方向。服务业发展高度依存于城市发展，现代服务业的发展实质上就是城市中心区域的经济发展，现代都市的发育过程，实质就是经济结构的转型过程。城市发展不仅产生了对服务业的最大需求和集中需求，而且为服务业发展创造了产业规模的市场基础；城市提供了服务业各种要素集聚的产生条件，特别是先进要素集聚的产生条件，引导了服务业发展的生产与技术环境以及经济外部性的发育形成。

### （三）现代城市发展与服务业发展的规划

第一，土地资源的动员与配置能力决定了城市发展与服务业的产业水平。20世纪90年代中后期之后，城市国有工业企业股份制改革和住房制度改革不断深化和推进，城市国有工业企业股份制改革使企业变为独立的经济实体，住房制度改革承认了住房个人所有，这使城市企业和居民有了选择自有资产形态的自主权和追求资产收益最大化的可能。这些改革是加快城镇化改革最主要的体制因素，在企业和住房改革的基础上，出现了商业地产和住宅物权两个资产形态，使得与商业地产紧密联系的各种服务业产生了比原有制造业利润高得多的土地级差收益；住房也成为居民财产保值增值的最可靠资产，从而创造了更高的土地级差收益，使政府有可能更好地动用和配置资源，来营造新的产业积聚环境。城市中心的工业才有可能向外移动，因为通过土地批租获得收益的同时还能够更新设备，提高生产能力。原来的商业地产变为服务业，由于服务业的报酬相对较高可以支付城市中心的高成本。土地资本化和土地级差收益逼迫制造业不断从城市中心区向外转移，并不断吸引服务业填充制造业转移遗留下的空间，成为城市经济结构转型最主要的经济动力。一个地区的城市化水平取决于当地政府对该地区的动员和配置能力，动员能力是地盘问题，如果地盘小则可以扩大城市边界来促进城市化。另外，需要很好的配置资源，如何配置功能、解决就业是促进城市化迅速发展的关键。

第二，经济活动要求最集约地使用土地空间。都市中心区的土地价格依据土地级差地租规律形成，非常高昂，因此只有劳动生产率和投资回报率高的服务业才能立足，而且只有最集约地使用土地空间才能降低成本。现代中央商务区（CBD），它们基本上已成为人类空间最集约的经济增长地域，例如纽约的曼哈顿，曼哈顿积聚的财富占美国全部财富的1/10。在我国城市经济的发展中，有所谓“楼宇经济”、“总部经济”的提法，就是反映了都市经济要求集约利用土地空间的特征，这是我国城市经济发展的创新。

第三，“经济容积率”规律发挥作用。都市中心区最集约使用土地空间的经济含义并不是建筑学中的“容积率”的概念，建筑学“容积率”的概念是指盖房子的密度，而这里讲的最集约使用土地空间是一种“经济容积率”，它要求在所能承载建房密度的空间中得到最高的经济产出。这导致非生产人口居住的下降趋势。在现代化大都市中心区，特别是中央商务区，单纯的住宅面积受到限制，这就导致了该区域非生产人口的下降。我国城市经济在实践发展中已经提出了税收“亿元楼”的概念，就是反映了提高土地单位产出率的要求，但是从总体上提高这个指标，只靠一个“亿元楼”是不够的，需要更多的“亿元楼”，这就要求提高“经济容积率”。

第四，经济虚拟化的趋势。中央商务区和“楼宇经济”，实际是要求以货币资本和科技知识来替代土地资源的经济，没有足够的货币资本和科技知识是难以实现最集约使用土地空间的目的。由于城市经济以服务经济为主，服务产品是主要的产出内容，服务产品往往没有物理形态，没有实体外观，它的使用价值难以用数量单位来衡量，因此，服务产出的衡量单位只有价值量，这就使都市经济成为货币经济和虚拟经济的生产中心，货币经济和虚拟经济也成为都市经济的基本形态。

第五，消费的转型与升级。随着都市中心区非生产人口居住率的下降，其消费形态也随之转型。2009 年前 9 个月居民消费仅占总消费额的 34%，即与居民生活消费相关的消费类型逐渐退居次要，或者转型为商务消费、会议消费等生产消费形态。与“楼宇经济”功能相关的生产消费以及新的消费类型和内容不断增加，包括对中间投入品的消费，对各种相关服务产品的消费以及对知识、信息的消费将成为都市中心区的主要消费形态。

第六，服务产业化必然扩及传统的“非经济领域”。现代城市的就业人群必然是以服务业从业人员为主体，服务业的白领和蓝领职业群体基本替代了传统意义的产业工人阶级，成为城市经济活动的主要劳动者，而服务业人力资本构成的提高，使服务业的普通劳动与管理劳动的界限日益模糊。当现代服务业成为先进生产力发展的重要领域，服务劳动者成为社会的主要劳动者的时候，服务产业化必然扩大到教育、医疗、健康救助、文化传播等传统意义上的“上层建筑”领域，使这些行业中的某一部分产业化，并可以计入国民经济核算体系。否则，怎么解释这么多人的劳动如何与传统意义的工人和农民的劳动相交换呢？

第七，公共服务部门成为就业的必要渠道。现代城市由于人口的集聚，产生了大量公共管理活动，多数是以政府管理的面目出现。公共服务是现代服务业的组成部分，既需要相应的从业人员，其创造的公共产品也应计入社会总产品。但是现在供需存在矛盾，公共需求量大，但是各机构却在不断地精简。事实上，不可能使用更少的人来提供更多的公共服务，出现这些矛盾的原因在于，相当大部分的公共服务没有进入社会劳动交换，呈现出一种纳税人供养的状态，但这种状态是错误的。实际上，公共服务业部门应该成为重要的就业渠道，使公共部门的劳动市场化。公共服务范围的扩大和功能的增强是现代国家政权运作的普遍规律，也是政府职能延伸的重要方向。政府公共服务部门应当成为居民增加就业的一个必不可少的渠道。

## 经验二：组织创新与商品市场功能

改革开放以来，我国服务业的发展是从搞活商品流通开始。随着放宽市场准入的领域不断扩大，商品流通领域的经营形式越来越多样化，商品流通组织呈现不断分散化的趋势，如何克服商品流通组织分散化与大规模商品生产的矛盾，成为流通领域深化改革的新课题。制度经济学可以对中国商业改革进行解释。从制度需求角度来说，大量新的小型商业流通组织需要市场的组织化，达到与市场需求的衔接。新的市场主体要求提供分工发展的制度供给。在制度供给方面，商品市场的组织创新与推进商品市场建设的政策与措施，提供了新的服务业发展的政策措施。

### （一）中国商品流通业发展的两个轨迹

（1）从20世纪90年代初期开始，以城市中心大中型商业流通组织（包括供销社）为载体的区域性商品流通组织经过改制或吸引外资，引进了现代化商业流通技术、经营管理技术和经营模式，各种商业业态得到空前发展，提高了商品流通效率。企业松绑促进了分工，派生出其他服务业，如物流、商业服务业、商业地产业等。

（2）商品市场体系。在总结20世纪80年代中期出现的农产品批发市场经验的基础上，培育和发展商品市场体系，成为90年代初期以后流通领域深化改革的重要内容。

早期一些商品市场，特别是农副产品批发市场是自发形成的，设施简陋、交易品种少、运销方式原始简单。政府部门借鉴和总结了民间的经验，出资兴建了场地比较标准、交易品种较多、交易方式比较规范以及提供工商管理、税收服务等方面内容的商品市场，成为商品市场建设的新标准，从而吸引了更多民间资本投入商品市场的兴建，商品市场不仅成为广大分散的小商户的组织者，而且成为其他服务供应商滋生的土壤和磁场，运销组织和各类中介组织、经纪人都不期而至，围绕着各种商品流通，产生了各种服务业态。一般来讲，商品市场的特点是，存在一个业主，该业主开始是政府，后来是私人投资者，建立市场似的建筑物，通过招租招商收取租金。这形成了小商户、大市场、多服务的商品市场特征，中国40%的商品流转是通过这样的9万多个商品市场实现的。

我国商品流通制度变迁的路径，有其客观必然性。发达国家商品流通组织形式，如大型超市加上连锁经营、巨型跨国商贸集团加上供应链管理等组织结构和经营形式，既需要商业资本足够积累，还需要城市化基础设施空前完善以及商业先进技术与管理，特别是商业人力资本和专业技术的供给，而这一切，在我国改革开放头20年，都还刚刚开始，即便到今天，这些条件还仅在少数大都市初步具备，因此，我国商品流通的制度变革和组织创新不可能一步跃进到发达国家的模式，而需要走土地资本化道路来创建商品市场，通过流通组织变革和组织创新来实现制度变迁，这是适合我国国情的变革产物和创新形式。

从商品市场体系来看，经过60多年的发展，特别是改革开放30多年来的快速发展，我国城乡现有各类商品市场81017个，其中城市27006个、乡村54011个，还成立了金属、粮食等商品期货交易所3个。商品市场交易规模和辐射领域不断扩大，各类商品市场得到空前发展。截至2008年底，全国共有各类消费品市场61535个，其中消费品综合市场26902个，农副产品市场26280个，工业消费品市场7042个。① 通过这些市场交易的商品销售额已占全社会商品销售总额的1/3，初步形成了农副产品（含粮油）、日用工业品、生产资料的综合市场与专业市场相结合、现货市场与期货市场相结合的商品市场体系。

我国商品市场服务业的模式是，商业地产商（市场业主）+分散小商户+各类服务供应商+公共服务部门。这就是我国30多年改革中商品流通体制的组织创新，它不仅实现了小商户与大市场、大流通的衔接，而且成为各类各式服务业发育的重要摇篮。也就是说商品流通的组织创新是扩大分工、延伸服务业发展的重要基础。

## （二）商品市场发育阶段及义乌经验

商品市场的制度变迁不仅降低了商品流通成本，而且降低了服务业发育成长的制度成本。商品市场有三个不同的发育阶段：第一阶段，地摊式经营的商品市场，这是最初级形态的市场，经营的商户以散户为主、经营场所不固定、游击经营；地产商是典型的“地主”，以收取租金为唯一经济利益；市场的功能只是单一的商品买卖。第二阶段，柜台式经营的商品市场，这是改良型的市场，经营的商户主要是个体商户，但经营比较稳定、有固定场所；地产商以租金收入为主，但提供有限的和不完善的服务；市场功能也已经从单纯的商品买卖发展为以商品买卖为主兼有少量售后服务。第三阶段，店铺式经营的商品市场，这是比较高级形态的市场，经营的商户已有相当比重的公司企业、经营规模较大、管理规范化；地产商在相当程度上已经转变为服务供应商，其收益已从租金为主转变为租金与服务收益并存；市场功能已从商品买卖基本转型为商品流通加上所需要的各种服务，如物流、品牌展示、新品体验、会展博览、客户服务等。在第二类改良型的商品市场中实际已经孕育了服务业产生的因素，如售后服务和运输服务，加上必要的公共服务；而在第三类高级形态的商品市场中则蕴藏了许多现代服务业发育成长的因素。如公司经营户所需要的各种服务，像市场调研、产品设计、客户服务、融资保险等；商品市场除了提供包括地产商业在内的各种服务之外，市场本身也需要得到各种服务，如市场形象设计与推广、广告与宣传、信誉维持与提升、融资与保险等。商品市场成为中国经济领域的创造点，通过商品市场的建立促进地区发展。

义乌的经验，是市场功能向“贸工服”全面转型的典型案例。义乌商品市场的功能最初与别的市场基本相同，都只是从聚集交易、沟通信息、促进买卖开

① 数据转引自庆祝新中国成立60年专题报告之八“城乡市场从紧缺走向繁荣”，国家统计局网站。

始起步，所不同的是，义乌市场不断向新的产业链扩展和延伸。刚开始是通过商业资本的积聚引导和支持制造业的发展，形成产业支撑体系，保证小商品市场低价格的竞争优势。在吸引商业经营者的基础上，从地产资本和商业资本中不断分化出服务业资本，不断扩大分工分业，促进市场功能更加综合化、服务化，同时不断吸引各类服务供应商加入市场的经营，包括会展博览、旅游购物、物流服务、酒店服务、金融服务等，使市场在产业延伸中不断增加产业的附加值(见图1)。

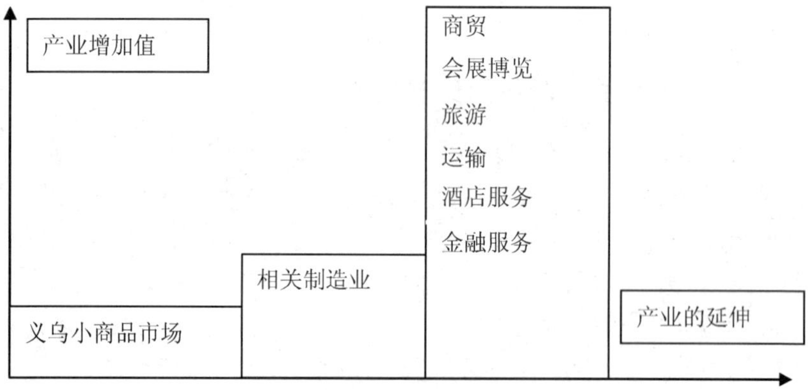


**图1　义乌产业链**

## (三) 发展现代服务业的道路

全国城乡已经建立大小96万多个各类消费品市场，其中包括几个期货市场，仅广州一地就有近千家专业市场。但对绝大多数市场来说，虽然兼有零售和批发功能，但交易形式简单，基本没有期货交易和拍卖交易，都是现货交易和租赁小商业店铺交易形式，大量市场实际上是集聚贸易商家的大卖场；而经营市场的投资者只是商业地产商，而不是市场服务的供应商。因此，完善商品市场功能，就意味着促进服务业的发展。

第一，要做大做强商品市场。所谓做大做强是针对市场中的两类微观主体，一类是商业地产商，它不仅要把市场规模做大，而且要使自身的商业资本积累到一定程度才有可能转化为服务资本，同时也才有可能吸引其他服务供应商进入市场。另一类是市场中的经营商户，它的质量也关系到市场功能的延伸。存在大量的小商户是必然的，但要尽量吸引公司化企业进入市场，只有更多的公司化企业入驻市场才能提高市场的质量，也才能产生更多的服务需求。

第二，要增强金融机构和政府对市场的公共服务。除了通常见到的金融的商业服务和政府提供的工商行政、税务服务以外，公共服务的内容还很多，包括：需要市场建设规划；需要启动土地资本化手段发育壮大商业地产资本并利用土地级差收益转化为商业资本积累，并通过税收等其他政策杠杆促进商业资本转化为服务资本；还需要促进市场的信用建设、加强商品技术与质量的服务监督；等等。

第三，发育为市场内经营商户服务的功能。如果市场内的经营商户多数都是公司化企业，甚至是制造业企业在市场中的延伸或第三方服务供应商，它必然需要许多服务，如产品研发功能、市场调研和咨询功能、品牌推介功能，利用这些功能来引导企业去寻找新的细分市场和新的消费群体；品牌的培育虽然主要是生产企业的责任，但市场的推广也十分重要，增强市场的品牌推广作用，既是市场服务的内容，也是提升市场吸引力的重要因素。

第四，发育为市场服务的各项功能。其中物流服务功能往往是最重要的，特别是吸引第三方物流服务，是吸引服务供应商进入市场参与经营的重要标志，只有足够的物流业务量和良好的基础设施条件，才能有效吸引物流服务供应商的进入。其他如职业教育功能和消费体验功能等服务也都是市场建设中可以考虑的内容。此外，有条件的市场，还要增强国际经营的辐射力，这包含两方面内容，一方面是“请进来”，另一方面是“走出去”。

## 经验三：外包与供应链管理

外包是中国人对 Outsourcing 的习惯翻译，其实更贴切的含义是“取得外部来源”或“外部采购”，例如服务外包是指承接国际服务外包，其含义是企业将非核心的、次要的或辅助性的业务活动分离出去（外部化），由外部专业服务机构来承担，企业以市场交易方式来购买它们的业务活动或产品，这样可以提高整体效率和竞争力。

### （一）科斯的市场交易理论

科斯提出“企业的边界”问题，即企业的规模应该多大。市场和企业是资源配置的两种相互替代的手段，二者之间的选择取决于市场的交易成本和企业内部的管理成本之间的权衡，即企业的边界由市场的交易成本和企业内部化成本的均衡点决定。这就是说，市场和企业是两种可以相互替代的生产组织方式，企业内部组织管理成本与市场交易成本的比较，是选择市场购买还是企业内部设置的决定因素。

对科斯理论的两种验证，一是20世纪30年代就提出的外包经济学理论，但那时的企业战略是追求规模经济并减少市场交易的不确定性，企业发展是沿着大规模、综合性、一体化的方向发展，理论被验证的是企业的边界在扩大这一种情况。二是20世纪80年代以后，科斯的理论被另一种情况所验证，由于席卷全球的贸易自由化和市场化改革，大大降低了市场交易成本，发达经济体大企业中劳动力成本昂贵。信息技术革命和其他技术进步使大量原有技术和设备提前进入产品生命周期“标准化”阶段，企业设备重置成本大大降低，凸显了原有大企业内部成本的不经济。

随着交易成本的转变，跨国公司战略也进行了调整，外包模式作为一种企业经营战略，在20世纪80年代就已经流行于发达国家。特别是90年代后许多跨国公司实行了经营战略调整，其要旨就是把原先由内部提供的生产和服务环节转移到外部，重组企业的生产体系，通过合约来购买外部优质的资源，包括原先由内部生产的产品和服务，以达到降低生产成本和提高竞争力的目的。这种外部化的经营战略调整，不仅促进了新的第三方服务供应商的发育成长，而且还使一部分制造企业向服务企业转型。例如IBM公司的变化，之前一直以“硬件制造商”的形象来给自己定位，进入20世纪80年代，它利用全球的售后服务网络，使自己转变为既是制造商，又是经销商，从而把一部分生产环节外包出去；进入90年代，随着IBM硬件中的传统支柱产品进入衰退期，公司开始了从制造商到服务供应商的彻底转型。2004年12月8日，中国联想集团收购了IBM的PC部门，使IBM公司完成了从制造商向信息服务供应商转型的跨越。客户服务成为主导，通过客户服务供应链控制其制造和销售。公司业务说明，IBM的转型取得了成功，2007年服务业务占公司总营业收入的比重超过了50%。

### （二）我国沿海发达地区的情况

从实践上看，珠江三角洲和长江三角洲的制造产业集群区中的企业，不少是实行专业化分工协作的企业集群，不过这种专业分工协作的市场交易安排多数是由境外公司或外商投资企业为主导的，不仅是被动型的专业分工协作，而且许多服务环节由境外公司提供，没有在境内发展起服务供应商，如研发设计、物流、供货与销售、广告、贸易融资等。而在外商投资较少的地区，或是开放型经济有待发展的地区，专业化分工更不发达，企业的价值取向仍然是朝着大规模、综合化、一体化的方向发展。出现这些问题的原因在于外包困难，外包困难的原因包括以下几个方面。

首先，市场交易成本较高的因素。我国市场化改革取得很大进展，但还很不完善，市场交易成本高表现在许多方面，如经商环境有待改善，企业交易关系缺乏诚信现象普遍，债务拖欠屡见不鲜；公共服务或缺乏，或质量不高，如投资咨询、法律中介、会计事务服务等，除了质量问题，还存在虚假问题。政府服务中也存在营私舞弊的现象，这些问题都导致市场交易成本较高，甚至导致市场失效。

其次，企业内部组织管理成本相对较低。企业内部成本中最主要的部分是劳动者工资，企业用工成本可以依靠廉价劳动力供给得到控制，而且相对容易得到补充，因此这是确定的因素，不存在外部更廉价的、效率更高的劳动生产率供给来源。尽管企业扩大存在等级制度而产生的官僚主义、员工队伍良莠不齐、要素匹配不经济等组织管理成本上升问题，但比起市场交易的高成本还是经济得多。而且企业边界扩大还存在实际的激励因素，企业朝着大规模方向发展，往往还可以从政府那里得到用地规模增加而土地租金不增加的好处。

最后，设立专业化的外包新企业的交易成本很不确定。设立新企业，要与政府各个部门打交道，通过许多行政审批，交易成本极不确定，人们都把它视为畏途。但新设立企业要有新的纳税账户，如果内置于原企业，那就只要共用原企业的纳税账户，从税务成本看，新设立外包企业很不利。

这些就是我国企业外包或外部化动力不足的主要原因，也是难以通过企业外包发展服务业的原因。而承接国际服务外包可以绕过我国自身市场交易成本较高这个问题，利用国际市场交易来发展我国的服务业和服务贸易，这就是为什么当前我国需要努力承接国际服务外包的原因。

### （三）克服市场交易困难的国际经验

20 世纪 90 年代以后国际跨国公司的战略调整，一方面是不断剥离自己的非核心、次要和辅助的业务，不断外包各种产品和服务的生产环节；另一方面是不断强化和巩固以自己为核心或为龙头的供应链体系，形成供应链体系内部市场，对该体系市场实施供应链管理。供应链体系的内部市场是由股权安排与非股权安排两类实体组成，更多向非股权安排发展，由此，供应链管理成为新实践。在西方，供应链理论一开始归为营销学，后来归为企业管理学，跨国公司付诸实践之后，与国际贸易、国际资本流动相联系，被归为国际经济学。供应链管理的企业实践提供了克服市场交易不确定性的新思路，把实行专业分工、减少企业内部成本与减少市场交易成本结合起来、统一起来，成为 20 世纪 90 年代以后西方跨国企业经营战略的新理念并极大地影响了市场竞争的格局。市场竞争从企业之间的竞争演变为供应链体系之间的竞争；竞争优势往往不取决于个别企业的特定优势和效率，而取决于整个供应链体系的质量和效率。跨国企业的影响力也往往不取决于核心企业的资产规模和股权控制状况，而取决于核心企业所管理的整个供应链体系的交易规模和辐射范围。

娃哈哈矿泉水是我国在服务型制造业方面的成功案例。娃哈哈矿泉水，是一个营业额超过500亿元的企业，矿泉水的生产很容易被复制，但是复制并不成功，原因在于娃哈哈矿泉水也运用了供应链原理，即不断把矿泉水生产外包，并不断在全国各地建立营销网络，尽管生产外包和营销外包，但都使用娃哈哈的品牌，并由杭州娃哈哈核心企业管理整个供应链体系，在节省投资和企业成本的条件下，极大提高了娃哈哈品牌的影响力，是一种品牌收益。

### （四）发展现代服务业新路径

通过专业分工和外包，再通过供应链整合生产组织体系，构建新的商业模式，这是我国发展现代服务业的又一个重要途径。尤其是在发展先进制造业的同时发展服务业，先进制造业，其产品具有信息化、智能化、个性化的特性，必然伴随产品客户需求，更易于发展服务型制造企业。组织供应链通常是核心企业，它依靠优势资源成为核心企业，这种优势资源不一定是资本或技术，它可以是品牌甚至可以是最终用户的认可和信任。商贸企业也可以成为发展现代服务业的路径，例如香港利丰集团就是从商贸企业转变为组织管理供应链的大型服务企业。

## 发展现代服务业的体制、政策与措施

### （一）体制改革

第一，逐渐打破垄断、建立有序竞争市场。生产性服务业的市场准入门槛普遍高于工业，管制过多、市场化程度低的问题较为突出。银行、保险、电信、铁路、教育、新闻出版、广播电视等行业，至今仍保持着十分严格的市场准入限制，所有制结构单一，造成服务业部门只依靠国有经济部门投入，社会资源流入不足，而且弱化了市场机制和竞争机制在产业发展中调节资源配置的基础性作用。

第二，改革企业经营管理模式。企业可以是做大做强，也可以是做专做强，相当数量的企业还在采用传统以至陈旧的生产模式，多数实行“大而全”或“小而全”的经营管理模式。那么企业是否可以做专做强，企业外部化成本问题等还有待进一步研究。

第三，事业单位改革。发育服务业微观主体应当把事业单位改革考虑在内，我国许多事业单位事实上承担了许多生产性服务的功能，但没有市场化，削弱了微观主体和市场发育的潜力。其中，行业协会转型是微观主体发育的一个现实途径。文化、教育、医疗、卫生、体育等行业都有转型发展为现代服务业的空间。

高校中的技术研究中心，其实际上就是服务中心，但是转制存在问题。首先能否通过知识产权进行注册；其次，高校对研究人员一边担任老师一边创建服务性企业存在争议。如果不当教授，则没有科研项目，也就不存在市场化的技术，那么服务性企业也没有办法继续经营，因此，只能放弃创办企业，只是建立研究中心。值得注意的是，由于没有发票，无法统计收入，这种研究中心技术服务的价值没有被计算在国民收入核算当中，而且没有价格，市场不透明，没有竞争。

第四，完善利用外资方式。服务业吸引外资主要涉及开放的问题，例如大量发展物流业。目前我国物流企业不下 10 万，但是真正具有现代物流技术的企业屈指可数，如果引入外资，则涉及开放问题。外资制造业中加工型、出口型、生产型企业居多，而且大多属于跨国公司全球生产组织体系中的封闭环节，产品线和产业链延伸不足，呈现“二少一多”特征，即外商投资企业对本地金融机构的信贷服务需求少；产品设计、关键技术、零部件依赖于进口，对本地研发或技术服务需求少；产品直接出口多，而且多进入跨国公司营销体系。

第五，发育市场。放宽市场准入，形成合理竞争；增加资本形成，要有无形资产的股权制度和相应政策；内部服务外部化，增加市场主体；放开服务价格，形成市场定价；改善政府服务，制定鼓励和优惠的财税政策。

### （二）政策措施

第一，发展社区公共服务。生活在城市中都处于社区当中，街道是区级政府的派出机构，下一级是社区，北京的社区相当于京外的乡镇政府，但是社区到底有哪些公共服务并不明确。通过体制创新，发展医疗、教育、健康救助等社会性服务业。吸引人才和要素供给，创造有利的体制和政策环境，通过市场机制的调节功能实现要素积聚，解决民生发展的需要。

第二，利用开发资源。利用开发自然资源，形成自然旅游休闲景区，带动旅游业的发展；利用人文和传统文化资源，形成观光旅游资源；利用农业开发资源，形成农业观光旅游；利用工业和工业遗产资源，形成工业观光旅游。但是利用资源具有局限性，如果没有资源，如何发展服务业？中国名山大川很多，但是依赖于这些并不一定可以形成旅游资源，世界上著名的旅游景点，很多是人工造就，例如迪斯尼乐园、拉斯维加斯。要先发展城市，才能更好地发展旅游业。

第三，当前利用计算机和互联网技术带动发展服务业成为一个新兴的服务行业。进入 21 世纪以来，随着计算机和互联网技术的普及，信息和计算机软件服务、互联网运用系统集成服务等服务业蓬勃发展，成为现代服务业发展的新兴行业，同时也不断改造了原有的传统服务业。特别是承接国际软件外包业务的发展，极大带动了计算机和信息服务业的发展，成为最有国际竞争力的服务行业之一。新兴服务业成长性显现。2004年和2005年我国第三产业增加值占生产总值的比重基本保持在40%左右，其中，发展较快的信息传输、计算机服务和软件行业增加值在这两年占GDP比重保持在2.6%左右，金融业增加值占GDP比重保持在3.4%左右。最重要的是要解决人力资本问题和金融服务问题。发展不可能一蹴而就，例如软件外包业务最大的问题是没有接单能力，企业没有抵押品，银行不愿意贷款，这些方面是面临的具体实践问题，需要通过实践来克服发展中的问题。

（编辑整理：孙婧芳）

# 中国初次分配问题研究
## ——对中国劳动份额波动的考察

张车伟

2009 年 11 月 26 日

# 张车伟

中国社科院人口与劳动经济研究所副所长、研究生院人口与劳动经济系教授

**摘　要：**中国经济快速增长的同时，初次收入分配不合理越来越突出。本文对中国劳动份额的波动进行分析，并与发达国家的快速工业化过程中新兴工业化国家的劳动报酬份额进行比较，发现调整后的中国劳动份额总体上与发达国家和新兴工业化国家一致，展现出比较稳定的趋势。另外，中国非农产业劳动生产率高于职工平均实际工资水平，差距呈扩大趋势。对单位劳动成本进行比较发现，中国劳动单位成本呈现下降趋势，而且绝对值仅为0.12，远低于发达国家和新兴工业化国家的水平。

**关键词：**结构性失衡　初次分配　单位劳动成本　劳动生产力

# 一、引　言

中国经济增长取得了伟大成就，过去30多年中，中国GDP年平均增长率保持在10%左右，但面临着越来越严重的结构性问题，例如经济结构失衡、国际收支结构失衡、储蓄消费结构比例失衡等。结构性失衡与中国经济增长的阶段性特征，短期内难以改变，但我个人认为这些失衡给经济增长带来的不一定都是负面影响，例如经济结构失衡，中国的经济增长主要依靠第二产业推动，从短期来看这种情况会持续，投资和消费的结构说明我国的经济增长主要来自于投资驱动，投资驱动与消费驱动只是经济增长的不同方式。尽管在短期内，结构性失衡不会影响经济增长，但是存在长期的后果，结构性失衡将影响经济增长的稳定性和持续增长能力，导致国际争端和摩擦，影响国内和谐、稳定和公平。结构性失衡主要体现在初次收入分配，因为经济增长的模式和方式由要素决定，所以经济的结构性失衡也必然反映在收入分配上，导致收入分配不合理。以前强调收入分配问题主要依靠二次分配来解决，但是现在更倾向于强调初次分配，因为初次分配奠定了分配格局，通过再分配难以转变初次分配奠定的格局。结构性失衡与初次收入分配之间是鸡生蛋还是蛋生鸡？两者的因果关系是什么，这关系到解决结构性失衡政策的有效性，如果将因果倒置，则不可能解决根本问题。

收入分配问题已经成为影响我国经济社会和谐稳定发展的重大挑战。目前基尼系数高达0.45，超过了国际公认0.4的警戒线水平，需要注意的是，基尼系数反映收入分配的最终不平等程度，其中包括再分配的结果。产业间、行业间、体制内外的收入分配不公平进一步扩大了收入差距，使得收入分配格局出现“两极化”倾向。初次收入分配不合理，劳动者收入增长缓慢。党的十七大报告明确提出要提高劳动报酬在初次分配中比重的要求。需要研究的问题是，我国初次收入分配中劳动报酬份额出现了什么样的波动？从国际视角来看，中国劳动份额的波动具有何种特征？发达国家在快速工业化过程中劳动报酬份额是如何波动的？新兴工业化国家劳动报酬份额是如何波动的？我国劳动份额波动与国际经验相符还是例外？如何认识我国劳动份额的变化？

本文的结构安排如下，第二部分综述国内外对劳动份额变动问题的相关研究，第三部分分析我国劳动份额变化的趋势，第四部分对劳动份额的变化进行中外比较，第五部分得出基本结论并对相关问题进行探讨。

## 二、国内外对劳动份额变动问题的研究

初次收入分配是指，在一定技术条件下，厂商将生产要素投入生产过程，获得产出（商品和服务），同时，各要素获得相应的回报，即资本获得利息，劳动获得工资，土地获得地租，这就是国民收入的功能性分配（Function Distribution，也称为初次分配），在研究这一问题时人们通常使用劳动报酬（如工资和薪水等）占国民收入的比重来度量。从亚当·斯密开始，经济学家就对生产要素的分配产生了浓厚兴趣，李嘉图更是将探索收入分配规律视为政治经济学的首要问题。

### （一）国际上针对劳动份额的研究

从历史发展的角度对劳动份额变动进行分析。首先，劳动份额的相对稳定性。19世纪中期到20世纪中期，资本主义经济高速发展，英国在1880年最终实现了工业国的蓝图，美国、德国、法国以及日本等国也完成了工业化。在这100年中，生产技术以前所未有的速度进步，工业化国家的人均资本、人均产出、经济结构、人口分布都发生了巨大的变化，以人均产出为例，1870年到1950年，西欧以不变价格计算的人均GDP增长了1.5倍，美国增长了2.9倍，加拿大增长了3.4倍，国民收入中各要素的分配似乎也应该出现相应的变化，但实际上，英美等国国民收入中劳动报酬的比重保持着相当的稳定性，并没有随着人均收入的增长和经济周期的更替而大幅波动。卡尔多特征事实是凯恩斯在1939年发现的，

1920～1935年间，英国和美国的劳动份额都以平均线为中心随机波动，且两国的差距也比较稳定，他认为英美两国劳动份额的差异可以用垄断程度及基础条件的差异来解释。卡尔多于1961年也观察到了这个现象，卡尔多直接将劳动份额的长期稳定性视为经济发展过程中的一个特征事实。

其次，历史上劳动份额的波动。在经历了20世纪七八十年代的沉寂之后，劳动收入份额在20世纪90年代又重新引起了经济学家的注意，因为发达国家劳动收入比的波动发生了变化。50年代中后期到70年代中期，发达国家的劳动收入比有所上升，之后则倾向于下降，到2005年，劳动收入比下降到60年代的水平以下。另一个引人注目的事实是，发达国家劳动收入比情况出现了泾渭分明的变化，英语系国家的变动幅度较小，其他国家的变动幅度则大得多。从50年代后期开始，在经历了比较显著的上升之后，欧洲大陆国家的劳动收入占比大致在1978年达到顶峰，之后便持续下降，英语系国家（英国、美国、加拿大等）下降过程显得更缓慢、更平滑。日本则在80年代达到顶峰之后，维持在高位水平。这种差异引起了经济学家的广泛关注①。

### （二）有关我国劳动份额变化研究

国内对劳动收入份额的研究集中在两个方面，一是劳动收入份额的变动规律，二是引起劳动收入份额变动的原因。国内研究者普遍认同中国劳动收入份额出现明显下降的观点，不过，不同学者对其下降幅度存在不同意见。白重恩用全国的劳动者报酬除以净GDP（总GDP扣除净间接税）比例来表示劳动收入份额，经过计算，他认为中国1995年劳动收入份额为59.7%，2006年下降为47.3%，下降了10多个百分点。李稻葵则用劳动者报酬除以总GDP表示劳动收入份额，发现中国劳动收入占比从1990年的53%下降到2006年的40%左右。

对我国劳动份额下降原因的研究包括以下几个方面：早期研究集中于工资是否会侵蚀利润的争论上。戴园晨和黎汉明发现国有企业的劳动定价（工资制度）方式导致了生产成本中工资比例的上升，利润比例的下降，从而工资侵蚀了利润。另一些学者，如唐宗焜则认为资本所得的减少并不是由于工资份额的上升，而是由于利息份额的上升，而国有企业的资本利息又最终由控制国有银行的国家所获得。近期的相关研究集中于产业结构、资本和劳动的谈判力量、经济制度改革等方面，其共同点是认为劳动收入占比变动与经济发展过程和产业结构变迁密切相关。白重恩等人认为，1995～2004年之间中国劳动份额的下降中有50%是统计口径的调整造成的，约30%是产业结构转型造成的，剩下的是国有企业改

① 有关20世纪60年代以来OECD国家的劳动收入份额的变动情况参见：Harrison，Effects of Globalizationon Labor's Share。有关不同类型国家劳动收入份额变动情况的解释参见：Blanchard。

制和垄断的程度变化造成的，并没有证据表明这个变化是由于劳动力的话语权减少。李稻葵等利用简单调整后的联合国雇员报酬数据①，发现从国际范围内劳动份额与经济发展水平存在"U"形关系，而中国正处在"U"形曲线的左边，意味着中国劳动收入份额仍将继续降低；接着，通过对工业部门微观调查数据回归分析，他们发现产业结构和劳动力谈判力量的变化也是导致劳动收入占比下降的原因。需要注意的是，在统计劳动份额时存在一些方法导致某种统计结果的出现，所以在对不同国家的劳动份额进行比较时需要注意口径的一致性。一般而言，发达国家的统计数据比较全面，而发展中国家在统计时仅统计领工资的人的工资，不领工资的人的收入不被统计在内，因此对发展中国家和发达国家进行比较时会发现，发达国家的劳动份额偏低，这种差距在很大程度上由统计口径不一致导致。

## （三）国外劳动份额的波动

首先，对英美1860～1940年间的劳动份额波动进行分析。1860～1940年间，英国的劳动收入占比围绕在40.3上下随机波动，标准差为1.9，美国则围绕在75.1上下波动，标准差为2.1，变动都很小（见表1）。英国存在两个统计口径，第一个口径仅统计雇员，是纯粹领工资的人，高级白领是不算在其中的，第二个口径不仅包括前者，而且包括自雇者和企业家的劳动收入，该口径更接近现在发达国家的使用口径。

**表1　美国和英国1860～1940年的劳动份额**　　单位：%

| 国家 | 1860年 | 1870年 | 1880年 | 1890年 | 1900年 | 1910年 | 1920年 | 1930年 | 1940年 |
|---|---|---|---|---|---|---|---|---|---|
| 美国 | 78.1 | 78.7 | 76.5 | 75.5 | 77.7 | 76.0 | 73.9 | 76.7 | 77.6 |
| 英国[a] | 43.5 | 38.6 | 39.8 | 41.5 | 40.7 | 37.8 | 43.0 | 41.0 | 38.2 |
| 英国[b] | 57.8 | 53.8 | 55.3 | 58.7 | 58.4 | 56.0 | 66.6[c] | — | 65.1 |

注：a指普通工人工资占国民收入的比重。b指国民的劳动者报酬（包括普通工人的工资，也包括自雇者、企业家的劳动收入）占国民收入的比重。c指数据时间为1924年。

① 西方学者在研究OECD国家劳动收入份额的变动时，主要采用了OECD的统计数据及各国的国民收入账户，一般不使用联合国数据，只有在研究发展中国家的劳动收入份额问题时，才使用联合国数据，主要原因是联合国数据中，劳动收入仅包括公司雇员的劳动报酬，而不包括自雇者的劳动报酬。而李稻葵采用的调整方法是在联合国数据的基础上将自雇者的所有收入（包括劳动收入、资本收入和土地收入）都加入到劳动报酬中。参见：李稻葵、刘霖林、王红领：《GDP中劳动份额演变的U型规律》，《经济研究》2009年第1期。

图1列出了美国1870～1950年的劳动收入比和人均GDP、城市化水平、农业产业结构的数据。以1870年为基期（1870年=100），到1950年，美国人口增长了近3倍，人均GDP增长了3倍多，城市化水平提高了1.5倍，农业产业的比重下降了82%，但劳动收入占比仍然围绕着平均线上下波动，劳动收入占比的变动明显小于其他变量（见表2）。

**表2　美国1870～1950年经济和社会指标变动趋势**

| 项目 | 1870年 | 1890年 | 1900年 | 1920年 | 1940年 | 1950年 |
|---|---|---|---|---|---|---|
| 农业变化 | 100 | 77 | 99 | 72 | 33 | 18 |
| 劳动份额 | 100 | 96 | 99 | 94 | 99 | 89 |
| 城市化水平 | 100 | 137 | 155 | 200 | 220 | 249 |
| 人均GDP | 100 | 182 | 222 | 283 | 310 | 412 |

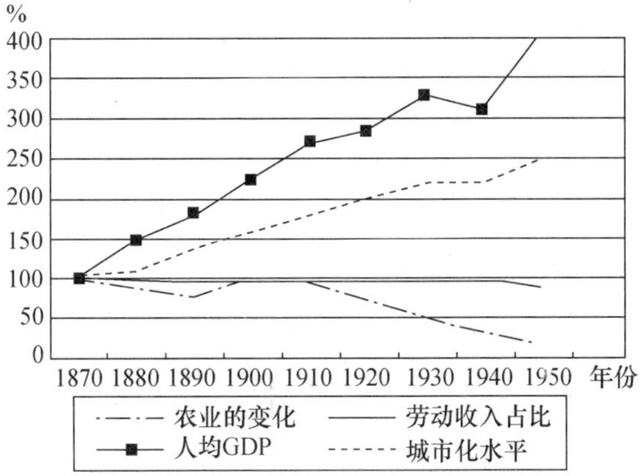


**图1　美国1870～1950年经济和社会指标变动趋势**

资料来源：人均GDP和农业变化来自吉尔伯特·菲特、吉姆·里斯著：《美国经济史》，司徒淳、方秉铸译，辽宁人民出版社1981年版，第373～385页；城市化水平来自《剑桥欧洲经济史》，第六卷，第658页。

其次，分析发达国家劳动份额长期稳定的原因。通过上述描述发现，发达国家劳动份额均有长期稳定性，进而探讨这种稳定性存在的原因。新古典经济学中，在一个完全竞争的市场中，假如不存在技术进步（或技术进步为中性），要素收入取决于其边际生产率，要素之间的分配仅取决于要素间的边际替代率，与要素价格无关，若要素的边际替代率保持不变（或者接近于1），劳动收入占总产出的比重将保持稳定。若存在技术进步，要素分配还取决于技术进步的类型

（劳动节约型或者资本节约型），资本节约型（劳动扩张型）的技术进步将有利于劳动的分配，保持劳动份额不至于下降，而劳动节约型（资本扩张型）技术进步将导致劳动份额的下降。1860～1940 年间，由于美国和英国的劳动与资本要素的边际替代率接近于 1，劳动份额对时间的变化接近于零，加上技术进步也倾向于劳动扩张性的技术进步，劳动份额便能保持相对稳定。在实证研究中，早期研究更多从行业间的变动（Internal Shift）解释长期稳定性问题，即劳动份额的相对稳定性来源于产业间的转变效应的抵消。劳动份额与产业结构存在密切联系，因为各产业的要素分配方式不一样，而在快速工业化过程中，产业结构会发生巨大变化。如果劳动份额变化完全由产业结构变化引起，那么不会引起公平问题。此外，虽然要素价格与劳动份额无关，但是相对价格的变化会导致份额变化，因此在研究劳动份额时需要对垄断和工会进行分析。

再次，分析垄断对劳动份额的影响。因为垄断会影响资方的报酬，所以与此相对应是否会导致劳动份额下降成为研究关注点。19 世纪末期，自由竞争的资本主义逐渐为垄断资本主义取代，自由竞争市场的工资决定理论逐渐演变为垄断加成价格理论。Calecki（1939）建立了不完全竞争市场上的收入决定理论。他认为，产品市场和要素市场的垄断决定了劳动份额。在不完全竞争市场中，总流通中资本利息和薪水（企业家、管理者的收入）的相对比例近似等于平均的垄断水平，即加成价格（Markup Pricing）。由于劳动份额等于 1（国民收入）减去总资本和总薪水的比例，它与厂商在产品市场上的垄断程度呈反向关系，即垄断程度越高，劳动份额可能越低，反之亦然。以 1880～1935 年英国的劳动收入占比情况来看，1880～1913 年，由于厂商的垄断能力增强，资本的回报上升，导致劳动收入占比下降 9%；1913～1935 年，虽然厂商的垄断力量有所加强，但由于原材料价格的大幅下降，垄断对劳动收入占比的负作用被抵消，劳动收入占比得以保持稳定。但一些早期的实证研究表明厂商的垄断对劳动收入占比没有显著影响。John Moroney 和 Bruce Allen 研究了美国 27 个行业的劳动收入占比情况，采用各行业中四个最大公司的集中度（Four - firm Concentration Ratio）测量厂商的垄断程度，发现劳动收入占比与垄断之间没有系统联系——在所有 27 个行业中，只有 5 个在统计上负相关，而还有 1 个正相关，说明垄断力量难以解释劳动收入占比的变化，用工资率表示的要素比率却有较强的说服力。

复次，分析工会对劳动份额的影响。工人阶级于 1848 年登上历史舞台，工会逐渐形成与发展，导致劳动力要素市场的垄断，工资得到增长。厂商因为担心价格上涨会削弱其竞争力，可能不会将工资增长的全部份额都转移到加成价格，而宁愿接受一个较低的利润水平。因而，工会可以影响企业的垄断程度，导致利润向工资的分配（特别是在加成价格很高，厂商有能力支付较高工资时），劳动份额得以提高。但如果工资谈判是整个产业的集体谈判，或者工资增长非常迅速，以至于蔓延到整个产业时，单个公司对竞争力削弱的担心会下降，增长的工资可能全被计入加成价格，工会对劳动份额的影响程度相应下降。这样，问题的关键在于劳动需求曲线的弹性：如果劳动需求曲线不变，工资的增长毫无疑问会导致劳动收入占比的上升，因为只有部分的工资增长转移到价格里面；但如果经济中出现了普遍的工资增长，劳动的需求曲线向上移动，工资增长不一定带来劳动收入占比的提高。森勒尔（N. J. Simler）用各行业集体谈判合约所覆盖工人的比例作为工会化程度的指标，研究了工会组织对劳动收入占比的影响。他发现工会力量与劳动收入占比并不存在显著的正关系，工会虽然会导致名义工资的增加，但并不必然导致劳动收入份额的增加。由于真实工资取决于劳动的边际生产率，当且仅当劳动的边际生产率比平均生产率增长得更快时，劳动收入比才会增加，而且，雇主在一定程度上可以通过资本替代劳动和选择劳动节约型的生产函数或者单位产出值来对抗工会组织和工资的增长，降低工会对劳动收入分配的影响。发达国家在长期发展过程中劳动份额没有发生变化，并非是影响劳动份额的因素不存在，而是由于这些因素之间相互制衡、相互抵消，最终出现均衡结果。

最后，分析发达国家近些年劳动份额的变动趋势。20 世纪 60 年代以来，发达国家劳动份额经历了先升和后降的过程；同时，英语系国家的变动幅度较小，欧洲大陆国家的变动幅度较大。针对这种新情况，国外学者从石油冲击、高涨的失业率、资本国际化、贸易国际化以及全球化的角度展开了影响劳动份额变动的实证分析。

## 三、我国劳动份额变化趋势分析

以上对国际劳动份额变动趋势及其原因进行分析，在这一部分将对我国劳动份额变化趋势进行分析。

### （一）我国劳动份额的计算

#### 1. 数据来源

现有研究的数据主要来自历年的《中国统计年鉴》和《1952 ~ 2004 年中国国民经济核算历史资料》，后者直接包括收入法计算的 1993 ~ 2004 年各地区、产业的国民收入分配数据，一些研究者据此计算，认为中国的劳动份额出现下降。《中国统计年鉴》统计指标解释中，劳动者报酬指“劳动者因从事生产活动所获得的全部报酬，包括劳动者获得的各种形式的工资、奖金和津贴，既包括货币形式的，也包括实物形式的，还包括劳动者所享受的公费医疗和医药卫生费、上下班交通补贴、单位支付的社会保险费、住房公积金等。对于个体经济来说，其所有者所获得的劳动报酬和经营利润不易区分，这两部分统一作为劳动者报酬处理”。这说明，中国统计年鉴中的劳动者报酬不仅包括个体劳动者的劳动收入，还包括他们的资本性和土地收入。我国自1978年实行家庭联产承包责任制和市场经济取向的改革之后，农村普遍采取家庭经营的生产方式，农民多属于个体劳动者，城市也存在相当数量的个体户，这些劳动者的收入中有一部分不是劳动收入，而是资本性或土地收入。如果直接将个人的生产经营收入也计入劳动收入，中国第一产业的劳动收入占有率高达80%以上，考虑到中国目前的情况，这个数据高得有些离谱，比第二、第三产业的劳动收入占比高出1倍。值得注意的是，这种结果在很大程度上是由统计口径引起的，所以在进行比较时需要对其进行调整。

2. *存在的问题*

通过上述分析发现，我国劳动份额的统计存在问题，即劳动收入应该是劳动者通过劳动所获得的报酬，通过土地、物质资本和金融资本获得的收入不应计入劳动收入。使用《统计年鉴》数据计算劳动份额一般都是按照统计局对劳动报酬定义把城乡个体劳动者的收入都归入劳动报酬。因此，直接用《中国统计年鉴》上的劳动者报酬及相关数据来计算劳动份额，有悖于劳动者报酬的内涵，也不符合国际上计算劳动份额的惯例。要真正了解我国劳动份额的真实状况需要按照国际惯例对原始数据进行调整后进行计算。

**表3 未经调整直接计算的我国劳动份额** 单位：%

| 年份 | 总计 | 第一产业 | 第二产业 | 第三产业 |
|---|---|---|---|---|
| 1978 | 49.6 | 86.7 | 31.0 | 43.3 |
| 1985 | 52.7 | 87.8 | 34.5 | 42.7 |
| 1990 | 53.3 | 85.6 | 38.9 | 43.3 |
| 1995 | 51.4 | 86.1 | 41.5 | 43.8 |
| 2000 | 48.7 | 85.6 | 40.6 | 43.9 |
| 2001 | 48.2 | 85.4 | 40.3 | 43.9 |
| 2002 | 47.8 | 84.5 | 39.9 | 44.3 |
| 2003 | 46.2 | 83.4 | 38.8 | 43.4 |
| 2004 | 41.6 | 90.6 | 33.3 | 36.2 |
| 2005 | 41.4 | — | — | — |
| 2006 | 40.6 | — | — | — |
| 2007 | 39.7 | — | — | — |

注：2004年以来，劳动者报酬的统计口径发生细微变化，笔者按照同一统计口径计算了2004～2007年中国总的劳动报酬份额，分别为43.15%、43.25%、42.59%和41.77%，劳动份额仍然出现明显下降。

对未经调整直接计算的我国劳动份额进行分析，根据表3可知，全国总劳动份额先升后降。1978~1984年间，劳动报酬份额轻微上升，之后缓慢下降，自1995年起下降更明显，到2007年，劳动份额下降到39.7%，比1990年（53.3%）下降了13.6个百分点，下降幅度高达26%，我国以往研究的结论由此而来。从各产业劳动份额的变动来看，第一和第三产业的劳动份额有一定波动，但总体上比较稳定；第二产业的劳动份额在1978~1998年持续上升，1999~2003年则逐渐下降。

直接计算结果似乎可由我国产业结构变化来解释，并不必然意味着劳动份额的下降。由于第一产业的劳动份额远高于第二和第三产业（平均超过1倍），在经济结构转变过程中，随着第一产业在经济中的比重下降，其劳动收入在全国总劳动收入中的比重逐渐下降，进而导致全国总劳动份额的下降。这种未经调整的劳动者报酬数据并不能真正反映中国劳动份额的变动情况，它严重高估了农业部门和第三产业的劳动份额，进而高估了全国的劳动份额，特别对早期劳动份额的高估程度更严重。

## （二）数据调整及调整方法

由于统计数据的口径存在上述问题，所以在计算我国劳动份额时需要对数据进行调整。以下介绍调整方法。

### 1. 调整的必要性

劳动份额的内涵，按照《联合国国民经济核算统计资料》的解释，雇员报酬作为对雇员核算期内所做工作的回报，是企业付给雇员的现金或实物报酬总额（但不包括任何由雇主支付的，按工资和薪金征收的税，如工薪税）。在具体计算劳动报酬时，一个现实问题是一些劳动者不是雇员，而是自雇者。自雇者被定义为在其中工作的非法人企业的唯一所有者或共同所有者，包括所有完全为自给最终消费或自给资本形成而单独或共同从事生产的劳动者。自雇者得到的经营收入是混合收入，只有部分属于劳动报酬，其余的属于资本性收入或土地收益。在计算劳动报酬份额时，应该从自雇者的经营收入中剔除其资本性收入和土地收益。一直以来，欧美学者在劳动份额的测度方面存在诸多争论，关键问题是究竟如何计算企业家和自雇者的劳动收入。在早期一些研究中，劳动报酬计量范畴较窄，仅指普通工人的工资（Wage），不包括自雇者的收入，也不包括技术工人和管理者的薪水。随着企业家数量的逐渐增加和人们劳动报酬观念的变化，企业家和自雇者劳动收入的计量问题引起了学者的关注。通常的计算方式是将企业家和自雇者的收入按照一定的比例分配给劳动和资本。乔根森将企业家收入的2/3划归劳动报酬，1/3划归资本性收入，这种做法被广泛接受。一般来说，发达国家国民统计账户资料较完善，劳动份额统计也较准确，而发展中国家数据主要来自联合国统计资料，劳动者报酬往往仅包括雇员的劳动报酬，不包括企业家和自雇者的劳动报酬。戈林认为这种统计口径的差异是导致发达国家的劳动报酬份额高于发展中国家的一个重要原因，发展中国家的农业比例较高（多数人是自雇型的家庭劳动者），且一些发展中国家的工商业部门也存在大量自雇者，仅包含雇员报酬的测度方法严重低估了发展中国家的劳动份额。经他调整后的数据表明，如果考虑发展中国家自雇者的劳动报酬，其与发达国家的劳动份额差距明显缩小。

2. 调整方法

扬方法，自雇者与部门、性别、年龄和教育程度相同的雇员具有同样的小时工资。乔根森方法，农业自雇者的收入有64%，非农业自雇者的收入有2/3是劳动报酬。戈林方法共有三种：①自雇者的经营收入都是劳动报酬；②自雇者与公司经营者的资本与劳动份额相同；③自雇者与雇员有相同的劳动报酬。从理论上讲，扬方法能够较准确地计算出自雇者的资本性收入和劳动收入，但在具体计量中，扬方法需要具备两个基本条件，一是详尽的微观数据资料，包括劳动者（雇员和自雇者）的收入、所在行业、性别、年龄、经验、受教育程度和工作时间等；二是劳动力市场条件，如果劳动力市场分割严重，自雇者的收入函数与雇员的收入函数差异较大，自雇者与性别、年龄和教育等相同的雇员的收入差距较大，用扬方法计算出来的雇员劳动收入便难以表示自雇者的劳动报酬。乔根森方法主要依据其对美国企业家和自雇者收入的测度，对工业化国家具有较强指导意义，但在将其应用到中国劳动份额的计量时需要谨慎对待。戈林的第一种方法即是中国国家统计局使用的方法（即本文所指的未调整的方法和数据），把自雇者的所有收入都计入劳动者报酬，该方法对那些缺乏自雇者收入数据的发展中国家具有一定修正意义，但明显忽略了自雇者的资本和土地性收入；戈林的第三种方法假定自雇者的劳动报酬与雇员的劳动报酬相同，这显然不适用于中国（见表4）。

**表4　各种调整方法的比较**

| | 调整方法 | 覆盖的国家和地区 |
|---|---|---|
| 扬方法<br>（1994） | 自雇者与部门、性别、年龄和教育程度相同的雇员具有同样的小时工资 | 韩国、中国香港、中国台湾、新加坡 |
| 乔根森方法（1954） | 农业自雇者的收入有64%，非农业自雇者的收入有2/3是劳动报酬 | 美国 |
| 戈林方法（2002）① | 自雇者的经营收入都是劳动报酬 | 42个不同发展水平的国家 |
| 戈林方法（2002）② | 自雇者与公司经营者的资本与劳动份额相同 | |
| 戈林方法（2002）③ | 自雇者与雇员有相同的劳动报酬 | |

## （三）我国劳动份额的调整

我国的劳动收入数据有三个地方需要调整。一是农民的劳动收入，自 1978 年以来，我国实行农村家庭联产承包责任制，农民是家庭联产承包经营者，其部分经营性收入来自资本和土地，但国家统计局将农民的经营性收入全部划归劳动报酬。二是城镇个体劳动者的经营收入，国家统计局将个体劳动者的经营收入也全部计入劳动报酬（2004 年之后又全部计入资本性收入）。在中国社会主义市场经济取向的改革过程中，城市个体经济发展非常迅速，把个体经营者的全部收入都算作劳动报酬的方法也会高估中国总劳动份额。三是企业家的收入，一般认为国有企业的总裁、大公司的总经理等企业家类型的劳动者收入属于混合收入，将企业家收入全部计入劳动报酬也可能高估中国劳动份额。但考虑到这部分收入在总劳动报酬中的份额相对很小，且相关数据难以获得，本文遂不讨论企业家的收入。

### 1. 数据调整方法

首先，农民劳动报酬的调整。从 1978 年到 1992 年，农民纯收入来源分为从集体统一经营中获得的收入、从经济联合体获得的收入、农民家庭经营收入及其他收入（其他收入包括借贷性收入等，不属于劳动报酬）。调整方式是混合收入的 2/3 归劳动所有，1/3 归土地和资本所有。自 1993 年起，农民纯收入来源的统计口径变为劳动者报酬、家庭经营收入和其他收入，集体统一经营收入和经济联合体收入从收入统计项目中消失了。这里仅按上述方式对农民家庭经营收入做调整。

其次，城镇个体经营收入的调整。用城镇人均个体经营收入乘以城镇人口，便得到城镇总的个体经营收入，然后乘以 1/3，便得到城镇居民的资本和土地性收入，扣除资本和土地性收入即可得到劳动报酬收入。

### 2. 调整后我国劳动份额

对调整后我国的劳动份额进行分析（见表 5）。调整后农业的劳动份额从 90% 下降至 53%，非农产业从 1978 年的 34.52% 上升到 2003 年的 40.34%，25 年间仅上升 6 个百分点。从农业劳动比例来看，1978 ~ 2004 年几乎没有变动（1978 年、2004 年分别为 53.85%、54.60%），尽管与 2002 年相比有显著下降，但这可能与统计口径变动有很大关系。

**表5　调整后我国劳动份额**　　单位:%

| 年份 | 农业劳动比例 | 非农劳动比例 | 总劳动比例 |
|---|---|---|---|
| 1978 | 53.85 | 34.52 | 40.12 |
| 1985 | 50.03 | 37.73 | 41.39 |
| 1990 | 50.86 | 40.66 | 43.50 |
| 1995 | 55.48 | 42.27 | 45.65 |
| 2000 | 56.56 | 41.72 | 44.42 |
| 2001 | 56.67 | 41.57 | 44.16 |
| 2002 | 57.63 | 41.53 | 44.08 |
| 2003 | 52.94 | 40.34 | 42.30 |
| 2004 | 54.60 | — | 42.30 |
| 2005 | — | — | 40.24 |
| 2006 | — | — | 39.81 |
| 2007 | — | — | 38.77 |

3. 调整前后比较

首先，总劳动份额的对比。未调整时劳动份额呈现显著下降趋势。调整后劳动份额总体展现出比较稳定变化趋势，1978～1990年轻微上升，1991～1996年加速上升，1996年之后轻微下降，2002年之后则加速下降，但直到2006年，中国劳动份额仍约等于1978年的水平（见图2）。

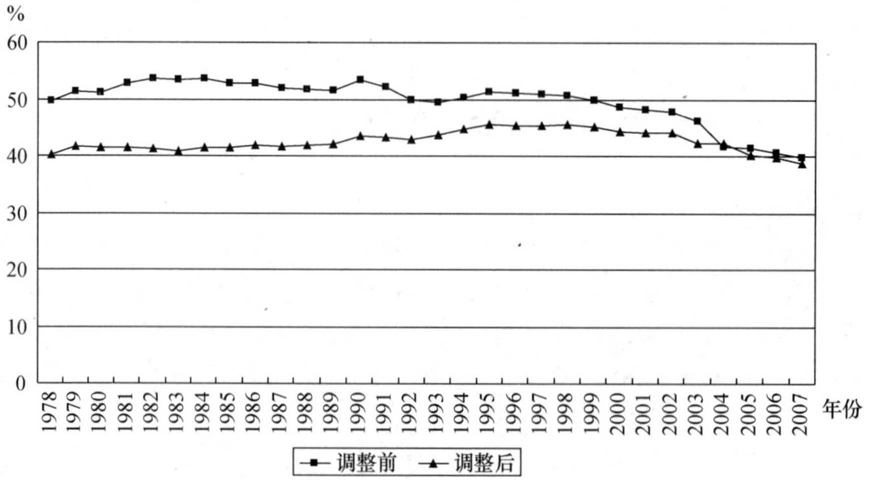


**图2　调整前后对比：总劳动份额**

其次，农业劳动份额的对比。农业部门的劳动份额与非农部门劳动份额的差距明显缩小，由调整前的相差1倍逐渐缩小到相差不到1/2（见图3）。由于农民的家庭经营收入在农业劳动者报酬中占据较大份额，而城市个体经营者的经营收入在城市工业和服务业劳动者报酬中的比重较小，因此，从农民家庭经营收入剔除资本和土地收入的做法对农业劳动份额的影响要远大于从工业和服务业劳动者报酬中剔除城镇个体经营收入对非农劳动份额的影响。

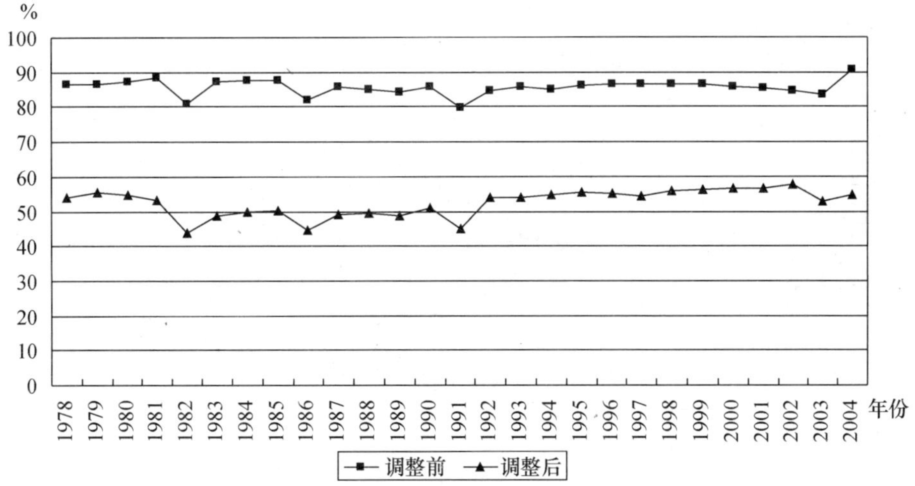


**图3　调整前后对比：农业劳动份额**

最后，对调整前后的劳动份额进行描述性统计分析（见表6）。调整前后各种劳动份额的统计性特征表明，无论是全国总的劳动份额，还是工业、第三产业的劳动份额，调整后都有所下降，并表现出更大的稳定性。调整前，农业劳动份额的均值为85.43%，调整后的均值下降到52.28%，整整下降了33.15个百分点。如果不对全国总劳动份额进行调整，以前研究的结果是可靠的，从1978年到2007年，全国总劳动份额的均值为54.05个百分点，存在显著（通过了1%的显著性水平检验）的下降趋势，且每年下降0.25个百分点（见表7）。但在调整自雇者的经营收入之后，全国总劳动份额不仅均值下降为41.85个百分点，其下降趋势也消失了（b值没有通过显著性检验）。这说明由于其相关数据并不能真正代表劳动者报酬，国内以往相关研究的结论也不能真正反映中国劳动份额的波动事实。

**表6　调整前后劳动份额的描述性统计**

| 变量 | 样本数 | 平均值 | 标准差 | 最小值 | 最大值 |
|---|---|---|---|---|---|
| 未调整的总劳动份额 | 30 | 49.93 | 3.40 | 41.77 | 53.68 |
| 调整后的总劳动份额 | 30 | 42.39 | 1.74 | 38.77 | 45.00 |
| 未调整的农业劳动份额 | 26 | 85.43 | 2.03 | 79.64 | 88.40 |
| 调整后的农业劳动份额 | 26 | 52.28 | 3.95 | 43.70 | 57.63 |
| 未调整的工业劳动份额 | 26 | 37.07 | 3.92 | 30.95 | 42.44 |
| 未调整的三产劳动份额 | 26 | 44.52 | 2.95 | 38.15 | 55.19 |
| 调整后的非农劳动份额 | 26 | 39.75 | 2.47 | 34.52 | 42.75 |

利用时间序列的趋势变量来研究中国劳动份额的变动趋势问题，模型设定为：

$$s_t = a + bt \qquad (1)$$

$s_t$ 是 t 时期的劳动份额，t 在 1978 年等于 1，2007 年等于 30，a、b 是参数。检验结果见表 7。

**表7　劳动份额的时间趋势检验结果**

| 项目 | a | b | Adj $R^2$ |
|---|---|---|---|
| 未调整的劳动份额 | 54.05 | -0.25* (0.05) | 0.43 |
| 调整后的劳动份额 | 41.85 | 0.05 (0.04) | 0.01 |

注：* 表示 1% 的显著性，括号内为标准差。

# 四、劳动份额变化的中外比较

## （一）国际数据来源及时间

各国处于不同的经济发展阶段，仅用当前横截面的劳动份额数据无法展开深入讨论。结合中国经济增长的阶段和特点，这里选择两类国家（一类是工业化和城市化与中国相似阶段的发达国家；另一类是新兴工业化国家）来进行国际比较。根据各国工业化时间（可比性）和数据的可获得性，各国劳动份额数据的时间为：英国 1850 ~ 1920 年，美国 1850 ~ 1925 年，日本 1900 ~ 1980 年，加拿大 1920 ~ 1980 年；中国 1978 ~ 2007 年。

各国不同时间段上的产业结构与城市化水平的变动与1978～2007年的中国具有一定可比性。例如，1850年，美国三大产业占GDP的比重分别为44.6%、24.2%和31.2%，1925年第一产业下降至11.2%，第二、三产业分别上升至41.3%、47.5%，与中国2007年的经济结构比较接近；1860年，美国城镇化为20%，到1920年为51.2%，其变化也类似于中国1978～2007年的情况（见表8）。通过与发达国家相似阶段的比较可以知道，这些发达国家在快速发展过程中的经济结构与我国现在的经济结构非常类似。

**表8　一些国家的产业结构与城市化水平的变动**　　单位：%

| 国家 | 英国 | 美国 | 日本 | 加拿大 | 中国 |
|---|---|---|---|---|---|
| 年份 | 1850～1920 | 1850～1925 | 1900～1980 | 1920～1980 | 1978～2007 |
| 第一产业 | 19.3～4.2 | 44.6～11.2 | 39.0～11.9 | 24.5～9.7 | 28.1～11.3 |
| 第二产业 | 36.4～53.2 | 24.2～41.3 | 61.0[a]～45.3 | 42.4～54.6 | 48.2～48.6 |
| 第三产业 | 44.3～42.6 | 31.2～47.5 | 61.0[a]～42.8 | 33.1～35.7 | 23.7～40.1 |
| 城市化 | 50～77 | 20～51 | 18～77 | 45～83 | 20～45 |

注：数据时间与表中的时间有细微出入，a为第二、第三产业合计。

## （二）劳动份额变化的中外比较

首先，将中国的劳动份额与相似发展阶段的发达国家进行比较。根据表9发现，中国的劳动份额远远低于工业化、城镇化阶段的发达国家。1920年，美国劳动份额高达73.9%，是中国2005年的近两倍。从几个发达国家来看，在工业化、城镇化过程中，有些国家的劳动份额维持在较高水平，如1850～1950年的美国，1850～1900年的英国，特别是美国的平均劳动份额高达73%；有些国家的劳动份额处于逐步上升的状态，如1930～1980年间的日本（个别时间段有所下降）。从中外劳动份额之差的波动情况来看，劳动份额之差也相对稳定。平均而言，中国劳动份额是美国的55%，日本的68%，英国的73%，加拿大的85%。

其次，将中国的雇员劳动份额与新兴工业国家进行比较。1983年，中国雇员的劳动份额为20%，西班牙为50%，韩国为40%，分别是中国的2.5倍和2倍。随着经济和社会的发展，工业和服务业逐渐兴起，1983～1993年间，中国雇员的劳动份额上升明显，之后则处于稳定状态，围绕在34%左右波动，而新兴国家的劳动份额或者呈现缓慢上升态势，或者保持在较高水平，导致中国与新兴国家的劳动份额存在长期的、明显的差距，到2004年，虽然中国的劳动份额约为36%，但与新兴国家的差距仍然普遍超过10%（见表10）。

**表 9　中国与相似发展阶段的发达国家劳动份额的比较**　　单位:%

| 国家 | 1 | 2 | 3 | 4 | 5 | 6 | 7 |
|---|---|---|---|---|---|---|---|
| 美国 | 78.1 | 78.7 | 76.5 | 75.5 | 77.7 | 76.0 | 73.9 |
| 英国 | 57.8 | 55.6 | 53.3 | 58.7 | 58.4 | 56.0 | 66.6 |
| 日本 | 68.2 | 67.3 | 55.0 | 57.6 | 58.0 | 67.1 | 65.0 |
| 加拿大 | 45.9 | 48.0 | 47.8 | 48.9 | 51.5 | 52.7 | 55.3 |
| 中国 | 40.1 | 41.3 | 41.4 | 43.5 | 45.6 | 44.4 | 40.2 |
| 中美之差 | -38.0 | -37.4 | -35.1 | -32.0 | -32.1 | -31.6 | -33.7 |
| 中英之差 | -17.7 | -14.3 | -11.9 | -15.2 | -12.8 | -11.6 | -26.4 |
| 中日之差 | -28.1 | -26.0 | -13.6 | -14.1 | -12.4 | -22.7 | -24.8 |
| 中加之差 | -5.8 | -6.7 | -6.4 | -5.4 | -5.9 | -8.3 | -15.1 |

注：美国数据的时间为 1860 年、1870 年、1880 年、1890 年、1900 年、1910 年、1920 年，英国为 1856 年、1860 年、1873 年、1890 年、1900 年、1913 年和 1924 年，日本为 1900 年、1910 年、1920 年、1930 年、1950 年、1955 年、1960 年，加拿大为 1926 年、1935 年、1950 年、1955 年、1960 年、1965 年、1970 年；中国为 1978 年、1980 年、1985 年、1990 年、1995 年、2000 年、2005 年。

**表 10　中国与新兴工业国家雇员劳动份额的比较**　　单位:%

| 年份 | 巴西 | 俄罗斯 | 西班牙[a] | 韩国[b] | 中国[c] |
|---|---|---|---|---|---|
| 1990 |  | 48.76 | 51.32 | 39.60 | 20.10 |
| 1991 |  | 43.67 | 45.76 | 39.54 | 22.20 |
| 1992 | 49.38 | 36.72 | 46.30 | 45.82 | 24.40 |
| 1994 | 45.30 | 49.28 | 46.25 | 47.47 | 28.40 |
| 1996 | 43.20 | 51.77 | 44.85 | 46.33 | 34.10 |
| 1998 | 43.30 | 52.87 | 46.25 | 47.92 | 35.10 |
| 2000 | 42.48 | 44.96 | 49.53 | 42.83 | 35.80 |
| 2002 | 46.23 | 51.89 | 48.79 | 46.78 | 36.70 |
| 2003 | 45.68 | 52.51 | 48.51 | 47.59 | 34.50 |
| 2004 | 45.81 | 51.66 | 48.00 | 44.30 | 35.60 |
| 均值 | 44.70 | 48.42 | 47.46 | 45.61 | 31.36 |

注：各国数据时间存在细微差异。a（西班牙）和 b（韩国）的数据为 1980 年、1985 年、1990 ~ 1997 年和 2000 ~ 2004 年，c（中国）为 1983 ~ 1997 年的隔年以及 1998 ~ 2004 年的数据。

通过上述与发达国家相似阶段及新兴工业国家的比较可知，中国的劳动份额也是稳定的，但问题在于份额太低，低于发达国家 10 ~ 20 个百分点，低于发展中国家 15 个百分点。

最后，分产业对中国和美国相似发展阶段进行比较。通过中美产业内劳动份额的比较，具体剖析中美劳动份额差异的来源。表 11 说明不同产业对中美劳动份额的差异起着不同的作用，农业有助于缩小差距，建筑与公共事业起到中性作用，制造业和零售业明显提高了中美的差异。因此，中美劳动份额差距较大的产业的高产值比重是导致中美劳动份额差异的主要原因。

**表 11　中国和美国相似发展阶段的劳动份额分产业比较**

| 项目（年份） | | 农业 | 建筑业 | 制造业 | 零售业 | 运输 | 公共事业 |
|---|---|---|---|---|---|---|---|
| 美国（1929） | | 0.17 | 0.67 | 0.74 | 0.7 | 0.73 | 0.54 |
| 美国（1935） | | 0.13 | 0.71 | 0.83 | 0.73 | 0.8 | 0.54 |
| 美国（1941） | | 0.16 | 0.73 | 0.69 | 0.62 | 0.72 | 0.54 |
| 美国（1947） | | 0.17 | 0.73 | 0.76 | 0.63 | 0.84 | 0.7 |
| 美国（1953） | | 0.21 | 0.77 | 0.71 | 0.67 | 0.82 | 0.6 |
| 均值 | | 0.19 | 0.72 | 0.746 | 0.67 | 0.78 | 0.58 |
| 中国（1978） | | 0.54 | 0.63 | 0.27 | 0.45 | 0.32 | 0.59 |
| 中国（1987） | | 0.53 | 0.69 | 0.31 | 0.44 | 0.37 | 0.59 |
| 中国（1995） | | 0.55 | 0.62 | 0.39 | 0.53 | 0.48 | 0.6 |
| 中国（2000） | | 0.57 | 0.63 | 0.41 | 0.51 | 0.45 | 0.58 |
| 中国（2004） | | 0.55 | 0.61 | 0.33 | 0.3 | 0.31 | 0.58 |
| 均值 | | 0.55 | 0.64 | 0.34 | 0.45 | 0.39 | 0.59 |
| 中美劳动份额之差 | | 0.38 | -0.09 | -0.40 | -0.22 | -0.40 | 0.004 |
| 产值比重 | 美国（1929） | 0.11 | 0.06 | 0.44 | 0.23 | 0.08 | 0.04 |
| | 中国（2004） | 0.13 | 0.05 | 0.41 | 0.19 | 0.14 | 0.03 |

# 五、基本结论与讨论

## （一）基本结论

未调整的劳动份额趋势呈现下降趋势，这是到目前为止国内相关研究普遍的看法。然而，这一段时间中国处于快速结构转变时期，不同产业的劳动份额不一样，如果将产业结构的变化充分考虑，那么收入分配体系并不能完全反映资本要素和劳动要素相对价格的变化，因此未调整的数据并不能反映真实的情况。调整后的劳动份额数据表明，1978～2007年间中国劳动份额相对稳定，低于各行业内劳动收入份额的波动幅度。另外，由于农业的经济比重逐渐下降，非农部门比重上升，中国产业结构的变动（产业间效应）不利于劳动份额，而由于1978～1998年间中国产业内劳动份额总体上有所上升，产业内效应有利于劳动份额。

历史地来看，中国劳动份额变动趋势与其他国家一样保持相对稳定，这说明市场经济中决定劳动份额变动趋势的基本因素在中国和其他国家一样起作用，在这一点上中国并不是特例。资本和劳动的替代率保持在比较稳定的状态（白重恩等的研究表明中国工业部门的要素替代率接近1），导致劳动份额比较稳定。中国劳动份额大大低于相似发展阶段的发达国家，平均来看相差20个百分点左右。中国劳动份额也大大低于新兴工业化国家水平，平均来看低15个百分点左右。从国际上来看，中国似乎是个特例，中国劳动份额似乎陷入了“低水平陷阱”。劳动份额的“低水平陷阱”意味着初次收入分配严重不利于劳动者，而且自1978年以来劳动份额一直处于这种低水平状态。

## （二）讨论

以下初步探讨我国劳动份额偏低的原因。在改革开放初期，物质资本相当贫乏，为了增加物质资本积累，国家实行了以农补工的政策和压缩城市劳动者工资的方法，来增加资金积累，早期的低劳动份额与低消费、高积累的国家政策紧密相关。随着市场化进程的深入，劳动力市场逐渐开放，从理论上讲，在增量经济中劳动者工资受低消费、高积累政策的影响较小，劳动份额有所提升，但随着中国逐渐融入世界经济体系化，资本对劳动的优势加强，又对中国劳动份额带来了不利影响，导致其自20世纪末以来有所下降。具体地说，全球化、技术进步的类型与劳动力市场状况等是导致低水平均衡陷阱的重要因素。

第一，全球化对我国劳动份额的影响。理论上讲，国际贸易和资本的国际流动能促进发展中国家劳动密集型产业的发展，因为劳动密集型产品是发展中国家的相对优势所在，而劳动密集型产业的扩张将导致发展中国家劳动需求的增长，收入分配向有利于劳动的方向发展，劳动份额可能提高。但中国劳动份额的变动情况并不完全符合此逻辑。自1993年后，中国资本品的进口比例一直维持在43%，资本品的出口比例从1980年的4.7%增长到2007年的47.4%（见图4）。同时，中国贸易依存度也持续上升，到2007年，外贸依存度接近70%，对外贸易成为中国经济增长的主要动力。

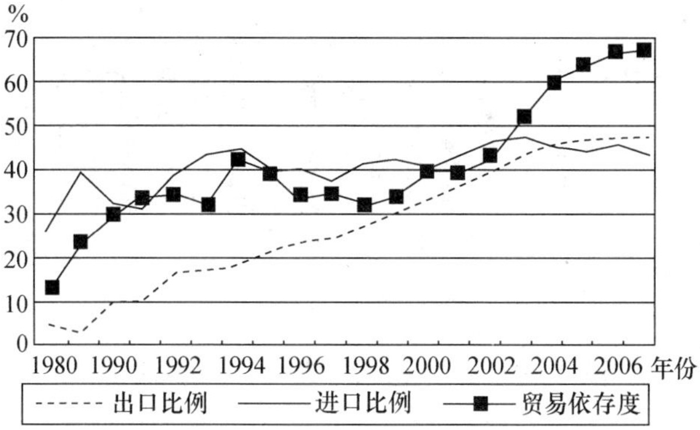


**图4 中国1980~2007年进出口中资本品的比例以及贸易依存度**

第二，我国经济增长方式对劳动的影响。首先，各地政府为了GDP增长而展开吸引外资的竞争，可能导致竞次均衡状态的出现（Race to The Bottom）。当忙于GDP竞赛的地方政府意识到低廉的劳动力价格有利于企业在全球竞争中赢得比较优势时，可能出台一些不利于劳动保护，但有利于资本收益的政策，以吸引资本进入本地，导致工人工资低于其劳动生产率，资本获得更丰厚的利息，劳动份额维持在低水平。其次，中国并没有出现有利于劳动的、高技能偏好的技术进步，而出现了有利于资本的、有利于低（无）技能劳动者的技术进步。这使得资本具有更强的谈判能力，还导致人力资本收益降低。最后，2004~2007年的大学生就业难与民工荒的悖论反映出中国技术进步似乎正向两个极端发展，一部分经济是强资本扩张型的，这种技术进步不需要雇佣很多劳动力就可以满足生产的需要（一些重化垄断部门和国有大型企业），另一部分则是强低技能偏好的，仅靠低成本竞争的技术进步（生产外贸、鞋、服装的劳动密集型企业），这两种技术进步都不利于劳动份额的提升。

第三，从劳动力市场视角分析低水平陷阱。20世纪90年代中期尤其是1998年国有企业改革步伐加快后，中国经历了恐怕是迄今为止世界上规模最大的裁员。1998~2002年，国有单位就业净减少4051万人，集体单位就业净减少2163万人，短短5年左右的时间内，城镇部门有大约6000万人丢掉了工作。中国的劳动力市场改革使大批正规就业岗位被摧毁，新增就业一般说来缺乏最基本的劳动力市场保护，劳动力市场出现非正规化趋势（见图5）。

第四，讨论工资的增长速度是否合适。工资是比较难研究的问题，现在只能得到《中国统计年鉴》中统计的职工工资，但职工仅是被正规单位雇佣的劳动力，主要是企事业单位、国有企业、正规大规模的外资企业，大概不足2亿，而中国的就业人口达到7亿。图6反映的是职工工资增长率与GDP增长率之间的

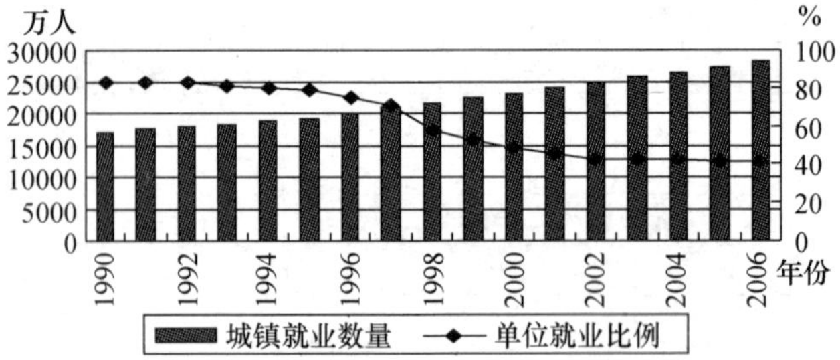


**图5　城镇就业数量变化及其非正规化趋势**

变化，这种工资增长严重高估我国劳动者的收入增长速度。因为伴随劳动份额的下降，工资增长率一定下降，一定低于 GDP 增长率，但根据图 6 可知，两者之间基本上是同步的，收入最高人群的收入增长率依然低于 GDP 增长率，1998 年之后职工工资增长率高于 GDP 增长率可能是由国有企业改革引起的，但 2003 年之后下降，又与 GDP 增长率一致。

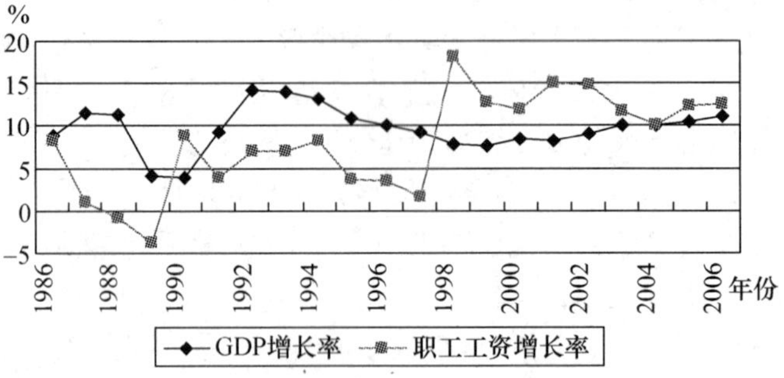


**图6　GDP 增长率和职工工资增长率变化**

工资是由边际劳动生产力决定的，在对工资进行分析时，两者进行比较，由于无法计算边际劳动生产力，所以将职工实际工资和非农产业平均劳动生产率进行比较。根据图 7 可知，两者之间的差距不断扩大，需要说明的是，图 7 中的生产率是第二、第三产业所有劳动力的生产率，而工资率仅根据高工资劳动力计算。就第二产业而言，如图 8 所示，劳动生产率快速增加，而实际工资增长率增长缓慢。第三产业比较合理（见图 9），工资增长率随着劳动生产率的增长而增长，工资增长与劳动生产率保持适当的比率。

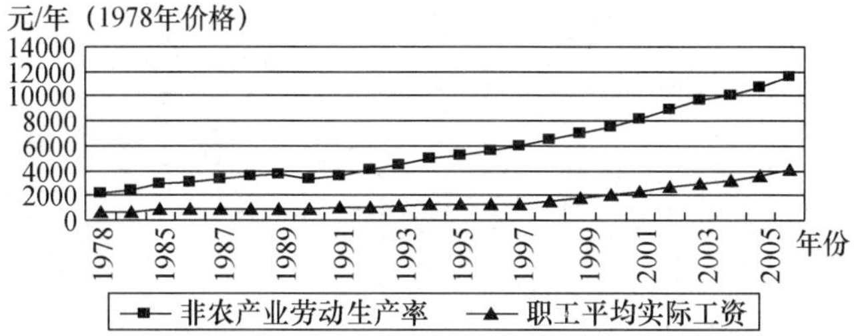


**图 7　非农产业劳动生产率和职工平均实际工资比较**

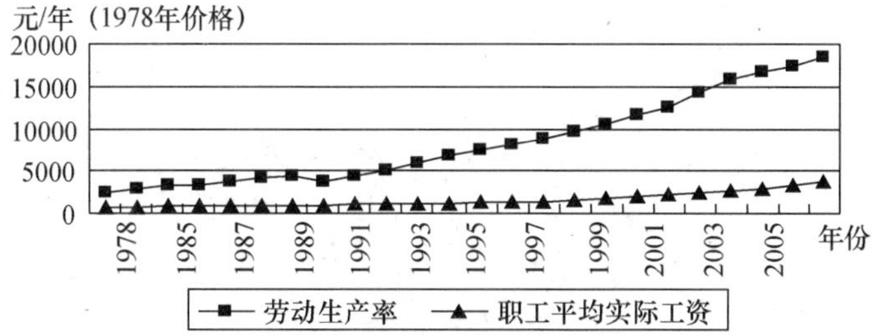


**图 8　劳动生产率与职工平均实际工资：第二产业**

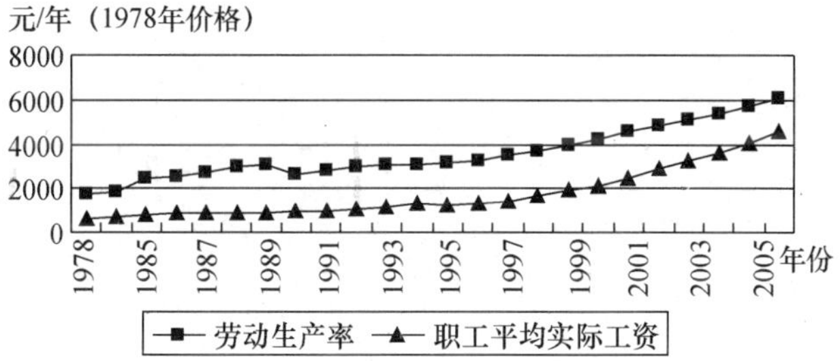


**图 9　劳动生产率与职工平均实际工资：第三产业**

对第二产业单位劳动成本变化进行分析。单位劳动成本是指工资率和劳动生产率的比值，这是一个衡量劳动实际成本的指标。1978～2005 年，第二产业的单位劳动成本呈现下降趋势（见图 10）。对全部国有及规模以上非国有工业企业 GDP 与利润增长进行分析，发现 1999～2006 年期间，两者都出现大幅上涨（见图 11）。将工业企业劳动生产率与实际工资进行对比（见图 12），可以发现，劳动生产率远高于实际工资。需要说明的是，在图 12 中，工资为全国工业企业职工平均实际工资，劳动生产率是全部国有及规模以上非国有企业，这存在对工资增长率的高估，也就是说低估了这种差距。

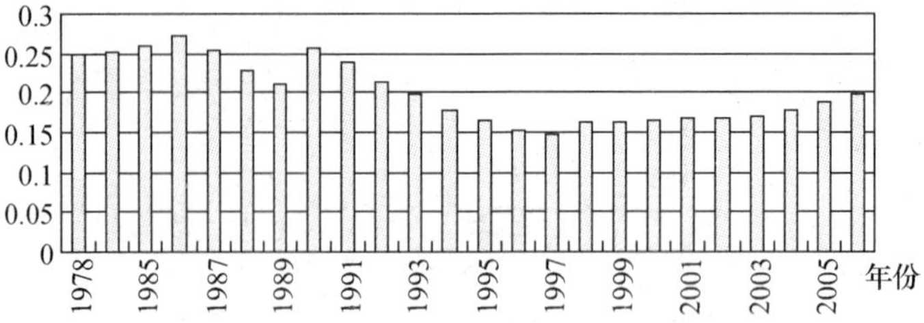


**图 10　第二产业单位劳动成本变化**

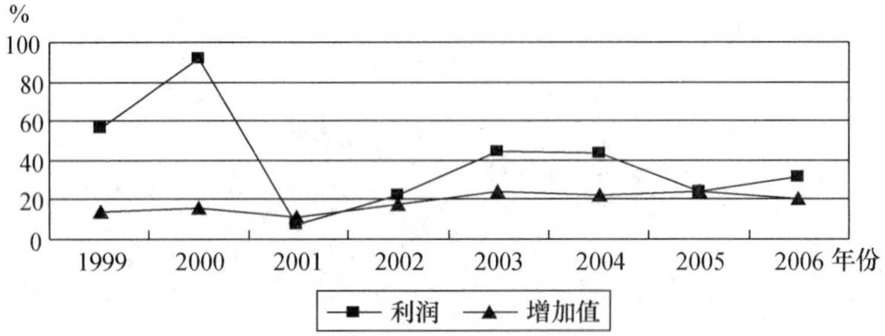


**图 11　全部国有及规模以上非国有工业企业 GDP 和利润增长比较**

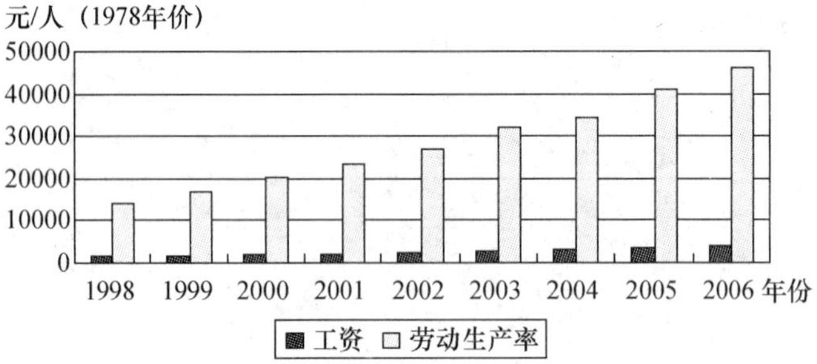


**图 12　工业企业劳动生产率与实际工资对比**

对全部国有及规模以上非国有企业单位劳动成本变化进行分析，可以看出，劳动生产率创造的价值所对应的工资率，自 1998 年以来，显著下降（见图 13）。值得注意的是，1998 年绝对值水平偏低，仅为 0.12。对不同国家单位劳动成本进行比较［见表 12 第（3）列］，主要是制造业的劳动单位成本，发现日本、新加坡、韩国的比较低，分别为 0.34、0.34、0.26。通过上面的分析可知，中国的单位劳动成本仅为 0.12，远低于发达国家在其工业化过程中的水平。

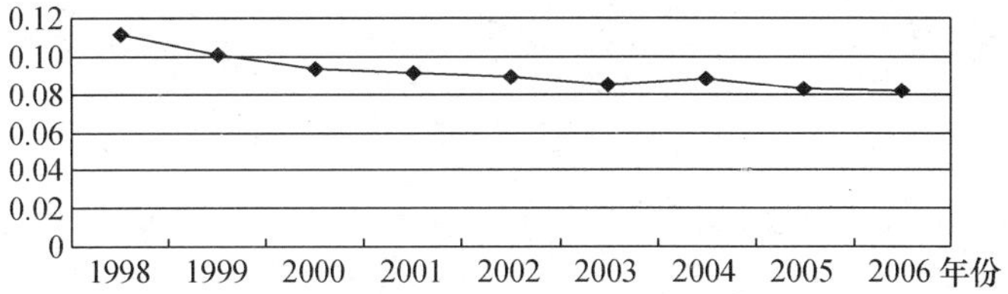


**图 13　全部国有及规模以上非国有企业单位劳动成本变化**

**表 12　不同国家单位劳动成本比较**

| 国家（地区） | Labor Cost Per Worker in Manufacturing, Per Year（1） | | Value Added Per Work in Manufacturing, Per Year（2） | | Unit Labor Cost（3） | |
|---|---|---|---|---|---|---|
| | 1980～1984 年 | 1995～1999 年 | 1980～1984 年 | 1995～1999 年 | 1980～1984 年 | 1995～1999 年 |
| 澳大利亚 | 14749 | 26087 | 27801 | 57857 | 0.53 | 0.45 |
| 加拿大 | 17710 | 28424 | 36903 | 60712 | 0.48 | 0.47 |
| 中国香港 | 4127 | 13539 | 7886 | 19533 | 0.52 | 0.69 |
| 德国 | 15708 | 33226 | 34945 | 79616 | 0.45 | 0.42 |
| 印度 | 1035 | 1192 | 2108 | 3118 | 0.49 | 0.38 |
| 日本 | 12306 | 31687 | 34456 | 92582 | 0.36 | 0.34 |
| 韩国 | 3153 | 10743 | 11617 | 40916 | 0.27 | 0.26 |
| 新加坡 | 4856 | 5576 | 21534 | 16442 | 0.23 | 0.34 |
| 英国 | 11406 | 23843 | 24716 | 55060 | 0.46 | 0.43 |
| 美国 | 19103 | 28907 | 47276 | 81353 | 0.40 | 0.36 |

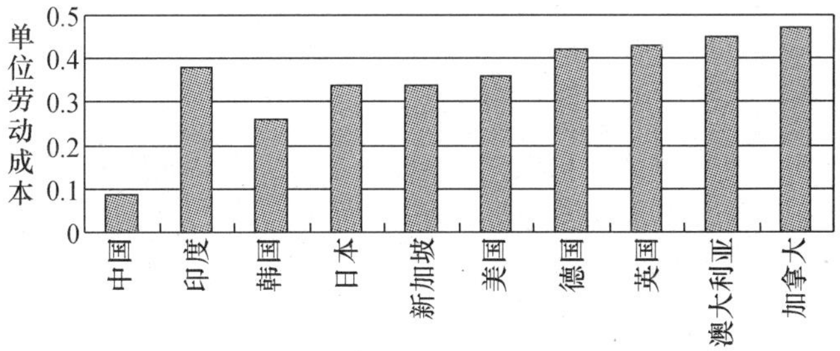


**图 14　中国与一些国家单位劳动成本比较**

注：中国数据为 1998～2006 年全部国有及规模以上非国有工业企业平均值，其他国家数据为 1995～1999 年制造业数据。

资料来源：《中国统计年鉴》；The World Bank, 2000 World Development Indicators。

第五，中国初次分配的“低水平陷阱”之谜。劳动力的初次收入分配偏低，单位劳动成本仅为0.12，从一个侧面反映出中国初次分配的“低收入陷阱”。究竟什么因素决定了中国初次收入分配的“低水平陷阱”，我个人认为，依然存在以下问题需要进一步讨论。是否与体制、制度、经济转轨以及中国特色社会主义都有关系？劳动份额“低水平陷阱”是好事还是坏事？短期与长期的影响是什么？“低水平陷阱”是发展的阶段性特征吗？经济增长方式与初次收入分配“低水平陷阱”，哪一个是内生的？如何提高劳动报酬份额，扩大居民消费？

（编辑整理：孙婧芳）

# 中国的发展挑战与路径：大国经济的刘易斯转折

蔡　昉

2009 年 11 月 19 日

# 蔡 昉

中国社会科学院人口所所长、人口系教授

**摘　要：**本文对经济发展中的“刘易斯转折点”、“库兹涅茨转折点”、“商业化点”及其关系进行分析，发现中国已经到达“刘易斯转折点”，但国内不同地区存在差异。进而根据经济规模及地区异质性定义“大国经济”，阐述“雁阵模型”原理，根据中国作为大国经济的特征将“雁阵模型”改编为国内版，在国内实现雁阵式产业转移。对农村劳动力转移方向进行分析发现，以中西部加快为特征的工业增长模式变化没带动劳动力区域重配。城市化速度很快但仍落后于工业化，所以应提出城市化新理念，使城市化有利于发展方式转变。

**关键词：**刘易斯转折点　大国经济　雁阵模型　区域发展模式　城市化

# 引言：“刘易斯转折点”

“中国的发展挑战与路径：大国经济的刘易斯转折”包含不同方面的内容，一方面该问题仍然为发展问题，讨论未来发展面临的机遇与挑战；另一方面涉及区域问题，从中国作为一个大国应该有怎样不同的发展特征，来讨论劳动力问题。更重要的是，把“刘易斯转折点”看做是经济学发展的概念，作为阶段性变化标志，虽然其他国家对“刘易斯转折点”进行过分析，但是中国作为一个大国仍然表现出不一样的特征。

## （一）准确理解“刘易斯转折点”

刘易斯分析二元经济理论时，采用两个部门：一个是现代增长部门，符合新经济增长理论的判断，劳动报酬等于劳动边际生产力；另一个是农业部门，因其存在大量劳动力，以至于新投入的劳动几乎没有产出，结果使劳动边际生产力为0，甚至为负。

在图1中，我们用横纵坐标分别表示农业劳动力和农业总产出，图中ORPT为农业总产出曲线，其凸起的形状，表示农业劳动力过剩导致的劳动边际产量递减的性质。根据刘易斯的假设，在全部劳动者都务农，甚至在劳动力开始转移的

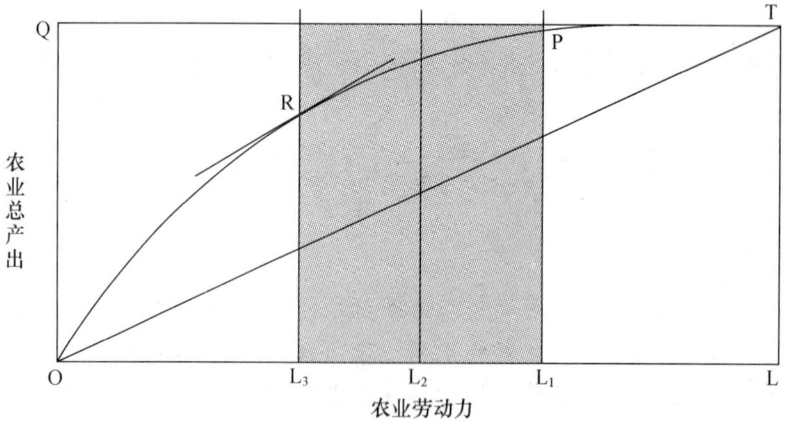


**图1 刘易斯转折点与农业发展**

资料来源：根据 Ranis, Gustav and John C. H. Fei. "A Theory of Economic Development", The American Economic Review, 1961, Vol. 51, No. 4, pp. 533~565 绘制。

情况下，在 $LL_1$ 这个劳动力配置区间，劳动的边际产量都为零，劳动者的工资不是由边际劳动生产力决定，而是分享平均产量，即 OQ/OL。直到劳动力转移水平达到 $L_1$ 点，即到达刘易斯转折点（图中 P 点）之前，转移到非农部门的劳动者继续分享平均产量。由于劳动的边际产量为零，劳动力转移的机会成本也为零，农业劳动力投入的减少并不会引起农业产出的下降，非农部门的工资水平也没有实质性的提高。

但是，一旦劳动力转移达到 $L_1$ 的配置状况后，劳动力继续转移的话，农业中劳动的边际产出就成为正数了，按照定义，我们把 P 点看做经济发展到达刘易斯转折点。到达这个转折点之后，非农部门的实际工资开始上涨，并且根据需求收入弹性的幅度，工人对食品的需求也相应扩大。这时，继续转移农业劳动力，就会造成农业产出的减少，并导致一个逐渐增大的食品供求缺口。由于直到农业劳动力转移达到 $L_3$ 之前，农业劳动的边际产出始终小于平均产出，即在 R 点的右边，RPT 曲线的任何一点上，斜率皆小于 OT 的斜率，农业劳动力继续处于就业不足的状态，仍然有转移的要求，因此，虽然农业产出已经受到劳动力转移的影响，停止劳动力转移却并不是问题的解决办法。拉尼斯和费景汉理论的全部要义就在于，解决这个阶段农业问题的出路是提高其生产效率。

从刘易斯转折点出发，农业劳动力转移仍将继续，直到转移到 $L_3$ 这一点上，R 所表示的农业劳动的边际产出等于平均产出，即 R 点的斜率与 OT 的斜率是平行的，农业和非农部门的工资由相同的劳动边际生产力决定，经济发展到达其商业化点或第二个刘易斯转折点。从越过第一个转折点到迎来第二个转折点期间，劳动力转移得以顺利进行的保障，则是不断提高农业生产率水平。

对于我们来讲，从劳动力无限供给的经济一直到刘易斯转折点，再到二元经济结构消失，该过程是前人没有看到、没有深入研究的问题，对此过程进行分析值得兴奋。本人所定义的“刘易斯转折点”（P 点）也很重要，在此之前，农业劳动的边际生产力为 0，这意味着农业中得到的收入是分享的，只是农业平均产量与所有务农人数的比值，不是边际生产力，而且边际劳动生产力低于平均生产力，此时收入不可能提高，因此存在大量的农业劳动力剩余，即使转移到非农产业，从非农产业获得的工资也会长期不变。然而，到达 P 点之后，非农产业如果需要继续雇用新增加的农民工，则必须给农民工涨工资，其含义在于，劳动力无限供给的国情尽管没有发生根本性改变，但已经开始变化。

## （二）经济发展转折点及转折议程

我们可以用三个转折点对经济发展过程进行概述。第一个转折点是“刘易斯转折点”，也被称为“第一个刘易斯转折点”。其特征为，劳动力无限供给的特征结束只是无限供给的过程结束，并不意味着不存在剩余劳动力。当劳动力无限供给的过程结束，普通劳动者的工资水平将会上涨。

第二个转折点是“库兹涅茨转折点”。库兹涅茨“倒 U 形”曲线是发展经济学收入分配问题中的重要假说，其核心思想是，在收入水平很低的情况下，收入分配不平等程度也很低，因为没有大量的收入可以用于分配，所以只有比较均等的分配才能保证基本生存。随着经济发展水平的不断提高，收入分配不平等程度不断上升，但并非无限上升，当达到顶点之后，经济发展水平继续提高会使收入

**表 1　经济发展转折点及转折议程**

| 转折点的名称 | 转折点的特征 | 转折间的议程 |
|---|---|---|
| 刘易斯转折点 | 劳动力无限供给的结束，普通劳动者工资上涨 | |
| | | 发育劳动力市场；改进政府再分配效率；提高社会对改善收入分配的共识 |
| 库兹涅茨转折点 | 收入分配恶化的趋势被遏止，收入差距开始缩小 | |
| | | 加大对农业经济的激励，提高农业生产效率，创造更好的劳动力转移制度环境 |
| 商业化点 | 农业和非农产业之间劳动的边际生产力相等 | |

分配不平等程度下降。通过对该假说进行大量验证，结果是，对该假说成立与否存在争议。无论该假说是否成立，很多国家确实存在过高程度的收入分配不平等，而且目前大多数发达国家收入分配不平等程度较低。因此，无论“倒U形”曲线的政策含义是什么，这种客观事实在一定程度上是成立的。

“刘易斯转折点”与“库兹涅茨转折点”之间存在密切关系。通过资源禀赋结构可以反映发展阶段最主要的特征，低发展阶段意味着人均资本比较低，普通劳动力比较丰富，因此有相当多的人是比较贫困的。由于此时资本是相对稀缺的生产要素，资本报酬率较高，而且资本的配置受到社会甚至政府的保护，劳动力相对丰富，回报率比较低，因此，拥有资本的人得到更高回报。普通劳动力获得的收入较低，而且存在大量的农业剩余劳动力人口，这种情况下收入分配不平等的情况一定会出现。当第一个刘易斯转折点到来之后，意味着劳动力不再无限供给，工资上涨。值得注意的是，该工资上涨不是对高技能劳动者而言，而是针对普通劳动者、非熟练劳动者。在经济发展过程中高技能劳动者的短缺总是存在的，这个阶段是普通劳动者出现短缺，其工资水平上升，与此同时，普通劳动者的就业还在扩大，因此低收入家庭的收入会提高。由此从逻辑上讲，“刘易斯转折点”应该导致“库兹涅茨转折点”，经过这个转折点之后，收入分配不平等程度将下降。从“第一个刘易斯转折点”到“库兹涅茨转折点”这个阶段上，需要对劳动力市场及经济结构进行调整。例如，进一步发育劳动力市场，降低劳动力市场不完善程度，发掘劳动力供给潜力；改进政府再分配的效率，促使库兹涅茨转折点到来；容易达成收入分配平等、社会平等、人人享有同样的就业权利、收入权利、社会保障权利、公共服务权利等方面的共识。

如果库兹涅茨转折点也实现了，意味着改善收入分配，提供更好的激励机制，使得劳动者可以在各部门之间进行更好的选择，发展可能会进入更加良性循环的阶段。随着经济的进一步发展，逐渐地实现“第二个刘易斯转折点”，把其称为“商业化点”，即第三个转折点。当农业劳动的边际生产力与非农劳动边际生产力相等，不存在实质性的城乡收入差距时，“商业化点”到来，此时二元经济结构消失，长期发展的任务结束，进入新古典式的增长过程。从“库兹涅茨转折点”到“商业化点”期间，也存在一些需要注意的问题，例如，当不存在农业部门劳动力剩余时，再继续从农业部门获得劳动力则存在机会成本，如果处理不好，农业会出现短缺，由此导致通货膨胀。因此在这个过程中，需要加大对农业经济的激励，提高农业生产效率，创造更好的劳动力转移制度环境。

## （三）人口转变与经济增长

刘易斯讨论二元经济理论时，在其经典文献中预测将来会存在转折点时没有深入分析人口因素。尽管在刘易斯后来的文章中，预测日本的刘易斯转折点时考虑到日本生育率水平下降，但在讨论“二元经济”时对人口因素的讨论较少。虽然刘易斯与舒尔茨在1979年同时获得诺贝尔经济学奖，但是那时在西方经济学领域中发展经济学已经不流行，转向西方的经济增长理论。尽管对经济增长理论的研究涉及人口因素，但是由于他们运用西方的经验解释经济增长过程，人口在西方发达国家是一种制约因素，劳动力供给短缺，资本不断投入导致资本报酬递减，因此这样的经济增长理论无法解释很多现象。例如无法解释日本、韩国、新加坡、中国台湾、中国香港、泰国、马来西亚、中国沿海地区在没有显著技术进步的情况下，可以获得长期快速的经济增长，创造了“东亚奇迹”。克鲁格曼在20世纪90年代做出预测，认为东亚没有奇迹，因为尽管这些地区的增长速度很快，但是增长源泉中没有生产力提高、技术进步，单纯依靠资本和劳动的大量投入，这种过程是不可持续的。这是因为按照西方的理论，如果劳动投入是固定的，资本的报酬一定会出现递减，但是克鲁格曼没有考虑到东亚存在劳动力无限供给，在相当长的时间内，劳动力不是稀缺要素，劳动和资本可以同时增长，因此不会出现报酬递减的过程，由此创造了“东亚奇迹”。人口经济学家提出这其中存在“人口红利”问题，并通过实证研究证明，东亚奇迹中大概有1/3到1/2的部分来自于“人口红利”。在欧洲移民国家，例如北美，曾经出现过超过欧洲的经济增长速度，超出部分几乎可以全部通过“人口红利”进行解释，因为这些移民都是通过筛选的移民，均为较好的劳动力，而且依赖型人口较少。

结合中国的情况，中国有较好的人口结构变化，也获得了“人口红利”。用人口抚养比分析人口结构变化，包括少儿抚养比和老年抚养比。根据图2可知，20世纪60年代以来，老年抚养比一直在下降，这说明劳动年龄人口更多，劳动力供给充足，同时人口负担率轻，可以保持高储蓄率，固定资产形成额与GDP的比值很高，这是我国获得“人口红利”的依据。对此进行实证研究，基本结论是人口抚养比下降对人均GDP增长率贡献27%。按照预测，人口抚养比下降趋势将持续到2013年，2013年之后老年人口抚养比上升，而且上升速度较快，一般地讲，2013年之后中国将不再获得“人口红利”，而且老龄程度不断提高。人口的变化可以被看做是一种回声，历史上马寅初时代我国出现过一次高出生率，出现婴儿潮，即在一个正常的人口结构上突然出生了一大批新生儿，新生儿被称为0岁人口。20年之后，这些0岁人口变为劳动力，由于计划生育政策及生活水平的不断提高，这种高出生率不是持续的，那么这部分人在20年之后发出一次回声，对着0岁的自己说：“我在这！”他们变成了20岁劳动人口的高峰期。再过40年或50年，他们又发出一次回声，变为大规模、高比重的老年人口。目前中国人口老龄化的速度是全世界最快的，未来我国老年人口是全世界规模最大的，同时老年人口的比例也是全世界最高的。因此，尽管可以通过“人口红利”的研究得出相应的生育政策，但是更关心的是，没有“人口红利”之后经济增长的潜力是什么。过去30多年我国经历了经济高速增长，但是并没有富裕起来，人均GDP仅3000多美元，在全世界的排位非常靠后，关键在于仍然要经过10年、20年，甚至30年的增长才能真正的富裕起来，这种富裕依赖高速增长，那么高速增长的源泉是什么，这是所关心的问题。未来经济增长的潜力，与“人口红利”逐渐消失、“刘易斯转折点”到来与否具有一定的关系，因此需要对“刘易斯转折点”是否到来进行进一步分析。

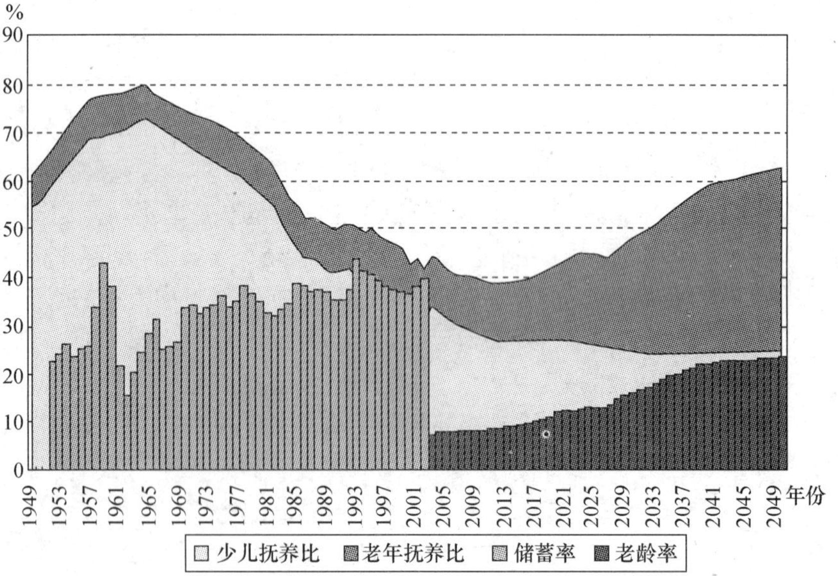


**图2　人口转变导致的经济增长因素变化**

## （四）“刘易斯转折点”的争论

个人认为，对“刘易斯转折点”到来持否定态度的原因，基本上可以归结为三种意识。第一种意识是加尔布雷斯提出的“传统观念”（Conventional Wisdom），是指长期认为是这样的情况，即使它已经发生了变化，但依然难以消除。例如若干年前，我国领导人做演讲时总在讲人口多，存在大量剩余劳动力，这就形成一种思维定式。第二种意识是说，没有做经验工作，或者没有很好理解中国统计，世界银行的一篇文章题为“When Economic Reform is Faster Than Statistical Reform”，即当经济改革快于统计改革时，意思是说中国经济发展太快，统计改革跟不上经济发展速度，由此没有对中国统计数据进行很好理解。第三种意识是局部的观察，对中国新疆的考察发现，新疆依然存在大量的剩余劳动力，这种局部观察成为最有启发的部分，即中国是否存在一些特殊的地方，应该把中国看做是大国，大国和小国在很多表现中是不同的，这也是研究大国会有哪些特征的出发点。

从总体上看，中国的“刘易斯转折点”已经出现。刘易斯判断这个转折点主要的依据是对劳动力的吸收已经超过劳动力供给，劳动力的供给与需求有时难于判断，计算剩余劳动力的问题是最有争议的部分。可以通过劳动力变化趋势来分析劳动力供给与需求之间的关系。当对劳动力的需求超过供给时，自然会引发工资率的上涨，那么，通过对农民工工资率变化趋势进行分析，说明农村剩余劳动力的情况应该最具说服力。如图3所示，2002年农民工工资增长率为2~3个百分点，2003年该增长率变为5~6个百分点，在此之前，农民工工资几乎没有增长。从实际工资增长率来看，2004~2007年期间一直保持在7%以上，在金融危机的情况下，2008年实际增长率达到19.6%。即使短期的波动，都没有阻止刘易斯转折点规律性的作用，更值得注意的是，美国失业率高达10%时，中国已经出现了普遍的“民工荒”问题。通过这样的讨论，我个人依然坚持中国的“刘易斯转折点”已经到来。

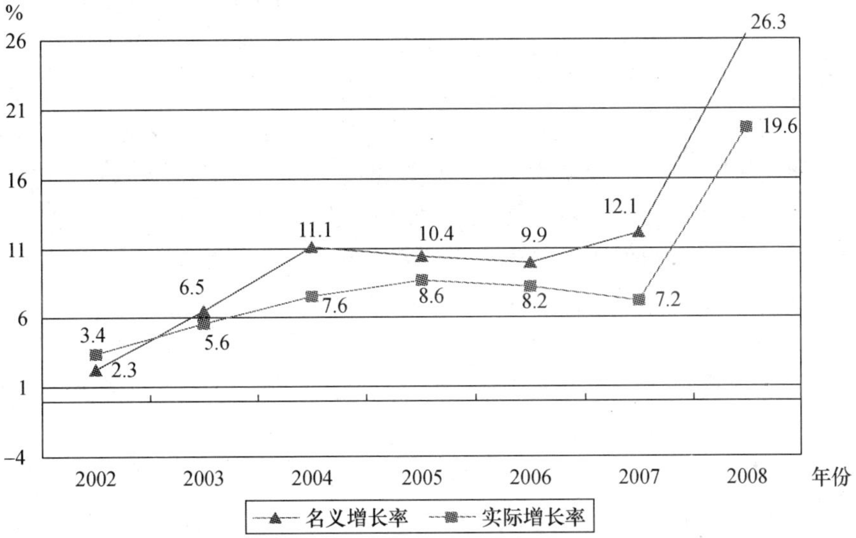


**图3 农民工工资增长率**

# 一、“大国经济”有何不同

在研究中国时，认识到中国国情是最重要的，如何描述中国的国情也是重要的。过去一直在讲中国人口多，负担重，底子薄，剩余劳动力多，但是这些都会发生变化，唯一不变的是，中国是一个大国，即使再过十几年印度人口会超过中国，中国大国的特征依然不会发生改变。过去的经济增长理论提供的框架说明，先行国家曾经经历过的路径、规律，后来国家往往要重复进行，马克思的理论、发展经济学家罗斯托的观点也是如此，甚至罗斯托曾经定义“5＋1”的发展阶段，认为一个国家的发展都要经历这样的“5＋1”阶段，这说明经济发展存在一些共同规律，各个国家的发展也遵循类似的经济发展轨迹。如果是按照同样的轨迹、规律，那么各个国家的方向与结果应该是一致的，但从事实来看，各个国家之间存在巨大差异，全世界没有趋同，反而趋异，呈现出发展道路的诸多变种。这种差异的根本原因在于，各个国家的国情不一样，其中最重要的是，各个国家有不同的经济规模，大国与小国的区别使各个国家之间有不同的发展条件。

### （一）大国（小国）经济的定义及特征

在定义大国（小国）时规模是重要指标，但是本文在定义大国与小国时强调的不完全是规模。小国经济的核心特征在于其资源禀赋结构，从而其产业结构具有同质性，不同地区之间具有相同的发展水平，相同的资源禀赋条件，产业结构比较类似，并非没有分工，而是从总体上比较类似；而大国经济特征是地区之间异质性，资源禀赋不同，产业结构不同，最终发展水平不同，这是大国与小国的区别。按此定义，中国是最典型大国经济，即由于长期没形成全国统一要素市场，地区间在资源禀赋、要素相对稀缺程度从而相对价格，以及发展水平等方面存在巨大差异。东北老工业基地传统重化工业化的特征，沿海以外向型出口产业为主的特征，还有大量以农业经济为主的中部省份，收入水平更不一样，上海与贵州之间存在几倍甚至十几倍的差异。有意思的是，就经济总量来说，按官方汇率计算，中国在全世界排第三位，日本为第二位，但是按照上述定义，日本并不是一个大国经济，因为日本地区之间的异质性程度较低，生产要素报酬没有实质性差别，产业结构相似。

需要强调的是，地区之间的异质性是区分“大”和“小”的关键因素，但并不是说规模不重要，把规模和差异进行结合说明大国经济的特征，特别是对中国。一方面，中国总规模的庞大产生不平衡，这个不平衡不是地区间的差异，而是指中国经济在世界经济中所处的地位。奥巴马2009年访华，谈得比较多的是合作关系，过去美国官员访华谈论最多的是再平衡问题，个人认为“再平衡”问题是个陷阱，是发达国家用来阻止中国经济发展的陷阱。中国经济的特点是“未富先强”，美国经济学家斯彭斯说中国经济是“未富先大”，中国大概是第一例以中等偏下的收入水平成为世界经济大国，美国替代英国、日本赶超、德国赶超均以富有为前提。这也就是说，我国还要继续追求发展，保持10%的增长速度，用最便宜的方式进行生产，形成积累，这自然会产生庞大的贸易顺差，形成大量外汇储备，再购买美国国债，出现国际收支不平衡。美国把这种不平衡的原因归结为中国，但是中国的发展过程是符合经济原理、经济过程的。中国存在“二元经济结构”，有大量剩余劳动力，劳动力价格低，那么根据李嘉图的比较优势，参与国际分工，占据国际市场，这种发展过程符合西方提出的经济发展规律，因此，不平衡的原因不在中国，更大程度上是由于美国经济的不平衡。无论不平衡是由哪个国家产生的，现在的事实是中国出现了不平衡。另一方面，区域差异产生空间。空间可以提供一些机会，在过去30年的发展过程中，最重要的原因是“后发优势”。差异的存在使“后发优势”具有梯次性，从来自国际差距的“后发优势”到来自区域差距的“后发优势”。从经济发展史来看，早期一个国家的增长速度比其他国家快，该国的增长速度大概是1%～2%，美国赶超英国、欧洲时的增长率大概是3%，日本赶超时为5%～6%，“亚洲四小龙”可以达到7%～8%，甚至接近10%，中国这样一个大国以平均高达10%的增长率持续增长30年，中国的“后起之秀”内蒙古现在可以保持20%的增长率。也就是说，人类历史上经济增长的速度越来越快，更重要的是，这个速度来自于“后发优势”，越是发展得晚，发展就越快，因为与其他国家地区存在距离，距离意味着存在技术、制度、管理等各方面的差距，因此可以借鉴、购买已有的先进技术，消化吸收制度方面的经验教训，而且存在外资，不需要自身进行积累，所有这些后发优势都为中国所利用。因为中国是一个大国，地区之间的差异性比我国与其他国家之间的差异性还大。对我国发展较慢的地区来说，依然存在足够的空间，存在双重“后发优势”，一是与国际之间的差距，二是与国内发达地区之间的差距。这也是大国经济提供的一种优越条件。

## （二）中国作为大国经济

### 1. 中国大国经济的表现

第一，地区之间及城乡之间居民收入差距。对这方面的研究发现，中国成为全世界城乡收入差距最大的国家，当时的解释来自于制度因素，例如劳动力市场分割、发展战略，现在再进行解释时应该考虑中国是一个大国，可能差距本身就会很大。

第二，地区之间特别是城乡之间生产要素流动障碍，从而导致回报率的差异。日本是一个大经济体，虽然国土面积较小，如果地区之间没有生产要素的障碍，各地区之间很快就出现趋同。中国难于实现趋同，大经济体特征更加明显，因此各地区间的要素回报率也存在差异。

第三，省际及东中西地区间发展存在差异。发展水平的差异，是上述差异的结果。

第四，在发达地区要素禀赋结构从而比较优势发生变化情况下，相对落后地区的变化却并不显著甚至尚未发生。也就是说，一部分地区已经出现劳动力短缺，农民工工资大幅上涨，可能还有一部分地区存在大量剩余劳动力，这是大国经济必然的阶段性结果。

### 2. “雁阵模型”可以改编为国内版

“后发优势”中很重要的一个理论是产业转移，当我国与“亚洲四小龙”与日本存在差距时，虽然引进了技术、资金、管理、制度，更重要的是从这些国家和地区转移了大量的劳动密集型产业，因此为中国内地区域间可能产生的“后发优势”提供了一个机会，就是发展经济学中的“雁阵模型”。以往讲雁阵模型时，都是指独立经济体之间的产业转移，如“日本—亚洲四小龙—东盟国家—中国沿海”路径。按照这个逻辑，中国的劳动力已经出现短缺，农民工工资上涨，成本提高，劳动密集型产品的竞争力下降，那么下一个具有劳动密集型产品竞争优势的国家应该是印度、越南、墨西哥，美国咨询公司得出的报告认为，中国已经没有竞争优势，已经被印度、越南替代，但是他们没有考虑中国大国经济的特征，这种特征切断了“雁阵模型”在各个国家之间的转移路径，因此大国经济使“雁阵模型”成为中国国内的版本，理论上是成立的，可以做这样的预期。中国作为大国，必定有巨大地区差距，例如东部与中西部之间的差距，完全可以独立完成若干周期的雁阵式产业转移，各省份可以不断进行产业转移。

### 3. “雁阵模型”理论演变和要点

“雁阵模型”最早由日本经济学家赤松要提出，主要目的是为了解释日本是如何赶超发达国家的，认为随着不同国家和地区之间比较优势相对变化，产业在国家和地区之间转移。日本曾经经历依赖进口的发展过程，发现进口是有利的，各个国家之间贸易可以解决稀缺，逐渐发展自身产业，规模做大之后出现“进口替代”，之后发现国内生产更有效率，开始向外出口，用出口劳动密集型产品替代原材料出口，随后进行出口鼓励政策，逐渐进入李嘉图式的比较优势，参与国际分工。从其他国家转移来劳动密集型产品，随着经济的发展，劳动力不再具有比较优势，那么也需要把这些产品转移到其他国家，自然推出“雁阵模型”。

美国经济学家 Vernon 指出，雁阵式产业转移与产品生命周期相关的特征相联系，这丰富了“雁阵模型”，产品生命周期不断变化，产业结构相应发生变化，相应的产业可以在各个国家之间进行转移，从而隐含着与比较优势动态变化的相关性。小岛清（Kojima）将解释范围扩大到FDI模式，把产业转移与外商直接投资相结合，过剩的资本伴随产业转移可以进行转移，即该投资活动也遵循相同的逻辑在国家间进行。国家或地区之间在发展阶段、资源禀赋以及历史遗产等方面的巨大差异，被认为是具有产业发展的飞雁式相互继起关系的关键（Okita）。也就是说，差异产生“雁阵模型”，中国是大国，差异性是大国的特征，因此，中国可以有“雁阵模型”。

### 4. 为什么需要国内版“雁阵模型”

第一，刘易斯转折点到来之后，普通劳动者工资水平会大幅上升，改变了我国收入分配状况，提高了劳动力收入水平，但是任何变化都具有一定的节奏，超过这个节奏，则没有时间进行调整，进而出现经济失衡，因此，普通劳动者工资上升应该更加稳定、平滑和理性。特别是在我国还没有形成统一劳动力市场的情况下，东部沿海地区工资水平大幅上涨，而中西部地区还存在剩余劳动力，那么通过产业转移使中西部获得发展，东部沿海地区工资上涨速度慢一些，中西部地区的就业更充分一些，结果也表现为劳动者工资水平的上涨，但是这样的结果更加均等。

第二，较少出现严峻劳动力短缺的现象，换句话说，劳动力市场更加匹配；挖掘劳动力供给的制度潜力。在这个阶段上劳动力短缺总是会出现，但有时并不真实，并不是全国统一的现象，因此，当发展“雁阵模型”，进行产业转移，避免出现大量的劳动力短缺现象。

第三，缓冲制度安排对刘易斯转折点的不适应。刘易斯转折点是一种好的趋势，但这并不意味着需要人为促成转折点的出现。如果当劳动力还处于无限供给的情况下，人为地提高劳动者工资，这反而会阻碍转折点的出现。因此，应该使刘易斯转折点的出现更加理性，更加真实，更加接近经济总体形势。

更重要的是，中国经济实现了30年的高速增长，但是中国的故事只讲完了一半，因为这种高速的增长主要来自于沿海地区，中国还有相当大的地区没有实现完全发展，如果把这些地区的资源全部调动起来，发掘经济增长潜力，依然能够支持中国经济30年的增长，那时才能说中国奇迹结束。未来中国经济的增长依赖于中西部，而中西部地区有赖于产业转移。

### 5. 题外话：滥用理论和宣传理论

关于“雁阵模型”的文章发表之后，有人说，“雁阵理论”是殖民地理论，这种情况是知道的，说明存在具体的原因。在此讲两个方面，一是滥用经济学理论，二是宣传经济学理论。经济学理论被“滥用”，有两个有名的例子。一个是“雁阵理论”本来是比较优势理论的东亚版，但被滥用，赤松要提出该理论主要用于分析说明日本如何赶超，20 世纪 30 年代日本开始侵略，赤松要被派往新加坡分析数据，他在新加坡的这个阶段，日本国内用他的理论来分析军国主义、殖民理论，但是这种滥用与赤松要本人并没有关系。另一个是凯恩斯理论被纳粹滥用，凯恩斯理论也是在 20 世纪 30 年代逐渐形成，包括国家干预理论、具体使用的技术等一系列问题，凯恩斯当时已经具有崇高的声誉，大家把凯恩斯奉为神，但是没有人接受他的观点，但当时纳粹政府基本上运用的都是凯恩斯理论，纳粹的行为也不需要凯恩斯负责。

理论原创者与宣传者分离，后者使纯理论扬名于世，同样，也存在两个例子。一是赤松要与大来佐武郎，赤松要是一位用功的学者，关于“雁阵理论”的研究，使用大量的数据分析，而且也是逻辑上的分析，分析过程采用了黑格尔的小逻辑，这个过程是复杂、枯燥的，同样发表的文章也是难懂的，尽管在 20 世纪 60 年代也用英文发表了，但一直没有引起世界的关注。直到 20 世纪 80 年代初日本外相大来佐武郎在一次会议中运用“雁阵理论”解释东亚合作经济关系，使“雁阵理论”风靡全世界。另一个是艾尔文·扬与克鲁格曼·扬在 20 世纪 90 年代对东亚奇迹进行了一系列细致研究，得出东亚经济主要靠生产要素投入，没有技术进步，因此没有奇迹可言，认为这种发展不具有可持续性，我们把他的这篇文章标题翻译为“数据的折磨”。这篇文章当时基本没有影响，直到 20 世纪 90 年代中期克鲁格曼把艾尔文·扬的这种思想写在美国外交杂志上，从此才开始对东亚奇迹、亚洲四小龙产生怀疑。不幸的是，这变为了克鲁格曼的观点，实际上克鲁格曼只是引用。理论被滥用，或者变为无用，对其进行说明的意义在于，在踏实做研究的同时，要对结果进行宣传，但是反过来仅仅宣传是不够的。

## 二、区域发展模式的挑战

我们假设“雁阵模型”可以在中国国内化，产业转移在国内进行，通过这样的发展，中国不仅是大，而且富，从未有过一个国家可以做到“又富又大”，但是这个过程并不是自然而然发生，因此需要对区域发展模式进行分析。

### （一）趋同假说与赶超战略

分析区域发展时，缩小东中西部之间的差距，从经济学理论上来讲，是新古典增长理论的趋同假说，落后地区必须有比发达地区更快的增长速度，多年发展的积累最终与发达地区达到相同水平。趋同的原因在于，富裕地区资本充足，随着资本投入的增加，资本报酬递减，落后地区资本匮乏，随着投入增加，在一定时期内资本报酬递增，因此可以保持高速的增长，最终实现趋同，资本报酬递减或递增是因为假设劳动力是稀缺的。但从事实来看，世界各国的经济发展并没有趋同，大多数国家内部也没有出现趋同，新古典理论遭到了一些质疑与批评，最大的批评来自于报酬递增。新的新古典学者为了克服这种缺点，提出条件趋同，也就是说具备条件后才可能趋同，不具备条件时趋异也是存在的。学者对这一问题做了大量实证研究，最具代表性的是巴罗的学说：想要做条件趋同需要做大量的增长回归。也就是说，根据趋同原理，落后地区的经济增长速度快，在解释经济增长速度时，要考虑起点的人均 GDP 水平，再加入所有能够成为条件的因素，得出的结果不是说趋同与否，而是在说明什么样的条件影响经济增长速度。在分析人口红利时，同样运用增长回归的方法，说明人口红利打破报酬递减假说，可以将人口红利引入新古典修正。

从政策上说，这种趋同被定义为赶超战略，“二战”之后，发展中国家普遍实行了赶超战略，但是赶超成功的很少，赶超战略的失败原因在于把“赶超”当做一种手段。赶超应该是一种结果而非手段，也就是说，在任何时期必须遵循自身的比较优势，这其中包括后发优势，改变资源禀赋结构，那么有可能实现赶超，而非为了赶超，人为地调整投资结构、产业结构。

### （二）工业化新趋势：区域经济发展趋同

上述分析说明趋同假说与区域经济之间的相关性，从现象来看，工业化出现新趋势，赶超似乎有效，地区之间正实现着区域趋同。如图 4 所示，2003 年之前，沿海地区经济增长较快，这只能使差距扩大，不可能趋同，该过程已经经历了很多年，但是 2003 年之后，中部、西部地区的工业增长速度已经超过了沿海地区，出现趋同趋势。同时按省份计算的人均 GDP 的基尼系数在 2003 年之前是上升的，2003 年之后出现了下降，原因在于中西部地区发展更快。

从积极的角度来看，在西部地区实施西部大开发战略，对东北老工业基地实施振兴东北老工业基地战略，对中部地区实施中部崛起战略，这些战略的实施更加追求区域趋同。同时，也应该关注中西部实际上是靠什么实现的快速增长，研究中西部增长的可持续性更重要。中西部更快地增长，按照之前阐述的比较优势理论和雁阵模型，能否判定中西部地区可以承接东部沿海地区的劳动密集型产业。观察的结果是，在很大程度上不可能实现承接，判断的关键在于如何配置劳动力。根据表 2 可知，2000 年从中西部地区转移出的劳动力中，转移到东部的占 47.7%。如果说中西部地区接受了东部地区的劳动密集型产业转移，那么应该有

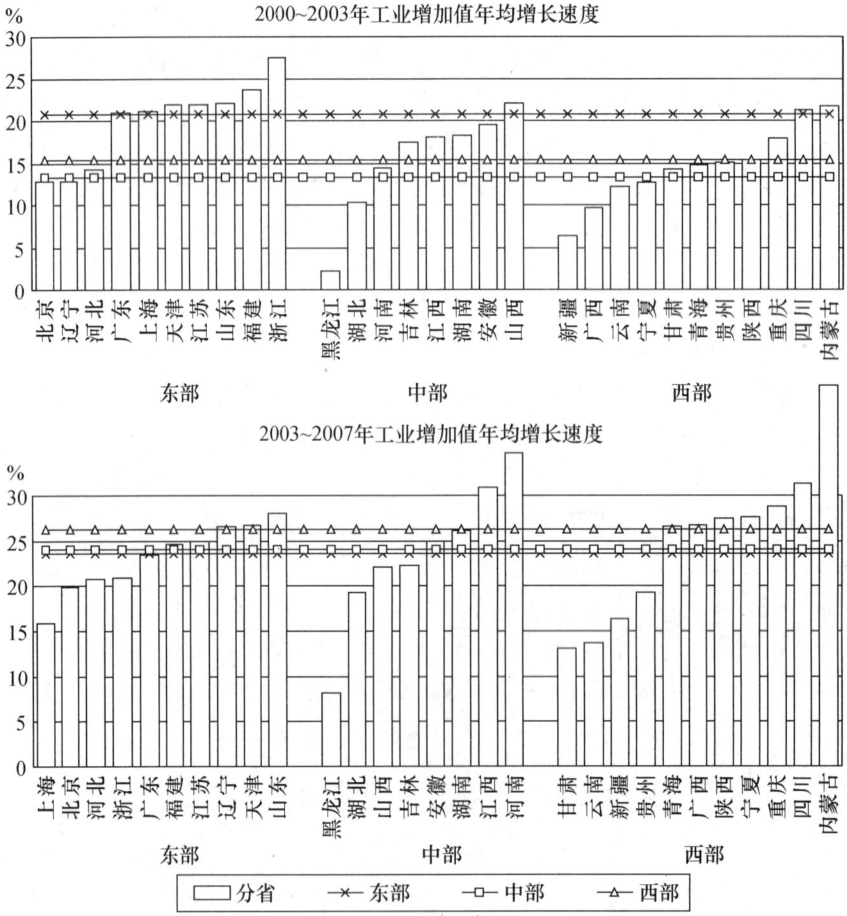


**图 4　工业增加值年均增长速度**

更多的农民工留在中西部而不是转移至东部。但是在 2005 年转移出来的劳动力更多的流向东部地区，从 2000 年的 47. 7% 上升至 50. 3%。这说明以中西部加快发展为特征的工业增长模式变化没带动劳动力区域重配，使我们对中西部按照比较优势发展的假说提出质疑。这种质疑已经被证明了，根据图 5 所示，2000 年以来，东部地区的资本劳动比不断上升，但是中部、西部地区的增长速度更快，而且超过了东部沿海地区，也就是说，中西部制造业的资本密集程度超过了东部地区的程度，这不符合中西部地区的比较优势，也不是“雁阵模型”的必然结果，因为中西部地区人均收入低，劳动力成本较低，资本相对稀缺，应该是发展劳动密集型产业，但是却出现了相反的趋势。通过对东中西部资本劳动比进行分析，说明中西部的这种赶超是背离比较优势的赶超。

**表2　劳动力区域重配**　　单位：%

| 年份 | 全部农村人口 | | 16岁及以上农村劳动力 | |
|---|---|---|---|---|
| | 中西部迁往东部 | 中西部内部迁移 | 中西部迁往东部 | 中西部内部迁移 |
| 2000 | 47.7 | 52.3 | 51.3 | 48.7 |
| 2005 | 50.3 | 49.7 | 53.5 | 46.5 |

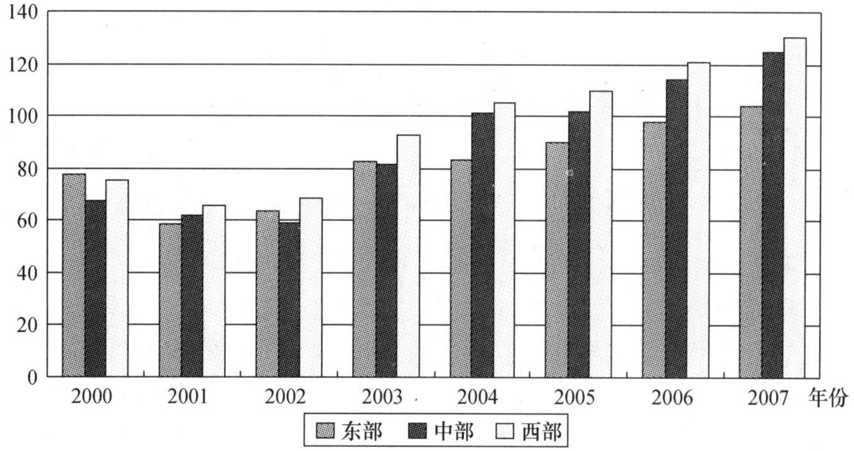


**图5　东中西部资本劳动比**

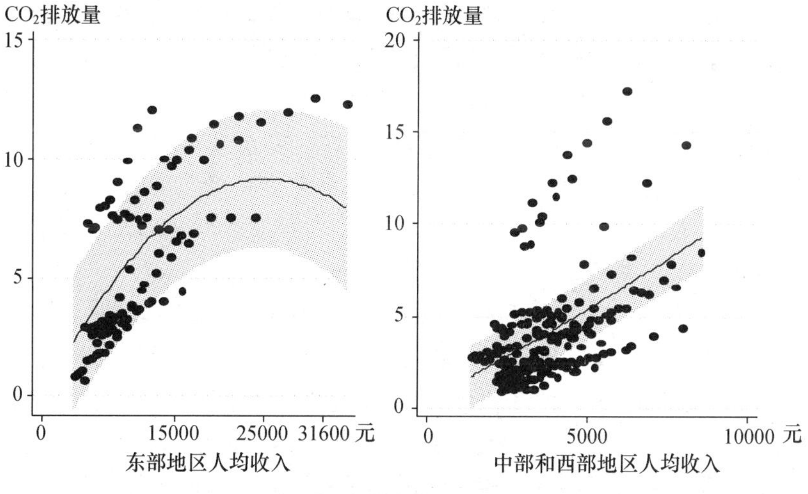


**图6　环境库兹涅茨曲线：地区趋势**

这种违背比较优势的赶超，会带来另一种结果。在分析污染问题时也存在环境库兹涅茨曲线。假设预期随着中国经济发展会存在一条“倒 U”形的库兹涅茨曲线，即污染水平达到一个顶点之后出现下降。根据图 6 分析地区环境库兹涅茨曲线的趋势，左侧反映沿海地区趋势，随着收入水平提高，污染水平不断上升，并逐渐出现平缓，进而出现下降趋势；右侧反映中西部地区趋势，并没有发现任何转折迹象。从现在来看，按照资本密集程度、重化工业化趋势，首先中西部地区不能创造更多的就业，因此不是一个分享型的经济，其次可能造成更多的污染，使得中国发展低碳经济遇到更多挑战。对内蒙古鄂尔多斯进行调研，结果发现，经济的分享程度不高，该地区人均 GDP 已经超过了 15000 美元，是全国平均水平的 4 倍，但是城乡居民收入水平仅是全国平均水平的 1 倍多，这与该地区重化工业化、资本密集型产业的发展密切相关。

### （三）“梅佐乔诺现象”（Mezzogiorno Phenomenon）

在经济上，意大利被分为两个部分，北部意大利和南部意大利，南部意大利被称为“Mezzogiorno”。经济增长学家所关注的是区域趋同，而意大利是发达国家中唯一一个长期不能趋同的国家。把这种情况译为“梅佐乔诺现象”，主要是指南部意大利为什么一直与北部意大利保持如此大的差距，没有趋同迹象。德国统一之后，东部德国与西部德国之间也存在较大差异。两个国家之间存在相似之处，政府采取的措施也存在相似之处，实施的结果也很相似，有经济学家在美国国家经济研究局工作论文中提出“有两个梅佐乔诺”，把其看做是一种现象，其具有的特征包括以下三个方面：第一，持续存在的地区差距，没有趋同趋势，南部意大利是农业经济占主导，就是二元经济结构，东部德国原来是计划经济，存在计划经济向市场经济转轨的问题。第二，意大利和德国都是发达国家，政府运用大量转移支付，倾斜式的投资政策和其他补贴，甚至有些研究表明在南部意大利已经出现了支出大于收入的情况。第三，两个梅佐乔诺都不尽如人意，没有得到很好的解决，人均收入水平没有出现趋同，产业结构仍不符合比较优势，就业增长缓慢，劳动参与率低，甚至支出大于所得。

我们所关注的是，中国中西部地区的二元经济结构，面临计划经济向市场经济转轨，那么中国是否会成为第三个梅佐乔诺，是否可以进行比较？至少存在相当多的共同点，起点包含了两个梅佐乔诺的一些共同点，也包含了一些相似的政策，我国的开发政策中有很大一部分来自于政府的补贴，还形成资本密集型产业结构。目前，我国区域经济发展政策的用心是良好的，但是这并不意味着一定导致趋同从而实现赶超缩小收入差距的目标。因此，当前政策的重点应该是把现行的向中西部和东北等老工业基地倾斜的区域发展战略，从政府投资干预型的实施模式，转变到市场机制引导、基于比较优势的轨道上面。

# 三、城市化：新经济增长点

## （一）从历史看城市化作为增长引擎

城市化与经济增长是密切相关的，但是二者之间的因果关系存在争论。当经济高涨时城市化水平也高，当经济衰退时城市化水平下降，这种关系是存在的。从中国历史来看，根据图7中右图，1700年中国和欧洲人均GNP水平几乎相同，在1820年出现差距，但是差距不大，而且在1820年时中国GNP大概占世界GNP的1/3，但是在1820年之后，我国的GNP水平一直没有提高，而欧洲的人均GNP却出现大幅增长。从城市化水平来看，在宋代我国的城市化水平远高于欧洲，在明后期基本相等，但在此之后，我国的城市化水平反而下降，欧洲的城市化水平与人均GNP一直不断提高（见图7中左图），我国作为一个大国在经济衰落的时候城市化也衰落了。

## （二）城市化现状

首先，城市化很快但仍然滞后于工业化。改革开放之后，我国城市化速度很快，每年大概增长1个百分点，但是将城市化与工业化进行对比可以发现，城市化的增长微不足道，即城市化滞后于工业化（见图8）。在过去的20年中，我国的城市化速度在世界范围内是较快的，但是我国的工业化速度更快，因此，无论城市化水平高与低，城市化滞后于工业化是客观存在的。

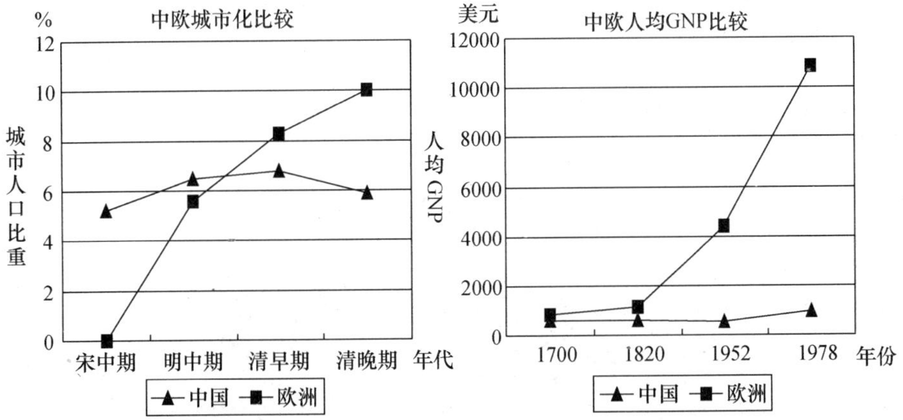


**图7　中国与欧洲历史城市化水平、人均GNP水平对比**

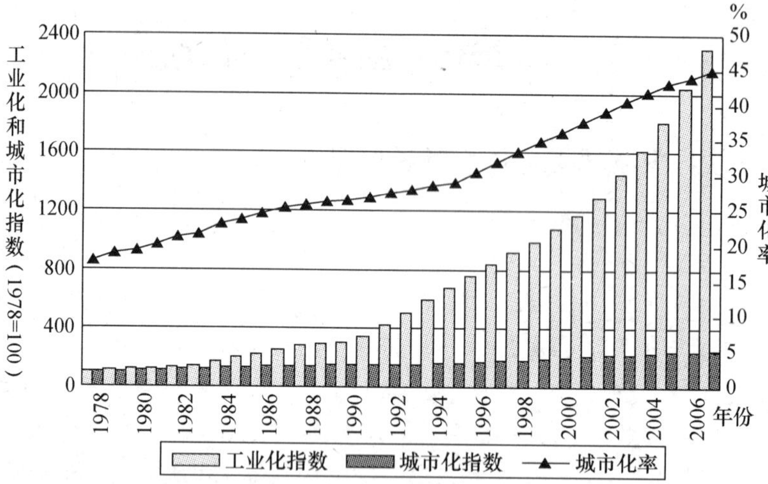


**图 8　工业化指数、城市化指数变动趋势比较**

其次，我国的城市化是统计意义上的城市化，把我国的这种城市化定义为非典型化的城市化。一般意义上的城市化意味着城市人口增加，但我国与此存在偏差。我国目前大概是 46% 的城市化率，也就是有 46% 的人口居住在城市（在城市居住 6 个月以上的常住人口）。根据图 9 可知，2005 年城市化水平提高，但具有城市非农户口的人的比重上升微不足道，主要是那些居住在城市但依然是农业户口的人增加。因此我国的城市化是依靠定义堆积出来的。例如来北京打工的农民工在北京居住的时间超过 6 个月，那么算作是城市人口，但依然是农村户口；顺义县改为顺义区，尽管村委会还未改为居委会，农民依然是农业户口，但是在统计意义上也可以把他们归为城市人口，还包括乡改镇、县改市等。这些人口叫作城市人口，但是他们依然没有获得城市人口的社会保障及其他公共服务。

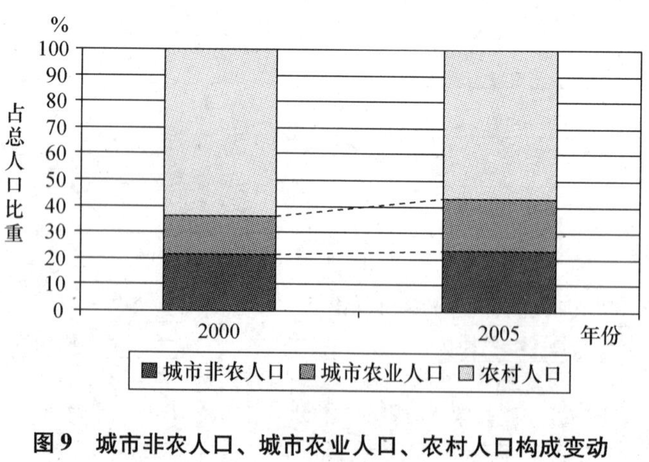


**图 9　城市非农人口、城市农业人口、农村人口构成变动**

再次，这种城市化扭曲了农村人口结构。上面描述的这种不正常的城市化水平扭曲了农村人口结构，外出打工的劳动力基本是10多岁到30多岁之间，留在农村的则是他们的孩子、妻子，更多的是父母，也就是说留在农村的是依赖型人口，农村人口向城市做出贡献，改善城市人口结构的同时使农村的人口结构越来越扭曲，越来越不具有生产性（见图10）。

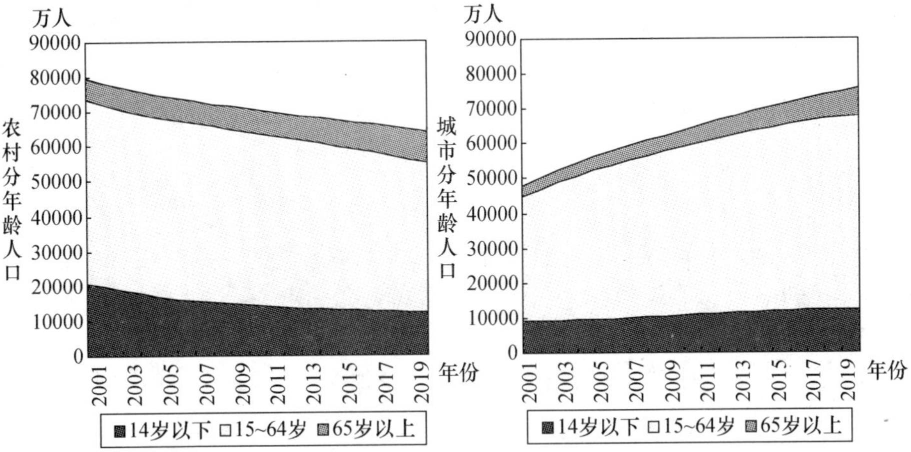


**图10　城市、农村分年龄人口数变动趋势比较**

最后，这种城市化妨碍了劳动力市场的功能，延误了劳动力供求调节。金融危机出现之后，我国出现了大量的矛盾，民工荒和返乡潮交替出现。第一次报道称有2000万农民工提前返乡，之后是7000万返乡，然后是7000万返乡的农民工大部分已经返回城市，而且失业率不会超过3%，随后是全国大范围出现民工荒，甚至存在大量失业的东莞也出现了民工荒。通过“周期性失业+劳动力市场的分割”的框架对这些现象进行解释，周期性失业是说失业与经济增长周期相关，出现经济危机使失业增加，另外是我国存在特殊的劳动力市场分割，由于户籍制度没有改革，城市化不稳定，对劳动力的需求集中在沿海地区，劳动力供给是中西部农村，地理因素足以使劳动力供给与需求存在分割，因此这部分劳动力对劳动力市场的变化不敏感，对劳动力市场变动做出积极反应是非常慢的，结果是当出现大规模失业时，有一大部分人要流走，当对劳动力的需求突然增加时（例如，圣诞节订货增加），这部分人并不能及时返回，市场功能紊乱。更糟糕的是，面对金融危机，应该出现大量失业，但是我国却迅速恢复就业，对经济恢复起到一定作用，但是也应该注意到劳动力市场的分割，如果没有注意到劳动力市场的分割，这种就业恢复则存在不利的一面。有人会认为，不应该搞户籍制度改革，这种候鸟式的变动有利于解决失业，如果农民工没有老家的土地，那么当他面临这种金融危机的时候，就只能留在当地，成为失业人口，或者是到处流动，不利于社会稳定。现在这种快速恢复就业的结果是有利的，但是可能会导致上述不正确的结论，然而这种现象本身就是劳动力市场割裂造成的。城市化慢于工业化的另一个弊端是产业结构单一。例如，东莞工业聚集的结果是形成城市，但是没有考虑把这部分农民工变为市民，不是按照城市来进行建设和管理，依然按照工业园区的方式进行管理，没有公共服务，没有多样式的产业结构，因此变为一个聚集区，不是城市，不具有城市的功能，也没有化解风险的功能，所以当没有订单时所有人都面临失业。

## （三）城市化新理念和新思路

新的城市化理念应该包括以下几个方面：第一，人口的城市化比土地的城市化更处于核心地位；第二，新增人口作为市民的意义，比作为劳动者的意义更为突出；第三，对于全体城市实际居民而言，均等地获得公共服务比获得居住权更加重要。例如，一个农民工如果可以获得养老保险、医疗保险，孩子可以接受义务教育等公共服务，那么对他来讲是否具有城市户口并不重要。

首先，这种城市化有利于发展方式转变。经济增长由依靠物质和劳动力的投入向依靠生产率提高转变；产业发展由过度依赖第二产业向第二、第三产业协调发展转变；推动经济增长的需求因素由出口和投资拉动向国内消费拉动转变。传统的发展需要更多资源，遇到的瓶颈是发展越多人越多从而人均资源越少，而且会产生更多污染，保罗·罗默提出用思想来发展经济，人越多则思想越多，并且没有污染，通过交换可以获得更多思想，以人为中心的城市是适合交换思想的地方。

其次，老百姓并非天生喜欢储蓄，消费信心来自于工资性就业、社会保障和公共服务。如图 11 所示，老百姓的储蓄恰到好处，收入状态决定储蓄状态。如果

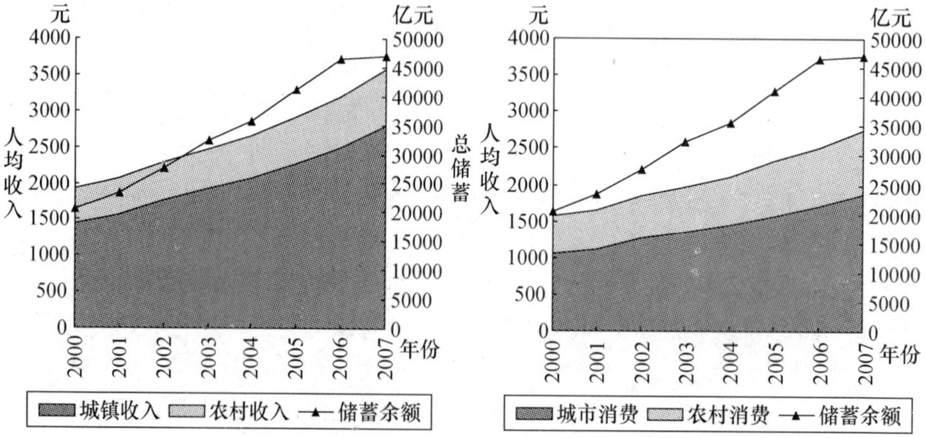


**图 11　收入、消费变化趋势比较**

期望提高消费，不可能通过储蓄减少实现，而是需要通过提高收入来实现。因此，让农民进城打工是提高收入的一种办法，同时也是创造需求的途径。

最后，户籍改革的两难和出路。地方政府发现，户籍制度实际上并非简单的人口登记制度，其核心是户口背后包含的福利差异。似乎陷入困境的同时，户籍制度改革路径反而更加清晰了，改革的目的就是形成一个一体化的劳动力市场和城乡统筹的公共服务体系。

（编辑整理：孙婧芳）

# 中国农民家庭工业与现代工业的关联问题

林　刚

2009 年 12 月 17 日

# 林 刚

中国社会科学院研究生院经济系教授

**摘　要：**回顾中国近代以来工农城乡之间的“两部门”关系，可以归纳为发生过三条向现代化努力的道路：走西方老牌资本主义国家道路；剥夺农业农民来发展现代化；工农业之间的良性互动互补。从历史角度看，只有工农业互动互补之路可行。历史经验启示我们：应重视家庭工业与城市大工业之间互补互动的实践和理论总结，通过农民家庭、工业企业和符合国情的经济政策的共同努力，改进、建设、完善现代经济和传统经济的相互关系，促使现代部门和传统部门之间形成良性互动，走一条符合国情的中国式现代化道路。在中国走向现代化的过程中，有必要树立一种新的经济社会发展观。

**关键词：**农民家庭工业　现代工业　良性互动　新经济社会发展观

## 一、问题的提出

中国的农民家庭工业与现代工业的关系问题，严格说来并非是当前的新问题。它可以被认为是“中国现代工业与传统小农经济相互关系”的一部分；在更广阔的思路下，它是“中国的现代化与传统经济相互关系”的组成部分。

“中国的现代化与传统经济相互关系”问题，实际上早在1840年“鸦片战争”后就已经急迫而鲜明地摆在了思想界和政界面前。历经一百余年直至今天，仍远未形成共识。宏观看来主要有两大思潮。

一是以世界强国为中国前进和现代化的榜样：“要救国，只有维新，要维新，只有学外国。”[①] 具体到现代工业与中国传统小农经济的关系、现代工业与农民家庭工业的关系，就是要毫不犹豫地推行工业化、商业化（市场化）和城市化，取代和消亡小农经济——包括与农业结合的家庭工业。

二是注重从本土特点出发考虑中国现代化的路径。具体而言，即特别注重提高农民和农村经济，认为农村经济——包括家庭工业在内的农村工业有特殊重要

① 《论人民民主专政》，《毛泽东选集》（第四卷），人民出版社1991年版，第1470页。

性，只有从农村建设入手，才可能为大工业的发展建立基础，也才能走上现代化道路。①

从近代以来直至今天，前一种思潮无疑占据了统治地位。尽管它的出现有其历史必然性，尽管受其影响的学者们仍然做了大量杰出的研究工作，但从理论上看，它依然存在着明显矛盾问题。这里只讲与本文有关的大工业与农民家庭工业关系方面的问题。

该思潮的核心理念，是认为人类社会必然遵循一条从落后到发达的共同发展规律：①先进强国的今天，必然是后进国家的明天。②后进国"进化"的路径，包括生产关系、经济—政治体制、生活方式乃至社会变迁理念都应效法先进强国，与其"接轨"。否则，就是落后的体现，就无法上升为"先进"。

新中国成立后，中国理论界的"正统"观点一直认为：农业与手工业密切结合的小农经济生产是中国封建经济的基本特点，只有它被破坏和解体，才可能发展起资本主义和现代经济。正是这个概念引起了问题。

首先，这种解体只能是通过中国内部资本主义萌芽的产生和发展引发（否则不符合中国本身必然会遵循从封建社会发展到资本主义社会再到社会主义社会的社会发展一般规律）。但无论如何努力，严肃的学者们始终未能找到"鸦片战争"前中国封建社会的基础——农村家庭纺织业中存在资本主义萌芽的证据。②

其次，在被学术界认为是中国封建经济最发达时期的清代前期，反而是与农业密切结合的农民家庭工业最发展时期。③

再次，在"鸦片战争"一百余年后，全社会的分工程度和生产力发展早已进入"现代经济"范围，但农户的粮食生产仍然首先满足于自给。在有条件的状况下，维持甚至尽可能发展工业和副业，在个体农民家庭经营中仍是普遍现象。

最后，大量地区的农民家庭工业与城市的大工业存在着产业链关联。④

问题已很明显：直至今天，与土地和农业（包括粮食种植业）密切结合的

---

① 该理论的代表人物是梁漱溟、费孝通、方显庭等。也包括当代经济史和经济理论大师吴承明等。

② 徐新吾：《中国经济史料考证与研究》相关论文，上海社会科学出版社1999年版。

③ 关于对清代前期的经济发展、社会分工诸问题的新研究，魏金玉（《中国经济史研究》2003年第2期）有精彩见解：清代农民家庭手工业获得空前发展，形成以家庭手工业为基础的地区性分工。这种专业化分工，如棉纺织业，并不脱离农业，这是在分工基础上发展起来的兼业化，是与专业化并行的发展趋势。它与行业内分工的发展、企业内分工欠发展一起，构成清代前期手工业发展的时代特征。

④ 吴国林主编：《广东专业镇：中小企业集群的技术创新与生态化》，人民出版社2006年版，第180页。目前浙江、江苏、山东、广东、福建、河北等省是中国产业集群大量聚集之地。"这些集群，都是围绕某一特定产业集聚而成的块状经济，而支撑这种块状经济的主体，则是中小企业和个体工商户。""中小企业集群在浙江最为典型。浙江几乎在每个地方都形成了基础在一家一户、规模在千家万户的特色企业群体。"据我了解，这里所谓的小企业和个体工商户，大量是农民家庭工业户，下文将会涉及。

农民家庭工业、副业的普遍存在仍然是中国大多数农村的普遍现象，家庭工、副业仍然未从农户家庭中“分离”出去（不管这种工、副业是否由农民家庭拥有的生产要素所构建）。特别是在许多地区大量存在着农民家庭工业与现代大工业连结为一体的现象。既然如此，那种认为“农民家庭工业与农业的结合是中国封建社会特有的标志”，认为“农民家庭工业与中国的工业化现代化是截然对立、不破坏前者就不能产生和发展后者”的观点还能成立吗？两者迄今为止的共生共存现象，是否有其深刻的国情、历史与社会根源，需要再探讨吗？

应该看到，国内外早已有若干学者对中国大机器工业与农民家庭工业的相互关系问题进行了较多研究①，一些研究在史实上和观点上都明确指出了两者之间存在互动互补关系。但问题并未完全解决。有的学者尽管能够认识二者之间的互补关系并做出了很好的分析成果，但仍然从“前工业化”—“原工业化”—“半工业化”的理论框架看待农民家庭工业，认为其不过是中国工业化的未完成产物。笔者认为这种观点也大有讨论的必要。② 更值得讨论的是，城市化—工业化模式，仍然是国内主流理论认为的中国现代化的唯一标准。③

## 二、历史的变化

### （一）农民家庭工业的界定与内涵的变化

本文所涉及的农民家庭工业，是指农民以家庭经营形式从事的工业生产。这种工业生产，可以说从中国农民家庭生产的组织形式产生之时起就相伴而生。在中国两千余年的“古代社会”中，由于都是由人力手工进行，通称为家庭手工业。而在中国出现机器工业品和工业产业后的一百余年中，大量家庭手工业又成为以动力机器生产了。本文将其一概称之为农民家庭工业。④

在中国数千年的历史中，农民历来依靠农业与家庭手工业的结合与互补来维持生计。在两者都能较好发展时，它既能提高农民收入，减轻因人多地少、土地

---

① 如侯继明、赵冈、马若孟等，日本学者竹内常善、森时彦、中井英基等。中国学者在20世纪60年代、80年代后也有较多讨论。

② 彭南生：《半工业化——近代中国乡村手工业的发展与社会变迁》，商务印书馆2007年版。

③ 见中国现代化战略研究课题组（2002年）。该报告是国家科技部“十五”科技攻关课题，国家自然科学基金资助项目，中国科学院知识创新工程资助项目。

④ 在中国数千年的历史中，不同地区、不同生产工具、与外界不同的经济关系，使农民家庭工业的形式和内涵有极大差别，不过就家庭工业的种类上看，纺织业可谓分布最广、对农民家庭和社会影响最大者。而自元朝末年始，随着棉花种植的普遍推广，棉取代了麻，成为中国农村家庭纺织业最主要的门类，一直延续到古代社会的终结。

分配不合理带来的恶果，又同时解决了农民的“就业”问题以及可能造成的农民流离失所、社会动荡的危险。

由于清代中期以来人口与土地等资源比例高度紧张，虽然农民大大加强了发展家庭工、副业的力度，使家庭农业与工、副业结合的程度大大提高，但限于当时生产力发展的水平，两业发展的空间已很有限。

资本主义生产和近代工业出现后，对中国传统农民家庭工业产生了两方面影响。一是现代工业品取代了原有农民家庭工业部分产品的市场，从而使这部分农民生产者家庭经济，因失去支撑经济的两条腿之一而陷入困境，并因此危及农村经济大局，进而影响国内市场和整体经济。二是大工业为农民家庭工业提供了前所不能的新材料、新工具、新动力以及新社会消费风尚，从而促进传统农民家庭工业在生产力和生产方式方面发生变迁。

同时，中国近代工业的产生和发展又直接受到农民家庭工业的制约。①新式工业主要是轻工业，它们的国外市场很有限，基本要依赖国内，而国内市场的主体是农村市场，且首先是农民家庭工业的原材料市场。②在一些现代制造工业中，适宜的农民家庭工业产品可以并已经作为产业链的中间环节，它们降低了生产成本，节约了土地和厂房，明显有利于工业产品竞争。

正因为如此，在中国现代化过程中，大工业与农民家庭工业之间，实际存在着两种截然不同的关系。一种是相互依赖、相互补充的“良性互动”，另一种是相互损害，且“一损皆损”的“恶性循环”。在经济、历史学者总结中国现代化历史并提出理论观点时，应充分考虑到大工业与农民家庭工业的两种关系，注意总结良性互动的经验，避免恶性循环的教训，以便为中国现代化建设的方向和具体道路提供有益借鉴。

### （二）现代工业的产生发展与农民家庭工业的关系

我们首先关注现代部门是如何解决市场问题的。中国传统经济原有较为发达的商品市场和商品交换，小农经济体是其生产和消费的主体，固有的供给与需求总量，完全可由小农经济体的商品性生产和有限商品消费自行调节与满足，远远未进入需要由资本主义工业的大生产来满足需求的经济阶段。从主体看，资本主义企业不是中国社会经济本身的自然产物，而是外国入侵所促成的产物。这种情况给资本主义大工业带来的第一问题就是产品市场和销路问题。西方列强用重炮打开中国国门后，以为他们的呢绒、钢琴、刀叉等将有一个足以发财的大市场，结果彻底令其失望。那么，现代化大工厂建立起来后，究竟如何在中国大地上立足生根呢？这是现代企业在中国的社会经济土壤中存活生长要解决的第一问题。

可以发现，现代部门是依靠传统部门作为立足和发展的主要途径。在现代部门的支柱产业——棉纺织业中，市场是由传统部门对生产原料的需求决定的。

为了保证自身市场的巩固和扩展，现代部门或主动适应，或逐步调整了经营方针，不去生产传统部门固有的生产品（如日常消费品），而是生产传统部门所必需的生产资料。中国最主要的现代棉纺织业的产品是为农民家庭纺织业提供机纱，它的产品市场不是生活消费品市场而是生产资料市场，是为传统经济的家庭工、副业提供所需求的原材料。在近代，华北地区的宝坻、高阳、潍县，江南地区的南通、江阴、常州、常熟、硖石，广西的玉林，等等，都是农村手织布较为发达地区，而它们都形成了与机器纺纱的良性互动。机器棉纺工业与农民家庭手工织布业的相互关系是良性互动的典型，主要体现为：棉纺业以生产农民发展家庭工业迫切需要的原料——棉纱，为自己的主要市场，农村纺织业越发展，所需原料越多，纱厂的市场越大。机制棉纺业成为中国近代主要支柱工业，其根本原因在此。

以下简述长江三角洲情况。

长江三角洲的棉纺织工业自 19 世纪 90 年代初开始建立，至 1899 年，包括上海在内先后共建中外纱厂 16 家（包括建立后失败者）。这些纺织厂之所以称为纱厂，是因为所设织布机甚少，绝大部分只设纱机，只生产机纱。为何不生产直接消费品布匹而是织布原料机纱呢？这正是由中国国内市场的性质决定的。原来中国棉纺织品的主要生产者和消费者都是农民，作为消费者，很大部分农民自行织布解决衣被问题。由于棉花供给困难、传统习惯等原因，尚有为数颇多的农民是购买布匹的。近代中国农民大多数生活贫困，大量资料表明，他们总是将用于消费的现金支出压至最低水平，能够自己织布的农家一般不会或极少购买洋布；对不织布的农民来说，粗重结实的“土布”远较华丽轻薄的“洋布”受欢迎。因此机布远远不能取代原有土布市场份额，其市场是狭小的，尤其是在早期，机布的销路不好，一些纱、布兼营的纺织厂因此屡致亏损，这也正是大多数纺织工厂在建立的最初数十年中只设纱机不设织布机的原因。“着眼于‘分洋人之利’的李鸿章的上海织布局和张之洞的湖北官布局，后来也是弃布就纱，变成华盛纱厂和裕华纱厂。”① 但机纱的命运迥然不同。农民织商品布是为了增加收入，只要有可能，农民们总是尽力扩大生产。由于机纱的出现解决了手纺纱在数量和质量上均不能满足织布扩大生产的问题，因此极受农民欢迎。长江三角洲一带的无锡、南通、常州、江阴在 19 世纪末 20 世纪初建立的纱厂，无一例外都是适应当地发达的农民家庭纺织业对机纱的大量需求方才获得自身的发展。其中南通大生纱厂是典型。而在始于 20 世纪 30 年代初的中国棉纺织工业长达 5 ~ 6 年的重大

---

① 吴承明：《早期中国近代化中的内部和外部因素》，《市场、近代化、经济史论》，云南大学出版社 1996 年版。

危机中，一些最著名的纺织企业如上海申新、南通大生都损失惨重，基本原因是农村手工织布业在日本侵略和世界经济危机冲击下严重衰退，机纱市场严重萎缩所致。①

历史表明，我国现代工业的主要支柱之一——棉纺织工业在长江三角洲地域的创立和发展，并不能简单地单凭吸收廉价劳动力就可成功地积累资本以获得发展。最关键也是最不易解决的是产品销路问题，即市场问题。而棉纺织工业的基本市场就是传统农村家庭织布业的机纱需求市场。在一定意义上可以说，近代棉纺织工业是依靠为广大的农民织布业“提供服务”来立足并获得发展的。据笔者测算，20 世纪 30 年代时期，国内机纱的主要市场仍在农村，在全部机纱产量中，约有 53% 是供手工织布业的原料，作为大工业纱厂自行织布用纱不足 28%，约相当于手织布的一半。其余主要为针织业和各类布厂用纱，实则布厂中亦大量使用人力织机。

## （三）传统部门力图吸取现代因素，通过革新以维护和发展自己

利用现代技术和产品发展自己是最普遍现象。最突出的现象是农民广泛使用机纱织布，发展壮大了家庭手工业。由于机纱解决了手纺纱无法解决的效率太低不能满足大量织布的瓶颈，机纱又有手纺纱不具备的许多优点，就推动了手工织布业大大发展。② 自 19 世纪 80 年代，长江三角洲的南通、无锡、江阴、常熟、常州等地农户开始使用机纱织布，直至抗日战争爆发，尽管在 20 世纪 30 年代受到重大冲击，手织业始终为江南地区最为普遍的农村工、副业。农民使用机纱直接经济后果主要有二：其一，发展和扩大了家庭工业。其二，对农民家庭收入影响极大，是支撑农村经济的重要支柱。以下仅以南通为分析典型。自 1884 年农村开始以机纱织布后，农村土布生产开始突飞猛进。土布的品种规格、产量和生产区域都发生较大变化。销往东北的关庄布，从全用土纱的“尺套”发展到“洋经本纬”的“大尺布”，比原来加宽 20%，放长 1 倍以上。品牌规格更显有增进，“自有机纱后，小牌、群牌与提牌，改为洋经本纬，规格又提高了，加宽放长，为大尺布奠定了基础。此后自次中逐步提升，而至特大，全用机纱，乃大发展”。③ 各类机纱土布的“发展过程，比稀布与尺套快速得多。自 1884 年至 1931 年的 47 年中，均在不断改进”。④ 在产量上，使用机纱 10 年后的 1904 年，

① 关于近代长江三角洲地区棉纺织业与农村织布业的关系及其市场问题的详细论证可参考拙文：《试论大生纱厂的市场基础》，《历史研究》1985 年第 4 期；《再论中国现代化道路的民族性特征》，《近代中国》第七辑。

② 个人初步研究可参见拙著：《长江三角洲近代大工业与小农经济》，安徽教育出版社 2000 年版。

③④ 林举百：《近代南通土布史》。

关庄布生产达到高峰，1905年大尺布北销总数达15万件以上（每件40匹）。在1912年以后虽然未能继续保持增长势头，但在1920年的销量仍为157.4万件，1925年达118.4万件。土布生产区域在不断扩大。南通土布原先产区在崇明、海门一带，逐步扩至包场、六甲等地。自使用机纱后，织布区域明显扩大，向西北延伸，至久隆镇、大洪镇，再延伸至南通近郊及正场、姜灶港等地，几遍南通全境。毫无疑问，织布区域的扩大意味着家庭织布业的数量和范围的扩大，意味着家庭织布业的发展。同时，织布业对农民家庭经济帮助也很大。据1933年的一项调查，平均每一个织布家庭出售土布的年收入达145元以上①，这对贫苦农民来说是很大一笔收入。而这时南通土布已处于衰落期，兴旺时期收入会更高。

南通农村家庭织布工业的发展及其对于农民经济的重要贡献说明，在接收了现代部门的原料等先进因素后，加之其他有利条件，传统农村手工业完全可以改进和局部更新并使自己得到进一步发展，在这种发展中，提高了社会总供给，也使农村劳动力得到有效利用。传统部门可以利用现代部门的先进影响发展和提高自己，完全不必以消除自己的固有经济形式和产业为条件。

大工业市场需求须依赖于农民家庭工业方面，但不限于机器纺纱工业。

在另一方面，许多近代工业又需要依赖农民家庭工业提供半成品作为原料，或者，它们将农民家庭工业作为自身生产的一个环节，以此降低成本，增加竞争力。如火柴工业、机器织袜业、机器织绸业、桐油精加工业，等等，而机器印染工业可视为代表。②

## （四）重工业部门的产生与农民家庭工业

在农业部门与主要轻工业产业部门良性互动的基础上，中国近代出现了民用重工业部门——机械制造工业。③ 这无疑是中国大机器工业发展的重要一环。

中国近代经济中，以大隆机器厂为典型的机器制造业紧密依赖棉纺织工业，棉纺织工业又紧密依赖农村手工织布业的“产业链”，值得关注和深思。

大隆是中国近代机器制造业中少见的有显著成绩的大企业。大隆的发展壮大离不开棉纺织工业的整体发展，更有赖于其“铁棉联营”的经营方针。铁棉联营促进了大隆发展，也提高了相关的棉纺织厂的经营成效。

大隆的产品和服务的主要对象是棉纺织厂。从轮船修理转向纺织机械修配奠定了大隆的生存基础。

---

① 蔡正雅：《手工业试查报告》，转引自彭泽益：《中国近代手工业史资料》（三）。

② 林刚：《长江三角洲近代大工业与小农经济》，安徽教育出版社2000年版。

③ 林刚：《简析大隆机器厂的“铁棉联营”》，见刘兰兮主编：《中国现代化过程中的企业发展》，福建人民出版社2006年版。

严裕棠的“铁棉联营”战略获得了成功。1926～1937年，与之联营的苏纶纱厂、仁德纱厂等从亏损变为盈利，大隆也获得较大发展。

大隆与棉纺织企业的关系不是孤立的。在上海乃至全国，机器制造工业的发展都与棉纺织工业有重要关联，只不过大隆做得更出色而已。

至1931年，上海民族机器工业中与棉纺织业相关的机器工业的地位如表1所示。

**表1 上海民族机器工业中与棉纺织业相关的机器工业的地位**

| 产品专业 | 厂数 | 占全业比重（%） | 雇用工人数 | 每厂人数平均 | 资本（元） | 每厂平均资本（元） |
|---|---|---|---|---|---|---|
| 纺织机 | 45 | 9.8 | 2082 | 46 | 953700 | 21190 |
| 印染机 | 9 | 2 | 187 | 21 | 16500 | 1830 |
| 针织机 | 41 | 9 | 687 | 17 | 113500 | 2770 |
| 缫丝机 | 3 | 0.6 | 64 | 21 | 9000 | 3000 |
| 丝织机 | 16 | 3.5 | 740 | 46 | 236000 | 14750 |
| 动力机<br>农机 | 70 | 15.3 | 1647 | 24 | 428500 | 6120 |
| 工作母机 | 8 | 1.8 | 134 | 17 | 17000 | 2120 |
| 船舶修造 | 51 | 11.2 | 1519 | 30 | 500540 | 9810 |
| 印刷机 | 32 | 7 | 629 | 20 | 115200 | 3600 |
| 卷烟机 | 7 | 1.5 | 190 | 27 | 94200 | 13460 |
| 其他 | 1 | 0.2 | 51 | 51 | 400000 | 400000 |
| 修配 | 174 | 28.1 | 1824 | 10 | 289860 | 1660 |
| 合计 | 457 | 100 | 9754 | 21 | 3174000 | 6950 |

资料来源：《上海机器工业》。

如表1所示，1931年，在资本总额和每厂平均资本额数据中，纺织机械在全机械工业中稳居第一，加上印染机械，资本总额超过丝织、船舶修造、印刷、卷烟等机械工业的总和。

大隆厂从小到大、从弱到强的发展依赖于棉纺织工业的发展，而棉纺织工业的主要部分——棉纺业又在很大程度上依赖于农民家庭织布业，这在一定程度上验证了梁漱溟对中国工业化和现代化发生路径的预想：“这一条不同的路，便是从农业引发工业，农业工业为适当的结合，以乡村为本而繁荣都市，乡村都市为自然均实的发展——这正是中国今后一定的路线。”①

## 三、当代中国的状况

### （一）1949年至20世纪80年代

鉴于新中国成立后的国内外局势，政府不得不实行重工业优先发展和农业集体化，后来又发展到人民公社化。个体农户经济被认为是“产生资本主义的温床”。在理论上，苏联社会主义政治经济学占统治地位。在实践和理论上，大工业与农民家庭工业的关系问题已在生活中被抹掉。新中国建设20余年的艰难曲折和“反面教训”，值得今天思考。其中一例是费孝通在1957年5月对江村的重访中看到，由于推翻了地主的封建剥削和农业生产力的提高，当地粮食产量明显增加，但由于农民家庭副业未能发展，特别是农村工业被取消，较1936年时农民的实际收入反而降低了。费孝通总结自己的学术经历时曾重提此事：“1938年我从伦敦回国，在抗日战争时期，在云南省的内地农村进行社会调查，使我进一步看到在一个人口众多、土地有限的国家里，要进一步提高农民的生活水平，重点应当放在发展乡村工业上……1957年我重访江村，看到当时农业上有了发展，我感到高兴，但是为那种忽视副业和没有恢复乡村工业的情况而忧心忡忡。现在，历史的事实已经证明我当时的忧虑并不是没有根据的。”②

费孝通在1957年的一个看法极有见地，准确反映了要办好农村工业，关键是要调整城乡之间、大工业与农村工业之间的关系。之所以需要调整，是因为这种关系在当时出现了问题：“在我们国内有许多轻工业，并不一定要集中到少数城市中去，才能提高技术的。以丝绸而论，我请教过不少专家，他们都承认，一定规模的小型工厂，也可以制出品质很高的生丝。在经济上打算，把加工业放到原料生产地，有着许多‘便宜’。不但如此，这种小型工厂还是促进农村技术改革的动力，许多屑物都可是最好的肥料，工农业在技术改造上都可以联系得起来。何况工业定价集中到城市里去，社会上已经出现了许多不易解决的问题，人口不必要的集中是有害无利的。……我提出的这个主张和当前的趋势是不合的。至少过去这几年，似乎有农业社只搞农业，所有加工性质的生产活动，都要交到其他系统的部门，集中到城镇里去做。甚至像砻糠加工这样的事都不准在农业社里进行。在开弦弓我就看到有个砻谷机，很可以把砻糠加工成为养猪的饲料。但

① 《乡村建设旨趣》，《乡村建设》第4卷第14期，1934年12月。

② “英国皇家人类学会1981年赫胥黎纪念讲演”，转见《江村经济》，江苏人民出版社1986年版。

镇上的砻谷厂不准他们这样做，宁可让村里大批砻糠燃料烧掉。以蚕茧说，烘茧过程也要划归商业部门去做，结果实在不很妙。”①

### （二）1980年至今

#### 1. 农民家庭工业“遍地开花”

20世纪80年代中国“改革开放”后，农民家庭工业在全国各地重新复兴——这里指在有条件发展的地区——有些与近代农民家庭手工业遍及各地的情况很类似。在苏南的苏锡常地区，乡镇企业占主导地位，集体经济曾一度对农民发展个体经济加以限制，但仍然可以见到农户家庭工业。而在南通等地，80年代后期至90年代中期，农民家庭纺织工业已有了相当发展，在当地形成名气。②在江苏北部的宿迁，所谓户办、联户办、村办、乡镇办“四个轮子一起转”发展农村工业的“耿车经验”，曾广为宣传，名噪一时。至2005年笔者在温州、高阳等地调研，更是见到农民家庭工业的兴旺景象。个人所见，这些家庭工业有多种类型，从简单地利用当地农产原料进行加工，到收集废旧物资加工，再到购买大工业产品作为原料进行家庭生产；从完全由家庭成员的劳动，到雇用少量工人，再到家庭工厂；从安装小电动机带动的木制织布机、小电动车床，到现代新型的织布机、电脑绣花机；从自购原料自主出售到接受订单再到“现代包买商”制度下的生产。它们在原料、生产工具及设备、产品市场方面都与城市工业有不同的密切关联。

#### 2. 产业集群现象——对浙江诸暨大工业与农民家庭工业之间产业关联的调查

在浙江，产业集群被俗称为“块状经济”。大致指同一产业上下游产品的相关生产厂家在一定地理空间的集聚现象。众多企业聚集在同一地域，生产同类或相关产品，企业规模以中小企业为主，年产值上亿元的产业区，被当地定义为“块状经济”。至2001年，浙江全省88个县市区中，有85个都拥有块状经济。较著名的例如：温州的皮鞋、低压电器、服装、打火机、剃须刀，嘉兴的化纤织物，嵊州的领带，绍兴的轻纺，台州的塑料、泵类，永康的五金，等等。

---

① 费孝通：《重访江村》，转见《江村经济》，江苏人民出版社1986年版。

② 20世纪80年代中后期，笔者曾参加《中国国情调查——常熟》的调研和写作，对当时常熟的农民家庭工业留有深刻印象。1998年笔者参与“无锡—保定调查”。1982年、1995年笔者曾到南通调查农民家庭纺织业。2005年笔者合作进行了高阳农村家庭织布业调查。高阳调查参见赵志龙：《高阳纺织业的变迁轨迹：1880～2005》，《中国经济史研究》2005年第2期。

具体到诸暨，主要产业集群有：大唐镇袜业、三都镇贡缎业、店口镇五金业、枫桥镇衬衫业、山下湖镇珍珠业。包括诸暨在内的浙江块状经济特点是：①众多中小型企业通过分工和协作，生产同类产品或上下游产品，或供给原料，或产品配套，而不是由少数巨型企业从原料、零配件开始直到最终成品完全由自己完成。②主要产品是日常生活消费品、小商品以及部分五金、机械、化工、建材等劳动密集产品。③产量大，品种多，常常在国际市场占有较大份额。如诸暨大唐镇的袜业，2004 年产袜 90 亿双，占国内产量约 60%，占国际市场约 30%。三都镇（现为陶朱街道）的贡缎，基本占据西非市场，出口占全国 80%。④成本低，价格便宜，市场竞争力强。

以上关于浙江块状经济的特点，已得到对该地产业集群研究的学者们和当地各方面的确认。但仍然有问题要问：为什么会形成产业集群现象？产业集群的各种特点是如何形成的？为什么浙江产业集群十分发展？这和当地的历史和现状有联系吗？和我国的国情有联系吗？

至少对诸暨来说，产业集群还有一个值得高度注意的特点，即它是与农村经济、农民家庭经营连接在一起的。诸暨的几个著名产业集群，都与农民家庭工业有直接关系。贡缎即提花布业是诸暨著名地方产业，据调查，这里农民织的布都属于诸暨的“陶朱贡缎”，以前称为“三都贡缎”。贡缎是人们对当地生产的提花布的美称，在 20 世纪 80 年代中期开始兴起，几乎全部出口，主要到西非地区国家，该地人民用作外衣和袍子面料，极受欢迎。中间虽然有数次曲折，但近年来出口势头颇盛。至 2002 年底，贡缎产业已波及全市 12 个乡镇，生产企业包括个体织户达 1.8 万户，从业人员达 6 万多人，有织机 5.4 万多台，2002 年实现销售收入 100 亿元人民币。据 2007 年调查，2006 年底，贡缎产值 103.4 亿元，其中自营出口 2.37 亿美元，贡缎产量占国内市场的 80%，占非洲市场的 95%，是全市外向度最高的产业。

贡缎业的生产方式是大工业—农民家庭工业—大工业的联合。其间的连接是现代包买商制。即现代纱厂生产机纱，布商向农户提供已装好机纱的经轴，农户在自己家中或自家的厂房中，使用完全现代的机器织成坯布，将成品交给布商，检验合格后领取加工费。布商大致分为数种，其中有直接出口权的大布商将坯布在自己开设的大型印染厂进行印染整理等精加工，然后即可出口。至于中小布商，常见的是将坯布运到有出口权的外贸公司所指定的印染厂，将合格的产品精加工后出口，布商获取加工费。需要说明的是，在被称为老板的布商中，除上述两类外，还有一种专门替大布商放机收布（不排除自己也放机）者，实际是大布商的中间代理人，收取佣金。当地为布商织布的农民——通称加工户，并非每织完一批布就可得到加工费，而通常是一年只在几个时节，如中秋、春节等结清工资，平时老板只付以加工所需的电费和部分生活费。

在20世纪80年代中期贡缎业刚刚兴起时，农户的生产方式是“自产自销”。自90年代中期则完全变为“包买商”制的一统天下。目前诸暨贡缎业主要由大布商操控，他们尽管已拥有雄厚的资金，但绝大多数仍采用放机制，由农民家庭工业作为生产的中间环节。我们调查所见，当地有放机万户以上的大布商，开设了完全现代化的印染工厂，每日有五部卡车到加工户处收取坯布，在自己的工厂中进行后道精加工，并包装好直接运往国外。

很可能正是由于“陶朱贡缎”的产业链延伸到农村和农民家庭，这种布匹才能以极低的价格形成极强的竞争力，以致“垄断”了西非市场。

我们所调查的诸暨五泄镇古塘村和吴家塔自然村，就是这个产业加工链的一部分。由于古塘包括吴家塔村的人均耕地面积实际只有4分，只能满足口粮和蔬菜用地，因此，除粮、菜外，除非离村、离土到外地从事其他职业，当地农民的生活来源要完全依赖家庭工业。据农民们说，除非万不得已，人们是不会离开家园去外地打工的。自己在家织布，加工费再低，也是在自己的家里，给自己干。在外面，人生地不熟，且不说吃住条件和工资，家庭、父母、儿女都无法顾及。吴家塔村现有80多户村民，扣除约7户或年老或残疾或有特殊情况不能从事劳动者外，剩下约73户。其中自有织机、夫妻双方以织布为主的约40户，约占总户数55%。剩下的33户中，夫妇两人中有1人织布者，约6户，占8%；无织机，但家庭成员中有从事与织布有关工作的农户9户，约占12%；在本乡本村做临时工、开小店等事的，9户，约12%；主要在邻近的大唐镇及诸暨市里做事、打工者10户，占14%；到外地主要是到上海做事或打工的7户，占10%。以上因各项数字有相互交叉，故总比例超过100%。从中可看出，绝大多数农户都在本村或邻近乡镇工作，主要在自己的家中工作。值得注意的是：尽管该村家庭工业生产以自己家庭成员的劳动为主，但也有雇用外地打工者共同生产的现象。我们的房东的儿子，家中有8台箭杆织机，因忙不过来，就雇用了4个河南打工妹。这意味着家庭工业的发展不但可充分利用家庭内部的劳动力，而且可能吸收一些外来劳动力。在诸暨全市，因农村家庭工业发展而“吸引”的外地打工者是相当多的。

在诸暨的另一种著名产业集群——大唐袜业中，主导生产方式与贡缎业一样，即通过下包方式（包买商制）实现大工业与农民家庭工业的连接。大唐袜业产业集群，产业链涉及12个乡镇，120个行政村，从业人员近20万。有袜机10.3万台，其中电脑袜机3.8万台。2005年实现工业产值235.6亿元，产袜116亿双。[①] 另据对店口镇五金业的初步调查，当地主要产品如各种金属材料和化工

① 2007年5月诸暨市人民政府提供。

塑料制造的管子及金属螺丝等，也是大量分散于村镇家庭企业中制造的。枫桥衬衫业同样有大量农民家庭工业参与产业加工。

## 四、三元结构的出现及当代的发展；中国国情；问题与矛盾

我们看到，在近代经济发达地区的长江三角洲区域，以及许多农村工业比较发达的地区，如华北高阳织布区和潍县、广东珠江三角洲地区、广西玉林地区等地，都程度不等地出现了一种新型经济结构：无论在使用现代部门的产品作为原料的传统家庭手工织布业中，还是在为近代工业生产原料的农民家庭农副业中，都可看到一个明确无误的事实：由于和现代部门的种种联系，传统产业部门发生了重大变化，一方面，它仍然顽强保持着传统产业的一些基本的重要特征，另一方面它又和现代部门发生种种联系，产生了不同于传统的重要变革，它既突破传统又未隔绝传统，从产业形式来看，它或是农民家庭手工业生产，或是农副业生产，生产组织形式仍然是家庭，生产地域仍然是农村，生产者仍然是家庭成员，生产对象中农副产品仍然是基本物。它是地道的传统部门，但它又不完全等同于古代传统部门，是一种现代化过程中的传统部门。从农家织布业来看，出现了多种不同的与现代工业相联系的生产方式，它们已经大大突破了自种棉花、自纺自织的古代基本特征，在产品的物质构成上，由全系家庭内部生产物构成，变为利用大工业品为原料。在生产要素的取给上，由基本家庭内部解决，变为必须部分经过市场交换，或者通过商人、工场发给。在最终产品的完成方面，或仍由家庭独立完成，或变为与手工工场或工厂共同完成。在生产组织形式上，发生由纯粹的家庭经营变为家庭与工厂或手工工场某种联合的变化。尽管上述变化只是初步的，但在一定程度上，农民家庭纺织已融入了社会化的生产和交换之中，突破了单纯经营的局限性，初步形成一种兼取传统与现代之长的新型经济结构。① 于是，中国近代以长江三角洲地区为典型，出现了以自给性粮食种植业为主的传统农业部门、以机器大工业为代表的现代部门以及具有两部门共同点的新型农村商品性工、副业共同构成的三部门结构。我们把这类新型经济结构称之为近代三元结构。将新型农村商品性工、副业部门称之为三元结构中的“中元结构”。综上所述，所谓近代三元结构之中的“中元结构部门”的内涵是，传统部门中运用资本进行的、与现代部门有直接经济联系的（如供给原料与购入原料；买入与卖

① 近代长江三角洲的农村“三元结构”，基本由棉纺织业、蚕桑缫丝纺织业、大生纱厂与淮南棉垦构成的公司农户体系三部分构成。详见林刚：《长江三角洲三元结构的形成与发展》，《中国经济史研究》1997 年第 4 期；《关于中国经济的二元结构与三元结构问题》，《中国经济史研究》2000 年第 3 期。

出产品关系）商品生产。它主要以近代出现的新型农村商品工、副业为主，但也包括城镇中的和现代部门有关联的各类手工业。通过传统部门和现代部门的相互作用，产生变化和局部更新的传统部门已不是原来意义上的传统部门了，它实际是在社会经济中形成的一种新型经济结构，它源于传统部门但又不等同于传统部门，可以认为它是一个传统部门中向现代经济转化的部分。但这种转化绝不是使传统部门变成现代部门，而是在充分吸取现代经济的营养中，使传统部门本身得到发展和更新。“中元部门”的出现对于中国早期现代化有不容忽视的意义。在现代部门出现后，以发放原料（放机纱）以至工具、改良生产等方式促使传统部门发展，既有利于现代部门本身，又得以相对少量资本大大“激活”了传统部门以少量资本充分利用家庭劳动力的功能，在传统产业中形成有顽强生命力的新型经济结构，这比之将大量劳动力转移到城市和工业部门的现代化道路，使用资本要少得多，吸收劳动力要多得多，在耗费土地等自然资源的代价更要小得多。

在当代中国，我们看到，在日益发展壮大、对中国经济发展做出了巨大贡献的产业集群的生产方式中，有很大部分是与农民家庭工业连为一体的。它是近代出现的近代工业部门、农村传统部门与新型农村商品工、副业构成的“近代三元结构”的发展和更新，方兴未艾，正在注入新生产力和改进经济组织形式，逐渐形成一种“现代三元结构”。[①] 尽管由于这一过程正在进行和形成中，由于我们工作的滞后，尚难做出更深入的分析和结论，但“三元结构”出现以来对近代中国经济历史进程、对中国经济现时和未来走向的影响应充分予以关注。

## 五、结语

在今天回顾中国近代以来的工农城乡之间的“两部门”关系，似可归纳出发生过三种具有全局影响的动态，或有三条向现代化努力的道路。

第一种：走西方老牌资本主义国家道路，以单纯发展城市工业和商业带动传统农业步入工业化现代化轨迹。

第二种：剥夺农业农民来发展现代化。

第三种：工农业互动，首先是工业支持农业，共同发展，利益互补。在解决好农业、吃饭、就业（保障农民的生存资料和生产条件）、农村经济发展的基础

① 现代三元结构有不同来源与含义，详见林刚：《关于中国经济的二元结构与三元结构问题》。

上，也就为工业发展、城市发展和全面就业创造了条件。①

回顾历史我们发现，以上三条道路中，第一、第二条道路都走不通，只有第三条道路是正确的。

由此形成的理论逻辑是：必须考虑走一条符合国情的中国式现代化道路。它的核心理念是，紧紧围绕现代经济（以大工业和城市为代表）和传统经济（以农村经济为代表）的相互关系为中心，实行多层面的互补互动。在宏观层面上，要靠传统部门和现代部门双方的共同努力和相互帮助实行现代化。首先是工业为传统部门服务，在发展传统和改进传统的过程中，实现工业自身发展，在工农一体现代化中实现全国的现代化。

这条现代化道路有其必要性，也有其独特优越性：大工业和城市化只能建立在对耕地的占有之上。而中国只能依靠自己解决吃饭和就业问题。吃饭要有基本的耕地面积为保障，但现有耕地面积已达临界红线。大工业和城市化也不可能吸收完中国的大量农民，不可能解决庞大人口就业问题。② 同时应该看到，现有的工业和城市发展是中国环境资源不能持续支持的。国家不可能拥有巨大财力提供8亿农村人口的最低社会保障。而工农联动的发展，则可在上述矛盾困扰中找到突破口，并可能在具体产业相互补充中，共同发展，进而解决全国的工农、城乡协调发展。

然而，就历史过程和当前实际来看，上述理念的真正实行尚有诸多问题。初步认为有如下数端：

首先，思想界缺乏对中国自身现代化道路特点的深入了解和充分认识，轻视或无视中国（和其他国家的类似经验）重视家庭工业与城市大工业的联结的历史经验，也很缺乏对发达国家之间差别和现时新变化的认识，却总是将“西方发达国家”③ 的“大企业—大工业—大城市化”作为一种“放之四海皆准”的绝对真理，当成僵化教条搬到中国作为现代化的指导理论。其实所谓西方发达国家，是多样化的，各国的国情和历史进程均有差异，在发展过程中也有重要变化。例如在大工业和家庭工业的关系方面，日本、意大利就颇具特色。

其次，正由于上述的理论偏差，堵塞了真正有价值的中国式现代化道路的探索：通过进一步改进、建设和完善，促使大工业与农民家庭工业的互动关系有可能向具有节省土地和资源、能源、成本低、兼顾农业，并向农民提供国家不可能

---

① 关于中国在早期现代化道路中的工农业两部门的互动关系的详细实证，笔者论文《民生工业与近代经济的兴起——中国工业早期发展的农村市场与产业关联》（尚未发表），可供参考。

② 现代三元结构有不同来源与含义，详见林刚：《关于中国经济的二元结构与三元结构问题》。

③ 所谓西方发达国家，是多样化的，各国的国情和历史进程均有差异，在发展过程中也有重要变化。例如在大工业和家庭工业的关系方面，日本、意大利颇具特色。

提供的最低社会生活保障等方面发展。而只有朝着这个思路探索，才有望进一步思考，如何促使国家形成指导“中国特色”现代化建设的指导思想和方针政策：例如在科学技术政策上，如何实行科技攻关，解决大工业与农民家庭工业良性互动急需解决的可再生能源如生物能源和太阳能的小型化利用及循环利用问题，以利于农民家庭工业和生活使用。如何为农民提供优质节能的生活生产物品，如房屋和生产设施。如何施行相应的财政政策，将财力投放到有利于解决大工业与农民家庭工业良性互动急需解决的科技开发和产业开发上。如何实施与中国国情相适应的教育事业，培养懂得中国国情又能掌握相应措施的人才，等等。

最后，在中国走向现代化的过程中，似应树立一种新的经济社会发展观。经济总量指标、某种产业的发展和盈利状况等，都不宜作为最重要的衡量标准。经济发展、生态环境、社会和谐应统筹兼顾。在这个问题上，工业与农业、城市与农村的良性互动有重要意义。具体到大工业与农民家庭工业的关系方面，笔者认为，也宜树立一种具体的良性互动和恶性循环的概念，即如果从是否有利于中国现代化发展的长远眼光看，所谓良性、恶性，还不能局限于短时期的产业关联。机器工业品取代手工业品，资本家要赚钱，消费者要赶时髦，都无可避免、无可阻挡。但从一国经济发展的长远利益看，短期赚钱行为不一定真正有利或有根本利益。对某个产业和个人而言，抓住机遇赚钱可发财，但如果该产业没有扩大的消费者市场和充足原料，绝不能有发展前途。如果这种替代从长期看对该产业的消费市场和原料市场不利，甚至会更对全国经济问题解决不利，我们仍可称之为恶性循环。从一个如中国这样国情的国家在近代历史条件下谋求现代化的角度看，绝不能从某个产业乃至整个行业是否赚钱的眼光去判断其发展的合理性，而一定要从是否对解决全国的根本问题有利，是否对现代化建设整体有利去评价。这里的所谓根本和整体，笔者认为包括：农业基础的巩固和粮食安全；基础性工业与国防工业建设与民生工业的兼顾；民族工业的低成本、竞争力的培育；解决就业问题在中国的特殊性——农民的就业形式和社会保障形式；整体环境保护、资源与能源的节约与循环利用；等等。我们说的工业与农业、城市与农村的良性循环，应向这些方面努力。

（编辑整理：孙婧芳）

·社科大讲堂系列丛书·

第二辑 第2卷

SOCIAL SCIENCE ENCYCLOPEDIA

下册

# 社科大讲堂

主编◎刘迎秋 副主编◎文学国

经济管理出版社
ECONOMY & MANAGEMENT PUBLISHING HOUSE

**图书在版编目（CIP）数据**

社科大讲堂．第二辑·第二卷/刘迎秋主编．—北京：经济管理出版社，2014.5
ISBN 978-7-5096-3037-2

Ⅰ.①社… Ⅱ.①刘… Ⅲ.①社会科学—文集 Ⅳ.①C53

中国版本图书馆CIP数据核字(2014)第067954号

组稿编辑：陈　力
责任编辑：曹　靖　白　冰
责任印制：黄章平
责任校对：超　凡

出版发行：经济管理出版社
（北京市海淀区北蜂窝8号中雅大厦A座11层　100038）
网　　址：www.E-mp.com.cn
电　　话：(010) 51915602
印　　刷：北京晨旭印刷厂
经　　销：新华书店
开　　本：720mm×1000mm/16
印　　张：50.5
字　　数：962千字
版　　次：2015年9月第1版　2015年9月第1次印刷
书　　号：ISBN 978-7-5096-3037-2
定　　价：158.00元（上、下册）

社科大讲堂

陳奎元题

# 《社科大讲堂》丛书

DIRECTORY
# 目录

社科大讲堂 SHEKE DAJIANGTANG 第二册

## 上册

### ·法学前沿·



### ·国际问题前沿·



### ·经济学前沿·

## 下册

### ·马克思主义、哲学、宗教学前沿·

## ·史学理论与前沿·



## ·文学—文化前沿·



## ·文艺学通论·

# ·马克思主义、哲学、宗教学前沿·

# 改革开放30年思想史研究

赵智奎

2009年11月23日

# 赵智奎

中国社会科学院研究生院马克思主义研究系教授

**摘　要：**本文对改革开放30年思想史研究作了学科建构式的阐述，先讨论了思想史研究的学科本体、学科定位、研究方法和研究意义等问题，而后对30年思想发展的主线作了回顾，对其他非主流社会思潮作了介绍，最后强调了要用社会主义核心价值体系引领社会思潮。

**关键词：**改革开放思想史　核心价值体系

# 一、改革开放30年思想史研究的方法

## （一）改革开放30年思想史的研究定位

要对改革开放30年思想史的研究进行定位，需要回答和解决以下三个问题：

1. 什么是改革开放30年思想史？

思想史，简略地说，就是人们思想演变、发展的历史。思想史既是人们活动的思想动机的历史，也是人们对自身活动进行反思的历史。

恩格斯说，全部哲学，特别是近代哲学的重大的基本问题，是思维和存在的关系问题。一个民族想要站在科学的最高峰，就一刻也不能脱离理论思维。而要想锻炼和提高理论思维的能力和水平，除了学习以往的哲学史以外，还没有其他的办法。一般说来，思想史是包括哲学史的，且思想史的范围要比哲学史的范围宽得多。人们通常所说的哲学史是研究人类认识发展的历史，它涉及本体论、知识论、自然观、社会观、伦理学、认识论、逻辑学、宗教观和价值论等多种人类认识，思想史是包括上述这些内容的。思想史除了包括哲学史之外，当然也包括经济学、政治学、法学、社会学等领域的发展史。它的基础部分，或者说最小的逻辑单元，是逻辑的一般概念和范畴的演变、发展。

列宁也曾经说，哲学史简略地说就是整个认识的历史。列宁针对黑格尔在《哲学史讲演录》里，把哲学史比作圆圈——“这个圆圈的边沿是许多圆圈……”列宁在旁边写道：“非常深刻的比喻！每一种思想等于整个人类思想发展的大圆圈（螺旋）上的一个圆圈。”[1]黑格尔在《逻辑学》第2版序言中说：“对思想的王国作哲学的描述，即从它自身的内在活动去描述，或者，也就是说，从它的必然发展去描述……”列宁在旁边写道：“出色！”还标示了两个“注意”。[2]列宁在黑格尔《逻辑学》第2部“主观逻辑或概念论”的第1篇“主观性”中，针对黑格尔“‘概念’的辩证运动——最后达到从概念的主观性向概念的客观性转化”等观点，列宁在下面写道：“从逻辑的一般概念和范畴的发展和运用的观点出发的思想史——这才是需要的东西！”[3]

思想史是历史学科的重要组成部分。如何认识和把握思想史和历史之间的关系，许多前人已做过比较深入的研究。例如，德国哲学家黑格尔和英国哲学家、历史学家科林伍德，就提出过一些颇有影响的见解，可以促进我们对思想史进一步思考。

黑格尔在《历史哲学》中曾经把观察历史的方法，概括为原始的历史、反省的历史、哲学的历史。①原始的历史是指那些亲眼所见、亲身参加的历史学家们对历史行动和事变的描述，并简单地把周围的种种演变，移到精神观念的领域，形成内在的观念。②反省的历史分为四类：第一类是对全部历史作普遍的考察，历史学家用自己的精神从事历史资料的整理，对久长的世界历史，需要用抽象的观念来阐述，要由“思想”来概括一切；第二类是实验的反省，使发生的史迹不属于“过去”而属于“现在”，特别是对历史进行经验和教训的总结；第三类是批评的历史，对历史的记述的真实性、可靠性进行批判、考察，从中寻找出没有记载的东西，可以用主观的想象代替历史的记录；第四类是以普遍的观点研究历史，寻找推动指导民族历史各大事变的灵魂和精神，并由此过渡到哲学的历史。③哲学的历史是对历史的思想考察，即以“理性”、“精神”来研究和主宰世界历史，“理性”支配着世界，世界的历史属于“精神”，一切历史都是“精神观念”的体现，“观念”是永存的，“精神”是不朽的。[4]

科林武德在《历史的观念》中明确提出一切历史都是思想史，认为历史学是思想的一种特殊形式，“除了思想之外，任何事物都不可能有历史”。[5]思想史是历史学研究的主要内容，思想史的考察是历史研究的主要方法。思想史是最深层次的历史：人的活动产物（物的历史）只有通过人的活动才能了解，而人的活动（事件的历史）只有通过人的思想才能说明，只有进入到思想史这个层次，才有可能对人类历史的本质有完整的理解。从这个意义上说，各个领域深层次的历史都是思想史，思想史研究是历史学研究的最终归宿。归根结底，“历史学是‘为了’人类的自我认识”。[6]

基于马克思主义经典作家关于哲学思想史的阐述，可以认为：①所谓改革开放30年思想史，就是改革开放30年来，中国特色社会主义经过逻辑的一般概念和范畴的发展与运用，而形成的思想、理论及其理论体系的发展历史，是各种社会思潮、学派、人物的思想发生、发展、演变的历史。改革开放是中国共产党领导人民进行的新的伟大革命。②“中国特色社会主义”始终是“主题”。③作为执政党的中国共产党，在改革开放历史新时期所取得的伟大成果——“中国特色社会主义理论体系”，构成了改革开放30年思想史发展的主线。在一定意义上来说，改革开放思想史，就是中国特色社会主义理论体系形成、发展的历史。中国特色社会主义理论体系，就是包括邓小平理论、“三个代表”重要思想以及科学发展观等重大战略思想在内的科学理论体系。这个理论体系，坚持和发展了马克思列宁主义、毛泽东思想，凝结了几代中国共产党人带领人民不懈探索实践的智慧和心血，是马克思主义中国化最新成果，是党最宝贵的政治和精神财富，是全国各族人民团结奋斗的共同思想基础。

2. 改革开放30年思想史学科应如何定位？

总的说来，它属于历史学科，这是确凿无疑的。具体说，它是属于中国哲学思想史，还是属于中国政治思想史，又或属于中国经济思想史、中国文化思想史，则需要讨论。我们认为，改革开放30年思想史，不能单纯地认为是中国政治思想史、经济思想史、文化思想史等专史，而应该是包括上述内容的整体思想史。它们是一个有机的整体，形成了完整的思想体系。这里研究的思想史，是各类思想的统一、整合。它涵盖经济建设、政治建设、文化建设、社会建设、党的建设五个主要方面。以此来阐述改革开放30年思想史，符合改革开放的历史进程，是思想上对改革开放历程的真实反映。

3. 改革开放30年思想史在中国思想史中的地位如何？

首先，要充分认识改革开放30年历史在中国当代史中的地位。2009年10月1日，是中华人民共和国成立60周年。30年的改革开放，占据了新中国成立以来一半的时间。在当代中国史上，这30年占有极其重要的地位。

其次，从中国思想史的长河中看当代中国，30年思想发展引起了中国的巨大变化，已经为世界所惊叹。无论是“中国模式”，还是“中国经验”，足以在思想史上大书特书。

最后，也要正确地把握改革开放后30年和前30年的关系。改革开放30年既是对前30年的突破和发展，又是对前30年的继承和扬弃。前30年为后30年奠定了根本政治前提和制度基础，后30年形成了新的历史飞跃。

## （二）改革开放30年思想史的研究方法

就思想史本身而言，研究的方法很多，前人已有许多著述和成果。例如有思想史与社会史相结合的研究方法、哲学诠释的研究方法、学术史的研究方法等。中国史学界对此已有许多贡献。侯外庐、赵纪彬、杜国庠的《中国思想史》“综合了哲学思想、逻辑思想和社会思想在一起编著”①，取得了令人瞩目的成果。对于哲学诠释的研究方法，中国哲学史学界也有许多重大成就，如冯友兰的《中国哲学史新编》等。学术史的研究方法，是把历史上的思想视为学术背景下的产物，并把考古学、人类学、民族学渗透到各种学术史中，如张立文主编的《中国学术通史》。上述方法，是研究思想史诸多方法中的几种。

改革开放30年思想史的研究，遵循的是历史和逻辑一致的方法，这是研究思想史的根本方法。同时，辩证逻辑的方法，如分析和综合、抽象和具体、归纳和演绎的方法，也是研究改革开放30年思想史的指导方法。改革开放30年思想史的研究方法大体思路如下：

### 1. 研究指导思想

遵循马克思主义基本原理，坚持历史与逻辑的统一，以党的十一届三中全会以来中国30年的社会变迁为基础，以邓小平理论、“三个代表”重要思想、科学发展观等重要战略思想为主线，以中国特色社会主义理论体系的形成和发展为核心内容，概览和解析对中国改革开放有重大影响的各种社会思潮、学派、人物的思想流变，全方位、立体地再现改革开放30年来中国经济、政治、文化、社会思想的发展图式和逻辑进程，总结改革开放30年来中国社会思想发展的若干规律性，为不断提高中华民族的理论思维能力和水平，促进科学发展和社会和谐，毫不动摇地坚持和发展中国特色社会主义，在2020年全面建成小康社会和在21世纪中叶实现中华民族的伟大复兴，提供理论和智力支持。

### 2. 研究的切入点

研究的切入点，立足于把握“四个注重”和“一个统一”。

“四个注重”：一是注重历史转折关头的重大事件研究，挖掘思想背景，例如对党的十一届三中全会的分析研究；二是注重文本研究，主要是对经典著作《邓小平文选》、《江泽民文选》和胡锦涛的历次讲话进行研究；三是注重历史文献研究，特别是对十一届三中全会以来党的历次代表大会的文献进行研究；四是

---

① 侯外庐、赵纪彬、杜国庠：《中国思想史》第1卷序，人民出版社1957年版。

注重对基本“概念”的梳理和考察，例如，对“中国特色社会主义”概念的演变进行历史的分析考察，同时也注重考察社会思潮，例如，对资产阶级自由化思潮进行跟踪分析，等等。

“一个统一”，即把邓小平理论、“三个代表”重要思想、科学发展观统一于中国特色社会主义理论体系之中，把握它们之间的既一脉相承又与时俱进的关系。

3. 研究分期

我们把30年思想史分为三个阶段或三个时期，这种分期依据是中国共产党的十七大报告中关于中国特色社会主义理论体系的科学阐述。分别表述为：①1978～1992年，以邓小平理论为主要标志的中国特色社会主义理论体系的开创和奠基时期；②1989～2002年，以“三个代表”重要思想为主要标志的中国特色社会主义理论体系的推进和丰富时期；③2002～2008年，以科学发展观为主要标志的中国特色社会主义理论体系的完善和发展时期。

这三个时期，分别回答三个不同的问题：什么是社会主义、怎样建设社会主义？建设什么样的党、怎样建设党？实现什么样的发展、怎样发展？“对这三大基本问题的认识程度和把握程度，决定着中国特色社会主义实践和理论的创新程度、丰富程度和深刻程度。中国特色社会主义理论体系紧紧围绕探索和回答这三大基本问题展开，从实践到理论进行了卓有成效的创造，用一系列紧密联系、相互贯通的新思想、新观点、新论断，深化和丰富了对共产党执政规律、社会主义建设规律、人类社会发展规律的认识。”[7]

## （三）改革开放30年思想史的研究意义

1. 研究改革开放30年思想史，能够进一步认识中国特色社会主义理论体系的历史地位

中国特色社会主义理论体系是马克思主义中国化的最新成果，总体上属于马克思列宁主义同中国实际相结合的第二次历史性飞跃的理论成果。这个重要论断，从时间和空间上对中国特色社会主义理论体系的产生和发展做出了科学界定，为我们正确认识中国特色社会主义理论体系在马克思主义中国化进程中的历史地位提供了根本依据。[7]我们通过研究改革开放30年思想史，可以比较清楚地了解中国特色社会主义的概念是怎样提出来的，比较清楚地了解邓小平理论、“三个代表”重要思想、科学发展观产生的时代背景和思想背景，可以比较清楚地了解马克思主义中国化的当代进程和各种社会思潮的关系。

更为重要的是，我们可以充分认识思想和理论产生的伟大作用和力量。认识解放思想的伟大意义。改革开放30年思想史，就是不断解放思想的历史，就是不断凝聚力量去争取新的胜利的历史。从真理标准大讨论到邓小平“南方谈话”，从“三个代表”重要思想到科学发展观，都为我们提供了强大的思想武器。如果没有思想的大解放，就没有中国今天的辉煌成就。改革开放30年的实践表明，思想解放的空间有多大，发展的空间就有多大，思想的力量是无穷的。

### 2. 研究改革开放30年思想史，能够不断深化对共产党执政规律的认识

30年来，中国共产党对执政规律的认识，越来越成熟，越来越深刻。

党的执政地位不是与生俱来的，也不是一劳永逸的。执政规律是执政党在执政的实践中，对客观规律的具体把握和运用。执政党能否遵循执政规律，关系到国家的发展、社会的稳定、人民的福祉，也关系到执政党自身的地位。执政党的生命力取决于它的执政基础，执政基础是否巩固直接决定着执政地位是否巩固。

在长期的执政实践中，中国共产党认识到一个根本道理，这就是立党为公、执政为民。人民，只有人民才是推动社会历史前进的动力。人心向背永远是政党执政地位巩固与否的根本标志。如果失去了民心，失去了广大人民群众的信任和拥护，执政党丧失政权就会成为必然。

中国共产党清醒地反思自身的执政基础是否牢固，反思自身的执政能力建设。党的十六届四中全会通过了《中共中央关于加强党的执政能力建设的决定》，要求全党提高五种执政能力。作为一个成熟的执政党，面对纷繁复杂的国际国内局势，要想占有和掌握主动权，就必须充分认识和掌握执政规律，科学地判断国际形势，制定正确的发展战略，维护国家安全，使国家强大、社会稳定、人民富裕，从而永远立于世界民族之林，永远立于不败之地。

在改革开放的历史进程中，邓小平理论、“三个代表”重要思想、科学发展观的提出，都包含着对共产党执政规律的科学认识。其中，“三个代表”重要思想是对共产党执政规律的高度总结和科学概括，是共产党执政规律的集中体现。“三个代表”重要思想是共产党在执政的实践中必须始终遵循的规律和根本法则。

“始终代表先进生产力的发展要求”，是对执政党的根本要求之一，也是对执政党能否保持先进性的根本要求。中国共产党在建立时就是以中国先进生产力的代表走上历史舞台的，在执政时更应该如此。这是因为，生产力是社会发展的最终决定力量，决定着社会性质的变化和社会经济政治文化的发展方向。

“始终代表中国先进文化的前进方向”，这是依据历史唯物主义的基本原理，正确处理和解决阶级、国家、政党之间的关系，正确处理和解决中国特色社会主

义的经济、政治、文化之间的关系，从文化的前进方向上，对执政党提出的新的要求。也是为适应国际形势新的变化和我国经济社会发展新的实践，努力满足人们日益增长的物质和文化的需要，从执政规律上对执政党提出的新要求。

“始终代表中国最广大人民的根本利益”，既是中国共产党执政前革命成功的主要经验，也是执政之后对执政规律的探索和把握。中国共产党是中国最广大人民的根本利益的忠实代表，这是党的性质决定的。全心全意为人民服务，是党的根本宗旨。党的性质和宗旨决定了党必须始终代表最广大人民的根本利益，坚持人民的利益高于一切，忠实地为人民谋利益。

### 3. 研究改革开放30年思想史，能够不断深化对社会主义建设规律的认识

改革开放30年，是中国共产党站在时代前列，立足于新的实践，把握住时代特点，运用马克思主义基本理论研究现实中的重大问题的30年，是对社会主义建设的规律不断探索和深化认识的30年。

30年来，什么是社会主义，怎样建设社会主义的基本问题，邓小平理论初步系统地给予了回答，“三个代表”重要思想进一步给予了回答，科学发展观对这一问题的回答更加完善。

30年来，我们已经有了许多建设社会主义的规律性认识。例如，十七大报告中关于“十个结合”的认识。党的十七大把这“十个结合”定性为中国摆脱贫困、加快实现现代化、巩固和发展社会主义的宝贵经验。“十个结合”生动阐明了我们党在改革开放实践中是如何坚持和发展马克思主义、如何坚持和发展社会主义、如何全面推进中国特色社会主义事业、如何统筹国内国际两个大局、如何加强和改善党的领导的。其中，前三条是管总的，揭示了我国改革开放取得成功的关键和根本；第四条到第七条，分别揭示了中国特色社会主义经济建设、政治建设、文化建设、社会建设的真谛；最后三条，则强调了营造良好国际环境、保持国内社会政治稳定、坚持党的领导核心地位对改革发展的保证作用。应该说，第四条到第七条就是对社会主义建设规律的探索和总结：强调把坚持社会主义基本制度同发展市场经济结合起来；把推动经济基础变革同推动上层建筑改革结合起来；把发展社会生产力同提高全民族文明素质结合起来；把提高效率同促进社会公平结合起来。

### 4. 研究改革开放30年思想史，能够不断深化对人类社会发展规律的认识

马克思主义认为，人类历史发展的长河，存在着不以人们意志为转移的客观发展规律——人类社会发展规律。人类社会发展规律是一条普遍的发展规律。人类社会是不断发展的。先进的社会制度取代落后的社会制度，是人类社会发展的

必然趋势。封建社会取代奴隶社会、资本主义取代封建主义、社会主义取代资本主义，最终实现共产主义，是人类社会发展的客观规律。

马克思指出：“社会的物质生产力发展到一定阶段，便同它们一直在其中运动的现存生产关系或财产关系（这只是生产关系的法律用语）发生矛盾。于是这些关系便由生产力的发展形式变成生产力的桎梏。那时社会革命的时代就到来了。随着经济基础的变更，全部庞大的上层建筑也或慢或快地发生变革。”[8]马克思还进一步指出：“无论哪一个社会形态，在它所能容纳的全部生产力发挥出来以前，是决不会灭亡的；而新的更高的生产关系，在它的物质存在条件在旧社会的胎胞里成熟以前，是决不会出现的。”[9]人类社会从无阶级的原始社会到有阶级的奴隶社会，从奴隶社会到封建社会，从封建社会到资本主义社会，从资本主义社会到社会主义社会，最终发展到无阶级的共产主义社会，都将始终遵循人类社会发展的普遍规律。这个人类社会发展的普遍规律已经被马克思揭示出来了。

改革开放30年，既是对社会主义建设规律和共产党执政规律深入探索的30年，也是对人类社会发展规律不断认识的30年。邓小平理论、“三个代表”重要思想、科学发展观的提出，也是对人类社会发展规律的科学认识。

马克思和恩格斯于1848年发表的《共产党宣言》，是无产阶级政党的第一个纲领性文献。《宣言》宣布，全世界共产党人的最高纲领是实现共产主义。马克思和恩格斯在论述党的纲领时，明确提出了一个十分重要的原则，那就是这些基本原理的实际运用，随时随地都要以当时的历史条件为转移。无产阶级政党所确立的纲领中，始终包含着最高纲领和最低纲领的辩证统一。共产党执政规律、社会主义建设规律与人类社会发展规律的关系，体现着党的最低纲领和最高纲领的统一。

党的最低纲领和最高纲领的统一表明，党的纲领，既有终极性目标，又有阶段性目标；既有长期目标，又有短期目标；既有理想目标，又有现实目标。简略地说，党的最低纲领是实现社会主义，党的最高纲领是实现共产主义。党的最低纲领的贯彻和实践，为最终实现最高纲领开辟道路。党的最高纲领虽然是终极目标，但它的本质和属性在最低纲领所处的社会主义阶段中都有反映和联系，或以萌芽的形式出现，或者渗透着种种因素，表现了终极目标和中间阶段的本质统一。最高纲领和最低纲领都不是孤立存在的，离开最高纲领的所谓最低纲领，离开最低纲领的所谓最高纲领，是不能成立的。

最低纲领与最高纲领是有区别的。共产党人必须始终不渝地坚持为共产主义远大目标而努力奋斗，但是，坚持共产主义的奋斗目标，并不意味着共产主义在现阶段就可以立刻实现。不能把对未来社会的理想追求作为当前的行动纲领和具体政策，否则，就要犯超越阶段、急躁冒进的错误。离开社会主义初级阶段的基本国情，离开党在社会主义初级阶段的基本路线和基本纲领，用对共产主义的预见和理想来要求、规范改革开放及社会主义现代化建设的实践，不是真正坚持共产主义理想，不是真正的共产党人。同样，脱离党的最高纲领和终极目标的社会主义，不是真正坚持社会主义，也不是真正的共产党人。最高纲领为最低纲领的制定指明前进方向，最低纲领为最高纲领的实现准备必要条件。没有最高纲领，最低纲领就会失去灵魂，偏离正确的方向；没有最低纲领，就不可能脚踏实地、循序渐进地做好当前工作，最高纲领就只能是美好的空想。

改革开放30年，是中国共产党实践党的最低纲领的30年。30年在历史的长河中虽然只是一瞬间，但它也是朝着实现党的最高纲领的努力奋斗。体现了党的最低纲领和最高纲领的统一。

改革开放的总设计师邓小平在16年前说："我们要在建设有中国特色社会主义道路上继续前进。资本主义发展几百年了，我们干社会主义才多长时间！……如果从建国起，用一百年时间把我国建成中等水平的发达国家，那就很了不起！从现在起到下世纪中叶，将是很要紧的时期，我们要埋头苦干。我们肩膀上的担子重，责任大啊！"[10]

这将始终是中国共产党带领中国人民把改革开放进行到底的座右铭。

## 二、改革开放30年思想史的主线

改革开放30年是社会思潮激荡的30年，后面将会讲到。但是，这30年是在中国共产党——这个无产阶级革命政党从上至下推行改革和开放的30年，这个过程是将马克思主义的普遍真理同中国的具体实际相结合的历史过程。将马克思主义的普遍真理同中国的具体实际相结合的理论成果就是中国特色社会主义，它既是改革开放30年总结的基本经验，同时也是改革开放30年思想史的主题。中国特色社会主义是在30年的实践和摸索中逐渐形成和发展的理论体系，有其自身发展的阶段和轨迹，这个轨迹就是改革开放30年思想史的主线：邓小平理论—"三个代表"重要思想—科学发展观—中国特色社会主义理论体系的形成与发展。

在改革开放30年的历史进程中，邓小平理论、"三个代表"重要思想、科学发展观所构成的中国特色社会主义理论体系，始终是时代精神的精华，始终是新时期思想的主脉，始终弹奏着思想领域的主旋律和时代的最强音。中国特色社会主义理论体系，是改革开放历史新时期中国共产党推进马克思主义中国化所取得的理论创新成果，是30年思想领域取得的最突出成就。中国特色社会主义理论体系大气磅礴，始终引领时代的潮流奔向前方，一泻千里。在狂风骤雨中，它始终是中流砥柱，承受了电闪雷鸣和惊涛骇浪，岿然不动。在国际的风云剧变中，它始终坚韧不拔、不屈不挠、与时俱进，以无比坚定的信念和巨大的理论勇气，去迎接中华民族和世界社会主义的伟大复兴。而当日出之后，它将更加辉煌壮丽，更加光彩夺目，始终洋溢着马克思主义理论创新的气息，永葆革命的青春。

伟大实践产生伟大的理论。中国特色社会主义理论体系，是改革开放30年伟大实践的产物。它的理论渊源，直接来自于毛泽东对中国社会主义建设道路的先行探索。

新中国成立初期，以毛泽东为核心的第一代中央领导集体，在怎样建设社会主义的问题上，提出了“向苏联学习”的口号。苏联是世界上第一个建立起来的社会主义国家，向苏联学习，“走苏联的路”，这是中国共产党人的必然选择。但是，新中国也没有完全照抄照搬苏联的社会主义模式，到了20世纪50年代中期，在苏联模式和经验的弊端已经显露的形势下，毛泽东在《论十大关系》中及时地提出“以苏为戒”，要求独立地探索一条有别于苏联模式和适合中国国情的中国工业化道路，这就是中国社会主义建设道路。他还提出在探索中要“创造新的理论，写出新的著作”。此后，毛泽东带领全党对中国社会主义建设道路，进行了艰辛曲折的探索，在理论上提出了不少有价值的思想和观点，积累了比较丰富的经验，其中也发生过严重的失误。但总体来说，仍没有突破苏联模式并形成新的理论形态。尽管如此，毛泽东对社会主义建设道路的先行探索，为建设有中国特色社会主义理论的孕育，提供了政治前提、制度基础和思想准备。这一时期，是中国特色社会主义理论体系的孕育和准备阶段。

邓小平建设有中国特色社会主义理论的提出，是中国特色社会主义理论体系的基础，邓小平是中国特色社会主义理论体系的开创者。中国特色社会主义理论体系的历史起点，是中国共产党的十一届三中全会。十一届三中全会以后，邓小平通过总结正反两方面历史经验，领导全党和全国人民对社会主义建设道路进行了新的探索。20世纪80年代初，在中国共产党的第十二次全国代表大会开幕式上，邓小平正式提出，把马克思主义的普遍真理同中国的具体实际结合起来，走自己的路，建设有中国特色社会主义。此后，沿着邓小平提出的建设有中国特色社会主义道路，中国共产党和中国人民进行了一往无前的探索，实践上取得了举世瞩目的伟大成就。对此，党的十三大报告、党的十三届七中全会和党的十四大报告，都在理论上作了全面概括。党的十五大报告将建设有中国特色社会主义理论命名为邓小平理论。邓小平在这个时期开拓了中国特色社会主义新道路，理论上有重大突破，形成了新的理论形态。这是中国特色社会主义理论体系的正式提出和初步形成阶段，也可称为中国特色社会主义理论体系的开创和奠基时期。从“走苏联的路”，到“以苏为戒”，再到“走自己的路”，是社会主义建设在长达20年进程中，从毛泽东思想到邓小平理论的逻辑必然。毛泽东一直倡导的把马克思主义的普遍真理同中国的具体实际相结合，探索中国社会主义建设道路，到了邓小平这里，终于成为现实，成功地付诸实践。

中国共产党的十三届四中全会以后，以江泽民为核心的党的第三代中央领导集体，高举邓小平理论伟大旗帜，准确把握时代特征，科学判断我们党所处的历史方位，集中全党智慧，进一步回答了什么是社会主义、怎样建设社会主义的问题，创造性地回答了建设什么样的党、怎样建设党的问题，逐步形成了“三个代表”重要思想。“三个代表”重要思想同马克思列宁主义、毛泽东思想、邓小平理论是一脉相承而又与时俱进的科学体系，是马克思主义在中国发展的最新成果。“三个代表”重要思想的提出，是对邓小平理论的继承、发展。这一时期，是中国特色社会主义理论体系的进一步形成阶段，也可称为中国特色社会主义理论体系的推进和丰富时期。

中国共产党的十六大以后，以胡锦涛为总书记的中央领导集体，高举邓小平理论和“三个代表”重要思想伟大旗帜，立足社会主义初级阶段基本国情，总结我国发展实践，借鉴国外发展经验，适应新的发展要求，提出了科学发展观等重大战略思想。在科学发展观的指导下，中国共产党领导中国人民，顺应国内外形势发展变化，抓住重要战略机遇期，发扬求真务实、开拓进取精神，坚持理论创新和实践创新，着力推动科学发展、促进社会和谐，完善社会主义市场经济体制，在全面建设小康社会实践中坚定不移地把改革开放伟大事业继续推向前进。科学发展观，是对党的三代中央领导集体关于发展的重要思想的继承和发展，是马克思主义关于发展的世界观和方法论的集中体现，是同马克思列宁主义、毛泽东思想、邓小平理论和“三个代表”重要思想既一脉相承又与时俱进的科学理论，是我国经济社会发展的重要指导方针，是发展中国特色社会主义必须坚持和贯彻的重大战略思想。科学发展观等战略思想的提出，是中国特色社会主义理论体系的形成和发展阶段，也可称为中国特色社会主义理论体系的完善和发展时期。中国特色社会主义理论体系是不断发展的开放的理论体系。随着改革开放的深入进行，这一科学体系还将不断丰富和发展。

## 三、社会思潮激荡的30年

### （一）大浪淘沙，各种社会思潮争相涌现

改革开放30年，各种社会思潮纷纷踏上当代中国历史舞台，力图导引和影响改革开放的进程。其间，苏东剧变后世界社会主义运动陷入低潮，西方资产阶级政党弹冠相庆，与此相应，国内各种社会思潮争先恐后，极力表现自己，大有

愈演愈烈之势。可谓多种社会思潮，欲争天下。

什么是社会思潮？一般说来，所谓社会思潮，是指在较长时期内得到广泛传播并对社会政治、经济、文化产生较大影响的某种社会意识、思想观念所形成的思想趋势、潮流，它们代表某个阶级或阶层的利益要求，是这个阶级或阶层意识形态的反映。

社会思潮的产生，原因复杂、多样。从根本上说，由经济基础决定。无论何种社会思潮，都是对社会经济基础的反映。正如马克思所说："人们在自己生活的社会生产中发生一定的、必然的、不以他们的意志为转移的关系，即同他们的物质生产力的一定发展阶段相适应的生产关系。这些生产关系的总和构成社会的经济结构，即有法律的和政治的上层建筑竖立其上并有一定的社会意识形式与之相适应的现实基础。物质生活的生产方式制约着整个社会生活、政治生活和精神生活的过程。不是人们的意识决定人们的存在，相反，是人们的社会存在决定人们的意识。"[11]

社会思潮是社会意识的综合表现形式。社会思潮有时以理论形态的形式出现和传播，有时以心理形态的形式出现和传播。理论形态以一定的思想体系及其代表人物为标志，用某些学说影响社会；心理形态以一定的信念、信仰、情感或愿望影响社会。理论形态和心理形态并不截然对立，往往互相渗透、相辅相成。

社会思潮一般在社会大变革、转型时期出现且传播迅速，这是因为此时各种思想相互震荡、碰撞，反映着某种客观现实的要求和人们的心态需要。在改革开放中，大浪淘沙，各种社会思潮争相涌现。其中，在改革开放初期，资产阶级自由化思潮、拜金主义思潮、利己主义思潮曾一度泛滥；经济私有化思潮、新自由主义思潮、保守主义思潮、民族主义思潮、新儒学思潮、新左派思潮、历史虚无主义思潮曾先后粉墨登场；民主社会主义思潮、文化殖民主义思潮、民族分裂主义思潮、愚昧迷信、伪科学思潮等，也曾泥沙俱下。这些社会思潮，有的土生土长，有的是舶来品，有的土洋结合，有的变换花样，不一而足。究其来龙去脉，一般比较复杂。其中，影响较大的，当推资产阶级自由化思潮、新自由主义思潮、历史虚无主义思潮、民主社会主义思潮、新左派思潮、新儒学思潮，等等。

### （二）用社会主义核心价值体系引领社会思潮

在改革开放之初，邓小平强调完整准确地把握毛泽东思想体系，坚持解放思想、实事求是。在拨乱反正的过程中，针对党内和社会上出现的各种思潮，邓小平提出了"四项基本原则"。江泽民在改革开放向纵深发展和世纪之交，强调鉴别社会思潮，并把研究社会思潮和社会主义精神文明建设结合起来。新世纪新时期，胡锦涛强调抓好意识形态工作，指出经济工作搞不好要出大问题，意识形态工作搞不好，也要出大问题。30年来，邓小平、江泽民、胡锦涛三代中央领导集体，始终坚持马克思主义的指导地位，抓好社会主义意识形态建设，在与各种错误思潮的斗争中坚持和发展中国特色社会主义。

用社会主义核心价值体系引领社会思潮，是改革开放30年来中国共产党加强社会主义意识形态建设的经验总结，也是推动当代马克思主义大众化的具体要求。要巩固马克思主义指导地位，坚持不懈地用马克思主义中国化最新成果武装全党、教育人民，用中国特色社会主义共同理想凝聚力量，用以爱国主义为核心的民族精神和以改革创新为核心的时代精神鼓舞斗志，用社会主义荣辱观引领风尚，巩固全党全国各族人民团结奋斗的共同思想基础。

回顾30年改革开放的历史，来自“左”的和右的干扰始终没有停止过。党的十一届三中全会以来进行理论创新和实践探索的深刻警示是：搞现代化建设、搞改革开放，最主要的是必须注意克服“左”的影响。不清除“左”的影响，就不能充分发挥社会主义的优越性，极而言之，甚至有可能断送社会主义。在大力倡导反“左”的同时，邓小平从未忽视右的倾向，他曾数次根据当时的形势把反对右的倾向即资产阶级自由化当做“首先要着重解决的问题”……经验证明，只有坚持改革开放同时又坚持四项基本原则，从理论上和实践上既反“左”，又反对资产阶级自由化、全盘西化，社会主义的改革和发展才能够不迷失方向，才能取得成功。邓小平在改革开放初期，就曾多次强调关注和研究社会思潮。1979年3月党的理论工作务虚会召开，邓小平针对当时存在的两种思潮，指出散布和支持这些思潮的人虽然在党内外都是极少数，但是决不能因为他们是极少数而忽视他们的作用，两种思潮本质上都是反对四项基本原则的。因此，他坚定地提出“实现四个现代化必须坚持四项基本原则”。他还指出，中央这样提出问题，不是小题大做，情况的发展使党不能不这样提出问题。邓小平在1983年10月党的十二届二中全会上，针对党的组织战线和思想战线上的迫切任务时说，思想战线不能搞精神污染，精神污染的实质是散布形形色色的资产阶级和其他剥削阶级腐朽没落的思想，散布对社会主义、共产主义事业和对共产党领导的不信任的情绪。“现在有些同志对于西方各种哲学的、经济学的、社会政治的和文学艺术的思潮，不分析、不鉴别、不批判，而是一窝蜂地盲目推崇。对于西方学术文化的介绍如此混乱，以至于连一些在西方也认为低级庸俗有害的书籍、电影、音乐、舞蹈以及录像、录音，这几年也输入不少。这种用西方资产阶级没落文化来腐蚀青年的状况，再也不能容忍了。”1985年5月，邓小平与台湾地区学者陈鼓应教授等谈话时说：“中国在粉碎‘四人帮’以后出现一种思潮，叫资产阶级自由化，崇拜西方资本主义国家的‘民主’、‘自由’，否定社会主义。这不行。中国要搞现代化，决不能搞自由化，决不能走西方资本主义道路。”又说：“自由化的思想前几年有，现在也有，不仅社会上有，我们共产党内也有。自由化思潮一发展，我们的事业就会被冲乱。”邓小平坚决反对资产阶级自由化思潮，旗帜是十分鲜明的。之所以如此，重要原因在于资产阶级自由化思潮的危害极大，如果任其发展下去，一定会破坏社会主义现代化建设、破坏民族凝聚力、破坏党的领导。同时，党内也有不同声音。他特别担心影响现代化建设的大局。1986年12月，他对几位中央负责同志语重心长地说：“在六中全会上我本来不想讲话，后来我不得不讲了必须反对资产阶级自由化那一段话，看来也没有起什么作用，听说没有传达。反对精神污染的观点，我至今没有放弃，我同意将我当时在二中全会上的讲话收入我的论文集。反对资产阶级自由化至少还要搞二十年。”

以江泽民为核心的党的第三代中央领导集体，在新的形势下，始终坚持马克思主义的指导地位。他说：“关于坚持马列主义、毛泽东思想、邓小平理论，这个问题的实质，就是坚持马克思主义的指导地位，并在实践中不断丰富和发展马克思主义。马列主义、毛泽东思想、邓小平理论，是我们立党、立国的根本指导思想，是我们一切工作的行动指南，是激励全国各族人民为振兴中华团结奋斗的思想基础和精神动力，也是我们认识世界、改造客观世界和主观世界的强大思想武器。”江泽民反复强调用邓小平理论武装全党，确立邓小平理论在全党的指导地位。他明确指出在当代中国，马克思列宁主义、毛泽东思想、邓小平理论，是一脉相承的统一的科学体系。坚持邓小平理论，就是真正坚持马克思列宁主义、毛泽东思想；高举邓小平理论的旗帜，就是真正高举马克思列宁主义、毛泽东思想的旗帜。江泽民非常关注意识形态和社会思潮问题。他指出，“意识形态领域，社会主义思想不去占领，资本主义思想就必然去占领。这是一个真理”。对于各种非马克思主义和反马克思主义的社会思潮，江泽民认为：它们……有的公开鼓吹“全盘西化”，在政治上宣传取消、削弱党的领导，主张取消公有制的主体地位和按劳分配为主的原则；有的在思想文化上提出取消马克思主义的指导地位，主张搞指导思想的多元化，在价值观上主张极端个人主义；有的歪曲党和人民的奋斗历史，诋毁马列主义、毛泽东思想、邓小平理论，煽动对党和政府的不满；有的公然为资产阶级自由化分子鸣冤叫屈，为1989年政治风波翻案；有的发表和出版格调低下、宣传色情暴力、迷信颓废的作品和书籍；有的怀疑和否定改革开放，歪曲、攻击我们党的路线方针政策；等等。

江泽民多次指出，一个时期以来，资产阶级自由化思潮泛滥，利己主义、拜金主义、民族虚无主义、历史虚无主义严重地腐蚀党的肌体，有的党员在大是大非面前分不清是非，迷失方向，跟着错误思潮跑。他提出要大力弘扬社会正气，对各种错误思潮和社会丑恶现象及时给予有力的揭露和批判。胡锦涛反复强调，意识形态工作是党的一项十分重要的工作，经济工作搞不好要出大问题，意识形态工作搞不好，也要出大问题。近年来，西方敌对势力对中国渗透出现新特点，他们打着“民主”、“自由”、“人权”、“宗教”等旗号，内外勾连，借题发挥，蓄意炒作；国内各种非马克思主义思潮有所滋长，思想理论领域的噪音、杂音时有出现，在集中力量进行建设的同时，可不要放松意识形态工作。

因此，社会主义意识形态既要研究各种社会思潮，引领各种思潮，还必须揭露和批评错误思潮。始终坚持社会主义意识形态的指导地位。①揭露和批评错误思潮，是坚持社会主义意识形态的重要任务。对于形形色色的错误思潮，社会主义意识形态理所应当地要揭露和批评。如果任这些错误思潮发展甚至广泛传播，那么，不仅要使人们的思想发生严重混乱，甚至危害中国特色社会主义建设事业。②揭露和批评错误思潮，是社会主义核心价值体系建设的重要内容。这些错误思潮与社会主义核心价值体系是格格不入的，甚至是对立的。社会主义核心价值体系对它们进行揭露和批评，有利于弘扬社会主义意识形态的主旋律，促进社会主义文化建设的健康发展。③揭露和批评错误思潮，是提高公民科学文化素质和政治鉴别力的重大举措。要透过这些错误思潮的现象看到它们的实质及其危害，抵制它们的侵蚀，提高政治免疫力。④揭露和批评错误思潮，是调节社会矛盾，防范社会动乱的稳定剂。社会思潮本身具有一种社会预警器的功能，通过对错误思潮的揭露和批评，可以化解将要恶化的社会矛盾和危机。使被错误思潮迷惑的群众及早觉醒、解脱出来，同时又可以集中力量打击那些利用错误思潮来达到其政治目的的极少数肇事者。

**参考文献：**


[1]《列宁全集》第55卷，人民出版社1990年版，第207页。

[2]《列宁全集》第55卷，人民出版社1990年版，第74页。

[3]《列宁全集》第55卷，人民出版社1990年版，第148页。

[4]［德］黑格尔：《历史哲学》，上海书店出版社1999年版，第1~10页。

[5]［英］科林武德：《历史的观念》，中国社会科学出版社1986年版，第344页。

[6]［英］科林武德：《历史的观念》，中国社会科学出版社1986年版，第10页。

[7] 习近平：《关于中国特色社会主义理论体系的几点学习体会和认识》，《求是》2008年第7期。

[8]《马克思恩格斯选集》第2卷，人民出版社1995年版，第32~33页。

[9]《马克思恩格斯选集》第2卷，人民出版社1995年版，第33页。

[10]《邓小平文选》第3卷，人民出版社1993年版，第383页。

[11]《马克思恩格斯选集》第2卷，人民出版社1995年版，第32页。


（编辑整理：黄凤琳）

# 关于中国特色社会主义文化建设的几个理论问题

罗文东

2009 年 11 月 2 日

## 罗文东

中国社会科学院研究生院马克思主义研究系教授

**摘　要：**本文回顾了我国改革开放以来文化研究和文化建设的进程与成果，分析了新世纪新阶段文化建设的战略地位和作用，论述了中国特色社会主义文化建设的本质要求，提出要以科学发展观为指导，推动社会主义文化大发展大繁荣的理论构想。

**关键词：**中国特色社会主义文化建设　科学发展观

## 一、改革开放以来文化研究和文化建设的概况

20 世纪 80 年代初，我国兴起了研究文化问题的热潮。

1982 年，在上海举行了“中国文化史研究学者座谈会”，这是新中国成立以来首次召开的关于中国文化史研究的专题学术会议。

1984 年下半年，在郑州举行了“中国近代文化史学术讨论会”。

1984 年底，在上海召开了首届全国“东西方文化比较研究讨论会”，并成立了上海东西方文化比较研究中心。不久，北京、西安、武汉、广州等地相继成立了各种形式的文化研究组织，如“文化书院”、“孔子研究所”、“文化研究沙龙”，等等。

1985 年上半年，中国文化书院筹委会和九州知识信息中心在北京举办了“中国文化讲习班”，由中外著名学者冯友兰、梁漱溟、张岱年、杜维明等主持讲座。1986 年，在上海主办了“国际中国文化学术讨论会”，在杭州举办了全国第二次东西方文化比较研究讨论会，《文汇报》和《光明日报》相继开辟“中国传统文化和现代化”、“关于中国传统文化”的专栏。

20 世纪 90 年代以后，文化问题的讨论和研究继续展开并有所深化，并推动“大众文化”的异军突起。

从 1993 年至 1996 年，文艺界兴起“人文精神”的大讨论。这是一场在文学界自发形成的学术讨论，关系到文学和文学家在世纪之交、在历史转折中的文化定位问题、人格建设问题、使命感和责任感问题，等等，因而意义重大。这场讨

论可以说是“市场经济”给人文领域带来的冲击和震荡在文艺界所引起的反应，它涉及的问题比较多，其中主要有：

一是关于当今中国社会和文艺界是否存在“人文精神”的失落或危机？有的人认为，“今天的文学危机是一个触目的标志，不但标志了公众文化素养的普遍下降，更标志着整整几代人精神素质的持续恶化。文学的危机实际上暴露了当代中国人人文精神的危机”①。与此相反，有的人却认为，“人文精神”对当下中国文化状况的描述是异常阴郁的；它以拒绝今天为特点，把希望定在了一个神话式的“过去”，“失落”一词标定了一种幻想的神圣天国；它不是与人们共同探讨今天，而是充满了斥责和教训的贵族式的优越感；它恐惧目前文化的复杂与多元，而以专横的霸权姿态确立自己的话语权威②。

二是关于市场经济与人文精神的关系，市场经济是导致人文精神的丧失，还是促进人文精神的生长？大多数论者都承认商业化对人与文学的侵蚀，认为对世俗的迎合使文学艺术迅速地小市民化，变得庸俗、浅薄，缺乏“匡正时谬，重铸民魂”等“致命的东西”。但另一些人则认为，人不能脱离具体的物质环境去空谈理想、崇高等“精神内容”，市场经济更承认人的作用、人的主动性。

三是关于当今中国需要提倡什么样的“人文精神”？有的人认为，人文精神泛指精神文化或精神文明，应用这种精神文明来抵制物欲横流的倾向；有的人给人文精神赋予“人道主义”的内涵，主张尊重人、关心人；有的人将市场经济中产生出来的东西肯定为“新的人文精神”，强调理想、信念、精神要与现实生活相协调，以免出现宗教式的狂热偏执。这场讨论不仅使人们对市场经济给精神生活产生的正负效应有了比较全面的认识，而且促使人们进一步认识和解决社会主义市场经济条件下文化建设面临的实际问题，以推动社会的全面进步和人的全面发展。

2004 年十六届六中全会提出了构建社会主义和谐社会和建设和谐文化的重要任务，理论界又进一步研究和探讨“什么是和谐文化，怎样建设和谐文化”的问题。有的学者提出，和谐文化是对革命文化的否定，要建设和谐文化，就要否定斗争哲学，代之以和谐哲学。有的学者不同意这种观点，认为和谐只能是一种非对抗性的矛盾状态，不等于完全没有矛盾、没有斗争，和谐文化不等于彻底否定矛盾的辩证法和矛盾的斗争性。这些文化的重大理论和现实问题，还将进一步探讨和争论下去。

从社会影响来看，这次“文化热”涌现出了丰硕的成果，并产生了巨大的反响。参与文化研究、讨论的人员，既有大陆老一代专家和中青年学者，也有港

---

① 王晓明等：《旷野上的废墟——文学和人文精神的危机》，《上海文学》1993 年第 6 期。

② 张颐武：《人文精神：最后的神话》，《作家报》1995 年 5 月 6 日。

台学者和外籍华人，还有热衷于中国文化研究的西方“汉学家”，从而使这场“文化热”在全国乃至全世界都产生了比较广泛和深远的影响。

从文化研究、讨论的阵容和盛况来看，一些高等院校和研究单位纷纷成立文化研究的机构和团体，如“中国思想文化研究中心”、“中国思想文化史研究室”、“近代文化史研究室”、“东西方文化比较研究中心”等；文化研究刊物如雨后春笋般大批涌现，如《中国文化研究集刊》、《国学集刊》、《中国近代文化问题》、《东西方文化研究》、《中西文化比较研究》等；几家有影响的出版社也争相推出文化研究丛书，如《中国文化丛书》、《中华近代文化史丛书》、《现代思想文化译丛》、《文化哲学丛书》等；全国不少报刊都开辟过专栏，对文化问题进行研究、讨论，如“文化论坛”、“传统文化与现代化”、“中外文化研究”等。

虽然文化热中的具体问题很多，论争各方的主要观点也不尽相同，但从总体上看，大都涉及以下几方面的问题：

（1）关于中西文化各自的特点和优劣的比较研究。有的人认为，中国文化是精神文明，西方文化是物质文明；中国文化重义轻利，西方文化重利轻义。有的学者却认为这些观点都是错误的，因为中国也有物质文明，西方也有精神文明；在中国也有强调物质利益的思想家，在西方也有强调道义的思想家，如德国哲学家康德重义轻利，恐怕比中国哪一个哲学家都更明显、更严格。有的学者还认为，以 1989 年为分水岭，文化论争表现出两种倾向：在 1989 年以前的文化讨论中，西优中劣的观点占上方，“否定传统、呼唤西化比较多”；但在 1989 年以后的文化讨论中，则“肯定传统、再造传统比较多”。①

（2）关于中国传统文化的实质、影响和发展规律的批判性反思。有人认为传统文化就是中国的“封建”文化，其核心是封建的伦理道德观念；有人则认为传统文化应包括从古到今的所有文化；还有人将传统文化分为两个方面：一方面是统治阶级为维护其统治所需要的意识形态，另一方面是表现在思想家的著作中，渗透到民族心理、思维方式、风俗习惯中的观念形态的东西。虽然论者对传统文化的认识分歧很大，难以给出一个明确统一的界定，但大多承认传统文化是一个宽泛动态的范畴，没有一成不变的传统文化。有的学者还明确提出：中国文化“一是缺乏民主传统，一是缺乏实证科学。五四运动提出两个口号，一是民主，一是科学，这在历史上起了重大作用，现在还很重要；现在还要再加一条：社会主义。只有社会主义才能救中国，也只有社会主义才能振兴中华。必须发扬社会主义民主，才能突飞猛进，有更大的发展。社会主义文化要吸收资产阶级所

① 肖海鹰：《文化的“热”与“盲”——访文化学家庞朴》，《光明日报》1993 年 2 月 27 日。

取得的成就，要吸收产业革命的成就，同时要克服封建文化、资产阶级文化的缺陷”。①

（3）围绕中国传统文化现代化这个核心问题，探讨中国现代文化与传统文化、西方文化的关系。有些人认为，传统文化与社会主义现代化的要求是相冲突的，因为传统文化充满惰性，会成为民族进步的沉重负担；传统文化中包含的自我中心态度不利于吸收外国先进的现代文明；传统文化中的保守意识会对现代化形成抗拒；传统文化造成的被动国民性也会对社会改革构成阻力。当然，对传统文化与现代化的关系持肯定意见的也大有人在，他们认为传统文化中的合理因素和积极内容，如刚健有为、天人协调、崇德利用等，有助于树立民族自信心和自尊心。对于传统文化的出路和命运，有的人认为现代文明应是传统文明的新发展，传统文化仍将有其活力与前途；有的人则将传统文化与西方文化联系起来，认为二者各有优势，可以相互取长补短，相互完善；还有人认为东方文化和西方文化各领风骚，所谓“三十年河东、三十年河西”，21世纪将是东方文化（实指中国文化）的世纪。

从某种意义上说，20世纪八九十年代兴起的这两次“文化热”与历史上关于中外文化的论者既有区别又有联系。在“五四”时期，首先是西方资本主义文化同中国传统的封建文化发生冲突，继而是马克思主义在中国传播并与资本主义文化发生冲突，所以当时的中西文化具有全面的对抗性。现今的中国尽管经济上相对落后，但从本质上看，社会主义经济制度和政治制度是优越的，社会主义文化也比资本主义文化先进，并善于吸收人类历史一切优秀的文化成果。这就决定了现代中西文化既是互相联系、互相交流的，又是相互对立、相互斗争的。这次“文化热”取得的巨大成果和产生的广泛影响，有利于中西方文化的相互了解和相互交流，加快中国传统文化现代化的进程。

我们应该看到，这20多年文化问题的研究、讨论还是短暂的、初步的，已发表的某些观点和见解，并不是悉心研究的结果。特别应该指出的是，某些人受资产阶级自由化思潮的影响，变相地或赤裸裸地宣扬民族虚无主义和“全盘西化”论。他们批评马克思主义批判继承历史文化遗产的基本原则是“中庸观点”，是离开“系统整体立场”的“零散评价”，主张“全力动摇、瓦解、震荡和清除旧传统”，“摆脱中国文化的传统形态”，“根本改变和彻底重建中国文化”，甚至要“把西方资本主义的商品经济和上层建筑统统搬到中国来”。我们只有运用马克思主义的基本理论、观点和方法，密切联系当代中国的实际情况和发展趋势，全面深入地探讨中西方文化的本质特征、发展规律及其相互关系，抵

① 张岱年：《中国文化的回顾与前瞻》，转引自《回读百年——20世纪中国社会人文论争》第5卷，大象出版社1999年版，第384页。

制文化研究热潮中出现的以“儒学复兴”论为代表的传统文化保守主义和以“全盘西化”论为代表的民族文化虚无主义等错误倾向，才能顺利实现中国文化的现代化，为我们的改革开放和社会主义现代化建设奠定深厚的文化基础，提供强大的精神动力。

关于文化建设的成就和问题，理论界也有争论。

随着30年改革开放和现代化建设的进程，我国的文化建设取得了巨大进展和显著成就，旧的思想文化受到有力的冲击和破除，一系列新的思想文化观念逐步形成，并开始影响和主导人们的社会生活。例如，市场经济将劳动者的实际贡献和个人利益直接联系起来，奖勤罚懒，奖优罚劣，多劳多得，少劳少得，大大强化了人们的劳动纪律观念和职业责任感；通过诚实劳动、合法经营，过上富裕生活，已经被越来越多的人们视为美德。更为重要的是，我国的经济体制改革把职工、企业的利益更直接、更紧密地与国家、社会的利益结合在一起，为培养人们的职业道德良心、规范人们的职业道德行为提供了有利条件。越来越多的人能够根据自己的才能、志趣和专长选择职业，并在各自的岗位上辛勤耕耘，发挥自己的聪明才智。他们的主体意识和艰苦创业精神以及服务群众、奉献社会的道德观念进一步增强了，并涌现出了一批又一批先进人物和先进群体。人们的文化素质和思想道德取得了显著的进步。同时，我们还必须清醒地看到，改革开放和对外开放所引发的一些实际问题也给我们的文化建设造成了消极影响。再加上我国一些部门和地方的领导工作不重视思想文化建设，对其不部署、不投入、不监督、不检查，从而使我们的思想文化领域出现了诸多薄弱环节和严重问题，引起广大人民群众的强烈不满。这主要表现在以下几个方面：

（1）包括伦理道德在内的整个文化事业，受到拜金主义、享乐主义等错误倾向的严重冲击，反道德、反文化的现象大量滋长。

（2）一些领域道德失范，封建迷信活动和黄赌毒等丑恶现象沉渣泛起，个人主义、利己主义恶性膨胀，假冒伪劣、欺诈活动成为社会公害。

（3）腐败现象在一些部门和地方蔓延，党风、政风受到严重损害。

（4）一部分人理想信念和国家观念淡漠，对社会主义前途发生困惑和动摇。

当然，这些消极现象只是我们思想文化生活的一个方面，不是本质和主流。如果看不到改革开放以来思想文化建设的主流，就会丧失信心，是错误的；同样，看不到思想文化领域中问题的复杂性和严重性，就会丧失警惕，是危险的。我们只有坚持全面的、历史的、发展的观点，将思想文化建设放在改革开放和社会主义现代化建设的大局中来考察，才能提高认识，统一思想，增强社会主义思想文化建设的责任感和紧迫感。2000年6月，江泽民同志在中央思想政治工作会议上指出：“在我们进行改革的过程中，人们思想活跃，各种观念大量涌现，正确的思想与错误的思想相互交织，进步的观念与落后的观念相互影响，这是难以避免的。党的思想政治工作的一个重要任务，就是要引导干部和群众分清主流和支流、分清正确与谬误。在当代中国，以马克思主义为指导的正确的、进步的思想观念是整个社会思想的主流，这是毫无疑问的。而违反马克思主义的错误的、落后的思想观念，尽管是支流，但必须认真对待。如果任其发展，就会造成极大的社会危害。有些错误思潮的滋生蔓延，往往就是始于我们对'支流'的忽视，最后不得不用很大的力气去解决。这方面的教训不可忘记。越是变革时期，越要警惕各种错误思想观念的发生和对人们带来的消极影响，我们党的思想政治工作越要加强和改进。"① 我国绝大多数干部和群众的思想素质和精神状态是健康的，科学文化水平也得到了明显的提高，没有他们在各自岗位上恪尽职守、兢兢业业、默默无闻、艰苦奋斗的劳动和创造，就不可能取得改革开放以来经济和社会发展如此巨大的成就，这是不可否认的事实。而且，举国上下对于当前思想状况的高度重视，敢于揭露问题，为加强社会主义文化建设所发出的强烈呼吁、所采取的实际行动，也表明我国社会主义思想文化的基础是坚固的，发展方向和主导趋势是进步的。综合正反两方面的情况，我们不仅要看到文化问题的严重、挑战的严峻，更要注意总结经验教训，加深对中国特色社会主义文化建设的特点、规律及其意义的认识，从而提出科学的、切实可行的理论和对策。

**表1　改革开放以来我国文化建设的巨大成就**

| 项目 | | 2007 年 | 1978 年 | 2007 年相比 1978 年提高比例 |
|---|---|---|---|---|
| 图书馆（服务人口/个） | | 45 万人 | 77.6 万人 | 41% |
| 报纸（每千人日发行数） | | 91 份 | 31 份 | 193.5% |
| 图书（每百人印数） | | 500 册 | 437 册 | 14% |
| 电影年产量（部） | | 402 | 46 | 774% |
| 广播覆盖率（%） | | 95.4 | 66 | |
| 电视覆盖率（%） | | 96.6 | — | |
| 新媒体普及率 | 上网计算机（百户） | 20.6 台 | — | |
| | 互联网 | 15.9% | — | |
| | 移动电话 | 41.4% | — | |

资料来源：根据国家统计局统计公报和 21 次 CNNIC 报告整理。

在简要分析了改革开放以来我国文化研究和文化建设的概况之后，再具体分析当前和今后一段时期，为什么要加强社会主义文化建设，我们应该建设什么样

① 江泽民：《论"三个代表"》，中央文献出版社 2001 年版，第 60 页。

的社会主义文化，怎样加强社会主义文化建设三个问题。

我们要从文化的一般属性和一般功能上来认识文化建设的意义，这是必要的，但还远远不够。党的十七大从文化作为民族凝聚力和创造力的重要源泉、作为综合国力竞争的重要因素的角度，提出“一新”、“两大”、“三个更加”的重要论断，即兴起社会主义文化建设的新高潮，推动社会主义文化大发展大繁荣，使人民基本文化权益得到更好保障，使社会文化生活更加丰富多彩，使人民精神风貌更加向上。这不仅表达了党和国家对文化发展的深切期待，而且体现了党和国家对文化建设的地位和作用的高度自觉。

## 二、从科学发展的高度，认识新世纪新阶段文化建设的战略地位和作用

### （一）从国内来看，加强社会主义文化建设是全面建设小康社会的现实需要

大家知道，社会主义生产的目的是为了满足人民的物质文化生活的需要；社会主义初级阶段的主要矛盾，就是人民群众日益增长的物质文化需要同落后的社会生产之间的矛盾。但是，人们的需要是有层次的，包括生存需要、享受需要、发展需要，文化就是享受需要和发展需要的主要内容。而且，人们的需要有一个由低到高的满足过程。人们都希望过上美好的生活，但人们所期望的美好生活在不同的社会阶段、不同的人群中有不同的感受。在人的生存需要没有得到解决时，物质需要往往是第一位的。美好生活标准，就是吃得饱穿得暖，解决温饱问题。而当人们的物质需要基本满足之后，人们的文化需要便上升为优势需要，成为人们美好生活的重要追求。

在2002年前夕，我国的人均GDP达到1000美元，中华民族世代盼望的温饱问题终于得到基本解决，并且达到改革开放和现代化建设的总设计师希望的“小康”目标。党的十六大进一步提出全面建设惠及十几亿人口的更高水平的小康社会的宏伟目标，包括“六个更加”，即经济更加发展、民主更加健全、科教更加进步、文化更加繁荣、社会更加和谐、人民生活更加殷实。

到2007年，我国的人均GDP达到2000美元，中华民族又历史性地跨入中等收入国家的行列。这是一个了不起的成就。党的十七大在十六大确立的全面建设小康社会目标的基础上又对我国发展提出新的更高的要求。其中之一就是“加强文化建设，明显提高全民族文明素质。社会主义核心价值体系深入人心，良好思想道德风尚进一步弘扬。覆盖全社会的公共文化服务体系基本建立，文化产业占国民

经济比重明显提高、国际竞争力显著增强，适应人民需要的文化产品更加丰富”。

国际上普遍认为，当一个国家人均 GDP 超过 1000 美元之后，国民的消费观念和消费结构就会发生显著变化，精神文化需求开始上升。当一个国家人均 GDP 超过 2000 美元之后，人们的精神文化需求就会快速增长，在整个消费结构中所占的比重就会迅速扩大。从以下表格也可以看出这些变化。

**表 2　改革开放以来我国居民家庭恩格尔系数变化**　　单位：%

| 年份 | 城镇 | 农村 |
|---|---|---|
| 1978 | 57.5 | 67.7 |
| 1980 | 56.9 | 61.8 |
| 1990 | 54.2 | 58.8 |
| 2000 | 39.4 | 49.1 |
| 2002 | 37.7 | 46.2 |
| 2006 | 35.8 | 43.0 |

资料来源：国家统计局：《中国统计年鉴》（2007）。

从表 2 可以看出，在 1978 年改革开放初期，我国的恩格尔系数即食品支出占消费比重在 50% 以上，到 2002 年我国基本达到小康水平的时候就降到 40% 左右，到 2006 年进一步降到 40% 以下。

**表 3　我国城镇居民家庭平均每人全年消费性支出构成变化**　　单位：%

| 项 目 | 1990 年 | 2000 年 | 2002 年 | 2003 年 | 2004 年 | 2005 年 | 2006 年 |
|---|---|---|---|---|---|---|---|
| 食品 | 54.25 | 39.18 | 37.68 | 7.12 | 37.73 | 36.69 | 35.78 |
| 衣着 | 13.36 | 10.01 | 9.80 | 9.79 | 9.56 | 10.08 | 10.37 |
| 家庭设备用品及服务 | 10.14 | 8.79 | 6.45 | 6.30 | 5.67 | 5.62 | 5.73 |
| 医疗保健 | 2.01 | 6.36 | 7.13 | 7.31 | 7.35 | 7.56 | 7.14 |
| 交通通信 | 1.20 | 7.90 | 10.38 | 11.08 | 11.75 | 12.55 | 13.19 |
| 教育文化娱乐服务 | 11.17 | 12.56 | 14.96 | 14.35 | 14.38 | 13.82 | 13.83 |
| 居住 | 6.98 | 10.01 | 10.35 | 10.74 | 10.21 | 10.18 | 10.40 |
| 杂项商品与服务 | 0.94 | 5.17 | 3.25 | 3.30 | 3.34 | 3.50 | 3.56 |

资料来源：国家统计局：《中国统计年鉴》（2001～2007）。

从表 3 可以看出，在 1990 年，我国城镇居民的交通通信和教育文化娱乐服务的消费性支出的比重只有 12%，到 2002 年就提高到 25%，到 2006 年进一步提高到27%。这表明随着人民生活总体上达到小康水平，人民的文化消费支出越来越多，对我国的文化建设提出了新的更高的要求。

### （二）从国际上看，加强社会主义文化建设是应对综合国力激烈竞争的紧迫要求

文化构成了一个国家的软实力。文化软实力是相对于经济、科技、军事等硬实力而言的。一个国家的综合国力，离不开有形的经济、科技、军事等硬实力，也离不开思想、道德、意识形态等文化软实力。当今时代，文化成为综合国力竞争的重要因素，文化产品的服务作为现代服务业的组成部分，成为独立的贸易形态。文化与经济、政治、社会交融程度不断加深，而且经济中的文化产量也在提高，影响政治、社会生活的文化因素更加凸显。当今世界谁占据了文化制高点，拥有了强大的文化软实力，就能在激烈的国际竞争中赢得主动。现在越来越多的国家把文化发展上升为国家战略，韩国政府提出"文化立国"的方针，日本的文化产业产值也超过汽车工业，美国的文化产品在其对外贸易中更是占据首位。但是，与我国经济建设所取得的成就相比，与五千年文明古国的称号相比，我国文化建设所取得的成就很不匹配。

文化软实力是国家软实力的核心因素，是指一个国家或地区文化的影响力、凝聚力和感召力。世界文化市场，美国占了43%；欧盟占了34%；亚太地区占了19%，其中日本占了10%，韩国占了5%，中国和其他亚太国家共占4%。这种状况显然同中国发展的规模不配套、不适应。

我们要想在新的国际竞争中立于不败之地，维护国家利益和文化安全，迫切需要加强社会主义文化建设，变文化资源大国为文化产业强国，迅速增强文化软实力，尽快形成与我国经济社会发展和国际地位相适应的文化优势。

## 三、中国特色社会主义文化建设的本质要求

世界上的文化形态是多种多样的，按地域分，有东方文化和西方文化；按时代分，有传统文化和现代文化；按性质分，有先进文化和落后文化。

早在抗日战争时期，毛泽东就主张建设民族的、科学的、大众的新民主主义文化。1983年邓小平为北京景山学校题词，又提出"教育要面向现代化，面向世界，面向未来"的方针。党的十五大和十六大继承和拓展了毛泽东和邓小平上述的重要思想，把它提升为社会主义文化建设的方针，明确提出发展面向现代化、面向世界、面向未来的，民族的、科学的、大众的社会主义文化。党的十六届六中全会又提出要建设社会主义核心价值体系，并把它作为建设和谐文化的根

本任务。党的十七大对当前的文化建设做出了新的战略部署，强调要“建设社会主义核心价值体系，增强社会主义意识形态的吸引力和凝聚力”，“建设和谐文化，培育文明风尚”，“弘扬中华文化，建设中华民族共有精神家园”，“推进文化创新，增强文化发展活力”。

十七大报告提出兴起社会主义文化建设新高潮。不仅在文化建设之前，特别加上“社会主义”的限制词，而且在这句话之前，明确提出要坚持社会主义先进文化的前进方向。鲜明地提出先进性的要求，从总体上回答了我们要建设什么样的社会主义文化。根据我们党关于文化建设的这些重要理论观点，结合当今文化建设的新特点，我认为，我国要建设和发展的文化，应该是社会主义文化，是中国特色社会主义先进文化。这种先进至少应包括以下四个方面的属性：

### （一）弘扬民族的文化

最能体现中国文化特色的，首推“民族性”。这种民族的文化主张中华民族的尊严和独立，提倡民族的自信心和自豪感，反对帝国主义的压迫和霸权主义的干涉，为争取民族解放和国家富强服务；这种民族的文化还主张把握我们民族的实际与特点，忠实反映中国人民的民族心理和民族精神，并且具有中国人民喜闻乐见的文化内容和形式；这种民族的文化主张增强民族自主意识，反对崇洋媚外、照搬照抄国外的东西，搞民族虚无主义。在当今世界文化相互激荡，西方文化凭借强大的经济和科技优势，不断从思想观念上“向外殖民”的条件下，我国的文化建设尤其需要继承民族文化的优秀成果，发扬民族文化的优良传统。

蜿蜒逶迤的长城，庄严古朴的孔庙，富丽华贵的故宫，神秘灿烂的敦煌，浪漫清丽的诗词，悠扬典雅的京剧，神韵飘逸的国画……这独特而悠远的传统文化，充分表明中华民族拥有五千年的文明，中华文化源远流长、博大精深、影响深远，是中华民族生生不息、团结奋进的不竭动力，弘扬中华文化就是建设中华民族共有的精神家园。

弘扬中华文化，要按照“古为今用”的原则，对丰厚的传统文化进行深入挖掘、科学梳理，取其精华、去其糟粕，使民族优秀文化传统得以传承并不断发扬光大。要多方面、多层次、多手段广泛深入地开展文化教育，让更多的人特别是让广大青少年了解和喜爱传统文化，成为优秀传统文化的继承者、传播者、实践者。要加强重要文化遗产保护，抢救濒危文化遗产。改造和发展富有浓郁民族特色的民间传统节庆、风俗、礼仪，挖掘整理和开发利用中医、手工艺、口头文学等非物质文化遗产，规范和维护中华文化的基本元素。要弘扬中国共产党在领导中国革命、建设、改革的过程中形成的伟大长征精神、延安精神、西柏坡精神、抗震救灾精神以及奥运精神，使中华文化不断赋予新的时代内涵，体现新的时代精神，使之与当代社会相适应，与现代文明相协调，在更高的起点上，焕发出新的生机与活力。

弘扬中华文化，要按照“洋为中用”的原则，吸收和借鉴世界各民族优秀文化成果。世界各国文化，我中有你，你中有我，又各具特色。中华文化向来因兼容并蓄而丰富多彩，因博采众长而更具魅力。在经济全球化的时代，我们要以更加开放的心态，以海纳百川的态度，来参与世界交流与融合，不断加深对其他国家文化的了解和认识，敢于和善于吸收外来文化为我所用，不断增强中华文化的生命力和创造力。

## （二）发展科学的文化

“科学性”对于中国特色社会主义先进文化来讲，也是非常重要的。它要求坚持马克思主义这一科学世界观和方法论的指导，保证文化建设沿着正确的方向和道路前进。它要求大力宣扬科学知识、科学方法、科学态度和科学精神，真正使这位被五四运动大力提倡的“赛先生”在人们的思想意识中占有崇高的地位，切实提高全民族的科学文化素质。它要求坚持解放思想、实事求是的思想路线，反对唯心主义和形而上学的思维方式和思想方法，不断克服僵化封闭、愚昧迷信思想，不断开拓文化建设的新思路和新境界。

## （三）引导大众的文化

“大众性”是由中国文化的社会主义性质决定的，因为社会主义文化是人民当家做主的文化，是真正民主的文化。早在抗日战争时期邓小平就提出：要反对“少数特权者压迫剥削大多数人、愚弄欺骗大多数人、使大多数人永远陷于黑暗与痛苦的贵族的特权者的文化，而主张代表大多数人民利益的、大众的、平民的文化，主张文化为大众所有，主张文化普及于大众而又提高大众”①。我国的文化建设应该使人民大众既成为文化活动主体，也成为文化消费的主体；使人民大众既得到文化知识的教育和提高，也能从文化消费中得到精神上的享受和满足。中国特色社会主义文化只有植根于人民群众，服务于人民群众，满足人民群众日益增长的文化生活的需要，才能真正得到广大人民群众的接受和喜爱，才有无限的生机与活力。

推动文化发展，关键在人。以人为本，要求文化发展为了人民，文化发展要依靠人民。十七大报告指出：“要充分发挥人民在文化建设中的主体作用，调动广大文化工作者的积极性。”

---

① 《邓小平文选》第1卷，人民出版社1994年版，第24页。

首先要发挥人民在文化建设中的主体作用。马克思主义唯物史观认为，人民群众是历史的创造者，既是物质财富的创造者，也是精神财富的创造者。这主要表现在，一切精神财富得以产生的最终根源，都是广大人民群众的生产生活实践；许多精神文化产品已经在人民群众中形成雏形并得到流传；不少精神文化产品，本身就是广大人民群众直接创造的。敦煌、云冈石窟的雕塑和壁画，无不凝聚着广大人民群众的心血和智慧，作为中国最具影响的文化符号的长城、故宫、兵马俑以及中国功夫，哪一样不是中国人民群众所创造的。

北京奥运期间，奥林匹克公园中心区的公共区域，设立了“祥云小屋”。人们在这里可以看到江苏的刺绣和紫砂壶、山东的古典彩绘风筝、台湾的琉璃、陕西的皮影戏、西藏的唐卡及山西的民居，还能品尝到正宗的云南普洱茶，学习北京的抖空竹和河南的少林功夫。这些都告诉我们，人民群众才是文化创造和建设的真正主体。随着教育的普及和技术的发展，人民群众拥有、掌握和运用文化生产工具的能力不断提高。广大人民群众越来越多地直接参与文化创作活动。在博客上发表作品，自己动手编印图书、制作动画和电影并不少见。专业的文化工作者和业余文化工作者的界限越来越模糊。

引导大众的文化，必须调动广大文化工作者的积极性。文化生产是复杂的创造性劳动，它投入的是智力资源，产出的是著作权、版权等知识产权。专业的文化工作者是文化建设的主力和骨干，对繁荣社会主义文化负有神圣的职责。要适应新时期对文化建设的新要求，牢固树立人才资源是第一资源的理念，努力造就一支与社会主义文化大发展、大繁荣相适应的宏大文化工作者队伍，创作出更多反映时代进步潮流、体现人民群众心声的文化精品。

### （四）建设和谐文化

中国特色社会主义先进文化，也是和谐的文化。所谓和谐文化，简言之，就是倡导和谐理念、培育和谐精神、有利于促进社会和谐的文化。建设社会和谐文化，是我们对内构建社会主义和谐社会、对外推动构建持久和平和共同繁荣的和谐世界的必然要求。建设和谐文化包括诸多内容，主要有：

（1）注重人的身心和谐。要加强和改进思想政治工作，注重人文关怀和心理疏导，培育良好心态和健全人格。引导人们正确对待自己、他人和社会，正确对待困难、挫折和荣辱，塑造自尊自信、理性平和、积极向上的社会心态。

（2）倡导人的行为和谐。在尊重差异中扩大社会认同，在包容多样中增进思想共识，引导人们自觉地履行法律义务、社会责任、家庭责任，在全社会形成知荣辱、讲正气、促和谐、互爱互助、见义勇为的社会风尚。

（3）营造和谐的舆论氛围。正确的思想舆论导向是促进社会和谐的重要因素，要坚持重要导向弘扬社会正气，积极宣传党的主张，反映人们的心声，通达社情民意，疏导公众情绪。努力营造倍加顾全大局、倍加珍惜团结、倍加维护稳定的良好氛围。

（4）构建和谐的文化生态。要坚持百花齐放、百家争鸣的方针，使先进文化得到发展，健康文化得到支持，落后文化得到改造，腐朽文化得到抵制。在坚持社会主义和谐价值基础上，民族文化和外来文化、传统文化和现代文化、高雅文化和通俗文化在交流比较中相互借鉴、相互促进，使各种文化形式、各种文化门类各展所长，共同发展。

建设和谐文化，说到底，就是要建设社会主义核心价值体系，树立社会主义和谐价值观。

任何社会都有自己的核心价值观。所谓核心价值观，就是揭示一个阶级、政党、国家的核心价值，在社会意识形态中处于核心地位，对阶级、政党、国家的生存发展起主导作用的价值观念。从古至今，核心价值观随着人类社会的发展而变化；在各个历史时期，核心价值观有不同的内容和形式。

例如，在奴隶社会，奴隶被看做是会说话的工具，没有人身自由。奴隶主大肆宣扬人天生就不平等，人的富贵命运由上天决定，人人都要服从上天安排的秩序，奴隶制是天然合理的价值观。古希腊著名思想家亚里士多德就明确地说："世上有统治和被统治的区分，这不仅事属必需，实际上也是有益的；有些人诞生时就注定将是被统治者，另外一些人则注定将是统治者。""世上有些人天赋有自由的本性，另一些人则自然地成为奴隶，对于后者，奴役既属有益，而且也是正当的。"① 他的这套理论显然是为维护奴隶主阶级的统治服务的。

在中国封建社会，以王公贵族和地主阶级为主体的统治阶级，大力宣扬儒学思想，在此基础上建立了以"三纲五常"（即君为臣纲、父为子纲、夫为妻纲和仁、义、礼、智、信）为主要内容的封建主义核心价值观。汉代思想家董仲舒认为："君臣、父子、夫妇之义，皆取诸阴阳之道。君为阳，臣为阴；父为阳，子为阴；夫为阳，妻为阴……王道之三纲，可求于天。""仁、谊、礼、知、信五常之道，王者所当修饬也。王者修饬，故受天之佑而享鬼神之灵，德施于外，延及群生也。"董仲舒通过阴阳五行学说，把封建社会的价值观提升为神圣不可改变的纲常礼教，在世俗的政权、族权、夫权上面，再加上一个神权。这四种权力代表了全部封建宗法的思想和制度，是束缚中国人民的四条绳索。

① 亚里士多德：《政治学》，商务印书馆1965年版，第13、16页。

在西方"文艺复兴"之后，资产阶级以人性对抗神性，以人权反对神权，鼓吹以个人主义、利己主义、功利主义为主要内容的资产阶级核心价值观。法国著名思想家爱尔维修说："个人利益是人们行为价值的唯一而且普遍的鉴定者；因此，与一个个人相联系的正直，按照我的定义来说，无非就是对一个个人有利的行为的习惯。"① 英国著名思想家密尔明确提出"功利主义"概念，并对功利主义作了这样的界说："承认功用为道德基础的信条，换言之，最大幸福主义，主张行为的是与它增进幸福的倾向为比例，行为的非与它产生不幸福的倾向为比例。"② 在他看来，社会利益仅仅是个人利益的简单相加，因而要促进最大幸福，就要增进个人的最大快乐，注重社会利益归根到底只是一种权宜之计。德国哲学家费尔巴哈认为：没有利己主义，"人简直不能够生活，因为我要生活，我就必须不断地吸取有利于我的东西，而把有害于我的东西排除出身体以外，这种利己主义，可见还托根在机体上面，即体内生活资料的新陈代谢上面。"③上述法、英、德思想家宣扬的个人主义、利己主义、功利主义在西方产生了广泛而深远的影响，从而使资产阶级核心价值观在资本主义社会始终占据统治地位。

社会主义核心价值观否定和超越了以个人主义、利己主义、功利主义为主要内容的资产阶级核心价值观，实现了人类价值观念的根本变革。什么是社会主义核心价值观呢？十六届六中全会通过的《关于构建社会主义和谐社会若干重大决定》中写道："马克思主义指导思想，中国特色社会主义共同理想，以爱国主义为核心的民族精神和以改革创新为核心的时代精神，社会主义荣辱观，构成社会主义核心价值体系的基本内容。"十七大报告重申了这一基本观点，并强调社会主义核心价值体系是社会主义意识形态的本质体现，是全党全国各族人民团结奋斗的共同思想基础。我个人认为社会主义核心价值观应该是以为人民服务为核心、以集体主义为原则、以人的自由全面发展为目标。在社会理想目标问题上，马克思主义主张，共产主义是消灭私有制和阶级对立的资本主义现存状况的现实的运动，是"以每个人的全面而自由的发展为基本原则的社会形式"。④ 在人的本质及其与社会的关系问题上，马克思主义主张人的本质不是单个人所固有的抽象物，而是一切社会关系的总和；只有在共同体中，个人才能获得发展其才能的手段，并通过联合获得每个人的自由。在价值取向和价值准则问题上，马克思主义主张社会主义是绝大多数人的、为绝大多数人谋利益的运动。共产党人为工人阶级最近的目的和利益而斗争，但在当前的运动中同时代表运动的未来。

① 爱尔维修：《论精神》，《十八世纪法国哲学》，商务印书馆1963年版，第460页。
② 密尔：《功用主义》，商务印书馆1957年版，第74页。
③ 《费尔巴哈哲学著作选集》下卷，商务印书馆1984年版，第551页。
④ 《马克思恩格斯全集》第23卷，人民出版社1972年版，第649页。

西方社会民主党宣扬的“民主社会主义”，反对将马克思主义作为根本指导思想，否定社会主义的历史必然性和共产主义的理想目标，所以他们鼓吹的“自由”、“公正”、“互助”等所谓的“社会主义基本价值”，始终不能超越资产阶级改良主义的范畴。前苏共领导人宣扬的“人道的民主的社会主义”，也鼓吹打破马克思主义作为指导思想的所谓“精神垄断”，将十月革命视为“法国大革命所追求的自由、平等、博爱的回声”，接受所谓的“人道主义和全人类价值原则”、“民主和自由原则”、“社会公正原则”，“从经济基础到上层建筑”根本改造“整个社会大厦”，最终导致苏共垮台、苏联解体的历史性悲剧。这方面的教训必须要认真地总结和汲取。

## 四、以科学发展观为指导，推动社会主义文化大发展大繁荣

### （一）促进文化事业和文化产业的全面协调可持续发展

科学发展观告诉我们，发展是第一要义，发展要全面协调可持续。经济社会发展是这样，文化发展也是这样。我们不仅要有强烈的发展意识，而且要树立全面协调可持续的文化发展观，确定与科学发展观相适应的文化战略、文化体制和文化政策。

改革开放以来，丰富精神文化生活越来越成为人民群众的热切愿望。湖北省博物馆，以曾侯乙编钟、越王勾践剑而举世闻名。2007 年 11 月 6 日，湖北省博物馆宣布永久免费开放。消息一出，游客蜂拥而至，在博物馆门前排起了长龙。免费开放仅仅两个月，参观者就超过 30 万人，相当于过去两年的总和。

北京儿童艺术剧院股份有限公司，是北京市文化体制改革的试点单位。近年来，他们在资源整合、市场推广以及体制创新等方面闯出了一条新路。他们创作排演的《迷宫》、《魔山》等儿童剧，深受欢迎，而且还把剧目搬进了国家大剧院，真正实现了经济效益和社会效益的统一。

党的十七大强调，要坚持“两手抓”，一手抓公益性文化事业，一手抓经营性文化产业，推进文化全面协调发展。这是新时期我国文化发展的新布局，是贯彻落实科学发展观的内在的、必然的要求。

（1）发展文化事业，提高公共文化服务，保障人民群众基本文化权益。要坚持以政府为主导，以公共财政为支撑，以公益性文化单位为骨干，鼓励和动员社会力量积极参与，拓宽服务渠道，健全服务网络，不断提高公共文化产品和服务的供给能力。当前和今后一个时期，建设公共文化服务的重点和难点在社区和

农村，要向社区倾斜，要向农村倾斜，不断加强社区和农村文化设施建设。

（2）发展文化产业，开拓国内外文化市场，满足人民群众多方面、多层次、多样性精神文化需求。这是改革开放和社会主义市场经济条件下，发展繁荣社会主义文化的必由之路。

2008 年 5 月 16 日到 19 日，第四届中国文化产业博览交易会在深圳举行。作为中国举办的唯一一个国家级、国际性、综合性的文化产业博览交易会，它的成功举办反映了我国文化产业的新发展。本届文博会参展商，来自包括美国、马来西亚在内的 20 个国家和地区，参展规模大大超过往届，达到 1687 家。文博会盛况空前，观众 268.79 万，境外专业观众 5.36 万，合同总成交额 702.32 亿元，销售金额 30.38 亿元。文博会为推动我国文化产业不断发展并进一步走向世界发挥了重要作用。

发展文化产业，要坚持以市场为主导，通过积极的产业政策和市场化运作，充分发挥国有文化企业的骨干作用，保护引导好民营企业投入文化产业的积极性，迅速壮大我国文化产业的规模，打造具有核心竞争力的文化产品和文化品牌，提高我国文化产业占国民经济和国际贸易的比重。同时要加强对外文化交流，积极实施文化走出去战略，不断提升中华文化的国际影响力和国际竞争力。

### （二）推动文化创新，解放和发展文化生产力

创新是推动文化繁荣发展的不竭动力。文化的生命力和吸引力就在于发挥人类的认识世界和改造世界的主体力量和智慧，促进思想解放、经济发展和社会进步。文化的创新是经济社会发展的先导。文化创新既以经济社会发展为基础，又对经济社会发展起推动作用。这一点已经得到历史和实践的反复证明。

文化是民族的灵魂，文化积淀着一个民族的历史，包含着一个民族的智慧，凝聚着一个民族的精神，始终是民族生存发展取之不尽、用之不竭的力量源泉。古往今来，每一个伟大的民族都有自己独特的文化，每一个民族的觉醒首先是文化的觉醒。意大利的文艺复兴、德国的宗教改革、法国的启蒙运动及日本的明治维新是这样，中国历史上的历次革新变法、五四新文化运动、我们党领导的延安整风及真理标准大讨论等也是这样。正是这些文化运动推动各民族的革故鼎新、与时俱进，不断创造新的辉煌。一个先进的民族，一定是有先进文化支撑的民族。

改革开放以来，我国文化市场日趋繁荣，文化基础设施逐步建立，对外文化交流不断扩大，群众文化生活越来越丰富。但也要看到，随着社会主义市场经济的愈益发展和我国加入世界贸易组织，文化体制方面存在的深层次矛盾和问题逐渐暴露出来，如文化事业结构不合理、文化产业布局散滥的现象比较严重，许多

文化单位活力不足，缺乏市场竞争力和社会影响力；单纯依靠政府投入而不讲经济效益和社会效益的问题比较突出，造成人力、物力和财力的巨大浪费；简单沿用计划经济或机械照搬市场经济的观念和做法办文化、管文化的现象大量存在，该保护和扶持的得不到保护和扶持，该淘汰的不能被淘汰，该管制的没有完全管制好；文化执法环节薄弱，盗版侵权严重，文化垃圾屡禁不止，严重干扰着文化市场秩序。尤其是在全面建设小康社会，加快推进社会主义现代化的进程中，文化赖以生存和发展的经济基础、体制环境和社会条件发生了深刻变化。文化体制与人民群众日益增长的精神文化需求不相适应，与完善社会主义市场经济体制、扩大对外开放的新形势不相适应，与依法治国、建设社会主义法治国家的环境不相适应，与高新技术在文化领域迅猛发展和广泛应用的趋势不相适应。在机遇与挑战并存的历史条件下，必须从贯彻落实科学发展观、构建社会主义和谐社会的高度，从巩固马克思主义指导地位的高度，从加强党的执政能力建设的高度，积极探索在改革开放和社会主义市场经济条件下文化建设的独特规律和体制机制，以解放和发展文化生产力。

根据人类文化发展的客观规律和新世纪新阶段我国文化发展的现实要求，我国文化体制改革的目标任务是：以发展为主题，以改革为动力，以体制机制创新为重点，形成科学有效的宏观文化管理体制，完善文化法律法规体系，强化政府文化管理和服务职能，构建覆盖全社会的公共文化服务体系；形成富有效率的文化生产和服务的微观运行机制，增强文化事业单位的活力，提高文化企业的竞争力；形成以公有制为主体、多种所有制共同发展的文化产业格局，充分发挥国有资本在文化领域的主导作用，调动全社会力量积极参与文化建设；形成统一、开放、竞争、有序的现代文化市场体系，更大程度地发挥市场在文化资源配置中的基础性作用；形成完善的文化创新体系，加大知识产权保护力度，积极应用先进科技手段，推进文化内容创新，使原创性文化产品在市场上占有重要地位；形成以民族文化为主体、吸收外来有益文化，推动中华文化走向世界的文化开放格局，进一步提升文化事业和文化产业的国际影响力和竞争力。

为实现这一目标，①要科学制订和实施文化体制改革的总体方案，理顺党委、政府和文化企事业单位的关系，改善对文化的宏观管理。坚持党管方向、党管干部、党管重大事项决策，从政治上、思想上、组织上加强对文化工作的指导。按照政事分开、政企分开、企事分开的原则，转变政府职能，从经办文化事业的具体事务中解脱出来，把主要精力转到定政策、作规划、抓监管上来。建立党委领导、政府管理、行业自律、企事业单位依法运营的文化管理体制，建立职责明确、反应灵敏、运转有序、统一高效的文化宏观调控体系。②要加强文化法制建设，抓紧制定和完善促进改革开放、规范市场秩序、保护知识产权、保护历史文化遗产、维护公民文化权利等方面的法律法规，做好与有关国际规则相衔接的法律法规修订，提高文化执法水平。③要培育现代文化市场体系，加强文化产品和要素市场建设，完善现代文化流通体制，建立文化市场中介机构和行业组织，加强文化市场监管。④要深化文化企事业单位内部改革，规范国有文化事业单位转制，推进国有文化企业的公司制改造，加强对文化事业单位剥离企业的监管，着力培育外向型文化企业，激发文化企事业单位发展的活力，调动文化工作者的积极性、主动性和首创精神。

中华文化源远流长、博大精深，为人类的文明进步做出过巨大贡献。回顾过去，我们对民族传统文化的宝贵遗产和社会主义文化建设的巨大成就倍感自豪；展望未来，我们对中华文化的发展前景充满信心。中华民族的伟大复兴必然伴随着中国文化的繁荣兴盛。我们坚信，只要坚持社会主义先进文化的前进方向，发挥人民群众在文化建设中的主体作用，激发全民族文化创造活力，让人民共享文化发展成果，就一定能够兴起社会主义文化建设的新高潮，创造出更加辉煌灿烂的、更加具有中国风格和中国气派的社会主义先进文化，对世界的和平与进步事业做出新的更大的贡献。

## 参考文献：

［1］罗文东：《中国特色社会主义文化理念论》，中国法制出版社 2003 年版。

［2］罗文东：《中国特色社会主义理论体系新论》，人民出版社 2008 年版。

［3］罗文东：《论科学发展观对马克思主义文化理论的创造性运用和发展》，《思想战线》2009 年第 1 期。

［4］中纪委宣教室、深圳广电集团摄制：《在新的历史起点上——科学发展观高端讲坛》，国际文化交流音像出版社 2009 年版。

（编辑整理：黄凤琳）

# 历史唯物主义同新中国一起成长和发展

李崇富

2009 年 9 月 28 日

李崇富

中国社会科学院研究生院马克思主义研究系教授

**摘　要：**历史唯物主义是一门反映人类社会历史发展的基本规律的学说，它是新中国的立国之本，同时也是新中国赖以生存和发展的最高指导思想。本文站在历史唯物主义和尊重历史的立场上，回顾了新中国成立以来几代国家领导人运用历史唯物主义的普遍原理同新中国的社会主义实践相结合先后提出了一系列符合中国国情的理论学说的历史过程，深刻阐释了“历史唯物主义同新中国一起成长和发展”的历史命题。

**关键词：**历史唯物主义　毛泽东思想　中国特色社会主义理论体系

科学社会主义最切近的哲学基础是历史唯物主义。当年，马克思由于有唯物史观和剩余理论创立这“两大发现”，才使社会主义由空想发展为科学。同样，各国社会主义实践，也只有在马克思主义哲学特别是历史唯物主义指导下，才能够逐步取得进展和胜利，同时也使哲学理论得到进一步检验和发展。历史唯物主义在实践运用中，是同新中国社会主义事业一起成长和发展的。

## 一、中国社会主义制度的确立体现了历史唯物论和历史辩证法的统一

新中国成立，是自1840年鸦片战争以来，中国各族人民在工人阶级及其政党——共产党领导下，在反帝反封建的长期革命斗争中，所取得的根本改变中国命运的伟大胜利，也是国际共运史上的一个历史性胜利。

然而，新中国成立后向何处去？仍然是一个需要继续探索解决和统一认识的问题，而且是决定中国发展方向的根本问题。本来，按照党的七届二中全会精神、按照新中国成立前召开的第一届全国政协通过的《共同纲领》，实际上已经确定了新中国发展的社会主义方向。

当时，在向社会主义过渡问题上，党内存在两种有一定影响的错误意见，就

是主张确立、巩固“新民主主义秩序”① 和“先工业化后农业合作化”。② 其实质，就是主张新中国在走社会主义道路以前，插进一个让资本主义获得充分发展的历史阶段。毛主席高瞻远瞩，因势利导，用毛泽东思想统一了全党的认识。从而在实行土地改革，消灭了存在几千年的封建剥削制度以后，并在三年经济恢复成就的基础上，党和毛主席及时提出并于1953年颁布实行了党在社会主义过渡时期的总路线。这就是：“从中华人民共和国成立，到社会主义改造基本完成，这是一个过渡时期。党在这个过渡时期的总路线和总任务，是要在一个相当长的时期内，逐步实现国家工业化，并逐步实现国家对农业、手工业和对资本主义工商业的社会主义改造。”他当时估计，完成这个“一化三改”任务，“大约要用三个五年计划，大约15年的时间”③。

据此，党和毛主席运用马克思主义基本原理，根据我国实际，探索到一条具有中国特色的社会主义改造道路。即我国在革命胜利后没收官僚资本、掌握国家经济命脉的基础上，实行自愿互利、典型示范和国家帮助的原则，引导农民创造了从临时互助组和常年互助组，发展到半社会主义性质的初级农业生产合作社，再发展到社会主义性质的高级农业生产合作社的循序渐进的过渡形式；对个体手工业的改造也采用类似做法；对资本主义工商业的改造，创造了委托加工、计划订货、统购包销、委托经销代销、公私合营、全行业公私合营等一系列从低级到高级的国家资本主义的过渡形式，最后实现了马克思和列宁都曾经设想过，但在苏联未能实行的“和平赎买”资产阶级的构想。我国社会主义改造进行得比较迅速和顺利。到1956年年底，我国实现了生产关系上的深刻变革，确立了社会主义基本经济制度。原估计15年左右的社会主义改造，仅3年时间就基本完成了；同时，我国第一个“五年计划”建设也提前和超额完成，为国家工业化奠定了初步基础。到1957年，我国工业总产值为783.9亿元，比1952年增长128.3%，年均增长18%；农业总产值为604亿元，比1952年增长25%，年均增长4.5%。这表明，我国在生产关系上实现社会主义变革的过程中，不仅没有影响，而且促进了社会生产力的较快发展。

邓小平指出：“在搞社会主义方面，毛泽东主席的最大功劳是将马克思列宁主义的普遍真理同中国革命的具体实践结合起来。我们最成功的是社会主义改造。”④ 尽管，我国社会主义改造由于要求过急，工作过粗，改变过快，形式过于单一，以至于长期遗留一些问题，包括对一部分原工商业者的使用和处理，也

---

① 《建国以来毛泽东文稿》第4卷，中央文献出版社，第25页。
② 《毛泽东文集》第6卷，人民出版社1999年版，第431~432页。
③ 《毛泽东文集》第6卷，人民出版社1999年版，第316页。
④ 《邓小平文选》第3卷，人民出版社1993年版，第313页。

不是很适当。十一届六中全会通过的《关于建国以来党的若干历史问题的决议》，对此的基本结论是："整个说来，在一个几亿人口的大国中比较顺利地实现了如此复杂、困难和深刻的社会变革，促进了工农业和整个国民经济的发展，这的确是伟大的历史性的胜利。"① 正是以这种深刻社会变革作为制度保障，我国在毛泽东时代尽管有过一些失误和曲折，但毕竟建立起了独立自主、比较齐全的工业体系和国民经济体系。这场社会经济制度上的深刻变革，以及社会主义建设起步时期的巨大成就，体现了历史唯物论和历史辩证法的内在统一，是对历史唯物主义在中国的创造性运用和发展。

胡锦涛同志在党的十七大报告中，充分肯定和阐明了我国新民主主义革命胜利和新中国成立、在毛泽东时代取得的社会主义革命和建设成就及其历史经验，同中国特色社会主义事业之间的内在历史联系。他说："我们要永远铭记，改革开放的伟大事业，是在以毛泽东同志为核心的党的第一代中央领导集体创立毛泽东思想，带领全国各族人民建立新中国、取得社会主义革命和建设伟大成就以及艰辛探索社会主义建设规律的基础上进行的。新民主主义革命的胜利，社会主义基本制度的建立，为当代中国一切发展进步奠定了根本政治前提和制度基础。"②

其后，他在党的十八大报告中，进一步肯定说："以毛泽东同志为核心的党的第一代领导集体带领全党全国人民完成了新民主主义革命，确立了社会主义基本制度，成功实现了中国历史上最伟大的社会变革，为当代中国一切发展进步奠定了根本政治前提和制度基础。在探索过程中，虽然经历了严重曲折，但党在社会主义建设中取得的独创性理论成果和巨大成就，为新时期开创中国特色社会主义提供了宝贵经验、理论准备、物质基础。"③

## 二、毛泽东在探索中国社会主义道路中坚持和发展了历史唯物主义

以毛泽东为核心的党的第一代中央领导集体，在带领全国各族人民走上社会主义道路，以及在随之开始的大规模社会主义建设中，进行了艰辛的理论和实践探索。

从哲学上看，正确地认识社会主义社会的矛盾和矛盾运动，是正确认识和探

① 中共中央文献研究室编：《改革开放以来重要文献选编》（上），中央文献出版社 2008 年版，第 189 页。

② 中共中央文献研究室编：《改革开放以来重要文献选编》（下），中央文献出版社 2008 年版，第 1715 页。

③ 《中国共产党第十八次全国代表大会文件汇编》，人民出版社 2012 年版，第 10 页。

索社会主义发展道路之必不可少的理论前提。列宁对此有过原则性提示。他在对布哈林《过渡时期经济学》的批注中写道："对抗和矛盾完全不是一回事。在社会主义下，对抗将会消失，矛盾仍将存在。"① 然而可惜的是，其后继者并没有沿着这个思路继续探索前进，而是认为"道义和政治上的完全一致"是苏联社会的发展动力。这是苏联后来出现政治方向错误的一个理论根源。

正是在这个重大问题上，毛泽东坚持唯物辩证法，根据我国社会主义革命和建设的实践经验，继承和发挥了马克思主义有关思想，阐发了社会主义社会基本矛盾理论，创立了两类社会矛盾学说，坚持和发展历史唯物主义。这主要有：

其一是提出了"社会基本矛盾"概念。毛泽东根据经典作家反复阐述过的各个社会的生产关系和生产力、上层建筑和经济基础之间的矛盾，也基于实践经验，概括和提出了适用于一切社会的"社会基本矛盾"的科学概念。这样，从其共性看，它指明了一切社会矛盾运动的基本结构和基本形态，从而有助于我们认识掌握社会发展演进的基本指导线索；而从其特殊性看，则可使我们根据不同社会形态的基本矛盾运动状况和特点，更好地认识把握不同社会的特殊本质和特殊规律。这种历史哲学上的理论概括，既符合马克思主义原意，又深化了唯物史观，并为我们认识社会主义社会，提供了更为明确的世界观和方法论的指导。

其二是阐发了社会主义社会基本矛盾理论。毛泽东指出："在社会主义社会中，基本的矛盾仍然是生产关系和生产力之间的矛盾，上层建筑和经济基础之间的矛盾。"② 他认为，社会主义社会的基本矛盾同旧社会（例如资本主义社会）的基本矛盾"具有根本不同的性质和情况"，即它们不是"对抗性的矛盾"，进而阐述了社会主义社会基本矛盾"又相适又相矛盾"的观点。由此他做出结论："社会主义社会的矛盾……不是对抗性的矛盾，它可以经过社会主义制度本身，不断地得到解决。"③ 这种理论观点，已经成为新时期我国进行体制改革，使社会主义实现自我完善和发展的重要理论根据。

其三是创立了两类社会矛盾学说。毛泽东对于我国社会主义社会的认识，坚持以社会主义基本矛盾理论为指导，深入分析了社会利益关系和政治关系，提出了"敌我矛盾"和"人民内部矛盾"的科学概念，创立了两类社会矛盾学说。他指出："在我们面前有两类社会矛盾，这就是敌我之间的矛盾和人民内部的矛盾。这是性质完全不同的两类矛盾。"④ 在明确定义"敌我矛盾"和"人民内部矛盾"的基础上，毛泽东还系统阐明了在我国社会主义制度下严格区分、正确处理这两类社会矛盾的重大意义，强调必须根据矛盾的不同性质和情况，采用不同

---

① 《列宁全集》第60卷，人民出版社1999年版，第218页。

② 《毛泽东文集》第7卷，人民出版社1999年版，第213~214页。

③④ 《毛泽东文集》第7卷，人民出版社1999年版，第216页。

的原则和方法，去解决这两类不同性质的矛盾。

毛泽东提出的这些新概念和新观点，以及立足于实践的有关理论分析，坚持和发展了毛泽东思想，是马克思主义中国化的重要成果。邓小平曾指出：“关于基本矛盾，我想现在还是按照毛泽东同志在《关于正确处理人民内部矛盾的问题》一文中的提法比较好。……当然，指出这些矛盾，并非完全解决了问题，还需要就此作深入具体的研究。但是从20多年的实践看来，这个提法比其他的一些提法妥当。”[①] 从邓小平做出这种论述至今，又经历了30年实践证明：毛泽东的社会主义社会基本矛盾理论和两类社会矛盾学说，依然是“妥当”和正确的，是我国社会主义改革开放和现代化建设的重要理论基础。

## 三、改革开放30年伟大实践对历史唯物主义的创造性运用和发展创新

新时期，我们党的历届中央领导集体，在开辟和坚持中国特色社会主义道路、创立和发展中国特色社会主义理论体系的进程中，继承了毛泽东时代的传统，注重创造性地运用马克思主义世界观和方法论，特别是历史唯物主义，指导全党全国各族人民进行改革开放、建设中国特色社会主义的实践探索，坚持和发展了历史唯物主义。

首先，应当强调在中国特色社会主义的实践探索中，最被注重和得到创造性运用的是历史唯物论，特别是其科学生产力理论。邓小平理论认为，马克思主义最强调发展生产力，这是人类社会进步的物质基础。因此他重提和依据列宁的“生产力标准”——“社会进步的最高标准”是“促进生产力的发展”[②]——作为确定“社会主义的本质，是解放生产力，发展生产力……”[③]，“社会主义的根本任务是发展生产力”[④]，我国社会将长期处于“社会主义初级阶段”及其主要矛盾“是人民日益增长的物质文化需要同落后的社会生产的矛盾”，以及在党的“一个中心、两个基本点”的基本路线中，把由过去的“以阶级斗争为纲”，转向“以经济建设为中心”作为我们党在指导思想上的基本观点、基本思想和一系列重大决策的最为切近、最为重要的哲学基础。同样，在“三个代表”重要思想和科学发展观中，也继续坚持和发展了邓小平理论的这些基本观点和基本思想。

---

① 《邓小平文选》第2卷，人民出版社1994年版，第181～182页。

② 《列宁全集》第16卷，人民出版社1988年版，第209页。

③ 《邓小平文选》第3卷，人民出版社1993年版，第373页。

④ 《邓小平文选》第3卷，人民出版社1993年版，第63页。

其次，应当看到中国特色社会主义理论体系在其赖以立足的历史唯物论中，所指的生产力是现实的、与一定的生产关系及其经济体制相结合的生产力。因此，它对与我国现阶段生产力发展状况相适应的生产关系、经济体制和利益结构的选择、改革和调整，同样是在创造性地运用历史唯物论。我国体制改革是社会主义的自我完善和发展。在坚持社会主义基本制度的前提下，根据我国目前生产力的发展状况，把过去单一公有制的社会经济结构，改革和调整为“以公有制为主体、多种所有制经济共同发展的基本经济制度”，使计划经济体制改革和转向社会主义市场经济体制，以利于解放和发展生产力。体制改革的实质，是对社会利益结构的调整和优化。而正如马克思所说，这“不仅仅决定于生产力的发展，而且还决定于生产力是否归人民所有”。① 为此，邓小平多次强调说：“在改革中，我们始终坚持两条根本原则，一是以公有制经济为主体，一是共同富裕。”②他还把“生产力标准”发展为“三个有利于”标准，即对改革开放政策和举措的判断标准，“应该主要看是否有利于发展社会主义社会的生产力，是否有利于增强社会主义国家的综合国力，是否有利于提高人民的生活水平”。③ 同样，“三个代表”重要思想，在突出生产力的最终决定作用的前提下，强调我们党必须“始终代表中国先进生产力的发展要求”、“代表中国最广大人民的根本利益”。而作为科学发展观的“核心是以人为本”，也强调要以“最广大人民的根本利益作为党和国家一切工作的出发点和落脚点”④。在这里，生产力的根本标准与人民利益标准是内在统一的。

最后必须肯定中国特色社会主义理论体系中的历史唯物论是与历史辩证法相统一的。只有始终坚持历史唯物论和历史辩证法的统一，才能真正坚持历史唯物主义。这在中国特色社会主义的理论和实践中，得到了充分的运用和体现。这包括：一是坚持运用社会基本矛盾原理，即生产关系与生产力、上层建筑与经济基础的矛盾运动，来说明社会主义经济体制和其他相关体制改革的必然性和必要性。二是坚持历史唯物论和历史辩证法相统一的原理，根据我国社会主义初级阶段的基本国情，制定和实行“一个中心、两个基本点”为主要内容的基本路线，以引领中国改革和建设的社会主义方向。三是坚持历史辩证法关于社会各个领域普遍联系、相互作用的原理，促进经济社会的协调发展和全面进步。四是坚持历史唯物论与历史辩证法内在统一的生动体现，就是在改革和建设中，充分尊重人民群众的主体地位和首创精神。把“以人为本”作为科学发展观的核心，强调发展是为了人民、发展依靠人民、发展成果由人民共享，就集中体现了人民主体

---

① 《马克思恩格斯选集》第1卷，人民出版社2012年版，第861页。

② 《邓小平文选》第3卷，人民出版社1993年版，第142页。

③④ 中共中央文献研究室：《改革开放以来重要文献选编》，中央文献出版社2008年版，第1720页。

论的要求。

实践反复表明，同整个马克思主义一样，历史唯物主义在新中国六十年社会主义革命、建设、改革实践中的创造性运用和中国化，既体现了它的真理性和现实力量，同时又得到了坚持、发展和创新。新时期，历史唯物主义的理论创新成果，主要表现在：

——提出“第一生产力”概念。如果说，邓小平在1978年全国科学大会上提出“科学技术是生产力”，重申的是“马克思主义历来的观点”，那么，他在1988年提出“科学技术是第一生产力”的论断，则是一种理论创新。由于在现代生产力体系中，现代科学技术是一个决定性和主导性的因素，所以“科学技术是第一生产力”，不是某个社会主义国家独有的现象，而是当代社会技术形态的发展趋势和一般规律。

——提出“体制改革”概念。虽然，毛泽东在1956年就曾提出要研究“社会主义整个经济体制问题”。但他当时未能把“体制”问题，作为一个事关社会主义前途命运的全局性和关键性问题提出来。“体制”和“体制改革”作为邓小平理论，亦即中国特色社会主义理论体系的基本概念，是从党的十一届三中全会开始的。我国以经济改革为中心的社会主义体制改革，是“中国的第二次革命”，是社会主义的自我完善和发展。邓小平抓住“体制改革”这个关键问题进行改革创新，社会由此发生深刻变革，使我国社会主义焕发出勃勃生机。这样，邓小平理论就在生产关系和生产力、上层建筑和经济基础之间发现了一个中介性的“体制”层次，发展和深化了对社会基本矛盾的认识。

——提出“四位一体”中的“社会”概念。在马克思主义体系中，社会概念原是对所有社会现象的总概括。而在“构建社会主义和谐社会”中提出的、与其经济建设、政治建设、文化建设相并提的“社会建设”的“四位一体”中，这个“社会”概念的外延，显然要小得多。由此有了“大社会”和“小社会”两个概念。我认为，“四位一体”中的现实“小社会”的种种现象及其特殊本质，主要是社会学实证研究的对象；而“大社会”及其历史发展的一般规律，则主要是历史唯物主义的研究对象。当然，这两个“社会”概念和两个学科之间，是互补和互促的，有其相通之处。“四位一体”中的“社会”概念，丰富了我们对社会有机体的认识。

——提出“生态文明”概念。党的十七大提出“建设生态文明”，是贯彻落实科学发展观的重要任务，也涉及现代社会中一个重大而普遍的问题，即人类必须处理好人与人、人与自然的两种关系。其实，该问题历来就不同程度地存在。只是当社会发展工业化，才逐步激化了人与自然的矛盾。由于全球性生态危机，主要是资本主义生产方式对自然过度掠夺、资源大量浪费的结果。所以在资本主义制度下，只能局部缓解而不能从根本上解决全球生态问题。由于我国是工业化的后来者，一个时期只能在国际分工中总体上处于靠大量消耗资源、科技含量不高的产业链的低端；加之，我国人口众多、人均自然资源占有量低于世界平均水平，所以生态环境问题，是我们必须面对的一个重大而突出的问题。党中央由此提出和贯彻以人为本、全面协调可持续的发展观，注重“建设生态文明”，要在构建社会主义和谐社会中，也实现人与自然的和谐发展。鉴于人与人、人与自然的两种关系相互依存、相互制约的普遍性和长期性，可以说“生态文明”概念和“建设生态文明”任务的提出，是社会历史观上的新贡献。

不仅如此，我们党在改革开放和现代化建设中提出具有特定含义的“第一生产力”、“体制”、“小社会”和“生态文明”等新概念，以及由其内涵延伸和逻辑展开所包含的新观点、新论断和新思想，都是对历史唯物主义的创新和发展。

总之，新中国社会主义事业，是一个分阶段的统一的发展进程。六十年实践一再证明，凡是历史唯物主义在实践应用中使历史唯物论和历史辩证法统一得比较好的时候，社会主义事业就能够不断前进和发展；否则就会出现停滞、失误和挫折。显然，历史唯物主义在新中国六十年的革命、建设、改革实践中所得到创造性的运用、发展和创新，远远不止本文谈的这些。但仅此就足以表明，历史唯物主义是与中国社会主义事业同呼吸、共命运的，是同新中国一起成长和向前发展的。过去是这样，现在和将来必然还是这样。

（编辑整理：黄凤琳）

# 马克思主义方法论若干重大问题的思考

侯惠勤

2009 年 9 月 21 日

## 侯惠勤

中国社会科学院研究生院马克思主义研究系教授，马克思主义研究院党委书记、副院长

**摘　要：** 本文运用马克思主义基本原理，对马克思主义方法论中的“一切从实际出发”、“具体情况具体分析”、“历史和逻辑相一致”、“理论与实践相结合”四个基本命题做出了诠释。

**关键词：** 从实际出发　历史和逻辑相一致　理论与实践相结合

马克思主义前沿问题研究离不开对马克思主义基本原理的把握，其中的关键便是什么是马克思主义？如何对待马克思主义？这实际上也就是如何运用马克思主义方法论来指导科学研究与实践的问题。

那么什么是马克思主义呢？马克思主义诞生一百多年来对这个问题主要有两种理解。第一种理解认为马克思主义是一种方法论，不是世界观，不是思想体系。作为一种对第二共产国际失败教训的反思结果，卢卡奇的思想便是这种观点。第二种理解认为马克思主义是方法论和世界观的统一，即马克思主义方法论本身便是马克思主义世界观或者马克思主义基本原理的体现。邓小平同志曾讲过，“马克思主义的普遍真理同中国实际相结合，这个结合本身就是普遍真理”。第一种理解显然是对马克思主义的片面把握，马克思主义方法论与马克思主义基本原理不可分割。因此，本文在某种意义上也可以题为“马克思主义基本原理若干重大问题的思考”。本文旨在对马克思主义方法论中的如下四个基本命题做出诠释。

## 一、关于“一切从实际出发”

“一切从实际出发”是马克思主义方法论中的首要的基本命题，“从实际出发，实事求是，这是我们唯物主义者的根本立场。”① 邓小平甚至把这一命题等同于马克思主义哲学世界观，等同于党的思想路线。他指出：“搞社会主义一定要遵循马克思主义的辩证唯物主义和历史唯物主义，也就是毛泽东同志概括的实事求是，或者说一切从实际出发。”② 那么，什么是“实际”？在毛泽东看来，所

① 《邓小平文选》第1卷，人民出版社1994年版，第244页。

② 《邓小平文选》第3卷，人民出版社1193年版，第118页。

谓的“实际”就是“客观存在的事实”。他在《在延安文艺座谈会上的讲话》中强调：“我们讨论问题，应当从实际出发，不是从定义出发。……马克思主义叫我们看问题不要从抽象的定义出发，而要从客观存在的事实出发，从分析这些事实中找出方针、政策、办法来。”① 这样，从实际出发的问题就变成了如何把握“客观存在的事实”这一难题。毫无疑义，客观存在的事实不仅丰富多样、相互冲突，而且无穷无尽。这就提出了能否及如何把握客观事实的问题。

从哲学史上看，先验主义和经验主义各执一端：先验主义认为现象世界是如此纷繁复杂，以至于个人经验永远无法穷尽，且我们所拥有的个人经验往往互相冲突，人们单凭经验根本无法区分各类事实的真假善恶及其重要性；20 世纪初发生的“物理学危机”说明单凭经验甚至无法证明事实的客观性，这种自相矛盾的冲突本身就证明了个人经验的不可靠性，因此我们需要一个可靠的分析框架，来对事实进行整理、筛选；这个框架是先验的，非个人经验的产物，康德因此提出了因果律、时空范畴等以及所谓“第一推动力”、“第一原理”、“第一范畴”等先验的分析框架，并称之为“先天综合判断”。应该说，先验主义的确抓住了经验主义的要害，但是问题在于它提出的这个先验分析框架本身是否可以分析、可以讨论的，换言之，这个分析框架是“自明的”，还是需要证明的。毫无疑义，先验主义把先于经验的逻辑范畴视为认识的当然前提，其本身是无需证明，也无法证明的（康德断言人们一旦试图用经验的方法去证明先验范畴，就会陷入“二律背反”的困境），这不仅是非科学的独断论，而且打开了通向神秘主义和不可知论的大门。经验主义则认为只有经验才是可靠的，只有能够得到经验证明的才是真实的存在。尽管哲学史上存在着两种经验主义，即唯物主义的经验主义（把个人经验视为通向外部客观世界的唯一通道）和唯心主义的经验主义（把主观经验视为唯一的存在），但其共同点则在于都认为只有个人经验是可靠的，因此，它们共同面临着无法解决的两个问题。一是无法解释普遍范畴的来源问题。当经验主义把一切认识都还原为个人经验时，其遇到的最大难题就是一些被人们普遍接受的范畴同个人经验有什么关系？从时空等客观范畴到自由，人权等价值范畴，将其说成是个人经验的结果能说得通吗？能用有限的经验来论证这些普遍范畴吗？显然，经验主义者们的狭隘的经验观无法解决这个问题，无法对普遍范畴进行科学的还原。二是个人经验之间往往也会得出不同的结果，那么谁正确呢？哲学史上经验主义者们的各种回答往往最终导向了相对主义的真理观。

那么马克思主义方法论是怎样解决“客观事实”的问题的呢？马克思主义世界观作为方法论就是唯物辩证法，其根本要求就是“考察的客观性（不是实

---

① 《毛泽东选集》第 3 卷，人民出版社 1991 年版，第 853 页。

例，不是枝节之论，而是自在之物本身）。”① 这就是说，客观真实的情况不能靠举例来说明，也不能靠罗列现象，而必须把握事实的总和，必须把辩证法作为认识论。列宁强调，“在社会现象领域，没有哪种方法比胡乱抽出一些个别事实和玩弄实例更普遍、更站不住脚的了。挑选任何例子是毫不费劲的，但这没有任何意义，或者有纯粹消极的意义，因为问题完全在于，每一个别情况都有其具体的历史环境。如果从事实的整体上、从它们的联系中去掌握事实，那么，事实不仅是‘顽强的东西’，而且是绝对确凿的证据。如果不是从整体上、不是从联系中去掌握事实，如果事实是零碎的和随意挑出来的，那么它们就只能是一种儿戏，或者连儿戏也不如。”② 孤立的、随意的事例没有意义，不能说明任何问题；具有无可辩驳的事实是从其整体上、从其全部联系中把握的事实。因此，事实的总和不是无数零碎事实的简单叠加，而这在实际上也是无法做到的。

那么怎么才能把握事实的总和，或者说，怎样才能从整体和联系中把握事实呢？最根本的是抓作为矛盾聚焦点的事实，抓住了这些事实，就抓住了事实的总和，因此列宁称对立统一为辩证法的核心。马克思把作为矛盾聚焦点的事实分为三种类型：一是所谓最简单、最普通、最基本、最常见、最平凡的事实，此类事实能够反映某一社会的基本属性和根本矛盾。诚如列宁所说：“马克思在《资本论》中首先分析资产阶级社会（商品社会）里最简单、最普通、最基本、最常见、最平凡、碰到过亿万次的关系：商品交换。这一分析从这个最简单的现象中（从资产阶级社会的这个“细胞”中）揭示出现代社会的一切矛盾（或一切矛盾的萌芽）。往后的叙述向我们表明这些矛盾和这个社会——在这个社会的各个部分的总和中、从这个社会的开始到终结——的发展（既是生长又是运动）。”③《资本论》之所以能够从商品分析开始，成功地展开对于资本主义的逻辑和历史再现，就因为资本主义社会是一个由“商品堆积”起来的社会，它构成了该社会的基本特征，即“细胞”。

二是所谓最反常、最病态、最不近情理、最不可理喻的事实，此类事实反映了某一社会的矛盾尖锐化和对抗程度，是其病根所在，问题所在。在马克思看来，在工人身上就集中了种种反常事实，“工人生产的财富越多，他的产品的力量和数量越大，他就越贫穷。工人创造的商品越多，他就越变成廉价的商品。物的世界的增值同人的世界的贬值成正比。劳动生产的不仅是商品，它生产作为商品的劳动自身和工人，而且是按它一般生产商品的比例生产的。……这一事实无非是表明：劳动所生产的对象，即劳动的产品，作为一种异己的存在物，作为不

① 《列宁选集》第2卷，人民出版社1995年版，第411页。
② 《列宁全集》第28卷，人民出版社1990年版，第364页。
③ 《列宁选集》第2卷，人民出版社1995年版，第558页。

依赖于生产者的力量，同劳动相对立。”[①] 马克思与资产阶级经济学家的根本区别就在于他以私有制的基本矛盾为研究对象，因而一下子就抓住了工人和劳动产品之间的反常关系，即“异化劳动”这一事实。一般说来劳动者和劳动产品之间有着某种天然的亲近感，因为劳动产品是对劳动者的主体性地位的确证。但是资本主义条件下工人和劳动产品之间却有着一种天然的疏离感，两者的关系是陌生乃至于对抗的。这一事实的典型性还在于它是资本主义所独有的，而并非私有制社会的普遍现象，也就是说，异化劳动的产生并非就简单地由于剥削。封建时代的农民同样受到剥削，但是他不存在同劳动产品的异化关系，农民的劳动成果被剥夺并没有使农民作为劳动创造者的地位被否定。虽然马克思在1844年还未能真正揭示出异化劳动的根源，但抓住这一重大事实无疑促成了他的科学研究。后来马克思在《资本论》中科学解释了这一反常事实：工人和劳动产品之间之所以会有这种对抗性的反常关系，就在于在资本主义生产方式中劳动力成为了商品，而劳动力成为商品是货币转化为资本的决定性条件。自此，劳动者和商品的关系就不再是创造者和被创造者那种“人和物”的关系，而是变成了商品和商品之间的关系，必须遵循商品竞争规律，表现出相互排斥、相互疏离的倾向。这样，马克思就通过资本主义社会这一最反常、最病态、最不近情理和最不可理喻的事实，打开了揭示资本主义全部奥秘的大门。

三是所谓最新大量出现，且不断增长而具有普遍化趋势的事实，此类事实预示着社会矛盾的发展趋势，是旧社会中孕育着的新社会的萌芽。这便是马克思说的所有文明国家都大量出现，所有资本主义国家都不断出现的事实，这就是现代无产阶级的产生。马克思指出：“由于在已经形成的无产阶级身上，一切属于人的东西实际上完全被剥夺，甚至连属于人的东西的外观也被剥夺，由于在无产阶级的生活条件中集中表现了现代社会的一切生活条件所达到的非人的顶点，由于在无产阶级身上人失去了自己，而同时不仅在理论上意识到了这种损失，而且还直接被无法再回避的、无法再掩饰的、绝对不可抗拒的贫困——必然性的这种实际表现——所逼迫而产生了对这种非人性的愤慨，所以无产阶级能够而且必须自己解放自己。”[②] 马克思关注工人阶级是其世界观的转折点，自此，马克思的世界观随着其对无产阶级的科学认识而成为科学。马克思把无产阶级看成是人类解放的实际承担者，就必须超越世俗的眼界，即不能把现代无产阶级仅仅看作“一无所有”的受苦人，更不能将其视为只顾眼前利益的芸芸众生。马克思在《神圣家族》中回答对于现代无产阶级的质疑时说，“问题不在于某个无产者或者甚至整个无产阶级暂时提出什么样的目标，问题在于无产阶级究竟是什么，无产阶

① 《马克思恩格斯选集》第1卷，人民出版社1995年版，第40~41页。

② 《马克思恩格斯文集》第1卷，人民出版社2009年版，第261~262页。

级由于其身为无产阶级而不得不在历史上有什么作为”。①

马克思看好工人阶级有四个理由，一是现代无产阶级是工业化大生产的产物，是社会化大生产的实际承担者，是现代社会物质财富的创造者，是先进社会生产力的代表，因此，它的本质特征不是“一无所有”，而是（如同考茨基所说的）“现代社会的养活者”。二是现代无产阶级又一本质特点，就是它是唯一与生产资料没有直接的联系的阶级，因而其解放不能通过个人直接占有生产资料的方式，而必须通过“联合起来的个人”重新拥有生产资料，这就决定了它是新的生产关系的代表，代表了社会化占有的生产关系发展的趋势。毫无疑义，历史上所有的剥削阶级都直接占有生产资料，而被剥削阶级也不同程度地与生产资料有直接的联系。奴隶作为“会说话的工具”而与其他劳动工具直接结合；农民阶级也因拥有少量生产资料而与生产资料有着直接的联系。其他阶级的阶级意识（如果有的话）都是巩固和扩大本阶级的利益，而只有无产阶级的阶级意识是“消灭阶级”，马克思也因而称无产阶级为“非市民社会阶级的市民社会阶级”②。不与生产资料发生直接联系而又是社会化大生产的实际承担者的无产阶级的大量出现，表明了社会化占有的生产关系发展的趋势，更表明了“私有制和阶级社会的解体”。三是现代无产阶级还是人类历史上第一个有文化的被剥削阶级，也是唯一可能形成阶级意识的被剥削阶级，因而是唯一可能成为革命阶级并上升为统治阶级的劳动者阶级。加上自觉的知识分子转向无产阶级革命立场以及一些破产的资产阶级分子的不断加入都给工人阶级的队伍注入了文化的血液，使得作为劳动阶级代表的无产阶级终于打破了剥削阶级对于文化的垄断。四是现代无产阶级经历了资本主义社会化大生产那样具有严密分工、严格纪律、严酷生活的训练，成为一支可以被组织的政治力量，这就是说，现代无产阶级虽然是可以“自由”出卖劳动力的自由人，但它并没有农民阶级的散漫性和奴隶阶级的依附性。这正是工人阶级可能成为革命领导阶级的重要依据。马克思正是通过这种在矛盾分析具体化上的事实分类，发现并抓住了上述三类事实，从而把握住了资本主义的“事实总和”或者“事实整体”，从而解决了如何认识资本主义这个最大的“实际”问题。

可见，“一切从实际出发”是马克思主义世界观的实际运用，其精神实质是善于抓住作为具体矛盾聚焦点的典型事实，以此展开对于矛盾的具体分析，因而是唯物辩证法的简明表述。

---

① 《马克思恩格斯文集》第1卷，人民出版社2009年版，第262页。

② 《马克思恩格斯选集》第1卷，人民出版社1995年版，第14~15页。

## 二、关于“具体情况，具体分析”

“对具体情况作具体分析”是马克思主义方法论中的又一基本命题，列宁称其为“马克思主义的活的灵魂”①。在这一问题上的主要偏差，就是把这一原则视为无党性口号，似乎“具体情况，具体分析”是任何阶级、任何政党或任何人都可以做到的一种处事技巧，或一种灵活变通的原则，而不是无产阶级及其政党特有的思想路线。实际上，这个命题不仅有严格的党性立场，而且有明确的针对性。这个命题是针对资产阶级社会所形成的抽象思维、抽象话语提出的，是打破资产阶级狭隘眼界和片面思维方法的产物。

首先，这个命题所说的“具体”，不是感性具体，而是思维具体、概念具体。关于这个方面我们通常可以看到以下两种偏向：一是用抽象的整体否定具体的部分。当戈尔巴乔夫指认“全人类的利益高于无产阶级的阶级利益”时，似乎很是理直气壮。因为无产阶级人数再多，也是人类的部分，而整体大于部分则是毋庸置疑。但是且慢，问题在于这个“全人类的利益”，自人类历史进入阶级社会以来，它就没有现实地存在过，而现实存在的是对抗的阶级利益，或以革命阶级利益为代表的多数人利益。因此，正确的提法就不是抽象的全人类利益与具体的阶级利益相比较，而是什么阶级的阶级利益更能代表大多数人的利益，什么阶级的阶级利益代表了人类发展的未来。马克思正是在这个意义上强调无产阶级的利益高于一切。进一步说，也正是存在着阶级利益的对抗，才存在着（统治阶级）用抽象的人类利益去否定某些现实利益的情形。而一旦实现了人类大同，当个人的自由全面发展与社会的进步能够协调一致的时候，用抽象的整体利益去和现实的具体利益加以比较并否定后者的思维方式也就失去了根据。可见，这种抽象性思维本身就是阶级对抗社会的产物。

二是用抽象的人性否定具体的个性。作为资产阶级社会抽象思维的典型表现，就是把体现了该社会具体历史条件下的人性状况，视为一成不变的抽象人性，并以此作为根本的价值依据。这一抽象思维方式可以达到双重功效：一是为现存的资产阶级社会辩护，使其占领“自然如此”的人性高地；另一是消解任何试图超越资本主义的努力，使其陷入“违反人性”的道义困境。但是这种把一成不变的人性视为历史的深层根据是经不起科学检验的。无论是历史科学还是自然科学都证明，人性是人类文明进化的结果，因而不同的文化背景、不同的历史阶段也就呈现出人性的不同状况。比如资产阶级话语体系中最为重要的“自

① 《列宁选集》第4卷，人民出版社1995年版，第213页。

我”及其引申出的人权、民主等价值，就不仅存在着东西方文化上的重大差异，而且存在着生理基础上的差异。“阿姆巴迪认为，文化神经系统科学的确促进人类的有关认识。她说，‘自我/母亲’方面的发现‘证明了集体主义文化中自我与（你所亲近的人）之间的强有力的重叠，以及个人主义文化中自我与他人之间的分离，因此将有关分析推进到大脑水平上是十分必要的’。尤其是，这种分析能显示出文化差异的根本性，诸如人权、民主等‘普世’概念可能并不是放之四海而皆准的东西。”① 从马克思主义的观点看，人性不是社会矛盾的根源，而是其表现；不是人性创造历史，而是历史改变人性。

可见，用抽象的人性去解释社会现象，本身就是资产阶级的思想统治方式，因为资产阶级社会是真正的抽象化社会。“抽象性”在真正意义上构成了资本主义社会的本质。就经济过程而言，资本主义市场经济使得劳动抽象化，“劳动一般”正是这种状况的写照。与此相应就是人的抽象化以及思维方式的抽象化，而抽象观念的统治则是社会的自我认同方式。由此我们就可以知道，为什么不能用所谓“普世价值”去解读我国的抗震救灾行动，而必须唱响“社会主义好、共产党好、伟大祖国好、改革开放好、人民军队好、各族人民好”这六好。把本来属于社会主义制度性因素的成就归结于抽象人性（所谓“人类大爱”一类）和“普世价值”（所谓“人权的力量”一类），除了制造混乱和别有用心，没有其他可能。用抽象的人类爱心去解读当代中国的救灾成果，不仅不符合中国今天的事实，也不符合中国历史的事实。至少近代以来，我国民众的爱心就常常无从表现。鲁迅笔下国民的那种冷酷、麻木、涣散、愚昧，决不是文学上的夸张，而是历史的真实。因此，即便是爱与人同在，我们也还是不得不去具体分析在什么样的历史条件下，这种爱可以表现、可以弘扬，而在什么样的历史条件下，这种爱会被压抑、扼杀乃至扭曲。这样，我们就不能不突破“爱”和人性的空洞议论，去面对具体的历史矛盾和问题，从中才能得到真理性的认识。

因此，要做到“具体情况，具体分析”，首先，需要能够进行具体分析的认识和实践主体，即能够摆脱资产阶级社会“抽象性”的社会力量。在马克思主义看来，这种社会力量就是现代无产阶级。我们在前面已经阐明，尽管现代无产阶级也处在资产阶级社会的异化和拜物教的魔咒中，但其历史地位决定其不仅具有揭示现代社会真相的要求，而且具有认识并实践现代社会发展规律的条件，因而最终必然能够冲破资产阶级的思想牢笼，成为自己解放自己的社会力量。

其次，需要提出可以进行具体分析的“问题”，这就是马克思主义强调的“改变世界”的问题。没有改变世界的追问，必然会把存在的东西作为当然的前

① 沙伦·贝格利：《西方的大脑，东方的大脑》，《新闻周刊》，2010年2月18日。

提，其讨论问题就必然只在解释现象上兜圈子，而与真正的现实相隔阂。这就不可能达到对于世界的规律性认识，具体分析也就无从谈起。"这些哲学家没有一个想到要提出关于德国哲学和德国现实之间的联系问题，关于他们所做的批判和他们自身的物质环境之间的联系问题。"因此，"哲学家们只是用不同的方式解释世界，而问题在于改变世界"。①

再次，需要能够进行具体分析的具体概念。概念具体是指能够正确把握和历史再现客观存在的思想范畴，这就决定了它必然是以对立统一为特征的矛盾概念，而不是孤立、静止的范畴。"要做到具体，首先要创立能够'具体分析'的世界观、历史观和方法论，以及相应的概念、范畴，这就是唯物辩证法、历史辩证法及其基本范畴，最为主要的是'生产关系'、'工人阶级'、'共产党'等核心范畴。有了生产关系的概念，人类社会的矛盾运动规律才得以发现，生产力和生产关系的矛盾运动这一社会变革的源泉才得以揭示，对于不同社会形态的区分以及深入每一社会形态的具体分析才得以可能。有了'工人阶级'的概念，超越资本主义社会的人类解放才有了现实的实践形式，冲破资产阶级社会'抽象性'的具体分析才有了实践的历史主体，批判资产阶级'普世价值'才有了实质性的具体内容。有了'共产党'的概念，真正区别于一切旧式政党的、人民群众自己解放自己的最高政治形式才得以确立，工人阶级作为自为阶级和历史主体的领导作用才得以实现，足以与资产阶级世界观抗衡的共产主义思想体系才得以实践。可见，'对具体情况作具体分析'不是任何人、任何思想体系都能做到的，其实质就是实事求是。它是马克思主义和工人阶级世界观的特质和活的灵魂，其锋芒所向，直指资产阶级社会的抽象性，根本颠覆了作为'普世价值'的资产阶级思想统治。"②

最后，具体分析还是一个不断认识新情况、解决新矛盾的过程。如果说概念具体在于其能够再现事物的过程性存在的话，那么把握具体概念就必须深入到现实的矛盾性关系中。不深入到事物的矛盾内部认清矛盾的主次及主次方面，认清矛盾的发展规律，就不可能做到具体情况具体分析，而这"深入"就要求我们要通过科学实践、实验总结、实际调查等方式去进入实际。如果说"一切从实际出发"强调的是事物的客观真实性、规律性的方面的话，那么，"具体分析"则强调的是事物在思维中的准确再现。只有把握思维的进程是从抽象上升到具体，并通过具体这一许多规定的综合，才能在思维中再现实在和具体现实。"后一种方法显然是科学上正确的方法。具体之所以具体，因为它是许多规定的综合，因而是多样性的统一。因此它在思维中表现为综合的过程，表现为结果，而不是表

① 《马克思恩格斯选集》第1卷，人民出版社1995年版，第66页、第61页。

② 侯惠勤：《我们为什么必须批判"普世价值"观》，《马克思主义研究》2009年第3期，第9页。

现为起点，虽然它是现实的起点，因而也是直观和表象的起点。在第一条道路上，完整的表象蒸发为抽象的规定；在第二条道路上，抽象的规定在思维行程中导致具体的再现。”①

可见，“具体分析”有两个过程：一是深入实际，这其实是一个拆分实际、梳理问题、发现本质的过程；二是解决实际，这其实是一个综合整理、形成思路、解决问题的过程。因此，“具体分析”就是用具体概念还原现实，其实质是体现理论的彻底性，抓住事物的根本，形成可以说服人并用以指导实践的科学理论。所以，“具体分析”和“一切从实际出发”一样，都是唯物辩证法和历史辩证法的概括和体现，但前者更为强调的是理论自身的创新发展、理论把握现实的能力，而后者则更强调认识和行为的客观制约性以及对于客观规律的遵从。

## 三、关于“历史和逻辑相一致”

“历史和逻辑相一致”是马克思主义方法论的又一基本命题。前面的两大命题可以说都是根本属性判断，而这个命题的独特性就在于它是矛盾关系性判断。矛盾关系性判断的复杂性就在于它不仅要论证对立面的统一，而且要论证相统一的基础。如同“思维与存在的同一性”存在着唯物论和唯心论两种不同的回答一样，历史和逻辑相一致也不仅存在着能否一致的分歧，而且存在着如何统一的分歧。实际上最早提出这个方法论原则的是黑格尔，他提出这个方法原则主要是为了解决“理性”把握历史规律的可能性的问题。

黑格尔把对历史的认识分为下述三类：一是原始式的历史记录，即试图通过具体叙事方式而再现具体真实的历史。这种纯客观叙事的历史只能对历史作表象的、局部的认识，最多做到故事真实，而不能达到对于历史整体的认识，因而不能达到历史的真实。二是反思式的历史，即从一定的思想观念出发，对历史事实进行鉴别评价取舍。各种史论性质的著作便是这类历史认识的表达。但此类历史往往是主观性的表现，因为它总是观念先行，所以不能客观地再现历史的整体。三是哲学的历史，即通过逻辑的方式再现历史，也就是历史和逻辑相一致，这是整体性地把握历史真实的唯一方式。

历史和逻辑相一致不是直观的结果，而是思维的创新。从现象上看，历史和逻辑存在着内在的冲突：历史是多线条的，而逻辑则是单线条的；历史是感性的、跳跃的和充满偶然性的，而逻辑则是理性的、环环相扣和由必然性支配的；如此等等。黑格尔为解决这一难题，进行了两个设定：一是设定其站在历史的制

① 《马克思恩格斯全集》第12卷，人民出版社1962年版，第751页。

高点（终点）上面对历史，因而其逻辑再现的历史是以往的历史。正因为如此，黑格尔的历史观不预言未来，而只是回溯和反思历史，是在黄昏才起飞的“密纳发头上的猫头鹰”。对此，我们过去单纯地将其视为黑格尔哲学的保守性，现在看来这并不完全。面向过去，而不愿面向未来，固然有其保守的一面，但黑格尔因此也回避了历史的多线条和逻辑单一性的冲突，因为尽管历史是多样乃至多元的，但已经过去的、成为现实的历史却是单一的，换言之，历史的多样性是就其未来和可能性来说的，而不是从其现实性上说的。二是设定其逻辑为辩证逻辑，而非形式逻辑。黑格尔认为哲学概念不是单质的，而是异质性的统一体，即每个范畴都是包含着矛盾的对立统一体。由于概念自身存在着“差别的内在发生”，存在着自我发展的源泉，因而其本身就不是僵死的、凝固的，而是活生生的、不断过渡、转化和自我更新的。正是这种具有历史过程性的、动态的辩证逻辑，成为追踪现实历史和再现历史真实的理论基础。如果说黑格尔较为成功地解决了历史和逻辑可以一致的问题的话，那么他并未解决两者如何一致的问题。当他把逻辑人格化，以逻辑过程取代历史发展时，就不可避免地要受到历史的惩罚，其逻辑体系必然难逃在历史的真实进程中解体之命运。

马克思是如何解决这一难题的呢？马克思站在彻底的唯物主义立场上，打破了黑格尔为求得逻辑上的自恰而自我封闭的理论立场，使哲学不是面对以往的历史，而是面向未来、向实践开放，把历史和逻辑相一致奠立在唯物史观的基础上。这就需要面对历史和逻辑相对立的方面，从对立中揭示其相一致的根据。可见，在马克思看来，历史和逻辑相一致就是揭示历史的客观逻辑，是以逻辑的方式再现历史发展的客观规律。因此，不了解马克思主义的全部理论精华，历史和逻辑相一致就是空话。我们这里仅就马克思如何克服历史和逻辑的对立做一简要的阐发。概括地说，马克思就此提出了三大原则：

一是“通过批判旧世界发现新世界”① 的原则。在面向历史未来的多种可能性中，如何确定其客观趋势及未来社会的基本特征，靠人道理想（如费尔巴哈）不行，靠逻辑精神（如黑格尔）也不行，只能靠解剖旧世界去发现新世界。必须指出，马克思在这里用的是“批判”，但不是通常意义上的否定性研讨，其精神实质是我们在前面说过的“具体分析”，即着眼于历史必然性的批判、寻找其产生、发展和灭亡的具体条件。因此，“从批判旧世界中发现新世界”的原则也可称为必然性批判原则。黑格尔曾把这种辩证批判视为历史必然性的具体展开。“这种具体的普遍性包括着它自身一切发展出来的形态和方面，在这些形态和方面里，精神是并且将成为符合理念的对象。所以精神对于它自身的思维的认识，

① 《马克思恩格斯文集》第10卷，人民出版社2009年版，第7页。

同时就是那充满了发展的全部实在的进展。这种进展并不是通过个人思想，表现在个人意识里的进展，而乃是具有丰富形态，揭示其自身于世界史中的普遍精神的进展。"① 列宁就此作了如下评注："'现实的诸环节的总体、总和，现实在展开中表现为必然性。'现实的诸环节的全部总和的展开（注意）＝辩证认识的本质。"② 因此，"批判旧世界"决不是先入为主的否定，而是把旧世界纳入整个世界历史的发展进程考察，从必然推动其产生和发展的历史条件中，确定其必然被取代的历史根据，以及新社会的基本特征。最终，马克思通过生产力和生产关系矛盾运动规律的发现，揭示了资本主义兴起、兴盛和衰落的历史必然性。

二是内在否定的原则。正如黑格尔指出的："发展的原则包含一个更广阔的原则，就是有一个内在的决定、一个在本身存在的、自己实现自己的假定作为一切发展的基础。这一个形式上的决定，根本上就是'精神'，它有世界历史做它的舞台、它的财产和它的实现的场合。"③ 发展的必然性可以合理地推出内在的决定性，因而着眼于必然性上的否定就一定会承认内在否定的意义。事物都是自我运动、自我实现，同时也是自我否定、自我毁灭的，而且这两种倾向的推动力是一个。推动资本主义发展的内在因素既是资本主义赖以生存和发展的基础，也是其丧失历史合理性的内在根据。资本主义曾以令人吃惊的魔力呼唤出前所未有的巨大生产力，然而，"资本的发展程度越高，它就越是成为生产的界限，从而也越是成为消费的界限，至于使资本成为生产和交往的棘手的界限的其他矛盾就不用谈了"④。资本主义的巨大力量来自其永不停息的扩张，把一切地域和历史要素卷入自身的发展，从而真正开创了世界历史。但是，"资本不可遏止地追求的普遍性，在资本本身的性质上遇到了限制，这些限制在资本发展到一定阶段时，会使人们认识到资本本身就是这种趋势的最大限制，因而驱使人们利用资本本身来消灭资本"⑤。

这是因为，资本的活力在于剩余价值的生产，为了获取超额利润和更多的剩余价值，它必须一方面不断地扩大再生产，另一方面尽可能压缩生产成本，尤其是挤压可变资本。这既是资本的本性也是其活力所在。这样，资本在其发展中，就遇到了两个自身制造，因而自身无法克服的矛盾：第一，资本的发展需要无限广大的市场，需要不断扩大的需求，然而它对于剩余价值的无度攫取又必然造成市场的不断萎缩。资本主义发展数百年始终无法解决的"两极分化"，就是这一

---

① 黑格尔：《哲学史讲演录》第1卷，贺麟、王太庆译，商务印书馆1983年版，第37页。

② 《列宁全集》第55卷，人民出版社1990年版，第132页。

③ 黑格尔：《历史哲学》，王造时译，商务印书馆1963年版，第95页。

④ 《马克思恩格斯全集》第30卷，人民出版社1995年版，第397页。

⑤ 《马克思恩格斯全集》第30卷，人民出版社1995年版，第390～391页。

矛盾的突出表现。第二，是资本的发展需要不断的技术创新来支持，而技术创新的基础在于高素质（包括人文素质）的人，而资本的主导性逻辑恰恰使人物化，资本家成为人格化的资本，劳动者遭受物役化，拜物教作为生存方式等等，使人的异化问题日益严重。资本在摧毁了人的全面发展的同时，也摧毁了自身发展的创新基础。

三是制高点批判原则，马克思用人体解剖对猴体解剖的意义形象地说明了这一原则的方法论意义，即“人体解剖对于猴体解剖是一把钥匙”①。所谓的制高点不是黑格尔的历史终点，而是每一历史阶段和时代条件下的制高点，因此这是一个相对且持续不断的要求。认识任何事物，总是发展越成熟，才能看得越透。尤其是认识资本主义这样的世界性现象，必须要有世界历史的依据。因此，马克思主义本质上不是德国一国的产物，而是国际的产物，是英、法、德等当时最为成熟的资本主义地域的产物。但是，也不能由于资本主义后来还在发展就否定马克思批判资本主义的资格。这不仅由于资本主义是个统一体，其基本矛盾从一开始就存在，而且其不同发展阶段也有连贯性，每一阶段的相对真理都包含绝对真理的颗粒。成熟是相对的，只要是站在某一具体历史条件下的制高点去把握对象，就能获得真理性认识，就能揭示历史的某些客观趋势。我们也就要站在这个相对成熟的社会形态发展阶段的制高点来进行批判。制高点原则没有剥夺任何历史条件下人们认识历史真理的权利，相反，它表明了马克思主义与时俱进的理论创新取向。

## 四、关于“理论与实践相结合”

“理论与实践相结合”是马克思主义方法论的又一重要的矛盾关系性命题。这一命题比“历史和逻辑相一致”更为深入之处在于，它不仅涉及主客观关系，而且涉及主体间关系。在讨论这个马克思主义方法论的命题之前，要有一个前提性认识，那就是理论与实践既然作为矛盾关系，就必然既相互依赖、相互转化，又相互对立、相互排斥。之所以要提出这个问题，就因为现在存在着两种很普遍的偏向：一是只认为理论依赖实践，而不承认实践对于理论的依赖性；二是认为理论和实践只有一致性，而没有相互对立和排斥。因此，解读理论和实践相结合这一命题，首先要论证两者的矛盾关系是否成立。没有这样一个前提，就谈不上两者的结合问题了。

实际上，马克思主义经典作家在强调实践的基础性地位的同时，从来不否认

---

① 《马克思恩格斯选集》第2卷，人民出版社1995年版，第23页。

实践对于理论的依赖。列宁明确指出："没有革命的理论，就不会有革命的运动。""只有以先进理论为指南的党，才能实现先进战士的作用。"① 邓小平在谈及马列主义、毛泽东思想的巨大作用时也留下了掷地有声的名言："没有毛主席就没有新中国，这丝毫不是什么夸张。""没有毛泽东思想，就没有今天的中国共产党，这也丝毫不是什么夸张。"② 尽管理论依赖于实践和实践依赖于理论不能等量齐观，但其作为矛盾关系在具体实践中的相互依赖则是无疑的。

进一步说，人们之所以容易忽视实践对于理论的依赖性，还在于没有真正弄懂理论所具有的独特作用。人们往往片面地去理解列宁关于"实践高于（理论的）认识，因为它不但有普遍性的品格，而且还有直接现实性的品格"的论断，因而把实践视为无所不能、自满自足的力量，当然也就谈不上实践对于理论的依赖性了。但是，列宁这里讲的实践的普遍性品格只是一种可能性，其成为现实恰恰离不开理论的作用。因此，有必要谈谈为理论所独具的一些品格。理论不可替代的独特作用，概括起来有二：一是其所具有的前瞻性、预见性，使之能够成为凝聚人心、团结队伍的力量源泉，成为自觉的实践活动不可或缺的思想指导；二是其所具有的全面性、普遍性，使之能够成为对感性经验进行鉴别取舍、提炼加工的思想工具，成为把局部实践上升为规律性认识并转化为普遍性实践的唯一方式。正因为如此，理论就不仅能够反映实践的需求，而且能够通过创新实践去满足这种需求。可见，自发的实践可以不依赖于理论，而自觉的实践则必然依赖于理论；重复性实践可以不依赖于理论，而创新性实践则断然离不开理论的指导。从所有的理论都无例外地依赖实践，而并非所有实践都依赖理论来看，理论和实践的相互依赖是不对等的；但在理论和实践共存的范围内，两者的相互依赖则是毋庸置疑的。

与此相应，那种认为理论和实践只有一致性而没有冲突性的偏向，其结果不是促使理论和实践相结合，而是以僵死的"同一"取代了矛盾的统一，即单方面的依从代替了相互作用。现在我们看到，理论和实践相结合不仅是实践中的难题，从理论上看也不易统一：一是理论和实践在现实依托上的差异。实践立足于直接现实性，历史的过去是其活动所无法改变的前提，其对于过去的作用只能通过创造未来去体现，因而它毫无疑义地垂青于未来；而对于实践来说，历史的过去却由于其是一种较为确定的存在而获得了理论的钟情，因为任何科学理论的对象必定以其自身的确定性为前提，因而理论即便面对未来，其依据也在于对过去的科学把握。"这样，对于任何可能的历史学来说，在知识和行动、理论和实践

① 《列宁选集》第1卷，人民出版社1995年版，第311～312页。

② 《毛泽东邓小平江泽民论世界观人生观价值观》，人民出版社1997年版，第300页。

之间，总会有一种固有的分裂”。[①] 二是理论和实践在价值取向上的差异。理论作为具有一定逻辑体系的存在，是以对历史必然性的把握为其基本内容的，因而无疑地偏爱真理性的科学原则；而实践作为一种具有直接现实性的感性活动，“真”似乎已不是问题，关键在辨别“善恶”，这就需要一种理想的价值坐标，以判别人们的行为，扬善惩恶，因而无疑地偏爱“至善”原则。这样，在历史实践和理论分析中，人们都难以回避历史尺度和道德尺度的经常性冲突。三是理论和实践在主体依托上的差异。粗看起来，理论和实践的统一实行起来并不困难：“思想提供对过去的理解，以便指导我们的行动，行动则体现了思想的转化，使思想融化在我们对未来的创造。”[②] 但是，思想和行动、过去和未来的这种统一要有一个前提，即统一的历史主体的存在。如果没有这个前提，致使思想和行动分属于两部分人，就难免形成难以协调的矛盾：“这是其生命活动决定着实践的男女大众与掌握着理论的少数男人女人之间的关系”[③]。这样，在实践中，“统一”的结果往往是“一方支配一方”：或者是理论“指令”实践，即某些领导者意志操纵群众行动的方式。或者是行动支配理论，即理论成为某些盲目实践的附庸并充当其辩护工具的方式。这种“同一”，不仅不能使双方因互补而相得益彰，而且由于其失去相互钳制而必定造成危害。以上矛盾关系是我们在贯彻理论和实践相结合原则时必须时刻关注的问题。

（编辑整理：黄凤琳）

① 佩里·安德森：《西方马克思主义探讨》，人民出版社 1981 年版，第 136 页。

②③ 海尔布隆纳：《马克思主义：赞成和反对》，中国社科院情报所 1982 年版，第 51 页。

# 马克思主义意识形态思想及其现状

金民卿

2009 年 11 月 16 日

**金民卿**

中国社会科学院研究生院马克思主义研究系副教授

**摘　要：**本文在罗列历史上各种意识形态思想后，回顾了马克思主义意识形态思想的形成和发展过程，分析了马克思主义意识形态理论和社会主义意识形态理论的基本内涵。在此基础上，本文总结了当今中国意识形态领域里发生的新变化和出现的重要问题，并给出了应对策略。

**关键词：**马克思主义意识形态　社会主义意识形态

要在中国搞好社会科学研究不能不关注当代中国的现实；要在总体上了解当代中国的现实，就不能不对当代中国的主流意识形态思想有一个大致的了解；要大体上了解当代中国的意识形态思想，就不能不对马克思主义意识形态思想有一个大致的了解；要了解马克思主义的意识形态思想，就不能不对意识形态思想的来龙去脉有一个基本的了解。我们的问题也就从这里展开。

## 一、众说纷纭的意识形态

正如大卫·麦克里兰在其名著《意识形态》开篇之初就指出的那样，意识形态本身具有极端的复杂性，在整个社会科学中是最难以把握的概念，是一个基本内涵存在争议的概念，是一个定义存在激烈争论的概念。[1]

### （一）托拉西的意识形态概念及其内在冲突

截止到目前，学术界公认，法国哲学家托拉西是“意识形态”一词的最早提出者。在托拉西那里，意识形态就是意识科学，是一门研究认识的起源、界限和可靠性程度的学问。意识形态作为一种关于认识和观念的真正科学，是建立在彻底的经验论基础上的正确的社会意识和思想，与错误的、先验论的宗教和信仰等非科学的观念是相反的。

很显然，托拉西的意识形态思想已经留下了将来意识形态领域冲突的种子。一方面，既然意识形态是科学，是关于人类社会发展的普遍的精神观念，意识形态学家是社会发展的引导人，那么意识形态就不应该带有任何偏狭性，就不应该只是特定人群或阶级的利益的体现。另一方面，既然意识形态是非常现实的和直接走向实践的，是与社会改革直接相关的，是社会实践的引导者，那么这种引导社会改革实践的思想观念是站在什么人的利益方面的，它代表着哪些人的利益？在现实的社会关系中，人是分为不同的群体和阶级的，人的利益不是统一的，那么就必然存在着思想代表不同利益的情况，不可能有代表人类普遍利益的意识形态，所以任何意识形态都是具有偏狭性的，而有偏狭性的意识形态就不可能成为真正的科学。

然而，正是这种源头上的多元发散性，造成了意识形态问题在日后的纷争。

### （二）近代意识形态概念的模糊性

托拉西之后，意识形态的争论就已经开始。黑格尔推出了一种泛意识形态化的思想，青年黑格尔派思想家站在小资产阶级立场上，虽然反对封建主义的思想意识形态，但是对资产阶级及其意识形态却难以把握其本质。马克思和恩格斯站在无产阶级的立场上，用新的科学的世界观，对资产阶级意识形态给予了激烈的批判，他们指出，资产阶级的思想家都是站在本阶级的立场上来谈论资产阶级意识形态的科学性和全人类性，这就是资产阶级意识形态本身的虚假性问题，资产阶级的意识形态家把本阶级的利益说成是代表全人类的利益，这自然不是真实的，不是科学的，因而从科学上讲是虚假的、是片面的、是违背经验论的；从政治上讲，是欺骗性的，是维护本阶级利益的；从历史上讲，是暂时的而不是永恒的。在批判资产阶级意识形态的过程中，他们创立了马克思主义意识形态理论。

### （三）现代意识形态概念的混杂性

在当代社会，意识形态是一个高度泛化的概念。意识形态已经渗透到人类生活的各个角落，渗透到日常生活的各个层次，渗透到文化、学术、政治等方方面面。也正因为如此，意识形态概念存在着极大的不确定性和语义的含混性。

人们从不同的角度给意识形态下定义，但是没有统一的定义。撒姆纳曾经在《马克思主义的意识形态和法律理论探讨》中列举了10种意识形态概念：第一，基于虚假意识的信仰体系，虚假意识的根源在于阶级利益；第二，基于乌托邦幻想而形成的思想体系，乌托邦幻想的根源在于个人旨趣；第三，根据事物的表象而形成的错误观念；第四，任何系统化、体系化、标准化、制度化的思想体系；第五，基于特定的生产方式和经济结构而形成的思想意识；第六，排斥理论探寻而一味追求实用性的不科学的信念；第七，人们在无意识中幻想出来的与现实世界的种种关系；第八，思想领域中的各种阶级斗争活动；第九，具有政治意味和政治效果的社会实践活动；第十，一种独特的社会实践活动，个人凭此生存于社会整体之中，并切身感受自己与整体之间的关系和社会的“真实”状况。[2]显然，这10种概念只是把理论史上曾经出现过的主要的概念进行梳理，但是仅仅是梳理就已经显示出概念本身的繁杂性，而且作者也没有能够给出一个他自己认为满意的意识形态定义。

著名的西方马克思主义理论家伊格尔顿在《意识形态引论》中，也归纳了六种意识形态定义：第一，一个社会的信仰体系；第二，特定集团或阶级的世界观；第三，一集团谋取利益的合法化工具；第四，把人民统一在一个统治强权下的方法；第五，维护统治集团的欺骗性话语；第六，由社会自身滋生出来的虚假性或欺骗性信仰。显然，他也是把不同学派、不同理论家的观点进行归纳，而不是自己下定义。

概念本身的不确定性，自然也造成了分类上的困难。在理论史上，不同的理论家根据自己的理解，对意识形态进行了不同的分类，如果细究这些分类也许会把我们引入更为复杂的理论境遇当中，因此我们仅仅来看一些具体的例子就可以了。高斯在《批判理论的观念：哈贝马斯与法兰克福学派》中，提出了三分法，即中性的、贬义的、褒义的意识形态。[3]曼海姆在其意识形态名著《意识形态与乌托邦》中提出了特定意识形态和整体意识形态的区分。阿尔都塞在《意识形态和意识形态国家机器》中提出了意识形态一般和具体意识形态的区分。也有人提出了认识论、社会学、心理学、文化学意义上的意识形态的四分法等。诸如此类，不一而足。

## 二、马克思主义意识形态的基本内涵

理论越是复杂，我们就越需要寻找最科学的理论支点。马克思主义的意识形态理论就是我们的理论支点。

马克思首先在《神圣家族》中使用了意识形态的概念，而后在《德意志意识形态》中对意识形态问题进行了全面分析，当然我们在研究马克思创立意识形态理论过程的时候，应该把《德意志意识形态》、《神圣家族》、《1844年经济学哲学手稿》、《黑格尔法哲学批判导言》等著作联系起来理解。马克思的意识形态思想首先是从批判开始的，正是这种批判的视角使马克思的意识形态思想同托拉西、拿破仑、黑格尔等的意识形态思想，既具有历史的连续性，同时也显示出马克思主义特有的创新性。

马克思对意识形态的批评，不是像拿破仑那样仅仅是感情色彩的批评，而是提高到了世界观的高度，提高到了阶级斗争的高度。第一，批评了德意志意识形态、青年黑格尔派思想观念的唯心主义性质。他们不是从现实出发而是从观念出发，不是揭示了现实本身的实在状况而是掩盖了现实的真相，因而是虚假性的理论。这是从认识论、知识论和世界观角度进行的批判。第二，马克思还从政治学、阶级斗争的角度批判了剥削阶级意识形态。剥削阶级为了自己的阶级利益，掩盖事物的真相，欺骗社会大众，欺骗被剥削阶级，宣称他们代表了普遍利益，代表了全人类的利益，而其实是为了自己阶级的利益。因而，剥削阶级意识形态是伪善的，是欺骗性的，是虚假性的。第三，马克思还从唯物史观的角度揭示了这种虚假性的意识形态产生的社会根源。第四，马克思指出了对这种颠倒的意识形态打倒的方式就是推翻现存的不合理的社会秩序、社会制度，推翻颠倒的意识形态产生的社会基础，而这种打倒的承担者就是无产阶级。第五，在打倒这种颠倒的世界的过程中，工人阶级需要新的理论指导，这种理论应该是正确、科学反映现实的理论，这就是马克思主义的新的世界观，就是无产阶级意识形态。

马克思和恩格斯之后，列宁、毛泽东等马克思主义思想家，对意识形态的概念、性质、功能等都给予了详细分析，从而形成了马克思主义意识形态的基本思想。在列宁看来，意识形态是一个中性概念，意识形态就是思想体系，无所谓真假。不同阶级有不同阶级的意识形态。这种意识形态的概念，是恩格斯的意识形态概念的继承和发展。列宁意识形态思想中的一个重要内容，就是意识形态的阶级性。意识形态的性质取决于它所从属的阶级的性质，先进阶级的意识形态是先进的，而落后阶级的意识形态则是落后的。无产阶级意识形态同资产阶级意识形态的斗争，是资本主义时代意识形态斗争的格局。毛泽东在列宁思想的基础上，特别强调意识形态建设问题，强调思想政治工作是党的各项工作的生命线，创立了富有特色的思想政治工作理论。[4]

从历史观的基本问题来看，意识形态是社会意识的一个重要组成部分，它是系统地反映特定社会经济形态和政治制度的思想体系。社会意识是社会中的人群集合体，诸如阶级、团体、民族等，是对社会生活的一种反映，它包括了与日常生活联系比较紧密的、低层次的社会心理内容，社会心理带有自发性和不系统性，但是与人们的生活内在相关。社会意识同时也包括了具有理论形态的、理论化的系统化的社会意识形式，诸如政治法律思想、文学艺术、道德、科学、宗教、哲学等。而意识形态就是在这种系统化的社会意识形式中排除了自然科学的内容，它是对特定的社会经济形态和社会政治制度的反映，具有强烈的阶级性和政治性。

从社会结构层次上来看，意识形态属于上层建筑的范畴，它是在经济基础之上产生并反映特定的社会经济基础的。意识形态是关于特定的社会经济形态、社会政治制度和社会生活方式的一种系统化了的思想观念体系，旨在解释世界和改造世界，是指向某种目标和理想的、把一种特定的社会立场合理化或正当化的思想观念体系，是人们对世界和社会的系统的看法、见解、信仰和追求，哲学、政治学、社会学、新闻学、法学、史学、文艺学、宗教学、伦理学，包括经济学中涉及生产关系的思想理论观点等都是它的具体表现。

从阶级性质上来讲，意识形态是反映和维护某一特定阶级利益关系的思想体系。当然，在我们强调意识形态的阶级性、政治性的同时，我们也必须看到意识形态本身的文化传承价值。

作为社会存在反映的意识形态，首先受到社会存在的决定，因此对社会存在具有依赖性，同时作为相对独立的社会范畴，意识形态也具有自身的相对独立性，对社会存在具有强大的反作用，这是意识形态的最突出的特点和最根本的特征。另外，在其发展存在的过程中，意识形态还具有稳定性、连贯性、渗透性、实践性等特点。

## 三、社会主义意识形态的基本内涵

概括地说，社会主义意识形态是马克思主义意识形态和无产阶级意识形态的历史发展，是社会主义经济和政治实践的观念反映，是社会主义观念上层建筑的重要组成部分，是社会主义制度的思想保证和理论维护力量，是社会主义条件下最广大人民群众利益的集中体现，是人民群众从事社会主义革命和建设伟大事业的重要理论武器。

### （一）无产阶级革命意识、建设意识、领导意识的统一

早在马克思主义产生的时代，马克思就明确指出，人类解放的“头脑是哲学，无产阶级是哲学的心脏”。[5]社会主义意识形态不是凭空产生的，它首先是历史发展的产物。马克思主义意识形态思想告诉我们，任何意识形态思想都具有历史继承性，都是在前代思想的基础上结合当代实践而产生发展起来的，社会主义意识形态也是这样。从历史的角度来说，社会主义意识形态是马克思主义意识形态思想的必然发展形态，是无产阶级意识形态历史发展的必然结果，是无产阶级革命意识、建设意识、领导意识的统一。

（1）革命意识是社会主义意识形态的本质特征。社会主义意识形态一经产生就与无产阶级的革命实践密切相关，其根本的目的就是要指导无产阶级通过社会主义革命，推翻旧的统治，建立新的无产阶级专政的政权，革命是社会主义意识形态的根本出发点。马克思主义的一个著名的论断就是，“革命是历史的火车头”。革命的根本目的就是打破旧的生产关系的束缚，为生产力的发展铺平道路，解放和发展生产力。而且，我们在理解社会主义意识形态的革命意识的时候，必

须对革命有一个正确的全面的理解，所谓革命，并不仅仅指的是暴力革命，从哲学的意义上，它的含义更为宽泛，它实际上就是扬弃，就是推陈出新，就是与时俱进，只要社会主义意识形态还存在着，它发展的道路就不会中断，它前进的步伐就不会停止，它的革命性就永远存在着，在这个意义上，革命意识是社会主义意识形态与生俱来的本质特征。值得注意的是，在当前的学术界，大有一种抛弃革命、攻击革命、嘲讽革命的势头，似乎一讲革命就是保守，就是落后，就是跟不上历史的发展，乃至于就是“左”的思潮。其实，这是对革命概念的无知。

（2）建设意识是社会主义意识形态的必然内涵。社会主义革命的最终指向不仅仅是打破旧的社会制度，而是要建设一个新的社会制度，建设是社会主义革命和社会主义建设运动的根本所在，是它的最终目的指向。尤其是社会主义制度建立之后，社会主义意识形态的主要功能就是通过舆论的、精神文明建设的途径，统一人们的思想，引导人们的行动，把广大人民群众的力量凝聚到建设社会主义、实现共产主义的伟大事业中。如果说革命是社会主义意识形态的出发点，那么建设就是社会主义意识形态的目的指向，不弘扬和发展建设意识，就失去了社会主义意识形态的长久的生命力。正是在这个意义上，我们党历来强调建设问题，发展问题。早在新民主主义革命时期，我们党就提出改造中国的建设方案，并以这种方案来引导中国革命的实践。新中国成立后，我们党大胆探索社会主义建设的道路，经过艰难曲折，我们终于探索出了一条中国特色社会主义的道路，形成了中国特色社会主义理论体系。

（3）领导意识是社会主义意识形态的根本属性。通过社会主义革命，推翻了旧的剥削阶级的统治，建立无产阶级专政的政权，无产阶级从被统治阶级的地位上升为统治阶级，成为整个社会政治、经济、文化、社会建设的组织者、领导者，成为带领广大人民群众建设社会主义、实现共产主义的领导力量。社会主义意识形态作为无产阶级的意志体现，必然要服务于无产阶级的这个实践任务，通过文化舆论和思想整合的途径，把无产阶级的意志灌输到整个社会，使整个社会的行动统一到无产阶级的目标和行动上来，使无产阶级的领导意志真正转化为全社会的行动，这样无产阶级的领导才能真正落到实处。

### （二）社会主义观念上层建筑的重要组成部分

任何意识形态都是特定的经济基础和政治制度的观念反映，社会主义意识形态也不例外。毛泽东早在20世纪40年代就已经指出，“文化革命是在观念形态上反映政治革命和经济革命，并为它们服务的”。[6] 在我国社会主义革命和社会主义建设的不同的历史阶段上，我们都在坚持马克思主义意识形态基本思想的同时，根据经济基础和社会政治制度的具体变化，形成并发展了社会主义意识形态的新的内容，这些内容无疑都是特定时期经济基础和政治制度变化的产物，是它们在观念形态上的反映。

就其与上层建筑的关系而言，社会主义意识形态是社会主义上层建筑的重要组成部分，属于社会主义思想上层建筑部分。从社会结构的角度分析，任何社会都包含着一定的经济基础以及建立其上的上层建筑，而上层建筑又分为物质上层建筑和观念上层建筑两个部分。所谓物质上层建筑主要是指一个国家的军队、警察、法庭、监狱等国家暴力机器，所谓观念上层建筑则主要是指这个社会的意识形态内容。毛泽东在《关于正确处理人民内部矛盾的问题》中，就明确指出，我国的上层建筑，不仅包括了“人民民主专政的国家制度和法律”，同时也包括了“以马克思主义为指导的社会主义意识形态”。[7] 邓小平在改革开放之初，提出了著名的四项基本原则，其中不仅讲到要坚持人民民主专政的国家制度，坚持社会主义道路，坚持中国共产党的领导，同时也要坚持马克思主义，也就是说，社会制度、国家制度、党的领导和社会主义意识形态，都是我们的上层建筑，它们都是不可忽视的。

社会主义意识形态不是单纯的理论内容，不是空洞的教条，而是与社会主义制度密切联系的思想体系，是社会主义制度的强大维护力量，在社会主义革命和建设中发挥着重大作用。在20世纪50年代，毛泽东就明确指出过，包括社会主义意识形态在内的社会主义上层建筑，“对于我国社会主义改造的胜利和社会主义劳动组织的建立起了积极的推动作用，它是和社会主义的经济基础即社会主义的生产关系相适应的”。[7] 应该说，随着现代政治和国家制度的发展，意识形态的作用越来越突出，越来越受到人们重视。除了意识形态的一般功能之外，现代意识形态有着三个方面的特殊功能：①作为不同社会制度建构的工具，对社会制度变革起着巨大的先导作用；②作为国家制度和政权的合法性依据，为特定的制度和国家政权提供理论上思想上的根据；③作为国家统治的重要方式，发挥着意识形态国家机器的重要功能。国家统治的重要方式，一种是暴力，一种是意识形态。在现代政治架构中，暴力作为国家统治工具的作用日益降低，而意识形态越来越成为国家统治的主要工具，它通过自身不断的渗透作用和强大宣传功能，引导社会大众接受现存社会制度，服从现存国家政权的控制，从而有效地维护了国家政权的权威。社会主义意识形态在这三个方面都发挥着极其重要的作用，从而成为社会主义制度的重要维护力量，成为社会主义事业顺利发展的重要思想保证。

### （三）社会主义条件下人民群众利益的集中体现

社会主义意识形态是社会主义条件下人民群众利益的集中体现，是人民群众从事社会主义革命和建设事业的重要理论武器。

无产阶级意识形态的根本宗旨就是服务于无产阶级的奋斗目标，服务于全人类的根本利益，服务于最广大人民群众的根本利益。这一点在无产阶级进行社会主义革命的过程中已经充分体现出来。全心全意为人民服务是我们党的根本宗旨，党的一切奋斗和工作都是为了造福人民。我们党一直要求，所有的共产党员和党的各级干部，都必须坚持党和人民的利益高于一切，个人利益服从党和人民的利益，吃苦在前，享受在后，决不允许以权谋私。为此，领导干部一定要树立正确的权力观、地位观和利益观，时刻把人民的利益、党和国家的利益放在首位，始终做到权为民所用、利为民所谋、情为民所系。不论社会怎么发展，对共产党员来说，全心全意为人民服务这个宗旨不能变，吃苦在前、享受在后这个原则不能变。这就告诉我们，中国共产党所坚持的社会主义意识形态，始终把人民利益放在第一位，始终坚持以人民群众的利益作为衡量工作成败的标准。

在我国社会主义革命和建设的过程中，社会主义意识形态得到了不断发展和完善，这种发展和完善的核心就是不断满足人民群众的根本利益。在新民主主义革命时期，中国广大人民群众处于水深火热的生活状态当中，以毛泽东思想为核心的意识形态反映了广大人民群众的利益诉求和奋斗目标，旨在推翻旧的社会制度和各种压迫，把人民群众从苦难中解放出来，建立新的社会制度，推动社会生产力的发展，使人民群众成为社会的主人。在社会主义现代化建设的新时期，我们形成了以邓小平理论、“三个代表”重要思想和科学发展观为核心的社会主义意识形态，团结和带领人民群众努力奋斗，解放和发展生产力，提高社会精神文明程度，摆脱贫穷，消除两极分化，提升整个社会的文化素质，使最广大人民群众的根本利益不断得到实现。所以说，社会主义意识形态从根本上代表和体现了广大人民群众的根本利益，同时也是人民群众从事社会主义现代化建设事业的理论武器。

## （四）社会主义意识形态的特征

社会主义意识形态既具有意识形态的一般特征，诸如对社会存在的依赖性，自身的历史继承性，对社会存在的反作用等。同时，它也具有同其他意识形态不同的个性特征，这种特征主要包括人民性、先进性、科学性、实践性等。

### 1. 社会主义意识形态的人民性

社会主义意识形态同其他剥削阶级意识形态最根本的区别就在于它的人民性。首先，社会主义意识形态有着一个代表最广大人民群众利益的理想社会建构。社会主义意识形态以共产主义社会为奋斗目标，共产主义作为一种理想社会建构，不是哪一个阶级特有的前途，而是全人类共同追求的目标，因此社会主义意识形态的最终目标追求与最广大人民群众的目标追求是一致的。在现阶段，社会主义意识形态的根本追求就是要引领和推动中国特色社会主义事业的顺利发展。其次，社会主义意识形态是来源于人民群众的实践并由人民群众参与的意识形态。最后，社会主义意识形态以服务人民群众为宗旨，反映了广大人民群众的社会实践和根本利益，实现了阶级利益同人民群众利益的统一。它代表的利益是最广大人民群众的利益，指向的目标是全人类共同的目标。

2. 社会主义意识形态的先进性

社会主义意识形态与其他意识形态根本区别的又一个基本特征就在于它的先进性。首先，社会主义意识形态的阶级基础是最先进的。社会主义意识形态从它产生的那一天起，就同人类历史上最先进的阶级——无产阶级紧密联系在一起，是无产阶级革命实践的理论总结，同时也是无产阶级进行社会主义革命和建设的理论指导。其次，社会主义意识形态的经济基础是最先进的。社会主义意识形态建立在社会主义经济基础和政治制度之上，社会主义的经济基础克服了旧的经济基础的弊端，坚持以公有制为主体，实现各种经济成分的共同发展，成为人类历史上最优秀的经济制度；社会主义坚持人民民主专政，实现民主与法制的有机结合，成为人类历史上最先进的政治制度。最后，社会主义意识形态的奋斗目标是最先进的。社会主义意识形态旨在引导人民群众实现社会主义革命，建设社会主义现代化，为实现共产主义而努力奋斗，这种奋斗目标代表了人类历史发展的最终方向，趋向人类发展的光明前途，是其他意识形态所不具备的。

3. 社会主义意识形态的科学性

社会主义意识形态的这个方面的特征主要体现在它的理论指导、科学品质和对虚假性的克服方面。首先，社会主义意识形态以马克思主义为指导。社会主义意识形态以马克思主义的科学真理为指导，能够正确认识社会发展的基本规律，并以此为基础指导政治法律、道德伦理、宗教、哲学以及社会科学发展，从而正确地反映和探索社会主义现代化建设的实践。其次，社会主义意识形态以追求科学真理为宗旨，具有优秀的科学品质。社会主义意识形态以理性作为自己的武器，以真理作为自己的追求，吸收人类文化的积极成果和现代科学技术发展的最新成果，深入探索和反映社会发展的基本规律，积累、发展并丰富了人类科学知识，不仅作为社会主义的思想上层建筑，而且成为内涵丰富的科学知识体系，因而拥有其他意识形态所没有也不可能有的科学品质。最后，社会主义意识形态最大限度地克服了剥削阶级意识形态的虚假性。历史上的各种意识形态都是特定阶级利益的代表，它们都不可避免地带有特定的阶级局限性，为了维护和实现本阶级的利益，这些意识形态总是声称自己代表了全人类的利益，并具有历史的永恒性，因而都具有强烈的偏狭性、虚假性和欺骗性。社会主义意识形态代表的利益是最大多数人民群众的利益，它不需要对人民进行欺骗，因而在最大程度上克服了意识形态的虚假性，最能够同科学达成一致，并成为人类文化发展的重要载体。

#### 4. 社会主义意识形态的实践性

社会主义意识形态是产生于实践并用于指导实践、以创造社会主义和共产主义现实为目标追求的思想观念体系，具有鲜明的实践特点。首先，社会主义意识形态以无产阶级的革命实践和广大人民群众的建设实践为根源，不断发展完善，与时俱进。其次，社会主义意识形态服务于社会主义革命和建设的实践，并通过群众的实践达到改造世界的目的。正是在这种革命和建设的实践中，社会主义意识形态才能实现它的存在价值，离开了这种实践，社会主义意识形态也就成为无矢之的。最后，社会主义意识形态具有强烈的思想渗透性，具有改造主观世界的强大作用。

## 四、当代意识形态的三大特征及其应对

随着现代文化的发展，意识形态的文化化、学术化、生活化趋势正在成为当代意识形态理论的新特征。当前，我国思想文化领域存在着一些不容忽视的问题：对改革开放的误读严重干扰人们对社会主义的制度认同；提倡和推行“庸俗宽容论”导致错误和反动思潮的猖獗；以资产阶级意识形态为标准否认社会主义意识形态合法性。面对当代意识形态的新变化以及我国意识形态领域的一些重大问题，我们必须坚持思想文化领域的明确标准，全面准确地把握解放思想的内涵，积极探索用社会主义核心价值体系引领社会思潮的途径。

### （一）当代意识形态的文化化、学术化、生活化

随着现代文化的发展，意识形态领域出现了一系列新变化，意识形态的文化化、学术化、生活化趋势正在成为当代意识形态理论的新特征：

#### 1. 意识形态的文化化

意识形态的文化在两个向度上展开。一方面，文化越来越融进意识形态的内

容，文化产品中的意识形态成分不断增加，文化越来越成为意识形态的承载者，文化与意识形态的合二为一成为当代意识形态思想的一个显著特征；另一方面，意识形态也越来越向文化靠拢，各种意识形态思想越来越脱去昔日极端政治化的面孔，披上文化的面纱，呈现出中性色彩。作为意识形态内核的政治思想和政治纲领日益与文化结缘，更多地借助文化和道德力量获得更加广泛而卓有成效的传播，逐步内化到人们的生活世界之中。意识形态的凝聚力和吸引力逐步由主要通过政治方式，向以文化为主要表现力的综合方式转变。

2. 意识形态的学术化

意识形态的学术化趋势日益升腾，意识形态的学术化和学术的意识形态化正在成为一个铜币的两面。意识形态作为政治标签的刚性特征越来越被学术研究的理性征候所替代；意识形态的政治维护功能越来越表象化为学术风格和学术良心的捍卫；意识形态的政治指向越来越羽化为学术思潮、学术话语，特定意识形态思想的主张者越来越转身以学术精英的身份出现，不同意识形态之间的斗争更多地以学术争论的形式出现。

3. 意识形态的生活化

意识形态的生活化趋势日益凸显，意识形态正在蔓延到人们生活的方方面面。身体、性别、种族、群组等昔日的日常生活领域中的特定概念，越来越浸透着意识形态的内涵，理想、信念、崇高、革命等昔日的意识形态话语正在转化为平凡、活着、游戏等生活性话语，通过世俗化的、大众化的、娱乐化的、游戏化的文化符号和对实用主义生活态度的支持和培育，特定的意识形态以长期潜移默化的功能渗透到人们的日常生活当中，转化为人们的自我认知和心理认同。由此，人们的日常生活越来越潜含着意识形态的价值追求，而生活中的人们并不自觉。

意识形态领域中的这些变化，使得意识形态渗透出现了表象与本质的分裂，表面上意识形态似乎被淡化了，而实际上它却已经渗透到生活和学术中被不断泛化和强化，其社会影响力不仅没有减弱反而更加持久、更加牢固。

当前，我国宣传思想界对意识形态的这些新变化缺乏足够的理论和思想准备，导致了社会主义意识形态建设存在“悬而不落，空而不实”的悬空化现象。具体来说，在内容方面，社会主义意识形态在一些方面脱离实际，不能很好地解释现实，不能有效地回答人民群众关心的热点难点问题，缺乏足够的说服力和感召力；在形式方面，社会主义意识形态高高在上，其宣传教育形式以自上而下的灌输方式为主，存在简单化和形式化的倾向；在对象方面，社会主义意识形态建设存在空白区域，比如民营企业、会计师、律师等社会中介组织的意识形态教育亟须加强，互联网、手机等新媒体也需要社会主义意识形态尽快占领；在理论研究方面，缺乏理论深度和学术品位，没有形成严谨的意识形态的学术话语体系和理论框架，难以抵挡以学术化形式渗透进来的西方意识形态的冲击，并由此导致了西方学术和意识形态话语霸权化和社会主义的主流意识形态话语弱势化局面。

## （二）意识形态领域不容忽视的重大理论问题

意识形态作为国家文化软实力的重要组成部分，是社会制度实践主体再生产和社会生产关系再生产的关键要素，为制度合法性和合理性提供了理论论证，构成了制度认同的思想基础，在社会制度的再生产中具有重要作用。但是，由于对意识形态新变化的不适应，我国思想文化领域存在着一些不容忽视的问题，制约着社会主义意识形态功能的发挥。

### 1. 对改革开放严重误读，严重干扰人们对社会主义的制度认同

改革开放是决定中国命运的关键抉择。改革开放以来，中华人民共和国发生了翻天覆地的变化，取得了举世瞩目的成就，中国特色社会主义伟大事业蓬勃发展，中国特色社会主义伟大道路前途光明，中国特色社会主义理论体系日益丰富。

但是，必须清醒地看到，在如何理解改革开放伟大成就和现存问题方面，却存在着这样那样的杂音和干扰。一些人打着解放思想的旗号，提出要对改革开放进行全面检视。在这个方面主要有三种思潮：一是“客观论”。这些人以所谓的“纯粹客观主义”或“完全自然主义”的眼光看待改革开放成果，认为改革开放以来的成果纯粹是历史本身的必然结果，不论在什么党的领导下，不论在什么社会制度下，历史都会按照“纯粹客观的”、“完全自然的”方式向前发展，因此，不能把改革开放的成果归结为社会主义制度的优越性的体现或者中国共产党的英明领导。二是“问题论”。一些人虽然也承认改革开放取得了巨大成就，但是过度夸大改革开放攻坚阶段的社会矛盾和现实问题，认为这些矛盾和问题都是改革开放惹的祸，认为改革开放成败同在、毁誉兼有，甚至是过大于功、得不偿失。三是“替代论”。更为严重的是，一些人甚至提出，“假如换了制度或换了领导，改革开放的成果会更大一些，路子会更顺一些，问题会更少一些”，因此他们提出了要用民主社会主义、新自由主义、宪政主义、多党制等来改造中国政治制度、经济制度和政党制度，企图以此来取代中国特色社会主义，来否定中国共产党的领导，否定四项基本原则。

这些声音毫无疑问是改革开放中的杂音，是中国特色社会主义发展进程中的

干扰性因素，不是思想文化领域的主流。但是，这些杂音和干扰却有极大的破坏性，严重地误导了广大人民群众的正确判断，阻碍了人们把改革开放的巨大成果转化为对社会主义制度本身的认同。

2. 提倡和推行“庸俗宽容论”，导致错误和反动思潮的猖獗

当今时代，和谐共建、多元包容正在成为一种社会时尚，尊重差异、包容多样成为一种普遍的文化态度，这是和谐社会建设的重要内涵，是和谐文化的有机组成部分，社会主义核心价值体系也正体现了这样的文化指向。这毫无疑问是文化进步的体现，是“双百方针”的要求。但是，尊重差异、包容多样是应该有原则的、有底线的，而不应该是无限的。也正因为如此，十七大报告在谈到包容多样、尊重差异的同时，也提出了要有力抵制各种错误和腐朽思想的影响。

需要我们严重关注的是，在当前的思想文化领域存在着一种漫无原则的“庸俗宽容论”倾向。民主社会主义、新自由主义、历史虚无主义、极端个人主义、新实用主义等一些明显具有错误倾向甚至反动倾向的思想盛行无阻，一些学术主管部门和思想宣传部门对此持壁上观态度，以至于主张这些错误思想的人不仅成为所谓的学术英雄、思想精英，在政治地位上、社会评价中处于优势状态。而一些坚定的马克思主义学者，对这些错误思想的批评反倒失去了存在的合法性，只要有人对错误思想及其主张者提出质疑和批评，马上就会遭到这些思潮主张者甚至学术理论界的反攻，“批判者的资格”和“批评的合法性”成为批判者难以回避的一种质疑。似乎批评者的批评被一些人看做是“对和谐社会的违背”，对当代文化主导方向的背叛，而那些错误思想因此得以盛行无阻，错误思想的主张者成为“学术良心的代表”。

在这种“庸俗宽容论”和“学术折衷主义”的影响下，一方面，以马克思主义为核心的社会主义意识形态反倒呈现边缘化的趋势，马克思主义者的声音似乎成为理论界的“余数”。另一方面，一些人正好抓住了这种庸俗宽容论和折衷主义的机会，故意与主流思想唱反调，以批评主流思想、批评改革开放甚至攻击中国共产党和社会主义制度为进身之计，把自己打扮成为学术反叛的英雄。这种极不正常的现象不能不引起人们的警醒和反思。

3. 对资产阶级意识形态作话语平移，否认社会主义意识形态合法性

一些人以适应全球化和思想解放的名义，把普世价值论、历史终结论等资产阶级意识形态理论体系平移到国内，大加赞赏并奉为圭臬，以此为标准来拷问中国特色社会主义实践和社会主义意识形态，按照西方意识形态理论框架提出一系列所谓的“理论”或“主义”，企图“替代”中国特色社会主义理论，“改造”

中国社会主义意识形态。“马克思主义过时论”、“意识形态虚假论”、“意识形态淡化论”等就是代表。

历史终结论、普世价值论等资产阶级意识形态认为，只有西方文明和政治制度才是最优秀的，人类历史的发展只有在西方的历史中才能说明，西方的意识形态已经成为历史发展的终点。这种理论的潜在内涵就是，非西方国家应该服从西方国家的意识形态和文明模式，放弃自身的文化传统和人文精神，放弃自身的文化主权，从而实现西方文化的世界性控制。它们在潜在语境中总是采用偷梁换柱的手法，把意识形态等同于共产主义思想，同时又把共产主义与法西斯主义划等号，把历史与西方资本主义历史画等号，把民主、宪政、自由等带有人类共同价值的美好词语同资产阶级的价值观画等号，而后就在宣称意识形态终结的时候宣判社会主义意识形态的死刑，在宣告历史终结的时候把资本主义制度作为最高判官，在声称全球主义普世价值论的时候以资产阶级意识形态为终极标准。

但是，国内一些人根本不考察这些理论背后的政治指向和潜在逻辑，却以此为标准对中国的政治制度大加攻击：认为西方的自由民主制度是一些已被西方人发明创造出来的、被西方社会的发达史证明了的、放之四海而皆准的“普世的”万能法宝；认为我国现行的政治体制存在着权力的软约束、腐败、权大于法、民主化程度低等弊病都是由共产党专制政体造成的；打着“民主”的旗号，否定共产党的领导，要求实行多党竞选、民众普选等方式，实行所谓的“宪政”，用西方式的宪政民主制度代替共产党领导下人民民主专政制度。

一些人公开宣称，社会主义意识形态已经成为改革开放的制约因素，因此必须“淡化”和“消解”。这些人打着推进改革的旗号认为，意识形态的时代已经过去，当前关于改革的争论实际上是意识形态在作怪，为了改革必须淡化乃至取消意识形态；打着维护宪法自主性的旗号认为，意识形态暗示了对某种终极目标、终极真理的追求，与宪政的个人主义和程序性存在着根本性冲突，因而是宪法自主性发展的主要障碍，只有尽量淡化意识形态色彩，宪法才能获得自主性。淡化和消解意识形态的主张不只是停留在理论层面，而且已经渗透到我国的社会生活领域。

## （三）积极应对意识形态的新变化

面对当代意识形态的新变化，以及我国意识形态领域的一些重大问题，我们正确看待，积极应对。

### 1. 思想文化领域必须树立明确标准

在意识形态问题上，一定要有明确的标准。这个标准就是四项基本原则。20

世纪50年代，毛泽东一方面提出了百花齐放百家争鸣的方针，推动社会主义文化事业的发展和繁荣；另一方面他也明确提出了判别思想领域是非的六条“有利于”标准：有利于团结全国各族人民、有利于社会主义改造和社会主义建设、有利于巩固人民民主专政、有利于巩固民主集中制、有利于巩固共产党的领导、有利于社会主义的国际团结和全世界爱好和平人民的国际团结，毛泽东特别指出，“这六条标准中，最重要的是社会主义道路和党的领导两条”。[8]改革开放之初，邓小平把毛泽东这一思想发展为思想政治上必须毫不动摇地坚持的四项基本原则。他说，“我们要在中国实现四个现代化，必须在思想政治上坚持四项基本原则。这是实现四个现代化的根本前提。这四项是：第一，必须坚持社会主义道路；第二，必须坚持无产阶级专政；第三，必须坚持共产党的领导；第四，必须坚持马列主义、毛泽东思想”[9]。他反复强调，在任何情况下绝不允许动摇这些基本原则，“如果动摇了这四项基本原则中的任何一项，那就动摇了整个社会主义事业，整个现代化建设事业”。[10]

当下，宽容成为社会时尚，和谐成为普遍指向。但是，宽容与放纵决不是一回事，决不能把宽容庸俗化。如果对一切思想都宽容，对错误的和反动的思想也放纵，那么政治上的安定团结，思想上的健康发展，就必然受到冲击和毁坏。宽容决不是没有底线的，宽容的底线至少应该包括几个方面：一是世界观底线，必须实事求是，主观主义的随意想象和放纵思想是不行的；二是真理标准底线，必须坚持实践是检验真理的唯一标准，那种把外来的资产阶级意识形态的理论作为判断中国社会主义实践和意识形态的做法是不行的；三是历史观底线，必须服务于人民利益，服务于国家最高利益，打着任何旗号否定改革开放都是不行的；四是政治底线，必须坚持四项基本原则，打着解放思想的口号反对社会主义的资产阶级自由化、民主社会主义、新自由主义，打着政治体制改革的旗号否定共产党领导和人民民主专政的多党制论调、宪政主义论调，打着思想多样化旗号否定马克思主义的指导思想多元化、意识形态淡化论、马克思主义过时论等，都是极端错误的。

意识形态上的折衷主义和绥靖主义是思想混乱的重要原因。对明显错误的和反动的思想视而不见、听之任之，就是放纵，就是不负责任的态度。在改革开放之初，邓小平就高度关注思想政治领域的杂音和干扰，坚决反对资产阶级自由化思想，对思想战线上存在的涣散软弱现象提出严厉的批评。他指出，“对于各种错误倾向决不能不进行严肃的批评”；“有些人思想路线不对头，同党唱反调，作风不正派，但是有人很欣赏他们，热心发表他们的文章，这是不正确的。……现在有的人，自以为是英雄。没受到批评时还没有什么，批评一下，欢迎他的人反而更多了。这是一种很不正常的现象，一定要认真扭转”[11]。他说，“要加强坚持四项基本原则的宣传、教育，要多写这方面的文章。要批判‘左’的错误思想，也要批判右的错误思想”，“要多写从思想上、理论上论述四项基本原则的文章。反对和否定四项基本原则，有来自‘左’的，有来自右的，写文章要注意这两个方面”。[12]当前，面对意识形态的复杂问题，重温邓小平的这些论述，殊有必要。

2. 必须全面理解解放思想的科学内涵

如上所述，一些人往往打着解放思想的旗号，宣扬错误甚至反动的思想意识形态，冲击我国的政治制度、政党制度，攻击社会主义意识形态。因此，必须全面准确地把握解放思想的科学内涵。

解放思想就是使主观与客观相符合，就是实事求是。正如邓小平所说，“解放思想，就是使思想和实际相符合，使主观和客观相符合，就是实事求是”。[13]一方面，解放思想必须以实事求是为基础，离开了实事求是，解放思想就成为放纵思想，成为脱离实际的随意想象，就会在实践上陷入空想论、超越阶段。另一方面，要真正做到实事求是就必须始终坚持解放思想，离开了解放思想，实事求是就失去了前提。真正做到解放思想和实事求是相结合，就必须尊重不断发展变化的客观实际，尊重马克思主义与时俱进的理论品质，反对教条主义地对待马克思主义。正如江泽民所说，“坚持马克思主义，绝不能采取教条主义、本本主义的态度，而应采取实事求是、与时俱进的科学态度，坚持一切从发展变化着的实际出发，把马克思主义看做是不断随着实践的发展而发展的科学”。[14]

解放思想必须把坚持马克思主义基本原理同推进马克思主义中国化结合起来。马克思主义的基本原理任何时候都要坚持，否则我们的事业就会因为缺乏理论基础和思想灵魂而迷失方向、归于失败。在改革开放过程中，邓小平反复强调必须毫不动摇地坚持马列主义毛泽东思想，“我们搞改革开放，把工作重心放在经济建设上，没有丢马克思，没有丢列宁，也没有丢毛泽东。老祖宗不能丢啊”，[15]“马克思主义必须发展，我们不把马克思主义当做教条，而是把马克思主义同中国的具体实践相结合，提出自己的方针，所以才能取得胜利”，[16]“真正的马克思列宁主义者必须根据现在的情况，认识、继承和发展马克思列宁主义。……不以新的思想、观点去继承、发展马克思主义，不是真正的马克思主义者”。[17]

解放思想必须把破除僵化思想同理论创新结合起来。解放思想就是打破僵化思想同理论创新的统一，是“破”与“立”的统一。解放思想首先就是要打破僵化思想的束缚，这就是解放思想中的“破”；同时，解放思想必须进行理论创新，这就是解放思想中的“立”。

解放思想必须同解决实际问题结合起来。离开解决实际问题去空谈解放思想，决不是真正的解放思想，而只能说是夸夸其谈的空想幻想，是百无一用的思想懒汉。1980年2月，邓小平指出，“解放思想必须真正解决问题”，[18]而不能像一些思想懒汉们那样只停留在讲现成话、讲空话上。只有以解决实际问题为中心，才能真正发挥解放思想的威力，才能真正达到解放思想的目的。为此，就必须坚持实事求是，深入调查研究，在此基础上做出准确决策，提出解决问题的办法。正如江泽民所特别强调的，各种问题的解决都取决于正确的决策，而正确的决策来源于对客观实际的周密调查研究，“没有调查就没有发言权，没有调查就更没有决策权”[19]。

解放思想必须既要反“左”又要反右，在解放思想中统一思想。解放思想就是要在实事求是的基础上，追随时代特点发展和创新马克思主义。思想解放的过程不可能一帆风顺，难免会不断遇到来自“左”的和右的错误思想的干扰。真正做到解放思想，就必须既要反“左”又要反右，只有这样才能澄清思想领域中的错误思潮，才能真正在解放思想中统一思想。正如邓小平所说，“解放思想，也是既要反‘左’，又要反右。……对‘左’的错误思想不能忽略，它的根子很深。重点是纠正指导思想上‘左’的倾向，但只是这样还不能完全解决问题，同时也要纠正右的倾向。”[20]改革开放30年来，中国共产党始终坚持以经济建设为中心，努力排除思想领域中的各种干扰，在解放思想中把全党的思想统一到建设和发展中国特色社会主义的伟大实践当中，使党的思想理论工作更好地服从和服务于全党工作的大局。

### 3. 积极探索用社会主义核心价值体系引领多样化的社会思潮的途径

社会主义核心价值体系是中国特色社会主义理论体系的重要组成部分，是当代中国社会主义意识形态的本质表现，是全面贯彻落实科学发展观等重大战略思想的文化灵魂。面对当今中国现实存在的多样化社会思潮，我们要正确面对，清醒看待，积极探索用社会主义核心价值体系引领多样化社会思潮的途径。

掌握用社会主义核心价值体系引领多样化社会思潮的辩证法，夯实引领的方法论基础，既要引领好多样化的社会思潮又要有力抵制腐朽的、错误的尤其是反动的思潮，既要坚持意识形态强制性和规范性又要掌握意识形态渗透和灌输的技巧，既要在和谐发展中强调最大的包容性又要坚决维持意识形态底线的不可触动性，既要坚持社会主义核心价值体系的严肃性又要增强中国化马克思主义最新成果宣传的通俗性。

建立社会主义核心价值体系的文化领导权，使之成为意识形态国家机器的重要组成部分，巩固马克思主义的指导思想地位，用社会主义核心价值体系来掌控文化话语权，形成有利的舆论强势。建立以社会主义核心价值体系为核心的信仰体系，大力强化人们的信仰自律，把社会主义核心价值体系渗透到信仰层面，将它作为个人反省的坐标原点、个人行为的终极尺度、个人道德的最高判据。把社会主义核心价值体系渗透到人们的生活方式和交往实践当中，成为人们日常生活的基本遵循、交往实践的基本标尺。

创建社会主义核心价值体系的生产和再生产机制，把社会主义核心价值体系渗透到生产方式当中，使文化生产、文化产品、文化消费分别成为社会主义核心价值体系的传递过程、重要载体、渗透过程。不断拓展社会主义核心价值体系的发展空间，不断赋予当代中国马克思主义鲜明的实践特色、民族特色和时代特色，不断深化和完善社会主义核心价值体系的内涵。

大力推进中国化马克思主义理论成果的大众化、普及化，把社会主义核心价值体系深入到人们的头脑中，形成符合核心价值体系的思维方式、思想认同，使之成为全社会的共同理想和自觉追求，成为社会主义新人的核心标准。必须深化中国特色社会主义理论体系内涵的研究，增强社会主义意识形态的深刻性和说服力，因为理论只有明晰才能让人们信服，只有深刻才能掌握群众；必须创新意识形态宣传形式，要做到大众化、通俗化、简约化，增强意识形态的感染力、震撼力和吸引力。

## 参考文献：

[1] 大卫·麦克里兰：《意识形态》，吉林人民出版社 2005 年版，第 7 页。

[2] C. Sumner. Reading Ideologies: An Investigation into the Marxist Theory of Ideology and Law. London Academic Press, 1975: 5.

[3] Raymond Geuss. The Idea of a Critical Theory: Habermas and Frankfurt School. Cambridge University Press, 1981.

[4]《邢贲思文集》第 2 卷，陕西人民出版社 1998 年版，第 156~183 页。

[5]《马克思恩格斯全集》第 1 卷，人民出版社 1956 年版，第 467 页。

[6]《毛泽东选集》第 2 卷，人民出版社 1991 年版，第 699 页。

[7]《毛泽东选集》第 5 卷，人民出版社 1977 年版，第 374 页。

[8]《毛泽东文集》第 7 卷，人民出版社 1999 年版，第 233~234 页。

[9]《邓小平文选》第 2 卷，人民出版社 1994 年版，第 164~165 页。

[10]《邓小平文选》第 2 卷，人民出版社 1994 年版，第 173 页。

[11]《邓小平文选》第 2 卷，人民出版社 1994 年版，第 390 页。

[12]《邓小平文选》第 2 卷，人民出版社 1994 年版，第 379~380 页。

[13]《邓小平文选》第 2 卷，人民出版社 1994 年版，第 364 页。

[14]《江泽民文选》第 3 卷，人民出版社 2006 年版，第 337 页。

[15]《邓小平文选》第 3 卷，人民出版社 1993 年版，第 369 页。

[16]《邓小平文选》第3卷，人民出版社1993年版，第191页。
[17]《邓小平文选》第3卷，人民出版社1993年版，第292页。
[18]《邓小平文选》第2卷，人民出版社1994年版，第279页。
[19]《江泽民文选》第1卷，人民出版社2006年版，第308页。
[20]《邓小平文选》第2卷，人民出版社1994年版，第379页。

（编辑整理：黄凤琳）

# 维也纳学派在中国的命运

江　怡

2009 年 12 月 7 日

# 江 怡

中国社会科学院研究生院哲学系教授

**摘　要**：为了纪念维也纳学派在中国的传人洪谦先生诞辰一百周年，本文先后回顾了近80年来张申府、张岱年、洪谦、冯友兰、金岳霖和殷海光等几代哲学家向中国引进、传播和发展维也纳学派哲学思想的过程，展示了该学派在中国的命运历程，为国内学者重新认识该学派的历史价值提供了“契机”。

**关键词**：维也纳学派　西方哲学在中国　逻辑分析方法　中西哲学的差异

2009年是维也纳学派在中国的传人洪谦先生诞辰一百周年，也是这个学派的宣言《科学的世界概念：维也纳学派》发表80周年。80年前，奥地利的马赫学会和维也纳小组的成员为了挽留石里克不去德国波恩大学任教，起草了一份书信，表达了他们对石里克的感激之情。1929年8月，该书信以《科学的世界概念：维也纳学派》为题发表在马赫学会的通讯上，由此，“维也纳学派”作为一种新的哲学思想的标志而闻名于世。据称，“维也纳学派”以及“科学的世界概念”的发明权属于纽拉特，而他之所以选择用“世界概念”（World Conception）而不是用“世界观”（World View），是因为后一个词有太多形而上学的含义，在狄尔泰和文德尔班的“精神科学”中有特殊的作用。他希望，新的术语能够表明他们的哲学运动具有不同的哲学和科学倾向。[1]虽然维也纳小组的讨论开始于1924年，而且在石里克的这个小组之前已经有了一个类似的讨论小组，但如今被看做是逻辑经验主义运动主要代表的维也纳小组，却是从1929年开始为世人所知的。当然，这不仅是由于他们发表了这个宣言，更重要的是在这个宣言发表一个月之后在布拉格召开的第一届“精确科学认识论大会”。这次会议被称作确立了维也纳学派国际地位的主要标志。[2]

维也纳学派在中国是与洪谦的名字联系在一起的。维也纳学派的宣言发表之时，洪谦正在石里克身边学习，是一个年方20而生气好学的青年。虽然洪谦主要是作为石里克的学生和维也纳学派活动的直接参与者而为中国学人所知，但他在当代中国哲学中的意义已经不限于维也纳学派的中国代表，更重要的是作为西方哲学的科学精神在中国的象征，也是西方哲学在中国哲学语境中所受遭遇的一个典型缩影。时至今日，洪谦先生已诞辰百年、作古十六载，维也纳学派的宣言也已发表80周年。在这个历史时刻，我想简要地回顾一下维也纳学派在中国的奇特经历，讲一讲在当代中国哲学中遭遇过维也纳学派的那些人、那些事以及那些思想。

## 一、与维也纳学派有关的那些人

我们如今都知道，洪谦是维也纳学派在中国的第一人，但事实上，早在他之前，就有张申府、张岱年兄弟撰文向当时的哲学界推介过维也纳学派：1933年3月1日，时年24岁的张岱年在《大陆》杂志第一卷第九期发表了《维也纳派的物理主义》一文，这被看做是维也纳学派最早出现于中国的文章；1934年，张申府又撰文《现代哲学的主潮》，把维也纳学派的哲学看做是当时世界哲学中的一个主要潮流。他们主要是通过阅读关于维也纳学派思想的著作来了解维也纳学派的哲学的，在当时的情况下，他们对维也纳学派思想的把握能够达到非常准确的程度，这完全依赖于他们在自然科学方面的深厚知识基础和方法论的训练。[3]

但我注意到这里有一个有趣的现象。我们知道，张岱年是张申府的胞弟，想当年他从河北献县来到北京师范学校附小读小学，就是由于其二哥张申府的帮助，后来考入清华大学和北京师范大学，也都与其二哥有关，乃至后来的人生道路，都基本上是由张申府安排的。他发表在张申府主编的《大公报·世界思潮》副刊上的30多篇文章是他学术道路的开始，张申府还在其中一些文章中附加编者按，由此推进其弟文章在国内学术界的影响。1933年，张岱年发表的《维也纳派的物理主义》一文主张把逻辑解析法与唯物辩证法结合起来，这个思想明显地与张申府先前多次强调的观点完全一致。由此可以看出，张岱年对维也纳思想的介绍和分析应当是在张申府的直接影响之下，或者说就是对张申府思想的转述。张岱年1933年从北京师范大学教育系毕业后能够直接进入清华大学哲学系担任助教，一方面是由于他读书期间发表的大量文章（这当然与张申府有关）已经引起了当时国内哲学界的关注，另一方面（我认为毫无疑问地）是由于张申府的大力推荐。据称，早在1934年，张申府就曾在一篇文章中把钱钟书和张岱年并称为“国宝”，而时年两人都不过是刚出大学校门的年轻人。所以，维也纳学派最早传入中国的文章虽然是由张岱年所写，但我们完全有理由把它看做是张申府努力的结果。①

---

① 2009年也是张岱年先生（1909年5月23日出生）诞辰一百周年，在此特别表示纪念。

张申府作为当代中国哲学研究的开创者之一，已经越来越多地为国内学术界所重视。他的哲学通常被看做是结合了逻辑分析方法和辩证唯物论思想的代表，但在我看来，他的最大贡献是向国人准确地介绍了罗素的哲学思想。他晚年回忆自己对罗素哲学的痴迷，非常人所能比及。他能够理解罗素的思想，有赖于他早年就读北京大学数学专业，虽然他很快转向了哲学，但他最重视的还是数理哲学，包括数学基础问题和数理逻辑，用他自己的话说，“我所学的是兼乎数学与哲学的，也是介乎数学与哲学的，是数学与哲学之间的东西”。[4]正是由于具备了数理逻辑的训练，张申府才能够真正理解罗素提出的逻辑分析方法，并很好地把这种方法运用到对日常事理和哲学问题的分析上。也正是由于对数理逻辑和逻辑分析方法的深刻理解和娴熟运用，张申府才能够对维也纳学派的哲学给予高度关注，认为它是现代哲学中“最活泼有生气、最有希望、最有贡献、最有成绩”的派别。[5]他还把维也纳学派的哲学观概括为：“解析的目的是在把思想、把言辞弄清楚，籍以见出客观的实在。”[6]其实，这也正是他所推崇的罗素所追求的目标。但他后来并没有对这种哲学给予更多关注，而是仍然钟情于罗素哲学。追究个中缘由，恐怕是很快从维也纳留学归国的洪谦在这种哲学方面比他更有权威吧。

1934年，洪谦在石里克的指导下完成了博士论文《现代物理学中的因果性问题》，荣获维也纳大学的哲学博士学位。随后，他在维也纳大学继续从事研究工作两年。1936年夏，石里克被一个患有精神病的学生枪杀。1937年初，洪谦返回北京，担任清华大学哲学系讲师，主要讲授维也纳学派的哲学。这时，张申府因政治原因已经离开了清华大学，张岱年也辞去了在清华大学的教职，躲进北京图书馆的宿舍完成他的《中国哲学大纲》。“七七事变”后，洪谦随清华大学的教授们到了云南，在西南联合大学教授维也纳学派哲学。关于他在西南联大的工作情况，有不同的说法。有的说他在西南联大哲学系任教授，还有的说他没在哲学系，因为哲学系有教授不喜欢维也纳学派，所以他是在外文系教德文，只是在哲学系讲授维也纳学派的哲学。抗战结束后，洪谦应邀到牛津大学新学院担任研究员，一直到1947年。回国后，在武汉大学哲学系担任教授兼系主任。1951年任燕京大学哲学系教授兼系主任，1956年改任北京大学哲学系教授兼外国哲学史教研室主任，1965年起担任北京大学外国哲学研究所所长，直到1987年辞去所长职务，但仍担任北京大学教授。①

① 关于洪谦的生平，可以参考范岱年、胡文耕、梁存秀的《洪谦和逻辑经验论》一文，载《自然辩证法通讯》1992年第3期。该文也收入范岱年和梁存秀编辑的洪谦的《论逻辑经验主义》（商务印书馆1999年版）。

正如张申府终身以传播和研究罗素哲学为己任，洪谦则“以宣扬石里克的哲学为其终身职志”（贺麟语）。范岱年等人把洪谦在中国介绍维也纳学派的哲学与艾耶尔向英语国家介绍逻辑经验主义哲学作了一个比较，认为“前者比较忠实与全面；后者更多地阐述作者自己的观点”。[7]应当说，这个评价还是比较公允的，但这还主要是针对洪谦在1949年前的工作而言。事实上，在20世纪70年代之后，洪谦对维也纳学派的某些思想观点也开始提出批评意见，特别是在知识基础问题和真理问题上不同意石里克、卡尔纳普的观点，明确提出自己的反基础主义思想。这些都使得洪谦在当代中国哲学中的形象，不再是对维也纳学派哲学的一个简单介绍者（无论介绍得如何忠实和全面），而是一个思考维也纳学派提出的哲学问题的真正研究者，一个真正的哲学家。我想，正是由于洪谦对维也纳学派哲学的创造性发展，他才会得到国际哲学界的高度重视，维也纳大学的马特尔院长才会说他“在维也纳学派的哲学上做出了卓越的贡献”，美国《在世哲学家文库》的编者汉恩才会说他的文章是“一个强项”，东京大学才会认为他“对逻辑实证主义和维特根斯坦的哲学都有深刻的认识”。[8]

对维也纳学派的哲学，洪谦“忠实地”维护这种哲学的尊严，特别是在受到其他哲学家的误解或攻击的时候，他会毫不犹豫地挺身而出，为维也纳学派的哲学澄清误解，[9]或反击其他哲学家对逻辑实证主义的任何攻击。[10]而在对维也纳学派哲学的这种捍卫中，他也会由于“爱心太切，以至于不加辨析地运用它”。[11]尽管如此，洪谦追求真理、追求学术的锲而不舍的精神，曾深深影响和感动了几代中国学者。任继愈先生称“洪谦是向国内学术界介绍维也纳学派的第一人”，[12]汪子嵩在回忆西南联大时说，“在当时哲学系教授中，洪先生是唯一在国外专门学习西方现代哲学流派——维也纳学派的”。[13]杜小真在谈到萨特哲学的魅力时说，“洪谦先生注重逻辑和实证，但他内心的最深处却蕴涵着深深的人文关怀。他的‘执着’，他的‘傲骨’，连同他对我译介萨特的可贵支持和鼓励，时时会让我在他仙逝多年之后，仍然感到心灵的温暖”。[14]靳西平为洪谦先生在“文革”时期的“沉默”而击掌，认为他是“为自己的学术立场而沉默”。[15]王炜在回顾北京大学外国哲学研究所的40年历史时，对洪谦先生和熊伟先生的“述而不作”给出了自己的诠释：“他们大概都属于孔老夫子示范出来的那类典型的中国传统文人——述而不作。他们知道，为学为文的重要和艰难，把能说的说清楚，已属不易，遇不可说的，不保持沉默，即是妄言与僭越；更晓得节省文字，才能让语言把意义显现出来。”[16]这些恰恰是洪谦先生的座右铭：他最喜欢的格言就是苏格拉底的“我知我无所知”。根据范岱年等人的统计，洪谦先生生前只发表过31篇文章，其中1949年前发表10篇，1950～1979年发表6篇，1980年后发表15篇。1949年前发表的文章均被收入《维也纳学派哲学》一书，1949年后发表的文章则被收入《论逻辑经验主义》一书。① 而在1949~1979年漫长的30年中，洪谦的主要工作就是编译西方哲学家的著作，因为在他看来，在当时的历史条件下能够为国内学术界提供一些有价值的研究资料就是对中国哲学发展的最大贡献了。的确，在洪谦主持下编译的《西方古典哲学原著选辑》为那个特殊时代的中国哲学界提供了重要的精神食粮，直到今天，这套选辑仍然被看做是了解西方哲学的重要参考资料。后来，洪谦还主持编辑了《西方现代资产阶级哲学论著选辑》，后修订时改名为《现代西方哲学论著选辑》，同样为国内哲学界提供了重要的第一手研究文献。主持翻译这些资料，洪谦都坚持了"信"、"达"、"雅"的基本原则，他对译文的要求都非常严格，哪怕是在当时已经非常著名的翻译家翻译的文章，也要求有校对，有时甚至还要两个人校对；但同时，他也非常鼓励年轻人尝试翻译，手把手地指导他们的译文。他对合作者的工作成就从来都是给予最大的感激，反而把自己的工作成绩放到最不显眼的位置。我已经看到不少专家学者撰文对洪谦先生的谦逊品格表达了敬意，他那严谨的工作态度和谦和的待人风格，正是中国老一辈知识分子所共有的优良品德。已有学者撰文指出，洪谦先生一生不仅是在宣传阐述维也纳学派的哲学，而且始终以一个中国知识分子的胸怀担负着时代赋予的使命。[17] 在烽火硝烟的抗战时期，他以审慎的态度对待国家学术事业的建设，他的《释学术》一文就明确地表达了一个学者的时代使命感："当此'胜利在望，建国工作'即将开始之时，吾人对此荣负之重任，似乎宜借既往，以参考未来，戒妄慎思，小心翼翼，共成此建国之神圣大业。否则，不特有负吾人之职责，同时亦将为万世子孙之罪人矣。"[18] 新中国成立后，他依然对国家的哲学研究事业建议立言，呼吁加强对西方哲学史的研究，他于1957年发表在《人民日报》上的文章《应该重视西方哲学史的研究》，被看做老一辈知识分子对国家建设一片热忱和忠心的最好表达。

说到与维也纳学派有关的人，还有一位不能不提，这就是冯友兰先生。他与洪谦在20世纪40年代发生的一段思想交锋，早已成为当代中国哲学中的一个"学术公案"；在我看来，他们之间围绕维也纳学派形而上学的讨论，不过是反映了当代中国哲学中的传统哲学观念与西方哲学观念之间的交锋。他们之间的那场争论及其思想分歧，我后面再讲，这里要说的是冯友兰对维也纳学派的了解。从目前掌握的资料来看，还没有任何材料能够清楚地证明，冯友兰曾与维也纳学派（除了洪谦之外）的成员有过直接的交往，也无法证明他曾读过石里克、卡

---

① 范岱年等人为《论逻辑经验主义》一书所编的《洪谦论著目录》以及《编后记》，该书第352~355页。但据何方昱考据，《洪谦论著目录》仍有疏漏，没有收入洪谦的另外三篇文章。见何方昱：《"学"、"术"统一：1940年代洪谦思想世界的另一面相》，载《科学文化评论》2007年第4卷第5期。

尔纳普等人的著作。根据他著作中对维也纳学派思想的表述，可以肯定的是，他主要还是从洪谦那里得到维也纳学派的哲学观点。当然，冯友兰曾在20世纪20年代在美国攻读博士学位，后在30年代游历欧洲，并在40年代赴美讲学，这些经历可能会使他更加直接地了解维也纳学派。仅从时间上分析，只有他在1934年参加的在布拉格举行的第八届国际哲学大会上，有可能见到维也纳学派的成员，因为这次会议正是维也纳学派成员在国际哲学舞台上第一次集体亮相，会议还开设了一个专门的分会论坛，由弗兰克主持，题目为“自然科学的前沿问题”，石里克、卡尔纳普、卢卡西维茨、莱欣巴哈、内格尔、莫里斯等著名哲学家都在这个论坛上发言。[19]或许是由于这个论坛主要涉及科学问题，没有任何资料可以表明冯友兰参加了这个分论坛的活动。1946年他应邀赴美讲学，这时早已移居美国的维也纳学派主要成员的思想已经开始发生变化，如卡尔纳普，他们的早期思想也招致蒯因等人的批评。加之他在美国的时间只有一年，主要精力在忙于讲授中国哲学，所以，冯友兰的此次美国之行也不太可能对维也纳学派有直接的了解。学界最为乐道的是冯友兰与维特根斯坦的会谈，认为这是他获取维也纳学派思想真经的最好证明。但殊不知，维特根斯坦与维也纳学派的思想本身就是同言殊道，这早已在洪谦那里得到了证明。更何况，30年代维特根斯坦的思想已经开始发生变化，他的早期思想成为他自己批判的对象，所以，冯友兰与维特根斯坦于1933年的那次会面并没有使冯友兰得到维也纳学派思想的真义。当然，尽管我们无法证明冯友兰先生与维也纳学派之间有直接的个人联系，但必须承认，正是他在《新知言》中对维也纳学派思想的批评，对于国内学术界了解维也纳学派的思想在客观上也起到了重要的宣传作用。

由于维也纳学派所倡导的逻辑实证主义以及维特根斯坦和罗素等人的思想同属于分析哲学的阵营，而他们的共同特征是强调逻辑分析方法在哲学研究中的关键作用，这样，与逻辑分析研究相关的哲学家自然就与维也纳学派有了思想上的血缘关系。在这里，我主要是指金岳霖和他的学生殷海光。

我们知道，金岳霖1914～1921年在美国宾夕法尼亚大学、哥伦比亚大学学习政治学，获哥伦比亚大学政治学博士学位，之后在英、德、法等国留学和从事研究工作。1925年回国后受命担任清华大学逻辑学教授，通常认为，他“是最早把现代逻辑系统地介绍到中国来的逻辑学家之一”。的确，金岳霖是当代中国逻辑学的奠基者，对现代逻辑在中国的传播起到了关键性作用。我们也知道，卡尔纳普等人在现代逻辑的建立中曾起到了重要作用，维也纳学派的哲学精神正是现代逻辑的精神，在这种意义上，现代逻辑应当与维也纳学派的思想是一脉相承的。但令人不解的是，金岳霖似乎并没有对维也纳学派表现出专门的关注，至少没有资料证明他专门就维也纳学派的哲学发表过文章。其中的原因，分析起来可能有两个：其一，相比较维也纳学派的哲学，金岳霖更倾向于罗素的哲学，因为在他看来，罗素提倡的逻辑分析更是为了对世界有所了解，而不是像维也纳学派的学说那样，只是关注语言逻辑本身。其二，不同于维也纳学派的哲学，金岳霖的思想具有非常强烈的形而上学情怀，他的逻辑学和知识论是与他的形而上学思想紧密地联系在一起的。我们知道，维也纳学派是以反对形而上学为其哲学的基本出发点的，他们用来拒斥形而上学的主要工具就是现代逻辑。然而，在金岳霖看来，现代逻辑不过是一种更为普遍的“逻辑”的表现形式而已，他把这种普遍的“逻辑”看做是对“式”的研究，而这种“式”则是一切事物性质的规定，是“唯一逻辑”的逻辑。有学者指出，金岳霖实际上是把他的逻辑学“形而上学化了”。[20]由此可见，金岳霖的思想并不属于维也纳学派所在的逻辑实证主义，他对维也纳学派知多言少也就毫不奇怪了。

如今，我们对殷海光已经不再陌生，无论是在港台地区还是大陆，学者们对殷海光思想的讨论已经远远超出了学术的范围。但我在这里更关心的是他对现代逻辑的研究和教学工作。殷海光于 1938 年在金岳霖的大力帮助下考入西南联合大学哲学系学习，4 年后考入清华大学哲学研究所，专攻西方哲学。他毕生热心于现代逻辑的研究、教学和宣传。他认为，中国文化极其缺乏认知因素，主要是由于儒家文化的泛道德主义倾向和中国文化采取的“崇古”价值取向，而这必须依靠西方实证论哲学的输入来补救。于是，殷海光大力提倡“认知的独立”，强调“独立思想”。正是在这种精神的指引下，殷海光终生宣传科学、民主和自由，被看做是一位富有批判精神的自由主义者。虽然他在 50 年的生涯中致力于以科学的精神和批判的态度反思当时的台湾地区社会生活，但殷海光似乎并没有对以这种精神为核心的维也纳学派哲学做过专门研究，而只是在台湾大学开设过“逻辑经验论”课程。这表明，殷海光关心的并不是维也纳学派的哲学本身，而更多的是这种哲学提倡的逻辑分析方法和严格科学的态度。

如果从张岱年 1933 年的文章算起，维也纳学派进入中国至今已经有 70 多年的历史了。在这个过程中，当代中国的几乎所有重要哲学家都与维也纳学派的思想有过各种各样的关系，无论是赞同宣传还是质疑批判。在一定意义上说，维也纳学派传入中国的历史，就是一部西方现代哲学与中国传统哲学、科学的分析方法与思辨的形而上学相互碰撞的历史，而在这种碰撞中，维也纳学派的哲学始终处于守势和被动的地位。抛开其中涉及到的工具化、实用化倾向以及意识形态作用因素不谈，当代中国哲学从维也纳学派哲学中得到的不仅是逻辑分析的哲学方法，更有如何理解哲学性质的深刻启发，以及如何从维也纳学派的哲学看待中国传统哲学文化的另类维度。

## 二、与维也纳学派有关的那些事

说到与维也纳学派有关的那些事情，首先不得不说1944年11月11日发生在洪谦与冯友兰之间的那场思想交锋。①

事情还要从20世纪30年代说起。1937年初，洪谦从维也纳返回中国，首先是在清华大学哲学系任教，讲授维也纳学派哲学，后来跟随清华大学南迁至昆明，在西南联合大学外语系教授德语，在哲学系讲授维也纳学派哲学。根据张岱年先生回忆，在清华期间，洪谦与同系的冯友兰、金岳霖等在基本哲学观念上就存在着明显的分歧，主要是洪谦反对任何建立本体论的企图，因此他不同意冯友兰的新理学和金岳霖在《论道》中的学说。这样，“洪谦与清华哲学系的关系趋于淡化了”。[21]正是这种思想上的分歧，导致了洪谦在当时国内的学术环境中并没有得到更多的重视，并由此引发了他与冯友兰等人的思想争论。

我们还要先交代一下这场争论的学术背景。根据贺麟先生的记述，西方哲学在中国开始“生根”，应当开始于20世纪20年代：1925年“中国哲学会”成立和1927年《哲学评论》创刊，表明“我们研究西方哲学业已超出杂乱的无选择的稗贩阶段，进而能作有系统的原原本本的介绍了，并且已能由了解西方哲学进而批评、融会并自创了”。[22]中国哲学会每年举行年会，在会上宣读的论文都是作者个人研究思索的心得。洪谦与冯友兰之间的思想争论，正是在中国哲学会在昆明举行的年会上发生的。冯友兰曾在1943年的《哲学评论》第八卷上发表《新理学在哲学上的地位及其方法》，批评维也纳学派拒斥形而上学的做法并没有取消“新理学”的玄学。洪谦正是针对冯友兰的这个观点提出批评。他认为，冯友兰并没有真正理解维也纳学派对于形而上学的态度，而且他的形而上学也并非如他所言是不可“取消”的。根据贺麟先生的记录，“冯先生本人当即提出答辩，金岳霖及沈有鼎先生亦发言设法替冯先生解围”。我们今天已经无从查证冯友兰是如何答辩的，金岳霖和沈有鼎又是如何解围的。但有一点是清楚的：金岳

---

① 见范岱年、胡文耕、梁存秀在发表于1992年第3期的《自然辩证法通讯》中的《洪谦和逻辑经验论》一文（后作为附录重印于洪谦的《论逻辑经验主义》）。发表于1946年12月的《哲学评论》第10卷第2期第30~35页上的《论〈新理学〉的哲学方法》一文最后有“一九四四，十二，十五·昆明完稿”字样，并在“附记”中写道，该文是“作者本年11月11日在中国哲学会昆明分会第二次讨论会中的一个讲演”。但在洪谦收该文于《维也纳学派哲学》中时，取消了“一九四四，十二，十五·昆明完稿”字样，这样，附记中所说的“本年”就容易被理解为该文发表的当年。如胡军在《分析哲学在中国》一书第196页上就做了如此解释。其实，贺麟早在写于1945年的《当代中国哲学》中，就明确地提到该次思想交锋。而且，洪谦先生在抗战胜利后很快就去了牛津，直到1947年才回国。所以，即使没有“一九四四，十二，十五·昆明完稿”字样，从时间上推断，这场思想交锋也不可能发生在1946年。

霖和沈有鼎是在为冯友兰的观点做辩护的。这的确是一个值得琢磨的现象：作为逻辑学研究在中国的第一批哲学家，他们为什么会站在冯友兰的立场上，为他的形而上学辩护呢？虽然冯友兰最初也是由于对逻辑学的痴迷而进入哲学之门的，但他对逻辑学的理解基本上属于“一知半解”的状态，他对逻辑分析方法的理解与维也纳学派以及洪谦的理解也有很大的差别。[23]这些更使得我们对金岳霖和沈有鼎的做法感到迷惑。我们只能对此做出这样一种解释，即这是由于冯友兰当时的学术地位以及金岳霖和沈有鼎对形而上学的同情。或许也是由于这种学术地位的作用，当时并不受到哲学界推崇的洪谦的说法就受到了一定程度的冷落，虽然学者们都承认他的工作具有意义。

如果说洪谦与冯友兰之间的思想争论还属于学术范围内的讨论的话，20世纪50～60年代国内哲学界对维也纳学派的批评则更多地带有政治批判的色彩。1957年开始的反右运动，在中国哲学界引起了唯物主义反对唯心主义的斗争。在这场运动中，维也纳学派的哲学首当其冲，被看做是“资产阶级唯心主义哲学”的典型遭到批判。当时北京大学哲学系的五个年轻教师以“伍思玄”为笔名在1959年的《北京大学学报》上发表了题为《批判维也纳学派的逻辑分析和证实方法》的文章，认为“所谓逻辑分析并没有像维也纳学派设想的那样，使他们‘超越’唯心唯物之外；他们的逻辑实证主义或逻辑经验主义实质上不过是巴克莱主义和马赫主义在一种‘新’的方式下的复活而已”，而且“维也纳学派的证实方法绝不是证明知识之意义和真理性的方法，恰恰相反，乃一种证明知识之不可能的方法。它是一种反科学、反真理的方法”。文章最后说，“维也纳学派哲学作为一种反科学的哲学，像一切资产阶级的唯心主义哲学一样，其最终的归趋，其客观的、阶级的作用‘完全是在于替信仰主义者服役’（列宁）。他们反对‘形而上学’的根本目的乃为了以实证主义和不可知论精神毒害科学，把人类知识限制在经验的此岸，而把那‘超越’的‘彼岸’的世界留给宗教信仰”。[24]这显然是为了迎合当时的政治要求对维也纳学派的无理指责。由于作者们的批判采用的都是具有权威性的第一手资料，因此，这个批判文章在当时的哲学界造成了很大影响，为维也纳学派的哲学受到更多的政治批判提供了“理论依据”。然而，正是由于文章采用了大量第一手资料，所以，它也在客观上宣传了维也纳学派的哲学，至少让哲学界更多地了解了石里克和洪谦的思想。

当然，在当时的政治大气候下，不仅年轻的学者难以坚持独立的学术思想，就连经历过战争艰难的老一辈学者也难以逃脱思想上的自我背叛。事实上，洪谦本人就在1955年的《哲学研究》上发表过一篇批评卡尔纳普的文章，完全是按照政治的要求对卡尔纳普的物理主义展开了政治大批判。这篇文章后来使洪谦先生感到自惭，他在晚年曾多次表示了对该文的不满，所以，范岱年和梁存秀在编辑洪谦的文集《论逻辑经验主义》一书时就没有收入该文。[①] 此后，洪谦没有发表任何文章，全身心地投入到编辑和翻译西方哲学史资料上。从 1957 年到 1961 年，在洪谦的主持下，四本《西方古典哲学原著选辑》陆续出版。从 20 世纪 60 年代初开始，洪谦又主编了《西方现代资产阶级哲学论著选辑》，为我国的现代西方哲学研究提供了重要的参考资料。这些工作凸显了洪谦在逆境中作为一个学者的道德良心。

改革开放以后，我国的外国哲学研究出现了新的转机，维也纳学派的哲学也重新得到了传播和重视，被看做新实证主义的代表而在 20 世纪 80 年代成为国内思想界最具影响的西方哲学思潮之一。这当然与洪谦先生的工作有着密切的关系。从 1980 年开始，洪谦恢复了停止近 30 年的外国哲学研究，开始在国内外哲学杂志上发表文章，并与国外哲学界恢复了学术联系。其中，对国内哲学界影响最大的是他主持编译了《逻辑经验主义》文集。

正如洪谦先生主持翻译的《西方古典哲学原著选辑》和《西方现代资产阶级哲学论著选辑》（后更名为《现代西方哲学论著选辑》）一样，《逻辑经验主义》文集从一出版就成为国内哲学界了解和研究西方哲学的第一手资料，并且成为国内哲学学术研究的典范。该文集的翻译出版不仅凝聚了洪谦先生的毕生心血，而且培养和造就了国内一代研究人才。当年参加文集翻译的学者不仅有与洪谦先生同辈的长者，如江天骥、王太庆等著名哲学家和哲学翻译家，而且有更多当时正在学术发展中的中青年学者，如洪汉鼎、钟宇人、李步楼、周昌忠、贺绍甲、陈维杭等人，他们其中的大部分如今都已经成为国内外哲学研究的前辈。洪谦先生在该文集的前言中还特别感谢了杜任之、朱德生和张惠秋三位同志，他们当时分别担任了一些行政职务，对洪谦先生的工作给予了大力支持。[②] 这些表明，该文集的出版不仅是洪谦先生本人的一项工作，更是我国现代外国哲学研究中的一件大事，标志着我们的现代外国哲学研究开始走向学术的道路。

洪谦先生不仅积极地组织翻译维也纳学派哲学的经典著作，而且身体力行地参与传播英美分析哲学的工作。1988 年夏，中国社会科学院与英国皇家哲学研究所、牛津大学等在北京成立了“中英暑期哲学学院”，邀请洪谦先生担任学院的名誉院长。他不但欣然接受了邀请，而且以他的国际影响力邀请西方哲学家参加学院的活动。暑期学院成立的初衷就是每年邀请来自英语国家的哲学家到中国讲解和讨论西方哲学的最新发展，强调以分析哲学的方式处理一切哲学问题。正是这种思想指导下，暑期学院每年的学习内容基本上都与英美哲学为主，特别是

---

① 然而，洪谦先生的闭门弟子韩林合在编辑《洪谦集》时，却把这篇文章收入其中。

② 杜任之时任中国现代外国哲学研究会（后更名为“中国现代外国哲学学会”）理事长，朱德生时任北京大学哲学系领导，而张惠秋则是洪谦先生的学术秘书。

在最初的几年里更是如此。

正是在暑期学院的积极组织和大力推动下，1992 年在北京举行了“科学哲学中的实在论与反实在论”国际研讨会，1994 年在北京举行了“纪念洪谦：维也纳学派与当代科学和哲学”国际研讨会，这两次会议对于维也纳学派的哲学在中国的深入研究是具有标志性的重要事件，因为这两次研讨会不仅使中国哲学家在真正意义上与西方哲学家进行了纯粹的学术思想交流，而且完全确立了洪谦先生作为维也纳学派传人的国际地位。

在 1992 年的会议上，学者们对维也纳学派的科学哲学给予了最大的关注，并对洪谦先生把逻辑经验主义与中国当代哲学的结合所做的贡献给予了肯定，认为他在中国起到了艾耶尔在英国和亨普尔在美国所起的作用，即向本民族的文化中注入了逻辑经验主义的思想。该次会议论文集后来由美国哲学家科恩（R. S. Cohen）、希尔派尼（R. Hilpinen）和我国哲学家邱仁宗联合编辑，由国际著名的克鲁威尔学术出版社（Kluwer Academic Publlishers）出版发行。科恩在编者前言中这样写道，以科学的方式复兴哲学研究在这次会议上得到了证明。“教条式的习惯或主张所带来的限制，危害了科学的真正进步，也的确危害了哲学理解的进步，但这些已经有望远离我们的时代了（虽然要完全摆脱习惯及其程序还很困难）。”[25]在《回忆洪谦》一文中，科恩特别谈到了洪谦与维也纳小组的密切联系，同时指出了洪谦对当代中国哲学中的贡献在于给出了科学思想的清晰性和严格性，强调了科学推理是人类生活的真正指南。

1994 年的会议是洪谦先生完全确立国际学术地位的标志性事件。在这次会议上，来自世界十余个国家和地区的 40 多位哲学家充分肯定了洪谦先生在研究和传播维也纳学派思想中所起的不可替代的作用。大会名誉主席、时任中国社会科学院副院长的汝信在致辞中这样说道：“维也纳学派是科学哲学史和一般哲学史上划时代的里程碑，对世纪的自然科学、人文科学和社会科学均产生了重要的影响。作为维也纳学派成员，已故的洪谦教授在中国当代哲学中担任了一个独一无二的角色。”会议的目的在于，从多个角度重新考察、重新评价维也纳学派所提出的哲学纲领。奥地利研究维也纳学派的专家哈勒作了题为《洪谦与石里克学派》的主题报告，回顾了洪谦先生的求学经过。报告还介绍了洪谦与石里克及维也纳学派其他成员的关系。英国学者尼克·布宁探讨了洪谦与其同时代哲学家胡适、金岳霖、冯友兰、熊十力等人之间的学术关系和争论。范岱年在报告中介绍了洪谦与纽拉特的关系。洪谦的学生们还回忆了在洪谦先生身边学习和工作的情景，着力发掘了洪先生的人格操守和学术追求。关于维也纳学派学术观点的再评价，人们着重讨论了石里克与赖兴巴赫的差别、蒯因对卡尔纳普的批评。[26]这些观点都引起了与会的国内外学者的共鸣。

1992年2月27日，洪谦先生与世长辞，这是中国哲学界的“一个无法弥补的巨大损失”（范岱年语）。这不仅使中国失去了一位卓越的哲学家，而且使世界失去了最后一位维也纳学派的成员。但洪谦先生毕生为之努力的哲学研究事业已经在中国大地得到了生根，分析哲学的方法已经成为中国哲学家们从事哲学研究的重要方法之一。在暑期学院的大力支持下，内地学者与香港学者于1999～2000年分别在昆明和苏州举行了“分析哲学与中国哲学”研讨会，强调以分析哲学的方式研究中国哲学的重要性，取得了很好的学术成果，在国内哲学界也产生了一定的学术影响。但这两次会议主要以分析哲学研究者为主体，是分析哲学家向中国哲学家发出的对话邀请，而本届关于“中国哲学与分析哲学”的国际研讨会则是由中国哲学家向分析哲学家发出的邀请，这更表明了对分析哲学研究方法的诉求已经成为我们从事哲学研究的必需。

## 三、与维也纳学派有关的那些思想

谈到与维也纳学派有关的思想，首先要说的当然是洪谦对维也纳学派的研究工作。虽然洪谦先生被看做是维也纳学派思想在中国的权威传播者，但他并非对维也纳学派的所有观点都采取赞同的态度，相反，他对卡尔纳普、纽拉特、艾耶尔等人的思想有不少不同的批评意见，而且对逻辑经验主义的后来发展也提出了自己的独特见解。应当说，正是由于洪谦先生的洞见，才使得他被看做在哲学上做出了卓越的贡献。

仔细阅读洪谦先生早年的《维也纳学派哲学》和晚年的《论逻辑经验主义》，我们不难看出洪谦先生对维也纳学派思想的忠实阐述和有力辩护，也可以看出他对逻辑经验主义哲学的有效推进，对此，范岱年等人在《洪谦和逻辑经验论》一文中已经做了详尽的介绍和分析。在这里，我只想指出，洪谦先生的思想阐发和观点论述不仅是对维也纳学派思想的传播，更是一个中国哲学家以自己的特殊方式对哲学真理的不懈追求；他的思想不但包含了清晰的逻辑分析，而且饱含了中国学者对哲学智慧的特殊感情。例如，洪谦特别注意石里克对伦理命题的论述，强调伦理学是一门与知识有关的科学，而不是毫无意义的形而上学，这与卡尔纳普等人的观点大相径庭。这恰好反映了洪谦作为中国学者的特殊伦理要求，即能够很明确地认识到伦理学在哲学研究中的价值，并且强调了道德需求对思想阐发的必要作用。而且，洪谦还坚守“师道尊严”，对自己的导师石里克的观点多有辩护，这特别表现在他为石里克在形而上学态度上的辩护。这些都表明了洪谦先生作为维也纳学派中国传人的思想特征。

应当说，洪谦先生在中国的最大哲学贡献是他对维也纳学派哲学的准确阐述，这包括了他为维也纳学派成员观点的辩护和对批评意见的回应等。其中，在国内哲学界最有影响的还是他与冯友兰的思想交锋。我们在前面已经对这场交锋的来龙去脉做了交代，这里要分析的是这场交锋的关键究竟所在。

胡军曾在他的《分析哲学在中国》（2002 年）中对洪谦与冯友兰的思想交锋做了较为全面的分析，但结果却是“各打五十大板”，分别批评了他们的思想具有某种局限性，认为这场交锋的根源是他们都没有真正理解对方思想的真实意义。[27]从大的方面来说，我基本上能够接受他的分析，但具体而言，这样的分析似乎并没有找到他们之间分歧的要害，也无法解决他们之间的争端。通过阅读理解他们的著作，我发现，他们之间的分歧其实并不是出于误解，而是由于他们对哲学性质的不同理解，由于他们处理哲学问题的方式有很大不同。

在对哲学性质的理解上，洪谦显然遵循着维也纳学派对哲学的理解，把哲学看做是澄清命题意义的活动，由于哲学的主要任务是为了保障人类知识的确立，因此知识论问题自然就成为哲学研究的主要内容。从认识世界的角度看，西方哲学的这种思维方式显然具有很大的实际效用，的确能够帮助人类很好地认识和理解世界的真实面目。即使是在强调石里克伦理学的重要意义的同时，洪谦仍然是把知识论而不是伦理学作为哲学研究的主要内容。这与洪谦所受到的自然科学训练有着密切的关系。他在跟随石里克后不久，石里克就要求他先学习物理学、数学和逻辑学，他深受维也纳学派成员的自然科学背景的影响。这样的哲学背景自然就要求他用自然科学家的眼光看待世界，以自然科学的研究方式处理哲学问题。这在他的所有文章中都表现得极为明显。反观冯友兰，则情况有所不同。虽然冯友兰早年也曾赴美留学，并一再强调逻辑分析对哲学研究的重要性，但他并没有把哲学看做如同科学研究一样的认识论活动，而是坚持中国传统的思维方式，认为哲学是对人生问题的解决，关乎个人的安身立命之本。他把哲学研究工作的主要任务理解为追求人生的最高境界，认为只有从“无知之知”中才能得到关于世界的本体论理解。显然，冯友兰是站在中国传统本体论的立场理解哲学的性质和任务，也是由此去理解维也纳学派的哲学。虽然冯友兰强调了哲学的本体论意义，但他理解的本体论与西方本体论还是有重要差别。其中的主要差别是，西方本体论强调的是对世界本原的终极研究，试图以某个或某些根本原则或原理或基质解释世界万物，这样的根本原则具有超越经验的特征，是世界万物得以产生发展的最终根据；而在冯友兰看来，本体论就是形而上学，追求的是一种“经虚涉旷”的天地境界。“形而上学的功用，本只在于提高人的境界。它不能使人有更多底积极底知识。它只可以使人有最高级境界。”[28]在西方，形而上学研究与科学研究并不对立，两者相得益彰；但在冯友兰那里，形而上学与科学是背道而驰的，形而上学的工作是对经验做作形式地肯定，而科学则对经验做积极的肯定，这里的“形式”是指“空”，但又指“灵”，“空”意味着形而上学命题不对任何经验事实有实质性的断定，而“灵”则是说形而上学命题对于一切事实都可适用。冯友兰把形而上学的方法分为正的和负的，“正底方法是以逻辑分析法讲形上学。负底方法是讲形上学不能讲，讲形上学不能讲，亦是一种讲形上学的方法。”[29]他强调的是所谓的负的方法，这就是他所谓的追求空灵的境界，他所谓的正的方法其实不过是用来说明空灵境界的手段而已。显然，冯友兰对哲学性质的这种理解与洪谦和维也纳学派的理解大相径庭，因为在洪谦他们看来，逻辑分析并非是哲学研究的一种方法，而是哲学研究的全部；对逻辑形式的研究并非哲学研究的手段，而是所有知识的本质。因为“任何认识都是一种表达，一种陈述……所有这些可能的陈述方式，如果它们实际上表达了同样的知识，正因为如此，就必须有某种共同的东西，这种共同的东西就是它们的逻辑形式。所以，一切知识只有凭借其形式而成为知识；知识通过它的形式来陈述所知的实况，但形式本身是不能再被描述出来的。形式的本质只在于知识，其余一切都是非本质的，都是表达的偶然材料，和我们用来写一个句子的墨水没有什么不同”。[30]这些与冯友兰对逻辑形式和逻辑分析的理解完全不同。

正是由于对哲学性质的不同理解，他们处理哲学问题的方式也迥然不同。我们知道，洪谦秉承了维也纳学派的哲学研究方法，以逻辑分析的方式讨论科学命题的意义，以语词辨析的方法澄清各种不同观点之间的差异。例如，他认为，康德提出的先天综合判断并不存在，因为如果一个命题必须与现实有关联，那就必须用经验来检验它的真假，反之，如果一个命题的真假不可能从经验上加以检验，那么它就一定不是描述事实的命题；如果一个先天综合命题不是经验命题，那么它就既不能以经验为根据，也不能为经验所驳倒，所以，它就是一个无效的命题。洪谦在批评马赫的实证主义时主要区分了它与逻辑实证主义之间的根本分歧，认为后者虽然继承了前者的反形而上学精神，但在一些根本点上则是截然不同的。同样，洪谦在批评冯友兰的新理学时也是采用了分析的方法，指出了冯友兰在知识分类上的混淆，并澄清了维也纳学派取消形而上学的真实含义，辨析了冯友兰对形而上学的理解。应当说，洪谦对冯友兰新理学的批评在逻辑上是完全站得住的。① 然而，冯友兰处理哲学问题的方式则与洪谦大为不同。虽然他一再强调逻辑分析对哲学研究的重要作用，但正如胡军指出的那样，冯友兰在自己的

---

① 值得注意的是，冯友兰虽然在昆明会议上对洪谦的批评有所回应，但他后来并没有写文章反驳洪谦，进一步阐明自己的观点。分析起来，这里可能有两个原因：其一，洪谦作为维也纳学派的成员，对维也纳学派哲学的理解自然最有权威，或许冯友兰认为在这一点上无法与他相争；其二，由于冯友兰当时处于构建自己新理学的巅峰，认为自己的形而上学就是要与西方哲学决裂，所以并没有把洪谦的批评意见放在眼里。

著作中并没有真正运用逻辑分析的方法，他所理解的逻辑分析主要还是“辨名析理”的方法。[31]我认为不仅如此，冯友兰在他的著作中其实更多地使用的是常识直观的方法，即根据我们的常识判断对他提出的形而上学命题做出肯定，而恰恰缺乏对这些命题的形式论证。例如，他对新理学形而上学的四组主要命题的分析就是建立在常识直观的基础之上的。第一组命题“凡事物必都是什么事物”。逻辑上说，这就是同一律，A = A。但冯友兰把它解释为“某种事物是某种事物，必有某种事物之所以为某种事物者”，这就从同一律进入了因果律，而这个转变是根据常识直观，因为常识中并没有追问同一律的必要，但这种追问却正好是形而上学需要回答的问题。第二组命题“事物必都存在”，这仍然是同一律的另一种形式，但冯友兰将其解释为“存在底事物必都能存在。能存在底事物必都有其所有以能存在者”，这就是用存在者解释存在本身的意义，符合我们的常识概念。第三组命题“存在是一流行。凡存在都是事物的存在。事物的存在都是其气实现某理或某某理的流行”，这些是说明了万物归一的道理，他最后由此得到“道体”、“乾元”成为一切流行之动力。这些观念显然来自中国传统文化，但却穿上了西方本体论的外衣。第四组命题“总一切底有，谓之大全，大全就是一切底有”，这里是把“大全”和“一切有”等同起来。如果按照西方哲学的理解，“大全”并非全有，而是在一切的有之外的更大的东西，是决定了一切的有的东西。但这里把“大全”和“一切有”等同起来，其实是符合我们日常的理解，即认为一切存在东西的整体就是“大全”。从冯友兰对每组命题的解释中可以看出，他不断地运用到我们的日常理解，即我们对世界万物的混沌理解，因为他使用的四个观念都是非概念的，就是说它们都是无法言表的，正所谓“道可道非常道”。应当说，这样一种形而上学既于观念的澄清无所帮助，也于我们的日常经验无所帮助。

尽管冯友兰的这种形而上学已经遭到了洪谦的釜底抽薪式的批评，但令人遗憾的是，冯友兰非但没有因此修正自己的理论，反而更为全面地推行着这种新理学在当代中国哲学研究中的传播，使其成为当代中国的主流思想之一。这其中存在一个历史的悖论：冯友兰当年正是认识到中国传统文化中缺乏严密的逻辑并由学习逻辑而进入哲学之门，他还在自己的著作中大力提倡使用逻辑分析的方法研究中国传统哲学，但在他的哲学中却存在着大量不完全符合逻辑要求的论述，而且他也正是由于这种混沌的思想方式而成为当代中国哲学的一面旗帜。我这样说并非对冯友兰先生不尊重，而仅仅是想说明，新理学的建立与逻辑分析方法的运用之间的矛盾，构成了冯友兰形而上学哲学大厦的基础，同时，这也是导致新理学最终失败的根本原因。

纵观维也纳学派在中国的经历，我们可以明显地感觉到，这种以科学为模式建立起来的哲学观念总是与中国的传统文化处于一种紧张的矛盾之中。更进一步地说，包括了维也纳学派哲学在内的整个西方哲学传统在进入中国的思想语境时也总是比较尴尬的境地，总是面临各种各样的“误读”，乃至于“西学东渐”百年之后人们依然在讨论“中体西用”之类的问题，甚至还有人试图彻底否认西学东渐的历史意义。在这种历史和现实的背景下，重新认识维也纳学派哲学的历史价值，重新了解维也纳学派进入中国的历史，对于我们更好地理解西方文化，特别是更为清楚地认识到我们自身的文化，都具有重要的理论和实践的意义。

## 参考文献：

[1] F. Stadler, The Vienna Circle, Studies in the Origins, Development and Influence of Logical Empiricism, Wein and New York: Springer, 2001: 335 – 337.

[2]（奥）克拉夫特：《维也纳学派》，李步楼、陈维杭译，商务印书馆 1998 年版，第 10 页。

[3] 胡军：《分析哲学在中国》，首都师范大学出版社 2002 年版，第 182 ~ 183 页。

[4] 张申府：《所忆》，中国文史出版社 1993 年版，第 85 页。

[5] 张申府：《张申府学术论文集》，齐鲁书社 1985 年版，第 68 页。

[6] 张申府：《张申府学术论文集》，齐鲁书社 1985 年版，第 66 页。

[7] 洪谦：《论逻辑经验主义》，商务印书馆 2005 年版，第 333 页。

[8] 洪谦：《论逻辑经验主义》，商务印书馆 2005 年版，第 348 页。

[9] 洪谦：《论〈新理学〉的哲学方法》，载《维也纳学派哲学》，商务印书馆 1989 年版。

[10] 洪谦：《逻辑经验主义文集》，香港三联书店 1990 年版，第 43 ~ 45、69、257 页。

[11] 程炼：《洪谦论弗雷格的数的定义》，2006 年 11 月澳门“哲学交流与文化融合”会议论文。

[12] 任继愈：《抗战时期西南联大散记》，《北京日报》2006 年 4 月 3 日。

[13] 汪子嵩：《漫忆西南联大哲学系的教授》，载《不仅为了纪念》，三联书店 2007 年版。

[14] 杜小真：《应该感谢他——写在萨特百年诞辰、逝世 25 周年之际》，《随笔》2005 年第 3 期。

[15] 靳西平：《“海德格尔学案”带来的两个困惑》，《开放时代》2000 年第 11 期。

[16] 王炜：《外哲所四十年——尊师琐记》，载《王炜学术文集》，上海译文出版社 2006 年版，第 289 页。

[17] 何方昱：《“学”、“术”统一：1940 年代洪谦思想世界的另一面相》，《科学文化评论》2007 年第 4 卷第 5 期。

[18] 洪谦：《释学术》，《思想与时代》1944 年第 31 期。

[19] F. Stadler, The Vienna Circle, Studies in the Origins, Development and Influence of Logical Empiricism, pp. 358 – 359.

［20］王中江：《金岳霖与实证主义》，《哲学研究》1993 年第 11 期。

［21］张岱年：《回忆清华哲学系》，载《张岱年全集》第 8 卷，河北人民出版社 1996 年版，第 539 页。

［22］贺麟：《五十年来的中国哲学》，商务印书馆 2002 年版，第 25 页。

［23］胡军：《分析哲学在中国》，首都师范大学出版社 2002 年版，第 144 ~ 145 页。

［24］伍思玄：《批判维也纳学派的逻辑分析和证实方法》，《北京大学学报》1959 年第 3 期。

［25］R. S. Cohen, Preface, in R. S. Cohen, R. Hilpinen & Qiu Renzong, eds. Realism and Anti - realism in the Philosophy of Science, Beijing International Conference, 1992, Dordrecht/Boston/London: Kluwer Academic Publishers, 1996, p. xii.

［26］胡奈：《"纪念洪谦：维也纳学派与当代科学和哲学"国际会议在北京举行》，《哲学研究》1994 年第 12 期。

［27］胡军：《分析哲学在中国》，首都师范大学出版社 2002 年版，第 196 ~ 206 页。

［28］冯友兰：《三松堂全集》第五卷，河南人民出版社 1986 年版，第 167 页。

［29］冯友兰：《三松堂全集》第五卷，河南人民出版社 1986 年版，第 173 页。

［30］石里克：《哲学的转变》，载洪谦主编：《逻辑经验主义》上卷，商务印书馆 1982 年版，第 7 ~ 8 页。

［31］胡军：《分析哲学在中国》，首都师范大学出版社 2002 年版，第 143 页。

（编辑整理：黄凤琳）

# 现代马克思主义政治经济学的五大理论假设

## ——兼论理论假设的分类

程恩富

2009 年 10 月 12 日

## 程恩富

中国社会科学院研究生院马克思主义研究系教授，马克思主义研究院院长

**摘　要：**本文首先探讨经济学假设的内涵和分类，提出假设的重要差异显示出理论经济学的不同派别和体系。与现代西方主流经济学家不同，现代马克思主义政治经济学家强调假设的现实性、科学性和辩证性，因而具有更大的理论认知功能和社会建设功能；然后针对或评析现代西方主流经济学的假设，依次阐述创新的现代马克思主义政治经济学应具有的五大理论假设，即"新的活劳动创造价值假设"、"利己和利他经济人假设"、"资源和需要双约束假设"、"公平与效率互促同向变动假设"和"公有制高绩效假设"。

**关键词：**新的活劳动创造价值假设　利己和利他经济人假设　资源和需要双约束假设　公平与效率互促同向变动假设　公有制高绩效假设

本文首先探讨经济学假设的内涵和分类，提出假设的重要差异显示出理论经济学的不同派别和体系。与现代西方主流经济学家不同，现代马克思主义政治经济学家强调假设的现实性、科学性和辩证性，因而具有更大的理论认知功能和社会建设功能；然后针对或评析现代西方主流经济学的假设，依次阐述创新的现代马克思主义政治经济学应具有的五大理论假设，即"新的活劳动创造价值假设"、"利己和利他经济人假设"、"资源和需要双约束假设"、"公平与效率互促同向变动假设"和"公有制高绩效假设"。

## 一、假设的内涵和分类

假设是科学研究的重要环节，经济学也不例外。有了前提性假设，才可能有经济学自己的演绎过程和逻辑推理。严格来说，假设有假说与假定两个含义。经济学上所说的假说法，是指以已有的经济事实材料与科学原理为依据，对未知的经济事物或规律性作推测性分析的一种方法。相对科学的经济理论假说，是以现有的经济事实和经济科学知识为依据的，但包含确实可靠与真实性尚未判定的两部分内容，因而具有推测成分，是经济思维接近客观真理的有效方式。经济学假说的验证则是一个历史过程，并且具有实践的相对性。而经济学上的假定法，则是出于简化等目的，以方便经济研究，在逻辑分析的始点就事先设定某种经济状态的一种方法。不过，经济学的假说和假定时常交织在一起，我们有时也就可以笼统用经济理论假设来表达经济思想。

由于以往人们强调马克思主义经济学的真理性和现实性，因而一律偏好使用“普遍原理”或“基本原理”之类的词汇，不愿或不敢退一步，把某些经济思想和理论视为或定义为一种“理论假设”，似乎假设都是脱离实际的或无意义的空想和幻想，贬低了马克思主义经济学原理的重要性。出于同现代西方主流经济学交流或论争的需要，现在应当改变某些用语习惯，适度采用“理论假设”一词及其逻辑叙述方法。

例如，在恩格斯看来，马克思的第一个发现——历史唯物主义在第二个发现——剩余价值理论形成之前，没有得到证实，因而还属于假设性质。问题在于，现代西方大多数学者仍不承认历史唯物主义，为了推进交流和论争，我们也可退一步，同时把历史唯物主义称之为假设。这是因为，严格来说假设同原理或公理是有区别的，但也是可以转化的。包括历史观在内的某一经济学或其他社会科学的理论假设算不算作公理的问题上，渗透着研究者主体不同的价值判断和对实证资料的理解。基于不同的方法和立场，即使马克思主义者拿出再硬的实证史料和逻辑证据，资产阶级学者也不一定承认马克思主义及其经济学的一些基本理论是正确的，但会确认其为理论假设，这将有益于论争的简化和深化。此外，马克思主义社会科学中某些被资本主义或前资本主义的实践证明是正确的理论，以及属于对向社会主义过渡或社会主义的理论分析，均须在当代中外多样化实践中，继续进行检验，使其逻辑体系不断完善。从这个意义上来说，那些被认为是某种原理、公理或思想的预见，不妨也可称之为理论假设。

有争议的问题在于：经济学研究能不能随意进行假设呢？任意假设是可以的，但这种假设下的研究及其结论往往是局部的、片面的或错误的。现代马克思主义经济学在科学扬弃现代西方经济学一些观点的过程中强调学术严谨和贴近现实，不赞成随意假设，因而需要对理论假设进行分类。

第一，根据假设同历史和现实的关系，可分为合乎历史和现实的或背离历史和现实的假设。譬如，现代西方经济学假定交易费用为零的“科斯第一定理”，就属于不现实的假设。其道理，如同假设历史的或现实的计划管理费用为零是一样的。又如，与西方“公平与效率高低反向变动假设”不同，笔者提出“公平与效率互促同向变动假设”，可以得到国内外日趋增多的正反历史资料和实例的印证。

第二，根据假设的科学性程度，可分为较科学的或不科学的假设。以公有制与市场经济可否有效结合的假设为例，我国和越南的历史经验已经有力地证明这一问题的肯定性假设是比较科学，而否定性的假设则是不科学的（科斯也承认，关于公有制与市场经济能否结合这一点，现在还不能被证伪）。与“活劳动创造价值假设”相比，“生产三要素创造价值假设”显得缺乏科学性、历史性和实际性，因为历史上的奴隶主、地主和资本家所占有和出租的生产资料本身不能创造新价值。不过，我们必须提出“新的活劳动创造价值假设”。因为依据已有市场经济的历史实践和马克思关于活劳动创造为市场交换而生产的商品价值，以及纯粹为商品价值形态转换服务的流通活动不创造价值的科学精神，可以推断，凡是直接为市场交换而生产物质商品和精神商品以及直接为劳动力商品的生产和再生产服务的劳动，其中包括自然人和法人实体的内部管理劳动和科技劳动，都属于创造价值的劳动或生产劳动。

第三，根据假设的时间跨度，可分为历史型、未来型或混合型的假设。许多假设是依据历史并推测未来，因而属于包含历史和未来的混合型假设，但西方新经济史学就有历史型的假设。譬如，克拉潘的《现代英国经济史》、保尔·芒图的《十八世纪产业革命》、汉斯·豪斯赫尔的《近代经济史》等历史论著都强调了交通运输与工业革命间的互相促进的因果关系。而在交通运输革命中，尤其在19世纪的陆路交通发展中，铁路和火车的诞生与工业革命关系最为密切。钱得勒在1997年深入地讨论了铁路对建筑业和金融业的影响，认为铁路建筑的需求导致了美国金融业和建筑业的根本改革。可是，铁路与工业革命密不可分这个已成为常识性的结论却引起了福格尔的怀疑和反思。事实果真如此吗？福格尔建立了“反事实”论据：复原了当时主要的工业资料，如运费、主要农业贸易流通量的地区分布、按部门对当时冶金工业交货情况的分析，等等。在此基础上，福格尔得出结论是，以上传统观点所认定的铁路对经济发展的作用是错误的。他认为，当时只要把美国的水路运输稍加扩大，就能以同样的费用进入95%的农用土地；至于修筑铁路引起的工业需求，在1840～1860年间，它从未超过美国铸铁生产的5%，因此，不能用铁路来解释该时期美国冶金工业的迅速发展。他甚至指出，在其他条件不变的情况下，即使没有铁路，1890年的美国国民生产总值也不会比这一年的实际产值低3%以上。因此，铁路在美国经济增长中所起的作用实在是微不足道的，美国经济的发展是由于多种因素促成的。福格尔关于美国这一历史时期增长的“铁路微作用假设”便可称之为历史型假设。创新中的马克思主义史学也可积极借鉴这一方法。

第四，根据假设的覆盖面，可分为全面的或片面的假设。如近现代西方经济学包含完全自私在内的“经济人”假设，就属于只能解释部分现象的片面假设，由此得出以偏概全的经济学理论难以被确认为“公理”。依据整个人类历史和问题导向，我们必须确立一种新“经济人”假说和理论，即“利己和利他经济人假设”，其方法论是历史唯物主义和整体主义的。利他经济人假设对制度安排、诚信建设和荣辱观教育等都具有积极的作用，更可以导致社会协作与公共福利的增加。

同理，“菲利普斯曲线”是依据英国1861~1957年的工资增长率与失业率的历史资料来表述两者之间关系的，有学术和实际价值，但过去被视之为具有普遍意义的定律则不妥，其实它仍然具有历史型假设的性质，而且是不具普适性的片面假设。因此，2009年刚获得诺贝尔经济学奖的费尔浦斯就曾提出通货膨胀不仅与失业有关，也与企业和雇员对价格和工资增长的预期有关，从而能较好地解释20世纪60年代末和70年代初通货膨胀与失业同时增长的历史现象。

另外，现代西方主流经济学的重要假定或假设之一是资源有限与需要（欲望）无限。这一“资源有限与需要无限假设”也是片面的，因为这一假设内含的时间和空间两个约束条件不对称。反思性地改造西方主流学者的上述理论假设的必然结果，便可推陈出新地做出“资源和需要双约束假设”，即假设在一定时期内资源和需要都是有约束的，因而多种资源与多种需要可以形成各种选择或替代组合，进而在一定的双约束条件下实现资源的高效配置和需要的极大满足。这样的理论假设反映现实全面，论证逻辑严密。

第五，根据假设的抽象程度，可分为较基本的或较具体的假设。作为史学和经济学重要方法的唯物史观，以及作为马克思主义政治经济学枢纽的劳动两重性观点，便属于抽象度较高的基本假设，而马克思关于个别资本循环和周转、社会总资本扩大再生产等一些假设，则属于较具体的层面。

此外，即使是同一较基本的理论假设，也要视实践环境不同而有所具体化。以“公有制高绩效假设”为例，笔者从马克思经济学中概括出来的“公有制高绩效”假设，是指在计划经济条件下生产资料归全社会成员共同所有的公有制体系能达到社会绩效最大化；而从邓小平经济理论中概括出来的“公有制高绩效”假设，是指在市场经济条件下生产资料全民所有制和集体所有制能达到社会绩效最大化。在计划经济体制和市场经济体制的不同实践环境中，“公有制高绩效假设”有内涵和前提条件的差别。

最后，必须指出，假设的不同显示出经济学的不同流派和体系。现代西方主流经济学家弗里德曼强调，判断假设的好坏不在于“真实”，而在于建构的理论是否有效，即是否有效地产生了准确的预测；宣称理论的意义越多，假设就越不现实。现代马克思主义经济学家则强调假设的现实性、科学性和辩证性，因而具有更大的思想认知功能和社会建设功能。基于以上不同理论假设的现代马克思主义主流经济学和现代西方主流经济学这两大理论经济学的方法、范畴、原理和体系既有相互吸收与通约的一面，也有相互批判与排斥的一面，从而呈现为不同的现代理论经济学范式。变革中的现代马克思主义经济学，力图既超越马克思经济学和苏联经济学，又超越现代西方经济学和中外古近代经济学，体现“国情为据、世情为鉴、马学为体、西学为用、国学为根”的综合创新的时代精神和科学理念，就必须独特性地推出“新的活劳动创造价值假设”、“己他双性经济人假设”、“公平与效率互促同向变动假设”、“资源和需要双约束假设”等上述几个关键性的理论假设，并达成学科共识。那种认为现代西方主流经济学的关键性理论假设及其形式具有普适性或普世性，需要中国化或本土化的思想，显然是幼稚的。因为只有在关键性理论假设和核心理论具有科学性和普适性的马克思主义及其经济学，才能通过中国化或本土化，来真正促进我国富强、民主、文明、和谐、自由的社会主义建设和发展。

## 二、新的活劳动创造价值假设

### （一）“新的活劳动创造价值假设”的要义

依据已有商品经济、市场经济的实践和马克思关于活劳动创造为市场交换而生产的商品价值，以及纯粹为商品价值形态转换服务的流通活动不创造价值的科学精神，可以推断，凡是直接为市场交换而生产物质商品和精神商品以及直接为劳动力商品的生产和再生产服务的劳动，其中包括自然人和法人实体的内部管理劳动和科技劳动，都属于创造价值的劳动或生产劳动。这一“新的活劳动创造价值假设”，不仅没有否定马克思关于“活劳动创造价值假设”的核心思想和方法，而且恰恰是遵循了马克思研究物质生产领域价值创造的思路，并把它扩展到一切社会经济部门后所形成的必然结论。具体说来：

第一，生产物质商品的劳动是创造价值的生产性劳动。如为市场提供物质商品的农业、工业、建筑业、物质技术业等领域中的生产性劳动。这是马克思早已阐明的。

第二，从事有形和无形商品场所变更的劳动是创造价值的生产性劳动。如为市场提供货物和人员空间位移的运输劳动，提供书信、消息、电报、电话等各种信息传递的邮电劳动。场所变更或信息传递就是广义交通劳动产生的效用，它们是可以发生在流通领域内的特殊生产性部门。这也是马克思基本阐明的观点。

第三，生产有形和无形精神商品的劳动是创造价值的生产性劳动。如为市场提供精神商品的教育、社会科学、自然科学、文化技术、文学艺术、广播影视、新闻出版、图书馆、博物馆等领域中的生产性劳动，其中包括讲课、表演等无形商品或服务劳动。应当突破价值创造仅限于物质劳动的理念，确认生产有形和无形精神商品的劳动同样创造价值。[1]

第四，从事劳动力商品生产的服务劳动是创造价值的生产性劳动。直接涉及劳动力这一特殊商品的生产和再生产的部门，除了包括上述有关人们生活的生产性部门以外，还包括医疗、卫生、体育、美发、美容、沐浴等。[2]

第五，生产性企业私营业主的经营管理活动是创造价值的。中外传统的政治经济学承认，在公有制企业内，厂长经理从事生产性管理活动是创造商品价值的生产劳动，而对于资本主义私营企业内，从事生产性经营管理的活动能不能创造价值的问题，则持完全否定或回避的态度。这在分析逻辑上就形成一种难以自圆其说的矛盾：本来属于创造价值的生产性管理活动，一旦与该企业的财产私有权相结合，便全部丧失其创造价值的生产劳动属性。其实，倘若生产性私营企业的主要投资者或所有者，同时又是该企业的实际经营管理者，那么，这种管理活动具有两重性：一是从社会劳动协作的必要管理中而产生的劳动职能，客观上会创造商品的新价值；二是从财产所有权获利的必要管理中而产生的剥削职能，客观上又会无偿占有他人的剩余劳动。在现实经济生活中，这两种职能交织在一起，并由一个人来承担，并不妨碍在科学分析进程中加以定性区别。[3]

第六，劳动生产力变化，可能引起劳动复杂程度和社会必要劳动量的变化，从而引起商品价值量的变化。马克思在阐述商品价值量与劳动生产率变化规律时舍掉了劳动的主观条件对劳动生产率的影响作用，而认定劳动的客观条件和自然条件变动引起的劳动生产率提高只会引起使用价值量变动，不会影响价值总量，所以就得出了商品价值量与劳动生产率反相变化规律。但是，就一般意义而言，引起劳动生产率变化的重要因素是科技的进步，而它会导致劳动复杂程度、熟练程度和强度的提高，进而增大商品的价值量，并由此增大社会价值总量。①如果劳动生产率变动是由劳动的客观条件变动而引起的，劳动的主观劳动条件没有发生变化，那么劳动生产率与价值量是反向变动关系，这种情况在一定条件下和一定时期是存在的。②如果劳动生产率变动是由劳动的主观条件变动引起的，劳动客观条件没有变动，那么，劳动生产率与价值量变动是正向变动。③如果劳动生产率变动是由劳动的主观和客观条件共同变动引起的，劳动生产率与价值量变动方向不确定，也可能是正方向变动也可能是反方向变动，也可能不变。④由于劳动的复杂程度、熟练程度和强度的提高而引起劳动生产率的提高是主要的，因而长期来看商品的价值总量和社会价值总量会具有一种向上变动的趋势，而不是不变。我们对马克思的商品价值量与劳动生产率的规律作了如上的界定和新理解，就可以科学地说明，科技劳动和管理劳动等在价值创造中的作用与事实。[4]

### （二）与新假设密不可分的“全要素财富说”和“按贡献分配形质说”

与上述“新的活劳动创造价值假设”密切相关的是“全要素财富说”和

“按贡献分配形质说”。必须指出，活劳动是价值的唯一源泉，但就劳动过程而言，仅有活劳动是远远不够的。人们还必须拥有除劳动之外的其他生产要素才能进行现实的生产和服务活动，提供能满足人们各种需要的使用价值或效用。其中，包括土地、资本、技术、信息，以及自然资源和生态环境等。因而，财富、效用或使用价值的源泉是多元的，是所有或全部相关生产要素直接创造和构成的。与一些论著随意批评马克思经济学忽视财富及其生产要素的观点相反，马克思是一贯高度重视财富及其各种生产要素作用的。

十分明显，这里的“全要素财富说”与“活劳动价值说”不仅不矛盾，而且是相辅相成的，共同构成了关于创造商品和财富的完整理论。前者说明的是作为具体劳动过程的生产要素与社会财富（商品使用价值或效用）之间的关系，其目的主要是揭示在创造使用价值的具体劳动过程中人与物之间的关系和物与物之间的关系，在这个层面上，财富的源泉必然是多元的。后者说明的是作为抽象劳动的活劳动与商品价值之间的关系，其目的主要是揭示在特定的社会生产方式下新价值创造过程中人与人之间的关系，在这个层面上，价值的源泉又必然是一元的。

同时，二者的内在联系又表明：作为劳动主体的活劳动，既是价值的源泉，也是财富的源泉；作为劳动客体的有形或无形生产资料，既是财富的源泉，也是价值创造的必要经济条件或基础。但是，要素价值论者声称财富的源泉就是商品价值的源泉，既然劳动不是财富的唯一源泉，那么劳动也不是价值的唯一源泉，其他生产要素的劳动一起共同创造价值。在这里，他们混淆了财富与价值、具体劳动与抽象劳动、不变资本与可变资本、劳动过程与价值创造过程等一系列区别。

最后，还有一个重要问题也必须指出，我国现行的收入分配是以按劳分配为主体，多种分配方式并存的制度，把按劳分配与按生产要素分配结合起来，这是社会主义市场经济的一项基本制度。广义上看，按生产要素分配中自然包括按劳动力这一主体性要素分配（在了解劳动与劳动力的严格区别后，不妨碍我们说劳动是一个独立的生产要素），而市场型按劳分配，首先表明的是要视劳动力同其他生产要素一样，可凭借自身的所有权参与分配；其次才表明要根据劳动力的实际有效支出或贡献，即有效劳动的数量和质量，来具体确定可分配的价值量或金额。这不会否定我们经常从狭义上将按劳分配从按生产要素分配中独立出来，并分别加以阐明。

马克思在《资本论》中全面系统地论述了生产要素的多种产权状态与生产成果的多种分配状态及其相互关系，这启发我们从国民收入初次分配的角度可以提炼出“多产权分配说”，即多种产权关系决定了按资和按劳等多种分配方式。

无论是资本主义市场经济，还是社会主义市场经济，其多种分配形式都直接取决于生产要素的所有权或产权。[5]

事实上，劳动价值论是一切市场经济的理论基石，所揭示的是市场经济条件下劳动与商品之间的一般规律以及劳动机制和价值机制，指出价值是由活劳动创造的，生产资料的价值只是转移到商品价值中去保存旧价值；而马克思描述经典社会主义的按劳分配是没有商品货币关系和市场经济的，因而劳动价值论不可能成为马克思设想的社会主义按劳分配的直接依据。不过，在现阶段我国社会主义市场经济的运行中，劳动价值论同市场型按劳分配有了一定的联系，因为分配的是商品出售后的价值，又由企业自主分配并完全货币化。尽管市场化按劳分配的直接依旧是生产资料的公有制和劳动力的个人所有制，但从宽泛的意义上说，公有制范围内的工资既是劳动力价值或价格的转化形式，也是市场型按劳分配的实现形式。

深一步说，按生产要素贡献分配的表现形式，是按生产要素所有者在自身创造财富和价值过程中的具体贡献来分配的，而其经济实质是按生产要素所有者在要素创造财富和活劳动创造价值过程中所贡献或提供的要素数量及其产权关系来分配的。这就是按生产要素贡献分配的形式与实质，用哲学上的形质来表达，可简称为“按贡献分配形质说”。

现代西方主流经济学的“生产三要素创造价值假设”抓住按生产要素贡献分配的形式或表象当做其本质，而现代马克思主义政治经济学理论，既承认按生产要素贡献分配的形式或表象，又揭示其经济实质，并在形式与本质相统一的基础上理解和新用“按贡献分配”这一术语。这与西方经济学一贯主张按贡献分配的诠释和立场是有本质区别的。

有的论著以为只要承认“按贡献分配”的用语，就等于承认生产要素所有者都亲自创造或贡献了财富和价值，并据此进行分配。这是有误的论证。其理由在于：当我们使用“按贡献分配”一词时，只是承认在特定的经济制度下要素所有者拿出了一定数量的土地、资本等非劳动性质的要素同劳动力相结合，进而由劳动者运用非劳动生产要素实际创造财富和价值。从产业资本循环的三个阶段来分析，要素所有者只是在实际生产财富和价值之前的购买阶段从“预付”、“拿出”或“提供”的意义上“贡献”了非劳动生产要素，而所有的财富和价值都是在生产阶段由劳动者运用非劳动生产要素进行实际创造和生产的，并在生产阶段结束后（若是商品则在销售阶段后），由购买阶段的各个要素所有者依据“预付”要素的数量及其所有权进行生产成果的分割或分配。可见，是要素本身成为财富的源泉，而非主体性要素所有者成为财富的源泉；是要素本身对财富的实际构成做出了生产性的贡献，而非主体性要素所有者对财富的实际构成做出了生产性的贡献；从一般劳动过程考察，劳动者运用各种生产要素实际生产或贡献出财富或价值，只与各类生产要素的数量和质量有关，而同要素的所有权状况（私人所有、集体所有、国家所有或公私混合所有）没有直接的关系。

其实，“按贡献分配”归根到底可以分解为劳动所得或按劳分配与资本所得或按资分配。当把管理、技术、信息等作为劳动来看待并参与实际分配时，它们属于劳动所得或按劳分配的范畴；当把管理、技术、信息等作为资本来看待并实际参与分配时，它们属于资本所得或按资分配的范畴。例如，科技人员因技术发明而获得收入，属于劳动所得或按劳分配；科技人员再把这项技术发明折合成一定数量的技术股并参与分配，则明显地属于技术资本所得或按资分配。又如，让某个名人在企业挂名并给予一定数量的干股，而他不为该企业从事任何工作，则是将名人的无形资产转化为资本，全部属于资本所得或按资分配。再如，对实际在企业工作的某个管理者或员工实行部分工资加部分干股的总收入分配方式，则其总收入都属于劳动所得或按劳分配。其他生产要素均可作以此类推的分析。

那么，各种要素收益量的规定是由什么规律和机制进行调节的呢？要素价值论者认为用边际分析法可准确测定其各自应得的实际贡献额。事实上，各种要素所有者参与分配的量的多少，其依据和分割规律是不同的。工资收入是劳动力价值或价格的货币表现，工资的多少并不影响商品的价值，其实际数量多少取决于全体或部分劳动者的谈判和博弈状态，而不是劳动者的边际贡献。[6]非劳动的生产要素所有者在竞争规律和平均利润率规律的作用下等量资本大体获取等量收益，并具体表现为地租、利息和利润等形式。这一趋势性的收益分割规律和机制，并不排除各种垄断、产业地位、交易能力和博弈智慧等主客观因素会影响其实际收益数量。

当前，我们要高度重视和发挥劳动、科技、信息、管理、环境和资本等各种生产要素的作用，切实保障一切要素所有者的合法权益，促使国民经济和人民生活又快又好地健康发展。这是“新的活劳动创造价值假设”，以及与此有关的“全要素财富说”、“多产权分配说”和“按贡献分配形质说”必然推出的政策思想。

## 三、利己和利他经济人假设

西方经济学自英国近代亚当·斯密、西尼尔和约翰·穆勒以来，一直到当代美国哈耶克、弗里德曼和布坎南，只把“自私人”即“经济人”作为探究人类经济行为和市场经济的始点、基点和定点，并由此推演出整个经济学体系和经济进化史。即使现今某些新自由主义经济学家对传统“经济人”内涵进行修补，把分析范围扩展到非经济领域，增添机会主义行为描述和信息成本约束，或者把含义扩展界定为可用货币衡量的经济利益与不可用货币衡量的精神利益两个层面，也没有根本摆脱作为“最大化行为”的“自私人”的思维模式。这种“完全自私经济人假设”包含三个基本命题：①经济活动中的人是自私的，即追究自身利益是驱策人的经济行为的根本动机。②经济活动中的人在行为上是理性的，具有完备或较完备的知识和计算能力，能视市场和自身状况而使所追求的个人利益最大化。③只要有良好的制度保证，个人追求自身利益最大化的自由行动会无意而有效地增进社会公共利益。

## (一)“完全自私经济人假设”的误点

正如当代法国经济心理学学会创始人阿尔布在批判西方“经济人的神话”时所说的，各门人文科学的进步，尤其是心理学、社会学和社会心理学的进步，使我们不难证明有关“经济人”的这些论点是不够的或不确切的。具体说来，“完全自私经济人假设”或“完全利己经济人假设”的理念存在下列误点：

其一，理念源于功利主义。19世纪，边沁将大小私有者在经济活动中自发产生的功利标准泛推到伦理领域，把最大限度地追求个人利益的自私精神说成是大多数人的最大幸福的途径。这是亚当·斯密经济学及其后继者的主要哲学方法。其实，休谟早先就批判过类似的观念，写道：“自私这个性质被渲染得太过火了，而且有些哲学家们所乐于尽情描写的人类的自私，就像我们在童话和小说中所遇到的任何有关妖怪的记载一样荒诞不经，与自然离得太远了。”[7]

其二，理念同预设主义相吻合。现代科学哲学的预设主义认为，在科学发展中，存在某种预设的、超历史的、不变的、不可违背的方法、基本假设、推理原则和“元科学”概念。而“完全自私经济人”理论恰恰强调，不管人在历史上和现实中是不是完全自私的，经济学必须以理性的“自私人”为不变的假设或预设，这是不可违背的分析方法和推理原则。被称之为经济哲学家的奥地利米塞斯在《经济学的认识论问题》一书中，就完全排斥经验的方法和历史的方法及实证主义方法，反对新康德主义者文德尔班和李凯尔特关于经济学是说明个别性的历史科学这一观点，而宣称经济学是以原子式个人主义为基础的规律化的先验理论，“先验的理论并不是来自经验”。[8]显然，这又沿袭了康德先验论的思维方法。

其三，理念充斥历史唯心论的精神。“旧经济人”理念视利己心与生俱来和一成不变的东西，不分历史时点地把“自私人”抽象化、永恒化和绝对化，无视特定的经济关系和经济制度对人的经济行为与经济心理的作用，这就有意或无意地陷入了历史唯心主义的泥潭。连杜威也不赞同，他说：“事实上，经济制度与关系乃是人性中最易改变的表现方式。历史便是其变化幅度的活生生的证据。……如果人性是不可改变的，那么就不存在教育这类事情，我们从事教育的全部努力就注定会失败。”[9]

其四，理念渗透着形而上学的偏见。当代西方私有产权学派代表人物张五常曾经透彻地表达了西方主流经济学的信念：“经济学上最重要的基本假设是：每一个人无论何时何地，都会在局限约束条件下争取他个人的最大利益。说得不雅一点，即每个人的行为都是一贯地、永远不变地，以自私为出发点。……在经济学的范畴内，任何行为都是这样看：捐钱、协助他人、上街行动等，都是以‘自私’为出发点。”[10]略懂唯物辩证法的经济学家和哲学家，大概均不会首肯此类极端片面的、孤立的和静止的理性“自私人”观点。还是博兰在1997年出版的《批判的经济学方法论》中写得对：“新古典经济学醉心于下述形而上学观点，即：每一位个别决策者都是理性的（至少在个人的行为能用理性的论据加以解释的程度上）。令人遗憾的是，当理性和个人主义联系在一起时，就会产生一种颇为机械的关于决策行为的观点——也就是个人被视为一台机器。”[11]

其五，理念存有“经济—道德”二元悖论。斯密在《国富论》中只确认经济领域的自私自利行为，而在《道德情操论》中又确认道德领域的人可能有某些同情心和利他行为，这似乎形成一个“经济—道德”二元悖论。难道经济活动过程中没有道德和利他问题？完全和永恒的“自私人”与“道德人”或“利他人”行为如何协调？与西方经济学家一般因谈不清而不敢谈经济行为的道德问题不同，贝克尔撇开这一难题，承认在家庭和亲戚范围内有程度不一的利他行为，即主张“血亲利他主义”。但不管怎样，只要在经验或实践中存在利他行为（含家庭经济活动），完全的“天性利己主义”假说就被证伪了。诚然，“血亲利他主义”也解不开“经济—道德”二元悖论的矛盾死结，因为它只是放宽了家庭这一领域的分析，非家庭的广大领域依然笼罩着“自私人”思维。

其六，理念奉行唯理论的教条。西方主流经济学所说的理性，是指个人谋求自身私利的合理行为，因而“理性人”也就是“自私人”，甚至合称“理性经济人”。在他们的视野里，人若不自私，那就属于非理性。这可称“自私拜物教”，是极端片面和夸大理性作用的观点。经验表明，自私不等于理性；某些自私行为属于非理性，如因故一时冲动而签订私人经济合同；某些理性行为属于利他，如有些匿名捐款。事实上，弗洛伊德主义及其心理实验也可印证，西蒙的“有限理性”假说比“完全理性”或“充分理性”假说要贴近现实。不过，“有限理性”假说仍是在旧“自私人”理论框架内的改良，没有本质上的创新，因为这一理论改良也无法阐明“抢银行是不是理性的”（博兰的问题），以及“盗窃何害之有”（张五常的主张）等逻辑怪题。

其七，理念崇尚人类低级本能的意识。个人的本能或人类的本能是一切动物所共有的，是由生理决定的。而个人的本性或人类的本性则是由特定的社会环境所决定的。旧“经济人”理论却用个人的低级本能及其经济行为与经济心理替代人的多样化社会本性，形成思维的单一性和呆板性。美国凯里曾愤怒地指责：穆勒的“政治经济学的对象实际上不是人，而是受最盲目的情绪驱策的想象的动物”，“他们的理论，讨论人性的最低级本能，却把人的最高尚利益看做是纯属干扰其理论体系的东西”，因而是亵渎了大写的“人”字。[12]曾是一名儿童教育者的哲学家波普尔指出，儿童本来是不喜欢暴力的，如果电影上播放危险的情景，他们就会闭上眼睛，但很快就被影响了，变得越来越想看到暴力，因为他们那种恐惧和反感已经被习惯所克制了。从波普尔的分析中可以推论出，人打人、人杀人或人吃人，都不是现代人的本性或真正理性。弗洛姆甚至把接纳倾向型、剥削倾向型、贮藏倾向型和市场倾向型的人格归于病态，而只把充分发挥自己的潜力，且不以损人利己来达到自己目的的生产倾向型人格，称作真正健康的人格。即使参照弗洛伊德关于“本我”、“自我”与“超我”的划分，也不能将天生的、原始的、本能的“本我”等同于道德的、高级的、超个人的“超我”，旧“自私人”理念只相当于“本我”层次和根据一般现实原则行事的理性“自我”层次。

其八，理念局限于“店老板”的狭隘思维和人性异化心理。在近代，过分强调个人主义的经济和哲学思想具有反封建和反禁欲的积极效应，但属于资产阶级缺乏学术严谨性的意识之一。德国历史学派李斯特在抨击斯密“经济人”的人性假设及其理论体系时就尖锐地指出：“这个学说是以店老板的观点来考虑一切问题的”、“完全否认了国家和国家利益的存在，一切都要听任个人安排”、“利己性格抬高到一切效力的创造者的地位”。[13]该学派认为，客观存在三种现实人的行为：一是在私人的经济中，一切以个人利益为转移；二是在强制的公有经济中，以社会全体利益为行动准则；三是在以慈善福利为目的的经济中，主要以伦理道德为行动规范。历史学派的这一经济哲学的思维逻辑有着深邃的意义。在马尔库塞和弗洛姆的理念里，人性异化是自有人类社会以来就存在的现象，只是在当代资本主义社会中变得更加突出和严重，并充分表现在生产和消费等各个方面。实际上，“店老板”的心理就是人性异化心理的重要反映，而不管西方“自私人”理论披上多么豪华的数学理论的外衣，也掩饰不了其经济哲学思想的某种阶级和社会的印记。

### （二）“利己和利他经济人假设”的基本命题

依据人类实践和问题导向，并受马克思的思想启迪，我认为必须确立一种新

“经济人”假说和理论，即“利己和利他经济人假设”（“己他双性经济人假设”，其方法论是整体主义、唯物主义和现实主义的。这是作为创新的现代马克思主义政治经济学基本假设之一，也是超越现代西方经济学的“后现代经济学”理论。它对应“完全自私经济人假设”，也包含三个基本命题：①经济活动中的人有利己和利他两种倾向或性质。②经济活动中的人具有理性与非理性两种状态。③良好的制度会使经济活动中的人在增进集体利益或社会利益最大化的过程中实现合理的个人利益最大化。

关于第一个命题。作为逐渐脱离动物界和超越动物本能的人类，有极其丰富的情感和理智，不是单纯地表现为完全的自私性。倘若我们摆脱单向度的思维定式，超出大小私有者的眼光去观察人类经历过的社会，便可明显地看到三种情形的利他主义（他人利益泛指除自己利益以外的别人利益、集体利益、国家利益和人类利益等）：①愿意花费自己的时间、精力和财富，来换取某种即刻可见的他人利益；②愿意花费自己的时间、精力和财富，来换取某种未来的他人利益；③愿意花费自己的时间、精力和财富，来换取某种实际无效的他人利益，即愿为他人利益而不讲究实际效果。除了后一种属于特殊和个别的利他行为之外，前两种利他行为既存在于单位、家庭和社会等各个范围，也存在于经济、军事、文化和政治等各个领域。可见，利己与利他是“经济人”（经济主体）可能具有的两种行为特性和行为倾向。

至于社会上利己和利他哪种行为特征突出或占主导地位，那就取决于社会制度和各种环境。因为人的利己与利他是一种社会网络中的互动行为，具有互促性的内在机理，总是与特定的社会整体大环境和群体小环境相关联。摩尔根在潜心探究古代印第安人的原始经济生活后描绘道：“在很大程度上生活中的共产制是印第安部落的生活条件的必然结果。……在他们心里还没有产生任何可见程度的个人积蓄的欲望”；“这些风俗习惯展示了他们的生活方式，并且揭示出他们的生活状况与文明社会的生活状况之间，以及没有个体特性的印第安家庭与文明社会高度个性化的家庭之间的巨大差异”。[14] 毋庸置疑，是以后数千年的多种私有制支配了人类社会，才促使私有经济的活动主体逐渐驱散了利他心态，甚至见利忘义，唯利是图，损人利己。

必须指出，把一切利他行为均视为利己行为，是不合情理的。西方旧“经济人”理论的解释者认为，和尚救济穷人、雷锋助人为乐、抗洪牺牲者、反法西斯冲锋陷阵者等，都是自私的，因为当你觉得助人为乐和牺牲光荣时，已经满足了个人的心理需求和主观欲望。这种用主观欲望的满足来界定自私行为的唯心论方法，混淆了利己与利他的客观行为界限，也混淆了真善美与假恶丑的客观行为界限。我们不能不切实际地要求人们产生“助人为悲”、“牺牲可耻”的心理感觉之后，才算其为利他。事实上，利己与利他、主观与客观之间的典型组合有四种：主观利己，客观利己；主观利他，客观利他；主观利己，客观利他；主观利他，客观利己。自然，其中舍去了利己的同时也可能利他、利他的同时也可能利己等复杂因素。

关于第二个命题。与一般自然界的动物相比，人是有理性的动物。人的正常行为是从一定的理性出发，并反映人们对于个人与他人、与社会、与自然的相互关系的思考，决定着行为的形式和内容。广义地说，理性具有纯洁与肮脏、合理与荒唐、正义与邪恶、完善与欠缺、不变与可变、单一与多样、简单与复杂等特性。著名基督教哲学家尼布尔正是在宽泛的意义上声称，理性归根结底是一种工具，既能服务于善，也能服务于恶。不过，狭义地说，理性是指认识的纯洁、合理、正义和完善，是认识能力强和认识的高级阶段，而认识的不纯洁甚至肮脏、不合理甚至荒唐、不正义甚至邪恶以及不完善甚至欠缺，便相对地算作非理性。这就是为何有很多哲学家和经济学家歌颂真正理性的原由。可见，理性与非理性一般呈现出相对性、程度性和历史性。难怪马克思说："人类理性最不纯洁，因为它只具有不完备的见解，每走一步要遇到新的待解决的任务。"[15]

从狭义角度分析，经济活动中的人具有理性与非理性两种状态。循着上述确立的新观点，就可以合乎逻辑地解答中外学术界争论不休的难题。例如，抢银行是不是理性的？盗窃是不是理性的？卖淫是不是理性（波斯纳曾分析过）的？造假货是不是理性的？抽烟是不是理性的？从新"经济人"的理论来辨析，此类涉及到经济的活动均属非理性，尽管他们在行动前一般经过"构成其行为动机的目的"和"限制其达到目标的约束条件"等"理性"的思考（西方旧"经济人"理论所强调）。其实，西蒙以企业家只能寻求"满意的利润"和"足够好"为例，来用"有限理性"否定"最大化的理性"，是难以驳倒旧"经济人"理性的，因为谁又会主张"无限理性"和百分之百的"完全理性"呢？理性上追究约束条件下的最大化，不等于实际经济生活中能实现，但无法因此而否定"最大化的理性"。况且，在约束条件下寻求"满意的利润"和"足够好"，实质上就是理性所寻求的利益相对最大化。

关于第三个命题。在私有经济范围内，个人追求自身利益最大化的自由行动会无意而正负效应程度不同地增减社会公共利益，并非如旧"经济人"理论所说的，只要有良好的制度保证，个人追求自身利益最大化的自由行动肯定会无意而有效地增进社会公共利益。这是因为：根本经济制度与具体经济制度（确切地说是具体经济体制）有紧密的关联，私有制必然从根本上限制良好经济制度或体制的建立和健全；个人一味地优先追求自身利益最大化，经常会同各类群体利益和社会利益发生矛盾与冲突，个人利益的总和不一定等于群体利益或社会利益的总和与潜在的最大化。

从理论上分析，在社会公有经济范围内，良好的制度会使经济活动中的人在增进集体利益和社会利益最大化的过程中实现合理的个人利益最大化。这是因为：在良好的制度下，公有经济的基点是为集体或社会谋利益，作为在其中活动的个人及其理性首先要服从集体理性或社会理性，即首先寻求集体利益最大化（类似戴维·米勒等所说的“社群”，但这里不谈社会理性与集体理性的矛盾）或社会利益最大化，否则，就会因个人主义而受到利益制约和利益损失；在良好的制度下，已经取得相对最大化的集体利益或社会利益，必然较公平地分配到每个人（如按劳分配等），从而最终实现个人利益的最大化。

现在，直观的流行思维可能会以某些公有企业不景气为理由来非议上述理念，这肯定不能成立。诚然，以上理论探析尽管已有文献做出过详细的逻辑证明但公有制能否实际达到高绩效，须以高水平管理的操作为前提。迄今为止的公有制实践，已经部分地有力证实了新“经济人”理论。哲学上的证伪主义有些绝对化。理论不是不能被证实，而是可能一直被不断地或间歇地部分证实。所谓实践是经验真理的标准，也并非单指某一时点上的具体经验或实践。

最后应当指出，近有新的论文一方面辩解说假定人自私，绝非倡导人们自私，另一方面又赞同“人为财死，鸟为食亡”的“完全利己经济人假设”，并只承认人的自私可以导致社会协作与公共福利的增加。其实，西方已有日渐增多的文献探讨利他经济人假设和理论模型，利他经济人假设对制度安排、诚信建设和荣辱观教育等都具有积极的作用，更可以导致社会协作与公共福利的增加。[16]

## 四、资源和需要双约束假设

有些论著认为，马克思主义经济学研究的是生产关系，而西方经济学研究的是社会稀缺资源的配置。显而易见，这种一般性的对象表述已经常被人误解。其实，前者并非不研究社会资源的配置，后者也并非完全不研究各种利益集团和阶级的关系，西方整个近代政治经济学、新旧制度主义和当代新制度经济学都突出了此项研究。现代马克思主义政治经济学和现代西方主流经济学的区别不在于要不要研究资源配置，而在于怎样研究资源配置，即以何种方法论来研究资源配置问题。

具体来说，现代马克思主义政治经济学所研究的资源配置与现代西方主流经济学有重要区别。首先，前者认为经济学是一门社会科学，它研究起点与终点都是人，认为社会生产和再生产，不仅是物质资料的生产和再生产过程，而且是特定经济关系和经济制度的生产和再生产过程；认为社会资源的配置，不仅包含计划或市场的配置方式，而且是公有或私有的配置方式。后者所研究的资源配置，是将资本主义生产关系作为研究的假设前提或无摩擦的和谐物，而重点研究人与物的关系或人与人的表象关系（科斯、诺思等新制度经济学也反对主流经济学狭窄的研究对象和思路，事实上是“复活”了马克思和古典经济学的分析视角）。[17]其次，前者始终站在历史的高度上，认为资源配置和经济运行的方式是不断发展和变化的，并不是一个与社会制度无关的自然现象，在不同的经济关系下具有独特的社会经济内容和经济运动形式。后者显然缺乏这种历史高度和辩证思维。[18]

作为上述经济思维的具体表现，现代西方主流经济学的重要假定或假设之一是资源有限与需要（欲望）无限。从辩证思维和假定的一致性或对称性来分析，尽管西方经济学对资源与需要相互关系的描述有一定的道理，但仍然存在明显的逻辑缺陷。这是因为：

其一，从假定对称层面看，当假定资源有限时，暗含着以一定的时间和条件为前提，而假定需要无限时，并没有以一定的时间和条件为前提。把两个前提不一致或不对称的经济事物和概念放在一起加以对比或撮合成一对经济基本矛盾，显然过于简单化和绝对化，缺乏完整的逻辑性和辩证性。西方学者实际上是用“稀缺”来定义“资源”的，不稀缺的就不算作资源，资源一词已内含着稀缺性，因而再说资源是稀缺的，无疑于同义反复。

其二，从资源利用层面看，各类资源在一定条件下是有限的，但从某种意义上看又是无限的，因为包含资源在内的整个宇宙本身是无限的，科技发展、物质变换和循环经济也是无限的。我们不能撇开地球自然资源与宇宙物质世界之间的必然联系，把资源局限在宇宙中物质形态的一小部分即地球资源，而忽视宇宙资源和物质的广泛性、无限性和可循环性。依据这个假设，现代西方主流经济学似乎过分强调人类的生产、分配和交换源于资源的“稀缺性”，而不强调源于生活需要。其实，即使相对于若干需要的某些可用资源已经处于充足和丰裕境地，人与人之间也要结成一定的生产关系，并在某些可用资源总量充足的条件下从事“丰裕性”的生产和消费的结构性选择，因为还有需要主体的非可用资源总量因素的各类选择。如某些人拥有的货币可掌控“丰裕性”的生产资源，但基于不同的偏好或目标函数，仍需要进行生产选择；某些人拥有的货币可掌控“丰裕性”的饮食或穿戴资源，但基于生理、偏好和健康等因素仍需要进行消费选择。

其三，从需要满足层面看，需要在一定条件下也是有限的，而且在市场经济中能实现的需要，还是专指有货币支付能力的需要即需求，并非指人们脱离现实生产力水平和货币状况的空想性需要。人类不断增长的合理需要本身也是受到一定约束或限制的。西方理论没有明确区分需要的种类及其约束条件，笼统地说需要始终处于无限状态，是不合情理的。

因此，批判地改造西方主流学者的上述理论假设的必然结果，就是创新的现代马克思主义政治经济学应作“资源和需要双约束假设”，即假设在一定时期内资源和需要都是有约束的，因而多种资源与多种需要可以形成各种选择或替代组合，进而在一定的双约束条件下实现资源的高效配置和需要的极大满足。这样的理论假设反映现实全面，论证逻辑严密。与300年来的西方经济学不同，现代马克思主义政治经济学清晰地将需要可分为三类：一是脱离现有经济条件的无约束欲望或需要；二是符合现有经济条件的合理欲望或需要；三是具有货币支付能力的需要即需求。后两类需要是经济学科要研究的主要任务之一。其缘由是在一定时期内，可利用的资源不能完全满足人们不断增长的合理需要，供给与需求的总量和各类结构也会经常失衡，这就要善于做出各种资源与各种需要在某种条件下不同的选择性组合，使资源相对得到最佳配置，需要相对得到最大满足。

“资源和需要双约束假设”的内在要求之一，是通过科技和管理的改进等途径来实现各种资源的高效利用和最佳配置。资源的破坏性开发、环境的不友好利用、物品的过度包装、不可再生资源的滥用、循环经济的轻视、物种的人为毁灭、生态的战争性损害、人力资源的浪费等，均不合乎自然规律、经济规律和该理论假设的客观要求。

“资源和需要双约束假设”的内在要求之二，是通过有效需求和合理需要的总量和结构的科学调节等途径来实现各种需求的最大满足。人们的有货币支付能力的需要（需求）与现有生产力水平的基础上所能达到的正常合理需要有差异。人们有效需求的满足程度，在价格一定的条件下取决于其支付能力。可见，关键在于调节社会总供给与总需求及其多种结构的均衡关系。

“资源和需要双约束假设”的内在要求之三，是通过资源的高效利用和最佳配置来不断满足日益增长的社会有效需求和合理需要。与私有制主体型的资本主义市场经济体制不同，倘若公有制主体型的社会主义市场经济体制操作得法，市场的基础性调节和国家的主导性调节互补地有效结合，便可更好地以最小的社会成本获取最大的社会收益，进而实现资源利用的极优化、需要满足的极大化。

简言之，在现代马克思主义政治经济学的视域中，资源的有限性与无限性、稀缺性与丰裕性、基于深思熟虑的选择性与任意随机的无选择性，均呈现复杂的辩证关系。变革中的现代政治经济学须解析资源的稀缺与丰裕、需要的限制与满足、机会成本的确定与选择、效益的结构与提高、节约的实质与途径、环境的利用与保护等的一般含义和社会约束条件，更加科学地给出理论抽象和政策意义。诚然，现代马克思主义政治经济学有关资源与需要这一假设不同于现代西方主流经济学，并不涉及社会根本经济制度和阶级利益，而属于思维方法和表述技术层面的歧见。

# 五、公平与效率互促同向变动假设

## （一）经济公平的理论与现实

经济学意义上的公平，是指有关经济活动的制度、权利、机会和结果等方面的平等和合理。经济公平具有客观性、历史性和相对性。把经济公平纯粹视为心理现象，否认其客观属性和客观标准，是唯心主义分析方法的思维表现；把经济公平视为一般的永恒范畴，否认在不同的经济制度和历史发展阶段有特定的内涵，是历史唯心论分析方法的思维表现；把经济公平视为无须前提的绝对概念，否认公平与否的辩证关系和转化条件，是形而上学分析方法的思维表现。

公平或平等不等于收入均等或收入平均。经济公平的内涵大大超过收入平均的概念。从经济活动的结果来界定的收入分配是否公平，只是经济公平的涵义之一。结果公平至少也有财富分配和收入分配两个观察角度，财富分配的角度更为重要。况且，收入分配平均与收入分配公平属于不同层面的问题，不应混淆。检视包括阿瑟·奥肯和勒纳在内的国际学术界流行思潮，把经济公平和结果平等视为收入均等化或收入平均化，是明显含有严重逻辑错误的，并容易路径依赖地进一步生成“公平与效率高低反向变动假设”或“效率优先假设”的思想谬误。

美国等资本主义国家存在严重的不公平。据美国联邦储备委员会和国内税务局发表的联合调查报告披露，1989 年全国家庭净资产共计 15.1 万亿美元，包括住宅、其他不动产、股票、债券、汽车和银行存款等，其分配比例是：1% 的最富家庭占 37%，另外 9% 的富有家庭占 31%，其余 90% 的家庭仅占 32%；另据美联储最新调查，最富有的 1% 的美国家庭户均资产 230 万美元以上，拥有全国资产近 40%；20% 最富的美国人，家庭资产在 18 万美元以上，拥有全美财富的 80% 以上；而处于社会低层的 20% 的美国人收入，只占全国税后总收入的 5.7%；布鲁金斯研究所经济学家柏特里斯的研究发现，1995 年美国最富有的 5% 的人收入是最贫困的 5% 的 25 倍，而 1969 年的差距为 11.7 倍。21 世纪初美国财富和收入分配结构没有大的比例变化。[19] 可见，尽管西方私有制主体型国家居民的生活水平渐渐有所增长，但社会财富占有和收入分配上的贫富两极始终存在，其数百年繁多的分化演变和高低起伏，并没有根本消除贫富两极对立的现象。所谓“中产阶级”不断壮大的说法，只不过增添了分析的层次性和丰富性而已。

倘若囿于西方主流经济理论关于机会平等和结果平等的肤浅之说，那便认识不到即使在号称机会最平等的美国，由于财产占有反差巨大、市场机制经常失灵、接受教育环境不同、生活质量高低悬殊、种族性别多方歧视等缘故，因而人们在进入市场之前和参与市场竞争的过程中，机会和权利也存有许许多多的不平等性。萨缪尔森在分析贫穷的原因时也承认："收入的差别最主要是由拥有财富的多寡造成的。……和财产差别相比，工资和个人能力的差别是微不足道的。……这种阶级差别也还没有消失：今天，较低层的或工人阶层的父母常常无法负担把他们的子女送进商学院或医学院所需要的费用——这些子女就被排除在整个高薪职业之外。"[20]所以，资本主义的不公平，主要表现在私有财产制和按资分配及其派生现象上。与此相异，传统社会主义的不公平，主要表现在体制僵化和平均主义分配及其派生现象上。至于由生产技术原因直接导致的某些经济不公平现象，在比较两种制度的公平与否时应暂时舍弃。

### （二）经济效率的理论和现实

人类的任何活动都有效率问题。经济学意义上的效率，是指经济资源的配置和产出状态。对于一个企业或社会来说，最高效率意味着资源处于最优配置状态，从而使特定范围内的需要得到最大满足或福利得到最大增进或财富得到最大增加。经济效率涉及到生产、分配、交换和消费各个领域，涉及到经济力和经济关系各个方面。它不仅仅属于生产力的范畴。

即使在传统体制和国际环境有利于私有制大国的条件下，中苏两国的发展业绩和效率也超过了绝大多数西方国家。1953～1978 年，我国国民生产总值年均增长 6.1%，与资本主义国家中增长最快的日本在"二战"后至今的年均增长率相同，远远超过资本主义市场经济国家的平均增长速度；我国的综合国力，1949 年排名世界第 13 位，1962 年列第 10 位，1988 年进入世界第 6 位。难怪美国费希尔和唐布什合著的《经济学》教科书也确认公有制国家的较高效率："计划体制运行得如何？在第二次世界大战后的大部分时期内，苏联的增长虽然没有日本快，但比美国快。"[21]可见，那种认为资本主义国家均属高效率、社会主义国家均属低效率的论点，与 21 世纪各国经济发展的实证分析结论和科学精神格格不入。还是美国凯斯和费尔在 20 世纪 90 年代初颇为流行的经济学教科书中阐述较为客观："关于私有制和竞争市场是有效率的结论在很大程度上基于一系列非常严格的假设。……但就效率而言，主流派经济理论也并没有得出自由放任的资本主义是完全成功的结论。"[22]

科学社会主义性质和类型的市场取向改革的目的，就是要进入高效率的最佳状态。法律意义上的社会主义资产公有制，只是为微观和宏观经济的高效率以及比私有制更多的机会均等开辟了客观可能性，而要将这种可能性变为现实，须以科学的经济体制与经济机制为中介。效率是实行公有制和体制改革的基本动因。

中国现代马克思主义者研究过多种产权制度及其效率，其旨在赶超一切私产制国家效率而实行“市场社会主义”的理念（非英国工党等社会党所宣扬的资产阶级中左翼的私有主体型“市场社会主义”），是建立在大量可靠的经验比较基础之上的，代表着人类不断向前的先进思想。

## （三）公平与效率的关联

经济公平与经济效率是人类经济生活中的一对基本矛盾，也是经济学论争的主题。人们之所以把这一矛盾的难题解析称作经济学说史上的“哥德巴赫猜想”，其缘由在于：社会经济资源的配置效率是人类经济活动追求的目标，而经济主体在社会生产中的起点、机会、过程和结果的公平，也是人类经济活动追求的目标。这两大目标之间的内在关联和制度安排，就成为各派经济学解答不尽的两难选择。

收入和财富的差距并不都是效率提高的结果，其刺激效应达到一定程度后便具有递减的趋势，甚至出现负面的效应。例如，世界各国普遍存在的“地下经济”、“寻租”活动、权钱交易等形成的巨大黑色收入和灰色收入，与效率的提高没有内在联系，有时反而是资源配置效率下降和损失的结果。再如，一部分高收入者的工作效率已达顶点，继续加大分配差距不会增高效率；也有一部分低收入者已不可能改变内外条件来增加收入，进而导致沮丧心态的产生和效率的降低。换句话说，人们接受高收入刺激的效率有着生理和社会限制，不会轻易进行没有新增收益的效率改进活动，全社会或某一行业（如我国目前调控不力的国有金融行业）过大的收入和财富差距，必然损失社会总效率。

高效率是无法脱离以合理的公有制经济体制为基础的公平分配的。从现实可能性来观察，可将所有制、体制、公平和效率这 4 个相关因素的结合链分归 4 类：公有制—体制优越—最公平—高效率（效率Ⅰ）；私有制—体制较优—不公平—中效率（效率Ⅱ）；公有制—体制次优—较公平—次中效率（效率Ⅲ）；私有制—体制较劣—不公平—低效率（效率Ⅳ）。在制度成本最低和相对最公平的状态中实现高效率，是坚持和完善社会主义市场经济体制改革方向的终极目标。

与“公平与效率高低反向变动假设”或“效率优先假设”的含义截然不同，“公平与效率互促同向变动假设”表述的是，经济公平与经济效率具有正反同向变动的交促互补关系，即经济活动的制度、权利、机会和结果等方面越是公平，效率就越高；相反，越不公平，效率就越低。当代公平与效率最优结合的载体之一是市场型按劳分配。按劳分配显示的经济公平，具体表现为含有差别性的劳动的平等和产品分配的平等。这种在起点、机会、过程和结果方面既有差别，又是平等的分配制度，相对于按资分配，客观上是最公平的，也不存在公平与效率哪个优先的问题。尽管我国法律允许按资分配这种不公平因素及其制度的局部存在，但并不意味着其经济性质就是没有无偿占有他人劳动的公平分配。可见，按劳分配式的经济公平具有客观性、阶级性和相对性。同时，只要不把这种公平曲解为收入和财富上的“平均”或“均等”，通过有效的市场竞争和国家政策调节，按劳分配不论从微观或宏观角度来看，都必然直接和间接地促进效率达到极大化。这是因为，市场竞争所形成的按劳取酬的合理收入差距，已经能最大限度地发挥人的潜力，使劳动资源在社会规模上得到优化配置。国内外日趋增多的正反实例也表明，公平与效率具有正相关联系，二者呈此长彼长、此消彼消的正反同向变动的交促关系和互补性。在初级社会主义分配制度上，以按劳分配为主体，按资分配为补充或辅体；在高度重视效率的同时更加注重社会公平，建立和完善公平与效率的和谐互动机制；当前特别要强调收入和财富分配上的“提低、扩中、控高、打非”。这些基于“公平与效率互促同向变动假设”的论断和政策具有一般意义和科学性。

以市场型按劳分配为主体的分配格局可以实现共同富裕和经济和谐。与计划经济相比，在市场经济条件下，等量劳动要求获得等量报酬这一按劳分配的基本内涵未变，所改变的只是实现按劳分配的形式和途径。详细地说，一是按劳分配市场化，即由劳动力市场形成的劳动力价格的转化形式——工资，是劳动者与企业在市场上通过双向选择签订劳动合同的基础，因而是实现按劳分配的前提条件和方式；二是按劳分配企业化，即等量劳动得到等量报酬的原则只能在一个公有企业的范围内实现，不同企业的劳动者消耗同量劳动，其报酬不一定相等。也就是说，按劳分配的平等与商品交换的平等结合后，市场竞争会影响按劳分配实现的方式和程度，但若不与私有化相结合，其本身无法带来社会两极分化，妨碍构建社会主义共同富裕与和谐的社会。实际上，现阶段的共同富裕是脱离不了按劳分配这一主体的。倘若我国不重蹈为某些资本主义国家所走过、又为美国库兹涅茨所描述的“倒U型假说”之路径，那么，就能通过逐步健全一种公平与效率兼得的良性循环机制，来推进全社会的共同富裕和经济和谐。

## 六、公有制高绩效假设

从马克思经济学中概括出来的“公有制高绩效假设”，是指在计划经济条件下生产资料归全社会成员共同所有的公有制体系能达到社会绩效最大化；而从邓小平经济理论中概括出来的“公有制高绩效假设”，是指在市场经济条件下生产资料全民所有制和集体所有制能达到社会绩效最大化。但其中均存在多种复杂的前提条件，如不存在严重的社会腐败，委托代理双方权责是合理的，国企承担额外社会义务须另行核算，政府的管理、政策和操作没出现大失误，选聘的经营者有较高素质，等等。只有大体同时具备这些前提条件，社会主义公有制与计划经济或市场经济的结合才能呈现高绩效。倘若过去或现实生活中搞好社会主义公有制的前提条件缺失而导致某些低绩效现象，这并不能证明计划经济或市场经济的条件下公有制经济不可行。

基于“公有制高绩效假设”，我们可以对社会主义社会初级阶段的所有制结构做出如下阐述。

第一，坚持以公有制为主体、多种所有制经济共同发展，是对中国社会的经济发展规律的遵循。

在当代中国，现代、近代和古代生产力多层次并存。建立在机器生产基础上的近代生产力和以电子信息技术为标志的现代生产力，都提出了社会化生产的要求。尽管资本主义生产关系在某种程度上也能被动地（如通过经济危机）适应这种要求，但是公有制则是社会化生产方式本身的必然要求。我国的所有制以公有制为主体就体现了这种要求。只有形成以公有制为主体、多种所有制经济共同发展这样的格局，才能促进社会生产力以较快的速度发展。由多层次生产力的状况决定，我国的公有制经济还不可能覆盖全社会，还必须同时发展私营经济、个体经济，利用外资经济。

有人认为，中国过去长期处在半封建半殖民地的社会，因此，必须“补资本主义的课”，这是很大的认识误区。这种观点忽视了，即使相对于近代的机器生产力，公有制比起私有制也更能适应；而且决定一国所有制的因素，必须从本国多方面具体因素的综合作用出发，才能做出利国利民的正确选择。

我国选择社会主义基本经济制度，这是由世情和国情的历史条件决定的。当今我国作为发展中国家，要真正独立自主地屹立在世界的东方，靠发展资本主义经济是不可能摆脱外国垄断资本主义和经济霸权主义控制的。私有制经济不可能形成坚强的整体性的民族经济合力，而中国民族资产阶级具有软弱性和妥协性，旧民主主义革命的失败早已证明了这一点。我国属于资产阶级革命性质的新民主主义革命，是由代表先进生产力发展要求的工人阶级通过共产党领导人民大众才取得胜利的。人民大众要巩固和发展民主革命胜利的果实，只有从新民主主义转向社会主义。中国只有走社会主义道路才能保证社会生产力真正独立自主地发展起来，这是因为，唯有建立并巩固公有制这个经济基础才能使整个中华民族众志成城，形成抵挡外国垄断资本主义和经济霸权主义欺负和压制的根本条件。这就是只有社会主义能够救中国的基本道理。

新中国成立以来60多年的实践已经表明，正是社会主义经济的根本制度保证了新中国社会生产力的快速发展，增强了中国的经济实力、国防实力和民族凝聚力。中国在改革开放前1949～1978年的大约30年完成了重、化、核工业化，建立了一个门类初步齐全、依靠内循环可以基本自给自足的国民经济体系，实现了包括导弹、卫星、核武器在内的自我武装，经济发展速度年均GNP约为6.1%，可以跻身同期世界最快之列，社会生产力、综合国力、人民生活水平均有较大提高，赶上并超过了世界大多数国家，与主要发达国家的若干重要经济差距迅速缩小。改革开放以来的大约30年，中国国民经济更是高速腾飞，年均GDP增速约为9.8%，远远高于同时期世界经济平均3%左右的增长速度，达到同期世界第一，大大超过德、日、美等国在其崛起甚至“黄金时期”的速度，现在经济总量已经超过德国跃升至世界第三，成为世界第二大贸易国、外汇储备世界第一位，“神州”系列载人宇宙飞船发射成功、“嫦娥”探月工程取得成功等事实，标志着我国经济实力、科技水平和综合国力已居于世界前列。

第二，中国绝不能搞私有化。

坚持以公有制为主体就意味着绝不能搞私有化。所谓私有化，其含义是指主要生产资料逐渐归私人所有的过程，其中包括把各种公有制经济通过多种途径转化为私营经济。西方经济学上的新自由主义竭力鼓吹私有化（有的论著叫非国有化或民营化），其理论根据，一是认为必须发展市场经济，而不搞私有化就不能使市场经济真正发展起来；二是认为私有制经济符合人的利己本性；三是认为公有制经济没有效率。

第一条理由缺乏根据。市场经济是一种间接实现的社会分工制度，或者说是一种资源配置或经济调节或经济运行的方式，它是由生产力水平决定的生产社会性的间接性决定的，而不是由私有制决定的，也不是只能同私有制结合在一起。因此，说发展市场经济就要搞私有化，这是站不住脚的。

第二条理由凭借的是唯心史观。因为在唯物史观看来，市场经济中的人有利己与利他两重性，哪种属性占主导取决于所有制结构。德国历史学派早在19世纪批评亚当·斯密的自私经济人理论时便指出，公有制经济中不是自私占主导。现代西方经济学主流鼓吹的利己或自私经济人理论，不过是私有制经济基础的经济意识形态和观念。

第三条理由不符合事实。可以说，公有制适应社会化生产方式，不但是由于它有助于国家从共同利益出发进行及时有效的宏观和微观调节，实行统筹协调，因而能更好地发挥市场能够形成符合生产力客观需要的社会分工这种长处，同时更好地克服市场经济固有的自发性和调节资源配置的滞后性；而且，也因为在公有制基础上可以产生人们的共同经济理想和劳动凝聚力，从而调动起广大劳动人民的生产积极性和遵守集体理性的自觉性，最终实现比私有制具有更高的宏观和微观效率的优势。诚然，倘若整个公有资产或公有制企业的经营管理不当，在实践中便会出现效率不高的现象，那是要调整管理层和经营管理的问题，而不是注定效率低下的定律所致。

新中国成立以来，公有制的平均经济效率明显高于资本主义经济。即使在计划产品经济条件下，从1949年到1978年，包括“大跃进”和“文革”阶段的失误导致的效率下降在内，国有工业企业的总产值年增长率平均也达到13.7%。[23]改革开放以来，到了20世纪90年代，国有企业才出现超过10%以上的亏损情况，这种向市场经济体制转轨过程中发生的暂时现象，并不能说明公有制的效率就一定低于私有制。

须知，私有制低效和破产乃是市场经济司空见惯的现象。有论著在本次世界金融危机之前统计，在我国，成活10年以上的私营企业只占24.8%，6~10年的占42.3%，5年以下的占了32.9%。[24]要看到，国有企业一旦从高度集中的计划产品经济体制下解脱出来，就能逐渐发挥提高生产率的优越性，重新焕发活力。许多省市以上的国有经济和大量的集体经济发展可以证实这一观点。

私有化必然导致公有制失去主体地位。一旦私有经济的比重在国民经济中超过必要的限度，在私有资本积累规律的作用下，必然引起失业率增长、财富和收入两极分化等一连串不良经济现象和由此派生的社会不和谐。20世纪90年代以来，在新自由主义的私有化思潮影响下，苏东是倒退的10年，拉美是失去的10年，日本是爬行的10年，美欧是缓升的10年，被联合国认定的49个最不发达的国家（亦称第四世界），也没有通过私有化等新自由主义途径富强起来，有的反而更加贫穷。这种世情也可以从反面证实“公有制高绩效”假设的客观性。

更深一步地分析可以得出：当今世界经济的基本矛盾是经济不断社会化和全球化，与生产要素的私人所有、集体所有和国家所有的矛盾，与国民经济和全球经济的无政府状态或无秩序状态的矛盾。这个基本经济矛盾通过以下四种具体矛盾和中间环节导致资本主义国家的次贷危机、金融危机和经济危机。

其一，从微观基础分析，私有制及其企业管理模式容易形成高级管理层为追求个人巨额收入极大化而追求利润极大化，日益采用风险较大的金融工具以及次贷方式，从而酿成各种危机。

其二，从经济结构分析，私有制结合市场经济容易形成生产相对过剩、实体经济与虚拟经济的比例失衡，从而酿成各种危机。

其三，从经济调节分析，私有制垄断集团和金融寡头容易反对国家监管和调控，而资产阶级国家又为私有制经济基础服务，导致市场和国家调节双失灵，从而酿成各种危机。

其四，从分配消费分析，私有制结合市场经济容易形成社会财富和收入分配的贫富分化，导致生产的无限扩大与群众有支付能力需求相对缩小的矛盾，群众被迫进行维持生计的含次贷在内的过度消费信贷，从而酿成各种危机。

此外，经济基础决定上层建筑。正如江泽民同志指出的，“没有国有经济为核心的公有制经济，就没有社会主义的经济基础，也就没有我们共产党执政以及整个社会主义上层建筑的经济基础和强大物质手段。这一点，各级领导干部特别是高级干部必须有清醒的认识”。[25]

总而言之，从“公有制高绩效”假设来进行逻辑论证和经验验证，可以得出一系列的结论，诸如：在计划经济体制和市场经济体制下，只要满足前提条件，公有制的绩效都会超过私有制；现阶段坚持以公有制为主体是对“纯而又纯”的公有制的积极扬弃；非公有制经济的健康生存和发展，不能不依赖于占主体地位的公有制经济；坚持以公有制为主体、多种所有制经济共同发展的基本经济制度，要求正确处理两个“毫不动摇”的辩证关系；坚持基本经济制度，也是从微观和宏观两个层面应对国际经济危机的根本保证。

## 参考文献：

[1] 这是程恩富 1993 年主编的《文化经济学》一书已突破和 2001 年全面倡导的观点，现被学术界普遍认同的“第一个突破”。参见《倡导“新的活劳动价值一元论”》，《光明日报》2001 年 7 月 17 日。

[2] 这是程恩富 2001 年正式提出并被广泛认可的“第二个突破”。参见程恩富：《新的活劳动价值一元论》，《当代经济研究》2001 年第 11 期。

[3] 这是马克思没否认而未强调的论断，程恩富在 1995 年撰文实现的“第三个突破”。参见《生产性管理活动都是创造价值的生产劳动》，《社会科学》1995 年第 7 期；《经济管理活动创造价值吗》，《人民日报》2000 年 12 月 14 日。

[4] 这是程恩富的“第四个突破”，即需要突破马克思关于劳动生产率提高而价值量不变的假设与论断，确立科技等劳动的复杂性和熟练性的提高所导致的劳动生产率，一般会增大商品价值量这一新观点。详见马艳、程恩富：《马克思“商品价值量与劳动生产率变动规律”新探》，《财经研究》2002 年第 10 期。

[5] 参见《马克思恩格斯全集》第 25 卷，人民出版社 1972 年版，第 51 章；所有权与产权在广义上可以相等，详见程恩富：《西方产权理论评析》，当代中国出版社 1997 年版，第 74 ~76 页。

[6] 以美国工人为例，1992 年工会化雇员得到的平均周工资要比非工会化雇员高 35%，而对所有行业的蓝领工作人来说，这个比例达 70%，但没有证据显示工会化的企业劳动生产率要高于非工会化企业。详见毛增余主编：《与中国著名经济学家对话——顾海良、王振中、林岗、程恩富》（第五辑），中国经济出版社 2003 年版。

[7] 休谟：《人性论》下册，商务印书馆 1997 年版，第 527 页。

[8] 米塞斯：《经济学的认识论问题》，经济科学出版社 2001 年版，第 26 页。

[9] 杜威：《新旧个人主义》，上海社会科学院出版社 1997 年版，第 125 页。

[10] 程恩富：《西方产权理论评析》，当代中国出版社 1997 年版，第 151 页。

[11] 劳伦斯·A. 博兰:《批判的经济学方法论》，经济科学出版社 2000 年版，第 229 ~ 230 页。

[12] 杨春学:《经济人与社会秩序分析》，上海三联书店、上海人民出版社 1998 年版，第 175 页。

[13] 程恩富:《西方产权理论评析》，当代中国出版社 1997 年版，第 158 页。

[14] 摩尔根:《印第安人的房屋建筑与家庭生活》，文物出版社 1992 年版，第 86 页、第 99 页。

[15]《马克思恩格斯全集》第 4 卷，人民出版社 1958 年版，第 151 页。

[16] 王东京:《澄清经济学的三大问题》，《中国改革》2006 年第 9 期。

[17] 科斯:《论生产的制度结构》，上海三联书店 1994 年版；诺思:《制度、制度变迁与经济绩效》，上海三联书店 1994 年版。

[18] 周肇光:《关于资源有限与需要无限假设的理性分析》一文，《经济问题》2004 年第 2 期。

[19] 倪力亚:《当代资本主义国家的社会阶级结构》，福建人民出版社 1993 年版；1995 年 5 月 11 日《经济日报》；1995 年 12 月 27 日《经济日报》。

[20] 萨缪尔森、诺德豪斯:《经济学》，中国发展出版社 1992 年版，第 1252 ~ 1253 页。

[21] 费希尔、唐布什:《经济学》下册，中国财政经济出版社 1989 年版，第 586 页。

[22] 凯斯、费尔:《经济学原理》下册，中国人民大学出版社 1994 年版，第 693 ~ 695 页。

[23] 刘日新:《论生产资料社会主义公有制》，中国国际文化出版社（香港）2007 年版，第 101 页。

[24] 保育钧:《政府"遮风挡雨"》，《人民日报》2006 年 3 月 2 日。

[25]《江泽民文选》第 3 卷，人民出版社 2006 年版，第 70 页。

（编辑整理：黄凤琳）

# 学习实践科学发展观中的国内外机遇与挑战

李慎明

2009 年 9 月 14 日

# 李慎明

中国社会科学院副院长、教授

**摘　要：**本文通过丰富的事实和严谨的理论说明，深入系统地分析了学习实践科学发展观中国内外存在的各方面机遇与挑战，为党中央一贯坚持的“抓住机遇、应对挑战；居安思危、增强忧患意识”的执政思想做出了深刻的诠释。

**关键词：**科学发展观　以人为本　国内外机遇与挑战

胡锦涛同志在2008年9月19日在全党深入学习实践科学发展观活动动员大会的报告中强调指出：“我国发展面临着前所未有的机遇，也面对着前所未有的挑战。”“我们必须居安思危、妥善应对。”“抓住机遇、应对挑战；居安思危、增强忧患意识。”明确在学习实践科学发展观中国内外的机遇与挑战，对于全面贯彻落实科学发展观具有先决性的意义。

## 一、科学发展观特别是“以人为本”的科学内涵和精神实质

十七大报告指出：“全党同志要全面把握科学发展观的科学内涵和精神实质，增强贯彻落实科学发展观的自觉性和坚定性。”科学发展观，第一要义是发展，核心是以人为本，基本要求是全面协调可持续，根本方法是统筹兼顾。

全面准确地认识“以人为本”的科学内涵和精神实质，对于全面把握科学发展观的科学内涵和精神实质，对于增强贯彻落实科学发展观的自觉性和坚定性，具有重要的理论意义与实践价值。

科学理解“以人为本”中“人”的内涵，是完整准确把握“以人为本”为核心的科学发展观的前提。以下我们把“以人为本”中的“人”分为四个层次谈：

第一，人是以作为相对于纯粹自然界并不同于自然界中其他生物、动物“类”的存在物。把“以人为本”作为科学发展观的核心，就是把马克思主义关于人与世界的物质统一性，以及人具有自觉意识和主观能动性的基本观点，贯穿于社会发展论之中。一方面，它突出了人的主体性，集中表达了自觉的人的含

义，表达了人类能够自觉地认识和改变世界，推动社会发展并实现自己的最终目的，强调在社会历史发展进程中，人在其对象性的活动中拥有认识、改造客观世界的智慧和能动的力量。另一方面，它肯定了自然界不依赖任何意志而存在，广义的自然界作为人类赖以生存和发展的基础，是包括人类社会在内的客观存在，是哲学本体论意义上的“本体”。这与认识论意义上的物质是本原、精神是派生的基本观点存在着本质的内在联系与有机统一。

正是在这个意义上，“以人为本”既强调了作为客体的自然界的优先性地位，即作为主体的人在改造主、客观世界的实践活动中所受到的自然、社会历史规律的制约与限制，又强调了在历史发展进程中的人的主体性、能动性，突出了人是对自然界以及对人类自身认识与改造关系上的决定性力量。

第二，人是社会上“每个人”集合体中的“一切人”。人，是“每个人”中的“每一个自我”，是这个“人”的直接的自然存在物；在一定意义上讲，没有“自我”，就不可能感知到自然界和人类社会。有生命力的“每个人”的个人的存在，无疑是全部人类和人类历史的第一个前提。没有一个个有生命的个体，也就没有整个人类和人类社会的历史。一是从人权的角度看，“以人为本”中的“人”，在现阶段，是指受我国法律保护的一切社会成员。我们所讲的尊重和保障人权，还包括各种罪犯尚未被剥夺的、依法享有的那部分人权。二是从党的最高纲领讲，“以人为本”，就是要解放全人类，以最终实现以一切人为本的最终目的。三是社会中作为个体的每一个人，不能仅把“自己”当做具体、现实的人，而把“别人”当做抽象、虚幻的人。否则，就会出现“个人至上至尊”的个人英雄主义或自私自利的极端个人主义。

“以人为本”为核心的科学发展观反映了人类社会历史的发展趋势和发展方向。但也需要指出的是，在贯彻“以人为本”的过程中，我们既不可操之过急，切忌重复过去“左”的错误，又要积极、稳妥地不断向这个方向迈进。所以，可以说，我们党提出的“以人为本”这一命题，蕴含了党在不同阶段的最低纲领与党的最终、最高纲领的内在的有机统一。

第三，人主要是指具体的、现实的人，就是说，主要是指“现在式”存在的人，但也兼指“过去式”和“未来式”存在的人。一切过去的“现在式”存在的人，已经成为“过去式”存在的人；一切“现在式”存在的人，终将甚至说很快就要成为“过去式”存在的人；一切“未来式”存在的人，也或早或迟都将成为“现在式”存在的人。当代的“人”或“人们”，不能仅把自己这一代人当做具体、现实的人，而把自己的“老祖宗”或“子孙后代”当做抽象、虚幻的人；若如是，则会搞历史虚无主义或断子孙之路。我们要尊重历史，没有“过去式”的人的浴血奋斗、艰苦创业，就没有我们今天的幸福生活。所以我们要“不忘老祖宗”，要发扬革命传统，不要让先烈们的鲜血白流，从一定意义上说，就是要以“过去式”存在的人的优良传统和革命精神为“本”。我们在前人创造的物质财富和精神财富的基础上，要继续艰苦奋斗、改革创新，不断改善“现在式”存在的人的物质文化生活，转变经济发展方式，在为后人创造、积累更多物质、文化财富的同时，保护环境、珍惜资源和承接历史，而不是“崽卖爷田不心痛”、“吃祖宗饭、断子孙路”，或者搞历史虚无主义，从这种意义上说，就是要以“未来式”存在的人即我们的子孙后代为“本”。

第四，在阶级或有阶级的社会，“以人为本”实质上就是以最广大的人民群众和他们的根本利益为本。人无疑源于动物界，但人的自然本性不是人的特质或本质。人作为单个个体，必然要生活在一定的人类社会即一定的社会生产力与社会生产关系之中，他在获取生活资料的过程中，便已经具有这样或那样的社会性质。正因如此，马克思明确指出：“人的本质不是单个人所固有的抽象物，在其现实性上，它是一切社会关系的总和。”在阶级或有阶级的社会里，从本质上说，就不能以社会上的一切人和他们的根本利益为本。若如此，无产阶级就始终摆脱不了被剥削、被压迫的命运，更无法谈最终解放全人类。所以，在存在阶级的社会，以人为本，从本质上说，就是以最广大人民群众和他们的根本利益为本。正是从发展的出发点、主体、动力和落脚点上讲，以人为本中的“人”，实质上指的无疑是广大人民群众，而不是指抽象的“人”，也不是指社会一切成员。

坚持以人为本是实现全面协调可持续发展的根本的理论前提。科学发展观中，最为根本、最为关键的是“以人为本”，即以最广大人民群众的根本利益为本，这是与“以物为本”、“以 GDP 为本”、“以少数人利益为本”等鲜明相对立的。

所谓“以物为本”，就是见物不见人、忽视“以人为本”这个社会发展的根本目标。“以物为本”的片面性，就在于只知发挥物，即机器、设备和资本等“死劳动”的有限效用；不知道只有人才是生产力中最活跃、最革命的因素，才是第一宝贵的，因此不能够充分调动最广大人民群众的积极性、主动性、创造性，从而发挥人这一“活劳动”的最大效用，就不可能产生最大的经济效益和社会效益。所谓“以 GDP 为本”亦即以“眼前利益为本”，持此“本”者，往往会杀鸡取卵、竭泽而渔，甚至不惜严重破坏生态环境和子孙后代的根本利益，以牺牲最广大人民群众长远和整体的利益为代价。“以 GDP 为本”从一定意义上讲就是以个人升迁荣辱为本的不正确的政绩观的反映。所谓“以少数人利益为本”就是为与最广大人民群众根本利益相对立的极少数人或特殊利益集团说话、做事，为资本马首是瞻。新自由主义的实质就是“以资本为本”、“以少数人利益为本”。这三种发展观均是片面的、不可持续的发展观，归根到底损害的是最广大人民的根本利益。

坚持“以人为本”需要澄清的其他若干理论认识问题：

（1）正确认识“以人为本”在马克思主义理论体系中应有的地位，不能把马克思主义全部简单地归结为“以人为本”。有人认为，“整个马克思主义可以归结为‘以人为本’”。这种看法是不正确、不科学的。众所周知，辩证唯物主义和历史唯物主义是我们认识世界和改造世界的科学的世界观和方法论。“以人为本”作为马克思主义的重要观点和重要原则之一，它也必须以辩证唯物主义和历史唯物主义作为自己的理论基础和前提。必须把它置于辩证唯物主义和历史唯物主义的基础上，并使之获得应有的思想内涵和理论定位。相反地，如果把“以人为本”视为比辩证唯物主义和历史唯物主义还要根本的东西，用所谓的人学来取代辩证唯物主义和历史唯物主义，这样势必会陷入西方“人本主义”的唯心主义巢臼，使它从根本上失去科学的内涵和本质的规定。我们应当从辩证唯物主义和历史唯物主义的哲学高度，来理解和坚持“以人为本”，而不能本末倒置。

（2）正确认识“以人为本”与我国古代民本思想的区别。我国古代民本思想反映出古代一些进步的思想家、政治家在一定程度上对民众疾苦的体察和对民众力量的一种认知。例如，“民为邦本”、“民贵君轻”等思想中，包含着我国传统文化中的思想精华，有一定的历史进步性。但“民本”的思想从来不是也不可能是中国古代的思想主流。更何况，在中国古代封建社会，封建帝王把所谓“民本”主张只当做一种“驭民”、“治民”之术，是作为维护君主专制统治的手段而提出的。从来没有也不可能真正做到“民本”。这种民本思想与我党把人民的利益看得高于一切、坚持全心全意为人民服务的宗旨，有着本质的不同。

（3）正确认识“以人为本”与西方人本主义特别是资产阶级个人主义的原则界限。人文主义是早期资产阶级在反封建、反教会斗争中形成的思想体系，其内容（活动）涉及社会生活的各个领域。人文主义反对一切以神为本的旧观念，宣传人是宇宙的主宰，是万物的尺度，用“人权”对抗“神权”，所以人文主义又被称做人道主义或人本主义。应当承认，西方的人道主义或人本主义曾经作为反对中世纪神学禁锢、废除封建束缚、反对腐朽统治阶级的进步思想，在资本主义制度建立过程中发挥过重要的思想解放和思想启蒙的积极作用。但总的来说，他们轻视人民群众特别是劳动人民。他们看不起人民的实际经验，特别是劳动人民的生产斗争经验，不恰当抬高理性、书本知识的地位，从心底里认为劳动人民是“愚昧无知”的，实质上把无法受教育的劳动人民摒弃在“价值”、“尊严”之外。他们所说的“人民”，主要是指新兴的资产阶级自己而已。他们所提倡的自由、公平、幸福与宽容等，都是建立在个人主义的要求之上。

马克思主义哲学提出人的本质在其现实性上是一切社会关系的总和的观点，

主张把人的本质放在一定的社会中来考察。人有善恶之分，甚至在一个人的身上既有善又有恶的表现。但这都不是人的本质或天性，而是一定的社会关系的反映或体现。所以，我们既不主张性本恶，也不主张性本善。

## 二、从国内外的机遇与挑战两个方面，充分认识贯彻落实科学发展观的重要性、紧迫性，增强自觉性和坚定性

### （一）深入学习实践科学发展观在国际方面的机遇与挑战

胡锦涛同志在十七大报告中指出："当今世界正处在大变革大调整之中。和平与发展仍然是时代主题，求和平、谋发展、促合作已经成为不可阻挡的时代潮流。世界多极化不可逆转，经济全球化深入发展，科技革命加速推进，全球和区域合作方兴未艾，国与国相互依存日益紧密，国际力量对比朝着有利于维护世界和平方向发展，国际形势总体稳定。"胡锦涛同志在 2008 年 9 月 19 日的报告中指出："一方面，和平与发展仍然是时代主题，国际环境对我国发展有利的因素不断增加，我国发展的重要战略机遇期仍然存在。另一方面，我国正面临八个方面的国际机遇。"

#### 1. 和平、发展、合作是当今时代的潮流

随着经济全球化的深入发展，世界各主要大国政府间合作更加密切。南北各大国之间，尤其是第三世界国家间合作的增强，有可能成为今后世界发展的主流。这必将继续为我国在新世纪加快发展提供相对稳定的外部环境。2006 年 10 月，在北京召开了有 48 个非洲国家的元首、政府首脑或代表、非洲联盟委员会主席以及地区和国际组织的代表参加的中非合作论坛。这是发展中国家加强合作的重要成果。

#### 2. 世界多极化和经济全球化趋势继续发展

由于发达国家高新技术产业的兴起，一些传统产业正在向其他国家转移。这就为包括我国在内的发展中国家参与世界分工、吸引外资、引进技术并获取比较利益，提供了一定的机遇。

#### 3. 科技革命迅猛发展

科技对世界经济增长的平均贡献率已由 20 世纪初的 5% ~20%，上升到 21

世纪初的80%左右。全球范围内的科技进步浪潮，为我国在技术跨越的基础上实现生产力的跨越式发展提供了现实的可能性。

#### 4. 美国称霸全球的“雄心”遇到难以逾越的障碍

2003年美国发动伊拉克战争以来，死亡4114人，直接战争开支高达8450亿美元。至今美国仍深陷伊拉克的泥潭。同时，驻阿富汗美军也常常遭到武装分子偷袭。另外，还有伊朗、朝鲜、古巴、委内瑞拉、玻利维亚等国，对美国来说，哪个都不是好惹的。近年来，最值得关注的是俄美关系。俄格冲突爆发，俄罗斯承认南奥塞梯和阿布哈兹独立，总统宣布不惧怕和西方冷战，在黑海和北约舰队对峙，退出WTO谈判，宣布不再配合解决伊朗核问题并可能支持伊朗，在委内瑞拉进驻战略轰炸机并进行联合军事演习，帮助古巴建立空间站，重修驻叙利亚海军基地，组建中亚四国联军，等等。俄公然叫板美国。欧洲惊呼“新冷战”已经到来，美国说这是“温热战”。

#### 5. 美国经济潜伏着严重的危机

美国经济潜伏着严重危机，主要体现在以下几方面：

（1）美国的金融资本垄断规模已经达到峰巅。目前，美国实际上利用着全世界净储蓄总额的72%。但美仅国债就有10.6万亿美元，其内外债的债权、债务相抵后，国际净债务达3万多亿美元。民间的债务竟高达几十万亿美元。

（2）美国金融垄断泡沫的破灭已开始。自1994年以来，美国贸易逆差逐年升高，1999年达3000多亿美元，而2006年对外贸易赤字已攀升到8830亿美元，经常项目赤字8567亿美元；1980年美国财政赤字为762亿美元，而从2008年10月开始的2009年财政预算赤字高达4820亿美元。美国每年外贸逆差，等于其他国家每年为每个美国家庭补贴9000美元的财富。

（3）美国社会从政府到家庭普遍是赤字消费。尽管近年来美国股市低迷，但房地产市场持续飙升，这使得美国人借贷购买房屋达8.8万亿美元，比经济衰退的2001年以来，猛涨了42%。住房价格一路上扬，使得拥有宽裕住房的诸多美国消费者自认为十分富有，加上美国的低利率政策，也使得许多美国消费者在购车、衣物、餐饮等方面出手阔绰。

（4）房地产市场衰退拉开了美国金融危机的大幕。2000年美国股市破灭，为挽救其经济颓势，美国将美元利息降到1%，并规定把房屋增值部分到银行进行再抵押。由于财政和对外贸易的连续数年的高额的双赤字，美国急需引入外资填充。而外资进入，需要提高利率。所以从2004年6月28日到2006年两年中，美联储共17次提息，从1%升为5.25%。长期房地产抵押贷款利率现已上升为

6.8%。利率高调直接打击了房地产。房地产投资放缓，新房销售量急剧下降，房屋抵押贷款申请也连续下降。这又直接打击了美国的GDP的增长。这就是美国次贷危机爆发的直接原因。

1889年，恩格斯也指出："金融市场也会有自己的危机，工业中的直接的紊乱对这种危机只起从属的作用，或者甚至根本不起作用。"马克思、恩格斯共同认为："一切真正危机的最根本原因，总是群众的贫穷和他们的消费受到限制。"

### 6. 世界社会主义思潮已开始有所复兴

任何政治思潮都植根于经济生活的沃土。

市场的全球化和国际金融的高度垄断，这吮吸穷国、穷人的"双管齐下"，使得当今经济全球化时代里，在全球范围内，与其说必然，不如说已经出现这样一个最基本的经济现象：穷国、穷人愈来愈穷，富国、富人愈来愈富。这就必然会造就一批又一批对于国际垄断资本来说是"比布朗基诸位公民更危险万分"的思想家、理论家、政治家、革命家，并进而发展壮大由先进理论武装的工人阶级和劳动人民的队伍。

我个人认为，只要中国特色社会主义巍然屹立，相对于苏东剧变之后的低潮而言，世界左翼和社会主义思潮、理论、运动和制度就可能在全球范围内开始走出低谷。

无论是资本主义的心脏地区，如巴黎、伦敦、纽约，还是发展中国家，每年都有马克思主义者聚会，并经常发生上百万人的罢工或游行。中左翼政权已占领拉美总面积的80%，覆盖人口70%以上，中左派力量东山再起。左翼力量的不断发展使美国政府寝食难安。2007年11月3~7日，来自世界五大洲的76个国家的83个共产党、工人党和左翼政党的代表相聚在原苏联的国土——明斯克和莫斯科，隆重纪念俄国十月社会主义革命90周年。2008年11月21~23日，巴西、玻利维亚、印度、意大利、西班牙、俄罗斯、美国等来自世界各地73个兄弟党的代表，在巴西圣保罗举行共产党和工人党的第十次国际大会。

这场金融危机，必然加快左翼和社会主义思潮、理论、运动和制度的复兴。

### 7. 世界上的矛盾多得很、大得很，可利用的矛盾也多得很

2005年10月20日，在联合国教科文组织154个参与投票的国家和地区中，148票赞成，4票弃权，仅有两个国家投票反对，以压倒性多数通过由法国和加拿大倡议的《文化多样性公约》，这应该说是反作用于文化单边主义的一个很好的例证。这也从另一个方面充分说明，由毛泽东提出的，邓小平、江泽民和以胡锦涛同志为总书记的党中央坚持的三个世界划分理论的正确性。

8. 美国等西方强国有求于我国的方面不少

我国有当今世界最大的尚未开发的市场，这是现在世界上最为稀缺的资源；据美国报道，从 2004 年到 2007 年我国对美证券持有从 3410 亿美元增加到 9220 亿美元，翻了三倍，这对稳定美国乃至世界金融市场起着重要作用；我国每年输往美国等西方强国大批物美价廉的消费品；我国进入经济大国行列，宏观经济走向对美国乃至世界都有举足轻重的影响；美国在从伊拉克脱身、解决朝鲜核查、伊朗问题、达尔富尔与缅甸等问题上，都需要我国配合。

胡锦涛同志在 2008 年 9 月 19 日的报告中也指出：国际环境不稳定和不确定因素增多，我国发展的外部环境复杂多变。政治上西方敌对势力加紧对我国实施西化、分化战略；经济上世界经济增长放缓，金融市场出现动荡，能源价格上涨，粮食安全问题突出；文化上，西方国家四处推销自己的意识形态，千方百计对我国进行思想文化渗透；安全上，军备竞赛加剧，周边一些国家政局动荡。这一切，决定了我国发展面对的挑战是严峻的、长期的，面临四个方面的国际挑战。

1. 以美国为首的西方国家西化、分化我国的战略企图绝不会改变

美国对我国始终是软硬两手。总的来说，硬的一手效果不大。因此，其西化、分化的战略便被美国提到更加重要的战略位置。西化、分化、规制化并最终弱化是西方强国对付其他国家的基本的战略手法。

具体手段有如下：

（1）以美国为首的西方世界利用广播、卫星、电视等传统媒体，对我国进行全方位、立体式包围。

（2）利用互联网等新型媒体，与我国抢占思想文化新阵地。

（3）抢占我国文化市场，挤压我国民族文化产业的生存发展空间。

（4）利用各种基金会、非政府组织、外交学术交流等手段对我国进行渗透。

（5）他们攻击的重点是我们的领袖。要搞垮一个国家，首先就要攻击这个国家的执政党；要搞垮这个国家的执政党，首先就要丑化这个党的主要领袖。这是国内外敌对势力企图西化、分化我国的最有效、最便捷的伎俩。

一个国家被消灭了，只要这个国家的文化依然存在，这个国家迟早要复兴。但一个国家和这个国家的文化被同时消灭了，这个国家也就永远被消灭了。

2. 加入 WTO 后对我国的挑战

WTO 主要是但绝不仅仅是经济组织。加入 WTO 后的机遇与挑战都是全方位

的。从总体上说，加入 WTO 利大于弊。对这一点，我们要坚定信心，但同时也要精心应对。

加入 WTO 后，我国与世界经济联系越来越密切。我国外贸占国内 GDP 的近 70%。最近，国际货币基金组织预测，2009 年世界经济增速仅为 2.2%，不仅低于 2006 年的 5.1% 和 2007 年的 5.0%，而且低于 2008 年预期的 3.7%。世界银行预测，2008 年世界经济将实际增长 2.5%，2009 年将放慢为 0.9%。

### 3. 捍卫国家主权和领土完整问题

自小布什上台以来，美国开始实施“海外驻军重新部署计划”，由于我国经济快速发展，美国实质上把中国作为“战略竞争对手”来看。美国近年来加强了在我国周边地区的存在。

美国在缅甸搞“僧侣革命”，还运用各种方式重返菲律宾，企图从北部、西北、西部、西南、南部和东南部包围我国。加上原有在东北亚日本和韩国的驻军，事实上已对我国形成战略包围圈。

美国实质上已就我国台湾问题和日、韩、澳与“台独”分子结成军事联盟。这很值得从战略上思索。我国绝不会奢望美国在台湾问题上做出实质性让步。

目前，我国面临的海域除渤海无划界任务，其他三个海分别与八个国家，即朝鲜、韩国、日本、菲律宾、马来西亚、文莱、越南和印度尼西亚有划界争端，争议海域高达 150 多万平方公里，占我国海域面积的 52%。

### 4. 近年来我国面临着输入型恐怖势力的威胁

2003 年以来全球发生的严重恐怖事件，有近 70% 发生在我国周边及邻近国家和地区。以“藏独”、“东突”为首的“三股势力”加紧实施新的恐怖活动，向我国内地发展和蔓延的情况依然存在。一些境外敌对势力勾结恐怖组织，招募人员进行恐怖训练，企图策划恐怖破坏活动。2008 年“3·14”在拉萨、青海、四川和甘肃发生的事件便是如此。

## （二）深入学习实践科学发展观在国内方面的机遇与挑战

胡锦涛同志在 2008 年 12 月 18 日纪念党的十一届三中全会召开 30 周年大会上的讲话中明确指出：“30 年来，我们始终以改革开放作为强大动力，在新中国成立以后取得成就的基础上，推动党和国家各项事业取得举世瞩目的新的伟大成就。”大好形势也就是机遇。主要表现在：

### 1. 改革开放以来，我们高高扬起了中国特色社会主义伟大旗帜

什么是中国特色社会主义伟大旗帜？就是改革开放以来，我们开辟的中国特

色社会主义道路和形成的中国特色社会主义理论体系。什么是中国特色社会主义道路？报告指出："中国特色社会主义道路，就是在中国共产党领导下，立足基本国情，以经济建设为中心，坚持四项基本原则，坚持改革开放，解放和发展社会生产力，巩固和完善社会主义制度，建设社会主义市场经济、社会主义民主政治、社会主义先进文化、社会主义和谐社会，建设富强民主文明和谐的社会主义现代化国家。"什么是中国特色社会主义理论体系？报告指出："中国特色社会主义理论体系，就是包括邓小平理论、'三个代表'重要思想以及科学发展观等重大战略思想在内的科学理论体系。"什么是马克思主义中国化的理论成果？报告对此没有做出直接界定。根据报告精神，我认为有两大理论成果：首先是毛泽东思想，其中就包括了我们党的新民主主义革命理论和社会主义革命与建设理论。其次是中国特色社会主义理论体系。什么是马克思主义中国化的最新成果？报告中明确指出："中国特色社会主义理论体系……是马克思主义中国化的最新成果。"这就是说，截至目前，中国特色社会主义理论体系与马克思主义中国化最新成果是同一概念。

2. 经济持续高速增长

（1）经济平稳快速发展。1979～2007 年，我国国内生产总值年均增长 9.8%；在基数大大提高的情况下，比 1953～1978 年年均增速 6.1% 要高出 3.7 个百分点，年均增速提高了 60%。2008 年上半年经济增速为 10.4%。据国外有的学者计算，20 世纪 50 年代以来，有 11 个国家和地区在长达 25 年的时间内，年均经济增速达到 7% 以上。而我国改革开放以来，已有 29 年实现了年均增速 9.8%。我国 GDP 从 1978 年的 3645 亿元增长到 2007 年的 24.95 万亿元，年均增长 9.8%，是同期世界经济年均增长率的 3 倍多，成为仅次于美国、日本、德国之后的世界第四大经济体。

（2）农业和农村面貌出现可喜变化。2007 年我国粮食产量 10032 亿斤，2008 年有望又创历史最好水平。粮食生产连续五年获得丰收。农民人均纯收入从 134 元增加到 4140 元，实际增长 6.3 倍；农村贫困人口从 2.5 亿减少到 1400 多万。

（3）经济结构不断改善。首次探月工程和"神七"发射回收圆满成功，能源、交通、水利等重点基础设施建设取得长足进步，特别是过去五年电力装机容量增加了 3.5 亿千万千瓦，通信设施大幅度改善，消费与投资增速差距趋于缩小等。

（4）节能减排积极推进。单位 GDP 能耗在 2006 年下降了 1.33% 的基础上，2007 年 1～9 月下降 3%。2008 年上半年同比又下降 2.88%。节能减排的成效初步显现。

（5）着力保障和改善民生。农村全面实施免费义务教育，“两免一补”政策进一步落实，惠及1.5亿农村中小学生。新型合作医疗制度扩大到全国86%的县，参合农民达7.3亿人，从2007年开始在全国建立最低生活保障制度。城市最低保障线也在提高。

### 3. 民主法制建设取得长足进步

从改革开放到2004年年底为止的20多年来，除现行宪法和四个宪法修正案外，全国人大及常委会制定了200多部现行有效的法律，国务院制定了650多部现行有效的行政法规，地方人大及其常委会制定了7500多部现行有效的地方性法规，民族自治地方制定了600多部自治条例和单行条例。

### 4. 文化体制改革不断深入，社会主义先进文化建设不断加强

①中央从2007年起实施马克思主义理论研究和建设工程，加强党的思想理论建设；②严厉打击色情网站，净化社会空气，弘扬先进文化；③正确引导社会舆论，不断加强和改进新闻宣传，加强对互联网的管理；④加强和改进未成年人思想道德建设和大学生思想政治工作，培养合格的中国特色社会主义事业接班人；⑤加快发展文化产业和文化事业。

### 5. 党的建设取得明显成效

党的思想理论建设成绩显著；党的组织建设进一步加强，党的基层组织建设经受了社会环境巨大变化的考验；党的作风建设明显改善。

### 6. 军队和国防建设取得新进展

新世纪新阶段，我国国防和军队建设坚持以毛泽东思想、邓小平理论和“三个代表”重要思想为指导，全面贯彻江泽民国防和军队建设思想，坚持党对军队绝对领导的根本原则和制度，坚持以新时期军事战略方针为统揽，积极推进国防和军队现代化进程。

### 7. 外交领域也取得了巨大成就

1989年十三届四中全会召开时，与我们建立外交关系的国家是137个，而现在已经增加到近170个。在此期间，外国元首先后有300人次访问我国。

我国多方位外交取得重大成就。与美国、欧盟、俄国、日本等大国强国和广大发展中国家的合作交流都取得新的进展。

在充分肯定当前的大好形势的同时，我们也要增强忧患意识，保持清醒的头脑。当前，我们的现代化事业仍存在着不少困难，面临着不少挑战甚至是严峻的挑战。让我们从经济、政治、文化、社会和党的建设五个方面做些分析：

1. 经济方面所面临的挑战与困难

（1）可持续发展的资源相对匮乏。

1）土地资源。我国耕地只占国土面积的13%，占世界总量的8.4%，人均仅有1.43亩。1996年耕地总量19.51亿亩，至2003年的7年间，全国耕地净减少了1亿亩，占全国耕地总量的5%以上。2003～2005年三年间，每年又平均流失耕地1400多万亩。2020～2030年，我国人口可能达到15亿～16亿，每年需要粮食5.6亿～6亿吨，但若无大的科技进步，每年我们仅能生产4亿吨，现在国际上每年商品贸易粮不过是2亿吨。在极端困难的情况下，粮食是比黄金还要珍贵的物品。

2）政府性投入资源。截至2008年年底，我国城乡居民存款共有16万多亿。1997年亚洲金融危机后，我国实行积极的财政政策，通过发行长期国债、银行直接贷款，大部分已经投出，并且主要用于基础设施建设，有的项目回收投资可能需要二三十年时间。

3）物质资源。粮食、石油、水、矿产等各种战略型资源都将受到很大制约。我国经济主要是粗放型的增长，单位产值能耗是发达国家的3～4倍；主要产品单位用水量比发达国家高出500多倍；木材综合利用率只相当于发达国家的1/8。

水环境状况严峻。我国人均水资源拥有量只及世界平均水平的1/4，全国600多个城市有2/3供水不足，其中1/6的城市严重缺水。很多河流开发利用率超过国际警戒线的30%。

矿产资源短缺。目前，我国除煤炭和建材非金属矿产外，其他矿产已有2/3的国有骨干矿山进入中后期。按目前探明储量和开采能力计算，我国煤炭、石油、天然气的可开采年限分别只有80年、15年和30年，而世界平均水平则为230年、45年和61年。2003年，我国成为世界第二大石油消费国，现在石油消费近50%靠进口。在已探明的45种主要矿产资源中，可以满足经济社会发展需要的仅有21种。

4）环境资源。全国七大水系中，竟有一半河段存在严重污染问题。污染物排放量大，江河湖海污染严重。全国75%的湖泊出现了不同程度的富营养化。全国尚有3.6亿农村人口喝不上符合标准的饮用水。

目前，我国污水排放量居世界第一，超过环保标准允许量的68%；二氧化硫排放量也居世界第一，超过环保标准允许量的77%。全国90%以上的天然草原不同程度地退化，草原退化、沙化和碱化的面积达 1.35 亿公顷，占草原总面积的 1/3，并仍以每年 200 万公顷的速度增加。大气环境处于严重污染水平。在 2003 年监测的 340 个城市中，轻微污染、严重污染的分别占 32% 和 27%。

5）市场资源。前几年全国有 2 万亿库存积压，现在有 4 万多亿。供过于求的商品占全部调查商品的比例，1998 年为 33.8%，1999 年上半年增加到 72.2%，下半年又进一步增加到 80%。70% 以上的产业存在设备闲置现象。这种严重供过于求的局面至今也没有得到根本改变。

6）劳动力资源。一方面就业困难，另一方面劳动力短缺。劳动力成本上升。中国工资最近 5 年增长了 2 倍，到 2015 年生产年龄（15 ~ 64 岁）将减少。

7）外资资源。这一两年，外资进入仍然较多，主要有：一是继续看好我们的市场；二是想进来收购我们的国有企业；三是想进来炒作我们人民币的汇率；四是想占领我们的服务行业，特别是金融、保险、文化产业等领域。

但是，我们应注意国内的以上前六个资源都在相对萎缩或受到限制。第七个外资资源进来的根本目的是为了赚钱，如果十年八年之后，上述七个资源都在明显萎缩或受到限制，赚钱难度加大，外资这第七个资源也就有可能逐渐减少。

（2）收入分配差距进一步拉大。按照国际通行标准，基尼系数在 0.3 ~ 0.4 属于比较正常的范围；基尼系数超过 0.4 就超过了警戒线，表明收入差距过大。我国的基尼系数在 1978 ~ 2002 年，城市从 0.16 上升到 0.319，农村从 0.21 上升到 0.366；城乡一起计算，从 1995 年的 0.389 上升到 2002 年的 0.435；国家统计局的数据，2003 年为 0.461，已经超过国际警戒线不少。世界银行调查的 127 个国家中，基尼系数比我国低的有 94 个，高过我国的有 29 个，其中 27 个是拉美和非洲国家。

我认为，从中长期来说，我们要确保小康社会的实现，就必须培育消费市场。培育消费市场，最根本的是要从统筹全国的分配入手，让最广大人民群众的收入明显增加。而收入的差距目前还在增大，而不是缩小。从中长期看，这必然会制约经济发展，包括影响社会稳定。分配属于生产关系的范畴，生产力决定生产关系。但是，我们也应记住另一句话，生产关系反作用于生产力，分配搞不好，最终要制约甚至破坏生产力的发展。所以研究经济学，不仅要注重生产力的角度，同时也要注重从生产关系的角度来研究。

（3）金融风险问题亟待防范和化解。

1）我国不少银行或信用社等金融机构资产负债率高，不良贷款率居高不下；特别是倘若把已经剥离出去的 14000 亿元都算在内的话，我国金融机构的不良资产的比例已经相当高。民间金融领域潜在的金融风险也在急速加大。

2）我们这几年的经济增长主要是靠发行国债、银行贷款和利用外资。利用外资也都在 600 亿美元上下。生产资料在涨，生活资料所涨不多；我们经济增长主要不是靠生活资料消费内需的拉动，而是靠投资的拉动。这样的拉动有可能增加新的不良资产，尤其是现在房地产泡沫潜在的风险。当然我国就业压力加大、经济效益相对较低，为缓解就业压力不得不维持偏高的投资率等，但一定要看到这里面可能存在并逐步加大的金融风险。

3）支付改革成本、建立公共财政的资金缺口巨大。如接管企业举办的各项公共服务事业、建立社会保险制度等。据世界银行估计，我国政府累积的隐性债务已占我国 GDP 相当高的比率。

4）从 2007 年开始，加入 WTO 后的 3 ~5 年的过渡期已结束，外资银行已陆续进入我国国有商业银行的经营领域，我国国有商业银行的垄断地位将受到挑战，有些优质客户有可能流向外资银行。

5）截至 2008 年 9 月底，国家外汇储备余额为 19056 亿美元，同比增长 32.92%（等于我国向美国国民每人借贷 5000 多美元让其消费）。2002 年以来，美元贬值了 20.6%。2006 年美国 GDP 为 13.19 万亿美元，5 年间，美国白赚了 1.3 万亿美元。我国 1.9 万亿美元中，有不少是引进的外资，其进来的时候是低价买入人民币，若人民币较大幅度升值，撤资时就可赚取汇率差价。但人民币对欧元又贬值了 20%多，以欧元来衡量，我国外汇储备缩水大约达到 40%。

6）由于科技发展和资本的集中，国际资本的流动速度越来越快，数额越来越大。全球现在有 7.7 万亿美元在世界各地转悠，它们时刻伺机掀起新的金融风暴，牟取暴利。

7）我国股市从 2007 年 10 月 16 日的 6124 点下跌到 2008 年 9 月 18 日的 1802 点，跌幅达到 70.5%，排名世界第一。

（4）建设创新型国家方面的问题。中国工程院副院长、全国政协委员辜胜阻在 2007 年全国政协大会的发言中说：我国 GDP 突破 20 万亿元，成为世界第四。生产了世界 70%的鞋子，60%的组装计算机，对外贸易总额现在居世界第三。但我国高技术产业占 GDP 比重还不到 10%。在发明专利申请中，外企在信息技术领域占 90%，在生物技术领域占 85%。我国光纤制造装备的 100%，集成电路芯片制造装备的 85%，轿车工业装备的 70%由进口产品占领。我国生产的一些产品往往只有 2% ~3%的利润。中国的崛起不能只靠"汗水工业"。我国国内拥有自主知识产权核心技术的企业仅为万分之三，99%的企业没有申请专利。

（5）物价问题。从 2007 年开始，我国 CPI 一改前些年平稳运行格局而持续攀升。2008 年前 7 个月，CPI 涨幅达 7.7%。2008 年政府工作报告提出了把居民消费价格总水平涨幅控制在 4.8%左右的目标。

### 2. 政治方面所面临的挑战与困难

国内外敌对势力鼓吹"一、二、三、多和两杆子"。即一个总统、两院制、三权分立、多党制和笔杆子（新闻自由）、枪杆子（军队国家化），妄图把我国政治体制改革的方向引向全盘西化的道路。

爱因斯坦曾说："立法机构的成员由政党挑选，政党的大量经费由私人资本家提供，其他方面也受私人资本家的影响。这样，资本家实际上就把立法机构和选民分离开来。结果，人民的代表不能充分保护没有特权的那部分人的利益。还有，私人资本家必然直接或间接地控制着报纸、电台和教育等重要信息来源的载体。一个公民想要得出客观结论和理智地运用他的政治权利，是极端困难的，在大多数情况下是完全不可能的。"

3. 文化和意识形态领域的问题同样不容掉以轻心

文化和意识形态领域里的问题我们在国际形势部分已经讲过，这里不再赘述。

4. 社会稳定遇到新的情况

（1）就业问题相当突出。我国每年新增就业岗位是1000万个左右。①2008年我国高校毕业生为559万人，2009年为611万人。2002～2007年全国有300多万大学生尚未就业。两项相加为800多万人。②除1亿已进城务工的农民外，我国农村仍有1.5亿多富余劳动力需要转移。③失地农民6000万。④目前全国还有需要再就业的下岗失业人员1100万以上，未来两年拟实行政策性关闭破产的国有企业还有300多万名职工需要安置，两项共1400多万人。这四项共2.32亿人。这还是在经济高速增长期需要就业的人数。外出农民工已有780万人提前返乡。

（2）医疗方面的问题。巴德年等九位中科院、中国工程院院士在2007年全国政协大会上联合发言中说："中国的医疗卫生总体水平被世界卫生组织排在第144位，而卫生公平性竟排在第188位，全世界倒数第4位。发达国家用在医疗卫生方面的国家财政开支均占GDP的10%以上，巴西为7.9%，印度为6.1%，赞比亚为5.8%，中国为2.7%。""1985年政府预算卫生支出占卫生总费用的比例为38.58%，1995年为17.97%，2000年以后只有15%左右。让老百姓自己掏腰包支付医疗费的比例逐年增加。1985年为28.46%，1995年为46.40%，2000年以后竟接近60%。"

全国政协委员阎洪臣代表农工民主党中央在2007年全国政协大会上的发言中指出："世界卫生组织统计，西太平洋区每千人口卫生人员5.8人。据统计，2005年底，我国市县每千人口技术卫生人员分别占4.96人和2.16人。每千农业人口乡村医生和卫生员仅占1.05人。2003年底，全国乡镇卫生院卫生技术人员中，大学本科学历的占1.6%，大专学历的占17.1%。2005年，全国医学专业毕业生达53.4万人，但该年卫生技术人员只比过去增加了6.73万人，县以下卫生技术人员不仅没有增加反而还减少了1509人。”

（3）社会稳定方面的问题。近几年来，因工资福利待遇、企业改组改制兼并破产、征地拆迁安置补偿、环境污染等问题而引发的群体性治安事件呈上升趋势。“无直接利益冲突事件”明显上升，矛盾焦点主要集中于权力部门。一些人聚众围堵冲击党政机关和企事业单位，聚众堵塞交通、打砸抢烧、聚众械斗等过激行为也时有发生。

2006年群体性事件为6万多起，2007年上升到8万多起。劳资矛盾突出。1996年全国各级劳动部门接受劳动争议申诉为4万多件，而2006年则上升为34万多件，10年间上升8.5倍。

（4）2008年初我国又遭遇有记载以来的最大雪灾，接着是汶川大地震、南方水灾。

### 5. 党的新的建设的伟大工程和廉政建设亟待加强

值得我们高度重视的是，在国有资产改组、改造特别是在整体出售大型国企的过程中，有的腐败现象十分严重。如在2005年有价出让的16.3万公顷土地中，以“招拍挂”出让的面积只占1/3。而“招拍挂”与其他出让的平均地价相差4~5倍，一公顷相差500多万元。还有矿产开采的资源税过低等。

另外值得高度重视的是吏治腐败，特别是政治理论的腐败。人们对政治理论腐败往往忽视。比如，最直接的是“腐败有理、有功论”。这种理论认为腐败是社会主义市场经济的唯一的“润滑剂”，只有依靠这一“润滑剂”，才能高速发展我国的生产力。此类歪理邪说对我们党和国家的腐败现象起到了很大的推波助澜的作用。当然，这里所讲的是包括了经济腐败的广义的腐败。

推动科学发展、促进社会和谐，是逆水行舟，不进则退。

## 三、抓住发展机遇，正确应对挑战，为推动科学发展，促进社会和谐而奋斗

胡锦涛同志曾说，各种敌对势力极力抹黑中国、丑化中国、妖魔化中国。同时，国内也出现了一些噪音和杂音，既有否定党的领导、否定社会主义制度的言论，也有否定改革开放、否定党的理论和路线方针政策的言论。虽然发表这些言论的只是极少数人，但我们绝不能掉以轻心。

抓住机遇、应对挑战要反对的两种倾向：一是绝不能把问题看得过于严重，

对前途丧失信心，甚至否定改革开放的巨大成就。必须坚持继续解放思想，坚持中国特色社会主义道路。任何倒退都是没有出路的。二是一定要居安思危，绝不能看不到存在的问题，盲目乐观，拒绝与时俱进。胡锦涛同志在最近的一次讲话中指出“宁可把风险、困难估计得足一些，也千万不要因为估计不足而在风险发生时手足无措，陷于被动”。

## （一）从全党全国的角度

（1）坚持高举中国特色社会主义伟大旗帜，这就是中国特色社会主义道路和中国特色社会主义理论体系。其关键是进一步解放思想，坚持改革开放毫不动摇。

这是改革开放以来我们取得一切成绩和进步的根本原因，也是我们夺取全面建设小康社会新胜利、谱写人民美好生活新篇章的根本保证。

改革开放是强国之路，是我们党、国家发展进步的活力源泉，是决定当代中国命运的关键抉择。因此，我们必须与时俱进，毫不动摇地坚持符合党心民心，顺应时代潮流、方向和道路是完全正确的改革开放。

从一定意义上讲，我们正在干我们的前人所从来没有干过的事业。我们党从来没有领导过市场经济，也从来没有像现在这样与国际资本直接、全面地打交道。我们这艘社会主义的巨轮驶向了波涛汹涌、暗流涌动的经济全球化的大海。我们有着难得的发展机遇，但也面临着许多可以预料或难以预料的严峻挑战。

别的理论无法解决我们的问题。坚持和创新符合我们自己实际、国情、道路和利益的理论，只能靠我们自己。没有自己的理论，只能当别人的俘虏。因此，我们比以往任何时候都需要解放思想，实事求是，坚持和创新正确的理论。

与时俱进没有句号。我们必须坚决破除各种各样、各种形式的“教条主义”和“僵化思想”，从各种“本本主义”中解放出来，坚定不移地坚持解放思想，继续深化对中国特色社会主义以及对科学发展观的研究和探索，努力使中国特色社会主义道路越走越宽广。任何停顿和倒退都是没有出路的。

（2）以改革创新精神全面推进党的建设新的伟大工程。1992 年春，邓小平南方谈话中指出：“中国要出问题，还是出在共产党内部。”这是邓小平深谋远虑地思考中国社会主义的前途命运，深刻总结我党历史上的经验教训，冷静反思国际共产主义运动特别是东欧剧变、苏联解体、苏共垮台的沉痛教训，所得出的一个马克思主义的十分重要的结论，我们绝不可忽略与轻视。

十七大报告指出：“思想理论建设是党的根本建设。”理论非常重要。理论正确，党就坚强，政策就正确，思想就统一，经济就发展，社会就稳定。反之，政策便失误，党便涣散，思想便混乱，经济便停滞甚至倒退，社会便动荡。没有革命的理论，便没有革命的运动。相反，有了错误的理论，就必然产生错误的行动。

(3) 必须始终坚持“一个中心、两个基本点”的基本路线。社会主义革命是在帝国主义链条的薄弱环节首先突破并获得成功的，这是社会主义革命区别于其他社会革命的显著不同点。社会主义国家在一个相当长的发展时期内，不可避免地落后于发达的资本主义国家，这就决定了社会主义国家必须把追赶发达资本主义国家、实现现代化作为自己的战略目标。在相对和平的历史时期，国家要发展，社会要前进，而经济建设始终是国家各项建设的基础、大局和首要任务。

四项基本原则是我们党、国家生存发展的立国之本和政治基石；我们必须毫不动摇地坚持下去。在四项基本原则中，十分重要的是坚持党的领导和社会主义道路。党的领导属于上层建筑范畴，社会主义道路首先体现在经济基础范畴。按照经济基础决定上层建筑的原理，坚持社会主义初级阶段的基本经济制度——即坚持社会主义道路更具根本性，更具有特殊的意义和重要性。

党的基本路线中的另一个基本点——改革开放。一个中心和两个基本点是“成套设备”，不可把它们分割开来。胡锦涛同志在报告中指出：“坚持把以经济建设为中心的四项基本原则、改革开放这两个基本点统一于发展中国特色社会主义的伟大实践。”只有这样，全面贯彻落实科学发展观才有可靠的政治保证。

(4) 紧紧依靠最广大人民群众。苏联解体、苏共垮台的经验教训告诉我们，把马克思主义的词句挂在嘴上，经常背诵大段语录，形式上看好似“坚持”，但实际上言行不一，谋的是一己之私利，这是广大人民群众最为憎恨的作风。对于各种损害人民群众利益的歪风邪气和错误潮流，群众在一定条件下、一段时间内可能会无能为力，显得风平浪静，但在特定条件下，就有可能掀作巨浪，翻江倒海。正所谓水可载舟，亦可覆舟。

(5) 始终不渝走和平发展道路。十七大报告指出：“应该遵循联合国宪章宗旨和原则，恪守国际法和公认的国际关系准则，在国际关系中弘扬民主、和睦、协作、共赢精神。”

## （二）从党员个人角度

### 1. 坚定正确的理想信念

十七大报告中指出：党员、干部要“做共产主义远大理想和中国特色社会主义共同理想的坚定信仰者、科学发展观的忠实执行者、社会主义荣辱观的自觉实践者、社会和谐的积极促进者”。

对马克思主义的信仰，是中国革命和建设的一种精神动力。什么是信仰？信仰绝不是一种空洞的说教和理论。它是被一种理论所征服，并且不管遇到任何艰难险阻，依然自觉自愿、斗志昂扬、一往无前、义无反顾地去为之奋斗，这才叫信仰。

我们党的三代领导集体和我们的党中央对马克思主义与共产主义都有着坚定的信仰，是我们学习的光辉榜样与楷模。在世界社会主义运动处于低潮之时，我们更需要坚定对马克思主义的信仰。这时的信仰就更显得“金贵”。这时的信仰，就更能识别、考验、锻炼一个人。信仰正确和坚定，就是“真金”，真金不怕火炼。

### 2. 认真学习党的基本理论与马克思主义

康德曾说：“我所敬畏的只有头顶的星空与心中的道德律。”我的理解是，星空就是自然界中的规律、真理，就是信仰，就是马克思主义。实践表明，人生的大部分时间是耗散在犹豫、彷徨、权衡、忧虑之中。根据私利去判断、选择时，人往往会很疲惫，但有了信仰，选择便十分简单。信仰越坚定，痛苦便越少。

我总在想，人生不过两件大事，一是认识世界，二是改造世界。要改造世界，认识世界是前提。这就必须加强对马列主义、毛泽东思想、邓小平理论、“三个代表”重要思想和科学发展观的认真学习，对人类历史发展规律的正确把握。

### 3. 进一步增强忧患意识，认真关注、深入思考重大问题

（1）要忧党、忧国、忧民。“心之忧矣，无遑假寐”。这是一个党员干部应有的情怀。我们应该超越范仲淹。

（2）“知我者谓我心忧，不知我者，谓我何求”，要有革命的大功利主义精神。

（3）忧党、忧国、忧民，不是杞人忧天，不是好高骛远。

（4）反对盲目乐观，也反对丧失信心。

（5）做好本职工作。

### 4. 认真改造世界观

胡锦涛同志在十七大报告中指出：“坚持用发展着的马克思主义指导客观世界和主观世界的改造。”

胡锦涛同志在 2008 年 9 月 19 日的讲话中又指出：“广大党员、干部特别是领导干部要牢固树立马克思主义世界观、人生观、价值观，坚持正确的权力观、

地位观、利益观，自觉改造主观世界，不断加强党性修养，切实改进作风，以优良的党风促政风带民风。”有一个好的世界观，是一个人毕生的巨大财富。我们并不一味反对考虑个人利益，但切不可过分。

让我们高举中国特色社会主义伟大旗帜，更加紧密地团结在以胡锦涛同志为总书记的党中央周围，为夺取全面建设小康社会新胜利、谱写人民美好生活新篇章而努力奋斗。

（编辑整理：黄凤琳）

# 中国特色社会主义道路的内涵与本质解析

辛向阳

2009 年 10 月 26 日

## 辛向阳

中国社会科学院研究生院马克思主义研究系教授

**摘　要：**十七大报告中明确了“中国特色社会主义道路”概念的内涵。本文旨在对“道路”的内涵和本质做出解析。文中论证了“道路”的以下本质规定：“中国特色社会主义道路是一条我们独立自主探索出来的道路”，“中国特色社会主义道路是马克思主义中国化的道路”，“中国特色社会主义道路是全球化的道路”，“中国特色社会主义道路是需要几代人、十几代人甚至几十代人坚持不懈奋斗的道路”。

**关键词：**中国特色社会主义道路　马克思主义中国化

十七大报告至少七次使用了“中国特色社会主义道路”的概念，并对这一道路进行了深刻阐述。“改革开放以来我们取得一切成绩和进步的根本原因，归结起来就是：开辟了中国特色社会主义道路，形成了中国特色社会主义理论体系。高举中国特色社会主义伟大旗帜，最根本的就是要坚持这条道路和这个理论体系。”这里两次提到“道路”。

“中国特色社会主义道路，就是在中国共产党领导下，立足基本国情，以经济建设为中心，坚持四项基本原则，坚持改革开放，解放和发展社会生产力，巩固和完善社会主义制度，建设社会主义市场经济、社会主义民主政治、社会主义先进文化、社会主义和谐社会，建设富强民主文明和谐的社会主义现代化国家。中国特色社会主义道路之所以完全正确、之所以能够引领中国发展进步，关键在于我们既坚持了科学社会主义的基本原则，又根据我国实际和时代特征赋予其鲜明的中国特色。在当代中国，坚持中国特色社会主义道路，就是真正坚持社会主义。”这里三次提到“道路”。

“全党同志要倍加珍惜、长期坚持和不断发展党历经艰辛开创的中国特色社会主义道路和中国特色社会主义理论体系，坚持解放思想、实事求是、与时俱进，勇于变革、勇于创新，永不僵化、永不停滞，不为任何风险所惧，不被任何干扰所惑，使中国特色社会主义道路越走越宽广，让当代中国马克思主义放射出更加灿烂的真理光芒。”① 这里两次提到“道路”。“中国特色社会主义道路”究竟是一条什么样的道路？

## 一、中国特色社会主义道路是一条我们独立自主探索出来的道路

19世纪俄国著名哲学家车尔尼雪夫斯基所讲：“历史的道路不是涅瓦大街（涅瓦大街是俄罗斯圣彼得堡最热闹最繁华的街道，建于18世纪）的人行道，它完全是在时而尘土飞扬，时而泥泞难行，时而沼泽遍地，时而丛莽密布的荒野中通过的。”在很长一个时期中（从1921年建党到1949年新中国建立，以及新中国建立后的前七年），我们一直强调“走俄国人的路”。1949年6月30日在为纪念中国共产党成立28周年而做的《论人民民主专政》一文中，毛泽东讲了那句著名的话：“走俄国人的路——这就是结论。”“走俄国人的路”是什么意思？

首先，“走俄国人的路”意味着走十月革命一声炮响给我们送来的马克思列宁主义的“暴力革命”的道路。这条道路经历了无数的艰难曲折：从一开始走“武装夺取大城市”的暴力革命道路到后来的工农武装割据的暴力革命道路；从苏维埃工农共和国的革命（1927～1935年）到苏维埃人民共和国的革命（1935年12月瓦窑堡会议提出，后来又叫中华全国民主共和国），从三民主义共和国的革命（1938年提出）到新民主主义共和国的革命（1940年提出），再到1949年的中华人民共和国的建立。

其次，“走俄国人的路”意味着要接受苏联共产党特别是共产国际的领导，要寻求苏联共产党的支持。毛泽东在1924年前后不止一次地表示：单纯依靠中国自己的努力，要想成就革命十分困难，必须得到俄国的直接帮助。用他自己的话来说就是：“欲拯救中国惟有靠俄国的干涉”；“要帮助中国开展运动，惟有靠俄国的积极支持（外交和军事上的支持）。”② 其实，中国共产党在新中国成立前的28年中得到了苏联共产党和共产国际的支持。同时，这种支持有时候会变成干涉中国共产党的事务。

从20世纪50年代中期起，我们开始强调“走自己的路”。毛泽东在1956年做的《论十大关系》的报告中提出：中国要走自己的路，要探索一条适合中国国情的建设社会主义的道路。1960年，毛泽东讲：从1956年提出十大关系起，开始找到自己一条适合中国的路线。与此同时，刘少奇同志也提出：“我们应该

① 胡锦涛：《高举中国特色社会主义伟大旗帜，为夺取全面建设小康社会新胜利而奋斗》，《人民日报》2007年10月25日。

② 《马林与第一次国共合作》（文件集），第213～214页、231页。

学会自己走路，应该根据中国的特点，采取适合中国情况的方法来进行建设。”①但是由于比较长期地“走俄国人的路”，我们的一些思维模式已经落入到俄国人的思维中了，要真正走出来非常的困难。

党的十一届三中全会后，我们开始真正摆脱苏联的影响，开始独立自主地探索自己的发展道路，提出了建设中国特色社会主义的思想。1982年9月，邓小平在党的第十二次代表大会开幕词中明确指出：“把马克思主义的普遍真理同我国的具体实际结合起来，走自己的路，建设有中国特色的社会主义，这就是我们总结长期历史经验得出的基本结论。”②

1991年9月24日，江泽民同志讲：“我们建设有中国特色的社会主义，就是开辟一条前人没有走过的新路。经过十多年的实践，中国共产党和中国人民相信，这条路是正确的。不管有多少艰难险阻，我们都要坚定不移地走下去。”③

胡锦涛同志在2007年“6·25”讲话中指出：改革开放以来我们党带领人民开辟了中国特色社会主义道路，这条道路之所以正确、之所以能够引领中国发展进步，关键在于我们既坚持了科学社会主义的基本原则，又根据我国实际赋予其鲜明的中国特色。其本质就是在于要走自己的路。

## 二、中国特色社会主义道路是马克思主义中国化的道路

### （一）坚持马克思主义的基本原理

为什么要坚持马克思主义？理由可以讲很多，它是科学的，它是无产阶级的理论，等等。过去曾有种种同情人民群众的思潮或学说，但只有马克思主义才真正为工人阶级和劳动人民说话，反映和代表他们的根本利益和要求。美国著名的国际关系理论家汉斯·摩根索讲过一个关于《共产党宣言》的有趣故事。摩根索的童年曾经在德国巴伐利亚度过，当时处于第一次世界大战之前。摩根索的父亲是科堡工人生活区的一名医生，经常在去探望病人的时候带着儿子；他的很多病人都死于肺结核。作为一名医生他对于挽救他们的生命做的很少，但是他可以提供帮助使他们更有尊严地死去。当摩根索的父亲问病人有什么最后要求时，许多工人都说他们希望去世时有一本《共产党宣言》陪着他们。他们请求医生，不要让牧师溜进来把《圣经》放在他们身上以代替《共产党宣言》。

① 《刘少奇选集》下卷，人民出版社1985年版，第423页。

② 《邓小平文选》第3卷，人民出版社1993年版，第2~3页。

③ 《江泽民文选》第1卷，人民出版社2006年版，第174页。

更为重要的是，在现实生活中，马克思主义作为一种科学信仰，具有巨大的历史作用。任何一个社会，其信仰都起着巨大的作用。法国学者勒庞讲："在人类所能支配的一切力量中，信仰的力量最为惊人，福音书上说，它有移山填海的力量，一点也不假。使一个人具有信仰，就是使他强大了十倍。"① 波兰著名作家显克微支讲："信仰是一种伟大的情感，一种创造力量。"美国作家马克·吐温讲："信仰是可以创造奇迹的。"恩格斯曾经肯定国家宗教信仰在中世纪的巨大作用，指出："中世纪的强烈信仰无疑地赋予这整个时代以巨大的力量。"② 马克思主义是科学的世界观和方法论，具有实践价值；同时也是一种终极的追求，具有信仰价值。马克思主义的力量既在于其科学的价值，也在于其信仰的力量。毛泽东讲："我一旦接受了马克思主义是对历史的正确解释以后，我对马克思主义的信仰就没有动摇过。"③ 邓小平也讲："对马克思主义的信仰，是中国革命胜利的一种精神动力。"④ 他又讲："如果我们不是马克思主义者，没有对马克思主义的充分信仰，中国革命就搞不成功。"⑤

### （二）用马克思主义作指导认识世界的变化

2009 年 9 月通过的《中共中央关于加强和改进新形势下党的建设若干重大问题的决定》中有一个关键词：新形势。如何理解新形势？文中指出由于三个因素的影响，当今世界出现了"三新"。深入发展的世界多极化、经济全球化，日新月异的科技进步，影响深远的国际金融危机，在这三个因素共同作用下，世界经济格局发生新变化，国际力量对比出现新态势，全球思想文化交流交融交锋呈现新特点。应当很好地理解和吃透这三个"新变化、新态势、新特点"的含义。

首先，关于世界经济格局发生新变化。新变化很多，其中一个关键的变化就是世界经济发展中的中国元素越来越突出。

其次，国际力量对比出现新态势。国际力量是什么力量？对比是如何对比？这里的国际力量主要指的是世界上主要的大国或者联盟国家在国际事务中的发言权，所谓对比也就是这些国家或国家联盟之间力量的比例变化。这种变化就是近 30 年来，从 G7 到 G8，再到 G20，最后到 G4 和 G2 构想。

在法国的倡议下，法、美、德、日、英、意六国领导人于 1975 年 11 月在法国举行了第一次首脑会议。1976 年 6 月在波多黎各的圣胡安举行第二次会议时，增加了加拿大，形成七国集团，也称为"西方七国首脑会议"。这就是一般我们

---

① 勒庞：《乌合之众》，中央编译出版社 2005 年版，第 97 ~ 98 页。

② 《马克思恩格斯全集》中文第 1 版，第 1 卷，人民出版社 1956 年版，第 647 页。

③ 埃德加·斯诺：《西行漫记》，三联出版社 1979 年版，第 131 页。

④⑤ 《邓小平文选》第 3 卷，人民出版社 1993 年版，第 63 页。

讲的 G7。这里的 G 是英文 Group（集团）的第一个字母，所以 G7 也称为七国集团。1956 年前后，这 7 个国家 GDP 占世界 GDP 的 60%，到 20 世纪 70 年代末 80 年代初占 65% 左右。7 个国家的经济总量是世界上其他 180 多个国家经济总量的一倍。可以说，G7 的时代是少数几个发达国家说了算的时代。

历史进入 20 世纪 90 年代后，出现了很多变化。1991 年苏联总统戈尔巴乔夫、1992 年和 1993 年俄罗斯总统叶利钦都曾应邀同与会的七国首脑在会后举行会晤。1994 年第 20 次会议时，叶利钦正式参加政治问题讨论，形成了“7 + 1”机制。1997 年在美国丹佛举行七国首脑会议时，克林顿总统作为东道主邀请叶利钦以正式与会者的身份“自始至终”参加会议，并首次与七国集团首脑以“八国首脑会议”的名义共同发表“最后公报”。从此，西方七国首脑会议成为八国首脑会议，也被称为 G8，即八国集团。到 1997 年形成八国集团的时候，这八国的经济总量占世界经济总量的比重已经开始下降，为 58% 左右。

由于 G8 的影响力在下降，发展中国家在崛起，八国财政部长于 1999 年 6 月在德国科隆提出建立 20 国集团。20 国集团（Group 20）是由八国集团、欧洲联盟以及一些亚洲、非洲、拉丁美洲、大洋洲国家财政部长和中央银行行长参加的论坛会议，于 1999 年 12 月 16 日在德国柏林正式举行，后来扩展到首脑会议。20 国集团的成员包括：八国集团成员国：美国、日本、德国、法国、英国、意大利、加拿大、俄罗斯，澳大利亚、南非、韩国，和作为一个实体的欧盟以及具有广泛代表性的发展中国家：中国、阿根廷、巴西、印度、印度尼西亚、墨西哥、沙特阿拉伯和土耳其。这些国家的 GDP 约占全世界的 85%，人口则将近世界总人口的 2/3。在 G20 中至少有七个发展中国家。

进入 21 世纪，在经济全球化的影响下，国际上出现了“金砖四国”（巴西、俄罗斯、印度、中国）的概念。“金砖四国”在全球 GDP 的比重，从 2000 年的 9.7% 上升到 2009 年的 15%，2010 年预计达到 20%；2001 ~ 2007 年四国对世界经济增长的贡献率达 28%。“金砖四国”（BRICs）一词最早由高盛证券公司首席经济学家吉姆·奥尼尔在 2001 年 11 月 20 日发表的题为《全球需要更好的经济之砖》（The World Needs Better Economic BRICs）的报告中首次提出，2003 年 10 月，该公司在题为《与 BRICs 一起梦想：通往 2050 年的道路》（Dreaming with BRICs：The Path to 2050）的全球经济报告中预言，BRICs 将于 2050 年独领世界经济风骚，其中：巴西将于 2025 年取代意大利的经济位置，并于 2031 年超越法国；俄罗斯将于 2027 年超过英国，2028 年超越德国；如果不出意外的话，中国可能会在 2041 年超过美国从而成为世界第一经济大国；印度可能在 2032 年超过日本；BRICs 合计的 GDP 可能在 2041 年超过西方六大工业国（G7 中除去加拿大），这样，到 2050 年，世界经济格局将会大洗牌。于是，有人最近提出 G4 设想。这里的 G4 是 Golden Bricks 的第一个字母即“金砖四国”组成的一个集团。还有一个 G4 设想就是美国、中国、欧盟加日本组成 G4。

美国经济史学家尼尔·弗格森在 2007 年 3 月 4 日英国《星期日电讯报》发表文章，标题为《不是两个国家，而是一个：中美国（Chinamerica）》。弗格森认为，现在中美已走入“共生时代”：美国是全球最大消费国，中国是世界最大储蓄国；双方合作方式是美国负责消费，中国负责生产。美国彼得森国际经济研究所所长、经济学家弗雷德·伯格斯滕于 2008 年 5 月建议，中美战略经济对话机制应进一步升级为“领导世界经济秩序的两国集团格局”即所谓 G2。

从 G7 到 G8，再到 G20 和 G4，又到现在的 G2，说明一个问题：国际力量对比的确在发生新变化。

1990 年：中国的 GDP 为 17400 亿元（按 1990 年 11 月人民币与美元汇率 5. 22∶1 计算，约为 3333 亿美元），美国的 GDP 为 58000 亿美元，中国 GDP 与美国 GDP 的比为 1∶17. 4。中国只相当于美国的 6%。

2000 年：中国的 GDP 为 89404 亿元，按当时人民币与美元汇率 8. 2∶1 计算，约为 10902 亿美元；美国的 GDP 为 10 万亿美元，中国 GDP 与美国 GDP 之比为 1∶9. 1。中国只相当于美国的 11%。

2008 年：中国的 GDP 为 30 万亿元，按当时人民币与美元汇率 6. 8∶1 计算，约为 44117 亿美元；美国的 GDP 为 13 万亿美元，中国 GDP 与美国 GDP 之比为 1∶2. 95。中国相当于美国的 34%。

最后，全球思想文化交流、交融、交锋呈现新特点。

（1）思想文化交流的新特点就是在世界文化领域中国文化、中国语言的影响不断扩大。中国的迅速发展，催生了前所未有的汉语热。2008 年 2 月 22 日，被誉为“商品投资大师”的罗杰斯控股公司主席吉姆·罗杰斯在韩国的一次特别演讲中传授了长期投资的成功秘诀。在这次演讲中，罗杰斯还表示：“我能给的最大建议就是让你们的子女学习汉语。”他表示：“未来的领导人一定要懂汉语。学汉语将比学英语更有前途。”“从过去法语和英语的例子中可以看出，有钱的国家语言一定会成为国际语言。”他从女儿一出生，就聘请中国人做保姆，2007 年 9 月为了让女儿学习汉语，还卖掉了美国的房子，搬到了新加坡。自 2004 年 11 月全球首家孔子学院在韩国成立以来，已有三百余家孔子学院遍布全球 80 多个国家，成为传播中国文化和推广汉语教学的全球品牌和平台。到 2010 年，全球建成 500 所孔子学院和孔子课堂。全世界孔子学院正以每 4 天诞生 1 所的速度增加。总部设在美国得克萨斯州的“全球语言监督机构”2009 年宣布：以“每 98 分钟出现一个新英语单词”的速度计算，英语单词量已突破 100 万大关。在这日长夜大的过程中，中式英语词汇的注入功不可没。“全球语言监督机构”长期使用一种仪器扫描网络，以发现突然冒出的英语新词汇，并且跟踪它们的主要用途与使用频率。此前，这家机构曾发布报告称，自1994年以来加入英语的新词汇中，“中文借用词”的数量独占鳌头，以5%～20%的比例超过任何其他语言来源。从jiaozhi（饺子）、qipao（旗袍）、mahjong（麻将），到Confucius（孔子）、Confucianism（儒家思想）、Four Books（四书）、Five Classics（五经），反映的是中国绵延5000年的传统文化。随着中国经济、科技的发展，科技领域的中文借用词开始出现。当“神六”、“神七”翱翔天际之时，太空人taikonaut（源自太空的拼音taikong）专指中国宇航员，和astronaut（美国宇航员）、cosmonaut（苏联宇航员）并存。我国首颗探月卫星“嫦娥一号”则以chang e现身国外媒体。不仅如此，外国人还引入中国特色的词汇。比如，中国“两会”期间，国外媒体使用了the lianghui这个音译新词，而胡锦涛同志所说的“不折腾”也直接使用了音译buzheteng。

（2）在思想文化领域交融的一个特点就是中国借鉴国外的有益思想，为我所用。

2008年3月18日在回答中外记者提问时，温家宝同志指出，“我们要推进社会的公平正义”。如果说真理是思想体系的首要价值，那么公平正义就是社会主义国家制度的首要价值。这一思想来源于美国哲学家罗尔斯，他的名言就是：“公平正义是制度的首要价值。”正因为如此，温家宝在2007年2月指出：“世界文化的多样性或文明的多样性，不仅过去存在，现在存在，将来也会长期存在。科学、民主、法制、自由、人权，并非资本主义所独有，而是人类在漫长的历史进程中共同追求的价值观和共同创造的文明成果。只是在不同的历史阶段、不同的国家，它的实现形式和途径各不相同，没有统一的模式，这种世界文明的多样性是不以人们主观意志为转移的客观存在。正是这种多样文化的并存、交汇和融合，促进了人类的进步。要承认世界文化的多样性，不同文化之间不应该互相歧视、敌视、排斥，而应该相互尊重、相互学习、取长补短，共同形成和谐多彩的人类文化。”

## （三）用马克思主义认识中国国情

### 1. 用马克思主义认识中国的基本国情

以马克思主义为指导，邓小平提出中国的基本国情就是社会主义初级阶段。“三个代表”重要思想丰富了这一理论。江泽民同志在党的十五大报告中详细阐明了初级阶段的特征：“社会主义初级阶段，是逐步摆脱不发达状态，基本实现社会主义现代化的历史阶段；是由农业人口占很大比重、主要依靠手工劳动的农业国，逐步转变为非农业人口占多数、包含现代农业和现代服务业的工业化国家的历史阶段；是由自然经济半自然经济占很大比重，逐步转变为经济市场化程度较高的历史阶段；是由文盲半文盲人口占很大比重、科技教育文化落后，逐步转变为科技教育文化比较发达的历史阶段；是由贫困人口占很大比重、人民生活水平比较低，逐步转变为全体人民比较富裕的历史阶段；是由地区经济文化很不平衡，通过有先有后的发展，逐步缩小差距的历史阶段；是通过改革和探索，建立和完善比较成熟的充满活力的社会主义市场经济体制、社会主义民主政治体制和其他方面体制的历史阶段；是广大人民牢固树立建设有中国特色社会主义共同理想，自强不息，锐意进取，艰苦奋斗，勤俭建国，在建设物质文明的同时努力建设精神文明的历史阶段；是逐步缩小同世界先进水平的差距，在社会主义基础上实现中华民族伟大复兴的历史阶段。”① 中国共产党第十七次全国代表大会报告中指出：“当前我国发展的阶段性特征，是社会主义初级阶段基本国情在新世纪新阶段的具体表现。”胡锦涛同志指出：“进入新世纪新阶段，我国发展呈现一系列新的阶段性特征，主要是：经济实力显著增强，同时生产力水平总体上还不高，自主创新能力还不强，长期形成的结构性矛盾和粗放型增长方式尚未根本改变；社会主义市场经济体制初步建立，同时影响发展的体制机制障碍依然存在，改革攻坚面临深层次矛盾和问题；人民生活总体上达到小康水平，同时收入分配差距拉大趋势还未根本扭转，城乡贫困人口和低收入人口还有相当数量，统筹兼顾各方面利益难度加大；协调发展取得显著成绩，同时农业基础薄弱、农村发展滞后的局面尚未改变，缩小城乡、区域发展差距和促进经济社会协调发展任务艰巨；社会主义民主政治不断发展、依法治国基本方略扎实贯彻，同时民主法制建设与扩大人民民主和经济社会发展的要求还不完全适应，政治体制改革需要继续深化；社会主义文化更加繁荣，同时人民精神文化需求日趋旺盛，人们思想活动的独立性、选择性、多变性、差异性明显增强，对发展社会主义先进文化提出了更高要求；社会活力显著增强，同时社会结构、社会组织形式、社会利益格局发生深刻变化，社会建设和管理面临诸多新课题；对外开放日益扩大，同时面临的国际竞争日趋激烈，发达国家在经济科技上占优势的压力长期存在，可以预见和难以预见的风险增多，统筹国内发展和对外开放要求更高。”2008 年 10 月 8 日，在全国抗震救灾表彰大会上的讲话中，胡锦涛指出：“我国是世界上自然灾害最为严重的国家之一，灾害种类多、分布地域广、发生频率高、造成损失重。我们要深刻认识这一基本国情。”这表明党对国情的认识深化了。

---

① 《江泽民文选》第 2 卷，人民出版社 2006 年版，第 14～15 页。

2. 用马克思主义认识中国的发展规律

马克思列宁主义是研究人类社会发展规律的科学。马克思主义从它产生的第一天起就是要寻求人类发展和无产阶级解放的运动规律。马克思在其以毕生精力撰写的科学巨著《资本论》的序言中指出："本书的最终目的就是揭示现代社会的经济运动规律。"仅在《资本论》中，马克思、恩格斯揭示的经济运动规律就有30多个，如商品的价值规律、资本主义积累规律、剩余价值规律、资本有机构成不断提高的规律等。马克思主义哲学所揭示的人类发展规律包括生产力决定生产关系的规律、经济基础决定上层建筑的规律等，科学社会主义则揭示了无产阶级革命的规律。这一系列规律性的思想构成了马克思主义的核心内容。列宁曾经在20世纪初生动指出："在资本主义的世界经济中，即使有70个马克思也不能够把握住所有这些错综复杂的变化的总和；至多是发现这些变化的规律，在主要的基本的方面指出这些变化及其历史发展的客观的逻辑。"正是对变化规律和历史发展逻辑的客观把握，马克思主义的科学光芒在人类社会的长河中无比耀眼。江泽民1990年6月2日在全国党校校长工作会议上深刻指出："一百多年来，没有哪一种理论、学说能像马克思主义那样保持勃勃生机，对推动社会进步起那样巨大的作用，造成那样深远的影响。尽管现在世界上的情况有很多新变化，但历史发展的总趋势并没有超越出马克思主义经典作家所揭示的基本规律。"①

列宁深入研究了资本主义发展到帝国主义阶段的规律，总结了无产阶级和资产阶级阶级斗争的新经验，概括了20世纪初期社会科学、自然科学发展的最新成果，创造性地运用和发展了马克思主义。列宁主义十分重视对于客观规律的研究，先后提出了帝国主义的发展规律、世界资本主义政治经济发展不平衡的规律、资本主义发展现阶段一般的和基本的规律、生产资料优先增长的规律等。

毛泽东思想是马克思主义中国化的第一次飞跃，它揭示了中国革命和建设的客观规律。他在1936年12月《中国革命战争的战略问题》一文中讲要研究战争规律、革命战争规律、中国革命战争规律。新中国成立后，毛泽东致力于社会主义建设规律的探索。他在《读苏联〈政治经济学教科书〉的谈话》一文中说："生产资料优先增长的规律，是一切社会扩大再生产的共同规律。……我们把这个规律具体化为：在优先发展重工业的条件下，工农业同时并举。"他还深入研究了社会主义社会的矛盾运动规律，提出了正确处理人民内部矛盾的思想。

当代中国马克思主义特别是科学发展观非常注重对于经济社会规律的研究。

---

① 《人民日报》1990年6月3日。

2004年1月12日在十六届中纪委第三次会议上的讲话中，胡锦涛指出："要进一步深化对共产党执政规律、社会主义建设规律和人类发展规律的认识。认识规律、把握规律、遵循和运用规律，是坚持求真务实的根本要求。"① 2006年8月15日在学习《江泽民文选》报告会上，胡锦涛指出："马克思主义理论的巨大生命力，在于能够给实践提供科学指导，使人们在认识规律、把握规律、运用规律的基础上更好地改造客观世界和主观世界。"认识发展规律、把握发展规律、运用发展规律，是科学发展观的核心内容。2009年9月9日在中央政治局第16次集体学习时，胡锦涛指出："着力探索和把握我国社会主义现代化规律。我国社会主义现代化建设是在我国具体国情的基础上和时代发展的条件下进行的，这就要求我们既要深刻认识和把握现代化的一般规律和社会主义现代化的普遍规律，又要深刻认识和把握我国社会主义现代化的特殊规律。"

### 3. 用马克思主义认识中国的优秀文化，赋予其鲜明的时代特征

马克思主义中国化必须与中国文化紧密结合，给予中国文化以马克思主义的科学解释，使中国文化成为马克思主义的重要内容。

毛泽东同志对于"实事求是"进行了马克思主义的解释。"实事求是"是毛泽东同志最早在延安时期提出来的一个思想路线。1941年5月19日在《改造我们的学习》中首先提出来。"实事求是"原是中国古代的一个成语，最早出现在班固的《汉书·河间献王传》里。唐朝大学者颜师古将其解释为"务得事实，每求真是也。"毛泽东汲取了"实事求是"的中文表达。毛泽东从辩证唯物主义的高度对它进行了科学阐释，赋予它新的含义，使它成为中国共产党思想路线的简明概括。毛泽东对"实事求是"做了经典性的阐述："'实事'就是客观存在的一切事物，'是'就是客观事物的内部联系，即规律性，'求'就是我们去研究。"

江泽民同志对于"与时俱进"也进行了马克思主义的科学解释。"与时俱进"一词，源于中华民族传统文化的奠基作品之一《周易》的"与时偕行"、"与时消息"。《易经》的"益卦"中有这样一句话："天施地生，其益无方。凡益之道，与时偕行。"意思是说，给人民大众带来利益，就像高天降下雨露，大地滋生万物，没有什么固定的方法。如果抓关键，就是随时令前进，把握时机施行。"与时俱进"由来已久，1910年初，蔡元培撰写《中国理论学史》。针对清朝末年中国思想文化界抱残守旧、固步自封的局面，蔡元培通过中西文化对比，指出"故西洋学说则与时俱进"。他把散见于中国古书中的"与时偕行"、"与时

① 《十六大以来重要文献选编（上）》，中央文献出版社2006年版，第730页。

俱化”、“与时俱新”等激励人的说法概括综合为“与时俱进”。江泽民对“与时俱进”进行了马克思主义的解读，“与时俱进，就是党的全部理论和工作要体现时代性，把握规律性，富于创造性”。“与时俱进”的“时”，讲的就是时机和时代。马克思主义是共产党人认识世界和改造世界的科学理论，必须随时代变化而发展，才能永远葆有强大的生命力。共产党人要为人民利益而奋斗，必须使党的理论、党的事业、党的建设与时俱进，而且要善于把握时机，既要反对超越时代的“空想主义”，也要反对落后于时代的“教条主义”。“与时俱进”的思想是江泽民在 1992 年 10 月 19 日党的十四届一中全会上讲话时提出的，“过去有很多做法和经验已经不适用了，要根据新的实践要求，重新学习，不断创新，与时俱进”。

## 三、中国特色社会主义道路是全球化的道路

在国内外有一种观点，认为：中国的发展是由其特殊性决定的，中国的发展不是人类文明发展的大道。在他们看来，中国的成功要么是运气，要么是旁门左道。我认为，中国特色社会主义道路是反映人类文明发展方向的道路。

（1）中国特色社会主义道路是以马克思主义为指导的发展道路，马克思主义的特性决定了中国特色社会主义道路不是离开人类文明发展大道的道路。

马克思主义是吸收和借鉴了人类历史上一切优秀的合理的思想而形成和发展的。就自身发展而言，马克思主义吸收了德国古典哲学、英国古典政治经济学和法国空想社会主义等的思想成果，万有引力定律的发现，细胞学、进化论的创立，社会科学中摩尔根对原始氏族社会的研究，也对马克思主义的形成和发展产生了重大影响。列宁对马克思主义这样评价：“马克思主义同‘宗派主义’毫无相似之处，它绝不是离开世界文明发展大道而产生的一种固步自封、僵化不变的学说。恰恰相反，马克思的全部天才正是在于他回答了人类先进思想已经提出的种种问题。”①

中国特色社会主义继承了马克思主义的精髓，以对外开放的胸襟勇于融入世界经济和人类文明大潮之中。中国特色社会主义道路从一产生就具有世界性。新加坡《联合早报》2008 年 11 月 25 日发表新加坡国立大学东亚研究所所长郑永年题为《中国改革开放对世界意味着什么》的文章。文章讲到中国道路或者中国模式从一开始就具有国际意义。他说：“中国模式既具有世界性，也具有中国性。因此，在讨论中国模式时，光强调国际性或者光强调地方性（中国特色）

① 《列宁选集》第 2 卷，人民出版社 1995 年版，第 309 页。

都不是很科学的。具有国际性，表明中国的发展无论对发展中国家还是对发达国家都具有参照意义；而中国性则表明各国只能根据自己的情况来参照中国模式。”

（2）中国特色社会主义道路是参与经济全球化并对人类文明有巨大贡献的道路。

中国共产党第十七次全国代表大会的报告指出：“中国的发展，不仅使中国人民稳定地走上富裕安康的广阔道路，而且为世界经济发展和人类文明进步做出了重大贡献。”事实正是如此。

中国特色社会主义道路对世界的第一个贡献就是以自己的经济发展为各国带来发展的机遇，使世界人民受益。2009 年 8 月出版的《朱镕基答记者问》一书讲到，2001 年 9 月 4 日在爱尔兰工商界早餐会上演讲与答问时，朱镕基说：“你们在美国的超级市场里，到处都可以找到很多消费品上标着 Made in China（中国制造）。”[①] 2002 年 4 月 22 日在埃及回答香港记者提问时，朱镕基说：“去年（指 2001 年 9 月）我在俄罗斯，他们的总理（当时是卡西亚诺夫）说他穿的夹克是在美国买的，是 Made in China（中国制造），质量很好啊。”[②] 我认为，经济全球化，全球中国化，而且是全球中国商品化。2008 年 4 月 18 日我参观英国剑桥大学，在离国王学院、皇后学院不远的地方有一个卖各种纪念品的露天市场，我想到这个市场上买一两件英国本土的纪念品，便问那位英国的摊主：“有没有不是中国制造的产品?”谁知道那位摊主耸耸肩，指着周围的产品说：“No，Everything.”（不，所有的一切都是中国制造）吴邦国委员长 2009 年 9 月 10 日在美国发表演讲时指出：“自 2001 年加入世界贸易组织以来，中国每年平均进口 6870 亿美元的商品，为相关国家和地区创造约 1400 万个就业岗位。改革开放 30 年，中国累计实际利用外资 9038 亿美元，批准外商投资企业 67 万多家，世界 500 强企业在华几乎都有投资。2008 年，中国经济对世界经济增长的贡献率达到 22%，对全球贸易增长的贡献率超过 9%。这次中国积极应对国际金融危机冲击，促进经济平稳较快增长，成为促进世界经济复苏的重要因素，再次证明了这一点。”

中国特色社会主义道路对世界的第二个贡献体现在对其他国家经济发展的直接影响。印度总理辛格 2008 年 1 月 15 日在中国社会科学院发表演说称，中国的改革推动了印度的发展。他说：“在过去的几十年里，对外经济开放使中国深深受益，也使印度深深受益，印度正在发生着变化。我承认，中国的成功是促进变化的一种动力，这一进程始于 20 世纪 80 年代，于 1991 年深入发展。”[③] 孟加拉国报纸《今日新闻》主编里亚祖丁·艾哈迈德近 30 年里对中国进行过 7 次访问，

① 《朱镕基答记者问》，人民出版社 2009 年版，第 327 页。

② 《朱镕基答记者问》，人民出版社 2009 年版，第 430 页。

③ 《人民日报》2008 年 1 月 16 日。

亲眼见证了中国的飞速发展。2009 年 7 月初他在接受新华社记者专访时说，中国政府将发展经济放在十分重要的位置上，不管世界风云如何变幻，中国政府都坚定发展的方针，这一做法很值得孟加拉国政府学习和效仿。2009 年 5 月 7 日，美国哈佛大学商学院教授里金纳·艾布拉米接受人民网记者采访时认为“中国模式”首先是解决中国经济问题的“实用的模式”，是增长的模式；它还是适合于发展中国家的模式。艾布拉米认为，“中国模式”还产生了巨大的国际影响。中国改革开放三十年，实现了经济发展，保持了社会稳定，这对众多的发展中国家非常具有吸引力。虽然这些发展中国家与中国国情有所不同，“中国模式”也许不完全适用，但“中国模式”的出现毕竟为他们提供了一条不同于西方国家和世界银行、国际货币基金组织所倡导的发展道路。另外，越南的社会主义发展道路，包括其革新开放、社会主义定向的市场经济，无不受到中国的影响。

中国特色社会主义道路对世界的第三个贡献体现在当亚洲经济、世界经济出现危机时，中国始终是一支稳定的“金锚”。1997 年金融危机爆发后，中国政府在国际货币基金组织安排的框架内并通过双边渠道，向泰国等国提供了总额超过 40 亿美元的援助，向印度尼西亚等国提供了出口信贷和紧急无偿药品援助。当时，全世界几乎异口同声地宣称：人民币应当贬值，否则中国经济将面临灭顶之灾。然而，中国政府经过多方面权衡，在出口增长率下降、国内需求不振、失业增多和遭遇特大洪涝灾害的情况下，本着高度负责的态度，从维护本地区稳定和发展的大局出发，做出人民币不贬值的决定，承受了巨大压力，付出了很大代价。为了表明诚意，中国政府还收窄了人民币对美元的浮动区间。中国领导人多次宣布人民币不贬值。在 1998 年 3 月 19 日，朱镕基当选总理的第一次记者招待会上首先就承诺人民币不贬值，此举对亚洲乃至世界金融、经济的稳定和发展起到了重要作用。《人民日报》记者史克栋于 2009 年 7 月 5 日专访了意大利经济发展部主管对外贸易的副部长阿多尔福·乌尔索，谈到双边经贸关系时，乌尔索高兴地说，意中经贸关系已发生质的变化。中国不仅仅是意大利产品的出口市场，两国已逐步建立起一种相互竞争与合作的伙伴关系。近年来，中国在意大利的投资不断增加。意大利非常欢迎中国企业投资，尤其在新能源开发、旅游业等方面的投资。在国际金融危机的影响下，意大利出口受到很大影响，与 2008 年同期相比，2009 年 5 月意大利对外出口总额下降 19%，但对中国的出口获得喜人成绩，增长了 18.9%，可谓一枝独秀。该成绩使意大利企业家感到中国是他们走出困境的希望。

中国特色社会主义道路对世界的第四个贡献体现在中国企业走出去直接投资，用自己的直接投资来带动投资所在国的经济发展。据全球最大财经信息供应商汤森路透集团（Reuters）发表的报告称，2009 年 1 月 1 日到 2 月 17 日，在全球跨境并购规模同比下降35%的情况下，中国企业海外收购总额同比增加40%，涉及金额达218亿美元，仅次于德国，居世界第二位。2月份之后，中国企业的大规模海外并购案更是风起云涌。先是中铝宣布以195亿美元注资全球矿业巨头力拓，若不是力拓最终毁约，险些成就了中国企业有史以来最大的一笔海外投资；接着是湖南华菱钢铁集团有限责任公司收购世界第四大铁矿石供应商FMG 17.34%的股权，成为它的第二大股东；鞍钢入股澳洲矿企Gindalbie；中国五矿集团以13.86亿美元100%收购澳大利亚OZ公司主要资产；吉利收购全球第二大自动变速器制造企业澳大利亚DSI公司；中石油完成对新加坡石油公司45.51%股份的收购；中石化收购Addax石油公司，总价达82.7亿加拿大元（合72.4亿美元），创下中企海外并购新纪录；苏宁电器注资控股日本老字号电器连锁企业Laox公司，成为第一家收购日本上市公司的中国企业。[①] 中国国家发改委2009年7月10日发布公告称，中国石油国际事业有限公司收购新日本石油大阪炼厂部分股权项目于2009年6月通过核准，中石油将收购大阪炼厂的49%股权。新日本石油公司位于日本西部城市大阪，是日本最大的石油进口商和营销商，也是日本最大的石油精炼商，日加工量为11.5万桶，拥有9家炼油厂，石油提炼能力超过130万桶/天。该公司在日本汽油市场占有23%的份额，经营13100多个加油站。

中国特色社会主义道路不仅以其独创性为人类文明的发展做出了自己的贡献，而且这一道路代表了人类文明的发展趋势和前进方向，是具有光明未来的道路。

## 四、中国特色社会主义需要几代人、十几代人甚至几十代人坚持不懈奋斗

中国共产党第十七次全国代表大会的报告明确指出："全党同志必须清醒认识到，实现全面建设小康社会的目标还需要继续奋斗十几年，基本实现现代化还需要继续奋斗几十年，巩固和发展社会主义制度则需要几代人、十几代人甚至几十代人坚持不懈地努力奋斗。""巩固和发展社会主义制度则需要几代人、十几代人甚至几十代人坚持不懈地努力奋斗"这句话是邓小平在1992年视察南方时的重要谈话中提出来的。他说："巩固和发展社会主义制度，还需要一个很长的历史阶段，需要我们几代人、十几代人甚至几十代人坚持不懈地努力奋斗，绝不能掉以轻心。"[②] 1997年召开的中国共产党第十五次全国代表大会的报告重申了

---

① 《中国经济周刊》2009年6月19日。

② 《邓小平文选》第3卷，第379~380页。

这一点："至于巩固和发展社会主义制度，那还需要更长得多的时间，需要几代人、十几代人，甚至几十代人坚持不懈地努力奋斗。这个过程其实就是中国特色社会主义的发展过程。"

几代人、十几代人甚至几十代人都要坚定不移地走中国特色社会主义道路意味着建设和发展社会主义事业是长期的和艰巨的过程。中央领导经常反复强调这一思想。2000 年 6 月 28 日在中央社会主义意识形态会议上的讲话中，江泽民同志指出："邓小平同志说，巩固和发展社会主义制度，还需要一个很长的历史阶段，需要我们几代人、十几代人甚至几十代人坚持不懈地努力奋斗。他充分估计到了建设和发展社会主义事业的长期性和艰巨性。"① 2004 年 8 月 22 日在邓小平同志诞辰 100 周年纪念大会上的讲话中，胡锦涛讲："他（指邓小平）提出：我国还处在社会主义初级阶段，巩固和发展社会主义制度需要我们几代人、十几代人，甚至几十代人坚持不懈地努力奋斗；社会主义的本质是解放生产力，发展生产力，消灭剥削，消除两极分化，最终达到共同富裕；……邓小平同志提出的这些创造性的思想观点和方针政策，为我们不断开创党和人民事业发展的新局面提供了有力的理论指导。"② 胡锦涛是把"巩固和发展社会主义制度需要我们几代人、十几代人，甚至几十代人坚持不懈地努力奋斗"这一观点当做邓小平理论最有创造性的思想之一来看待的。巩固和发展社会主义制度之所以是长期的：一是因为我们还处于社会主义初级阶段，社会主义初级阶段就要经历 100 年的时间。社会主义初级阶段之后还会有中级阶段、高级阶段等，而且从解决的历史任务看，初级阶段之后的每一个阶段都可能比初级阶段的时间要长，这样算起来就是几百年的时间。二是资本主义已经发展 400 多年了，它代替封建主义的过程也用了近三百年的时间，更何况社会主义运动是人类历史上最深刻的革命运动，它要最终代替资本主义需要几百年的时间是完全符合历史发展规律的。

几代人、十几代人甚至几十代人都要坚定不移地走中国特色社会主义道路意味着我们对建设和发展社会主义充满自信心。我们一直坚信社会主义是有光明前途的，认为福山的"历史终结论"提出的"历史终结于自由民主制度，社会主义在 21 世纪没有未来"等观点是错误的。弗朗西斯·福山（Francis Fukuyama），是日裔美籍学者。1989 年他在美国《国民利益》杂志发表在西方引起轰动的《历史的终结》一文；1993 年 2 月他在相关文章的基础上扩展而成的《历史的终结和最后之人》一书出版；1995 年，福山又出版《信任》一书。福山的文章发表后，立即在西方引起了轰动，被译成多种文字，各种评论文章随之而来。1993 年初，福山的书更被译成 14 种文字同时推出，在世界上广泛流传，从而引起了

① 《江泽民文选》第 3 卷，第 77 页。

② 《十六大以来重要文献选编》（中），第 151 ~ 152 页。

更大范围的讨论。福山所说的历史终结指的是什么？他在1989年发表的文章中指出，20世纪80年代以来世界上发生的一系列重大事件，并不仅仅是“冷战”的结束，而是历史本身的终结，因而具有根本的性质。因为在他看来，这些变化无可争辩地表明西方和西方思想的胜利，具体来说是西方经济自由主义和政治自由主义的胜利，而这正是人类思想演进的终点和作为人类最后的政府形式的西方自由民主制的普遍化。这并不是说在这以后就再也没有什么事件发生了，但在福山看来，以后发生的事件只能是西方自由主义进一步在全球的普遍化，社会主义已经失去了存在的余地。其实，前面我们提到，将近20年后的今天，福山自己都已经不再讲所谓的“历史终结论”了。

邓小平提出“巩固和发展社会主义制度需要我们几代人、十几代人，甚至几十代人坚持不懈地努力奋斗”，恰恰说明中国的社会主义和世界社会主义是倒不了的，是不可战胜的。就在福山提出他的“历史终结论”时，1989年11月23日邓小平在会见南方委员会主席、坦桑尼亚革命党主席尼雷尔时斩钉截铁地说：“只要中国社会主义不倒，社会主义在世界将始终站得住。”① 中国的社会主义命运又将怎样呢？邓小平在1990年12月24日同几位中央负责同志谈话时讲：“这样保持五十年、六十年，社会主义中国将是不可战胜的。”② 这是充满自信的宣言。伟大的俄罗斯哲学家车尔尼雪夫斯基曾经讲：“伟大的世界性事件的进程，像大河一样，是必然的和不可避免的，任何峭壁、任何深渊都挡不住它，更不用说随意设立的堰堤了。无论谁的力量都不能靠堰堤来使莱茵河或伏尔加河改道，具有无限力量的河流一冲就把狂人的卤莽的手想用来挡住它的潮流的一切木桩和垃圾抛上岸；轻率的政策的唯一后果将只是：静静地浸润着河水并且披覆着碧绿的繁盛的草地的河岸，将暂时被受到凌辱的怒浪所撕裂和摧毁——而河流还是走自己的路，淹没一切深渊，冲开山脊，直达它要流向的海洋。”“伟大的世界性事件的实现，是按照如引力定律或有机体成长规律一样确定不移的规律实现的。”③ 中国特色社会主义就是这样一个伟大的世界性事件，它的发展有自己的客观规律，任何人是阻挡不了的。

（编辑整理：黄凤琳）

---

① 《邓小平文选》第3卷，第346页。

② 《邓小平文选》第3卷，第365页。

③ 《普列汉诺夫哲学著作选集》第4卷，三联书店1974年版，第333页。

# ·史学理论与前沿·

# 天文考古学与上古宇宙观

冯　时

2009 年 3 月 19 日

# 冯 时

中国社会科学院考古所研究员

**摘　要：** 对河南濮阳西水坡仰韶时代蚌塑宗教遗迹的研究表明：距今6500年，以北斗与四象星官为代表的五宫体系已构建起雏形，中国传统天文学的主体部分已经形成；西水坡45号墓墓葬的特殊形制表现了最原始的盖圆；灵魂升天观念以及王权政治与天命思想在西水坡蚌塑遗迹中有所展示；中国古代四子神话的出现年代至迟在公元前第四千纪的中叶已经完成。这一天文考古学个案研究使我们认识到古代科学的发展历史也就是古代思想的发展历史。

**关键词：** 天文考古学　上古宇宙观　蚌塑宗教遗迹

文化源自先民对于人与天的关系的理解，或者更明确地说，人类观测天文的活动以及他们依据自己的理念建立起的天与地或天与人的关系，实际便构筑了文化的基石。因此，原始人类的天文活动以及原始的天文学不仅是古代科学的渊薮，同时也是古代文明的渊薮，人们对待科学的态度也就决定着他们对待文明的态度，这是我们研究早期科学史时必须同时加以关注的两个问题。

中国古代文明是天文学发端最早的古老文明之一，因此我们可以认为，文明的起源与天文学的起源大致处于同一时期，这意味着一种有效的天文学研究提供了从根本上探索人类文明起源的可能。事实上我们并不怀疑，如果我们懂得了古代人类的宇宙观，其实我们就已经在一定程度上把握了文明诞生和发展的脉络，而天文考古学研究则为实现上述探索提供了可行的手段。

天文考古学把古代天文学视为人类早期文明的重要组成部分。由于原始的农业生产对于时间的需要以及宗教祭祀活动对于星占的需要，天文学实际已成为人类最早获得的严格意义上的科学知识，因此，天文学的发祥与文明的诞生便有着密不可分的关系。事实上，文明与科学是难以切割的，天文学的创造不仅是指天文技术以及由此导致的观象手段和计算方法，更重要的则是支持这些技术的天文思想以及一种以天人关系为思考主题的人文理解。显然，科学的发展进程体现着文明的发展进程，古人创造科学的活动也就是他们创造文明的活动。

中国的天文学到底古老到多久？这个问题当我们和其他文化现象联系起来考虑的时候似乎更有意义。众所周知，农业文明不仅标志着一种新的生产方式，同时也标志着新的文明形式，有关它的起源的探索，考古学的证据已足以上溯到距今万年以前。或许人们并不认为农业的起源与天文有什么关系，其实不然，人工栽培农业的目的是为人们的食物来源提供保障，这意味着它将首先出现在季节变化分明的纬度地区，而当地的气候条件使得一年中真正适合播种和收获的时间非常有限，致使贻误农时便会造成一年的绝收。因此，农业的起源必须要以精密的时间服务作为保证，没有古人对时间的掌握，就不可能有农业的出现。显然，中国农业起源年代所给予的天文学起源的暗示是清楚的。

尽管目前的天文考古学研究已为这个问题的判断预留了广阔空间，然而我们似乎仍没有机会从中国古老文明的源头讲起，因为迄今为止的任何一项天文考古学个案研究，其所揭示的古代思想史和文明史的内涵都是综合性的，这意味着即使相关的考古资料的年代可以早至公元前第四千纪以前——这个年代其实已足以使传统的历史学者与考古学者深感惊诧，但那充其量也只是文明与科学发展到相当成熟阶段后的精神成果，因为这些基于古代时空观而建立的天人思想不仅非常系统，而且也相当完整。

对于印证这个事实，恐怕再没有比对发现于河南濮阳西水坡的仰韶时代蚌塑宗教遗迹的研究更能说明问题。遗迹包括彼此关联的四个部分[1]，四处遗迹则自北而南等间距地沿一条子午线分布，而且异常准确。遗迹北部是一座编号 M45 的墓葬，墓穴南边圆曲，北边方正，东西两侧呈凸出的弧形，一位老年男性墓主头南足北仰卧其中，周围还葬有三位少年。在墓主骨架旁边摆放有三组图像，东为蚌龙，西为蚌虎，蚌虎腹下尚有一堆散乱的蚌壳，北边则是蚌塑三角图形，三角形的东边特意配置了两根人的胫骨。位于 45 号墓南端 20 米处分布着第二组遗迹，由蚌壳堆塑的龙、虎、鹿、鸟和蜘蛛组成，其中蚌塑的龙、虎蝉联为一体，虎向北，龙向南，蚌鹿卧于虎背，鹿的后方则为蚌鸟，鸟与龙头之间则是蚌塑蜘蛛，蜘蛛前方放置一件磨制精细的石斧。距第二组遗迹南端 20 米分布着第三组遗迹，包括由蚌壳摆塑的人骑龙、虎、鸟的图像以及圆形和各种显然不是随意丢弃的散乱蚌壳。蚌虎居北，蚌人骑龙居南，做奔走状，形态逼真。第二和第三组蚌塑图像与第一组直接摆放于黄土之上的做法不同，而是堆塑于人们特意铺就的灰土之上。在这南北分布的三处遗迹的南端 20 米处，则有编号 M31 的墓葬。墓主为少年，头南仰卧，两腿的胫骨在入葬前已被截去。这座规模宏大的宗教遗迹，无论考古学的研究还是碳同位素的测定，都把它的年代限定在公元前第四千纪的中叶，准确时间约为距今 6500 年。遗迹所蕴涵的科学与文明的精神以及先民对于天文与人文的思考是深刻的，在今天我们近乎艰难地读懂了这些作品之后，更能体会到一种心灵的震撼！

# 一、早期天官体系的建立

西水坡蚌塑宗教遗存的核心便是葬有这座遗迹主人的45号墓，墓中的蚌塑遗迹构成了一幅完整的星象图，其中墓主脚端由蚌塑三角形和两根人的胫骨组成的图像即明确可识的北斗图像，蚌塑三角形表示斗魁，东侧横置的胫骨表示斗杓，构图十分完整。

尽管星象图确定的关键在于对北斗的考认，但仅从象形上认证北斗显然不够，事实上，斗杓不用蚌壳堆塑却特意选配人骨来表示，这本身就已显示出与其他蚌塑图像的差异。如果说这种耐人寻味的做法能够帮助我们从本质上了解北斗的含义的话，那么这正是我们渴望找到的线索。

中国天文学由于受观测者所处地理位置的局限而有着鲜明特点，其中重要的一点就是重视观测北斗及其周围的拱极星。因为在黄河流域的纬度，北斗位居恒显圈，而且由于岁差的缘故，数千年前它的位置较今日更接近北天极，所以终年常显不隐，观测十分容易。随着地球的自转，斗杓呈围绕北天极做周日旋转，在没有任何计时设备的古代，可以指示夜间时间的早晚；又由于地球的公转，斗杓呈围绕北天极做周年旋转，人们根据斗杓的指向可以掌握寒暑季候的更迭变化。古人正是利用了北斗的这种终年可见的特点，建立起了最早的时间系统。但是，北斗只有在夜晚才能看到，如果人们需要了解白天时间的早晚，或者更准确地掌握时令的变化，那就必须创立一种新的计时方法，这就是立表测影。众所周知，日影在一天中会不断地改变方向，如果观察每天正午时刻的日影，一年中又会不断地改变长度。因此，古人一旦掌握了日影的这种变化规律，决定时间便不再会是困难的工作。

原始的表叫“髀”，它实际是一根直立于平地上的杆子，杆子的投影随着一天中时间的变化而游移，这一点似乎并不难理解。然而追寻“髀”的古义，却对古人如何创造立表测影的方法颇有启发。《周髀算经》：“周髀，长八尺。髀者，股也。髀者，表也。”这个线索使我们有机会直探45号墓中北斗那种特殊造型的真义。事实上，古代文献对于早期圭表的记载有两点很值得注意，首先，“髀”的本义既是人的腿骨，同时也是测量日影的表；其次，早期圭表的高度都规定为八尺，这恰好等于人的身长[2]。这两个特点不能不具有某种联系，它表明早期的圭表一定是由人骨转变而来。联系《史记·夏本纪》有关大禹治水以身为度的故事，以及殷商甲骨文表示日中而昃的“昃”字即像太阳西斜而俯映的人影，都可以视为古人利用人体测影的古老做法的孑遗。甚至“夸父逐日”的神话也并不仅仅反映的是古人立表测影的实践[3]，而更再现了测影工作源于人体测影的历史[4]。然而我们不可能想象古人为完成测影工作会永远停留在以人体测影的原始阶段，这种做法不仅不可能长期坚持，而且测量的精度也远远不够，于是古人为完善测影工作，就必须发明一种能够取代人体的天文仪器，这就是表。表的原始名称之所以叫“髀”，原因就在于“髀”的本义为人的腿骨，而腿骨则是使人得以直立而完成测影工作的关键所在。因此我们似乎可以相信这样一个事实，人类乃是通过长期的生产实践，通过不断观察自身影子的变化而最终学会了测度日影，最早的测影工具其实就是人体本身。显然，从人身测影向圭表测影的转变，不仅会使古人自觉地将早期圭表必须为模仿人的高度来设计，同时也沿袭了得以完成这项工作的人体的名称。这种做法不仅古老，而且被先民们一代代地传承了下来。

毫无疑问，45 号墓中的北斗形象完美地体现了圭表测影与北斗建时这两种计时法的精蕴。事实上，“髀”所具有的双重含义——腿骨和表——已经表明，人体在作为一个生物体的同时，还曾充当过最早的测影工具，而墓中决定时间的斗杓恰恰选用人腿骨来表示，正是先民创造出利用太阳和北斗决定时间的方法的结果。这种创造在今天看来似乎很平常，但却是极富智慧的。

墓中的龙、虎形象虽然比北斗更为直观，但它的天文学意义却并不像北斗那样广为人知。中国天文学的传统星象体系为四象二十八宿，宿与象的形成反映了古人对于星官的独特理解。古人观测恒星的方法非常奇特，他们并不把恒星看做是彼此毫无关系的孤立星辰，而是将由不同恒星组成的图像作为观测和识别的对象。因此，象其实就是古人对恒星自然形成的图像的特意规定，他们根据这些图像所呈示的形象，以相应的事物加以命名，并将其称为“天文”。这里“文”即“纹”字的古写，意思便是天上的图像。显然，四象二十八宿不仅构成了中国天文学最古老的星官体系，同时也展现着最古老的星象。

四象与二十八宿的关系随着早期天文学的发展出现过一些变化。尽管古老的天官体系将天球黄道和赤道附近的恒星划分为四区，并以四象分主四方，作为各区的象征，形成了东宫苍龙、西宫白虎、南宫朱雀、北宫玄武，每宫各辖二十八宿中七座星宿的严整体制，但这种形式并不是从一开始就这样完整。证据表明，四象虽然的确是通过古人所认识的一种特定的恒星组合而最终形成的，但它们与二十八宿的关系却并不具有对等的意义。准确地说，四象的形象最初来源于二十八宿各宫授时主宿的形象，而它们作为四个象限宫的象征，则是对于各宫授时主宿意义的提升。即使晚在西汉的星象图上，这种观念依然体现得十分鲜明。显然，这为 45 号墓中的蚌塑龙、虎找到了归宿。

天文学所提供的答案是令人信服的。北斗既已认定，我们还能对蚌塑龙、虎的含义做出有悖于天文学的解释吗？显然不能。原因很简单，墓中的全部蚌塑遗迹必须被视为一个整体，这个整体由于北斗的存在而被自然地联系了起来。换句话说，除北斗之外，墓中蚌龙、蚌虎的方位与中国天文学体系二十八宿主配四象的东、西两象完全一致。两象与北斗拴系在一起，直接决定了蚌塑龙虎图像的星象意义。将蚌塑图像与真实星图比较，可以看出其所反映的星象的位置关系与真实天象若合符契。

相同的星象作品亦见于战国初年曾侯乙墓出土的二十八宿漆箱，将其与西水坡 45 号墓的蚌塑遗迹对比，先民以蚌壳堆塑的方式表现星象的做法或许看得更清楚。漆箱盖面星图的中央特别书写着大大的“斗”字，表示北斗，“斗”字周围书写二十八宿宿名，而二十八宿之外的左、右两侧则分别绘有象征四象的龙、虎，显然，北斗与龙、虎共存作为星象图的核心内容的事实相当明确，而这与西水坡 45 号墓蚌塑遗迹所表现的星象内容完全相同。不仅如此，即使两幅星象图的细节部分也毫无差异。我们注意到，西水坡 45 号墓蚌虎的腹下尚有一堆蚌壳，只是因为散乱，已看不出它的原有形状，而曾侯乙漆箱星图的虎腹下方也恰好绘有一个火形图像[5]，它的含义当然象征古人观象授时的主星——大火星（心宿二），天蝎座 α。很明显，由于有曾侯乙二十八宿漆箱星象图的印证，西水坡 45 号墓蚌塑遗迹组成了一幅与之内容相同的星象图的事实已没有任何可怀疑的余地了，而且直至公元前 5 世纪初，这种以北斗和龙、虎为主要特征的星象作品，在四千年的时间里几乎没有任何改变。

我们知道，随着地球的自转，北斗虽然为黄河流域的先民所恒见，但是位居天球赤道附近的星宿却时见时伏，于是古人巧妙地在北斗与二十八宿之间建立起了一种有效的联系。他们充分利用北斗可以终年观测的特点，将它与赤道星官相互拴系，以便寻找二十八宿中那些伏没于地平的星宿。这种固定的联系表现为，角宿的位置依靠斗柄的最后二星定出，实际顺着斗杓的指向，可以很容易找到龙角。同样，从北斗第五星引出的直线正指南斗，而斗魁口端二星的延长线与作为虎首的觜宿又恰好相遇。尽管北斗与二十八宿的这种关系在战国时期以前应该更为完善[6]，但北斗与龙、虎关系的确立事实上已足以构建起一个古老的天官体系。古人把北斗想象为天帝的乘车，它运于天极中央，决定着时间，指示着二十八宿的方位。过去我们把中国天文学这一特点的形成时代追溯到公元前 5 世纪的战国初年，因为曾侯乙漆箱星图完整地体现了这些思想。然而现在我们知道，曾侯乙星图所反映的思想其实并不古老，它不过是西水坡星图的再现而已！

在二十八宿形成的过程中，由于古人观象授时的需要，东宫与西宫的部分星象曾经受到过特别的关注。上古文献凡涉及星象起源的内容，几乎都无法回避这一点。东宫苍龙七宿在其形成的过程中恐怕至少有六宿是一次选定的，从宿名的古义分析，角、亢、氐、房、心、尾皆得于龙体[7]，从而构成了《周易·乾卦》

所称的“龙”[8]，也就是《彖传》所指的“六龙”。而西宫白虎七宿的核心则在于觜、参两宿，甚至到汉代，文献及星图中还保留着以觜、参及其附座伐为白虎形象的朴素观念。当然，西水坡45号墓所呈现的蚌塑龙虎并不意味着当时的人们尚只懂得识别与这两象相关的个别星宿，因为第二组蚌塑遗迹中与龙、虎并存的鸟和鹿正展现了早期四象体系中的另外两象，其中鸟象来源于二十八宿南宫七宿中张、翼两宿所组成的形象，而鹿则反映了二十八宿北宫七宿中危宿及其附座的形象[9]。在北宫的形象由玄武取代鹿之前，早期的四象体系一直是以龙、虎、鹿、鸟作为四宫的授时主星，这个传统至少在春秋时期仍未改变，而它的影响甚至比一个新的四象体系的建立更为深远。显然，西水坡蚌塑遗迹中四象的出现不仅表明作为各宫主宿的四象星官成为先民观象授时和观测二十八宿的基础星官，而且以北斗和二十八宿等重要星官建构的古老的五宫体系也已形成。

东宫龙象中的大火星与西宫虎象中的参宿作为授时主星的事实，文献学与考古学的证据已相当充分[10]。公元前第四千纪的中叶，大火星与参宿处于二分点，这种特殊天象与观象授时的关系恰好通过西水坡45号墓蚌塑龙、虎二象的布列和北斗杓柄的特意安排十分巧妙而准确地表现了出来。很明显，为再现古人观象授时的工作，西水坡45号墓的蚌塑星象展现了当时的实际星空，这种授时传统不仅古老，甚至到数千年后的曾侯乙时代，仍然能感受到它的深刻影响。

北斗与心、参两宿作为中国传统的授时主星，它的起源显然就是心、参两宿与太阳相会于二分点的时代。《公羊传·昭公十七年》：“大辰者何？大火也。大火为大辰，伐为大辰，北辰亦为大辰。”何休的解释是：“大火谓心，伐谓参伐也。大火与伐，天所以示民时早晚，天下所取正，故谓之大辰。辰，时也。”这里的“北辰”过去一直以为是北极，其实由于古人对于天极与极星认识的不同，早期的极星正是北斗[11]。显然，鉴于北斗与心、参两宿可以为先民提供准确的时间服务，因而对这三个星官的观测便产生了最古老的“三辰”思想。

以立表测影与观候星象为基础而建构的授时系统在仰韶时代已经相当完善，由此决定的空间的测量工作当然需要首先完成。西水坡的四处遗迹准确无误地分布于一条南北子午线上，这个事实足以证明先民们对于空间方位的把握程度。接下来的工作便是对于时间的划分，而圭表致日与恒星观测其实已使时间的计量并不困难，而且由于龙、虎、鹿、鸟四象的出现，分至四气的校定显然已经非常准确，这甚至直接影响了《尚书·尧典》记载的以四仲中星验证四气的古老方法。正如四气的确定便意味着历年的确立一样，四象的形成也意味着古人对于黄道和赤道带星官的认识。虽然四象最初只是四方星象中最重要的授时主星的形象，而它们作为四宫的象征也只是这些授时主星地位的提升，但是我们不能想象古人在以四象校验作为时间标记点的四气的情况下，对黄道和赤道带的其他星官却视若无睹，而未能建立起与这个时间体系相对应的识星系统，这意味着二十八宿体系在当时也已基本形成，当然这个早期的朴素体系经过了后人的反复调整。事实上，古人识星体系的完整性不仅体现在对具体星象的缜密观测，同时还在于对全天星象的整体把握。《史记·天官书》以五宫分配天官，其中东、西、南、北四宫分配二十八宿，中宫天极星括辖北斗。尽管西水坡45号墓蚌塑星图中北斗与二十八宿的对应关系呈现了比《天官书》更为简略的模式，斗杓东指，会于龙角；斗魁在西，枕于参首。但第二组蚌塑遗迹作为四象的鹿、鸟的出现已经涉及了南、北两宫，这种四象与四宫的固定关系不仅可以获得《天官书》的印证，更可以获得曾侯乙星图的印证。因此，以北斗与四象星象为代表的五宫体系在当时已经建构起基本的雏形，它表明至少在公元前第四千纪的中叶，中国传统天文学的主体部分已经形成。

## 二、盖天宇宙观的形成

中国古代的宇宙理论大致包括三种学说，即盖天说、浑天说和宣夜说。盖天家认为，天像圆盖扣在方形平坦的大地上，这种认识至少部分地来源于人们的直观感受，因而天圆地方的宇宙模式成为起源最早的宇宙思想。

正像早期星图作为描述星象位置及再现观象授时工作的作品一样，先民对于宇宙模式的描述也创造了相应的图解。由于不同季节太阳在天穹上的高度并不一致，夏至时太阳从东北方升起，于西北方落下，在天穹上的视位置偏北；冬至时太阳从东南方升起，于西南方落下，在天穹上的视位置偏南；而春分和秋分时太阳从正东方升起，于正西方落下，在天穹上的视位置居中。于是古人将二分二至时太阳因视运动而形成的三个同心圆记录下来，创造出了盖天家解释星象运动和不同季节昼夜变化的基本图形——盖图。盖图的核心部分为表现太阳于一年十二个中气日行轨迹的“七衡六间图”。据《周髀算经》及赵爽的注释，七衡六间的内衡为夏至日道，中衡（第四衡）为春分和秋分日道，外衡为冬至日道。显然，由于二分二至乃是古人建立严格计时制的基础，因此“七衡六间图”的核心实际就是三衡图。

盖天家对于盖图持有这样的认识，“七衡六间图”也就是所谓“黄图画”，它实际是一幅以北极为中心的星图，而叠压在黄图画上的部分则为“青图画”，表示人的目视范围。按照盖天家的理解，太阳在天穹这个曲面内运行并不是东升西落，而是像磨盘一样回环运转，太阳被视为拱极星，凡日光所能照耀的范围便是人的目力所及，太阳转入“青图画”内是白天，转出“青图画”外则是黑夜。“青图画”和“黄图画”各有一个“极”，贯穿两个“极”点，不仅可以看见

“黄图画”上的七衡六间和二十八宿等星象，而且能够很容易了解一年中任何季节日出日入的方向和夜晚的可见星象。同时，“青图画”所分割的三衡象征昼夜的两部分弧长之比理应随着季节的变化而不同，这种差异则被盖天家用来说明分至四气昼夜长度的变化。譬如，春秋分二日的昼夜等长，那么盖图的中衡表示昼夜的弧长就应该相等；冬至夜长于昼，夏至昼长于夜，比例相反，则外衡与内衡表示冬至与夏至的昼夜的两弧之比也应相反，这些特点至少在属于公元前第三千纪的早期盖图中已经表现得相当准确[12]。

当我们以这种朴素的盖天理论重新看待西水坡45号墓的墓穴形状的时候，我们在获得天圆地方的直观印象的同时，显然可以将墓穴的奇异形状理解为盖图的简化形式，因为如果我们以墓穴南边的弧形墓边作为盖图的中衡，也就是春分和秋分的日道看待，就可以完好地复原盖图。其实，墓穴的形状正是截取了盖图的内衡、外衡和“青图画”的部分内容，构图十分巧妙！因此，西水坡45号墓不仅以其蚌塑遗迹构成了中国目前所见最古老的天文星图，而且墓葬的特殊形制也表现了最原始的盖图，这种设计当然符合中国古代星图必以盖图为基础的传统。

中国古人始终持有一种以南象天的观念，与天相对的北方才是地的位置，这个传统几乎同时影响着早期天文图和地图的方位系统，因此，以南为天的图像表述便是以上为天，这个方位又恰好符合古人以圆首象天、方足象地的朴素思维[13]。事实上，西水坡45号墓的墓穴形状不仅以盖图的“黄图画”作为南方墓廓，同时将墓穴的北边处理为方形，其刻意表现天圆地方的宇宙思想已相当清楚。墓穴又以盖图表示二分日夜空的部分作为主廓，这种设计与墓中布列龙虎星象及北斗的做法彼此呼应，准确体现了大火星与参星在二分日的授时意义。这些思想在《周髀算经》中都或多或少地留有痕迹。很明显，西水坡45号墓的墓穴形制选取盖图的春秋分日道、冬至日道和阳光照射界线，同时附加方形的大地，一幅完整的盖天宇宙图形便构成了。它向人们展示了天圆地方的宇宙模式、寒暑季节的变化特点、昼夜长短的交替更迭、春秋分日的标准天象以及太阳的周日和周年视运动特点等一整套古老的宇宙思想，表现了南天北地的空间观念和天地人三才的人文精神。或许这些答案的象征意义十分强烈，但它所反映的古老的科学思想与文化观念却很清晰。

中国古代的埋葬制度孕育着一种根深蒂固的传统，死者再现生者世界的做法通过墓葬形制得到了充分的表现，其中最显著的特点就是使墓穴呈现出宇宙的模式并布列星图。这种待遇恐怕最初仅限于王侯，显然它缘起于中国天文学所固有的官营性质。不过随着礼制被践踏，这种象征地位和权力的制度多少失去了原有的意义。尽管如此，西水坡45号墓作为这种传统的鼻祖应当之无愧，而后世那些因夯筑而得以残留的封冢遗迹以及更晚的穹窿顶墓室结构，显然都是天圆地方观念的直观反映。《史记·秦始皇本纪》描述其陵冢“上具天文，下具地理”，再造了一幅真实的宇宙景象。而晚期的墓室星图几乎一致地绘于穹窿顶中央，证明半球形的封冢和墓顶象征着天穹。与此对应的是，曾侯乙墓的棺侧绘出门窗和卫士，表示墓主永居的家室，又证明方形的墓穴象征着大地。事实表明，传统的封树制度及穹窿式墓顶结构与方形墓穴的配合，正可以视为盖天宇宙论的立体表现。很明显，这种由西水坡45号墓盖天理论的平面图解到后世立体模式的转变，反映了同一宇宙思想的不同表现形式。

## 三、灵魂升天思想的再现

西水坡45号墓中埋葬的主人不仅是这座墓穴的主人，同时也是包括第二组、第三组蚌塑遗迹和31号墓在内的完整祭祀遗迹的主人。事实上，45号墓主拥有的这座宏大遗迹所展示的内涵是清楚的，如果我们将第三组蚌塑遗迹中骑龙遨游的蚌人视为45号墓主灵魂再现的话，那么这个具有原始宗教意义的壮丽场景岂不体现了古老的灵魂升天的观念！很明显，三组蚌塑遗迹等间距分布于子午线上，45号墓居北，人骑龙的遗迹居南，形成一条秩序井然的升天路线。45号墓主头南足北，墓穴的形状又呈南圆北方，都一致地表达着一种南方为天、北方为地的理念，墓主头枕南方，也正指明了升天灵魂的归途。显然，如果位居这条升天通道北南两端的45号墓和人骑龙的蚌塑遗迹分别表现了墓主生前及死后所在的两界——人间与天宫，那么第二组蚌塑遗迹就毫无疑问应该反映着墓主灵魂的升天过程。理由很简单，古代先民常以龙、虎和鹿作为驾御灵魂升天的灵蹻[14]，而灵蹻之所以能升腾，则正是由于鸟的负载。商周时代的铜器和玉器纹样，仍忠实地反映着这种朴素思想[15]。有趣的是，这些思想恰好就是第二组蚌塑遗迹作为四象的龙、虎、鹿、鸟所要表现的主题。

鸟载负着三蹻而驾御灵魂升天的观念看来是相当古老的，在这个意义上，作为星象本质的四象又从纯粹的天文回归到人文的层面，重现了科学最终服务于人类的根本目的。人死之后，灵魂离开躯壳而逐渐升腾，无论是在升天的途中，还是最后升入天国，周围的环境显然已经与人间不同。所以古人在象征升天通途的第二组蚌塑遗迹和象征天国世界的第三组蚌塑遗迹的下面，都人为地特意铺就了象征玄天的灰土，从而严格区分于象征人间的45号墓埋葬于黄土之上的做法。这种刻意安排除了表明朴素的天地玄黄的思想之外，恐怕不可能有其他的解释。不仅如此，第三组蚌塑遗迹在为象征玄色的夜空而特意铺就的灰土之上，又于蚌龙与蚌虎周围有规律地点缀了无数的蚌壳，宛如灿烂的银汉天杭。墓主升入天国后御龙遨游，使整个图景俨然一幅天宫世界，寓意分明。其实，这种展示灵魂升天的场面我们在马王堆西汉墓出土的非衣上也可以看到。画面下层绘有墓主生前的生活场景，中层描绘了二龙驾御墓主的升天过程，而上层则为天门内的天上世界，含义及表现手法与西水坡蚌塑遗迹所展示的宗教内容一脉相承。

人的头象天，中国的早期文字已非常形象地表达了这种思想。天的位置在南方，这个观念又可以从古代君王观象授时的活动自然地发展出来。显然，头枕南方的姿态当然指明了灵魂归所的方向。亡人与天的联系首先就需要表现在其灵魂与天的沟通，红山文化先民将上下贯通的箍形礼玉枕于死者的头下[16]，而西汉侯王用以殓尸的玉衣也要在亡人的头顶部分嵌有中空设孔的玉璧[17]，这些象征天地交通的礼玉被置于死者的头部，其用意都是要为亡者实现灵魂升天的目的。事实上自商周以来，中国古代的墓葬形制存在着一种普遍的现象，这便是或有一条墓道而多居墓穴南方（或东方），如有多条墓道，则唯南（或东）墓道最宽最长，甚至有时在南墓道内还摆放有驾御灵魂升天的灵蹻[18]。西水坡宗教遗迹证明，这些观念的产生年代显然是相当久远的。

祖先的灵魂在天上，并且恭敬地侍奉于天帝周围，这些思想尽管在甲骨文、金文及传世文献中记载得足够详细，但早期的考古学证据却很难再有比西水坡的壮丽遗迹更能说明问题的了。事实上，灵魂升天并不是每个人都可以享有的，只有那些以观象授时为其权力基础的人才能获得这样的资格，这意味着天文知识不仅作为科学的滥觞，同时也是王权政治的滥觞。

## 四、王权政治与天命思想

中国古代天文学与王权政治的密切联系造就了一种根深蒂固的观念，这便是君权神授、君权天授的朴素认知。天的威严当然通过水旱雷霆等各种灾害直接地为人们所感受，然而古人并不认为这种威严不可以通过作为天威的人格化的王权来体现，这个代表天神意旨的政治人物便是天子。

当人们摆脱原始的狩猎采集经济而进入农业文明的时候，掌握天文学知识则是必需的前提。换句话说，我们不可能想象一个没有任何天文知识、一个不能了解并掌握季候变化的民族能够创造出发达的农业文明。因此，天文学不仅与农业的起源息息相关，而且由于先民观象授时的需要，这门学科理所当然地成为一切科学中最古老的一种。

中国早期天文学在描述一般天体运动的同时还具有强烈的政治倾向，这种倾向事实上体现了一种最原始的天命观。我们知道，天文学对于人类生活的作用首先表现在它能为农业生产提供准确的时间服务，在没有任何计时设备的古代，观测天象便成为决定时间的唯一标志，这就是观象授时。《尚书·尧典》以帝命羲、和“敬授人时”，这里的羲、和便是战国楚帛书所讲的伏羲和女娲[19]，二人分执规矩以规划天地，同时又以人类始祖的面目出现，显然，这种掌握了时间便意味着掌握了天地的朴素观念将王权、人祖与天文授时巧妙地联系了起来。

观象授时虽然从表面上看只是一种天文活动，其实不然，它从一开始便具有强烈的政治意义。很明显，在生产力水平相当低下的远古社会，如果有人能够通过自己的智慧与实践逐渐了解了在多数人看来神秘莫测的天象规律，这本身就是了不起的成就。因此，天文知识在当时其实就是最先进的知识，这当然只能为极少数的人所掌握。《周髀算经》所谓“知地者智，知天者圣”，讲的就是这个道理。而一旦有人掌握了这些知识，他便可以通过观象授时的特权实现对氏族的统治，这便是王权的雏形。理由很简单，观象授时是影响作物丰歉的关键因素，对远古先民而言，一年的歉收将会决定整个氏族的命运。显然，天文学事实上是古代政教合一的帝王所掌握的神秘知识[20]，对于农业经济来说，作为历法准则的天文学知识具有首要的意义，谁能把历法授予人民，谁就有可能成为人民的领袖[21]。因此在远古社会，掌握天时的人便被认为是了解天意的人，或者是可以与天沟通的人，谁掌握了天文学，谁就获得了统治的资格。《论语·尧曰》：“尧曰：‘咨！尔舜！天之历数在尔躬，允执其中。’……舜亦以命禹。”这种天文与权力的联系，古人理解得相当深刻。事实造就了中国天文学官营的传统，从而使统治者不择手段地垄断天文占验，禁止民间私司天文。很明显，由于古代政治权力的基础来源于人们对于天象规律的掌握程度和正确的观象授时的活动，因此，天文学作为最早的政治统治术便成为君王得以实现其政治权力的唯一工具，这不仅体现了初始的文明对于愚昧的征服，而且由此发展出君权神授、君权天授的传统政治观，甚至直接影响着西周乃至儒家的天命思想与诚信思想[22]。

如果王权的获取只能通过对天的掌握来实现的话，那么授予王权的天也便自然成为获得天命的君王灵魂的归所，这意味着这种朴素的政治观直接导致了以祖配天的宗教观念的形成。毫无疑问，掌握天象规律是正确授时的前提，而在大多数不明天文的民众看来，正确的授时工作其实已经逐渐被神话为了解天命并传达天意的工作，从而使其具有了沟通天地的特殊作用，这种认识逻辑当然符合原始思维的特点。在这样的文化背景下考察西水坡的原始宗教遗迹，我们甚至可以揭示一些更为深刻的思想内蕴。毋庸置疑，西水坡 45 号墓不仅形制特殊，规模宏大，而且随葬星宿北斗，墓主与其说葬身于一方墓穴，倒不如说云游于宇宙星空，这种特别安排显然是其生前权力特征的再现，有鉴于此，不将 45 号墓的主人视为一位司掌天文的部落首领恐怕已没有其他的解释。事实上，在漫长的史前时代，由于神秘的天文知识只为极少数巫觋所垄断，因而这些拥有所谓通天本领的巫觋理所当然地被尊奉为氏族的领袖，当然也只有他们的亡灵可以被天帝所接纳，成为伴于天帝的帝廷成员。因此，天文学在为人类提供时间服务的同时，作为王权观、天命观与宗教观的形成基础其实是其具有的更显著的特点。

## 五、四子神话的产生

中国古代四子神话的出现年代，文献学的证据至少可以追溯到春秋以前。殷人显然还保留着天帝的四方使臣即四气之神的观念，甲骨文的四方风名明确显示了四方神名来源于古人对于二分二至实际天象的描述，这意味着四方神名其实就是司掌分至四气的四神之名[23]，因此，以分至四气分配四方的观念是古老而质朴的。

分至四神的本质源于四鸟，之后演化为天帝的四子，进而在《尧典》中又规范为司掌天文的羲、和之官。《尧典》的文字颇为系统，所以值得引述在这里。

乃命羲、和，钦若昊天，历象日月星辰，敬授人时。

分命羲仲，宅嵎夷，曰旸谷。寅宾出日，平秩东作。日中，星鸟，以殷仲春。厥民析，鸟兽孳尾。

申命羲叔，宅南交。平秩南讹，敬致。日永，星火，以正仲夏。厥民因，鸟兽希革。

分命和仲，宅西，曰昧谷。寅饯纳日，平秩西成。宵中，星虚，以殷仲秋。厥民夷，鸟兽毛毨。

申命和叔，宅朔方，曰幽都。平在朔易。日短，星昴，以正仲冬。厥民隩，鸟兽氄毛。

帝曰："咨，汝羲暨和！期三百有六旬有六日，以闰月定四时成岁。"

文中的"日中"、"日永"、"宵中"、"日短"分指春分、夏至、秋分和冬至，而帝尧命羲仲、羲叔、和仲与和叔分居四极以殷正四气，其为司分司至之神自明。

尽管《尧典》的羲、和四官作为司理分至的神祇的事实已相当清楚，但除此之外则还保留着四神作为析、因、夷、隩的更为古老的名称系统，这些名号在《山海经》中则作折、因、夷、鹓，显然直接来源于甲骨文所记的四方神名——析、因、彝、隩[24]。因此，《尧典》同时记载的另一套与羲、和名义相关的羲仲、羲叔、和仲、和叔不仅反映了四神名称的演变，更重要的则是将四神与羲、和拉上了关系。

四神与羲、和相关联的思想在稍后的文献中则有更明确的表述。长沙子弹库出土的战国楚帛书认为，分至四神其实就是伏羲娶女娲所生的四子，这个记载为

《尧典》反映的分至四神名由原本表现分至的天象特征而向羲、和子嗣的演变提供了证据。当然，古代文献文本的早晚并不等同于其所记载的观念的早晚。事实上，《尧典》将羲仲、羲叔、和仲、和叔四神与羲、和的联系如果说还仅仅停留在名号上的话，那么楚帛书的记载已明确将四神视为伏羲和女娲的后嗣了，由于伏羲、女娲的原型就是羲、和，因此，古老的四子神话其实就是司理分至的四神的神话，四神曾被人们认为只是伏羲和女娲的四个孩子，实际也就是羲、和的子嗣。

四神本为四鸟，这个观念当然来源于金乌负日的朴素思想[25]，相关的考古遗物不乏其证。其实，从四鸟到四子的转变体现着一种神灵拟人化的倾向，这实际反映了先民自然崇拜的人文规范。由于至上神天帝的人格化，一切自然神祇便相应地被赋予了人性的特征，而四子神话的演进过程也应体现着这种精神。

四神因分主四气而分居四方，他们的居所在《尧典》中有着明确记载。羲仲司春分，宅嵎夷，居旸谷。旸谷又名汤谷，为东方日出之地。和仲司秋分，宅西，居昧谷。昧谷又名柳谷，为西方日入之地。羲叔司夏至，宅南交而未详居所，为南方极远之地。和叔司冬至，宅朔方，居幽都，为北方极远之地。古人以为，春秋二分神分居东极、西极日出、日入之地，敬司日出、日入，冬夏二至神则分居北极、南极，以定冬至、夏至日行极南、极北。事实上，古史传说中分至四神的居所虽然极富神话色彩，但它们在盖图上却是可以明确表示的，这一点显然可以通过西水坡 45 号墓墓穴形状所呈现的盖图得到具体的说明。

西水坡 45 号墓的墓穴形状呈现了原始的盖图，由于作为盖图核心部分的黄图画的主体即是象征二分二至的日行轨道，因此，对于分至四气的认识显然已是西水坡先民应有的知识，而盖图四极位置的确定，实际已将借此探讨四子神话的产生成为可能，因为在墓中象征春秋分日道和冬至日道的外侧恰好分别摆放着三具殉人。三具殉人摆放的位置很特别，他们并非被集中安排在墓穴北部相对空旷的地带，而是分别放置于东、西、北三面。如果结合盖图相应位置所暗喻的文化涵义考虑，那么这些摆放于象征四极位置的殉人就显然与司掌分至的四神有关。以濮阳的地理纬度计算，当地所见冬至日出的地平方位角约为东偏南 31 度。西水坡先民认识的方位体系只能是基于太阳视运动的地理方位，而与今日所测的地磁方位存在磁偏角的误差。如果我们充分考虑到这些因素，或者以墓穴北部方边作为西水坡先民测得的东西标准线度量殉人方向，便会发现居于象征幽都位置的殉人，他的头向正指冬至时的日出位置，而且相当准确。显然，这具殉人所具有象征冬至之神的意义是相当清楚的。

春秋二分神与冬至神的存在意味着人们有理由在同一座遗迹中找到夏至神。我们曾经指出，西水坡 45 号墓中作为北斗杓柄的两根人的胫骨很可能是自 31 号墓特意移入的，因为不仅同一遗址中31号墓的主人恰恰缺少胫骨，而且根据对墓葬形制的分析，可以肯定地说，墓主的两根胫骨在入葬之前就已被取走了[26]，这当然加强了31号墓与45号墓的联系。在西水坡诸遗迹近乎严格地沿子午线做南北等距分布的设计理念中，31号墓正是以这样的特点位于这条子午线的南端。很明显，这些线索已不能不使我们将31号墓的主人与45号墓中缺失的夏至之神加以联系，即使从他处于正南方的位置考虑，其所表现的夏至神的特点也十分鲜明。

南方象天当然是古人恪守的传统观念，这应该是西水坡先民独以位居南方的夏至神的胫骨表现北斗杓柄的首要考虑。而夏至神的头向正南，不同于象征冬至的神祇头指其时的日出方向，这种做法无疑显示了古人对于夏至神的独特的文化理解。《淮南子·天文训》："日冬至，日出东南维，入西南维。至春秋分，日出东中，入西中。夏至，出东北维，入西北维，至则正南。"其中独云夏至"至则正南"，则是对夏至测影以正南方之位的具体说明，这些方法在《周髀算经》中尚有完整的留存，而《尧典》唯于夏至之时以言"敬致"，即夏至致日之事，也明证此俗渊源甚古。夏至日出东北寅位而入西北戌位，所以表影指向东南辰位与西南申位，辰、申的连线即为正东西，自表南指东西连线的中折处，则为正南方向。显然，正南方位的最终测定与校验，唯在夏至之时，这便是所谓"至则正南"的深意，而墓中象征夏至的神祇头向正南，似乎正是这一古老思想的形象表述。

夏至神安排在整座遗迹的南端，这个事实无疑反映了古人对于这一原始宗教场景的巧妙布置。很明显，由于45号墓的主人已经占据了夏至神原有的位置，而墓主头向正南，南方又是灵魂升天的通道，所以45号墓以南方的圆形墓边象征天位，墓主的灵魂由此升腾，经过第二组遗迹所表现的灵蹻的驾御，升入第三组遗迹所展现的天国世界。这样一个完整的升天理念使灵魂升天的通途上已不可能再有容纳夏至神的位置，因而夏至神只能远离他本应在的位置而置于极南，这一方面可以保持整座遗迹宗教意义的完整，另一方面也不违背古人以夏至神居处极南之地的传统认识。事实上，夏至神居所的这种变动与不确定性似乎体现着一种渊源有自的人文理解，《尧典》经文独于夏至神羲叔仅言宅南交而未细名居地，正可视为这种观念的反映。这个传统在曾侯乙时代仍然保持着，曾侯乙二十八宿漆箱立面星图唯缺南宫的图像，时人并将南立面涂黑[27]，意在以玄色的画面象征玄色的天空[28]。这种做法当然缘于南方一向被视为死者灵魂的升天通途，因而四神中唯以夏至之神脱离盖图而远置南端，正是要为避让墓主灵魂的升天路径。显然，西水坡宗教遗迹中四神的布处不仅可以追溯出《尧典》独于南方夏至之神只泛言居所而不具名其地的原因，而且可以使我们领略《尧典》四神思想的古老与完整。

也许在注意这些安排的同时，我们也不应忽略殉人的年龄。经过鉴定（31号墓未报道），他们都是12～16岁的男女少年，而且均属非正常死亡。这些现象显然又与四子的神话暗合，因为古代文献不仅以为四神乃是司分司至之神，甚至这四位神人本来一直被认为是羲、和的孩子。

西水坡遗迹既然表现了45号墓主灵魂的升天仪式，那么其中特意安排的四子就不能与这一主题没有关系。四子作为天帝的四位佐臣，当然也有佐助天帝接纳升入天界的灵魂的职能，因为四子既为四方之神，其实就是掌管四方和四时的四巫。四巫可以陟降天地，这在甲骨文、金文和楚帛书中记述得非常清楚。所以人祖的灵魂升天，也必由四子相辅而护送，当然，有资格享受这种礼遇的人祖必须具有崇高的地位。

在古代神话的天文考古学研究中，这样的契机或许并不是很多。通过梳理，四子神话的发展与演变似乎已廓清了大致的脉络。四子的原型为四鸟，这当然来源于古老的敬日传统，并且根植于古代天文学的进步。但是随着神祇的人格化，四神由负日而行的四鸟转变为太阳的四子，而日神则由朴素的帝俊而羲和，其后又二分为羲与和，更渐变为伏羲和女娲。于是四子也就被视为羲、和或伏羲、女娲的后嗣。现在我们似乎有理由相信，这样一套完整的神话体系的建立，至迟在公元前第四千纪的中叶已经完成。

如果说英国索尔兹伯里巨石阵的研究最终孕育了天文考古学这一崭新学科的话，那么西水坡仰韶时代蚌塑遗迹对于中国天文考古学的构建便具有着同样的意义。正因为如此，我们对于古代文明与科学的探索才有了新的有效方法。必须强调的是，西水坡宗教遗迹所展示的科学史与文明史价值固然杰出，但它所构建起的重新审视古代社会的知识背景不仅有系统性，而且也更显重要，事实上，这种背景将成为我们客观分析古代文明的认识基础。

尽管我们不得不忽略更多的细节内容而完成上古天文与思想的鸟瞰，但仅就这些关乎古代文明的主体部分而言，天文考古学为我们提供的对于古代科学与文明的认识已足够新奇，我们甚至无法通过其他的途径或方式完成类似的探索。依凭考古资料进行古典哲学以前的原始思维的重建，这个工作当然很困难，但却绝对不是不可以实现的空想。事实上，科学与文明的传承使得后人留下了大量可供佐证先人劳绩的文献，只要我们有足够的细心，考古遗迹和遗物所反映的科学史与思想史内涵就可以得到正确的解读。

天文考古学研究带给人们的新的见识其实并不仅仅在于对古代科学成就的揭示，当然这些成就可以逐渐构建起我们重新审视文明历史的认识基础，但更重要的是，它使我们真正懂得，每一项科学的发展都是作为文明发展进程中的一项元素而已，它由于直接服务于先民的生产和生活，因此无法摆脱固有思想的影响和传统观念的制约。换句话说，古代科学的发展历史也就是古代思想的发展历史。我们不可以抛弃对传统思想的究寻而片面地强调科学本身，事实上这种做法无助于古代科学史的研究。

新石器时代是中国天文学与传统思想体系形成的关键时期，这将在很大程度上改变人们对于古代文明与古代科学的习惯认识。诚然，中国古代天文学所具有的科学史及思想史意义已逐渐为人们所领悟，这当然可以为重新评判中国古代文明的发展历史提供依据。就天文学本身的成就而言，天文考古学所展示的科学史的内涵在某些方面甚至比《史记·天官书》的传统还要丰富，而在科学思想、宗教思想乃至哲学思想方面，这些新资料不仅比传统文献所提供的答案更具说服力，而且也更为生动。毫无疑问，对于重建早期科学史与思想史，天文考古学研究已经展现了它独有的特点和可预见的前景。

## 参考文献：

[1] 濮阳市博物馆、濮阳市文物工作队：《河南濮阳西水坡遗址发掘简报》，《文物》1988 年第 3 期；濮阳西水坡遗址考古队：《1988 年河南濮阳西水坡遗址发掘简报》，《考古》1989 年第 12 期。

[2] 伊世同：《量天尺考》，《文物》1978 年第 2 期。

[3] 郑文光：《中国天文学源流》，科学出版社 1979 年版，第 38 页。

[4] 冯时：《中国天文考古学》，中国社会科学出版社 2007 年版，第 67 页。

[5] 庞朴：《火历钩沉》，《中国文化》1989 年创刊号。

[6] 冯时：《中国天文考古学》，社会科学文献出版社 2001 年版，第 275 ~ 277 页。

[7] 冯时：《中国早期星象图研究》，《自然科学史研究》1990 年第 2 期；《中国天文考古学》，社会科学文献出版社 2001 年版，第 306 ~ 307 页。

[8] 闻一多：《璞堂杂识·龙》，《闻一多全集》，三联书店 1982 年版，册二；夏含夷：《〈周易〉乾卦六龙新解》，《文史》1986 年第 24 期；陈久金：《〈周易·乾卦〉六龙与季节的关系》，《自然科学史研究》1987 年第 6 期；冯时：《中国早期星象图研究》，《自然科学史研究》1990 年第 9 期。

[9] 冯时：《中国天文考古学》，社会科学文献出版社 2001 年版，第六章第五节。

[10]《左传·襄公九年》、《昭公元年》及《国语·晋语四》；庞朴：《火历钩沉》，《中国文化》1989 年创刊号；冯时：《中国早期星象图研究》，《自然科学史研究》1990 年第 9 期。

[11] 冯时：《中国天文考古学》，社会科学文献出版社 2001 年版，第三章第二节。

[12] 冯时：《红山文化三环石坛的天文学研究——兼论中国最早的圜丘与方丘》，《北方文物》1993 年第 1 期；《中国天文考古学》，社会科学文献出版社 2001 年版，第七章第二节。

[13]《淮南子·精神训》："头之圆也象天，足之方也象地。"

[14] 张光直：《濮阳三蹻与中国古代美术上的人兽母题》，《文物》1989 年第 11 期。

[15] 中国社会科学院考古研究所：《殷虚妇好墓》，科学出版社 1980 年版，第 159 页。

类似的图像还见于李学勤、艾兰：《欧洲所藏中国青铜器遗珠》，文物出版社 1995 年版，图 99；中国社会科学院考古研究所：《张家坡西周墓地》，中国大百科全书出版社 1999 年版，图 208。商周时期的青铜鸟尊或于羽翅饰有龙纹，同样反映了这一思想。

［16］冯时：《天地交泰观的考古学研究》，《出土文献研究方法论文集初集》，台湾大学出版社 2005 年版。

［17］邓淑苹：《中国新石器时代玉器上的神秘符号》，《故宫学术季刊》1993 年第 1 期。

［18］梁思永、高去寻：《侯家庄》，中央研究院历史语言研究所，1974 年版，第七本，1500 号大墓，第 40 ~ 42 页；刘一曼：《略论甲骨文与殷墟文物中的龙》，《21 世纪中国考古学与世界考古学》，中国社会科学出版社 2002 年版。

［19］李零：《长沙子弹库战国楚帛书研究》，中华书局 1985 年版，第 67 页。

［20］Hellmut Wilhelm, Chinas Geschichte, Zehn Einführende Vortrge, Vetch, Peijing, 1942.

［21］Joseph Needham, Science and Civilisation in China, Vol. Ⅲ, The Sciences of the Heavens, Cambridge University Press, 1959.

［22］冯时：《儒家道德思想渊源考》，《中国文化研究》2003 年第 3 期；《西周金文所见“信”、“义”思想考》，《文与哲》2005 年第 6 期。

［23］冯时：《殷卜辞四方风研究》，《考古学报》1994 年第 2 期。

［24］胡厚宣：《甲骨文四方风名考证》，《甲骨学商史论丛初集》，成都齐鲁大学国学研究所石印本 1944 年版，册二；《释殷代求年于四方和四方风的祭祀》，《复旦学报》（人文科学）1956 年第 1 期。

［25］冯时：《中国天文考古学》，社会科学文献出版社 2001 年版，第 154 ~ 160 页；《中国古代的天文与人文》，中国社会科学出版社 2006 年版，第二章第二节之二。

［26］冯时：《河南濮阳西水坡 45 号墓的天文学研究》，《文物》1990 年第 3 期；《中国天文考古学》，社会科学文献出版社 2001 年版，第 280 页。

［27］湖北省博物馆：《曾侯乙墓》，文物出版社 1989 年版，上册，第 354 ~ 356 页。

［28］冯时：《中国天文考古学》，社会科学文献出版社 2001 年版，第 329 ~ 330 页。

（编辑整理：邵　琪）

# 中华文明探源工程

王　巍

2009 年 3 月 5 日

## 王　巍

中国社会科学院考古所所长、研究员

**摘　要：**中华文明探源工程分为预研究、第一阶段和第二阶段三个部分。中华文明探源工程第二阶段进一步在碳十四测年和考古学文化谱系研究所确定的精准时空框架内，通过对社会结构和人类精神文化变化的多学科研究，深入探索中国文明产生和早期发展的多元一体化过程及其环境背景与技术和经济基础。通过中华文明探源工程项目的研究，我们认识到中华文明的形成经历了一个多元一体化过程。

**关键词：**中华文明　探源工程　多元一体化过程

## 一、概况

中华文明探源工程是继国家"九五"重点科技攻关项目——"夏商周断代工程"之后，又一项由国家支持的多学科结合研究中国历史与古代文化的重大科研项目。这一项目可以分为预研究、第一阶段和第二阶段三个部分。

### （一）探源工程预研究

由于这一项目涉及的时间和空间范围广，参与的单位和学科多，研究的内容复杂，项目的组织和实施难度较大，按照科技部的指示，于2002～2003年进行了为期两年的"中华文明探源工程预研究"。设置了"古史传说和有关夏商时期的文献研究"、"上古时期的礼制研究"、"考古遗存的年代测定"、"考古学文化谱系研究"、"聚落形态所反映的社会结构"、"古境研究"、"早期金属冶铸技术研究"、"文字与刻符研究"、"上古天象与历法研究"、"中外古代文明起源的比较研究"等课题，共有相关学科的数十位学者参加，摸索了多学科结合研究文明起源的方法，得出了一些重要的线索。

### （二）探源工程（第一阶段）

2003年底，探源工程预研究结束后，2004年夏季，科技部决定正式启动

"中华文明探源工程（第一阶段）"（以下简称探源工程（一））。由于当时"十五"计划仅剩两年的时间，探源工程（一）的研究范围确定在公元前2500～公元前1500年的中原地区。之所以考虑将中原地区作为第一阶段的研究对象，一是探源工程预研究就是选择了这一区域，有预研究的基础。更重要的是，该地区考古工作起步最早，七十多年来积累了大量的考古资料，考古学文化谱系的研究较为充分，考古学文化发展的脉络较为清晰，有关文明起源的研究基础也比较好；加之该地区是夏、商王朝的诞生地，流传下来较多的古史传说和历史文献，这些都有利于探源工程（一）的顺利实施。

探源工程（一）的正式名称是"公元前2500～公元前1500年中原地区文明形态研究"。该项目的目标是，多学科结合，多角度、多层次、全方位地研究中原地区文明的形成与早期发展的过程，并初步探索其背景、原因、道路与特点。本项目由中国社会科学院考古研究所为第一执行单位，北京大学、河南省文物考古研究所、山西省文物考古研究所、郑州市文物考古研究所、北京科技大学、郑州大学等单位参加了项目的工作。参加项目的学科包括考古学、历史文献学、天文学、古文字学、人类学、科学测年、古植物、古动物、古环境、冶金史、化学成分分析、古人类食谱分析、遥感和遗址的物理探测、科技史等多个学科。在实施过程中，各个学科相互配合，协同作战，联合攻关，探讨中原地区文明形成时期的环境背景、经济技术发展状况及其在文明形成过程中的作用、各个都邑性遗址的年代关系、中原地区文明形成期的聚落形态所反映的社会结构、中原地区早期文明形态等问题。第一阶段取得了显著的成果。

### （三）探源工程（第二阶段）

在第一阶段工作的基础上，科技部决定将"探源工程（第二阶段）"作为国家"十一五"科技支撑项目。先进行为期三年（2006～2008年）的研究，如果进展顺利，再继续予以支持。"探源工程（第二阶段）"在第一阶段的基础上，研究的时间和空间范围都有相当程度的扩展。研究的年代范围设定为公元前3500～公元前1500年，研究的空间范围是黄河上中下游和长江中下游及西辽河流域。"探源工程（第二阶段）"的做法与第一阶段相同，即多学科结合，多角度、多层次、全方位地开展中华文明起源研究。第二阶段设置了四个课题，即"文化谱系的精确测年"、"自然环境的变化"、"经济技术的发展"、"社会与文化的发展"。探源工程（第二阶段）的经费数量比第一阶段增加了四倍多，接近2000万元人民币，参加的单位和学者的数量数倍于第一阶段。

# 二、中华文明探源工程（二）项目计划执行总体情况

中华文明探源工程（二）拟定在探源工程前一阶段已有成果的基础上，进一步在碳十四测年和考古学文化谱系研究所确定的精准时空框架内，通过对社会结构和人类精神文化变化的多学科研究，深入探索中国文明产生和早期发展的多元一体化过程及其环境背景与技术和经济基础。项目分为4个既有各自独立研究内容和研究目标，又有密切内在联系的课题展开。

根据项目计划安排及设定的阶段目标，各课题基本完成计划安排和阶段性目标，在某些方面还提前完成了计划。更重要的是，我们已经对4个研究课题进行了部分程度的有机整合，进一步深化了对中国文明起源和早期发展过程、特点的认识，并揭示了这种过程的经济和环境根源。具体进展分别叙述如下：

## （一）《3500BC～1500BC中国文明形成与早期发展阶段的考古学文化谱系年代研究》

本课题将系列样品精确碳十四测年方法进一步扩展至参与中国文明起源与早期发展的黄河下游、长江中下游和辽西等地区，为考古学全面阐释中华文明形成的多元一体化过程，为本项目的其他课题的全面实施，提供了可靠的年代学基础和精准的时空框架。

## （二）《3500BC～1500BC中国文明形成与早期发展阶段的环境研究》

环境研究的目标是利用自然科学的研究手段，研究文明形成与早期发展阶段的区域地貌、气候、生物、土壤、水文等环境要素的演变，并进一步探索公元前3500～公元前1500年间甘青地区、燕山南北长城地带与中原地区气候变化的共性和差异及其对区域经济形态发展的影响；探索诸如地震、洪水等突发性灾难事件对黄河流域古人类活动的影响；探索长江中下游地区河湖演化、海平面变化等过程对古文化发展的影响；探索自然环境在中原地区与其他文明起源中心的文明化进程中的不同作用，并进而总结自然环境及其演变与中国文明产生和早期发展的关系。主要收获有：

### 1. 中国北方气候变化的共性和差异及其与经济形态关系

第一，中国北方各研究区在公元前3500～公元前1500年期间处于全新世大暖期的最后阶段，气候表现出波动性变干变凉的趋势。发现存在公元前3500年、公元前3000年、公元前2600年、公元前2000年的几次气候干凉化事件。

第二，甘青地区、辽西地区及陕北地区对气候变化更为敏感，更早出现气候干凉化的趋势，并且气候波动相对剧烈。气候干凉化可能是这些地区经济形态转型的重要原因。

第三，水热条件较为充足的中原地区和海岱地区，在气候波动性干凉化的背景下，农业生产仍获得了持续发展。

2. 突发性灾难事件及其对黄河流域古人类活动的影响

第一，在公元前 2000 年前后，黄河流域许多地区发生过洪水灾害和地震灾害。

第二，洪水给黄河上游和下游地区带来极大灾难，可能促使经济形态的衰退和转型。

第三，黄河中游地区，洪水的危害较小，中原先民抵御洪水的过程可能对于技术进步和社会组织化水平的提高起到了一定的促进作用。

3. 长江中下游地区的地貌演化及其对古文化发展的影响

第一，构造沉降、海面持续波动性上升，引发长江中下游水系的淤积，人类活动规模的扩大导致的植被破坏又加剧了这一过程。

第二，相对单一的稻作农业对水分要求十分苛刻，人类活动严重依赖低湿地区，良渚、石家河文化时期人口的大规模膨胀和对低湿地区的大规模开发使社会的持续发展必然面临水患的挑战，水系淤积引起的水位上升和气候波动是文化衰退的重要诱因。

4. 自然环境及其演变与中国文明产生和早期发展的关系

第一，在中原地区，多样的地貌景观和土地资源、相对充足的水热条件、多样性的经济成分，决定了区域文化发展和文明发展的持续性；区域广大、交通便利、位置居中、与周边的便利联系，既有利于文化扩展、汇聚及同周边地区的文化交流，也有利于整合形成较大规模文化区域、活力充足的文化共同体。

第二，周边地区新石器文化末期和青铜文化时期的时间发展持续性和空间整合条件方面都明显劣于中原地区。

### （三）《3500BC～1500BC 中国文明形成与早期发展阶段的技术与经济研究》

我们对于公元前 3500～公元前 1500 年技术与经济的特点及其在中国文明形成与早期发展过程中的作用，有以下认识：

自公元前3500年到公元前1500年这个时间段里，长江流域地区、黄河流域地区及西辽河流域地区虽然还存在一些共同的技术与经济的特点，但是在技术与经济的主要方面已经出现了明显的区别。

概括起来说，其共同点主要是各个地区都发现了制作水平比较高的陶器和玉器。尤其是玉器，长江下游地区在良渚文化时期达到了当时的最高水平。陶器的烧成温度、制作技法各个地区都有自己的特点，可以说不分高下。

除这些大致相同的地方以外，其区别具体表现为长江流域的农业以单纯的水稻为主，不见其他的农作物种类，家畜饲养也主要是家猪，但是数量十分有限。长江流域基本上没有发现与冶铜相关的遗迹和遗物。可以说长江流域整体上的技术与经济处于一个较低的状态。

西辽河流域尽管农作物比较单纯，以小米为主，但是其家畜种类到了夏家店下层已经有猪、牛、羊等三种，在这个地区也发现了一些冶铜遗址。西辽河流域的技术与经济也没有显示出很高的水平。到了公元前1500年前后出现明显的倒退。

黄河流域上、中、下游地区的农业经济各具特色。黄河上游地区的农作物在公元前2500年以来以小米和小麦为主。其家畜种类包括猪、牛、羊等。在这个地区也发现了一些冶铜遗址和铜器。到了公元前1500年前后这个地区的经济出现了向游牧经济转变的迹象。黄河中游地区的农作物在公元前3500年以来以小米为主，其家畜种类主要是猪。但是自公元前2500年以来，在这个地区的农作物包括小米、水稻、大豆和小麦，其家畜种类包括猪、牛、羊等。还发现了一些冶铜遗址和铜器。这种经济状况与后来的商代经济是一脉相承的。黄河下游地区的农作物自公元前2500年以来是小米、水稻和小麦，其家畜种类包括猪、牛、羊等。但是这个地区基本上没有发现与冶铜相关的遗迹和遗物。到了公元前1500年前后这个地区的经济也出现了倒退的迹象。

从总体上看，黄河中游地区的技术与经济状态在当时是最高水平的，而且一直延续到后来的商代。这和中原地区的文明演进似乎存在着一种必然的联系。

另外，古DNA的研究证明起源于西亚地区的黄牛和绵羊的基因在公元前2500年以来位于内蒙古和甘肃地区的遗址里都发现了，证明当时已经存在长距离的文化交流。这种文化交流对于文明演进可能也起到了推动的作用。

### （四）《3500BC～1500BC中国文明形成与早期发展阶段的社会与精神文化研究》

通过上述研究，社会与精神文化研究课题组得到了以下认识：

第一，在公元前3500～公元前1500年期间，中国各主要文化区均表现出社会复杂化日益加剧的趋势。长江下游地区的良渚古城和晋南地区的陶寺城址等大规模、高等级的都邑性中心聚落和巨型建筑的出现，反映出在长江下游和中原地区，可能已经进入了文明社会，出现了早期国家。

第二，西坡遗址体质人类学研究表明，在距今5000年前，在同一人群中不同阶层的营养状况已经出现了差别。

第三，史前刻画符号的研究和陶寺新出朱书文字的发现，说明可能存在早于殷墟商代甲骨文的早期文字系统。

## 三、对中国文明起源与早期发展的初步认识

通过《中华文明探源工程（二）》项目4个课题的研究，我们已经对中国文明起源与早期发展的过程和机制有了如下认识：

社会与精神文化和年代两个课题的研究，为我们认识公元前3500～公元前1500年的文化格局提供了更为明晰的时空框架，同时，也展示了各文明起源重点地区在向文明社会迈进的大时代背景中具体的社会复杂化过程。

在公元前2000年之前，呈现出多个文化系统并存且大致独立发展的文化格局。在甘青地区有马家窑—齐家文化系统；在辽西地区有红山—小河沿文化系统；在海岱地区有大汶口—山东龙山文化系统；在长江中游地区有屈家岭—石家河文化系统；在长江下游地区有崧泽—良渚文化系统；在中原地区有仰韶—王湾三期文化系统。

这些文化系统各有其根源，并且在当地都经历了数千年的发展过程。此间，都创造出了灿烂的文化，部分地区的社会发展已经达到了相当高的程度。尤其是辽西、海岱、长江中下游地区，文化发展取得的伟大成就使中原地区同时期的文化显得并不出众，周边地区的对外扩张还压缩了中原地区文化发展的空间。

但在公元前2000年之后，整个文化格局发生了颠覆性的变化。中原地区之外的文明起源中心无不陷入了发展停滞甚至衰退的乱局之中。而中原地区夏代的二里头文化却迅速崛起。作为一种强势文化，二里头文化在很大程度上影响了周边地区文化的发展。中原地区作为中华文明中心的地位开始逐渐显现。自此以后，在相当长的时间内，中原地区都是中国古代政治、经济和文化的中心。

简要言之，文化的发展和社会的进步从公元前3500～公元前2000年各地区百花齐放，争奇斗艳，到公元前2000年前后，中原地区一枝独秀，其他地区相继衰落，逐渐被纳入以中原王朝为中心的轨道，这就是中国文明起源与早期发展的整体特点。

那么，导致这种文化格局在公元前2000年前后发生突变的原因何在？

在本阶段的项目实施中，我们将研究重点放在了社会发展的物质基础上。文明社会的诞生，必须具备物质、精神、社会等方面的条件。但最根本的还是要有稳定并且能够持续的经济基础作为支撑。通过技术与经济和环境两个课题的研究，我们发现中原地区与周边地区的经济基础之间存在着不同程度的差异，自然环境的特征及其变化也对中原地区和周边地区产生了不同的影响。

在中原地区，公元前2500年之后，发展出了包括粟、黍、水稻、大豆和小麦在内的“五谷农业”，家畜种类包括猪、牛、羊等。这种多元化的经济模式有利于经济的可持续发展。环境的特点也有利于这种可持续的、多元化的经济模式。首先，中原地区具备多样化的景观类型，可以满足不同农作物生长的需求；其次，人类活动的区域集中在黄土台地，受洪水的影响不大；最后，中原地区在当时是一种亚热带的气候，气候波动不易于对旱作农业所需的水热条件造成影响。另外，广阔的黄土台地为农业的发展提供了广阔的空间，相对便利的通达条件也有利于文化的整合。

在辽西地区，农作物种类比较单纯，以小米为主，其家畜种类到了夏家店下层已经有猪、牛、羊等三种。辽西地处农业发展的边缘地带，在气候较为暖湿的情况下可以满足农业生产的需求。但是，在气候出现干凉化之后，农业生产就会比较困难。尤其是其纬度位置较高，气温的本底偏低，气候变冷极易对农业产生致命性的打击。这也是该地区出现多次农牧业转化的重要原因。

在甘青地区，公元前2500年以来农作物以小米和小麦为主，家畜种类包括猪、牛、羊等。但在公元前2000年之后，经济形态出现了由农业向牧业转化的迹象。这种过程可能也与气候的干凉化趋势有关。甘青地区地处中国西北内陆，气候干旱。旱作农业所需的降水极易受到气候波动的影响。再者，甘青地区被丘陵山地或沙漠分割，不利于大区域文化的整合。

在海岱地区，农作物自公元前2500年以来是小米、水稻和小麦，其家畜种类包括猪、牛、羊等。该地区的农业生产类似于中原地区，也不易受到气候变化的影响。但是，海岱地区可用于农业生产的土地面积有限，泰沂山系山前的黄土台地面积不甚辽阔，而鲁西南、鲁北广阔的平原地区又易于受到洪水的影响。这一环境条件的基础可能导致了海岱地区在与中原地区数千年的竞争中最终落败。

长江中游和下游两个地区比较相似，农业以单纯的水稻为主，不见其他的农作物种类，家畜饲养也主要是家猪，数量还十分有限。单一稻作农业为主的经济形态对水分条件要求苛刻，这样就产生了对地势低平的河湖边缘地带的高度依赖。伴随着良渚文化和石家河文化由于人口大规模膨胀而大规模开发低湿地区，在气候波动和水患频繁的双重冲击下，人类活动极易受到自然环境的影响。

总之，从经济基础上看，周边地区的各文明起源中心都很难在文明化的进程中获得坚实的支撑，而中原地区则显然是个例外，其以多元化的农作物种植和多品种家畜的饲养为突出特点的经济模式有利于其经济的可持续发展，适宜的环境特点也有利于这种可持续的、多元化的经济模式。另外，相对集中的政治管理体制和强大的军事实力也是促使其崛起的重要原因。

当然，对中华文明起源和早期发展机制的探讨，这才是迈出的第一步。而且，我们得出的这些认识还只是根据数量有限的几个遗址中的材料，只有乘势而上展开更多的工作，才能更全面、更准确、更深入地回答物质基础是如何影响中国文明起源和早期发展的。做好了这些研究，才有可能在将来更深入细致地探索文明起源社会层面和精神层面的问题，从而揭开罩在中华文明起源和早期发展问题之上的层层面纱。

（编辑整理：邵　琪）

# ·文学—文化前沿·

# 经典重构
## ——紧迫性与可能性

陈众议

2009 年 3 月 16 日

**陈众议**

中国社会科学院外国文学研究所研究员

**摘　要：**“经典”是文学领域中的重要概念，围绕这一概念，派生出了很多其他重要的文学命题。本文要讨论的就是在解构主义思潮全面盛行、跨国资本来势汹汹的背景下，应该怎样看待经典和对经典的解构和重构，以及重构经典的渠道和方法，以期为建构我们的核心价值观提供一点可资借鉴的参照。

**关键词：**经典　解构　重构

重构经典已经不是什么新鲜话题，但这个话题远未说清，也远未引起学界的足够重视。首先是何为经典？这就很不容易说清。曾几何时，经典是神圣的，是权威价值的载体、权威认知的化身，就像“文革”时期的样板戏，或者信徒眼里的《圣经》、《大藏经》、《古兰经》等。而所谓的解构虽然指向一切文本、一切认知，但经典的消解却首当其冲。

毋庸讳言，我和在座诸位都经历了解构风潮。解构主义很容易让人想起路易十四的那句名言：“我之后哪怕洪水滔滔。”不是吗，在解构主义遭到釜底抽薪式的批评之后，绝对的相对性取代了相对的绝对性。关乎经典，乃至关乎一切认知，我们似乎已然很难达成共识。

正因为如此，中国后现代主义的始作俑者詹姆逊先生在2003年访问北京时，在外文所做了题为《当前时代的倒退》的讲演。他回顾20世纪末的后现代主义运动，认为以解构主义为标志的后现代主义思潮已然走进了死胡同。因此，学术界必须后退一步，回到现代主义甚至更早的学术原点，来重新建构学术空间。

现在，我们假设莎士比亚的戏剧和塞万提斯的小说还是经典，那么它们是本质的还是变化的，是恒定的还是历史的呢？这是一个问题两种问法。在前不久召开的“文化研究语境中文学经典的建构与重构国际学术会议”上，一些国内外学者曾经就这个问题初步交换了意见。归纳起来，主要有以下两种针锋相对的观点：

（1）经典是本质的、永恒的。因为它们写出了人类“共通的心理结构和审美取向”。持这类观点的人援引阿诺德关于经典“高度庄重”说、布鲁姆的影响交互论、艾略特的“文学传统”观及歌德从阐释或接受的角度提出的“说不尽”

思想等。

（2）经典是变化的、历史的。持这类观点的学者所依据的往往倾向于认同后现代批评范式，比如美国学者保罗·劳特关于文化权力、种族权力对文学经典化过程的巨大作用；又比如荷兰学者弗马克关于经典的时空及社会维度问题（即在谈及经典时，必须首先问一下它是谁或谁们的经典）。

这样一来，情况就更加复杂了。这种复杂性确实为相对主义提供了口舌。

然而，也正因为在本质和变化或永恒和历史两者之间存在着鸿沟，那么假如我们的思维是非排中律的，就必定拥有极大的回旋余地。

这就牵涉到如何重新审视二元论的问题了。

现在我们转入解构和重构的问题。首先说说解构，因为它才是关键，或可证明后现代批评何以客观上顺应跨国资本主义发展，并对发展中国家产生极大的冲击。至于重构的紧迫性和可行性，则显然是以前者为前提的。

## 一

法国学者利奥塔于1979年发表了《后现代状态》一书。他从认识的多元性切入，夸大了认识的相对性，并由此阐述了后工业时代文化的无中心、无主潮特征，从而引发了后现代主义热潮。就西方文化而言，从古代的神话传说、歌谣史诗到近代的人文主义、浪漫主义、现实主义、自然主义和现代主义，每个时代都有特定的文学或文化主潮（用我们的话说是主旋律）。而后现代文化的特征恰恰是多元并存，在利奥塔看来，无所谓谁主谁次、谁中心谁边缘。于是，到了20世纪80年代，法国学者德里达、雅克·拉康、福柯和美国耶鲁学派的德曼、米勒、布鲁姆和哈特曼等几乎同时对以理性主义为核心的传统认知方式发起了解构攻势。于是解构主义大行其道。解构主义也称后结构主义，它是针对结构主义而言的，是对结构主义的扬弃。

解构主义的主要代表是德里达。德里达的解构理论内容冗杂，而且经常自相矛盾，因此至今难有明确公认的解释。但是，反逻各斯中心论无疑是他解构理论的中心环节。索绪尔的符号学原理强调二元并立，而二元并立又是以能指即物质的声音意象为基础的。西方传统逻各斯主义（又称语音中心主义）从柏拉图开始，便十分重视声音意象。在柏拉图及其弟子看来，与密索斯相对，真理源于逻各斯，即真理或上帝之声（这在黑格尔那里又成了绝对精神）。适时地掌握逻各斯才能接近真理、成为真理的代言人。换言之，逻各斯中心主义认为，言语与认知或真理之间有一种内在的关联。这种联系被索绪尔局部否定（或颠倒），尽管他依然承认二者的约定俗成关系。德里达却从能指和所指之间的任意关系切入，攻其一点，不及其余地对传统逻各斯主义进行了彻底解构。他在海德格尔的基础上，否定了言语或者语音和真理的关系并继而瓦解一切二元对立或并立。我们知道，西方的形而上学传统，从柏拉图到笛卡儿的“我思故我在”，再到黑格尔的“绝对精神”，无一不是以自我意识为基准的。二元对立或并立则是它的直接派生物，比如灵魂/肉体，意识/无意识，真理/谬误，先进/落后，西方/东方，主体/他者，以及所指/能指，文字/言语，等等，前者往往高于后者。也就是说，它们代表了逻各斯中心主义，因而也是确立两者关系的基准。而德里达正是从最基本的能指和所指的任意性入手，全盘否定了这些二元关系的确定性。需要说明的是，早在德里达之前，弗洛伊德已经在心理学领域瓦解了意识对无意识的优势，并形而上学地把无意识推到了前所未有的高度。接受美学也在一定程度夸大了读者对于文本意义的重要性。于是，在德里达那里，一切文本包括现实世界都成了永无休止的符号推延、互文游戏。没有中心，没有定论，甚至没有意义。

与此同时，心理学家拉康的解构理论与德里达的理论殊途同归，几乎直接呼应了德里达的思想。拉康的解构观主要体现在他的语言心理学分析，其关键在于否定理性对语言的主导作用，而认定无意识才是符号的内在结构。在拉康看来，整个符号系统是先天的，即早在我们出生之前即已存在，并在我们学习语言时逐渐显示并强加给我们。在他看来，能指与所指之间横亘着一个庞大复杂的文化语言体系，无情地践踏并改变了能指和所指之间的对应关系。拉康还进一步阐发了弗洛伊德的释梦理论，称无意识为潜在的符号系统。这种符号先验论否定了能指抵达所指的可能性，甚至认为人之所以变成非人也是因为强加的、先验的符号系统。但他忘了最重要的一点：倘使没有了符号系统（无论是实际的还是潜在的），人才真的是非人。狼孩的发现其实早就证明了这一点。马克思主义关于劳动创造人的观点也从另一个侧面证明了这一点。劳动技能本身不能遗传，但劳动使人逐渐改变的肌体和大脑却是可以遗传的。

总之，由于这些理论的出台，解构、消解、模糊、不确定这样一些概念开始大行其道，从而否定了认识和真理的客观性，并把其相对性绝对化了。

这是就后现代主义思潮中影响最大、流布最广的解构主义而言。它虽然大都从语言出发，却影响了几乎所有人文及社会科学。由于后现代主义普遍否定真理的客观性，并把认识的相对性绝对化了，因此相互之间虽有联系，却并无公认权威或中心。我们通常只能在与现代主义文学及文化思想的比较中，粗略地概括后现代主义思潮的基本特征。

除了前面已经谈到的解构主义或后结构主义，后现代女权主义、新历史主义、后殖民主义等，也是“后主义”当中比较有影响的，它们的基本取向也是强调消解中心或无中心论。

现在所谓的女权主义或后现代主义的女权主义已经不是妇女争取平等权利的代名词。现在的女权主义是后现代主义形而上学大合唱中的一个声部，后现代主义思想家福柯的性学则几乎是后现代女权主义的思想源泉。福柯是西方怀疑主义哲学在20世纪的继承人。他主张放弃用传统认识论去证明理性或科学，并怀疑现存的一切秩序性、合理性和真理性。此外，拉康和德里达也是后现代女权主义经常引证的思想家。德里达曾断言：文本之外，一切皆无。这和分析学派将一切界定为符号并无二致。概括地说，后现代女权主义理论的主要特征为否定所有宏大叙事及宏大理论，否定二元思维（如男与女、白人与黑人等），主张消解一切话语霸权，提倡无中心论，反对社会通过话语来定义规则或通过标准化过程来要求人们。后现代女权主义还借用福柯的性学思想，否定现存话语体系，进而认为女性化妆整容等都是性别歧视，即“规视”的结果。

新历史主义诞生于20世纪七八十年代，海登·怀特是其重要代表人物，他的代表作是1978年发表的《元史学》。所谓“元史学”或“元历史”也即关于历史的历史。海登·怀特认为必须将历史理解为一种话语，一堆语言“素材”，因而必须借助于叙述结构的深层分析才能阅读。他进而强调历史的深层叙述结构是“诗性的”，充满了虚构和想象。怀特完全将历史和文学混为一谈，从而瓦解了历史的真实性。他认为人不可能找到“历史”，“历史”只不过是人们关于历史的一种说法。此后，这种虚无主义的新历史主义在西方蔓延开来，以至于发展到视一切历史、一切文本为符号的堆砌。类似理论实际上在60年代的接受美学中已经露出端倪。接受美学是“作者死亡”后针对文本理论提出来的。接受美学抓住过去文学理论所忽视的一个基本事实，即文学作品是为读者阅读而创作的，它的价值也只有在阅读过程中才能表现出来。读者的接受不是被动的，而是主动的，具有赋予意义、推动创作的功能。因此，不能只把文学简单地设想为作家、作品如何对读者发生影响；还应该看到，在实际过程中，是读者创造了作家、影响了作家。这和古来所谓先有儿子后有父亲的形而上学观一脉相承。此外，接受美学认为文学阅读是人类各种活动中的一种，和其他活动一样，就其结构而言，主要由作为审美对象的文学作品和作为主体的读者组成，后者决定前者的价值，同理，后者的特殊性决定前者的潜在功能。不仅“一千个读者就有一千个哈姆雷特”（歌德语），而且同一个读者对同一部作品的阅读也会因为时间、地点、情绪等的不同而得出不同的解释。当然，接受美学也把文学或其他文本的接受活动区分为社会和个人两类形态。一类是出版社、书店、图书馆、学校等，另一类才是个人阅读。二者常常互为因果，互相影响。接受美学的许多观点被西方马克思主义者所接受，从而派生出了一些大众文化（影视、媒体、网络）批判。

后殖民主义理论的代表人物是巴勒斯坦裔美国学者萨义德。他于 1978 年以《东方学》一书一举成名并被誉为后殖民主义理论的奠基人。萨义德从中东问题入手，探讨了西方是如何以话语为介质构想出东方世界的。在他看来，西方把东方视做异者或他者，因此，许多西方作家笔下的东方都是充满神秘文化、丰富资源的客体。萨义德称此为“东方主义”。1993 年，美国学者亨廷顿发表《文明的冲突》。亨廷顿片面强调东西方文化，尤其是西方文明和伊斯兰文明之间的差异，从而回避了矛盾的关键因素：利益，并由此产生的不同立场。几乎在同一时间，萨义德发表了《文化与帝国主义》。后者把视野扩展到了中东以外的其他前殖民地并通过对简·奥斯汀、加缪和康拉德等英法作家的解读，揭示了西方文学与帝国主义的关系，即一方面通过叙事来建立殖民地文化经验，另一方面，殖民地国家的人民又借助有关解放、启蒙的叙事方式来反抗帝国主义。在萨义德看来，“西方/东方”这一典型的二元对立仍是西方帝国主义用来建构其话语体系、话语霸权的主要符号，只不过控制这一符号的帝国已从欧洲转至美国。同时，萨义德一再强调后殖民时代的文化混杂性与多元性，这种混杂性和多元性势必导致个人身份的不确定性。由此，学术界对他究竟是巴勒斯坦民族主义，还是后现代解构主义的一个声部，一直难以确定。

事实上，第二次世界大战以后，随着民族解放运动的高涨，传统殖民方式已经难以为继，而业已完成资本的地区垄断和国家垄断的帝国主义正以跨国公司的形式，即所谓“全球化”对第三世界实施渗透和掠夺。因此，前面的这些理论大都朝着有利于跨国资本主义的方向发展：模糊意识形态，消解民族性。这些思潮首先于 20 世纪 80 年代对苏联东欧产生了影响：导致了文化思想的多元，意识形态的淡化以及随之出现的新思维等。90 年代以来，网络技术的迅猛发展所带来的虚拟文化又对上述“后主义”起到了推波助澜的作用，或者从某种意义上说，美国 90 年代实施信息高速公路战略多少包含着贝尔等人对于世界发展态势的估量。像“人权高于主权”以及亨廷顿的文化冲突论等，只有在资本完成了地区垄断和国家垄断并实行国际垄断的情况下才可能提出。总之，由于“后主义”的喧嚷和以互联网为标志的信息技术的飞速发展，世界变成了众声喧哗的自慰式狂欢。其中的极端个人主义、极端虚无主义、极端相对主义模糊蒙蔽了不少人的视阈。

但是，跨国资本主义却是实实在在的。马克思在《资本论》中预见和描绘过垄断资本主义，谓“各国人民日益被卷入世界市场网，从而资本主义制度日益具有国际的性质”。如今，事实证明了马克思的预见，而且这个世界市场网的利益流向并不均等。它主要表现为：所谓“全球化”，实质上是“美国化”或“西方化”，形式上则是“跨国公司或跨国资本化”。据有关方面统计，20 世纪 60 年代以降，资本市场逐渐擢升为世界第一市场。到 90 年代后期，世界货币市场的年交易额已经高达六百万亿美元，是国际贸易总额的一百倍；全球金融产品交易总额高达两千万亿美元，是全球年 GDP 总额的七十倍。这其中的泡沫显而易见，利益流向也是不言而喻的。此外，资本带来的不仅是利益，还有思想，即意识形态和价值观。凡此种种，极易使第三世界国家陷入两难境地。逆之，意味着失去发展机会；顺之，则可能被“化”。

可见，全球化、多元文化和极端相对主义并不意味着平等。它仅仅是文化思想领域的一种狂欢景象，很容易让人麻痹，以为这世界真的已经自由甚至大同了。而这种可能的麻痹对谁最有利呢？当然是跨国资本。

从这个意义上说，全球化和多元性其实也是一个悖论，说穿了即是跨国资本主义的一元论。而整个后现代主义针对传统二元论（如男与女、善与恶、是与非、美与丑、西方和东方等）的解构风潮恰恰顺应了跨国资本的全球化扩张：不分你我，没有中心。于是，网络文化推波助澜，使世界在极端的文化相对主义和个人主义狂欢面前愈来愈莫衷一是。于是，我们很难再用传统的方式界定文学、回答文学是什么这个古老而又常新的问题。借用昆德拉关于小说的说法，或可称当下的文学观是关乎自我的询问与回答。这就回到了哲学的千古命题：我是谁？从哪里来？到哪里去？只不过哲学的这个根本问题原本是指向集体经验的，而今却愈来愈局限于纯粹的个人主义或个性化表演了。

以上所说的只是当代文学或文化景象的小小一斑。与此同时，无论是理论界还是创作界，高扬主旋律、孜孜拥抱现实主义传统的还大有人在。历尽解构，从思想到方法的重构也愈来愈为学界所期待。再说生活是最现实的；跨国公司在全世界取得的业绩和利润也是实实在在的，一点都不虚幻。“比尔·盖茨们”才不管那些玄而又玄的理论呢，尽管这些理论无论初衷如何，客观上却不同程度地帮了他们的忙：消解传统认知（包括经典）及其蕴含的民族性与区域或民族价值与审美认同。

总之，在目下愈演愈烈、势不可当的“全球化”进程中，在跨国资本主义时代，在“去精英化”的大众消费时代，在人类从自然繁衍向克隆实验、发展从自然需求向制造需求转化的时代，文学及所有人文工作者任重道远：是听之顺之、随波逐流呢，还是厚古薄今地逆历史潮流而动？我想最好的办法莫过于学习马克思。马克思深谙资本主义之道即其作为人类社会发展过程的必然环节，却并不因此而放弃站在代表未来社会发展要求和大多数人的立场上批判资本主义的不合理和非人道。存在的并非都是合理的，这应该是人文学者的一个起码的共识，是经典重构，也是我们价值重构、学术重构的基本前提。

## 二

经典重构的最好方法也许正是重新回到被解构主义否定并且破坏的二元思维或二元结构上来。

需要说明的是，我这里所说的二元思维或二元结构并不是传统哲学中的形而上学的二元论或二元对立。因为那个二元论是主张世界有精神和物质两个本原的哲学学说，即认为世界的本原是由精神和物质两个彼此独立或对立的实体组成的。

我们所说的二元思维或二元结构是被后结构主义所解构的传统认知方式。用马克思的话说，物质是第一性的，精神是第二性的，但它们又是辩证的和相互关联、相互影响的。

用最通俗的话说，二元结构是迄今为止人类思维的重要基础。我们的阴阳、道器，西方的逻各斯和密索斯，以及人类日常思维中的真/假、善/恶、美/丑、男/女、东方/西方、唯物/唯心等，都构成了相互关联的二元结构。当然，需要说明的是，强调二元结构，并不意味着认可排中律。恰恰相反，二元之间的巨大空间正是未来学术的极好的生长点。说到这一点，我忽然想起了巴西作家吉玛朗埃斯·罗萨的《第三河岸》和以色列作家阿莫司·奥兹的“第三范畴”的说法（这也是他在以巴问题上的一贯观点）。

当然，我今天要说的还不是诸如此类的“间说”。我想以《堂吉诃德》为例，简单说说二元结构在这一文学经典中的具体表现。这多少是一种新的本质主义思考，但我说过，这并不排中，而只想对当下的绝对相对主义学术话语起到一定的反作用。

虽然解构主义是在20世纪七八十年代才盛行起来的，但是对经典的颠覆却始终没有停止过。一如托尔斯泰对莎士比亚的否定，20世纪五六十年代纳博科夫也曾对塞万提斯进行过同样彻底的颠覆。

问题是，颠覆和反动往往无损于经典的生命力，反而能使它们获得某种新生。这就使得文学不仅迥异于科学，而且迥异于它的近亲——历史。

就《堂吉诃德》而论，大家都知道，它的宗旨是扫除骑士小说，但事实如何呢？它非但没能为骑士小说敲响丧钟，反而使它更加繁荣了。也就是说，它对骑士小说的戏仿确实意在为后者掘墓，但无意中也为后者树起了丰碑。无论作者如何信誓旦旦地说他写《堂吉诃德》是为了把骑士小说扫除干净，但事实证明它非但没有将其扫除干净，反而因为自己的不朽而使后者获得了永恒。这就像一把双刃剑，或者一枚钱币的两面。用博尔赫斯的话说，不是先人繁衍了后人，而是后人使先人得到了复活。当然这是形而上学的一种说法。辩证地说，二者的关系应该是互为因果，相辅相成的。换言之，批判和继承、继承和创新在《堂吉诃德》这部经典小说中得到了有机的统一。

## （一）《堂吉诃德》与骑士小说

欲识《堂吉诃德》，必先识骑士小说。这是不言而喻的，其原因至少有二：

（1）塞万提斯在《堂吉诃德·序言》中开宗明义，谓其“目标是消除骑士小说的影响及世人对它的痴迷”，其方法则是充满讥嘲的戏仿：“不久以前，有位绅士住在拉曼恰的一个村里，村名我不想提了……这位绅士闲来无事（他一年到头几乎总是无所事事），就埋头看骑士小说，看得津津有味，爱不释手，简直把打猎啊、搭理家业啊忘得一干二净。他如此刨根究底、痴迷于斯，竟不惜变卖良田去买骑士小说，把能到手的统统搬回家来……可怜他被那些巧言令色迷了心志，常常彻夜难眠，一心只为探究个中奥秘而苦思冥想……长话短说，他钻进书里，从早晨到夜晚，从黄昏到黎明，不能自拔。他这样没日没夜、了无休止，终于脑汁枯竭，失却了理智……总之，他已经完全失去理性，以至于冒出一个世上最疯癫的荒唐念头：为报效国家、扬名四方，他应该也必须效法书中骑士，去行侠天下……”

（2）塞万提斯对骑士小说的看法并非攻其一点，不及其余。也就是说，他的批判是一种扬弃，即批判中不乏继承。

塞万提斯并非反骑士小说之第一人，骑士小说也并未因《堂吉诃德》的问世而销声匿迹（传统塞学在这一问题上不无偏颇）。早在16世纪40年代，西班牙教士加斯帕尔·卡尔迪略·德·比维利亚尔邦多就向骑士小说发起了进攻，认为骑士小说和新教一样害人匪浅。他因此而在特兰托教务会议上声名鹊起。他并于1557年在塞万提斯的故乡出版了《理论学大全》。该书的最大亮点在于揭示骑士小说的巨大危害，即它不仅在市民阶层广为流布，而且还是僧侣阶层的案头读物。此后，路易斯·比维斯、梅尔乔尔·卡诺、阿莱霍·维内加斯、佩德罗·梅西亚、阿隆索·德·乌利奥亚、路易斯·德·格拉纳达、贝尼托·阿里阿斯·蒙塔诺、佩德罗·马隆·德·查德等西班牙学者、作家都曾揭露过骑士小说的荒诞不经。而塞万提斯正是在这样的背景下创作《堂吉诃德》的，因此一直被视为“官方作家”、“罗马教廷的忠诚儿子”。这种看法主要来自19世纪海涅等欧洲经典作家和西班牙学者梅嫩德斯·伊·佩拉约有关观点所提出的塞万提斯同罗马教会、西班牙当局的关系。1905年，梅嫩德斯·伊·佩拉约引经据典，大做文章，论证了塞万提斯与西班牙当局及宗教法庭的“特殊关系”，并得出结论，认为塞万提斯是“官方作家”，他所接受和宣达的也“主要是官方意识”。为此，梅嫩德斯·伊·佩拉约考证了“特兰托教务会议”之后产生的大量反骑士道作品，其中有：

佩·梅希亚的《帝国史》(1545)；

卢·梅希亚的《闲散论》(1546)；

富恩特斯的《自然的哲学》(1947)；

格拉西安的《道德论》(1948)；

奥维多的《致巴利阿多里德法庭》(1949)；

卡诺的《神学》(1563)；

蒙塔塔的《修辞学》(1569)；

格拉纳达《信仰》(1582)；

查依德的《玛格达莱娜》(1588)；等等。

此后还有措辞更加激烈的《家书》（巴尔德斯，1603）和《圣赫洛尼莫教团史》（西昆萨，1605）等。而塞万提斯的《堂吉诃德》恰恰是在这个时候，经当局（书检机关）审查批准后出版的第一部“反骑士小说”。难怪塞万提斯难脱“官方作家”之嫌。

但是，塞万提斯同时代的这一干文人不是疏虞时机，便是流于肤浅，以至于钟爱骑士文学的各色人等对其充耳不闻、视而不见。用塞学家金塔纳的话说，“要扫除此等瘟疫，非猛药不可也”；“当然时机也很重要”。而《堂吉诃德》亦步亦趋地戏仿骑士小说的过程，恰恰既是批判，也是继承。此外，事实上《堂吉诃德》也并未使骑士小说销声匿迹。因为正是在这个时候，一发而不可收的骑士小说还照样出，照样流行，而且其数量较之特兰托教务会议之前竟毫不逊色，《阿马迪斯》等较为流行的作品更是反复再版或重印，直至17世纪末叶。

从另一个角度看，塞万提斯创作《堂吉诃德》并非一蹴而就的神来之笔，而是走投无路的偶然之作。其所以偶然，是因为小说在当时尚属不登大雅之堂的末流艺术。莫说一般大诗人不屑于此，就连塞万提斯也心知肚明：自己是第一个吃螃蟹的人。这就是说，塞万提斯的生平及创作道路将他引向了这块不毛之地，其中的冒险成分和游戏色彩也是显而易见的。比如在第一部第六章里，神甫和理发师检查了堂吉诃德的藏书，其中竟有一本塞万提斯自撰的《伽拉苔亚》。不宁唯是，那理发师居然还是作者的老朋友，他对此书的作者并不十分佩服，认为他与其说是多才，不如说是多灾；他还说这本书开头写得不错，但结局还不得而知，书里有些想象也还算新奇。理发师是塞万提斯想象的产物，却评点起塞万提斯来了。

用塞学家本胡梅亚的话说，《堂吉诃德》正是塞万提斯人生经历的写照。“身体羸弱，却意志坚强”；“在童年时期，塞万提斯就喜欢阅读骑士文学，对冒险故事充满了好奇，并萌发了最初的匪夷所思的英雄梦。在青年时代，他的所有人生计划和美梦都一个个地破灭了，没有奖励，没有勋章，只有失望和失败。金塔纳说过，《堂吉诃德》是灵感的产物，是自然的造化。里奥斯则认为它是塞万提斯拉曼恰之行的偶得之作……”本胡梅亚甚至认为，塞万提斯的作品完全是对其生平的象征性表现：“……他受不幸之星的刺激和鞭策，注定要同可恶的敌人、无耻的阴谋进行战斗。而那些敌人是看不见的，他们躲在阴暗的角落里向他发起进攻。这就好比同邪魔的巨人展开搏斗，英雄注定要骑上他的瘦马驽骍难得……然而骑士要面对的并非别的武士，而是脚夫和皮囊、流氓和无赖。这正是塞万提斯的生活。而《堂吉诃德》这个充满人性的故事，正是他给予自己的最佳奖赏、给予敌人的最好还击。也就是说，生活在他的笔下升华了，成为了诗。这就是塞万提斯精神，也是《堂吉诃德》的真正奥秘。”

但反过来看，时代分明需要这样一部反骑士小说。至于它的创作方法，尤其是它的戏仿或反讽，亦非无源之水。据语文学家梅嫩德斯·皮达尔的考证，为《堂吉诃德》奠定戏仿基调的恰恰是一部入选《谣曲之花》的佚名幕间短剧《堂帕斯瓜尔·德尔·拉巴诺》。这部幕间剧为我们展示了一位名叫巴尔托洛的既可怜又可笑的农夫形象。他沉溺于谣曲的传奇故事，并滑稽地模仿谣曲中的骑士，结果失去了理智。这和骑士小说使堂吉诃德癫狂有异曲同工之妙。那个农夫的疯话与堂吉诃德第一次出征及有关那些托莱多商人的描写也惊人地相似。农夫因为疯狂而成了一名士兵，他自认为是摩尔谣曲中的英雄，想去保护一位被人骚扰的牧羊姑娘，结果却被那人夺去长矛，并被打倒在地。同样，堂吉诃德也被一支商队中的一个骡夫夺去长矛并拷打了一顿。巴尔托洛被打后根本不能站立，他甚至认为自己遭此不幸并不是他的过错，而是他的马不得力。他以这种方式聊以自慰。堂吉诃德趴在地上站不起来，也说过同样的话。他说：“这不是我的错，都怪我的马，我才落得如此下场。”从文学借鉴的角度看，这个幕间短剧使塞万提斯获得了极大的想象空间，而这个空间很大程度上又恰好与其讽刺对象即天马行空的骑士小说十分相符。

可见，即便从发生学的角度看，文学经典的偶然性和必然性也是难以简单推断、截然区分的。

### （二）《堂吉诃德》的经典之路

如果说反骑士小说是时代的需要，诸多反骑士道著作是历史的必然产物，那么塞万提斯及其《堂吉诃德》呢？虽然历史是既成事实，不能假设，但这一个塞万提斯及其《堂吉诃德》的偶然性也是显而易见的。金塔纳说过，“人们如此沉溺于斯，必得有相应的时机和高招才能令其迷途知返。倘无娱人之术，便不能将娱人之害驱逐；倘无令人耳目一新之书，便不能取代五花八门的传奇故事。《堂吉诃德》充满创造性、想象力和哲理的光辉，并基于真理和审美的原则，终使雅俗共赏、皆大欢喜”。然而，恰恰是这样一部充满创造性、想象力和哲理的光辉并基于真理和审美原则的巨著，竟并未被同时代人所认可。

我总是夜以继日地劳作，
自以为具有诗人的才学，
怎奈老天无情毫不理会。

这是塞万提斯对自己的总结，它出现在1614年的长诗《帕尔纳斯山之旅》上当非偶然，因为可怜的塞万提斯一直未能跻身于西班牙“黄金世纪”大诗人的行列。用当时文坛泰斗洛佩·德·维加的话说，简直“没有比塞万提斯更糟糕的诗人，也没有哪个傻瓜会喜欢堂吉诃德……”在一首致塞万提斯的十四行诗中，洛佩更是竭尽揶揄贬抑之能事：

“堂吉诃德何足挂齿，
光着腚子到处乱跑，
只会兜售姜黄笑料，
惟有粪坑是其归宿。”

虽说洛佩的疾言厉色只是个别现象，但时人确实未能发现《堂吉诃德》的“真正价值”，故而普遍视其为不登大雅之堂的遣闷、逗乐之作。谁也没把他（堂吉诃德）视为值得尊重的严肃人物；恰恰相反，他们拿他做笑柄。

此外，对《堂吉诃德》的戏仿之戏仿蔚然成风。其中阿隆索·费尔南德斯·德·阿维利亚内达的《堂吉诃德第二部》就严重歪曲了堂吉诃德的形象。围绕阿维利亚内达的真实身份，学术界进行了旷日持久的探讨与辨析，可谓众说纷纭，莫衷一是。除洛佩·德·维加而外，卡斯蒂略·索罗尔萨诺、利尼安·德·里亚萨、路易斯·德·阿利亚加修士、萨阿拉斯·巴尔巴迪略、赫罗尼莫·德·帕萨蒙特、蒂尔索·德·莫利纳、格雷戈里奥·贡萨莱斯等，都曾是怀疑对象。同时，随之产生的还有众多善意的仿作，如纪廉·德·卡斯特罗的同名长篇小说、卡尔德隆的同名喜剧，等等。著名学者梅嫩德斯称类似仿作仅17、18世纪的西班牙就多达三十余种。

且说阿维利亚内达在“序言”中为自己辩护并公开污蔑塞万提斯，说他“早已老朽，堪比圣塞万提斯古堡。近年来他总是求全责备、闷闷不乐，无论何人何事都让他心绪忿忿。因为如此，他孤家寡人，朋友全无。就算要写献词，也必得临时招募干亲……知足吧，抱着《伽拉苔亚》和那些散文体喜剧过活吧，别再拿小说丢人现眼：快烦死人啦！”

无独有偶，赫罗尼莫·萨拉斯·德·巴尔巴迪略也于1614年抛出了他的仿作《准点骑士》。此作除了歪曲堂吉诃德的形象，还刻意创造了一个毫无理想主义色彩的投机分子。这个所谓的骑士使出浑身解数，只为混迹宫廷、跻身上流社会，但最终免不了戏法被人戳穿的尴尬和落魄，以至于不得不回到乡村，在极端的孤苦和潦倒中终其一生。他在致堂吉诃德的信中，谓斗巨人、荡城堡并不难，“难的是面对此时此地的所有不幸，并同各色人等及其丑恶、愤怒与傲慢做不懈的斗争。因为，惟有这些恶行与恶习才是真正的、强大的敌人”。

由此可见，《堂吉诃德》并未被同时代人所认可，而是一个多世纪以后才真正踏上经典之路的。这个过程既有偶然性，也有必然性。

### 1. 崇高与滑稽

传统塞学的第一个重要发现无疑是崇高与滑稽的统一。堂吉诃德的滑稽自不待言，但后世读者愈来愈看清了他崇高的一面，尤其是在浪漫主义者眼里，他简直成了崇高的化身。海涅说，《堂吉诃德》“把高超的事物和平常的事物结合在一起，互相烘染烘托”。他这里所说的高超和平常，在我们看来正是崇高和滑稽的对立统一。因此，海涅读它时，每每泪流满面，连大自然都在一同哭泣。同理，屠格涅夫说：“我们常常把‘堂吉诃德’这几个字简单地理解为小丑，‘堂吉诃德性格’这几个字在我们这儿是与荒唐、愚蠢这几个字意义相等的。可是，我们应当承认在堂吉诃德的性格中有着崇高的自我牺牲的因素，只不过是从滑稽的方面来理解罢了。”

然而，不仅堂吉诃德本身概括了崇高和滑稽的最高艺术范畴，就连他的随从桑丘也分明体现了这两种品性。此外，若将他们主仆二人置于一处，则更可体现崇高与滑稽的有机并存和巧妙转换了。有时，桑丘的胆小和滑稽衬托了堂吉诃德的崇高和伟大，但有时，桑丘的功利和务实又反衬了堂吉诃德的滑稽和疯癫；反之，堂吉诃德的虚妄和可笑常常用以衬托桑丘的朴实与忠厚（这又何尝不是一种崇高），而桑丘作为堂吉诃德的第一个读者，又注定要见证和揭露堂吉诃德的荒唐，从而“成为堂吉诃德的最大悲剧”。

从最初的接受看《堂吉诃德》却是因为滑稽（或误读）而广为流布的；尔后，则因流布而使更多的人注意到了它崇高的一面。于是，从嘲笑到哭泣，从喜剧（甚至闹剧）人物到悲剧英雄，构成了《堂吉诃德》经典化过程的第一个二元对立或统一。

### 2. 理想与现实

理想与现实这对永恒矛盾的发现印证并且深化了浪漫派的感悟。由此，《堂吉诃德》成为经典似乎是必然的。塞学家曼努埃尔·德·拉·雷维利亚继承浪漫派传统，强调《堂吉诃德》的理想主义和现实主义的对立统一，并将《堂吉诃德》一分为二，谓“一部是塞万提斯有意识创作的《堂吉诃德》”，“另一部是塞万提斯无意识创作的《堂吉诃德》”：“塞万提斯有意识创作的《堂吉诃德》正是他同时代人认识和评论的《堂吉诃德》，也是之后绝大多数批评家眼里的《堂吉诃德》。这是历史的《堂吉诃德》。这部《堂吉诃德》的唯一主旨便是对骑士文学以及中世纪的骑士理想竭尽嘲讽、批评之能事。塞万提斯无意识创作的《堂吉诃德》，是他不曾预想、不曾设计、在无意识中创作的《堂吉诃德》。这是永恒的《堂吉诃德》。这部《堂吉诃德》高屋建瓴、深刻无比地揭示了理想和现实的永恒的矛盾……”他还说：“那荒唐而夸张的理想主义并非源自理性，而是情感与幻想的产物。它指向难以实现的目标，无视时间和地点，或要复活过去，或要遁入未来。这正是堂吉诃德所象征的理想主义，塞万提斯用讥嘲的鞭子对其进行了无情的鞭笞……由此，《堂吉诃德》成了人类最富有哲学底蕴、最具有道德力量，同时也最拥有现实意义的天才之作。”

借用雷维利亚的说法，我们或可认为《堂吉诃德》的经典化过程是必然的。其所以必然是因为理想与现实的矛盾乃人类永恒的矛盾。

另一种理想与现实的对立统一是前面说到的堂吉诃德和桑丘·潘沙的完美结合。用海涅的话说，“他俩从头到底彼此学嘴学样，衬得可笑，可是彼此也相济相成，妙不可言。所以两口儿合起来才算得这部神奇小说的真正主人公。这也见得这位创作家在艺术上的识力以及他那深厚的才力。旁的文人写小说，只有一个主角云游四海；作者势必假借独白呀、书信呀、日记呀，好让人知道这位主角的心思观感。塞万提斯可以随处来一段毫不牵强的对话；那两位人物一开口就是彼此学舌取笑，作者的用意因此更彰著了。塞万提斯的小说之所以妙夺天然，都承这两位的情，从此大家纷纷模仿。整整一套小说从这两个角色里生发出来，就像从一颗种子里长出那种印度大树，枝叶纷披，花香果灿，枝头上还有猴子跟珍禽异鸟。不过把一切都算是婢学夫人似的模仿，也不免冤枉……”堂吉诃德和桑丘·潘沙的词令可用几句话来概括：“前面一位讲起话来，就像他本人那样，老是骑了一匹高头大马；后面一位讲起话来，也像他自己那样，只跨着一头低贱的驴子。”一瘦一胖，一高一矮，一疯一憨，一虚一实，仿佛我国相声艺术中的逗捧关系，可谓浑然天成。然而，从堂吉诃德第一次单独出征及其与幕间短剧的关系看，桑丘的出现具有相当的偶然性，而它恰恰也是塞万提斯超越那个幕间短剧的最佳佐证。当然，桑丘也不是无本之木、横空出世的，因为在骑士小说《西法尔》的侍从形象中可以找到他的源头。

3. *真实与虚构*

塞万提斯在其《训诫小说集》的序言里写道：“人不能待在神殿里，也不能总守着教堂或从事崇高的事业；人也要有娱乐的时间，使忧心得以消释、心绪得以平静。”这样的理念不可谓不超前。也许正是基于这样的理念，他在《堂吉诃德》中不时地游走于严肃与诙谐、真实与虚构之间。前者使他得以在载道和游戏之间徘徊，后者则分明将他带到了现代与后现代。且说堂吉诃德把自己最疯狂、最不切实际的梦想付诸行动，最后却开始怀疑起自己和书本的真实性来了。用陀思妥耶夫斯基的话说，他突然有了一种“真实的怀想”。而那个真实恰恰是他此前否定并努力破坏的。这是很多混同于堂吉诃德的浪漫主义者最不希望看到的（小说）结局。因为这与其说是他发现了自己的疯狂与荒唐，毋宁说是恢复了世俗的理智、放弃了英雄的理想。然而，问题是骑士小说固然荒诞不经，那么真实又是什么？是阿拉伯史学家的著作呢？还是堂吉诃德和桑丘·潘沙的所见所闻？前者虽说是文学家惯用的追求逼真法，相当于谓予不信转而引经据典，但问题是那个阿拉伯人就可信吗？这里的潜台词显然是双重的，即它极易使人想起山鲁佐德及其《一千零一夜》和形形色色的他者（摩尔人）的故事。《一千零一夜》的虚构性不必说，作为他者的摩尔人在西班牙人的眼里几乎也是不良不莠、形同鬼魅。既然如此，那么塞万提斯在小说第九章中就对《堂吉诃德》的真实进行了自我解构。至于堂吉诃德和桑丘的所见所闻，即便是“真实”，那“真实”就不会骗人吗？塞万提斯的回答显然是肯定的。从囚徒的故事到海岛总督，《堂吉诃德》中充满了真实的谎言、谎言的真实，用塞万提斯的话说，那叫“障眼法”；用堂吉诃德的话说，那叫“魔法”。如此，真真假假，假假真真，不正对应了曹雪芹“假作真时真亦假，无为有处有还无”的意境吗？

### 4. 知与行

堂吉诃德是人类知行统一的典范。同理想和现实一样，知和行是构成人类品行的两大要素。从浪漫派到之后的许多革命家，大都从堂吉诃德身上看到了行动的重要性，尽管这种行动有时意味着冒险乃至牺牲。屠格涅夫在比较《堂吉诃德》和《哈姆雷特》时说过，“所有的人都或多或少地属于这两个典型中的一个，我们几乎每一个人或者接近堂吉诃德，或者接近哈姆雷特。诚然，现在哈姆雷特比堂吉诃德要多得多，但堂吉诃德还没有绝迹”，“堂吉诃德本身表现了什么呢？如果我们不是匆匆地向他一瞥，停留在表面和琐细的事物上，那我们就不会把堂吉诃德仅仅看做一个悲伤的骑士，一个仅仅为了嘲笑古老的骑士小说而被创造出来的人物。大家知道，这个人物的意义在他的不朽的创造者的笔下是扩大了，下集里的堂吉诃德，是公爵和公爵夫人的可爱的朋友，是他那做了总督的侍从的英明的导师，他已经不是上集里，特别是小说开始时我们所看到的那个堂吉诃德，不是那个饱受打击的怪诞而可笑的怪物了；所以我也试图深入到事情的本质里去。我再重复一遍：堂吉诃德本身表现了什么呢？首先是表现了信仰，对某种永恒的不可动摇的事物的信仰，对真理的信仰，简言之，对超乎个别人物的真理的信仰，这真理不能轻易获得，它要求虔诚的皈依和牺牲，但经由永恒的皈依和牺牲的力量是能够获得的。堂吉诃德全身心浸透着对理想的忠诚，为了理想他准备承受种种艰难困苦，准备牺牲自己的生命……他完全把自己置之度外（如果可以这样说的话），他活着是为了别人，为了自己的弟兄，为了除恶毒，为了反抗敌视人类的势力——巫师、巨人——即是反抗压迫者。在他身上没有自私自利的痕迹，他不关心自己，他整个儿都充满了自我牺牲精神——请珍重这个字吧！他有信仰，强烈地信仰着而毫无反悔。因此他是大无畏的、能忍耐的，满足于自己贫乏的食物和简单的衣服，这些他是不在意的。他有一颗温顺的心，他的精神伟大而勇敢；他不怀疑自己和自己的使命，甚至自己的体力；他的意志是不可动摇的意志……他的坚强的道德观念（请注意，这位疯狂的游侠骑士是世界上最道德的人）使他的种种见解和言论以及他整个人具有特殊的力量和威严，尽管他无休止地陷于滑稽可笑的、屈辱的境况之中……堂吉诃德是一位热情者，一位效忠思想的人，因而他闪耀着思想的光辉。哈姆雷特又是什么呢？……他是一个利己主义者”。

5. 新与旧

海涅说《堂吉诃德》是除旧布新的。但事实上它是继承与创新的典范。通常，人们容易将继承与创新对立起来，甚至连伟人也不例外，是谓“不破不立”、“大破大立”。而塞万提斯在破与立的关系上为文学乃至人类知行提供了一条永远可资借鉴的美妙路径。这是必然的。前面说过，《堂吉诃德》并不全盘否定骑士小说，他甚至有意借鉴了骑士小说的文体和情节。对于堂吉诃德的理想主义，他的笑也明显是饱含同情、带着泪花的。

说到借鉴，塞万提斯的那些（在西方文学史上前无古人的）文字游戏（或冒险）就很令人迁思东方文学。比如《卡里来和笛木乃》（见《塞万提斯的反讽或戏仿》）。比如《罗摩衍那》，史诗末篇写罗摩的两个儿子不知生父是谁，他们栖身森林，由一个苦行僧教会读书识字。奇怪的是，那位苦行僧即《罗摩衍那》的作者蚁蛭本人，而他教两个少年时所用的课本竟又是《罗摩衍那》。一天，罗摩举行马祭，蚁蛭带两位门徒前来，并让他们用琵琶伴奏演唱了《罗摩衍那》。罗摩听了自己的故事，认了自己的儿子，酬谢了诗人……《一千零一夜》中也有类似写法。这个神奇的故事集由一个中心故事衍生出许多小故事来，枝繁叶茂，令人眼花缭乱，最令人惊奇的是那个神奇的第六百零二夜的穿插。那夜，国王从山鲁佐德嘴里听到了她自己的故事，他听到了那个包括所有故事的故事之纲，还不可思议地听到了故事本身。这意味着故事完全可以周而复始，而《一千零一夜》将没有终点（当然也没有剩余的三百九十九夜了）……这颇似我们常说的“山上有座庙，庙里有一群和尚，老和尚给小和尚讲故事，说‘山上有座庙……’”。

在塞万提斯诞生之前，阿拉伯人统治伊比利亚半岛近八个世纪，其文化已然融入西班牙的每一个角落。《一千零一夜》和经阿拉伯人演绎的印度神话史诗及传奇故事如《卡里来和笛木乃》等在西班牙则更是家喻户晓。人们因而习惯地将一切“奇谈怪论”归功或归咎于阿拉伯人。具体说来，阿拉伯文学非但是西班牙骑士小说的一个重要源头，而且同样也是塞万提斯艺术想象的一个重要源泉。正因为如此，塞万提斯在《堂吉诃德》第一部第九章中突然将这部作品归功于阿拉伯历史学家，说“作者是阿拉伯历史家熙德·阿梅德·贝南黑利”；还临时改用第一人称说，“有一天，我正在托雷多的阿尔伽那市场，有个孩子跑来，拿着些旧抄本和旧手稿向一个丝绸商人兜售……我从丝绸商人手里抢下这笔买卖，花半个子儿收买了那孩子的全部手稿和抄本”。这时原先的叙述者变成了编辑，并对作品（或谓信史）评头品足。

这些偶然的戏谑皆因西班牙文化的多元复杂而带有某种必然性，同时大大擢升了塞万提斯有关新与旧、真实与虚构等一系列关键问题的思考，并使《堂吉诃德》成了20世纪七八十年代以来西方批评家眼中的“元小说”及自我解构的典范。但这显然不是它的主要内容。一如《红楼梦》从“石头记”经“脂砚斋”到曹雪芹，这里既有游戏的成分，也有“文字狱”（在塞万提斯时代是宗教裁判所）的影子。

综上所述，作为经典的《堂吉诃德》无疑是一系列二元对立（或统一）的产物。其历史的偶然性与必然性犹如这些二元对立，常常相互相成、相反相成，很难截然割裂。同时，考察其关系足以反映塞万提斯其人其文及其时代社会乃至文学形态的深度和广度。反过来说，《堂吉诃德》的偶然性和必然性恰恰又是在它的经典化过程中显现出来的。除了时代的最高价值（比如宗教改革和反改革运动时期的意识形态）及一般现实主义精神，还有更为重要的“普世价值”，即对普遍真理和人类矛盾本性的形象而生动的揭示。前者使它在历史的长河中成为丰碑，后者则可使其永葆青春。这或许是所有经典的必由之路，尽管程度不同，形式相左。同时，戏仿作为《堂吉诃德》对骑士小说的扬弃方式，又从方法论的角度上奠定了它“现代小说鼻祖”的独特的艺术地位。此外，作品中的所有二元对立几乎都构成了相互解构，又彼此衬托（“重构”）的奇妙关系。它们并不会因为后现代主义或解构主义风潮而受到轻视。恰恰相反，它们为后现代话语提供了不可多得的场域与切入点（也即其解构的主要目标），并因而受到了更大的关注。同时，作为对立统一关系的所有传统意义上的真假、善恶、美丑依然存在，只不过认知角度、认知方法发生了变化，或谓人们的立场和观点更具相对性和个性化特征罢了。

而今天我们之所以要重视诸如此类的方法和经典，目的无非是为建构我们的核心价值观提供一点点可资借鉴的参照。用最为简要的话说，如果没有集体主义，那么个人主义也就无从说起，这就像民主与法治、自由与纪律等二元关系一样，少了一方，另一方也就自我解构了。因此，一个极端自由主义、极端个人主义、极端相对主义泛滥的时代必定也是极端残酷、极端竞争、极端删汰的时代，信不信由你。

（编辑整理：杨谷怀）

# 牛津、剑桥文化批评的形成

程　巍

2009 年 4 月 20 日

# 程　巍

中国社会科学院外国文学研究所研究员

**摘　要：**文化诉求与权力结构有着密切的关系，揭示权力结构能使文化显形为意识形态。本文通过对英国文学从民间走向庙堂、从市井走向学术、从边缘走向中心的发展历程的考察，揭示了产生于牛津、剑桥的文化批评和近代英国从贵族社会转向资本社会的权力结构变化之间的深刻联系。

**关键词：**牛津　剑桥　文化批评

每一种文化诉求后面都有一组权力结构。揭示权力的结构，就会使文化显形为意识形态。

## 一

我们从马修·阿诺德谈起。英国“光荣革命”和工业革命使资产阶级开始控制国家的政治和经济大权，并朝文化领域渗透。拿破仑失败之后，贵族逆流泛滥欧洲，在英国，出现了纨绔子一类的代表人物，例如简·奥斯丁《傲慢与偏见》中的达西和彬克莱先生，如早期的拜伦、乔治四世、布鲁梅尔、多塞伯爵，他们以风度和谈吐来贬低中产阶级。但到了19世纪30年代，资产阶级开始大规模向“牛桥”之外的教育体系发起进攻。“牛桥”之外，广设新大学和学院，收费低，门槛更低，科目主要是实用专业（新大学运动）。牛津、剑桥（牛桥）几百年来的人文主义传统在18～19世纪遭到资产阶级实用主义教育思想的冲击。约翰·亨利·纽曼（1801～1890，《大学的理想》）为了维护牛津传统，重申大学的理想是“培养良好的公民”，即对学生施之以人文教育（通才教育），而非专业教育，这就在维护希腊、拉丁的人文传统。同时，在40年代，纽曼由英国国教徒皈依天主教（1845），在牛津领导了一场天主教的“牛津运动”，与罗马教廷发生关系（1851年运动失败后，离开牛津，任新创办的都柏林天主教大学校长）。

纽曼有一个可怕的对手，即托马斯·阿诺德，牛津现代历史钦定讲座教授，是英国国教的“宽和教会”的领袖人物，在宗教教育中引进自由思想，与纽曼恰好处在对立位置。但他自小在牛津长大的儿子马修·阿诺德（1822～1888）却视父亲的宗教和教育思想的对手纽曼为自己的精神父亲，对纽曼的天主教“牛津运动”一往情深。

马修·阿诺德于1869年出版《文化与无政府状态》，继续纽曼的失败的事业。他说：“与希腊罗马文明相比，整个现代文明在很大程度上是机器文明，是外部文明，而且这种趋势还在愈演愈烈……在我国，机械性到了无与伦比的地步。”该书有一大段对昔日的牛津和纽曼的牛津运动的感伤的赞美，并把自己置于纽曼博士所代表的那种牛津传统：

我们牛津人，曾沐浴着那个美丽地方的优美和文雅的光辉而长大，还没有失败到放弃这个真理，那就是优美和文雅是人类完美的基本特征。当我执意这么说时，我就已经完全置身于牛津的信仰和传统中了。我斗胆说一句，正是我们对优美和文雅的情愫，对丑恶和粗鲁的憎恶，一直支撑着我们投身于如此之多的失败的事业，支撑着我们反对如此之多的成功的运动。这种情怀是虔诚的，也从来没有被彻底击败，甚至在失败中也显示着力量。我们还没有赢得我们的政治战争，我们还没有使我们的主要观点广为传播，我们未能阻止我们的对手的前进步伐，我们也未能胜利地步入现代世界；但是我们一直悄悄地对这个国家的心灵施加影响，我们培养的情感之流将冲蚀我们的对手看似已经占据的阵地，我们一直保持着与未来的息息相通。看一看30年前那场震撼牛津、波及其心脏的伟大运动的历程吧！它针对的东西，一言以蔽之，是“自由主义”。这一点，凡是读过纽曼博士《自辩书》的人都看得出来。自由主义甚嚣尘上；它是受命前来经营时务的力量；它应和时求，不可避免，自然广为流行。牛津运动于是分崩离析，落了个败局。

阿诺德提请我们注意，上面提到的“自由主义”，是中产阶级的自由主义，它推动了1832年《改革法案》的出台，从而扩大了选举人范围，使部分城市的中产阶级获得了选举权，又于1846年敦促议院废除《谷物法》，代之以自由贸易政策，从而打破了贵族土地所有者为保护自身利益而设置的关税壁垒，再于1867年推动议院通过第二个《改革法案》，使中产阶级以及部分工人获得选举权，等等，总之，是一步步打击了贵族的特权。此外，这种中产阶级自由主义还于1833年断送了伦敦的纨绔子作风，于19世纪30年代掀起了大学教育论战，于1845年终结了天主教牛津运动，试图进一步夺取把持在贵族手中的文化领导权。

贵族从此失去了当初的政治特权和经济特权：在政治上，它不再是一个垄断权力的集团；在经济上，工业、对外贸易和自由市场改变了获取财富的方式，使主要以地租为主要财富来源的贵族日渐失去经济优势。幸而还有牛津在，代表着一种不同于资产阶级自由主义的精神力量，它正是贵族夺取资产阶级文化领导权的基地。阿诺德的《文化与无政府状态》出版于1869年，是在贵族遭受一连串失败之后，是牛津对资产阶级发起的又一轮文化反击战。阿诺德说，牛津运动尽管失败了，却也为这种精神力量增添了血液！

还用得着谁来告诉我们纽曼博士的运动所激发出的情感之流、它所滋养的对美与文雅的热望、它所显露出来的对中产阶级自由主义的僵硬和粗俗的强烈厌恶及其使中产阶级清教教义的丑恶怪诞纤毫毕现的那种强光——还用得着谁来告诉我们，所有这些起了多大的推波助澜作用，使那股一直冲蚀着前30年的自信的自由主义的基础、并导致其最终突然崩塌和遭人遗弃的不满潜流呈浩荡之势？正是通过这种潜移默化的方式，牛津的对美和文雅的情感才赢得了人心，也将以这种方式长期赢得人心！

但我们必须注意，阿诺德不只是作为一个牛津人说这番话的，他手中还拥有一定的行政权力，可以将中产阶级的自由主义挡在牛津之外，或至少挡在文学院之外。由于他坚持古希腊罗马和古希伯来传统（对民族主义者来说，这是外国传统），所以他一直反对在牛津设立英国文学讲座，更别说英文系。英国文学只是工人阶级和妇女的读物，是赐给他们的廉价的人文主义教育，在伦敦大学或工人夜校讲一讲还不错，但如果你想进牛津，请你手里抱着一摞希腊语和拉丁语的经典。“英国文学”从一开始就出身低微，是工人们、中产阶级妇女们以及殖民地的土著们津津乐道的东西。

由于“牛桥”对于现代的排斥，其教育水准，按照中产阶级的教育思想来衡量，开始被拖后了。教育史家安迪·格林在比较了19世纪英国和德国的教育制度后，感叹地说，英国这个在宗教改革时期欧洲文化程度最高的国家，却在维多利亚时期成了西欧文化程度最低、教育最不发达的国家。

格林所说的“文化”，虽是同一个词，却意味着两种不同的文化。就此而言，19世纪的英国在人文教育（阿诺德所说的那种“文化”）方面并不落后，“牛桥”依然盛产这方面的人才，但在科学技术（阿诺德贬斥为“机器文明”的那种文化）方面，却落在德国后面。正因为如此，当贵族文化保守主义者称“中产阶级”为“没有文化的市侩”时，中产阶级的文化代言人同样有理由指责“牛桥”大学生惊人的无知，例如拜登·鲍威尔观察到，在牛津攻读学位的大学生中，掌握平常的加减乘除、能够说出昼夜成因或知道水泵工作原理的，不足十之二三。

虽然阿诺德极力排斥英国文学进入牛津，不过，到其晚年，即19世纪80年代，牛津内部开始出现要求设立英文系或至少设立英国文学讲座的人，此人即阿诺德派中的约翰·切顿·柯林斯。1887年，柯林斯向牛津校务评议会提出一项提案，试图在牛津设立文学院，或至少将英国文学列入牛津的课程，但该提案遭到否决。阿诺德不支持柯林斯，他预感到，“英国文学”进入牛津，将瓦解古典语文学的权威，进而瓦解牛津的权威。《文学之死》的作者阿尔文·柯南对此加以评价说：“马修·阿诺德自己对这个提议中的学院感到忧虑不安，这主要是因为他感到文学院会降低古典教育的重要性，而像约翰·莫利这些文人则认为‘对英国文学的广泛而系统的研究能成为大学教育课程的一个有价值的补充’。”柯林斯的提议遭到拒绝，他倍感失望，于1891年写了《论英国文学研究》一书，阐明英国文学研究何以能够成为一门独立的学科，认为它也是自成系统的，有自己的方法，不借助语文学同样能够达到细致入微的程度。此外，就最广泛的意义上来说，英国文学是“通才教育”的有益补充。

柯林斯实际上想在语文学之外创立一个独立的学科。阿诺德死于1888年。6年后，又有人提出类似提案，而这一次，阻力似乎小了些，提案获得部分成功。柯南说：“如果要给英国文学正式进入最高学府体制确定一个日期和事件的话，那么把英国文学学院在牛津的设立看做这么一个日期和事件，应该是合理的和有用的。英国文学教授和英文系大约出现在这一时期，在19世纪最后25年里，美国首屈一指的大学和学院开始设立英国文学教授和英文系，而直到进入20世纪，剑桥才开始授予英国文学学位。”

宗教凝聚力的衰落、激烈的阶级冲突以及民族主义的崛起，为英国文学崛起而承担起“全民宗教”的使命创造了条件。为了让英国劳动大众不去阅读社会主义小册子，不去参加政治聚会，就必须使他们阅读英国文学，获得一种幻想性的满足。伊格尔顿对此加以评论说：“这种观点的一位20世纪的支持者以更露骨的方式表达了这一点：‘如果拒绝工人阶级子女分享任何非物质财富，他们长大成人之后就会威吓地要求物质的共产主义。’如果不抛给群众几本小说，他们也许就会还以几座街垒。”

“英国文学”是否进入“牛桥”，就不仅是一个学科问题，更是一个有关民族身份认同和国家团结的问题。“英国文学”还有这么一个好处：它是用英国人自己的语言写成的，不需要漫长的语言训练就能自如阅读，而在阅读中，英国人不仅能培养敏感的道德意识，还能发现“英国文学”的伟大性，从而分享同一种民族情感，使分裂的各阶级重新团结起来。伊格尔顿说：“从一开始，在诸如F. D. 莫里斯和查尔斯·金斯莱这些‘英国文学’先驱者的著作中，就强调社会各阶级的团结、‘共同情感’的培养、民族骄傲的灌输以及‘道德’价值的传播。”这最后一项是这个意识形态计划的核心部分，时至今日，它仍是英国的文学研究与众不同的标志，也经常是让来自其他文化背景的知识分子目瞪口呆的东西。

这里出现了一个重大的转变：阿诺德的“文化”是制造社会等级的，而

“英国文学”却是抹消社会等级的，前者具有外国的或以“希腊罗马”为中心的那种世界主义的诉求，而后者则是民族主义的，后来又变成以英格兰为中心的英国文化殖民主义的。

## 二

我们从这里进入英国系的历史了。作为课程，“英国文学”进入“牛桥”，可追溯到19世纪末，但作为学科或院系，则迟至20世纪初，即第一批“英国文学教授”时代。由于“英国文学”出身卑微，更由于“英国文学”主要是中产阶级妇女和劳动阶级的读物，所以第一批英国文学教授对待英国文学的轻贱态度非常奇特，给人这么一种印象，仿佛“英国文学”的设立只不过是意识形态需要，本身则难以成为一门严肃的学科。这种轻贱英国文学的态度，与阿诺德相去不远，他曾把18世纪英国文学讥为“外省的二流文学”，说19世纪前25年的英国诗歌“莫名其妙”。

牛津第一位英国文学教授瓦特·雷利爵士一向不大瞧得起自己的职业。大丈夫立身有正道，要么雄辩于议会、折冲樽俎于列国或征战于疆场，要么兴办实业或从事创造发明，以此为国效力，即便投身学术，亦当驻足于政治学、经济学、哲学、法学、历史、古典语文学等更为男子气也更专业的学科领域。可英国文学算什么正经玩意儿？那不过是一堆飘忽不定的谁都会说的英语所表达出来的意象和感觉，是英国妇女、下层阶级和英国殖民地的土著们爱不释手的东西。如果一个牛津教授也像女人似的整天泡在诗歌和小说中，大谈什么幻想、感觉和体验，那别说一般严肃的牛津学者会说些不中听的话，即便自己也会有一种身份危机感。

“一个年轻人若想找到这么一个团体，那里人们只谈感觉和体验——而且想到什么词就用什么词——那大概就是文学院吧。”1921年1月11日，他写信给同病相怜的乔治·戈登（牛津的另一个英国文学教授），自嘲道，“上帝宽恕我们吧！如果在末日审判的那一天，我被控教授文学，我将申辩道，我可从来没有把它当回事，不过为稻粱谋而已。”好在1914年爆发了世界大战，把雷利爵士从英国文学研究中拯救了出来。他迫不及待地投身于战争宣传，尤其关注这场战争中刚露头的空军。这位英国文学教授写得最好的著作竟是《空战史》（第一卷）。

不过，让他意想不到的是，这次大战及其激发出来的强烈的民族主义情感，却使此前一直遭到轻视的英国文学研究突然间变成了一项其重要性不亚于政治、外交和军事的大事业。它当初的那些弱点——如诉诸英语语言文字、情感、无意识、体验、想象等，如英国人人人都能看得懂的——如今反倒成了它的力量之源，被用来磨砺英国人对于本国语言的敏感，激发英国人对于英国山川草木的热爱，塑造英国人的身份认同，培养英国人的民族自信和骄傲，最终促成英国的现代民族—国家意识的形成和巩固。英国文学研究的兴起，与大型英语词典（如 The Historical Dictionary of English Language 和 The Oxford English Dictionary，后者通译为《牛津英语大词典》，但译为《牛津英语词源》更能体现其“历史语义”的编撰方针）的编撰同时，都是这一时期民族主义的产物。

文学之所以能承担如此重大的作用，在于它承载着一个民族的“生活世界”，并深深扎根于男男女女的日常经验、历史记忆、意识、情感、无意识和非理性之域。阅读行为看起来是某个人临睡前读几行诗或几页小说，其实也是他变成以赛亚·伯林所说的“群体个人”的过程，是分享“国性”的过程。当英国作家乔治·吉辛在他的随笔集中反复感叹“英国的小牛肉是最美味的”时，他不是在描述一个事实，而是在表达一个游子对于故土的怀念，这就像 F. R. 利维斯那一代英国文学学者，当他们以显微镜的方式来细察英国文学时，总是能从字里行间发现普通读者难以发现的美学和道德方面的敏感，如此，他们就磨砺了读者的美学敏感性和道德敏感性，使每一页英国文学都变成了一个深不可测的意义旋涡。

正是作为“男性事业”的第一次世界大战，彻底改变了这种轻蔑态度。英国文学研究突然成了爱国主义的一种形式。牛桥的学者们当然并不全都喜欢雷利爵士那种赤裸裸的爱国宣传，而是采取了一种更为精致和细腻的形式——英国文学研究。1918 年以后的“英国文学”研究，不再是 1914 年前可有可无的女性学科，它关系到英帝国的荣耀和民族的认同，是与政治、军事、外交一样重大的男性事业。

英国文学研究之所以突然与爱国主义挂上了钩，不仅因为战争，还因为在战争中，英国碰巧是德国的敌人，而“牛桥”以前安身立命的古典语文学恰恰是模仿德国大学设立的，充满了德意志色彩。“牛桥”到处都是爱国者。他们惊讶地发现，在自己眼皮底下，在英帝国的文化核心地带，居然长期供奉着一门德国学问，而这门德国学问以压迫者的形象先是将英国文学挡在门外，继而——当英国文学好不容易挤进“牛桥”的大门时——又一直让它待在过道里受冷落。这使他们感到愤慨。在爱国主义热情下，一切带有德国印迹的东西，都被当做敌国的东西受到排斥。语文学自然也不例外。再从事语文学，就显得不够谨慎了：大英帝国的将士们在前线浴血，在马恩河和索姆河一线与德国人残酷地厮杀，而你却在安宁的后方一边喝着下午茶，一边谈论着德国文化如何伟大，而英国诗歌又是如何莫名其妙。这极大地影响了这一时期的英国文学史写作：例如雷利爵士坚持说英国文学史始于乔叟的《坎特伯雷故事集》，而不是更早的同样用英语写的

《贝奥武甫》，因为后者描绘的是欧洲大陆的事，“在英国文学中既无父亲，又无子嗣”，而《坎特伯雷故事集》则以伦敦及其周边风物为题材，是英国的。

“牛桥”古典语文学的衰落发生在英国文学进入“牛桥”的同一时刻，这颇有意味。伊格尔顿说：“（第一次帝国主义世界战争）也标志着英国文学研究在牛津和剑桥的最后胜利。语文学是英国文学最有力的对手之一，它与德国的影响密不可分；既然英国恰好在与德国进行一场大战，那就很容易把古典语文学斥责为一种粗鲁的条顿民族的胡说，任何一位自尊的英国人都不应该与之发生联系。英国战胜了德国，必然带来民族骄傲的复兴和爱国情绪的高涨，而这只会有利于英国文学的事业；然而，与此同时，战争造成的深刻创伤以及对于先前所持的一切文化假定的怀疑导致了一种如某个当代评论家所说的‘精神饥饿’，而诗歌似乎能提供一个答案。把英国文学学科在大学的设立，归功于或至少部分归功于一场毫无意义的大屠杀，这的确是一种折磨人的想法。”

不管怎样，第一次世界大战为英国文学研究带来了转机。现在，从事英国文学研究，不仅时髦，而且是爱国情感的体现。民族主义和爱国主义就这样渗进了英国文学研究的源头。他接着说：“如果说英国文学研究有其女人气的一面，那么，在20世纪到来之时，它也获得了男子气的一面。英国文学成为学院建制的时代，也是英国帝国主义高涨的时代。既然英国资本主义受到德国和美国这两个年轻对手的威胁，日益落在对手后面，那么，过多资本为追逐少得可怜的海外土地而展开的并将在第一次帝国主义世界大战中集中显现的肮脏无耻的争斗，使对民族使命感和认同感的需要变得尤为迫切。”

如同批评家布莱恩·道尤尔所说：这并非是“英语文学研究的历史”，而是“民族语言和文学”寻找它自己作为资产阶级教育课程的中心位置的一种阐述。英国国内的社会分裂状况也要求英国文学赶紧提供一种社会粘合剂。牛津早期的英国文学教授戈登对英国文学研究的政治目标向来直言不讳，甚至在就职演讲中就指出了这一点：“英国正在生病，而……英国文学必须拯救它。对此，教会（就我的理解而言）已无能为力，而社会补救方法又难立竿见影，英国文学于是肩负起三重作用：我想，它将仍然愉悦我们，指导我们，不过，首要的是，它也将拯救我们的灵魂和疗救国家。”

而且文学至少有这样便利的好处：它诉诸的主要不是理智，而是细腻的情感和丰富的想象力，与深厚的日常体验息息相关，因此比相对而言比较抽象、单一、枯燥的学科（如哲学、法律、伦理学等）和经常出于权宜而摇摆不定的领域（如政治和经济）具有更突出的学科优势。一句话，它不仅与普通人有关，而且与普通人的日常经验有关。这一点使它与宗教很相似。普通英国人通过对本国伟大文学传统的了解，不仅会发现作为英国人的骄傲，还会把这种感情带向日常生活的感觉深处，在那儿，所有的英国人都惊奇地发现原来他们彼此是同胞，分享着同一种深厚的民族性。但同胞之谊并不意味着他们就没有了阶层之别。

从某种意义上说，戈登是对的，因为“英国文学”的兴起本身就依赖于政治需要，也服务于政治需要，然而戈登这些人的风格过于直露，甚至到了可爱的地步，与英国文学研究本身所需要的那种精致细腻、委婉曲折毫无共同之处。在他之后进入“牛桥”的英国文学教授们则是自信得多，也沉着得多。他们发现自己已无须为英国文学的学科合法性和重要性辩护了。

## 三

我说的是20世纪30年代之后进入“牛桥”的那一批英文系教授，即F. R. 利维斯那一代人，他们以资产阶级的分裂的人格进入剑桥（一方面是贵族的，所以反对工业，另一方面又是技术专家性的，是文学知识分子，所以在研究文学的方法上又像专家一样细致，其刊物《细察》即其例，结果把文学弄成了一种外行看不懂的东西，即所谓“文本中心主义”，尽管利维斯本人多少免去了这种技术性），控制英文系的时间达30年，直到马克思主义左派的英国文学教授们开始摧毁他们的统治。伊格尔顿以他独有的风格描绘了英国文学研究在F. R. 利维斯时代蔚为大观的局面：“在20年代初期，谁都不清楚英国文学到底有何研究价值，但到了30年代初期，问题已经成为：除了英国文学，还有什么其他东西值得你去浪费时间？英国文学不仅是一门值得研究的学科，而且是最富于教化作用的事业，是形成社会的精神质料……在20年代末期和30年代，在剑桥做一个英国文学学者，就意味着参与进了那场针对工业资本主义最平庸化特征发起的声势日显、咄咄逼人的斗争。人们深知成为一个英国文学学者的意义，这不仅是有价值的，而且是一个人能够想象到的最重要的生活方式——他将以他自己最诚挚的方式，把20世纪的英国社会推回到17世纪英国的‘有机’共同体。”可以看出，这代人继承了阿诺德的精神，尽管他们手里的东西是阿诺德极力排斥的英国文学，此外，他们不像阿诺德那样把文化当做政治斗争，而是挖掘其道德意义，拐弯抹角地为政治服务。

伴随工业时代和民主体制而来的是一种技术官僚制（英国此时正在进行文官制度改革），个人作用在其中被大大削弱。第一批英国文学教授们关于英国文学研究的重大政治使命的夸张之辞（如戈登所说的“拯救灵魂、疗治国家”），实不过是一厢情愿。非个人化的官僚制趋势越来越使英国文学研究成为学院化的纯学术。这样，当20世纪20年代的政治大势顺便把英国文学从文化边缘地带推向作为文化核心的“牛桥”后，就让它停留在那里了，而它日后在那里的命运，将取决于它自身在学科上的高度专业性。可以看出，“英国文学”在参与到牛津的“针对工业资本主义最平庸化特征发起的声势日显、咄咄逼人的斗争”前，就已经暗中获得了工业资本主义的一些特征。

这正是利维斯那一代英国文学学者面临的局面，而他们很好地应付了它。与第一批英国文学教授不同，他们重新发现了古典语文学的长处，只不过把古典语文学的方法运用到了英国文学研究中。他们为自己的学科寻找到了一种新的意识形态，一种与第一批英国文学教授们略显浅薄的爱国主义和民族主义不同的意识形态：17 世纪的有机主义。在英国工人阶级不再捣毁机器的时代，这些英国文学学者们却开始象征性地捣毁机器。

严格说来，尽管利维斯集团里有不少新批评派人物，但利维斯本人不属于新批评派：一是因为他的文学批评主要是一种道德批评（正如阿诺德的是政治批评）；二是因为他不拘泥于诗歌；三是因为他的历史视野比新批评派人物开阔得多。尽管如此，利维斯的历史视野仍太嫌狭窄，例如他眼中的英国小说的“伟大传统”只是简·奥斯丁、乔治·艾略特、亨利·詹姆斯和约瑟夫·康拉德区区几个人。我并不想就这几个人或别的什么小说家是否有足够的资格进入“伟大传统”发表什么看法，实际上，在《伟大传统》一书的第一章，利维斯自己就与那些批评他没有选入其他小说家的人进行了论辩。当然，我也不想就上面所列的那些人是否就是伟大的小说家，来进行一番讨论。从某种意义上说，这个问题无法讨论，它主要是一个趣味问题，甚至连利维斯自己都以一种高傲的沉默来对待这种讨论：“要不为人误解，方法只有一种，那就是永远不要说出可能产生影响的评价——即什么都不说。”

不管怎样，利维斯对“伟大传统”的定义和对“大小说家”的选择过于专断，自 20 世纪 60 年代起就一直受到某些批评家的尖锐批评，如凯瑟琳·贝尔塞在《重新解读伟大的传统》一文中说：“利维斯式的解读是偏颇的，它体现在这个词的两层含义上：首先，在对某篇被评价文本的价值与手法进行再现时他的解读方式表现出一种先入之见；其次，在解读的过程中损失了原作的多元性。”

是否有资格进入“伟大传统”之列，与是否是一个伟大小说家，这两个问题，乍一看是同一个问题的同义反复，然而，全部的玄机正在这种微妙的转换上。既然一个小说家是否伟大，完全是个人趣味问题（你觉得谁伟大，那是你本人的事情），那么到底以谁的趣味标准来选择进入“伟大传统”的小说家呢？——显然，“伟大传统”已不属于我们的个人趣味，它进入了公共的“客观”的领域，获得了权威性（在这种情况下，你觉得谁伟大或不伟大，无关紧要，因为你被告知哪些人伟大，哪些人平庸）。文学史，这就是一种被权威化的花名册，或者说是一份册封名单。此外，《伟大传统》还具有大英帝国的那种文化霸权作风，它像册封印度殖民地本地官员一样册封了一个出生于印度的作家，又册封了一个出生于前殖民地美国的作家，从而再一次收编了两个前殖民地的文学，真乃皇恩浩荡，印度和美国一定会感恩不尽。

然而，剑桥文学教授的文学趣味肯定非常不同于伦敦码头工人的文学趣味，而这同一个男性剑桥文学教授的文学趣味也可能非常不同于伦敦大学函授学院的女教师的文学趣味；此外，虽然说起来稍嫌啰唆了一点，却并非不可能的是，这个男性剑桥文学教授的文学趣味可能在某种程度上不同于他自己当初在剑桥英文系读一年级时的文学趣味，也可能在某种程度上不同于他从剑桥教授职位上退休时的文学趣味。我这里所说的还只是白种的、土生土长的、说标准英语的英国人，并没有把前殖民地人、北爱尔兰人以及在跨国文学贸易中接触到英国文学的世界其他角落的人包括在内。要把他们全算进来的话，恐怕连什么是小说，都难以获得一致的定义，更谈不上英国小说的伟大传统了。

这当然不是一个新鲜的观点。不过，更多的时候，当我们真诚地说某一个小说家伟大时，也不一定就是趣味问题。例如，当我说简·奥斯丁是一个伟大的小说家时，就不一定代表了我的真实想法；不是我在说，而是我学会了这么说，或者说被教导这么去说，而且不这么说，就一定会被当做一个缺乏文学教养的粗人。这就是无数没有读过她的作品却听说过她的名字的人说她是伟大小说家的原因。剑桥的利维斯博士都这么说，我们有什么理由不呢？此外，即使上面那句话代表了我的真实想法，它也不是依据我自己的标准，因为早在我做出这个判断之前，作为判断的基础，我早就已经被告知什么是文学，什么是良好的文学趣味，从小学到大学的文学课程一直在训练和强化这些判断标准，而且正是这些标准把简·奥斯丁置于英国文学史重要的一章。从这里可以看出某种非常狡猾的逻辑循环：当你做出一个判断时，你所依据的标准早已内在于这个判断中了。换言之，当你说简·奥斯丁是一个伟大的作家时，你依据的恰恰是英国文学课程讲授的文学标准，而这个标准早已确定简·奥斯丁是一个伟大的作家。

一个居住在苏格兰北部的农夫可能觉得他同村的一个喜欢说故事的鞋匠是比简·奥斯丁更伟大的作家，因为他编的故事不仅能听得懂，幽默风趣，而且具有打动他的邻居们的力量。简·奥斯丁与这个农夫以及他的村子有什么关系？他连最近的城市都没去过，当然更谈不上伦敦。他哪里知道伦敦的高雅男女说的那种“标准英语”（King's English 或 Queen's English），哪里知道他们在客厅里和舞会上打情骂俏、争风吃醋时的机智？他只听得懂本地的方言俚语。简·奥斯丁不会使这个农夫感动，而且她原本就不是为这个农夫写作，她的潜在读者是受过良好英语教育并懂得上流社会礼仪的人。正是这些人掌握着学术机构、课堂、学位授予权、出版和刊物，决定谁是伟大作家，谁有资格进入文学史，并把这种标准强制推行到每一个社会阶层。

在这种情形下，那个苏格兰农夫迷恋的会说故事的鞋匠当然进入不了文学史，尽管比起简·奥斯丁来，他更能再现苏格兰那块地方上的农民及其生活。这个说故事的苏格兰鞋匠没有被写进文学史，这就意味着，英国文学史出现了一个空白：这个农民故事家所居住的那块地方没有在英国文学中获得再现，尽管在法律上它仍躺在英国的怀抱里，并且被强行分享英国的伟大文学传统。

阿诺德的“文化”，在利维斯一代人那里变成了“文学文化”。“文化”一词，在西语词源中，既指耕种，又指一切人工之物，或人的创造之物（从建筑，到啤酒，到脏话，到文人创作，从密谋家的政治，到监狱的管理方式，无一不可称为“文化”），此时它同于“文明”，无价值批判的区分，只有不同，而无高低(啤酒文化、汽车文化、时装文化等)。其狭隘的词义则是阿诺德或利维斯所说的那种“文化”，即高级文化，这是带有价值评判的定义。此时，如果你说那些一天到晚研究陶瓷制作而不知莎士比亚是谁的人没有“文化”，就是在表达对一种意识形态的贬低。由于这样的“文化”从一开始就是反对机器文明的，所以它必定瞧不起实用科学，对科学家形成了一种压抑。

这就导致了 C. P. 斯诺于 1959 年在剑桥的系列演讲中向利维斯代表的剑桥“文学文化”和他掌控的英文系发难，赢得了许多早已被压抑得不成人样的人的喝彩。利维斯则以不同于他的“文学文化”的风度攻击说：“斯诺不是他所希望的民族圣人，事实上，他只是一个乡村白痴”。斯诺早年的确是一个穷光蛋，因此他勤奋好学，成了剑桥物理化学专业的博士，而且对红外线分光器的研究卓有成效，但当他宣布他成功研制出维生素 A 却被证明研究存在错误后，他离开了剑桥，开始写侦探小说，居然在文坛上火了，于是被剑桥邀回来以科学家和文学家的双重身份搞讲座，他说：存在两种文化，一种是文学文化，一种是科学文化，两种文化的后面站立着两组人（科学家和文学知识分子），他们具有基本相同的智力和能力，但后者却瞧不起前者，他谈到：“我参加了许多次的集会，按照传统文化的标准，与会者都是一些受过高深教育的人，他们对于科学家在语言上的无知表示极大的惊讶。有几次我对这种状况感到震惊，于是我问周边的同伴，他们当中有多少人能够描写热力学的第二定律。结果是冷酷的，大家的反应都是否定的。不过，我还想代表科学家向文学知识分子问一个问题，你们都读过莎士比亚的作品吗?”

17 世纪的资产阶级教育家把古典人文教育当做无用之物，说那些说得一口希腊语和拉丁语的人却不知道怎样给进出口算账。1959 年的斯诺其实是一个调和论者，他的本意是两种文化或两种人不要相互瞧不起，而要向对方的领域多迈一步，这样有助于社会进步和文明程度的提高。不过，从利维斯到斯诺，“英国文学”被看做某种不言而喻的东西，他们都是英格兰人，分享着同一种文学意识形态——尽管它们不把它当做一种意识形态。要揭示英国文学的意识形态性，就必须在某方面外在于这一传统同时又对其非常熟悉的人，对权力的秘密使用有充分的警觉的人——这当然是左派，而且是非英格兰人，正是他们给予利维斯建立起来的“英国文学研究”传统以毁灭性打击。我这里指的是20世纪60年代以后进入剑桥英文系的雷蒙德·威廉斯和特雷·伊格尔顿。

## 四

多年后，威廉斯在给利维斯写的一篇讣告中，回忆自己从1961年进入剑桥到1978年利维斯去世这段时间他对剑桥的感受：“（剑桥是）世界上最粗野的地方之一……到处听到冷酷、卑鄙、残忍的语言。”这段文字又见于伊格尔顿写的一篇回忆威廉斯的文章里。伊格尔顿自己也是在1961年进入剑桥英文系的，他的剑桥生涯并不见得比威廉斯愉快多少：“而我呢？我发现自己孤零零地处于一帮学生的围困之中，他们人高马大，看上去都在六英尺以上，说话像驴叫，看电影时哪怕最平淡的一句话都会逗得他们大跺其脚；他们在温馨幽静的咖啡馆里像是在群众大会上一样扯着嗓子叫唤。很难说我们两人谁的日子更难熬。”被视为象牙塔的牛津和剑桥，在这两位来自工人家庭的马克思主义者看来，和小酒馆的情景差不多（“驴叫”、“大跺其脚”、“扯着嗓子叫唤”等）。阿诺德以“牛津，旧日的牛津”开头的那一段溢美之辞，如今听上去，倒显得是讥讽了。“牛桥”学者引以为荣的那种冷隽的幽默，本来是为了显示高人一等的机智，在威廉斯耳朵里竟成了冷酷、卑鄙、残忍的语言。

威廉斯和伊格尔顿，这是剑桥英文系在20世纪60年代初接纳的政治背景非常不同的一类教授。他们进入剑桥，象征着继20年代小资产阶级进入剑桥后，工人阶级的代言人从文化边缘地带向核心地带的突入；同时，作为政治失败的补偿，也象征着马克思主义者和左派从现实领域向象征领域的战略转移。与利维斯等人极力消除本阶级的痕迹不同，威廉斯和伊格尔顿始终带着边缘地带的阶级特征，并以此作为批评力量的取之不尽的源泉。

这里所说的边缘地带，还不是就象征或比喻的意义而言。利维斯当初也是从文化边缘地带进入中心的，但他是剑桥本地人，他跨进剑桥，虽也费了点劲，但毕竟不是长途跋涉。而威廉斯和伊格尔顿的边缘地带，还具有地理意义：威廉斯来自威尔士的农村工人阶级社区，而伊格尔顿则来自萨尔福德的一个爱尔兰移民工人家庭。按伊格尔顿描绘威廉斯时的说法，他们都是经过长途跋涉才从偏远之地来到剑桥的，在付出重大代价后，才知道剑桥的规矩和简慢的作风。

两人中年轻一点的、曾在牛津获得过硕士和博士学位的伊格尔顿，似乎显示出比威廉斯稍多一点的灵活性，并先后学会了牛津和剑桥的幽默机智；而威廉斯在第二次世界大战中中断了在剑桥英语系的学习，指挥一队坦克兵在法国战场上作战，后来在工党执政期间，还一度加入共产党，并在农村工人阶级成人学校教过几年书。他重新回到剑桥时，已经历过了大多数剑桥人无缘经历的东西："他的长相和说话都不像一个大学教师，更像是乡下人，热情而质朴，与上流中产阶级一贯的那种乖巧而简慢的作风形成很大反差。"不管怎样，威廉斯和伊格尔顿都像是走错了地方，与这个地方保持着难以消弭的情感隔膜，并在政治上对这种制度保持着谨慎的距离。

然而，正如伊格尔顿所说，一个常见的悖论是，局外之人反而能维护一个地方最有创造性的传统："我指的是剑桥英语系的优良传统，威廉斯在好多年里一直都是这一传统的化身，当然系里的同仁们往往很少知道他到底讲什么。威廉斯以一种新的方式把剑桥英国文学教学的文本细读分析与'生活和思想'研究两股截然不同的潮流合在一起。"或者说，他把语文学和新批评派的文本细读方法，与利维斯小圈子的文化批评，以一种马克思主义的方式结合在了一起，并一次次复活了他在自己的思想形成期所经历的团结互助的工人阶级生活的经验，对工业、农村、工人阶级甚至电影和通俗报刊这些剑桥英语系不曾涉足的领域有一种持久的兴趣——所有这些，又使他有别于剑桥英语系的传统。

伊格尔顿描绘他自己最初听到威廉斯从容不迫、娓娓道来的演讲的感受时说，"那像是少年犯拘留所里一个垂头丧气的少年犯突然惊诧地意识到站在他面前讲话的所长大人正在发出转弯抹角但确定无疑的信息——他也是一个罪犯，是混进拘留所里的一个内奸。"伊格尔顿说："通过他这个权威的中介，我觉得自己获得了表达自己的权威，并且通过我表达所有父老乡亲的心声，他们从未说过该说的话，从未得到允许说心里话的条件，从未有人愿意多问一句他们想说什么。"威廉斯不是站在剑桥英语系的屋顶上来遥望威尔士农村工人阶级社区的，他始终是威尔士乡下人，他长途跋涉到剑桥英语系，不是为了登上那个屋顶，好向他的威尔士乡亲们骄傲地显示一个威尔士人已经在英格兰的核心地带混出了一个模样，而是为了下到这座建筑的光线晦暗的地下室，找到一些对它不利的东西，好在适当的时候炸飞那个高高耸立的屋顶。他与威尔士农村工人阶级是同谋。这种双重身份，带给他几乎所有作品一种二元对立的色彩，如《乡村与城市》和《文化与社会》等。

这种双重身份，也是双重视力。"有机社会"无疑是利维斯小圈子站在剑桥英语系的屋顶上遥望威尔士乡间时所看到的幻象，如当初的英国浪漫派一样。在这个幻象中，反复出现的是山谷、河流和湖泊，而没有当地人，他们的日常生活、欲望、工厂、农田都被细心地从这幅图景中裁剪掉了，因为它们会使“有机社会”的幻象瞬间破灭。“有机社会”的幻象像一片安宁的祥云，浮在威尔士农村的上空，但威廉斯不是来自这片祥云，而是直接来自被祥云所遮没的苍凉的土地。

所谓“有机社会”，不过是剑桥英语系的教授们对威尔士乡下的再现，他们握有写作的权力，出于自己的需要而替沉默的威尔士乡下人再现威尔士农村。换言之，他们僭取了威尔士乡下人再现自己的权力，而作为僭取这种权力的前提，他们并不给予威尔士人受教育的权力。“英国文学”进入“牛桥”后，就从工人阶级和妇女的读物转换成了大学教授们高深莫测、拒人千里的专业研究了。威廉斯不无感慨地说：要认识一个威尔士人，非得通过另一个威尔士人才行。

这句话隐含了比它的字面意义更丰富的东西。它意味着剑桥英语系不可能像以前那样保持连贯一致的同质传统，即英格兰的、盎格鲁—撒克逊的、贵族—上层资产阶级的、男性的、古典人文主义的传统。以相似的方式，爱尔兰工人移民后裔伊格尔顿也把爱尔兰流血的形象带进了剑桥英语系，而剑桥英语系经常回避敏感的爱尔兰话题。爱尔兰是一个历史问题，也是一个现实问题，直到1948年最终从英联邦独立出来前，爱尔兰一直处在英国的政治压迫和经济剥削之下。时至今日，英属北爱尔兰仍是一个相当棘手的民族问题。在多大程度上，“英国文学”参与了对爱尔兰幻象的塑造，这正是伊格尔顿想要揭示的。此外，正如他的意识形态批评的一贯特色，他认为，文学本身就是政治，是一种更精致的政治，完全不是牛津、剑桥英语系给外人留下的那种学术象牙塔假象。

“对于英国文化而言，”伊格尔顿说，“爱尔兰就成了自然。”就像威尔士在英国文学中被梦幻成“有机社会”一样，爱尔兰也成了自然主义的田园。英国文学是以一种对待风景画的态度来对待爱尔兰的，使其土地风格化了，成了审美的对象。这种对待土地的方式，更多地根源于英国土地贵族与自己的庄园的关系。对贵族来说，土地不是耕种的对象，他不必亲自耕种它就能够从土地获得收益（地租），因此，从土地的经济学来看，他与土地只有一种抽象的所有权关系。何况，在维多利亚时代，贵族纷纷移居城市，只是偶尔去乡下庄园走一趟，而他们来到乡下，更多是为了度假。此外，由于贵族迁到城市，以前经常以实物形式支付的地租，改以货币支付，而货币使得这种本来就松散的与土地的关系变得更抽象了。

这种抽象性，一方面可以缓解或消除直接的经济剥削必然带来的犯罪感，另一方面又使土地成了一个处在一定距离之外的怀旧的审美的对象。这种看待土地的方式，使自然主义成了维多利亚时代英国文学的特色之一。英国文学习惯于用英国特色的自然主义来为经济殖民主义抹上一层宁静、神秘的异国情调，并且把这种文学观带给了殖民地的知识分子。既然“土地”成了一个审美对象，那就意味着，它被置于视觉的一个远处。一个耕种土地的爱尔兰人之所以不把爱尔兰土地当做审美对象，是因为他的视觉从没离开过脚下的土地，他与土地处于一种混沌的生死与共的关系中，就像土豆、甜菜、大麦、小麦与土地的关系一样。

为什么地球上大部分偏远地区的风景，是由西方人发现的？我并不是指那种人迹罕至的角落，而是土著人在上面已繁衍生息无数代的土地。为什么土著人自己没有发现他们的土地是风景？恰恰是因为他们与土地的关系纯粹是耕种关系，无法获得一种外在于耕种关系之外的眼光来对这片土地进行审美观照。从对土地的凝视中产生的浪漫主义和自然主义，只是那些不必耕种土地的文化人、殖民者和上流社会对土地的想象而已。当他们把这种想象灌输给殖民地的知识分子时，就使这些知识分子从自己的土地、继而从自己的民族游离出来，成了殖民者的代理人。谈到爱尔兰，伊格尔顿说：

不管是什么原因，英国意识形态的自然化策略在爱尔兰似乎并不十分管用。声称要进行统治，但始终未能获得霸权地位，这表明它永远不能实现这样的自然化……社会制度被社会冲突弄得破绽百出，把这样的秩序想象成一个神秘自我更新的有机实体，颇不足取，尽管有的浪漫主义民族话语曾经竭力这样做。自然在爱尔兰可以看做一个伦理—政治范畴，也可以看做一个经济范畴；甚至可以看做一种主体，但这并不是从柯勒律治到劳伦斯以来关于自然世界的英国思想中那种超验生命意义上的主体。除了乔治·皮特里，很难想象爱尔兰还有一个罗斯金，当然时至今日，爱尔兰仍有几个建设性的工联主义者想装扮成爱尔兰的阿诺德。在爱尔兰，自然被道德化和性别化了；而且它身上还有一种神话力量，因此也被超验化了。但在总体上，它似乎很少像在英国那样看做审美感知的一种客体，原因之一不难找到。爱尔兰的自然总是一种社会物质范畴，主要是租佃、耕作、养猪和种土豆的问题，很难使之距离化、风格化、主观化。

“土地”一词，在英国文学中，唤起的经常是一种自然主义或浪漫主义的情感，对爱尔兰人来说，却主要是一个收成问题。但伊格尔顿并不是直接从爱尔兰的历史中收集材料来打击这种关于爱尔兰的英国想象的，要是这样的话，那他或许会成为一个不错的爱尔兰历史家，甚至会成为一个爱尔兰民族主义者。当他说威廉斯是“混进所里的一个内奸”时，他自己也是这么一个“内奸”。像威廉斯一样，他也主要是从英国文学内部发现对英国不利的东西的。必须具备一个“内奸”的训练有素的目光和进行内部颠覆的谋略，才能从这一大堆文学知识中发现一些至关重要的线索。一个词、一句不经意的话、一个不起眼的形象或一段风景描写，都可以成为英国文学的裂口，在那儿放置炸药，就能把英国文学炸出一个不小的窟窿。被利维斯《细察》小圈子和新批评派诸将磨得锋利无比的文本和语义分析方法，原本是用来磨砺英国人的美学感受力和道德敏感性的，好使他们在一个动荡、分裂的工业时代重新获得民族认同感，如今落在了威廉斯、伊格尔顿这帮马克思主义者手里，可想而知，他们会以自己的方式来使用这种方法。

我这里只谈到了威廉斯和伊格尔顿的批评方法的阶级—地域来源以及他们用这种方法处理的一个相似案例（英国文学中的威尔士“有机社会”形象和爱尔兰“自然主义”）。他们当然比这幅简单的肖像要丰富得多、复杂得多。正是他们，才彻底改变了剑桥英语系的传统，或者至少使这种封闭的传统处于千疮百孔之中。正是他们，把一直为牛津、剑桥所排斥的劳工史、殖民史、工业和帝国、农业统计、性史等非文学文献带进了英国文学研究中。“英国文学”如今不是被供奉在“伟大传统”的祭祀台上，而是被扔在尸体解剖台上，支解得七零八落，到处散落着意象、词语、概念。

在经历了他们的批评智慧的洗礼后，牛津、剑桥的英语系不再可能出现利维斯《伟大传统》这样的著作了，甚至连利维斯这样的教授也不可能再度出现：原因很简单，那就是必须要有一个坚实的立足点，才能成为利维斯博士那样的人，也才能写出《伟大传统》那样的书，但从现在的眼光看，这一立足点本身都成了问题，因为构成这个立足点的材料（传统、经典价值、道德、土地、血缘等）无一例外是成问题的。威廉斯和伊格尔顿的批评的眼光只局限于大英帝国，而未能涉及英语区——文化上的日不落帝国，那里英国文化作为一个文化殖民者起作用，在前殖民地人那里形成了一种“殖民主义的世界视野”，例如“远东”、“走向世界”的表达。这一解构的工作由巴勒斯坦裔的美国人萨义德开启（《东方学》、《文化与帝国主义》等），在华裔中，突出的代表是刘禾等人，她对鸦片战争时期的《中英条约》的对比很有启发作用。这些人的学术背景基本上是：英语文学 + 马克思主义史观 + 福科的知识/权力的知识考古学 + 大量的有关第三世界文献。

## 五

从这里我们步入了文学的文化批评。每一个人、每一个文学文本都是一切社会关系的总和，它或他都是一个隐匿的整体的汇聚点，而文学的文化批评是以这个汇聚点重建这个整体。

在这方面，我个人认为，本雅明的方法最为迷人，例如在他对波德莱尔的研究中，他可不会像形式主义者那样回到“文本本身”，而是将其置于社会关系的整体之中。他以他的“多个平行平面”的构思方式将19世纪的巴黎或者法国在意识中重建起来，然后让波德莱尔在其中活动（不足之处或者说迷人之处在于，这些平面并不交叉，彼此作为一种对位，例如波德莱尔提出革命口号的多变性与路易·波拿巴的行事方式惊人的相似，波德莱尔在巴黎街道流连的形象与乞丐相似，他出入下等酒馆与那里的无产阶级密谋家相似）。宫廷，街道，密谋家，警方的探子，诗人，乞丐，巴黎公社，悌也尔，住房登记，街垒的设计，市场，等等，形成一个整体景观，具有对位的效果。

（编辑整理：杨谷怀）

# 新世纪文论转型及其问题域

党圣元

2009 年 3 月 30 日

## 党圣元

中国社会科学院文学所副所长、研究员

**摘　要：**新世纪中国文论研究的转型与当代中国社会的转型和全球化的推进密切相关。新世纪文论的问题表现在审美现代性、生态批评与生态美学、媒介文化及其后果、文论转型与文学史理论建构等方面，全球化、跨文化、跨学科是其突出色彩，现代性是各问题域的根基。在统观的基础上对转型文论的哲学基础进行概括，将是新世纪中国文论所要完成的重要理论任务之一。

**关键词：**文论转型　审美现代性　生态批评　媒介文化　跨文化

进入新世纪以来，在迅速推进的消费社会转型、电子媒介扩张以及迅猛发展的全球化等合力的交织作用下，中国文化的发展出现了许多新的景观。文化尤其是文艺审美活动，作为最敏感的意识形式，无论是其理论形态抑或实践形态，都在回应着这种剧烈的时代变动，因此相应地亦正经历着一种转型性质的变化。对于新世纪以来中国文论研究的这种转型，只有置于中国当代社会转型中加以考察，其理论价值和实践意义才能充分展示出来。在全球化语境中，从中国当代社会转型中所出现的新的社会、文化、文艺现实出发，对这些重大文论问题做深入、系统的探讨，以推进顺应当代社会转型的中国文论的整体转型，推动中国化马克思主义文艺学创新体系的建设——凡此种种已成为我们所要研究的重大时代课题。同时，这些重大理论问题的探讨，也与当代社会转型中的文化与经济的交融、文化建设、提升国家软实力、建构社会主义核心价值观等现实问题密切相关，因而对探讨如何推动中国当代社会整体和谐转型等，也具有一定的理论启示。

## 一

新世纪以来的中国文论研究，是以理论创新为姿态，来适应世纪之交所出现的这一发展契机的。如果从千禧之年算起的话，在经历了将近 10 年的转型之后，我们可以说当下的文论研究在学术理念和方法论意识方面确实发生了重大的变化，在话语体系、理论范式上正在经历着一场重大的转型，出现了在繁荣和热闹上堪与20世纪80年代相提并论的新局面。新世纪中国文论研究在转型的过程中产生了一系列新的话题、争论，这些话题和争论正在有效地推动、深化着学科建设的进程，并在相关学科以及社会文化领域产生着广泛的影响，而在与国际文化思潮的接轨上、在学术研究的沉潜上和理论创新意识上，亦呈现出与过去判然不同之势。这一切无不意味着新世纪以来的中国文论研究，又进入了一个新的发展时期。从学理层面来考察，新世纪中国文论研究在转型的过程中产生的一系列话题和论争，实际上或显或隐地表现为许多新的问题域。这些问题域的出现，为新世纪文论研究在思想和知识两方面提供了新的学术生长点，同时也为我们总结和反思新世纪文论十年发展历程提供了若干作业面，这些问题域包括：审美现代性、生态批评与生态美学、媒介文化及其后果、文论转型与文学史理论建构等。

### （一）关于审美现代性问题

新世纪中国文论是在全球化的进程中生成的，因此也当置于全球化中来审视。我们知道，19世纪末以来席卷资本主义世界的经济危机，尤其是两次世界大战的爆发，是“现代性”宿病的集中大爆发，西方学者对自己曾经热情讴歌的启蒙现代性产生了强烈的怀疑，深刻的反思也由此展开。对“现代性”弊端反思的维度是多重的，而其中的重要理论成果之一就是对“现代性”本身内在分裂的充分揭示。

“审美现代性”是现代化进程在文学艺术领域，扩大而言，在人的精神领域中所必然提出的命题。在西方，理论家们试图通过这个命题来讨论资本主义制度与审美精神的复杂关系，其中有对抗性的一面，也有同根同源的一面。尽管在现代性发动之初，审美现代性就与资本主义的经济现代性、技术现代性等存在着对抗与互补关系，但是，对这种对抗与互补关系进行自觉而深入的反思并使之成为理论关注的焦点，却是在“现代性”宿病大爆发后，尤其是在两次世界大战前后，才较大规模地展开的，其中主要理论代表有阿多诺、哈贝马斯和D. 贝尔等①。D. 贝尔的《资本主义文化矛盾》揭示后工业社会的“社会结构（技术—经济体系）同文化之间有着明显的断裂”，这其中揭示的就是包括审美艺术在内的文化现代性与技术现代性、经济现代性之间的内在断裂。20世纪90年代出版的斯科特·拉什、约翰·厄里的《符号经济与空间经济》提出“消费资本主义”

---

① 国内已经翻译出版的这方面的论著有：阿多诺：《美学理论》，王柯平译，四川人民出版社1998年版；哈贝马斯：《现代性的哲学话语》，曹卫东等译，译林出版社2004年版；D. 贝尔：《资本主义文化矛盾》，赵一凡等译，生活·读书·新知三联书店1989年版；等等。另可参阅周宪主编：《文化现代性精粹读本》，人民大学出版社2006年版。

的一大重要特征是“自反性”的增强，这其中又包括“认知自反性”与“审美自反性”，可以说相对侧重于技术现代性与审美现代性之间的内在互动性。后现代社会的另一重要现象是大众文化的迅猛发展，这就进一步突出了审美现代性作为理解后现代消费社会的一种基本理论视角的重要性。

在中国，20 世纪 80 年代中期以后，“审美现代性”问题开始引起学界注意，90 年代已有专著出版①。但是进入新世纪之后，这个讨论才发生重大转折，并逐步深化，时至今日，已经渐臻成熟。其原因有二：一是后现代视角的介入——一个奇怪的悖论是，“现代性”为后现代主义研究所照亮；二是中国大众文化的迅猛发展，使得审美“现代性”有了本土的批判对象，于是这个西方的问题开始转化为中国的问题，并且因此而推动了本土化研究的发展。“审美现代性”问题是文论界一段时间以来所探讨的一个重大理论问题，许多围绕文学艺术特性的研究与论争皆与此有一定关联②，对此的重视表明中国人文学者已经开始注意到了“现代性”（现代化）本身固有的复杂性乃至内在的对抗性。但是，纵观近十多年来国内文论界的研究状况，总体上可以说，充分结合技术现代性、经济现代性的发展对审美现代性进行系统而深入地研究尚嫌不足，而这样的研究对于深化和规范新世纪文论转型，具有重要的理论意义。

审美现代性问题很大程度上是在后现代消费转型中才凸显出来的，“二战”前后的西方马克思主义理论皆与西方社会新转型尤其消费社会转型密切相关，其后出现的西方种种社会理论也程度不等地与马克思主义有着较为密切的关联。法兰克福学派所谓的“文化批判”以及伯明翰学派所谓的“文化研究”，在很大程度上都是针对西方当代消费社会文化而展开各自的话语的。与消费社会转型密切相关的是西方学术界“语言转向”后出现了“文化转向”，所以“文化研究”引起了各学科领域的高度关注，出现了如鲍德里亚、理斯曼等研究消费社会文化的重要理论家，并对很多研究领域产生了影响。20 世纪 90 年代后，随着“冷战”

---

① 这方面的代表性著作有张辉：《审美现代性批判：20 世纪上半叶德国美学东渐中的现代性问题》，北京大学出版社 1999 年版；周宪：《审美现代性批判》，商务印书馆 2005 年版；张政文：《西方审美现代性的确立与转向》，黑龙江大学出版社 2008 年版；等等。

② 相关论文主要有：王一川《审美现代性的革命颜面》（《浙江学刊》2004 年第 3 期）、单世联《审美现代性的主题与问题——康德美学在现代中国》（《社会科学战线》2004 年第 5 期）、朱国华《中国语境中的审美现代性》（《天津社会科学》2005 年第 2 期）、刘亚斌《审美现代性话语与文学的歧途》（《艺术广角》2005 年第 5 期）、李进书《现代性“终结”与审美现代性批判》（《东南学术》2006 年第 4 期）、金惠敏《两种“距离”，两种“审美现代性”——以布洛和齐美尔为例》（《天津社会科学》2007 年第 4 期）、彭文祥《理论与阐释：审美现代性研究三题》（《河南大学学报》2008 年第 2 期）、钱中文《中国文学理论与美学审美现代性的发动》（《社会科学战线》2008 年第 7 期）、寇鹏程《中国的审美现代性之路：历史与现实的境遇》（《思想战线》2008 年第 5 期）、徐敦广《现代性、审美现代性与艺术审美主义》（《东北师范大学学报》2009 年第 1 期）等。

的结束，市场经济的全球化全面提速，“文化转向”的势头更加强劲，出现了像费瑟斯通等重要研究者，并且提出了“日常生活审美化”等重要理论。从理论渊源上来看，消费社会文化研究与马克思主义理论尤其是其政治经济学理论、法兰克福学派的文化批判理论、伯明翰学派的文化研究、法国列斐伏尔及德塞都的日常生活研究等密切相关。从方法论上来看，又与结构主义、解构主义符号学（巴特、德里达、福柯等）密切相关。消费社会文化研究与现代性、后现代主义等研究也密切相关，从学科来看，经济学有关奢侈和消费的研究是消费社会文化研究的重要组成部分之一，这方面有桑巴特、凡勃伦等重要研究者①。当然，在消费社会文化研究中，“社会学”是“显学”，在这方面，D. 贝尔、弗罗姆、斯科特·拉什，以及约翰·厄里、大卫·理斯曼、波德里亚等，都是这方面的重量级的研究者②。从研究对象来看，消费社会涉及了时尚（西美尔《时尚哲学》等有重要影响）、身体（如乔安妮·恩特维斯特尔的《时髦的身体》等），等等。这其中，波德里亚的一系列著作直接提到了文艺与美学等问题，而布迪厄的名著《区隔——关于趣味判断的社会批评》，更是艺术美学方面的重要著作，其中的主要观点：文艺消费活动乃是社会身份差异的生产和再生产的活动——更是成为当代消费社会文化研究的重要的基本理念之一。从总体上来看，西方有关消费社会文化的理论，是以批评马克思主义的“经济决定论”为出发点的，一方面，这些理论确实揭示了马克思、恩格斯时代所未曾出现的新的社会文化现象，另一方面，总体上也产生了走向“文化决定论”的弊端。

从20世纪90年代开始，尤其新世纪以来，中国也开始由传统的生产型社会向消费型社会转型。随之，西方的消费社会文化理论不断被引进，因而形成了“西学东渐”的又一引人瞩目的新景观。首先，所谓“日常生活审美化”成为文论界一段时间以来相关研究和争论的一个重要关键词，随着研究的深入，有些学

---

① 这方面的主要著作有［德］桑巴特：《奢侈与资本主义》，王燕平、侯小河译，上海人民出版社2005年版；［美］凡勃伦：《有闲阶级论》，钱厚默译，南海出版公司2007年版；等等。

② D. 贝尔的主要著作除了《资本主义的文化矛盾》，还有《后工业社会的来临》（高铦等译，新华出版社1997年版）、《意识形态的终结》（张国清译，江苏人民出版社2001年版）、《社群主义及其批评者》（李琨译，北京三联书店2002年版）；弗罗姆的著作有《理性的挣扎：健全社会之路》（陈莉华译，台北志文出版社1975年版）、《爱的艺术》（陈维纲等译，四川人民出版社1987年版）、《逃避自由》（陈学明译，工人出版社1987年版）和《寻找自我》（陈学明译，工人出版社1988年版）等；斯科特·拉什与约翰·厄里合著有《符号经济与空间经济》（王光之、商正译，商务印书馆2006年版）和《组织化资本主义的终结》（征庚圣、袁志田等译，江苏人民出版社2001年版）；大卫·理斯曼著有《孤独的人群》（王琨、朱虹译，南京大学出版社2002年版）；波德里亚著有《完美的罪行》（王为民译，商务印书馆2000年版）、《消费社会》（刘成富、金志钢译，南京大学出版社2000年版）、《生产之镜》（仰海峰译，中央编译出版社2005年版）、《象征交换与死亡》（车槿山译，译林出版社2006年版）和《冷记忆》（张新木、李万文译，南京大学出版社2009年版）；等等。

者已经开始将这一问题与消费社会文化理论研究结合起来做更进一步的探讨，这方面也已取得不少研究成果。其次，与消费社会转型相关的“身体写作”现象也及时地引起了文论界的关注，许多学者开始从“身体政治”等多种角度来对此加以探讨。最后，与文论转型相关的讨论集中体现在有关“文化研究”、“文化批评”的性质和定位，及其与文艺学的关系、“文艺学学科边界”等问题的学术论争中。在新世纪文论转型的前5年，文艺学研究领域对“文艺学学科边界”问题的争论尤其激烈①，产生了较为广泛的影响，从而有效地推动了新世纪文论的转型及其问题域的呈现。经过一段时间的引进、消化，新世纪中国学术界有关消费社会文化的理论研究正在全面展开，并且逐步回归学理性和趋于成熟，而其中尤为重要的是，这促进了新世纪文艺学研究的理论话语和范式的重要转型。但是，检阅新世纪10年来这方面的研究，我们认为，从总体上来说，对西方理论的引进、介绍要远远多于深入、系统的研究，而结合中国当下具体实际的本土化的问题意识尚不够自觉；一些理论在热闹的争论之后并未得到更进一步的深入探究，而在充分结合中国当代社会转型的特点，从经济现代性、技术现代化和审美现代性之间互动关系的角度而展开系统、深入的研究等方面略嫌不足。

### （二）关于生态批评与生态美学问题

其实，人类对自然生态的干扰和破坏早就开始了，只是人类活动对自然界施加的这种干扰和破坏行为，在后现代消费社会转型及全球化迅猛发展中愈演愈烈，因而其作为一个生存性问题，便更加凸显出来了。人文研究领域介入生态问题，有其不同于自然科学和社会科学领域的视角和价值取向，即是对于消费社会转型所带来的发达国家经济实体的能源过度消费的霸权主义，以及他们为了实现资本最大限度增殖而刺激人类过度消费行为的消费主义意识形态，采取批判的立场；将文化研究、文化批评的观念和方法论范式，引入生态批评，使之成为一个具有终极关怀性质的本体论色彩浓重的人文性话语；在价值取向方面则坚守了诗意生存、诗性智慧、精神和谐，以及个性化与多样性等范畴，这就为美学和文艺的介入生态问题敞开了大门。实际上，西方生态理论也正是伴随着消费社会及其

---

① 涉及文艺学边界论争的主要论文有：陶东风《关注日常生活：当前文艺学的变革与出路》（《文艺争鸣》2003年第6期），金元浦《文艺学的问题意识与文化转向》（《中国人民大学学报》2003年第6期），童庆炳《文艺学边界应当如何移动》（《河北学刊》2004年第4期）、《文艺学边界三题》（《文学评论》2004年第6期）和《“日常生活审美化”与文艺学》（《光明日报》2005年2月3日），李春青《关于“文学理论边界”之争的多维解读》（《文学评论》2005年第1期），吴子林《对于“文学性扩张”的质疑——兼论文艺学的边界问题》（《文艺争鸣》2005年第3期），金元浦《重构一种陈述——关于当下文艺学的学科检讨》（《文艺研究》2005年第7期），肖建华《文化研究的兴起与文艺学边界的消解》（《艺术百家》2008年第6期）等。

文化理论的发展而发展起来，并成为西方学界的“显学”，如艾伦·杜宁影响广泛的《多少算够——消费社会与地球的未来》，就是直接将生态问题与消费社会直接联系在一起来讨论的。[①]

从哲学层面上来讲，生态主义首先与对西方传统文化的整体上的哲学反思有关，在这方面，海德格尔对西方文化中的“人类中心主义”的批判对生态哲学的影响很大，而美国学者戴维·埃伦费尔德的生态哲学著作《人道主义的僭妄》中采用了与其相近的观点。此外，亨利·梭罗的《瓦尔登湖》、蕾切尔·卡逊的《寂静的春天》等[②]，对西方生态主义基本理念的形成产生了重要的影响。随着生态主义理念的逐步深入人心，西方学界不断出现生态学与其他学科相结合的交叉性学科，如生态伦理学提出了“大地伦理”、“敬畏生命”、自然的“内在价值论”、“荒野”本体论等重要理念，环境社会学则有“新生态范式”、“代谢断层理论”、“苦役踏车理论”等重要理论。与此同时，又出现了生态学与文艺学、美学交叉而形成的“生态批评”学科，如美国学者彻丽尔·格罗特费尔蒂就把“生态批评”定义为是“探讨文学与自然环境之关系的批评”，与此相近的还有“生态学的文学批评”或“生态学取向的批评”、“文学的生态批评”[③] 等说法。1992 年，在美国内华达大学成立了一个国际性的生态批评学术组织“文学与环境研究会”，该组织经常举办学术研讨会，积极地推动生态批评的发展。进入新世纪以来，西方生态批评在继续发展的过程中充分吸收生态主义理论的思想成果，将其运用于文学理论和文学史研究，从文艺学和美学的角度对生态主义思想做出了理论贡献，从而与生态伦理学、环境社会学等一起，共同促进了全球范围内的生态主义思潮的发展。这其中，詹姆斯·奥康纳的《自然的理由——生态学马克思主义研究》，力图将生态学与马克思主义理论结合起来，对我们尤其有理论启示[④]。

生态批评和生态美学也是新世纪中国文论转型过程中出现的一个极具前沿性和热点性的研究领域。之所以如此，与包括中国在内的当下全球性的自然生态环境日益恶化，科技发展和经济增长对环境的压力日益加大，物质与精神、科技与人文之间的关系日益紧张，从而使得生态环境乃至人的精神生态成为全人类共同

---

① ［美］艾伦·杜宁：《多少算够——消费社会与地球的未来》，毕聿译，吉林人民出版社 1997 年版。

② ［美］戴维·埃伦费尔德：《人道主义的僭妄》，李云龙译，国际文化出版公司 1988 年版；［美］亨利·梭罗：《瓦尔登湖》，徐迟译，上海译文出版社 1993 年版；［美］蕾切尔·卡逊：《寂静的春天》，吕瑞兰、李长生译，上海译文出版社 2008 年版。

③ 关于“生态批评”的各种界说，可参阅王诺：《生态批评：界定与任务》，《文学评论》2009 年第 1 期。

④ ［美］詹姆斯·奥康纳：《自然的理由——生态学马克思主义研究》，唐正东、臧佩洪译，南京大学出版社 2002 年版。

面临的根本性的生存问题密切相关。因其研究的对象和关注的主要理论问题与现实中的全球生态环境问题紧密地保持着同步关系，因此可以说，介入性、反思性、批判性是新世纪以来生态批评和生态美学发展建构过程中逐渐体现出来的一种越来越明晰的思想和学术品格，因而业已成为当前文学理论和美学研究中的一个极其重大的理论热点和前沿问题，为近十年来的文艺学和美学研究，提供了一个新的学术生长点。这些问题在国内高校的文学理论和美学教学及科研中也普遍受到重视，在学科建设中占据了重要的地位。

西方的全球化理论、生态哲学、生态伦理学、环境社会学、文化批评、反思性社会学等理论，对中国新世纪以来的生态批评和生态美学研究及理论争鸣产生了深度的影响。在借鉴西方理论之同时，密切关注中国当下的生态问题；在保持对现实问题的话语发言权之同时，注重理论和学科方面的基础建设，尤其是注重发掘中国传统文化中的生态观念，是新世纪中国生态批评和生态美学发展所表现出的一个显著特点。生态批评和生态美学之成为“显学”，体现了文艺学、美学理论研究的现实性品格，同时在相当程度上也预示着新世纪文学理论、美学学科发展的转型性变化。当然，当代中国的生态批评和生态美学建设，还面临着诸多问题和困境。

### （三）大众媒介文化及其后果问题

如果说消费社会转型、生态问题等与经济现代性有着更多的关联的话，那么，作为西方当代“文化研究”的重要组成部分，“媒体研究”则直接与技术现代性相关。现代大众传播媒介乃是审美现代性与技术现代性的交汇点，或者说，作为西方当代“显学”之一的现代媒体研究，把审美现代性与技术现代性绾结在一起了。这方面，麦克卢汉提出了著名的“媒介即信息”的断言，就是说现代传媒已非仅仅只是传播信息的手段，其本身就成为信息，对人的社会活动起着重大的组织作用。创立了所谓“媒体生态学”的尼尔·波兹曼的名著《娱乐至死》，则具体地分析了大众传播媒介对人的文化、政治生活等方面所产生的巨大而深刻的影响①。当代传播理论认为，“媒体”不仅只是传播信息的单纯手段，“媒体”本身也是信息生产、传播、消费的重要制约力量。“娱乐化”是现代大众传播媒介的一个重要特性，这种与现代大众传播媒介不可剥离的“娱乐化”，正在深刻地改变着文艺的存在方式乃至人的基本生活方式，并且对当代文学理论话语转型产生了深刻的影响。马克·波斯特、道格拉斯·凯尔纳等对现代大众传

① ［美］尼尔·波兹曼：《娱乐至死》，章艳译，广西师范大学出版社2004年版。

播媒介均有较为深入的探讨①。与此相关，西方学者首先提出了“图像转向”问题。有关“图像”在当代社会生活中的重大作用，鲍德里亚的“拟像”理论、德波的“景观社会”理论等，均有较为深入的探讨。图像化的现代大众电子传媒迅速扩张所产生的一个重要后果是其对以语言为载体的文学产生了严重的冲击，所以德里达《明信片》中提出了“在特定的电信技术王国中，整个的所谓文学的时代将不复存在”的论断，而希利斯·米勒则相继发表系列论文，提出了“文学终结论”问题②，均引发了较大反响。

新世纪以来，中国学界从传播学、文化学、社会学等多重视角对现代媒体理论的研究也正在逐步展开，文艺学和美学研究领域及时地注意到了当代大众媒介文化对于当下中国人的文化生产、文化消费、文艺实践的深刻影响，以及由此而产生的文论问题，逐步展开了这方面的研究，通过对于所谓“读图转向”、“文学性泛化”、“文学祛魅”等现象的分析讨论③，对现代大众媒介文化在当代社会生活中的重要作用的认识越来越清晰和理性。我们看到，通过对于这一问题域的讨论，与媒体研究相关的“图像转向”、“文学性泛化”、“文学死亡论”等问题，成为新世纪中国文论中的重要话题。新世纪中国文论对于这一问题域的讨论，主要进程和基本内容包括对国外图像文化理论的译介、阐释；对现代和后现代图像文化景观的研究与论述；图像社会的出现对传统文化（尤其是以文学话语为主导的传统文化）所形成的冲突和挑战，以及二者之间的互补互动所引发的理论思考与探讨；对图像文化的人文性质、人文意义以及伴随着图像文化的兴起、兴盛所出现的各种问题的研讨；而随着“网络文学”的兴起和发展，相关理论研究也开始逐渐走向深入；当然还包括不同学术观点和理论论说之间的重要论辩等。与此相关，米勒所提出的“文学终结论”，曾经在新世纪开头几年的我国文论界引

---

① 马克·波斯特的著作有《信息方式：后结构主义与社会语境》（范静哗译，商务印书馆 2000 年版）、《第二媒介时代》（范静哗译，南京大学出版社 2005 年版）；道格拉斯·凯尔纳的著作有《媒体奇观：当代美国社会文化透视》（史安斌译，清华大学出版社 2003 年版）、《媒体文化》（丁宁译，商务印书馆 2004 年版）等。

② 希利斯·米勒的相关论文有《全球化对文学研究的影响》（《文学评论》1997 年第 4 期）、《全球化时代文学研究还会继续存在吗?》（《文学评论》2001 年第 1 期）等。

③ 相关论文主要有余虹《文学的终结与文学性蔓延——兼谈后现代文学研究的任务》（《文艺研究》2002 年第 6 期）、彭亚非《图像社会与文学的未来》（《文学评论》2003 年第 5 期）、金惠敏《从形象到拟像》（《文学评论》2005 年第 2 期）、赖大仁《图像化扩张与“文学性”坚守》（《文学评论》2005 年第 2 期）、吴子林《图像时代的文学命运》（《浙江社会科学》2005 年第 6 期）、周宪《“读图时代”的图文战争》（《文学评论》2005 年第 6 期）、高建平《文学与图像的对立与共生》（《文学评论》2005 年第 6 期）等。

起了一场较为广泛的学术论争①，并且促进了新世纪中国文论的转型，丰富了新世纪中国文论问题域的形成。

现代电子媒介使“文学性”越出传统的文学领域向经济领域、大众日常生活领域扩展，这同样对传统文学的发展提出挑战，忽视这些新挑战与极端的文学终结论都存在问题，因此必须予以充分的理论关注。中国学界对于这些课题的关注，时间虽然不长，学术成果却颇有分量。这是因为，一方面，中国改革开放以来导致了剧烈的社会转型及文化转型，因此图像社会的出现所带来的文化断裂、文化冲击和文化重构的力度要更大，问题也要更为复杂和独特；另一方面，中国学界自身的学科危机、学科重建问题也日益突出，而现代媒介文化及其后果的研究，使得文论界对于学科危机、学科重建问题反思的角度、维度、深广度均得以确认和强化。近年来，这方面的研究又出现了可喜的变化，就是与本土的现实文化、文学新现象的联系逐渐紧密起来了，所关注和探讨的问题都初步得到了体现，从而使新世纪中国文论关于媒介文化及其影响后果的研究，初步呈现出人们期待已久的中国学术品格。但是，从总体上来说，新世纪中国文论对于媒介文化及其后果这一问题域所涵盖的诸问题的讨论，基本上是在分散的情况下进行的，尚缺乏整体性的观照，而围绕现代性的发展及其内在分裂来做深入、系统的研究也显得比较薄弱，同时现象性描述多于学理性分析，使得一些研究论文的理论性还不够强。

### （四）文论转型与文学史理论建构问题

新世纪文论转型及其问题域的形成，对于新世纪以来中国文学研究产生了多方面的影响，并且引发了文学史理论的反思和重构，由此而形成了文学史理论自身的问题域。跨学科的比较思想史、比较文化史在全球化与文化多样性、文化多元主义等方面西方学界已有大量的研究。由于文化间的相互联系，世界各国的文学也在相互影响。早在两百多年前，德国文学家歌德就曾预见过“世界文学”时代的来临。在《共产党宣言》中，马克思、恩格斯也预见到随着世界市场的出现，会出现一种“世界的文学”。这种世界的文学，究竟是一种什么样的文学

---

① 相关论文主要有童庆炳《全球化时代的文学和文学批评会消失吗？——与米勒先生对话》（《文艺报》2001年9月25日）和《文学独特审美场域和文学人口——和文学终结论者对话》（《文艺争鸣》2005年第3期）、李衍柱《文学理论：面对信息时代的幽灵——兼与J. 希利斯·米勒先生商榷》（《文学评论》2002年第1期）、金惠敏《趋零距离与文学的当前危机——“第二媒介时代”的文学和文学研究》（《文学评论》2004年第2期）、赖大仁《文学“终结论”与“距离说”——兼谈当前文学的危机》（《学术月刊》2005年第5期）、吴子林《“文学终结论”刍议》（《文艺评论》2005年第3期）和《“艺术终结论”：问题与方法》（《北方论丛》2009年第1期）等。

呢？近年来，文论和美学研究方面出现了一些研究这一课题的论文①。这些论文的出现，是与全球化与文化多样性的讨论联系在一起的。很多学者都看到，全球化并不能带来文化的一体化。在一个全球化的时代，不同文化、不同族群、不同传统不是自动地实现一种文化间的融合，相反，全球化进程促使各民族和各文化的人们寻求自我身份的认同。在文学中也是如此。不同文学间的相互影响，并不能在未来产生一种单一的世界文学。文学的相互翻译尽管能扩大人们的眼界，却不能抹去文化间的差异。产生于不同文化中的不同的文学，会以自身的传统为基础，吸收异域文学因素，各自产生新的现代文学。由此产生的结果是，置身于不同文化中的文学创作者或欣赏者相互观看，从而形成一种“复数的世界文学”，即各有主体性，但又你中有我，我中有你的现象。

新世纪中国文论的新变化在传统的文学史理论中也有突出体现。西方后现代主义、解构主义对“文学”含义的无限泛化，使文学史的研究陷入了困境，这对我们探讨在新的时代状况下重构文学史理论也有重要启示。当代社会转型对传统文学观念提出挑战，这方面有关本质主义、非本质主义与反本质主义的研究和论争，也成为文论的一个热点。步入新世纪以来，学界关于文学史理论的研究和讨论，由于受新的社会、文化、学术语境的影响，在问题域、提问方式，以及文学观和文学史观演进推动下的理论建构目标等方面，均发生了转型性质的变化。作为新世纪中国文论重大问题之一的文学史理论讨论，涉及文艺学、中国古代文学、中国现当代文学等诸多领域，影响面广泛，因而受到普遍的关注。在新的文学史观的探讨和建构过程中，全球化理论、后现代史学、反思社会学、文化诗学、新媒介理论、新传播理论、性别诗学、文化和文学人类学当代理论，均对这一讨论产生了深层的理论影响，从而使得新世纪近十年来的文学史理论研究和讨论，在文学史本体论、文学史功能论、文学史方法论、文学史书写和学术史反思等方面，产生了一系列新学语、新观念，与具体的文学史研究形成了一种良性的互动关系，从而成为新世纪中国文学研究的一个新的学术生长点。但总体来说，充分利用这些新理论探讨文学史理论重构问题的研究尚有待深入展开。

---

① 相关论文主要有李思孝《马克思“世界文学”的现实意义》（《乌鲁木齐职业大学学报》2006 年第 1 期），邱运华《“世界文学”概念的建立与跨民族文学研究中的文化站位问题》（《民族文学研究》2006 年第 4 期），姚鹤鸣《文化全球化与马克思的“世界文学”》（《广西师范大学学报》2007 年第 2 期），方汉文《“世界文学”的阐释与比较文学理论的建构》（《东方丛刊》2007 年第 3 期），陈庆祝《后现代视野中的“世界文学”》（《湘潭大学学报》2007 年第 4 期），潘正文《中国的“世界文学”观念之发生、发展、成熟》（《文艺理论研究》2006 年第 5 期）、《“东学西渐”与中国“世界文学”观的发生》（《浙江师范大学学报》2007 年第 1 期）和《中国近现代启蒙思潮与“世界文学”观念的发展》（《文艺研究》2009 年第 9 期），金惠敏《球域化与世界文学的终结》（《哲学研究》2007 年第 10 期），刘灿群、周翔林《世界文学的时代构型》（《求索》2008 年第 1 期），赵志义《世界文学的普遍主义与多元化》（《社会科学战线》2009 年第 2 期）等。

# 二

以上在全球化的背景中梳理了新世纪中国文论所涉及的新话语，这些新话语之间的联系是非常密切的，总体来看，我们对这些新话语之间复杂关联的整体把握还做得不够，而只有在统观的整体把握中，中国文论才能真正实现自身的理论转型，全面展开自身的理论创新。

新世纪中国文论乃是对新的时代的敏锐的理论回应，因此，对其统观把握首先要求对新的时代有某种整体的把握。那么，该如何来描述和把握我们这个瞬息万变的时代呢？英国人拉什、厄里《组织化资本主义的终结》指出："后现代主义是关于边界的逾越——在文化'文本'的内部与外部之间；在现实与表象之间；在文化和社会之间；在高雅文化和大众文化之间。"① 我们可以借用"边界逾越"这一表述——更准确地说是"边界开放"或"边界交融"来描述当下新的时代特征，这种边界开放与交融发生在政治、经济、文化之间，区域（东西方、不同国家等）之间、民族文化之间，以及科技与人文之间、知识与经验之间、哲学社会科学各学科之间，等等。拉什、厄里的《符号经济与空间经济》还对"边界的逾越"做了更具体的描述："经济日益向文化弯折，而文化也越来越向经济弯折。为此，两者的界限逐渐模糊，经济和文化不再互为系统和环境而起作用了"② ——这同样适用于描述其他方面的边界开放和交融。边界封闭似可相安无事，边界开放则会带来冲突，但同时也会带来发展的大好机遇，关键在于我们如何积极应对。新世纪中国文论的转型特点，也正是在诸种边界的开放与交融中体现出来的。

其一，新世纪中国文论具有突出的全球化和跨文化色彩，因此，如何把握好"全球化视野"与"本土化立场"之间的关系，是其中的一个重要问题。这种全球化色彩所体现的乃是区域之间、民族文化之间边界的开放与交融。比如美国经济状况对中国经济发展来说就不再仅仅只是一种"外部环境"，同时也会直接、迅速地转变为中国经济本身的"内部因素"——当下由美国"次贷危机"引发的全球金融危机对中国经济的影响就是最好的例证。同样我们也可以说，西方当代文论也不再仅仅只是中国当代文论发展的"外部因素"，同时也是中国文论本身的"内部因素"，因为西方当代文论所涉及的消费社会文化、大众电子传媒、

---

① ［美］斯科特·拉什与约翰·厄里：《组织化资本主义的终结》，征庚圣、袁志田等译，江苏人民出版社 2001 年版，导论。

② ［美］斯科特·拉什与约翰·厄里：《符号经济与空间经济》，王光之、商正译，商务印书馆 2006 年版，第 19～20 页。

生态等问题，同样也是身处全球化中的中国自身所要面临的问题。中国古代文论的现代转化、当代文论的“失语”等问题，曾经一度引起争论，今天应在全球化的语境中，充分调动媒体、消费、生态等理论，在新的文论话语形态中，对这些问题加以重新审视。另外，这些问题又涉及地方性与全球化的复杂错综关系，而厘清这些问题则有利于推动文论话语新形态的生成。全球化使不同文化之间无可避免地要产生接触，而接触就可能产生冲突和互渗。因此，中国文论与西方文论之间应建立起对话关系，我们应该一方面充分吸收西方文论的理论营养，另一方面又保持自身独特的文化立场而不被西方文论所同化。在迅猛发展的全球化进程中，产生于不同文化空间中的文论知识、思想等在全球范围内高速流转，这就使这些文论知识、思想的多样性显得特别突出，而这种多样性对于新世纪文论的转型与发展是有益的，因为新世纪文论话语新形态只能建立在知识、思想的这种多样性和丰富性上，试图以一种建基于某种单一知识、思想体系的文论话语形态，来取代其他文论话语形态，在当代社会转型中已失去理论上的合法性。

其二，新世纪中国文论具有极强的跨学科特点，处理好跨学科研究与坚持文论自身学科立场之间的关系是其要解决的另一重要问题。跨学科体现的是哲学社会科学诸学科边界的开放与交融，而这种学科边界的开放与交融恰恰是由社会生活各领域边界的开放与交融的现实时代状况决定的，其中突出的是经济生活与文化生活之间边界的开放与交融，即拉什、厄里所强调的“经济和文化不再互为系统和环境而起作用了”。在消费时代，经济不再仅仅只是包括文艺在内的文化发展的“外部环境”，而且同时也是文化发展本身的“内部因素”，同样文化也成为经济发展本身的“内部因素”。因此，对文论来说，经济等问题也就不再是其“外部问题”，进而，不保持与经济学、社会学等学科的理论对话，在新的时代条件下我们也就不能真正解决文论自身的问题。但是另一方面，边界的交融并非意味着可以用其他学科的研究来取代文论研究，而应在与其他学科（如社会学、经济学、生态学、传播学等）富于张力的对话性关系中展开文论自身的学科性研究。审美现代性、现代传播媒介技术（技术现代性）、消费主义（经济现代性）、生态主义、全球化等的发展，会在政治、经济、文化等方面产生一系列后果，而文论研究主要是关注这些发展所产生的文化后果尤其是审美后果。“文化研究”作为一种学术运作方式，一个重要的特点就是其“跨学科性”，如何评价文化研究及其“跨学科性”对于新世纪文论转型和发展所带来的影响作用，一直是近年来文论研究中的一个争议性极强的问题，我们认为欲以文化研究取代文论研究的观点当然是偏激的，但是否认文化研究及其“跨学科性”对于新世纪文论转型在创新意识和方法论自觉方面所产生的积极作用，同样是偏激的。所谓“跨学科”，实际上体现了当代人文学科研究之间的一种“对话”关系，新世纪文论转型及其发展，恰恰需要在一种广泛的“对话”关系中实现之，而与文化研究之间既保持一定的间性，又存在着良好的互动关系的“对话”，应该成为新世纪文论体现“跨学科性”的一个重要维度。为什么这样说呢？因为文化研究因其突出的“跨学科性”特点，在一定程度上已经成为汇拢当代人文和社会科学学科的各种新观念、新方法的信息“集散地”，而这样一来，文学理论便可以在“文化研究”所构建的平台上，通过其中介作用，与其他人文和社会科学学科建立起更加广泛而平等的对话关系。这种对话，一方面意味着相互交流，另一方面也意味着文学理论并不放弃自身的独特立场而被其他学科完全同化。只有在这种跨学科的平等对话中，新世纪中国文论才能真正形成自己的话语体系。

其三，新世纪中国文论的重大理论问题皆与现代性问题密切相关，而在现代性的研究框架中，文学艺术又首先直接与审美（文化）现代性相关，这种审美现代性又是相对于技术现代性、经济现代性等而言的——后现代理论的重要贡献之一就是揭示了传统所谓的“现代性”并非铁板一块，而是存在内在分裂，因此，在今日之后现代语境中，应将其置于技术现代性、经济现代性等的内在分裂与交互作用中，来重新审视审美现代性问题。正如我们前面所说的那样，边界封闭似可相安无事，边界开放则会带来冲突，新时代审美现代性与技术现代性、经济现代性等之间边界的开放与交融，绝不意味着它们之间冲突的消失，相反，某种程度上它们之间的冲突其实反而会更加趋于尖锐和激化。因此，在现代性边界的开放与交融中，如何保持审美现代性的基本立场，也是新世纪中国文论所要着力解决的一个重要问题。后现代理论的一大贡献是对现代性所产生的极其复杂而且主要是负面的社会后果、生态后果的揭示，因此，一方面，可以从这些后果来探究文学艺术在新的时代转型中所遭遇的新的现实问题，另一方面也可以从文论的角度对时代新转型中所出现的种种新的现实问题做理论应对和解答，新世纪中国文论于此大有作为。

除了从诸种边界的开放与交融来把握新世纪中国文论的转型特征外，还应注意用“范式”来总结和概括文论新转型的趋向，大致说来有以下几种范式值得注意：①媒介本体论范式：媒介不仅只是文艺乃至人的存在的简单手段，而且也是文艺和人的存在方式，现代电子媒介在改变文艺乃至人的生存特性方面发挥着至关重要的作用；②消费主义范式：局限于传统的“生产主义”范式，已无法准确理解和充分把握我们当下所处时代的新特征及包括文艺在内的人类社会文化的新特征；③生态主义范式：生态主义理念不仅只是应对现实生态问题的一种策略，它还促使我们重新审视人的生存及包括文艺在内的社会文化的价值和意义。

媒体、消费主义、生态主义等，不仅只是文艺研究的新视角，而且也是在整体上影响文艺研究总体发展趋向的深层的基本理论范式，只有充分认识到这些范式的重要性并充分利用这些基本范式，才能使文论在新的时代状况下实现新的有效转型。同时，只有把这些范式充分结合在一起，同时也置于全球化语境中，我们才能比较全面地把握我们当下所处时代的新特点：比如以生态问题为出发点，当今的生态问题绝非一国一地之问题，离开全球化根本无法讨论生态问题；进一步说，全球生态问题又与消费主义生活方式在世界范围内的不加节制的快速扩张密切相关；而消费主义生活方式的扩张又与现代大众传播媒介的高速发展密切相关；如此等等。如何在统观的基础上对转型文论的哲学基础进行概括，将是新世纪中国文论所要完成的重要理论任务之一。

（编辑整理：杨谷怀）

·文艺学通论·

# “文学性”与文学文本理论

周启超

2009 年 11 月 12 日

## 周启超

中国社会科学院研究生院外国文学系教授

**摘　要：**“文学性”究竟是一种文本之“内在的”特性，抑或只是一种文化之“外在的”惯例？关于“文学性”的理论思索，也是可以在不同的视界中展开的。“文学性”与“文本”，与“文本性”已然难解难分。“文学性”可以体现在作者的文学禀赋或读者的文学能力上，可以体现在文学媒介或文学体制的审美品质上。然而，“文学性”首先还是体现在文学作品或文学文本上。

**关键词：**文学性　文学文本理论　文学作品理论

“文学文本”这一范畴正受到学者们越来越多的关注。不论是通过叩探“文学文本”与“文学作品”的区别这种路径，来进入“文学文本”范畴的建构，抑或是将它置于现代文论向后现代文论转型的理论语境中，来清理“由作品到文本”这一理论范型的转变轨迹，还是围绕语言、结构、互文、文化这几个文学文本理论领域中的核心问题，来梳理文学文本理论，甚或通过整合西方文本主义文论、发掘中国的文本学传统，来建构一种堪与创作学、阅读学、欣赏学、批评学相提并论的“文本学”，这一切分明都在显示我们对“文学文本理论”的自觉。其实，整个20世纪外国文论（而不仅仅是西方文论）在文学文本/作品理论上的建树是十分丰富多姿多彩的。与英加登同时代的还有穆卡诺夫斯基的“结构主义文学作品”理论；与巴尔特同时代的还有埃柯的“开放的作品”理论、洛特曼的“艺术文本”理论。对20世纪文学文本理论的全面清理，需要我们拥有更为开阔的视界，需要多方位地吸纳理论资源。

文学文本理论研究比较充分展示千姿百态的文学文本/作品理论，比较清晰地呈现“作品等同于文本”、“作品大于文本”、“作品小于文本”之不同的景观与成因，比较到位地阐释文学作品理论/文学文本理论追求自立—获得自主—向外扩展，由“小写的文本”变成“大写的文本”的流变轨迹，进而，由此来显示现代文学理论由“作者世界”转向并沉入“文本世界/作品世界”的年轮或足迹。文学文本/作品理论的发育与变异过程，是现代文学理论的一种“活化石”般的学术标记，“文学性”流变的曲曲折折在文学文本理论的演变过程中刻下了可以辨析的印迹。

# 一、"文学性"与文学文本理论

"文学性"的追问，标志着文学研究与非文学研究的基本分野。尽管文学研究与非文学研究有交叉，但是"在审美文化中文学有属于自己的独特的审美场域"，"这种独特的审美场域是别的审美文化无法取代的"[①]。

关于"文学性"的理论思索，也是可以在不同的视界中展开的。有"本质主义"的"文学性"理论，也有"反本质主义"的"文学性"理论。持"本质主义"视界的学者认定"文学性"是客观地存在于文本自身的特性。"反本质主义"者认为，"文学性"更多地是一种由文本生成的环境、文本接受的语境所历史地建构起来的惯例或机制，是某种外在的、被赋予文本的价值。也就是说，"文学性"并非文学文本的专利，而是弥散于其他文本之中[②]。所谓历史文本的"文学性"，哲学文本的"文学性"，法律文本的"文学性"，不一而足。这里的"文学性"已然泛化，已然溢出文学研究的范围，蔓延到文学活动之外。这种基于语言的修辞性与隐喻性而无限播撒开来无处不在的"文学性"，更多的意识是解构主义等"后学"思潮对"文学性"的挪用，在"文化研究"中大显身手。这种"文学性"已经演变为"文本性"。有学者甚至由此提出，"文学性"在当今已经消弭于"文本性"，化身为"文本性"。

"文学性"究竟是一种文本之"内在的"特性，抑或只是一种文化之"外在的"惯例？是一种内在特质，还是一种外在建构？还是兼容"文本特性的确定（文本结构的确定）与通常解读文学文本的习惯和条件"[③]？

显然，"文学性"与"文本"，与"文本性"已然难解难分。

自然，坚守文学本位主义的我们，并不认同文学与非文学已失去差异，文学研究与非文学研究已失去界限。我们是以文学研究者的身份与诉求在追问"文学性"，"文学性"的生成与命运。这样的定位，势必要直面文学作品或文学文本的生成机制与存在方式，直面文学的自律——作为语言艺术产品"在结构上的自律"，与文学的"他律"——作为意识形态产品在"社会文化功能"上的他律——之间的互动方式，等等。这样的定位，自然要立足于现代语言学——从结构语言学到话语语言学——的成果，因为文学首先是一门语言艺术。但这还远远

---

① 童庆炳：《文艺学边界三题》，载《文学评论》2004 年第 6 期。

② 马可·尤万：《论文学性：从后结构主义到系统理论》，刘震译，载《多元对话语境中的文学理论建构国际研讨会会议论文集（二）》，中国人民大学出版社 2004 年版，第 74～82 页。

③ 乔纳森·卡勒：《文学性》，载马克·昂热诺等主编：《问题与观点：20 世纪文学理论综论》，史忠义等译，百花文艺出版社 2000 年版，第 39 页。

不够。还要有超语言学的视野。因为文学更是一门语言艺术。后索绪尔时代的文学研究实践已经充分证明这一点。"文学性"在哪里?"文学性"可以体现在作者的文学禀赋或读者的文学能力上，可以体现在文学媒介或文学体制的审美品质上。然而，文学性首先还是体现在文学作品或文学文本上。

可见，对"文学性"追问必然要诉诸文学作品理论或文学文本理论。不聚焦于文学作品理论或文学文本理论在当代的建树，不清理文学作品理论或文学文本理论在当代的发育轨迹，不反思文学作品理论或文学文本理论在当代的进展与问题，对"文学性"这一文学学核心命题的追问，是很难有实质性的推进的。

## 二、文学文本理论研究旨趣

20 世纪外国文论在文学文本/作品理论上的建树之复杂丰繁，更呼唤着我们去展开更为细致的辨析。拘泥于直线型的历史"进化思路"，袭用文艺思潮甚或文艺主潮的"更替模式"来观照文学文本/作品理论的流变，可能会遮蔽一些东西。有些学者认为，作品论强调文学的形式、风格和审美特性，代表了 20 世纪文学理论的一个重要取向；文本论则强调开放性、超越性和相对性，将它带入了具体的语言活动之中，代表了这一时期文学理论的另一种取向。作品论以单数、封闭的物质性对象为根据，确信普遍意义的存在，并指向和追索所指；文本论则强调其互文状态的网状结构，能够以游戏为指向，消解了权威、中心和普遍意义。作品论以形式主义为代表，文本论以后结构主义为代表，从前者向后者的演变标明文学理论的现代范式向后现代范式的转变。这种精练概括很有见地。然而，实际发生的情形是相当复杂的，不能简化成由作品论走向文本论的一种转变。

其实，有由作品论走向文本论的情形，也有由文本论走向作品论的情形。塔尔图学派与康斯坦茨学派虽然都重视文学文本的结构研究，但在总体上都不曾放弃作品论。伊瑟尔的接受理论推重"文本的召唤结构"，也强调文学作品是艺术极与审美极的合成。况且，这也是发生于 20 世纪 60 年代，更不宜一谈"文本理论"，就没有"作品理论"的位置了。似乎凡主张"作品论"就是古典的，而现代的甚或后现代的，必然是高扬"文本论"。看来，大谈由"作品"向"文本"或由"作品论"向"文本论"的转型，并由此扩展提升，而把这一转型看成从现代主义向后现代主义的"大转向"的表征，可能还是值得商榷的。诚然，总体看来，20 世纪前半叶，大多谈的还是"文学作品"理论，俄罗斯形式论学派、英美新批评、英加登、凯塞尔当年都是在建构"文学作品"理论，而不是"文学文本"理论。

“作品”概念的淡出，“文本”概念的凸显，自然是与当代法国结构主义文论和后结构主义文论的行进密切相关的。这里，巴尔特、克里斯特瓦、热奈特、托多罗夫这样一些文论大家都起了很大的作用，提出了种种学说。在哲学家的阵营中，对于文本理论做出贡献的，有利科、德勒兹与加塔利，而不仅仅有德里达。而且，后结构主义的文学文本理论恐怕不能简化为解构主义的文学文本理论。谈文学文本理论，当代法国文论是最为重要的思想资源。国内对这一理论资源的开采，还大有空间。巴尔特、克里斯特瓦、热奈特在文本问题上的著述，译成中文的不多，几篇重要的论文，譬如，巴尔特的《从作品到文本》（1971）、《文本（文本理论）》（1973）还是由英文转译的。克里斯特瓦文本理论的重要论文，譬如，《文本的结构化问题》（1968）、《文本与文本科学》（1969）、《封闭的文本》（1966～1967）、《被称之为文本的生产力》（1967）、《定式的产生》（1969），至今没有译成中文。

深入地清理20世纪文学文本/作品理论的实绩，还需要将一些哲学家、美学家、语言学家的“作品理论”或“文本理论”甚或“话语理论”也纳入视域，譬如索绪尔、卡西尔、克罗齐、海德格尔、巴赫金、杜夫海纳、雅各布森、叶姆斯列夫、本韦尼斯特、梵·迪克、伽达默尔、利科等人的相关学说。一方面，这些哲学家、美学家、语言学家对现代文学作品理论/文本理论也做出了不可替代的贡献；另一方面，他们的学说有助于我们廓清不同界面的“文本”理念：有后现代主义诸种理论的“文本”理念，也有作为语文学概念的“文本”理念，还有作为符号学和文化学概念的“文本”理念。巴赫金在20世纪50年代末60年代初撰写的《语言学、语文学和其他人文科学中的文本问题：哲学分析之尝试》一文中，就已将文本看做是“任何人文学科的第一性实体（现实）和出发点”。他认为，“如果在文本之外，脱离文本来研究人，那这已不是人文学科”。巴赫金将文本界定为具有“主体、作者”的话语，他所关注的对象是“真正创造性的文本”，是“个人自由的领悟”：文本的涵义“就在于关系到真理，真、善、美，历史的东西”。巴赫金强调，忠实于自身特性的文本体现着“对话的关系”：既对此前的话语做出应答，也诉诸他人具有主动精神的创造性应答。可见，巴赫金的“文本”已然是文化学——哲学人类学意义界面上的“大文本”，但它又不同于德里达的“大文本”。巴赫金的文本思想对于文学文本理论研究的意义，并不比德里达的文本思想逊色。其实，将世界文本化，将生活文本化，也并不是德里达的发明。圣经中的摩西就已把世界称为“上帝之书”。“书”作为存在之象征，在文艺作品中早就有所反映，不仅有直接的反映，也有间接的反映、“潜台词”似的反映。譬如，莱蒙托夫的名篇《预言者》的主人公“从人们的眼睛里”读出了“罪与恶的文辞”。不过，诚如俄罗斯学者瓦·哈利泽夫所言，对世界图景加以“无限文本化”的“无边文本理论”，这在哲学本体论中有一定道理，在各别具体的学科中就未必有效①。

看来，“文学文本”理论研究要大力开拓视野，也要努力聚焦本位。这样，我们才能比较充分地展示千姿百态的文学文本/作品理论，比较清晰地呈现“作品等同于文本”、“作品大于文本”、“作品小于文本”之不同的景观与成因，比较到位地阐释文学作品理论/文学文本理论追求自立——获得自主——向外扩展，由“小写的文本”变成“大写的文本”的流变轨迹，进而，由此来显示现代文学理论由“作者世界”转向并沉入“作品世界/文本世界”的年轮或足迹。

毕竟，文学文本/作品理论的发育与变异过程，是现代文学理论的一种“活化石”般的学术标记。毕竟，“作品”与“文本”这两个概念的嬗变，参与了现代文学理论的话语革命。毕竟，从文本走向作品，还是从作品转向文本，显现了文学观念的流变轨迹，意味着文学学领域“牛顿视界”与“爱因斯坦视界”的思维范式转型。或者说，复数的“文学文本/作品理论”，堪称累积着丰富的文学理论生命信息的“大分子”。着力于这种“大分子水平”上的理论资源之多方位的清理而又有深度的开采，当有可能推进文学理论这一人文学科的建设，当有可能深化现代文学理论这一门经受种种挑战然而并未消亡的学问。

由此，我们需要了解当代国外文论大家的文学文本/作品理论上的具体建树。

（编辑整理：于　飞）

① 瓦·哈利泽夫：《文学学导论》，周启超等译，北京大学出版社 2006 年版，第 299 ~ 306 页。

# 故事的无序生长及其最优策略

## ——以梁祝故事结尾的生长方式为例

施爱东

2009 年 12 月 10 日

施爱东

中国社会科学院研究生院文学系副教授

**摘　要：**提起梁祝故事，可能会以为“化蝶”就是该故事的唯一结尾。实际上，民间的口头叙事从来没有定本，但从总体上看，最终形成的秩序却呈现为一种有序的自然现象。所以，从统计学的角度来看，社会文化的演变规律“与生物种群、进化枝或生态系统是很相像的”，“社会本身就是一个自进化系统，它有紧随危机性紊乱之后稳定在一个可能的平稳状态上的能力”①。基于把故事的生命树视为一种“自组织”的思路，本文把采自不同时代不同地区的各种梁祝故事视为均质文化平台上的“故事集合”来展开讨论。

**关键词：**梁祝　故事生命树　无序生长　最优策略

## 一、故事生命树的生长方式

可考的最早确切记载梁祝故事的文本是南宋乾道五年（1169）张津《四明图经·鄞县》：“义妇冢，即梁山伯祝英台同葬之地也，在县西十里接待院之后，有庙存焉。旧记谓二人少尝同学，比及三年而山伯不知英台之为女也，其朴质如

① ［美］E. 拉兹洛：《进化——广义综合理论》，闵家胤译，社会科学文献出版社1988年版，第90～91页。

此。按《十道四蕃志》云义妇祝英台与梁山伯同冢，即其事也。”①

故事的起源与流变并不是本文所关心的。上述所要说明的是，在张津的年代，故事的结尾也还仅止于记载祝英台有义妇之名和梁祝二人“同冢”——这是梁祝故事最原始的结尾，没有多少传奇色彩。

至于祝英台为什么会得到义妇的封号，她与梁山伯是否为情人关系，他们为何未婚同冢等问题，张津及其他载录者均未做具体说明。也许当时民间已有相关传说，也许成熟的情节尚未产生，但有一点是可以肯定的：这一简单的记载留下了许多疑问，情节中的每一处不完整或者说每一个疑问都会成为一个“缺失”。在民间叙事中，只要存在缺失，就一定会形成“紧张”，每一个“紧张”都必须引进一种或多种新的母题链来加以消解②。本文将这一增加母题链以消除“紧张”的过程称做“补接”——嫁接新的母题链，弥补原有情节的缺失。

到了明清两代，见于文字记载的梁祝故事骤然增多，故事情节也丰富起来。如翟灏《通俗编》借托《宣室志》云：“英台，上虞祝氏女，伪为男装游学，与会稽梁山伯者同肄业。山伯，字处仁。祝先归。二年，山伯访之，方知其为女子，怅然如有所失。告其父母求聘，而祝已字马氏子矣。山伯后为鄞令，病死，葬鄮城西。祝适马氏，舟过墓所，风涛不能进，问知有山伯墓，祝登号恸，地忽

① 目前学界一般认为梁祝故事起于东晋。但此说是从钱南扬《祝英台故事集》一书中搬出来的。钱氏本人反倒并不肯定此说，只是姑且做个假设。学界拿着鸡毛当令箭，你说我说大家说，慢慢地似乎成了定论。“东晋说”的主要依据是，清代翟灏在《通俗编》中引了一则唐人张读《宣室志》的记载，说梁祝死后，东晋丞相谢安曾为祝英台请封。但是，现行《宣室志》无此记载，另外，李剑国称“祝英台：清梁章钜《浪迹续谈》卷六《祝英台》引《宣室志》，……按：《宣室志》不载此。梁氏所引系转征他书，而陈校疑亦据他书。前已言，《宣室志》所载皆唐事，祝英台事乃在东晋，自不应载于本书”（见李剑国《唐五代志怪传奇叙录》下册第832页。李氏将祝英台事断在东晋仍可商榷，但认为不应载于《宣室志》，当无疑义）。“东晋说”的另一个有力证据是明末徐树丕的《识小录》，该书说《金楼子》和《会稽异闻》都载录了梁祝故事。《金楼子》是梁元帝所作，成书较早，可以支持“东晋说”，但此书在明代初年就已湮没，而徐树丕卒于清代康熙年间，徐氏怎么可能看得到《金楼子》？而从《永乐大典》等各种现存的《金楼子》存目来看，并没有关于梁祝故事的记载。至于《会稽异闻》，连书名都不见信录，更不用说书本身了。南宋张津《四明图经·鄞县》说唐代的《十道四蕃志》中记载了梁祝故事，但《十道四蕃志》早已不存，更不可考，张津也有假托古书的可能。也许有人还可以找出别的证据来，但是，目前所有指认为宋代以前的证据，无一足信。我们确切知道的，最早记载梁祝故事的，就是张津本人。同是宋代的《舆地纪胜》、《四明志》等相关著述也有些许记载，但没有提供更多的信息。可见有宋一代，梁祝故事尚在十分简陋的阶段。到了元代，袁桷《延祐四明志》还是持张津的说法，在后面加了一句“然此事恍惚，以旧志有姑存”，可见到了元代，此事仍然“恍惚”，说明故事在元代还并不很盛行。

② 格式塔心理学派有一个重要理论，即“闭合律”：一个不完整或开放性的图形总是要趋向完整或闭合。一个在圆周上缺一小段的圆圈，在被试的描述中，总是趋向于一个完全闭合的圆圈。闭合律在思维、学习等行为中同样起着重要作用：一个没有解决的问题或任务是一个不完整的或开放的格式塔，它在人身上就会造成紧张，只有把问题解决了或把工作完成了，最终形成闭合，这种紧张才能得到消解。

自裂陷，祝氏遂并埋焉。晋丞相谢安，奏表其墓曰：‘义妇冢。’”①

原本简单的同冢核心已经演绎出了比较完整的情节。但是，翟说一方面弥补了同冢说的缺失，另一方面却又造成了更多新的缺失。从故事逻辑上来说，新的缺失包括：梁祝同窗两年，祝英台是如何瞒过梁山伯以及其他同学的？祝英台为什么单单爱上梁山伯，而不是其他同学？他们之间有什么默契？祝英台如何在男人堆里保持她的贞洁？梁山伯病故与祝英台有没有直接关系？祝英台投梁墓之后，祝英台的未婚夫马某将做何反应？等等，新的缺失必然引起新的“紧张”，而且又将要求补接更多的母题链来消解这些紧张。

事实上，对于“梁祝有何干系？为何同冢？”等情节缺失的弥补方式并不只有翟说一种，如果把最原始的“同冢”叙事所形成的缺失当成我们讨论梁祝故事结尾生长方式的第一步，那么，我们从现当代流行的大量的梁祝故事中可以看到，民间叙事在解释同冢的原因时，补接了“英台投墓”、“死后合葬”、“择女阴配”等多种母题链②。

关于“阴配说”。浙江鄞县、慈溪等地的说法是，梁山伯为官清廉、积劳成疾，最后死于任上，或是私开粮仓赈灾被斩，当地百姓苦其生前尚未婚配，就为他觅得一才貌相当的早逝烈女祝英台，将他们阴配同冢，而梁祝生前可能并不相识③。另有一种说法是，后人在为梁山伯掘地造墓的时候，从墓地挖出署名烈女祝英台的墓碑，于是顺水推舟将他们阴配同冢④。这类传说是建立在梁祝本不相识基础上的母题，当它封闭地解释了同冢的原因之后，在逻辑上没有形成可供进一步发挥的情节缺失，也就失去了进一步推动情节发展的生长动力，没有补接新母题链的必要，也就没有能够广泛流传。

“合葬说”各地都有，但并不盛行。山东济宁的说法是，梁山伯葬后，祝英台哭死在梁山伯墓前，“世人感念祝英台的情义，经多方商议，决定把她和山伯合葬”⑤。浙江宁波的说法是，“人们为了纪念梁祝保境安民的功德，就把他俩的墓迁拢，合葬在一起”⑥。而河南汝南一带则称祝英台殉情以后，“嘱家人葬于梁

---

① （清）翟灏：《通俗编》，卷37，“梁山伯访友”。

② 本文所据以分析的梁祝故事主要采自周静书：《梁祝文化大观·故事歌谣卷》，中华书局1999年版；钱南扬：《祝英台故事集》，中山大学民俗学会小丛书1930年版；樊存常：《梁山伯·祝英台家在孔孟故里》，山东文化音像出版社2003年版。检出现当代流传的梁祝故事异文共102篇。

③ 《祝英台阴配梁山伯》、《清官侠女骨同穴》、《开仓分粮济百姓》、《梁县令治水》等，只有《梁县令治水》提到梁祝生前曾经同学；另有《大侠与清官》还将祝英台说成本是男扮女装的美男子。均见《梁祝文化大观·故事歌谣卷》。

④ 《千万阴兵助康王》、《蝴蝶墓与蝴蝶碑》等，见周静书：《梁祝文化大观·故事歌谣卷》。

⑤ 《梁山伯·祝英台家在孔孟故里》，第43页。

⑥ 《梁祝文化大观·故事歌谣卷》，第217页。

山伯墓东边……隔路相望”[①]。合葬说分割了从死到葬的时间，中断了情节高潮，而且偏离了“裂墓、投墓”这样的神奇叙事风格，采用了纯写实的叙事方式，无法补接神奇再生母题，也很难生长出其他新的母题，因此，从叙事逻辑上只留下了“后人进行纪念”一种合理的生长可能。

以上诸说中，情节缺失最多、最神奇、最开放的母题是“投墓说”。我们暂且抛开其他诸说，回到翟灏“投墓说”的故事路线上，继续我们的讨论。

源故事补接祝英台投墓这一母题后，可能产生两类缺失。

一是逻辑缺失。如果在情节整体的叙事逻辑上，还存在不能自圆其说的细节，形成了需要进一步解释和说明的可能性，我们就认为这一情节存在逻辑缺失。比如在祝英台投墓之后，我们可以这样问：祝英台的投墓行为是否具有合理性？为什么一个不遵父母之命媒妁之言的私定终身者在当时的社会环境下还能被旌表为义妇？祝英台投墓之后，双方家庭，尤其是祝的未婚夫马某将做何反应？等等。

二是情感缺失。民众的情感是一种集体的评价性机能，它对某一情节的展开或者结局是否感觉满意，主要取决于该情节给它带来的是审美的愉悦还是缺憾。如果有某一阶层或某一类群体认为该情节不能满足他们的情感需求，那么，我们就认为这一情节存在情感缺失。民众的情商基本上适合用“木桶效应”[②]来解释，它总是向着该集体中情商最低的个体靠拢，所以民间叙事往往是感情极为强烈、爱憎极为分明的，主人公的行为以及行为的后果也常常是非理性的。“投墓”作为一出爱情悲剧，美的事物遭到毁灭，自然会在民众心理上形成情感缺失，造成紧张，这种紧张必须得到消解[③]。

事实上，几乎所有的逻辑或情感的缺失都会形成紧张，需要补接新的母题链以消解这种紧张，而不同的传播者会选择补接不同的母题链。因此，人群类别的多样性决定了补接并不特别地朝向某一个方向，而是朝向几乎所有可能的方向。这些方向的不同可能由他们知识结构或审美趣味的差异所决定，也可能由于别的原因，但这不是本文所关心的。本文只是想说明，任何一个成熟的故事，在其生

---

① 《梁祝文化大观·故事歌谣卷》，第247、257页。

② “木桶效应”的大意是说，一个木桶由许多块木板围合而成，如果这些木板的长短不一，那么，木桶的容量并不取决于较长的木板，也不取决于木板的平均长度，而是由最短的那块木板决定（有关“木桶效应”的图书有多种，如石磊编著：《木桶效应》，地震出版社2004年版）。

③ 梅兰芳说：“旦角戏的剧本，内容方面总离不开这么一套，一对青年男女经过无数惊险的曲折，结果成为夫妇。这种熟套，实在腻味极了。为什么从前老打不破这个套子呢？观众的好恶力量是相当大的。我的观众就常对我说：‘我们花钱听戏，目的是为找乐子来的。不管这出戏在进行的过程当中，是怎么样的险恶，都不要紧，到了剧终总想看到一个大团圆的结局，把刚才满腹的愤慨不平，都可以发泄出来，回家睡觉，也能安甜。要不然，戏是看得过瘾了，这一肚子的闷气带回家去，是睡不着觉的。’”（梅兰芳述、许姬传记：《舞台生活四十年》第二集，中国戏剧出版社1961年版，第48页）

命树的每一个枝节上，只要存在缺失，就有机会补接尽可能多样的母题链，枝枝叶叶，朝着最大限度的混乱和无序发展。

由于本文只讨论故事的结尾，因此，在投墓母题派生的所有缺失中，我们只选择其中一个点进行分析，在这一缺失点上补接的众多母题链中，只选择其中一枝进行追踪。这样，我们才有可能在杂乱无章的枝枝蔓蔓中理出一根枝条，进行单线追踪，以保持写作思路的清晰。现在，我们所选择的缺失点是：马某在未婚妻投入别人墓地之后有何作为？

按照故事逻辑，我们可以尽最大可能去设想补接这样一些母题链：①掘墓寻人；②回头找亲家或仇家算账；③追至阴间与梁山伯再度展开夺妻之战。事实上，不仅我们所能设想的这些母题链都在民间叙事中真实地出现了，而且还出现了一些我们意想不到的母题。

在本文写作所依据的102个现当代梁祝故事中，共有41个故事涉及投墓这一母题（其中《观音寺结缘》没有出现马某这一角色），它们分别补接了马某的6种可能行为（即6枝母题链，其中有2个故事同时具有2、4两链）：

| 母题链 | 1. 不作为 | 2. 掘墓 | 3. 阴府夺妻 | 4. 化身异类 | 5. 吓成红脸 | 6. 殉情自杀 |
|---|---|---|---|---|---|---|
| 文本数 | 13 | 10 | 7 | 10 | 1 | 1 |

以上6枝母题链基本上穷尽了我们可以想象的马某的所有可能行为①。在2～6这五枝母题链上，每枝都可能出现一处或多处缺失，每一处缺失又可补接多枝母题链。

根据本文的单线追踪方案，我们选择文本较多的第2枝母题链“掘墓”来讨论。

掘墓之后，又产生了新的缺失。比如：掘墓发现了什么？或者，掘墓的后果是什么？在我们所讨论的这10个文本中，这一缺失又被补接了4枝母题链：

（1）蛇护墓穴，吓退掘墓者。如所见为“两条大蛇”或“数不清的大蟒蛇”，马某被吓退或者吓死②。

（2）马某找到尸骨，打击报复。“他掘开坟墓，找到许多尸骨，便四下抛散，不料那些尸骨重新聚拢在一起。”③

① 据韩国学者崔云植先生向笔者提供（2004年10月17日），韩国有一种异文，祝英台投墓之后，马某很失望，转轿回家，这时，墓门又打开了，梁祝出来，到别处过上了幸福生活。这也是马某不作为的一种。

② 如《梁山伯与祝英台》、《金童玉女风月记》、《三生三世苦夫妻》等。见《梁祝文化大观·故事歌谣卷》。

③ 如《梁祝复活留人间》等。见《梁祝文化大观·故事歌谣卷》。

（3）梁祝发生尸解。如“只见两块青石板，其他一无所有”、“不见尸体，只见两个白色的鹅卵石”、“墓掘开了，里面只有两块粘在一起的石头”①。

（4）梁祝化为双飞物，在另一世界得到永生。如“那白蛇、青蛇双双腾空驾雾飞去”、“两只鸳鸯鸟从里面飞出”、“只见得一双白蝴蝶飞出”等②。

凡是出现链1的，掘墓者被吓退，该情节的逻辑缺失得到封闭，故事在逻辑上失去了进一步生长的动力（但并不排斥情感缺失的存在和被补接的可能性）。链2出现悲剧主人公的尸骨，这是需要被安置的遗物，情节出现缺失，显然必须补接新的母题链。链3是尸解母题，这一母题是否形成缺失，我们将在后面继续讨论。链4在逻辑上和情感上都得到了封闭，但是，根据民众情商的“木桶效应”，这一情节在情感上还有进一步生长的可能，比如在有的故事中，梁祝在另一世界得到幸福还不能满足民众的心理需求，他们还要求对妨碍了梁祝爱情的马某进一步进行处置③。

我们选择链3即“尸解”母题来讨论，链3共有4个文本。

（1）如果讲述者把“尸解”母题理解为主人公已经飞升，那么，石头就成了没有意义的单纯的石头，从故事逻辑上看，情节已经封闭了。这样的文本只有1个，故事把尸解与化蝶拧在一起，并且说明“这时才知道那一双白蝴蝶，就是他俩的化身”④。两块青石板就变成了没有任何意义的道具，无须进一步交代。

（2）如果讲述者认为石头本身就是梁祝的化身，那么，石头的归宿就必须有交代，故事生命树还将继续生长。这类文本有3个。

首先，马某会选择对两块石头进行处理：马某试图分开（或砸坏）两块石头，但怎么也分不开（或砸不坏），最后马某把它们分别丢到河的两岸（或坡的左右），终于把它们分开。

“分开”是一种明显的缺失，一定要补接一个有关“结合”的母题链才能消解这一“紧张”。在这3个文本中，《英台作诗托终身》和《英台姑娘和山伯相公》说两个石头最后变成了两棵树（或竹），根连根，桠对桠（或缠在一起）。其一补接了马家砍竹子，村里人又用以造四弦琴的母题链；另一则补接了马某被

① 如《英台姑娘和山伯相公》、《英台作诗托终身》、《竹篾箍桶永久紧》、《闽南传说的梁山伯与祝英台》（收入周编本时作《梁祝同化白蝴蝶》）等。分别见《梁祝文化大观·故事歌谣卷》、《祝英台故事集》。

② 如《鸳鸯成双不分离》、《闽南传说的梁山伯与祝英台》、《梁山伯与祝英台》（收入周编本时作《三载同窗生死恋》）等。分别见《梁祝文化大观·故事歌谣卷》、《祝英台故事集》。

③ 处置马某的文本如《鸳鸯成双不分离》。可以佐证这一情感缺失的是，马某“化身异类”这一枝母题链的感情指向，基本都是对马某的唾弃和嘲弄。

④ 谢云声：《闽南传说的梁山伯与祝英台》，《祝英台故事集》。

气死，死后变成掩脸虫，后人在两棵树的地方开展纪念活动等母题链①。《竹篾箍桶永久紧》说两块石头分别变成了杉和竹，人们把杉树做成木板、把竹做成篾，用篾来箍桶，这样，它们又紧紧地结合在一起了。

至此我们可以看到，就我们所追踪的这一根枝条来说，几乎在每一个环节上都穷尽了它的生长可能，最终必然生长为整个故事生命树的一个组成部分。

## 二、故事生命树的枝端模型

下表罗列涉及投墓母题的41个故事的枝端母题链②。

**表1 “英台投墓”所补接的母题链列表**

| 序号 | 篇名 | 结尾方式 | 流传地区 |
|---|---|---|---|
| 1 | 彩蝶双飞 | 英台投墓、梁祝化蝶 | 各地 |
| 2 | 梁山伯与祝英台 | 英台投墓、马某掘墓、蛇护墓、梁祝化蝶、封义妇冢 | 宁波鄞县 |
| 3 | 金童玉女风月记 | 英台投墓、梁祝化蝶、马某掘墓、蛇护墓、封义妇冢、庙食受祭 | 宁波 |
| 4 | 祝英台钟情梁山伯 | 英台投墓、梁祝化蝶、封义妇冢 | 浙江上虞 |
| 5 | 蝙蝠双飞梁祝魂 | 英台投墓、梁祝化为蝙蝠、魂归天界 | 浙江舟山 |
| 6 | 梁祝情深上天庭 | 英台投墓、马某追入阴间、阎罗断案、梁祝回归天庭、马某还魂另娶 | 浙江、上海 |
| 7 | 观音寺结缘 | 英台投墓、梁祝化蝶、魂归天界 | 宜兴 |
| 8 | 三蝶奇缘 | 英台投墓、梁祝化蝶、马某自杀、马家报复、三人俱化为蝶 | 广西融水苗族自治县 |
| 9 | 尼山姻缘来世成 | 英台投墓、马某追入阴间、阎罗断案、梁祝魂归天界、被黎山老母收为徒弟、还魂报国、荣华富贵 | 浙江、河南 |
| 10 | 鸳鸯成双不分离 | 英台投墓、裂衣化蝶、马某掘墓、梁祝化为鸳鸯飞出、马某自杀、化身水广皮 | 浙江、江苏 |
| 11 | 梁山伯与祝英台相爱 | 英台投墓、梁祝化蝶、马某化砂虫、迎亲者俱化花草 | 河北 |

① 补接的这一母题即《孔雀东南飞》结尾的母题。

② 表中序列故事1~35出自《梁祝文化大观·故事歌谣卷》，序36~39出自《祝英台故事集》，序40、41出自《梁山伯·祝英台家在孔孟故里》。

续表

| 序号 | 篇名 | 结尾方式 | 流传地区 |
|---|---|---|---|
| 12 | 英台姑娘与山伯相公 | 英台投墓、马某掘墓、梁祝化双石、石被分开、石化兰竹相缠、竹子造琴 | 贵州罗甸县布依族地区 |
| 13 | 飞蝶化彩虹 | 英台投墓、梁祝化蝶、再化彩虹 | 四川丰都 |
| 14 | 英台作诗托终身 | 英台投墓、裂衣化蝶、马某掘墓、梁祝化双石、石被分开、石化两树相缠、后人纪念、梁祝化蝶、马某化掩脸虫 | 广西东兰、巴马、田阳等地 |
| 15 | 梁祝复活留人间 | 英台投墓、马某掘墓、梁祝尸骨被抛散、散而自聚、得仙女救活还魂、幸福生活 | 朝鲜 |
| 16 | 夫妻恩爱白头吟 | 假投墓、马某受惊、祝家退彩礼、梁祝出逃、白头到老 | 浙江宁波 |
| 17 | 蝴蝶仙 | 英台投墓、梁祝化蝶、魂归天界 | 杭州 |
| 18 | 梁祝永结并蒂莲 | 英台投墓、梁祝化蝶、再化并蒂莲 | 江苏 |
| 19 | 赌誓成真真亦假 | 英台投墓、梁祝化蝶、马某病故、变马兰花 | 杭州 |
| 20 | 结发夫妻 | 英台投墓、梁祝化蝶、马某跟入阴间、阎罗断案、神判、以飘发断案、祝归梁山伯、马某另娶 | 宁波 |
| 21 | 三生三世苦夫妻 | 英台投墓、马某掘墓、梁祝化青白二蛇、转世许仙夫妇 | 浙江、江苏 |
| 22 | 马俊告状 | 英台投墓、马某气死、阎罗断案、查簿、俱还魂、马某另娶、梁祝白头到老 | 广东海陆丰一带 |
| 23 | 梁祝读书洞 | 英台投墓、雷劈马某、梁祝化鸳鸯 | 山东兖州、邹县、微山一带 |
| 24 | 马文才塑像的传说 | 英台投墓、墓出二蛇、马某受惊成红脸 | 浙江宁波 |
| 25 | 马郎港的成因 | 英台投墓、马某淹死变马郎鱼、喜欢拱土堆（以为是坟堆） | 江苏洪泽湖一带 |
| 26 | 白衣阁的传说 | 英台投墓、梁祝化蝶、民间举行纪念活动 | 河南汝南一带 |
| 27 | 梁祝和双蝶节 | 英台投墓、梁祝化蝶、民间举行纪念活动 | 江苏宜兴一带 |
| 28 | 蝴蝶不采马兰花 | 英台投墓、梁祝化蝶、马某变马兰花 | 浙江 |
| 29 | 英台化蚕 | 英台投墓、梁祝化蝶、马某追入阴间、阎罗断案、阎罗不作为、祝马变身斗法、英台最终化蚕、梁变蚕的栖息物、马某变麻苍蝇 | 不详 |
| 30 | 映山红的来历 | 英台投墓、化为映山红 | 福建泉州 |

续表

| 序号 | 篇名 | 结尾方式 | 流传地区 |
|---|---|---|---|
| 31 | 竹篾箍桶永久紧 | 英台投墓、马某掘墓、梁祝化双石、石被分开、化身竹树、竹木制桶 | 福建漳平一带 |
| 32 | 草花蛇 | 英台投墓、马某变草花蛇 | 广西玉林一带 |
| 33 | 马文才变马郎鱼 | 英台投墓、马某变马郎鱼 | 江苏 |
| 34 | 马文才变公猪 | 英台投墓、马某病死、阎罗断案、梁祝成夫妻、阎罗设计、马某变公猪 | 浙江景宁畲族自治县 |
| 35 | 死人嘴为啥要盖书 | 英台投墓、梁祝化蛾、蛾伤人、丧事须防出蛾 | 湖北沔阳一带 |
| 36 | 海陆丰戏剧中的梁祝 | 英台投墓、马某自杀、阎罗断案、查簿、还魂、马某另娶 | 广东海陆丰 |
| 37 | 祝英台的歌 | 英台投墓、梁祝化蝶 | 河南 |
| 38 | 闽南传说的梁山伯与祝英台 | 英台投墓、裂衣化蝶、马某掘墓、梁祝尸解 | 闽南 |
| 39 | 梁山伯与祝英台 | 英台投墓、马某掘墓、见空穴、梁祝化蝶 | 广东东莞 |
| 40 | 蝴蝶成双不分离 | 英台投墓、裂衣化蝶、墓出蝶 | 山东济宁 |
| 41 | 峄山姻缘来世成 | 英台投墓、阎罗释姻缘、梁祝化蝶、魂归天界 | 山东济宁 |

从表中可以看出，英台投墓之后，故事表现出了多种可能的走向。我们只需把“英台投墓”当做这一树枝的根部，就可以向上画出一幅枝繁叶乱的故事生命枝，作为我们生命树的枝端模型。

但当我们试图实际绘制这样一幅图画的时候，就会发现，仅仅是具有英台投墓母题的故事（还有许多的异文甚至根本就没有涉及英台投墓的母题）的枝端部分，就已经杂乱得让我们眼花缭乱。本文只选择画出梁祝投墓之后，马某追至阴间，“阎罗断案”这一更趋枝端的生命枝。

根据现有的文本，我们得到这一小枝生命树的枝端模型如下：

图中我们可以看到，在每一枝母题链的最末端，在梁祝总是“白头偕老”、“荣华富贵”、“回归天界”这样的“大团圆”母题，而在马某，或者是“化身另物”（多为丑陋事物），或者是“还魂另娶”（多强调娶丑女），封闭了树枝进一步生长的动力——缺失。

## 三、故事生命树的主流枝干与优化选择

下一个问题是，在所有混乱无序的枝枝节节中，是否存在一个占主导地位的

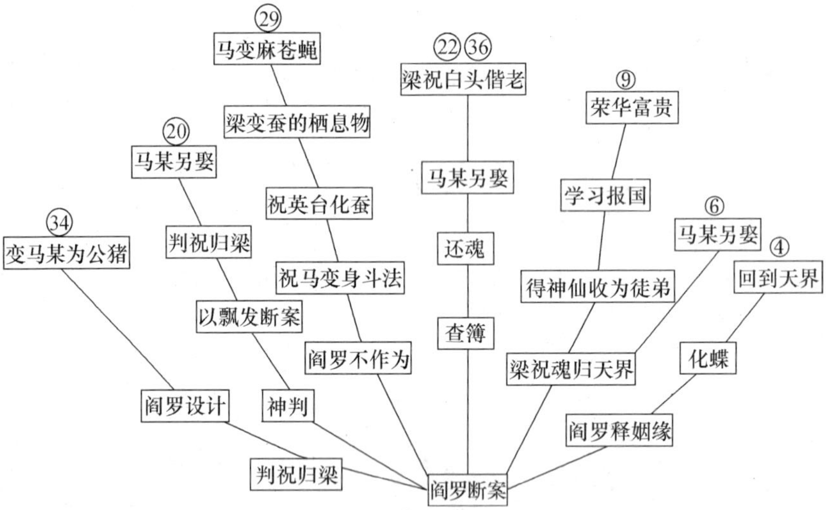


**图1　梁祝故事生命树枝端之一**

主流枝干呢？回答这个问题之前，我们首先对故事生命树的形态特征（也即一种集合特征）做一简单辨析。

每一次故事讲述，都是特定语境下的“这一个”。当我们努力要求把握“这一个”的时候，我们发现，讲述主体的智商、情商、知识结构，以及讲述环境等各种外在因素都会对讲述文本产生巨大的影响。但是，对于索绪尔共时语言学意义上的“内在的民间文学”来说，作为研究对象的“讲述主体”，却是可以而且必须被忽略的。

“根据索绪尔的看法，语言规则作为一种社会制度归根结底是主体的创造，但创造语言的主体只是一个在逻辑上存在的抽象主体，就好像上帝一旦完成了工作就从此进入休眠状态一样，主体在创造了语言规则以后，语言规则也就从此脱离主体，而主体不再干涉其独立的生存。”① 对于民间文学，我们可以做同样的表述。当我们把所有的单个主体所讲述的某一类文本（如梁祝故事）叠放在一起的时候，我们看到的就不再是一个富于讲述者个性色彩的文本，而是由许多文本所组成的“故事生命树”②。生命树所体现的形态特征，与主体的个人特质、讲述环境等外在因素之间的关系，就被统计规律所淹没了，它体现为一种脱离了

① 吕微：《“内在的”和“外在的”民间文学》，《文学评论》2003年第4期，第158页。有关“内在的民间文学”的理论内涵，可参见此文。

② 刘魁立：《民间叙事的生命树——浙江当代“狗耕田”故事情节类型的形态结构分析》，《民族艺术》2001年第1期。

主体的“独立的生存”。它无关个体、无关语境、呈现为“自然树”的特征。

只有当我们充分理解了故事生命树的自然特征，我们才能更深刻地理解民间文学“趋于模式化”的“内在性”；才能更好地理解故事生命树的生命特征。

其次我们将回答，故事生命树的生长遵循的是什么模式？

我们知道，每一个讲述者的每一次讲述，都是一次创造性的发挥，都产生了一个独立的文本（异文）。但是，如果每一次变异的文本都能够在传播中得到平等对待，那么，故事将永远无法成为民众交流的手段。道理是很明显的：异文之间的“平等”地位将彻底消除民众对于权威文本的认同，讲述者与接受者之间将会失去对于故事情节的任何共同知识，于是，不同讲述文本之间、讲述者与接受者之间，均无法在一个共同知识的平台上进行对话。这样，所有的故事讲述都无法得到别人的认同，每一次讲述都会变成一次自说自话。

事实上，我们说每一则异文都是一种存在，并不意味着每一则异文都具有传播的价值。与自然界的生存竞争一样，在故事的传播过程中，任何一个经由个体创造性发挥后的变异情节，都必须在传播的过程中被选择。适合于大众传播的情节被选择性地保留了，而那些不适合大众传播的情节则被淘汰或被改造了。自然选择不仅适用于生物学与自然科学，也同样适用于别的许多社会、文化领域，包括我们的故事学。

选择与竞争总是需要有一些作为游戏规则的竞择标准存在，即使这种标准只是某种倾向，而不是明确的准则。那么，在这种故事异文之间的生存竞争中，存在一些什么样的竞择标准？哪类情节能够得益于这些标准，使自己成长为故事生命树的主流枝干呢？

根据既有的知识系统，我们可以勾勒几条普适性的竞择标准：

（1）是否反映了民众普遍的审美理想或表达了他们的感情意愿①。

（2）是否具有情节发展的逻辑合理性②。

---

① 故事具有表达感情和愿望的功能。比如，湖北的一位著名的故事婆婆，特别擅长讲述婆媳关系的故事（如《雷打恶媳妇》、《媳妇弄草包包面给婆老吃》等），在这些故事中，几乎所有不孝敬公婆的媳妇都得到了同样的下场：“一金钩子闪，一炸雷，把她打死了。”据一位熟悉该婆婆的学者介绍，在现实中，这位故事婆婆与媳妇的关系就曾非常紧张。她对自己所选择传播的故事以及对故事所赋予的意义，就有很明显的感情倾向（甚至可能具有诅咒功能）。

② 情节的合理性必然地要受到接受者的检验。比如，艾青发表在《人民文学》1953年第2期的《歌剧梁山伯与祝英台》一文指出，越剧《梁山伯与祝英台》中“楼台会”一场，梁祝之间的争吵毫无必要，“剧作者这样处理的目的，不外乎是想加强梁的反抗精神，使之更具革命性。但是一个人物的反抗精神，一定要根据他的性格来决定，不能像在一碗菜里加进一些胡椒那么轻便的”。可见，每一次改编都必须经由接受者的检验才有可能得到认可。

(3) 是否能与传统的知识结构或地方性知识结构相兼容①。

除此之外，我们还希望能发现一些在梁祝故事的传播中更具体有效的关于“这一个”的影响因子。

本文在对梁祝故事这一生命树的枝端形态（结尾方式)② 归纳中发现，在生命树中，不同枝干的分支数量、不同分支所包含的文本数量、不同分支的伸展长度等，均有很大差异。通过对这些差异的分析，本文得到几点补充标准。

(4) 越是富于传奇色彩的、主人公具有主动行为的母题链，其缺失也越多，越容易形成紧张、制造冲突，需要而且能够补接更多的新的母题链，更容易优先生长为粗壮的树枝，显示更强的生命力。

相反，越是过于写实、主人公处于被动状态的母题，其生长能力也极为有限，很难生长成为主流枝干。

比如，“英台投墓”属于前者，“死后合葬”和“后人阴配”则明显属于后者。在本文搜集的文本中，关于“英台投墓”的异文有41个，“后人阴配”的异文有7个，“死后合葬”的异文不到5个。显然，前者更容易成为故事生命树的主流枝干。

(5) 越是成熟的、影响大的传统母题链（也就是说，越是倾向于共同知识的母题链)，越容易为传播者所理解、接受和记忆。只要它能合乎逻辑地补接在这一故事中，就能更加牢固地在广阔的范围内被传播，甚至喧宾夺主，成为故事的主流枝干。

如顾颉刚、钱南扬论证了祝英台投墓与《华山畿》中华山女子的入棺“何等相像”的关系③。钱南扬论证了“盖魂化蝶的传说，实在也是从韩凭妻衍化而来”④。投墓说与化蝶说两个新母题链，补接在原有的“乔装游学”、“祝庄访友”等母题之后，更加大了故事的传奇色彩和可接受程度，后来都成了梁祝故事的主流枝干。

(6) 故事的人物类型、命运类型、情节类型之间，往往有一些相对稳定的搭配关系，它们可能深刻地影响着故事的进展与结局。比如，情爱类故事中对男女主人公“有情人终成眷属”之类的“大团圆”结局的要求，就深刻地影响着

---

① 比如，2005年7月25日《法制日报》B7版有尹兆熊《“杨门虎将”遭评书迷指责》的报道，称《杨门虎将》一剧“剧情过分强调谈情说爱，演员表演不合理，与人们听到的评书《杨家将》差异太大，因此遭到很强烈的指责”。也就是说，许多接受者在欣赏这一剧作之前，头脑中已经有一些关于该故事的基本知识，如果当下的故事偏离接受者原有的知识结构太远，就很难被接受被传播。

② 由于作者所绘制的“梁祝故事结尾形态图”过于庞大，难以打印，本文只能从略。

③ 顾颉刚：《华山畿与祝英台》，钱南扬：《祝英台故事集》，中山大学民俗学会小丛书1930年版。

④ 钱南扬：《叙论》，《祝英台故事集》。

梁祝故事结尾的生长方式①。

一方面，我们强调情节的生长是随机的、无序的，另一方面，在对梁祝故事的考察中，我们发现几乎所有异文的结局都出现了“大团圆”倾向。我们把表1或者当做抽样文本，通过对样本的统计分析就可以看出，无论最终梁祝是化生、还魂、尸解、转世，还是魂归天国，总是以“团圆”这一理念作为旨归。

对于那些不能指向团圆结局的梁祝故事，几乎都未能在大众传播中得到保存。从我们的统计样本来看，这类文本数量近于零，小概率事件不构成对于团圆倾向的冲击。

另外，如果我们从别的角度，比如传播的角度来考察，还可以发现一些对异文间的生存竞争影响较大的“外在因子”，例如地域优势与文字优势在故事传播中的作用：

某一现象的地方性解释文本在向外扩张的过程中，与其他地区的解释文本可能相互兼容，也可能相抵牾。在那些相抵牾的文本的竞争过程中，文字的载录，以及文人墨客的推波助澜无疑有助于加大故事的传播渠道，树立某些文本的权威地位。因此，文化先进地区的文本相对更具传播优势，更容易培养成故事生命树的主流枝干。

“江苏一带，自唐、宋以来，便不乏文人凭吊遗址、诵咏爱情故事的诗作。南宋薛季宣的《游祝陵善权洞》诗，明冯梦龙在《喻世明言》中写的传记，都是大家熟悉的例子，并且还由此而逐代形成了关于梁祝的诗文系列，这无疑是梁祝传说得以在那里流传、发展的有力依托。”② 从现有的文献资料来看，梁祝故事中的化蝶母题最早集中出现于江苏宜兴。宋明时期，宜兴文人反复咏叹碧鲜坛的“双双蝴蝶飞，两两花枝横”，宜兴地区记载的梁祝传说鲜有完整情节，多数只叙梁祝化蝶之事，以至于钱南扬认为“化蝶说”很可能最早起于宜兴，后来才逐步传播到其他地区③。

化身母题是一个世界性的母题，各地关于梁祝化身的说法无奇不有，仅从表

---

① 比如说，洛地在《剧作的时代特征》一文中曾提到他的一次经历：“我曾经在一个名叫‘梁宅’的村子里，目睹一场最后梁山伯不死与祝英台团圆（马文才死了）的演出——在‘梁宅’演《梁祝》，那梁山伯是不能死的，即使不在‘梁宅’在别处演《梁祝》，梁、祝二人死了也要‘化蝶’团圆。”由于是在“梁宅”演出，最后的结局更加出人意外：梁、祝二人甚至没有死，当祝英台祭墓的时候，梁山伯居然得以复生，从墓中跳出来和祝英台团圆。（《洛地文集》卷1，艺术与人文科学出版社2001年版）这一结果，恰与韩国学者崔云植先生向笔者提供的韩国异文异曲同工。

② 吴祖德：《梁祝故事在上海的传播及其特点》，《民间文艺季刊》1988年第2期。

③ 钱南扬认为化蝶母题进入梁祝故事是比较后期的事件，并且假设此说来自宜兴地区：“还有一点值得注意的，就是宋元明宁波的志乘中，没有一句关于化蝶的话。上面所举的例（案：即早期“化蝶”记载），都是宜兴志乘中的。所以我疑心祝英台故事传到宜兴后，才把化蝶事加入的。”（《祝英台故事集·叙论》，中山大学民俗学会小丛书1930年版）。

1 即可看到，化身物分别可能是蝙蝠、鸳鸯、双石、双树、蓝竹、彩虹、并蒂莲、青白二蛇、蚕、映山红、竹树、蛾等十余种，何其芳也说："我的家乡四川的传说又说他们变成了一对鸟。并且真有一种身如鸽子大，羽毛深蓝色，雌雄总在一起，其中有一个拖着尺来长的红色尾巴的鸟被人们叫为梁山伯、祝英台。"① 化蝶说之所以能胜出其他诸说，与浪漫文人的偏好和江苏文人的诗文传播不无关系。正如如果没有何其芳的文章的传播，我们很难知道四川还有一种叫梁山伯与祝英台的对鸟。

当然，或大或小，还会有许多其他的因素在影响着异文之间的生存竞争。我们永远无法穷尽对于故事的各种必然的、偶然的竞择标准的探讨，我们也没有穷尽这些标准的必要，我只是希望以上建立的解释模式能够部分合理地用来解释我们所提出的问题，并以此证明问题的提出是有意义而非无意义的。这样，我们就可以合乎逻辑地进入下一单元的讨论。

我们接着讨论关于优先生长的最后一个问题：假设我们已有了关于自然选择的竞择标准，那么，它们发生作用的机制是怎样的？

我们以表 1 为例来展开讨论。假定我们讨论的起点是"英台投墓"，而终点必须指向"团圆"，这样，问题就突然变得有趣起来。我们可以把问题抽象为：由一个共同的起点，经由不同的程序，要到达一个共同的终点，在这些程序中，谁会是最优选择？

这显然是一个"有约束条件的最优化问题"。

假定上述关于情节枝干间生存竞争的竞择标准是有效的，那么，我们就可以把它视为程序的优化标准，各种外在因子则是制约程序设计的约束条件。为了简化讨论，本文略去约束条件的影响，简单地抽象为"无约束条件的最优化问题"，试图为故事的结尾方式设计一条简单的优化路线。

根据最优化原理，作为整个过程的最优路线应该具有这样的性质：即无论过去的状态和历史如何，从目前的状态出发，余下的路线必须构成最优策略，直到终点。利用这个原理，可以把多阶段决策问题的求解过程看成是一个连续的逆推过程。在我们的议题中，即由"团圆"这一"终点"逐步向前逆推到"英台投墓"。

第一步，以主人公的存在状态而论，他们指向"团圆"的途径只有 3 条。

（1）灵魂团圆。

（2）肉身团圆。

（3）化身团圆。

---

① 何其芳：《关于梁山伯祝英台故事》，《人民日报》"人民文艺"第 92 期，1951 年 3 月 18 日（本文转引自《梁祝文化大观 · 学术论文卷》）。

第二步，3 条途径还可以有各自的最优叙事策略。也就是说，作为整体最优策略的子策略，也必须是该步骤中的最优策略。

（1）灵魂团圆在民众的想象世界中，只能存在于两种空间：或者天界，或者冥界。从统计数据来看，灵魂团圆明显以“魂归天界说”为主，表 1 出现 6 个文本。魂归天界是大型的英雄史诗、人物传说的通用结局，不是爱情故事的专属（出现这类母题一般会在故事开头先交代主人公原属天界的某一神灵，为了某种原因而下凡）。

另有个别异文如《马文才变公猪》讲述梁祝并未魂归天界，而只是在阴间做了夫妻。就民众的感情意愿来说，天界与天堂相当，冥界与地狱相通，因而，让梁祝留在冥界显然难以流行，不会成为最优选择。

（2）肉身团圆从逻辑上说只有两种可能：或死后还魂，或本来就没死。从文本统计来看，肉身团圆明显以还魂说为主，表 1 出现 4 个文本。其中异文《三生三世苦夫妻》讲述梁祝转世做夫妻。转世需要的时间间隔太长，必然中断故事高潮。没有了情节的连续性，别说是苦夫妻，即便是幸福夫妻，也无法成为最优选择。

假死说只有 1 个异文，《夫妻恩爱白头吟》讲述祝英台的三哥为梁祝二人策划假死，继而掩护他们私奔。假死说需要众人进行许多前期策划和准备工作，还得与天气状况相配合，而且从逻辑上说，既然决定私奔，早就可以行动，无须把事情弄得这么复杂，所以，假死说也很难成为最优选择。

（3）在化身团圆中，蝴蝶、彩虹、鸳鸯、并蒂莲显然比其他化身物如蝙蝠、青白二蛇、两块石头、两棵树、竹子和树、蓝竹、映山红、蚕、蛾等更具有美好的象征意义，因而出现的概率理应大些。但是，鸳鸯和并蒂莲并不是各地的常见物，它们不是民间的共同知识，在传播过程中，很容易被地方性知识所改造。从统计数据来看，蝴蝶说与彩虹说的出现频率也确实相对较高。在这两者之中，化蝶说出现在成熟的韩凭妻故事之后，极富传奇色彩，又风起于文化发达地区，占得了天时地利人和，因而成了诸多化身物中的最优选择。有时即使讲述梁祝升天、还魂或化彩虹、化鸳鸯，也要先提一句化为蝴蝶，然后再进入下一个细节。

综上分析，在第二步中，关于主人公命运的叙事策略进一步优化为：

（1）主人公魂归天界。

（2）主人公还魂。

（3）主人公化蝶。

第三步，在第二步的 3 种优化策略基础上，还可以滋生不同的叙事策略。

（1）魂归天界，等于主人公回到了原点，故事一般就此结束。梁祝在理想天界的生活没有缺失和冲突，无法补接新的情节，如果需要进一步展开魂归天界之后的叙事，只能让主人公重回人间。于是，少数异文可能会补接还魂母题，如异文《尼山姻缘来世成》。但是，还魂之后的情节很难与还魂之前的情节有机、紧凑地整合在一个短小精悍的故事当中。这类情节显然不能成为故事文本的最优策略，应予排除。

情节的有机生长只能发生在魂归天界之前、英台投墓之后，也就是说，故事只能在阴间地府之间展开。

（2）还魂说在叙事策略上与魂归天界说基本相同，都是回到原点。主人公原来站在十字路口，现在依然站在十字路口。故事欲短，可以就此打住，以一句“后来他们过上了幸福生活”而结束；故事欲长，也可以从此开始一个全新的叙事。异文《尼山姻缘来世成》即讲述了一个新的关于梁山伯祝英台精忠报国、花好月圆的故事。还魂之后的情节很难有机补接在原有情节之上，明显属于蛇足部分，可以排除在故事体裁的最优策略之外①。

（3）在化蝶说中，如果“飞出蝴蝶”只是祝英台投墓时衣裙撕裂所化，或者仅仅是讲述者为了表达对权威文本认同的一句插入语。那么，梁祝灵魂尚有归天或还阳的机会，故事还可以再补接灵魂团圆或肉身团圆的母题，问题回到了（1）和（2）。

如果蝴蝶在故事中是作为梁祝灵魂的终极化身，那么，两只蝴蝶间的爱情故事很难进一步得到展开，故事至此就该结束了。

情节的进一步生长只能从马某身上着手。马某可以在祝英台投墓之后有所作为。

综上分析，在第三步中，最优叙事策略可以进一步具体到如下4种：

（1）主人公直接魂归天界，结束。

（2）主人公先到阴间，然后升天或还魂，结束。

（3）主人公直接化为蝴蝶，结束。

（4）主人公化为蝴蝶，马某有所作为。

第四步，在上述第三步的基础上，（1）、（3）两种很单纯，也很稳定，无须再切分；（2）、（4）尚有缺失，还可以再造冲突，有必要进一步切分。

关于（2）的切分：主人公到了阴间之后，如果没有缺失和冲突，一样很难补接新的情节，只能简单地接受阎罗王的点拨，立即升天或还魂，这只是“主人公直接魂归天界”或“主人公还魂”的一种变式。前面已有分析，此处不再

---

① 事实上，一些外在的约束条件，比如体裁的制约，就对于情节的设计具有非常大的影响。比如，“还魂说”是个极有生长力的母题链，还魂之后的遗留问题，可能需要冗长的情节来补接，而故事要求短小精悍，难以容纳“还魂”对于情节延伸的要求；戏曲则不同，如果情节过于简省，则无法敷衍成戏，满足不了市场要求。所以，“还魂”母题出现在戏曲中的频率远远高过在故事中的。

讨论。

如果要在阴间滋生新的情节，就必须先设置缺失和冲突，这样的设置似乎只有一种方案，让主人公的对立面——马某也追入阴间，继续展开夺妻斗争。斗争形式可以是强行争夺，也可以通过打阴司来解决。因为主人公必须升天或还魂，所以，最终一定要由阎罗王出面解决争端。也就是说，打阴司是不可缺少的一环。

关于（4）的切分：从马某的角度来看，马某可以有所作为，也可以不作为。关于“不作为”的叙事不在我们讨论之列；从马某有所作为的角度来说，马某可以为善，也可以为恶。马某为善无法滋生冲突，所以马某必须为恶。马某为恶可以在两个空间内进行：一个是地上，一个是地下。

马某针对梁祝的地上作为，只能是掘其墓。掘墓行为制造了紧张，但从结果来看，反面角色的任何行为，在民间叙事中都只能以失败而告终，而失败的过程则可能不断变异。

马某针对梁祝的地下作为，必须以梁祝也在地下为前提。如果梁祝是以化蝶为终，那么，马某即使追入地下，也无法有所作为。所以，这一策略必须排除。

综上分析，第四步分析结束后，最优叙事策略可以更加具体到如下 4 种：

（1）主人公直接魂归天界，结束。

（2）主人公直接化为蝴蝶，结束。

（3）梁山伯在阴间与马某展开夺妻斗争，并在阎罗王跟前打赢官司，胜利后与祝英台魂归天界。

（4）主人公直接化为蝴蝶，马某掘墓失败。

推算进行到这里，其实已经在很大程度上与本文第一部分开始对接了。基于故事生命树不同枝干间生存竞争的 6 项竞择标准，第四步所得出的 4 种叙事策略都有可能成为候选的最优策略。具体谁会成为最强大的枝干，仅从前述 6 项标准已经无法做出判断，最优者的胜出，还有赖于各种“外在因子”的作用。诸如地理、历史、文化、体裁、偶然事件等，都有可能在这一选择过程中产生巨大的影响，正如地理、气候等外在因子也会对自然界的物竞天择产生巨大影响一样。

## 四、结语

从故事生命树的根部向上看，我们看到了成熟故事的大量异文总是呈现着最大限度的混乱和无序。故事情节在每一个缺失处都会被补接，这种补接可能出于逻辑的要求，也可能出于情感的目的，它们似乎并不朝向任何先验的、确定的方向。

所有混乱无序的生命枝，都是具体文本生产过程中的合理存在，但是，这种个别状态下的合理性并不代表它在另一种状态下也是合理的。于是，互不相融的文本之间就产生了生存竞争，具有更多受众的文本可能得到优先生长，有望成为主流枝干。

有趣的是，如果我们越过杂乱的枝干，直接考察每一根生命枝的末端形态，却又会发现，几乎所有生命枝的末端都指向了同一个终极目标——“大团圆”结局。

从一个固定的起点，指向一个固定的终点，无论中间的路径有多少，总会有一条最优、最合理的捷径，而且，这条捷径几乎可说是固定的、先验的。

具体到梁祝故事，我们发现，无论异文之间如何千差万别，但几乎所有异文都有一些共同的“节点”。这些节点是保证该文本被认定为“梁祝故事”的基本要素，如“同学”、“同冢”、“团圆”等。

只要能找到这些同类故事中的节点，我们就同样可以证明，在相邻两个节点之间，一定会有最优化的叙事策略存在。尽管相邻节点之间的异文可能极其丰富多样，但最优叙事策略却只有极有限的几种。

所以说，相邻节点之间的最优叙事策略也是相对固定、近乎先验的。

只需要把相邻节点之间的叙事策略看成是整体叙事策略的子策略，我们就可以进一步大胆地断言，整体最优叙事策略是相邻节点间最优叙事策略的有序组合。

因为相邻节点间的最优叙事策略是相对固定的、近乎先验的，所以，作为节点间最优叙事策略之和的整体最优叙事策略也必然是相对固定的、近乎先验的。

这种固定的、近乎先验的叙事策略，就是民间故事“最本质的属性”——“趋于模式化”。

## 五、特别解释

本文写作历时近三载，我分别以它参加了2004年北京“亚细亚民间叙事文学学会第八届学术研讨会”及2005年泰山“民间文化青年论坛第三次学术讨论会”，两次论文宣读均引起了许多师长及同仁的议论，得到很多建设性的意见，感激之余，对部分意见进行一些解释。

本文“故事生命树”概念取自刘魁立《民间叙事的生命树》。会议论文不仅对故事的生长机制进行了探讨，同时提出了“故事熵”的概念，预测了故事生长完全之后，反而会走向寂灭的命运。刘晓峰、杨利慧等人认为此说过于武断，尤其是利用“故事熵”对神话寂灭的说明，无法实证，缺乏说服力，甚至可能是错误的。我完全接受这些批评，并删去该节内容；对于“故事熵”的说明，我将限定在更可靠的边界下，进行更成熟的思考，容后另文单独论证。

杨利慧指出，“必须对故事的生长模式进行适用范围的限定，比如，许多短小精悍的故事，长期流传，并没有出现篇幅的明显增长”。这个问题确实是我原来没有考虑过的。最初触发我对于故事生长机制研究兴趣的是白蛇故事，本文的理论思考几乎全部源于白蛇，但白蛇故事过于冗长，在写作上难以入手。恰好我的学生陆凤仪正以梁祝故事作为本科毕业论文选题，她把论述集中在对于故事结局的历时研究，受此启发，我也将梁祝故事的结局当成我共时研究的个案。所以说，我一直是以发育完全的成熟故事作为思考对象的。事实上，民间故事受其讲述方式的限制，以及历史条件的干扰等，多数得不到像梁祝故事或白蛇故事这样的充分发育，因此，准确地说，本文所提出的故事生长理论实际上只是揭示一种生长趋势，它只说明故事生长的可能方向及其机制，但并不是说所有的故事都一定会据此方向得到充分生长。

刘宗迪指出，“本文貌似一种纯粹的科学研究，事实上并不能排除作者本人意志的干扰，因而带有强烈的主观性”。

论文带有本人的主观意志，这是无疑的，尤其是对于“逻辑缺失”、“情感缺失”，以及“竞择标准”的判断，必然地基于本人的归纳水平以及对于普通民众心理的主观判断，这种判断是特殊文化背景之下的特殊判断，并不具有普适性。比如，“大团圆结局的要求”可能就无法适用于其他一些民族。在中国，八百岁彭祖被描述成一种理想的人生状态，成为人们不断追求的目标；而在日本，八百比丘尼却被赋予了一种凄美的悲剧色彩，比丘尼在她八百年无聊的人生中，经历过无数次的悲欢离合，心里非常痛苦，最终自杀而死①，这与汉民族的人生追求就大相径庭。但是，本文的主要目的并不在于揭示某种缺失和标准的准确性、普适性，而是想举例说明这样一种故事生长的模式：特定文化背景中的故事生长，是因为故事母题中的逻辑缺失或情感缺失会形成紧张，需要补接新的母题链以消除这种紧张；而故事生命枝的优先生长，则取决于一定的竞择标准。我的主观因素的存在，以及对于这些缺失和标准的判断有偏差，并不影响我们对于这些缺失和标准的功能的讨论。正如我们对某件事物的描述可能存在偏差，但我们的目的不在于这种描述的准确，而在于借助这种描述，以证明事物的存在逻辑。

陈泳超指出，“本文既然是故事形态的共时研究，就不应该借助历时描述来说明问题，历时研究与共时研究掺杂在一起是很危险的”。此说极是。本文对于故事“起点”的划定是根据张津的史料记载，这种基于历时考证的依据在共时

---

① 蔡春华：《现世与想象——民间故事中的日本人》，宁夏人民出版社2004年版，第106页。

研究法中是不合逻辑的。理论上说，我应该借助刘魁立《民间叙事的生命树》中提出的情节基干的抽绎法，从众多异文的共时形态中通过统计分析找出节点，然后进入操作。但是，这种规范操作需要大量的篇幅来进行前期铺设，如此，我将无法在有限的篇幅中回答本文所提出的问题。在这种情况下，我只好借助一个历时结论来作为我的“预设起点”。也就是说，只需把对张津的引述当成一个假设起点，而不是一个历时起点，陈泳超的担忧就可以消除。

（编辑整理：于　飞）

# 美学的文化学转向

高建平

2009 年 9 月 17 日

## 高建平

中国社会科学院研究生院文学系教授

**摘　要**：本文围绕20世纪末西方美学和文艺学研究的文化学转向问题，概要介绍了20世纪之前的两次美学研究转向以及文化学研究转向的来源。并且结合中国在三次美学研究转向时的具体情况，阐明了各次转向对于中国美学、文艺学研究的影响。在中西理论对比中以及全球化的背景下提出对理论的理解要从生活实践中去求解，对西方理论持“拿来主义”态度，对自身理论要“自主创新”。

**关键词**：文化学转向　心理学转向　语言学转向　文本中心主义　精英立场

# 一、文化学转向的背景

20世纪的西方哲学和美学，以及在哲学和美学影响下的文学艺术的研究，都经历了三次转向。这三次转向分别是20世纪初叶的心理学转向、20世纪中叶的语言学转向和20世纪末的文化学转向。前两次转向构成了文化学转向的背景。

## （一）心理学转向

从古希腊开始到西方18世纪的美学和文艺理论资料，主要呈现为两种形态。第一种形态是作家和艺术家的随感式的文字，其中包括一些文集的序跋，例如巴尔扎克和雨果为自己的作品或作品集写的序言，史达尔夫人对莎士比亚的评论，罗斯金为报纸和刊物写的随笔性专栏，歌德与爱克曼的《谈话录》。这些片段是作家为了表明自己的观点，或者是为自己的创作做辩护的所写所讲。这些随感式的文字中，有许多的真知灼见，但是，随着美学和艺术理论研究成为一个专业，就开始了一种美学领域的学术性写作的追求。

美学上的学术性写作，也可以溯源到古代希腊。如果说，柏拉图仍只是写一些对话体著作的话，那么，亚里士多德就已经开始了对包括“诗学”在内的许多专门学术著作的写作。到了德国唯心主义兴起以后，美学成为大体系的一个组成部分。从康德经费希特、谢林、黑格尔，再到叔本华、尼采，一系列的大体系的建构者们，都将美学看成是他们的体系的组成部分，从而写出专门的具有体系建构性质的美学专著。

美学上的两种文本并存，两条线索并行，似乎是自古以来就有的现象。但到了19世纪，第三条线索开始出现，这就是美学上的心理学倾向。

19世纪的艺术，是随着一个重要的运动而开始的，这就是浪漫主义。浪漫主义重视个性、激情、天才和创造力，从而在艺术的各个领域都开辟了新的天地，在艺术史上书写了新的一页。

从理论上讲，浪漫主义重视天才，认为艺术是天才作品，艺术家与普通人是有区别的，他们是天才，也只有他们才能创造出天才的艺术作品。因此，并不是所有人都能够从事艺术创作的。艺术不像食物、衣服等日用品，它是没有什么实用价值的东西，但是这个世界也离不开它。艺术是与日常世界绝缘，孤立生活之外，自身构成了一个艺术世界。浪漫主义逐渐形成的这种观念流传开来，促使人们思考怎样去研究文学艺术。文学艺术的历史研究者们就开始关注艺术家的生活时代，他的生活经历、性格、创作道路等，这形成了书写文学史的固定模式。到了19世纪后期，一些具有科学主义倾向的研究家们就开始对这种研究模式表示不满。

在德国唯心主义泛滥之后，唯物主义倾向开始抬头。我们知道，法国唯物主义者们曾提出“人是机器”的思想。对于这些唯物主义者来说，人不过是一个最精巧的机器而已，提供原料，经过一个生产过程，就生产出了产品。人的心灵活动都可以转化为细胞的、分子的活动，我们可以利用科学的手段来解释人，理解人。人是一种什么机器？当时的人的想象力所能到达的水平，大概是把人想象成是一种比钟表更复杂一点的工具。这种思想今天仍有继承人，只是水平要高多了，人大概可以被想象成最好的电脑。于是，电脑能不能代替人，超过人，成为现代哲学话题。这些当代话题，与“人是否是机器”的哲学在性质上是一致的。

在19世纪后期，在德国出现了实验心理学。最早提出建立实验心理学的，是费希纳和冯特。从他们开始，心理学成为一门科学。在当时，心理学是一门显学，它使用科学实验的手段，力图解决关于人的认识和思维的各种问题。在心理学的影响下，美学实现了心理学的转向。最早提出对美学进行心理学研究的，是费希纳，他提出了“自下而上”的美学，以区别于从康德到黑格尔，直到叔本华、尼采的从大体系出发对美学的研究。到了20世纪初，美学中的心理学倾向已蔚为大观。中国学术界都熟悉朱光潜的《文艺心理学》一书。这部著作就是集中了当时心理学美学的一些最流行的成果而写成的。朱光潜将克罗齐的哲学与爱德华·布洛、立普斯，以及其他一些重要的心理学美学的代表人物的思想，结合中国艺术的实例，进行了深入浅出的讲解，从而形成一部在中国美学史上里程碑式的著作。

### （二）语言学转向

20 世纪美学和文学艺术理论的第二个重要转向就是语言学转向，这个转向大致从 20 世纪前期开始，直到 20 世纪中后期完成。语言学在 20 世纪影响重大，以至于一些哲学史家们将 20 世纪称为“语言学的世纪”。关于语言学转向的意义，我们可以从多方面看，包括着人文学科一些根本的问题和基本思路的改变。其中最为根本的一条，在于对语言与思维关系的认识发生了变化。在此以前，人们认为，语言只是表达和交流思想的工具。这就是说，我们先想好某个意思，再翻译成语言把它表述出来，使别人也知道我们的意思。这种理解是不正确的。我们正是用语言来思考的，我们的语言与思想是同一的。

语言学转向，体现在文学批评上，有所谓莫斯科—布拉格—巴黎的理论旅行历程，即从俄国形式主义到布拉格学派，再到法国结构主义，这是一个在欧洲大陆上旅行的理论历程。在英美，出现过强调文本细读的英美新批评。

语言学转向带来了对作品本身的研究。过去，浪漫主义传统认为艺术是作家、艺术家的天才创造，由此带来了对作家和艺术家的个性和心理研究。现实主义传统认为艺术是生活的反映，带来的是对艺术的社会学研究。语言学转向，使人们看到艺术的外在表现与内在意义的一致性，从而使研究者的关注回到作品本身，这样一来，对作品形式的研究得到了特别的发展。

由于语言学转向，在哲学上则出现了分析哲学。美国哲学家怀特编过一本书，名字叫《分析的时代》，分析的时代与语言学转向是联系在一起、互为因果的。在美学上，则出现了分析美学。分析美学对文学艺术批评所使用的术语进行语义分析，从而将美学定义为“元批评”，即“批评的批评”。这种意义上的美学，强调美学的间接性，不对艺术进行审美评价，持价值中立的态度。

## 二、文化学转向之源

当我们说审美是无功利的，艺术是自律的、独立的，艺术作品自身构成了一个封闭的世界或小宇宙的时候，这是一个非常虚幻的假设。这种假设是在康德哲学的影响，或以康德为代表的 18 ~ 19 世纪德国哲学的影响下形成的。这种观点从整个历史长河中看是十分奇怪的：过去从来没有，以后也没有过这种纯而又纯的艺术观。但是，这又是一个巨大的存在，谁也绕不过。康德体系统治着整个美学界有 200 年之久。在这 200 年中，人们总是在努力超越康德体系，但实际上还是在这个体系当中。例如，从费希特、谢林，到叔本华、尼采，都在批判康德，但他们都生活在康德体系的巨大阴影下，他们的批判，都是对康德美学观的一些关键方面的强化。再如，爱德华·布洛好像是在建立一种心理学美学的观点，但是，他的这种观点并不是实验心理学，而只是一种简化了的哲学，是从康德到叔本华再到爱德华·布洛关于审美态度学说的发展。

康德的审美无利害和艺术自律的观点影响深远，但从另一方面说，最早的反康德线索的美学家，恰恰是康德最早的追随者弗里德里希·席勒。席勒的《审美教育书简》，套用了康德的哲学模式，将二元对立的哲学转化为感性与形式两种冲动，再将审美与作为这两种冲动结合的第三种冲动，即游戏冲动联系起来，并且提出游戏冲动的对象是“活的形式”，即感性的“活”与理性的“形式”结合。我们常常说，艺术无功利性，也就是说，“艺术无用”。说艺术无用的人，用“无用而有大用”来辩护。这是对于艺术无用的一种辩护，但细体会这句话的意思，是在强调有用。席勒恰恰就是强调它有用的一面，强调艺术对于社会改造的一面。当时，许多德国人都在思考怎样把落后而分裂的德国变成欧洲强国，很多人都开出了药方。席勒开出审美教育这样一剂药方，说明他已经试图走出康德体系，提出艺术有利于社会改造的观念。当然，我们这里所说的康德，是指人们一般所理解的康德。康德本人的思想，要比这复杂得多，他提出美是德行的象征，并不是只重视审美的感性特征。

18~19 世纪的一些激进的思想家，如圣西门、傅立叶、孔德、蒲鲁东等人，都在强调艺术的社会作用。还有一些在英国的左翼思想家也强调艺术的社会作用，如莫里斯。还有诸如：在俄罗斯，列夫·托尔斯泰对文学改造社会的功能的理解；在美国，从爱默生到杜威对文艺与生活关系的认识；中国古代的“文以载道”思想，鲁迅的改造国民性和毛泽东的文学工具论等。当然，还有影响巨大的马克思主义的文艺观。马克思和恩格斯的很多手稿在第二次世界大战后才被整理和重新解读，所以他们的有些文艺思想在 20 世纪中后期才进入到理论争论之中，成为 20 世纪后期的美学和艺术思想史的一部分。

在中国，从 20 世纪 50 年代起，毛泽东文艺思想与苏联的文艺思想形成了一股合流。这种思想当然就是反对审美无功利的。这个线索在中国的 80 年代受到了挑战。80 年代的中国是一个新启蒙的时期，这时，美学和文艺界回到了审美无利害和艺术自律的观点，康德美学重新受到重视。康德线索的中国美学著作，从王国维、宗白华，再到 20 世纪 30 年代朱光潜的著作，重新获得了至高无上的地位。然而，中国有中国的国情。80 年代的中国，康德美学的复兴与心理学美学的发展、美学中科学主义的盛行、文学研究中的文本中心主义倾向等结合在一起。用当时中国人的话说，西方近百年来发展起来的各种理论，在中国走马灯似的跑了一遍。

## 三、语言学转向之后的文化学转向

在20世纪末和世纪之交，美学和文学艺术领域出现了文化学转向。在西方与在中国，发生这种转向的语境不完全相同。西方美学的主要任务，是走出分析美学，于是，美学上的文化学转向，与分析美学是对立的；而在中国，没有出现过一个分析美学的时代，于是，走出康德式的审美无利害和艺术自律，将分析美学与美学上的文化学转向结合，成为当代中国美学发展的特色。

### （一）走出文本中心主义

语言学转向，使得批评家的关注点从作家、艺术家转到了作品文本，产生了“文本中心主义”。文化学转向则是要走出“文本中心主义”。

我们曾经将文学的历史写成作家的历史，以作家为纲，写作家的生平和创作道路，再介绍作家代表作品的主要内容。文学史也可以成为文本的历史，对文本进行细读，总结文本的形式规律，研究这些形式规律的继承和发展情况。但是，文学文本并不是孤立存在的。例如，我们可以研究小说的被出版、印刷、发行、销售，进入图书馆和进入市场的情况，将经济学、社会学等理论放进去，研究一部小说是如何从作者那里经过一个漫长的旅程，最终到达读者这里的，研究这些中介过程在文学的生产消费中所起的作用。这是研究的一个思路。

在分析中，我们还能找到其他一些思路，比如解构主义的研究、女性主义的研究、后殖民主义的研究等。每一种研究，都有着其中的种种复杂内容。举后殖民研究为例。后殖民研究分两种情况：一种是西方国家内的知识分子对这些国家传统的主流意识形态的挑战，另一种是非西方的前殖民地或半殖民地国家的民族意识的觉醒。不同的国家就会有不同的语境，从而使理论具有不同的意义。

### （二）克服纯艺术追求及其背后的精英主义立场

文学和艺术理论之中，有着一种长期以来，一直占据着主导地位的立场，这就是精英主义。当说到通俗文学或者民间文学时，我们的命名方式本身就带来了一种价值评价，使得通俗文学成为精英文学的影子。所谓的通俗文学和民间文学，是在精英文学的概念被构建起来，并牢牢确立之后，通过扩大视野，从而使通俗的和民间的文学也成为“文学”。我们知道，欧洲在18世纪时，有一个现代艺术体系的建构的过程。一位名叫夏尔·巴图的法国人，在1746年出版了一本书，书名叫《归结为单一原理的美的艺术》，在其中将诗、绘画、音乐、雕塑和舞蹈等放在一道，命名为“美的艺术”，以区别于一般的工艺。这一概念和体系后来成为巨大的《科学、艺术和工艺详解百科全书》的一部分，得以推广。通过这种现代艺术体系的构建，我们建立现代的艺术学院、艺术研究院，也产生出一种人，叫做艺术家。从这里出发，进而产生了艺术是自律的、独立的、封闭的，艺术生产和其他生产不是一回事的观念。对此，哲学家们做出了很多描绘。本来没有截然分开的高雅艺术与通俗和民间艺术，艺术与工艺，艺术产品与一般产品，在这一构建过程中被区分了开来。艺术理论建构这种“美的艺术”的概念之上，就有了一种艺术的精英主义倾向，有了“纯”的艺术。

纯的艺术并不是天生就“纯”，而是在艺术的现代构建中被提纯的。这种构建过程，就是现代性的一种表现。精英艺术，是在与工艺的、民间的、通俗的艺术区分中来构建自己的身份的。

艺术是如此，文学也是如此。从来无所谓一种天生的纯文学，《诗经》、《楚辞》都不是纯文学，它们都是在现代构建过程中被提“纯”的。

精英艺术的形成，“美的艺术”体系的构建，都是致力于做出区分。“区分”是近代以来哲学和美学家们所致力于做的一件重要事情。康德将人的心理分成“知”、“情”、“意”，并将之与认识论、美学和目的论、伦理学相匹配，分析哲学进行概念辨析，都是致力于区分。实际上，认识的一项最重要的内容就是区分。将不同的东西区分开来，是人的认识过程的一个步骤，也是人的认识能力增长的一个标志。区分，这既是一个古老的、原始的过程，同时也是一个非常具有现代性的过程。讲究学科间的区分，在科学和技术领域中表现得更加明晰。科学和技术要进步，就必须分工。社会的进步依赖分工和学科的划分，分工的程度是科学技术发展程度的重要指标。每个人只能做自己所擅长的事情，成为一项工作或研究的很专门的一部分。所以这是一个没有大师的时代、没有巨人的时代。人文学科，包括文学研究，也是在分工。有人赞扬一种精神，一辈子研究一位作家，几十年如一日，成为这位作家的专门研究家。这当然是可贵的，也的确需要有人这么做。但是，人文研究本身还有着一种固有的追求，这就是要挑战人的专门化。在专门化，亦即现代化过程中，人的完整性被牺牲掉了。文学本身就应该是克服这种专门化从而克服人性异化成一股力量。承认区分，但看到联系，也许是今天我们更应该做的事。我们也许仍然会继续区分精英的与通俗和民间的文学，并分别进行专门而深入的研究，但我们应该看到一种联系性，进行历史的还原。通过还原，我们可以看到，精英文学和艺术的建构原本就是一个过程。现代精英文学是被提纯的，这一提纯的过程，同时也是现代意识形态的构建过程。现代性的意识存在于所谓精英文学、纯艺术、纯诗等高雅艺术概念的背后。

走出纯艺术、纯文学、审美无功利的自律的观念也许是一种复古，回到原始的自然状态；但同时也是一种前进，是在新的历史情况下才出现的前进。比如先锋派艺术，我们可以采取比较自然的观点去看待，无所谓好坏。先锋派艺术是挑战博物馆，挑战沙龙的。比如杜尚的《泉》，它就是一种艺术的姿态，它被称做是“历史上的先锋派”。后来的先锋派已经不再是这样的意思了。后来的先锋派，或者说新先锋派不再挑战沙龙，挑战博物馆，而是要挤进去。先锋派艺术本来是力图打破艺术与生活的区分，打破博物馆的权威，强调日常生活中的东西的价值。但是，20 世纪后期新先锋艺术则要挤进博物馆，利用博物馆已有的权威来形成自己的艺术地位，使自己的艺术得到传播。这是一个正好相反的运动。

除了先锋派艺术之外，民间的和通俗的艺术都具有一种非自律性。很多艺术品本来就具有直接而具体的实用性。民族史诗是教科书，民歌完全是生活的必需品，过去的民间儿童玩具和成年人的生活实用物品，只要做得好，都可以成为工艺品，而过去的工艺品在现代人的眼光里，就成了艺术品。在这里，本来并不存在自律的、独立的、无功利的概念，它们本身就是实用的。生活中的很多实用物品，制作得精巧，使它变得美化，就成了艺术。通俗的艺术也是如此。现在有些关于通俗文学的划分很粗浅，应该将它还原到它们原初出现时的不同的生活状态中去考察。比如说，在历史上，随着近代市场经济的发展，城市经济的兴起，有闲的市民阶级的出现，南方一些地区出现了弹词、评话等市民的文化是通俗文学艺术的较早表现形态。在今天，商业社会和消费文化的发展，通俗艺术成为汪洋大海，影响也越来越大。这些都成为新的文化理论研究的对象。

我们曾经致力于将精英的文学和艺术与通俗大众的文学艺术，与民间文学和艺术区分开来。我们做了很多努力才构建出现代艺术的观念。现在，我们又在做一个反向的活动，看到它们之间的联系性。这对我们无论是做文学艺术理论研究还是相关历史的研究都有很多启示。

## 四、西方理论及其在中国的误读

一个老故事在世界各地都不断重复：理论会跨越国别、民族和文化的边界，在新的土壤中获得新的生命力；理论跨越边界后，在新的环境中会获得新的意义，并起着新的作用；这些新的意义和作用可能与在理论原发地的意义和作用完全不同。比如我们所熟悉的一些著名理论常常有这样的情况：第二次世界大战时由于希特勒的迫害，一些欧洲学者（尤其是犹太人）把他们的思想带到了美国，在美国发展起来，并进而影响世界。弗洛伊德尽管未能去美国，但他的精神分析学说却借助这一契机，在美国发扬光大。格式塔心理学来到美国，尤其是鲁道夫·阿恩海姆对视知觉的研究，从美国向全世界发出持久的影响。新康德主义者恩斯特·卡西勒来到美国，带来了他的独特的康德线索的符号论思想，并通过他的女弟子苏珊·朗格，发展出了一种关于情感符号的理论。法兰克福学派也是这样，借助美国这块地方，成为一个有着世界影响的流派。很多的文化理论在旅行过程中发生变化，在新的环境中产生新的意义。我想，也许中国的儒家思想也是如此。中国传统的儒家思想，原本在中国，是一种正统的封建社会意识形态，“五四”时期受到了猛烈的批判，从而与革命时代的中国意识形态格格不入。在20世纪50～60年代的香港和台湾地区，一批思想家重举“新儒学”的大旗，有借助传统以树立正统的含义。这种理论到了美国和欧洲，则又有了新的含义，这一含义就是：迎合后殖民语境，补充西方主流意识形态，并从非西方为现代发展所带来的种种社会问题寻找思想资源。

在当代中国，文化研究也出现了这样一种情况。中国有一些研究者在前些年讲日常生活审美化。日常生活审美化的思想在国外已经有了很多讨论，出现了很多著作。然而，这种思想来到中国，出现了一个错位。在西方，日常生活审美化与文化研究对传统精英美学的批判结合在一起。文化研究的本来都是一些左翼的理论。例如，法兰克福学派有着深厚的马克思主义传统，其思想代表着知识左翼。英国的文化研究代表人物雷蒙·威廉姆斯，强调工人和社会底层人民的文化权利，这种思想当然也是知识左翼的。他们反对高雅的、自律的艺术，试图弥补社会的裂痕。法国的社会美学更像是左翼的大本营。实用主义的代表约翰·杜威原本在政治立场上也倾向于左翼，主张打破高雅艺术与通俗艺术的界限，这一倾向在新实用主义那里得到了进一步的发展。

在中国，存在着另一种语境，在多年的理论上“左”倾思想占主导以后，改革开放的大语境中出现了“后文革”现象。20世纪80年代的中国，学术界流行的是“启蒙话语”，对于一切与“左”有关的东西，有着一种天然的痛恨。在美学领域，流行的是重新找回的康德美学。到了90年代，随着市场经济的发展，在中国出现了复杂的情况。在“启蒙话语”影响下出现的“美学热”过去了，文化研究在向美学挑战。但是，这种文化研究却在中国完成了一种与市场经济的奇妙结合。

在历史上，美学总是扮演着与经济运行的逻辑相对立的角色。当自由经济模式发展，人与人的各种复杂的关系单一化为经济关系之时，以审美无利害和独立的艺术王国的思想就兴起了，这是现代美学的起源。在经济的全球化时代，美学所要做的事，仍是如此，它不是鼓吹市场原则，而是对此做出补充。

# 五、全球化与中外古今之间

中外与古今的话题，是一个古老的话题。从晚清时，这个话题就出现过。“五四”将这个话题凸显出来，形成中与古匹配、外与今匹配的公式。中国人为这个问题争论了将近一个世纪。

我们在中国与西方、古典与现代之间的种种夹缝中生存着，这是我们不得不面临的学术生态。从这里，生长出了很多理论，这些理论既是现代的也是古老的。说它古老，因为在“五四”时期就有是坚持中国的传统还是全盘西化的论争。这一类的论争后来逐渐被其他的更为紧迫的政治话语所掩盖，但是掩盖不等于问题解决。这一类的问题仍然存在，不断以新的形式表现出来。

2009 年 4 月，我在扬州开会时，与一位学者进行了争论。这位学者提出了“中国文论的中国化”的口号。这一口号是要清除一个世纪以来西方文化对中国的“污染”，回到纯正的中国去。这是根本行不通的。过去的一个世纪，西方思想的引入对现代中国文学和文化理论产生了深远的影响。现代形态的中国文学和文化理论、现代形态的中国美学，本来就是在西方思想的影响下形成的。回到纯而又纯的中国性，就是要废除一个世纪以来的文学艺术理论的发展。使中国从 19 世纪直接跳到 21 世纪。

时间不能跨越，既有的影响，早已成了我们的遗产。我们只能从现实出发，以我们所能接触到的思想资料为前提，再往前行。我曾经写过一篇小文章，《谈当代中国文学理论的资源》。在那篇文章中，我写道，当代中国文学理论，有三个来源，即中国古代文学理论的资源、西方文学理论的资源、一个世纪以来所形成的现代中国文学理论资源。这三个来源都很重要，对我们建设当代文学理论，都起了很大的作用，但是，当代中国文学理论的建设，还有一个更为根本的源头，这就是当代中国社会生活，当代中国人的生活实践和审美实践。找到这样一个源头，许多问题就迎刃而解了。

我们不要刻意去“西方化”或“中国化”，我们不能将文学和文学理论看成是一个封闭的体系，并只是从这个体系中对许多理论问题求解。我们所需要做的事是，到生活实践中去求解。2009 年夏天在贵州，《贵州日报》的一位记者问到类似的问题，当时时间紧张，我无法展开来说，只是说了两句老话：“拿来主义”和“实践标准”。对古今中外的理论成果，持“拿来主义的态度”，为我所用；在使用过程中以实践为标准，符合当代中国生活实践、艺术实践和审美实践要求的，就采用，不符合的，就不采用。当然，在这两句外，还可再加一句人们耳熟能详的话，这就是“自主创新”。实践是创新的源泉，只有在此基础上，才能创造出不纯的但适用的中国理论。

从这三条出发，我们可以建立一种既有普世因素，也有个性特征的美学和文学理论。文化学转向，曾经意味着“反美学”，也意味着走出文学艺术，但是，经过文化研究洗礼的美学和文学研究，还会发展起来。这是一种新的、不同于以往的、上了一个台阶的，面对新问题、适应我们时代的研究。这种新的研究会带来新的气象，代表着当代美学和文学研究的发展方向。

（编辑整理：于 飞）

# 中国民俗学史中的家乡民俗研究

安德明

2009 年 10 月 29 日

# 安德明

中国社会科学院研究生院文学系教授

**摘　要：**本文拟通过对“家乡民俗学”研究取向的历史与现状的系统梳理，从一个新的角度来认识中国民俗学、民间文艺学的发展历史，同时，还要结合西方“局内人民族志”，对中国民俗学中家乡研究的特征、得失等进行分析、总结和概括，并对家乡民俗研究者进行家乡研究的优势与局限，以及家乡民俗研究者在田野研究过程中的心理与情感张力、学者与研究对象之间的交流互动等问题进行讨论，以此说明“家乡”这个关键词，为民俗学的发展提供了十分广阔的探索空间。

**关键词：**民俗学　民间文学　家乡民俗　田野作业　歌谣学运动　民族志

现代学科意义上的中国民俗学，从开始确立到发展为今天的局面，其中一直贯穿了一个十分重要的显著特征，就是研究者以自己家乡所熟悉的民俗为调查和研究对象的潮流，这构成了民俗学研究中一个非常重要的组成部分，我们可以把它概括为“家乡民俗研究”或者“家乡民俗学”。本文将通过对这一重要的、具有连贯性的研究取向的历史与现状进行系统梳理，从一个全新的角度来认识中国民俗学、民间文艺学的发展历史。同时，还要结合西方民族志领域自20世纪60～70年代以来兴起的“局内人民族志”，来分析、总结和概括中国民俗学中家乡研究的特征和得失，并对家乡民俗研究者作为“局内人”(Insider）进行家乡研究的优势与局限，以及他们在田野研究过程中的心理与情感张力、学者与研究对象之间的交流互动等问题进行讨论。希望通过这些讨论，能够为更加深入地理解民俗学的学科特点和中国民俗学学科建设方面存在的问题，进一步完善民俗学的理论和方法论的建设，贡献新的思考。

## 一、家乡民俗研究构成了中国现代民俗学发展早期的一个重要流派

现代学科意义上的中国民俗学的兴起，可以看做是一场自上而下的思想革命，它对应着“五四”新文化运动的兴起而产生，同时也构成了新文化运动的

重要组成部分，对新文化运动的发展起到了重要的促进作用。中国民俗学的兴起，是在一批有远见卓识的知识分子促动下开始的，同时也带动了很多地方知识分子的积极参与。在新文化运动这样一个大背景下，一批具有特殊眼光的精英知识分子逐步认识到民间文化在整个民族传统中的重要地位，开始对这一历来受到上层阶级鄙视、排斥的文化现象投入了浓厚的兴趣和热情的关注。我们说“五四”是反传统的，对传统文化有一种强烈的摒弃和批判的精神。但是同时“五四”时期又有另外一种发现的眼光，这种眼光就是针对下层的、民间的文化予以极大的褒扬、赞赏和弘扬，就是所谓的眼光向下的革命。在批判上层精英文化的同时，又积极地、非常正面地去倡导和弘扬民间的传统，这是当时在知识分子中非常突出的一种现象，这种现象也构成了早期中国民俗学兴起的一个动因。

在1918年的早春，北京大学的教授刘半农和沈尹默在北河沿散步时，刘半农突然说道：“我们也许可以从民间的歌谣当中发现很多有价值的东西，是不是可以对民间歌谣进行征集?”沈尹默当时就表示了赞同，说：“你回去可以拟一个简章,然后请蔡先生（蔡元培）批准后向全国发布。”于是刘半农回去后就草拟了《北京大学征集全国近世歌谣简章》并呈送给蔡元培校长，蔡先生批准后就交由印刷处复印，一共复印了5000份发到各个省的教育厅等机构，同时这个简章还在《北京大学日刊》1918年2月1日号刊发。在刊发的简章前面，蔡元培校长还加了一个《校长启示》，对此活动的意义和价值进行了分析，并号召全国文化界人士、各省的教育厅、杂志社等机构团体对这一活动予以支持。从这个角度看，民俗学的兴起在一定程度上具有偶然性，就是两个学者、文化界人士在一次闲谈当中想出一个主意，随着这个主意就拉开了中国民俗学的序幕。实际上，在这个过程中对应的还是当时的大的文化背景，就是前面所说的对于下层文化的积极的、褒扬的态度，这与“五四”的一个主题“民主”是直接相关的。

《北京大学征集全国近世歌谣简章》一共分为十项、二十二条，其中非常详细地规定了征集歌谣的办法、范围和要求。在简章分发各地和在《北京大学日刊》刊发的同时，北京大学也成立了由刘半农、沈尹默、沈兼士、钱玄同四位教授组成的“歌谣征集处”，专门收集并编辑各地送来的民间歌谣的稿件。这个简章发表后上海的很多报纸以及北京的《新青年》都给予了转载，它的影响也就逐渐地波及全国的文化界，得到了各地的热烈响应。这项活动开展了两年左右之后，到1920年12月19日，由钱玄同、沈兼士、周作人等为发起人，将“歌谣征集处”发展为“歌谣研究会”，同时创办了机关刊物《歌谣周刊》。这一刊物的创办为“歌谣学运动”或“民俗学运动”走向深入奠定了非常坚实的基础。从此，一批能够理解民间文化价值、热心民间文化研究的北京大学的教授和学生成了“歌谣学运动”核心的领导力量，由于他们积极的宣传和推广，各地越来越多的知识分子也逐渐转变了观念，对民间文学、民俗有了正面的认识，很多人也都积极投入到对民歌、民间文学的搜集工作当中。

这项活动在一开始也是遇到了很大的阻力。当《北京大学日刊》刊发《简章》的时候，有一批思想相对传统的知识分子对这项活动给予了非常强烈的批判，他们认为作为大学这样的高等学府居然去征集这样一种鄙俗的、低下的甚至不堪入目的民间文体是很不成体统的，为此，当时学术界和文化界曾经有过长时间的争论和斗争。但是逐渐地，越来越多的人开始意识到这样一种传统是民族文化当中非常重要的组成部分，在“五四”新文化运动的语境下，很多人甚至把它看做是民族文化最根本的内容，是用来和上层精英文化对抗的武器——就这一点而言，我们称“歌谣学运动”为启蒙运动，与其说是启蒙了民众还不如说是启蒙了知识分子，正是在启蒙的思潮下，大量的知识分子开始意识到以前所理解的、鄙视的下层文化，其实是具有光辉的价值的。

“歌谣学运动”开展之后，刘半农在《北京大学日刊》上连续发表了从全国各地寄来的稿件中编选出的一百多首歌谣，一共持续了两年左右的时间。与此同时，到《歌谣周刊》创刊时，“歌谣征集处”一共征集到来自全国各地的两三千首歌谣。到了1924年5月，“歌谣研究会”一共征集到全国各地的谜语、谚语和歌谣一万一千多首。这场运动声势之浩大、影响之广泛和成就之卓越，由此可见一斑。

如此丰富的民间文学作品搜集，主要是依赖于各地的爱好者和参与者，这些人可以说是“歌谣学运动”的核心力量，包括小学的教师、政府机构的工作人员，还有一些刊物的编辑等这样一些地方上的知识分子，他们对促进这项运动及学科的兴盛起到了非常大的作用。在这个过程中，有一个非常值得注意的现象，就是这些人员的搜集工作，开始时都是在自己的家乡进行的，后来成为中国民俗学的奠基人之一的钟敬文，就是其中一位典型代表。

“歌谣学运动”兴起之后，从北京到地方的很多报纸都开始刊载相关的作品，这些作品越来越多地被文人接触以后，很多知识分子开始对歌谣这种民间文学体裁有了更多的感性认识。这些感性认识再加上运动领导者在理论和方法上的引导，逐渐普及了歌谣学乃至整个民俗学的基本知识。这里要说明的是：我们说“歌谣学运动”又是“民俗学运动”的先声，是因为在民俗学的研究对象当中，除了各种各样的风俗习惯等文化现象外，包括歌谣在内的民间口头传统也是重要组成部分，所以，从对歌谣的搜集开始，民俗学这门学科就在中国逐渐发展起来了。随着运动的逐渐普及，越来越多的人意识到，就在我们生活周围，就在我们身边，便存在着大量值得我们去挖掘的、重视的文化现象，也就是这种鲜活的、富有艺术价值的民间文学作品。大的社会文化背景加上内在的觉悟，使得许多人开始热心地搜集民间文学作品，而且就是对自己周围的、家乡的民间文学作品进行采集。

1922 年到 1926 年，钟敬文先生从地方的师范学校毕业后，在他家乡的一个小学任教。受到“歌谣学运动”的感召，他开始对民间文学作品进行搜集、记录和初步的探索。三四年的时间里搜集了很多的歌谣作品，包括在当地不同民族和人群中流传的各种各样的歌谣，比如峯歌、客阴山歌、咸水歌等。这些作品中的一部分，发表在当地的一家报纸上面，后来他还把一些主要的内容结成了几个集子。同时，他还在家乡搜集了很多民间故事的文本，这些故事和传说的供给者包括他本家族的成员，比如他的二嫂就是一个很会讲故事、说歌谣的人，还有他的朋友和班上的很多学生。随着采集工作的不断进行，他对民间文学的感悟也越来越深，从此开始写作有关民间文学理论的文章。有一些在写出之后就投到了《歌谣周刊》，有的还被发表了。这在当时对一个远在广东偏僻小镇上的知识分子来说是一种非常大的鼓舞，从此他更加一心一意地投入了到这项事业当中。钟先生从歌谣研究活动的一个爱好者、参与者，变成这个活动的中坚力量和后来的领导者，可以说是地方知识分子在“歌谣学运动”感召下投身这一运动的典型代表，他的出发点就是对于家乡民间事象的搜集、整理和研究。

作为民俗学运动的发起者，北京大学的那些教授和学生都对以家乡民俗为主要搜集对象的方法予以了倡导和支持，在刘半农草拟的《北京大学征集全国近世歌谣简章》中，可以看到这样两条征集方法：

——“本校教职员学生各就见闻所及，自行搜集。”

——“嘱托各省官厅转嘱各县学校或教育团体代为搜集。”

尤其是在第二条中，可以看到活动的开展在很大程度上是要依赖地方人士，而地方人士能够接触到的民间文化事象，只能是自己家乡和周围生活中的民俗。从这里可以看出，“歌谣学运动”的领导者是在鼓励人们进行家乡的民俗学乃至民俗事象的研究。1923 年，“歌谣学运动”的领导者又成立了一个新的研究机构——风俗调查会，把研究对象从民间文学作品扩展到了更广泛的民俗事象当中。风俗调查会在调查方法上有一条非常引人注意的主张，就是要求“调查者尤当以其人之生长地为标准”。由此可见，一方面是地方上的知识分子自觉地搜集本地的、家乡的民间文学作品和民俗事象；另一方面运动的领导者也在积极倡导这样的调查研究方法。不仅如此，在运动的发起者中也有不少人是身体力行地去进行家乡民间文学的调查搜集工作。

1919 年 8 月，刘半农在从北京回到他的家乡江苏江阴的途中，从船夫的口中听到很多歌谣，他就记录下来，后来结集出版，题名《江阴船歌》。另外一位重要的人士就是顾颉刚，他在 1918 ~ 1919 年回乡养病期间进行了大量搜集歌谣的工作。他所采访的对象包括自己的祖母、家中的孩子、保姆等这样一些家庭成员，他的夫人在回娘家时也在娘家所在的镇上为他搜集了很多歌谣。他把搜集到的两百多首歌谣加以编选，最后结成一个集子《吴歌甲集》出版。这本书在中国民俗学发展中具有重要地位，因为它的记录方法和编纂体例等都表现出很高的学术规范性，所以在学术史上得到了很高的评价。

我们看到，在学科开展的早期，很多学者都有关于自己家乡的民间文学事象的调查和研究，这不仅体现在领导者身上，尤其体现在各地大量参与者的身上。

## 二、家乡民俗研究始终贯穿在中国民俗学的发展过程中

在民俗学学科初始阶段，大量的研究者都是在自己家乡进行研究调查，这一方面与参与者的调查经验不足有关，另一方面就是研究者缺乏专门的调查时间，还有就是与其他地区风俗接触的机会也比较少。这两个客观因素造成了早期研究者把自己家乡民俗作为研究对象的一种现象。随着学科的发展，它的学术规范和理论方法体系逐渐得到确立，在这一过程中很多研究者的研究视野和生活的领域也在逐渐扩大。这样就有越来越多的学者开始进行自己家乡以外的民间文学和民俗事象的调查研究，出现了一批著名的研究著作，比如顾颉刚的《东岳庙的七十二司》、《妙峰山》，杨成志的《安南人的信仰》，江应樑的《广东瑶人之宗教信仰及其经咒》、钟敬文的《金华斗牛的风俗》等，这些研究成果都是中国民俗学史上的重要著作，而这些研究者所做调查的地域都是自己家乡以外的。也就是说，中国民俗学在开始时是以家乡民俗研究为基础走出来的一门学问，但到了后来，很多人都“走出了家乡”，使民俗学的研究范围得到了很大的拓展。

但与此同时，家乡民俗的研究仍然占有相当大的比例。比如刘经庵在河南进行歌谣和风俗的搜集和研究，有一本著作叫《歌谣与妇女》，在中国早期民俗学研究中引起了很多人关注和高度的评价。还有白启明对于自己家乡河南的民俗、民歌的研究，欧阳云飞关于福建漳州祈雨习俗的研究等，都是由学者在家乡所在地区，依赖熟悉方言和其他地方文化传统等优势而展开的民俗学工作，它们构成了早期中国民俗学的重要组成部分。这使得家乡民俗研究成了中国民俗学领域一个非常重要的传统，从学科发轫到后来一直贯穿于这门学科的发展史当中。

从今天来看，全国各地许多的地方研究者，都是以自己家乡的民俗为研究对象的，这些人中有很大一部分是地方文化馆等各种政府、文化机构的工作人员，也有一些地方院校的教师，由于接触的范围有限，大多只能以自己家乡为研究对象。而实际上，他们的研究也构成了今天我们民俗学研究成果的重要组成部分。

在20世纪80年代初期，由国家文化部、中国文联等单位联合发起了一项工作，就是搜集、编纂全国的民族民间文化集成志书，包括十个方面的内容。与民间文学相关的我们把它叫做“民间文学三套集成”，包括民间故事、民间谚语和民间歌谣三个方面内容。这项工作，要求在全国范围内深入到每一个乡、每一个村进行民间文学的普查，并在此基础上编辑各地区、各省的相关体裁的集成。这个工作进行了二十多年之后，最近刚刚进行完结项的工作。这是被称做“新世纪文化长城”的大工程，前后大概动员了十多万人参与其中，这些人员中很大的一部分，都是各地民间文化的工作者。同时，一些高校民俗学或相关专业研究生的博士、硕士论文，也是以自己家乡为调查和分析的对象，比如巴莫阿依的《彝族祖灵信仰研究》（四川民族出版社，1994），安德明的《天人之际的非常对话——甘肃天水地区的农事禳灾研究》（中国社会科学出版社，2003），黄涛的《语言民俗与中国文化》（人民出版社，2002），祝秀丽的《辽宁省中部乡村故事讲述人活动研究——以辽宁省辽中县徐家屯村为个案》（北京师范大学博士论文，2002），巴莫曲布嫫的《史诗传统的田野研究：以诺苏彝族史诗“俄勒”为例》（北京师范大学博士学位论文，2003）等。

一般而言，地方上的工作人员与受过学术训练的专业人员在学术视野、学术理念和研究方法上是有一定差距的，但是地方工作者在对于自己家乡的稔熟，对于地方传统理解的深刻等方面，就不是专业机构里的人员所能比的。所以我们不能因此来抹杀地方工作者研究的贡献和价值。实际上，民俗学的魅力就在于，它在一定程度上能够动员全体民众共同参与学科的建设工作，它可以使一个普通人，也能够在了解该学科相关理念的基础上，来言说自己的生活传统和文化。地方上的民俗学爱好者和工作者，对于自己生活文化传统的表达和言说，一方面为他们提供了一个宣讲自己生活经验与生活传统、表达自己对于自身生活文化的体验和认识的途径，另一方面他们的言说和表达也构成了整个民俗学材料库的重要基础。

这种传统的延续，与家乡民俗学所具有的优势密切相关——这一点我们在下文会做比较详细的介绍；还有就是和学科领导人物的长期倡导有关，这里还是以钟敬文先生为例加以介绍。

钟敬文早年在自己家乡所做的民间文学和民俗事象的搜集工作，显然对他后来的学术思想造成了很大的影响。由于他在中国民俗学发展史上的重要地位，他个人思想中的特点也对民俗学的发展造成了深远的影响。这个特点就是对于家乡民俗研究的支持和鼓励。20世纪90年代至21世纪初期，钟敬文以九旬高龄仍然在从事教学工作，仍然在指导研究生。在这期间，作为他的学生，我经常能听到他称赞那些通过踏实调查而写出高质量地方民俗志的地方学者。在中国民俗学会这个学术团体中，经常可以看到很多来自地方的工作人员，特别是前些年，民俗学会开会时，经常能看到来自县文化馆等单位的地方工作人员，其貌不扬且打扮比较土气，也来参加民俗学的学术会议。这些人在某些学者看来可能不值一哂，但在民俗学会他们得到了平等的对待和尊重，因为他们中的很多人都是踏踏实实在自己家乡做着民俗学的调查、搜集和整理工作。民俗学会的这种风气，与钟敬文的倾向有很大关系。我在陪钟先生参加会议时，曾遇到一些来自地方上的人士，他们的言行举止可能有一些不得体的地方，但是钟先生从来是以一种平等和尊敬的态度去对待他们，这一点给我的印象非常深刻。在他工作的北京师范大学，他也时不时会请一些在民俗学上做得比较好的地方工作人员来学校和学生座谈、交流。曾经有一个乡干部，因为自己喜爱民间文化并受到学科观念的影响开始注意搜集相关的材料，最后完成了一本著作叫《红山峪村民俗志》。钟敬文先生看到后非常赞赏，就请他到北师大来与研究生一起座谈。这个事件后来被媒体报道时，说成“老农给博士生上课”——当然这是一种媒体的炒作，但也曾因此引起了学界的一些争论。我们从这里，却可以看出钟先生十分重视和鼓励地方人士的研究，这无形中也推广了民俗学研究中的家乡研究取向。

钟先生之所以这样提倡，有同他自身经历相关的原因，更重要的却是他对研究者进行家乡研究的重要价值有着清醒的认识。他把学术研究分为三个层次，分别是“旅人之学”、“寓公之学”、“土著之学”——这个观点是受日本民俗学家柳田国男的影响，钟先生也有自己的发展。“旅人之学”就是到一个地方去做一些走马观花的考察，然后得出一些结论；“寓公之学”是在某个地方住上一段时间，在对此地相对比较熟悉的基础上做出来的学问；“土著之学”就是本地人的学问，也是钟先生最为看重、最为重要的一种研究。他认为本地人在研究本地文化时对其中包含的历史和传统都能有很深刻的体会，在语言交流上也有很大优势，所以是很值得推崇和提倡的研究方式。这种观点其实是抓住了民俗学研究中一个关键性问题，就是不管是在自己家乡还是外地做调查，必须要对所研究的对象有很深刻的了解和全面的把握，只有在此基础上才能发现其中的真正内涵。但遗憾的是除了钟敬文先生的只言片语外，很难看到其他学者对于家乡民俗学研究的归纳、总结和批评。

## 三、民俗学家乡研究中的问题及学术史上对这些问题的忽视

中国民俗学在发展的早期，就在相当大的程度上受到了人类学的影响。经典人类学一直强调要在异文化中开展研究，禁止关于熟悉文化的研究，由此形成了

一个禁忌，就是不能在自己熟悉的文化中去做研究——这一点下文会展开说明。那么就会有这样一个问题：为什么从早期一直到现在，以“科学”、“民主”为大旗的中国民俗学者，却始终没有参照人类学的这个重要原则，对民俗学的家乡研究进行学理上的论证或反思，甚至连相关的疑问似乎都没有产生呢？当然，民俗学的兴起与人类学的兴起有很大的不同，中国早期的民俗学者强调，研究民俗学的主要目的之一是发现“民族的诗”，是出于文学艺术上的目的才进行民间歌谣的采集、调查工作。这与民族主义的高涨有很大关系。可以说，中国民俗学本身就是一门植根于我乡我民的学问，与人类学在学术取向上有很大的不同，所以人类学的原则对于民俗学影响不大。可是这样的解释似乎还是有问题的。民俗学与人类学是关系十分密切的学科，即使是承认我们的学问是关于我们文化的学问，即便如此，始终在科学大旗引领下的中国民俗学，却为什么几乎一直没有参照人类学的原则思考家乡民俗学当中的各种张力关系呢？这一点是非常令人遗憾的，当然其中也有各种各样的原因。可以先举几个例子，再来考察原因。

其实在民俗学发起时，学科的领导者已经意识到实地调查对于此学科的重要价值。他们指出：“依民俗学的条件：非得亲自到民间去搜集不可；书本上的一点也靠不住，又是在民俗学中最忌讳的。”（常惠：《我们为什么要研究歌谣》）也就是说，他们已经接触到国外民俗学的一些原则和理论，认为在民俗学中不去实地调查是最忌讳的。另外，就是对调查中的很多技术性问题，他们也进行了积极的探讨并且制订了比较周密的规则，在刘半农拟定的《简章》中就有着在今天看来也是很高明的技术要求，比如说他要求在搜集歌谣过程中要对“歌辞文俗一仍其真，不可加以润饰，俗话也不可改为官话”，就是说要尊重其真实性，保存其语言的特点。他又说：“一地通行之俗字为字书所不载者当附注字音，能用罗马字或 Phoneties 尤佳”，“有其音无其字者，当在其原处地位画一空格如‘□’而以罗马字或 Phoneties 附注其音，并详注字义以便考证”。这些都可以看出他们在早期对调查规则、调查技术的严格要求。可是，关于田野调查的系统的、深入的论著却一直没有看到。这里有一段话，是一位叫洪长泰的华裔学者在《到民间去——1918～1937 的中国知识分子与民间文学运动》中指出的早期民俗学研究中的问题：

在采集技术或研究理论的方法上，无论中文著述或外文译作，都缺乏学科专业化的东西。这个漏洞说明，这一被当代民间文学界视为关键性的方法论问题，在 20 年代的中国学者中间还考虑得很少。他们不曾产生这样的疑问：面对歌谣、传说、谚语等不同的民间文学体裁，是否需要采取不同的收集整理方法？收集者怎样才能在偏僻闭塞的乡村，在不致使农民惶恐、掩饰的条件下开展工作？怎样才能使民歌手信任自己，在自己面前摆脱羞涩陌生的感觉，放声演唱他们心中的那些从前被嘲弄的民歌？人们是否应该接触男性、女性和儿童等不同对象以获取不同的信息？是否应该记录每个原始讲述人的姓名、性别、年龄和背景（经历）？收集者在收集之前，是否应该先熟悉当地的历史和风俗习惯？在一个新的、陌生的环境中，怎样解决语言障碍问题？以及什么样的翻译方法才适当？等等。

这些提问，很多都是切中早期民俗学研究中的要害的，可惜的是，这些问题到现在都没有得到很好的解答。虽然在关于我们学术史的研究中，有些著作已经触及到了一些问题，但是这些问题都还没有得到完全的解答。也许，我们可以说，因为早期中国民俗学的许多参与者都是以“局内人”（Insider）的身份进行搜集工作的，自己本身就是当地人，所以不存在如何使自己适应调查环境和调查对象的问题，或者至少这样的问题并不是十分突出、十分紧迫，而相关的解答自然也就不会很多了。但由此却又引出了我们的另一个问题，那就是：对于研究者进行家乡民俗研究本身可能存在的困难、优势以及它的特征等，为什么也没有系统的理论探索呢？

有这样一些例子，就是很多学者在调查过程中遇到了各种各样的问题。比如之前提到的刘经庵，他在河南搜集歌谣时就遇到了很多困难。他说：“去问男子，他以为是轻慢他，不愿意说出；去问女子，她总是羞答答的不肯开口。”还有一位常惠先生，他到民间去搜集的时候很多人都不愿意说，人们不是怕上洋报（报纸），就怕是来私访的，或者说是怕失了自己的体统、丢了面子。他说自己到自己家里访问时，家人说你这跟小孩子似的，怎么问这些东西，还有人说他是疯子，只有他的侄女给他唱了很多。有一天，有一个要饭的在外面唱，常惠就把他请进来请他唱，结果倒是弄得要饭的坐立不安。何植三则谈到，自己在回故乡的时候也想搜集一些歌谣，结果老家正在闹土匪，人心惶惶的，平时人们都讨论怎么做个木壳枪来防身的问题，他却问人家这个。别人都觉得他是个怪人、傻子，很不可思议，这时候还问这些。有一次他到嘉兴的亲戚家去，听到一个小孩在唱歌谣，就请小孩过来唱，由于是嘉兴话他听不太懂，就用糖哄小孩让他慢慢唱，他自己慢慢记。后来亲戚进来问是唱什么呢，他就解释了半天，等再让小孩唱怎么也不唱了，就这样被打断了。还有一个人遇到了很多辱骂，甚至是威胁，他就是孙少仙。他到昆明去调查歌谣的时候，他对作品的搜集和发表引起了很多人的误会，因为歌谣里的内容显得相对粗鄙一些，甚至有些内容是难登大雅之堂的。有人给他写信说：“社会上很多人在咒骂你，你知道吗？古人说，丑猫丑狗护三村。你读了这么多年书，把我们不好的东西拿出去败坏我们的名声，这成何体统？你把我们这几个村子的坏处让全国人都知道了。”还有他发表了一首歌谣，歌谣可能是关于某个人的，结果当事人就非常生气，扬言要对他进行报复，让他等着瞧。

这各种各样的经历和遭遇，他们都在一些文字中有所展示，可是却没有就此做更深入的探讨。其实，倘若能够围绕其中某个问题、某个人做一些具体的探讨和深入的思考，也许在方法论上会有一些系统的成果。比如说为什么那么多调查者在调查歌谣的过程中会受到那么多人的抵制？在这里就可以看到很多在学者眼里看来是了不起的、重要的文化现象，在当事人那里，在文化的拥有者、使用者那里，却被认为是低下的东西。那么我们不禁要问，他们是什么时候开始有这种观念的，是什么使他们认为自己的生活传统和周围的文化是低贱的、见不得人的呢？尽管他们每天都在运用这些文化，并生活在其间，可一旦与上层文化精英相遇，一旦要把这种文化展示给大范围民众的时候，他们就会感到难为情和害怕。这里包含了很多问题。一方面，学者的观念在“五四”时有了很大的变化，原先的知识分子、精英分子往往是鄙视民间文化的，士大夫阶层更欣赏上层的精英文化；到了“五四”时代，很多知识分子就开始反省，认为在民间也能发现很优秀很有价值的传统。另一方面，在他们思想发生巨大变化的同时，民众的思想仍然停留在过去上下层文化分野的框架之中，仍然认为自己的文化、思想、传统是卑下的、低俗的。到了这样一个时期，实际上是知识分子与民众的思想出现了差异，在差异中，学者要怎样处理与民众的相互的角色关系？学者的参与又要怎样去影响当地民众的心态和生活文化传统？这些问题，都是可以做非常深入的分析。可惜这种工作没有进行下去。这里面的原因，除了刚才提到的民俗学自身与人类学学术取向的不同之外，还有以下几方面具体的原因。

首先，“歌谣学运动”的发起者，虽然强调搜集歌谣有“学术的”和“文艺的”两个目的，但他们对于“文艺的”目的，即建设“民族的诗”的热情，显然要远远大于前者。所以，早期的民俗学工作不能被称为严格意义上的“田野作业”，只能是民间文学作品的采集，他们的目的主要是为了“文学”而不是“学术”，工作的重点在于记录民间文学作品而不是总结在记录和调查的过程中会遇到什么问题。研究者在和作品的主人打交道时，往往把他们理解为是演唱者或是故事的讲授者，把他们看做材料的供给者而非是与生活发生联系的活生生的人，也就是说，你只是唱了一支歌或是讲了一个故事，而这首歌或这个故事与你有什么关系却并不是研究者关注的重点，研究者不关心这些人在歌谣或故事之外的经历和情感。由此也可以看到，这里还是体现出知识分子内心中根深蒂固的一种观念，就是自以为高人一等的优越感。“五四”时的知识分子，从很多言行上可以看出来确实是高扬“民主”大旗而且对下层的民间文化予以了高度的赞扬，但是对于这些文化的主体，尤其是具体到每一个人，他们仍然保存了一种天生的优越感，有意无意地在扮演着救世主的角色。他们认为是在为那些民间文学的主人做事，为他们宣扬文化，提高他们的地位，却没想到要问为什么自己所在这个阶层原来觉得这些东西是不好的，今天要怎样来改变这种观念，这本身有很复杂的问题存在其中。“五四”时期民俗学工作者对于民众和民间的理念就是：我已经发现了你的价值而且我要把它宣扬和弘扬出来，但是在宣扬和弘扬的过程中，需要科学的手段和学术的眼光，那么只有我是掌握了科学的手段，只有我具有学术的眼光，所以你应该把你知道的民俗学的内容告诉我，我来替你做主。“民主”在知识分子有意无意的做法当中，实际上就变成了“为民做主”，民众只是被拯救和改造的对象而已。

其实，即使只是以“文艺”为目的搜集歌谣的活动，中间也存在着要遵循一般的民族志原则的问题，民族志的基本原则如“客观性”、“选择”、“歌谣与文学、与方言、与社会生活的关系”等问题，在调查过程中都需要予以关注和反思，但我们却看不到这方面的探讨。

其次，民俗学运动开始之时许多具有较高理论素养的学者，其注意力并没有完全集中在民俗学学科的建设方面。之前提到的刘半农、钱玄同、顾颉刚还有周作人等在民俗学创建时具有重要贡献的人物，他们都来自于各自相对比较稳定的学科，是从各自学科的角度对民间文学、民俗给予关注的。他们或者是关心其中的史料价值或者是关注其中的方言问题等，很少有关于民俗学本身的思考。

最后，学者们主要出于担忧民间文化急剧消失的状况，强调搜集和保护这种文化的紧迫性，因此把主要的注意力集中在了“抢救”歌谣作品之上，而无暇顾及其他方面的问题。这一点也体现了民俗学天生的一个特点。民俗学在诞生之初，在很多国家，很多学者都在强调我们的传统文化面对现代化的冲击，面临工业化的侵蚀，我们要保护它、拯救它。从 19 世纪末期的美国民俗学直到 21 世纪的中国民俗学，民俗学似乎始终处于一种焦虑，民俗学者也至今仍然处在一种担忧的状态中。今天我们可以看到，很多地方在盛行的“非物质文化遗产的保护”工作，是民俗学者在其中起到了重要的作用，民俗学者也在积极参与这样的工作。就中国来说，民俗学者从“五四”到现在近一百年的时间里，一直在说我们的文化正在消亡，我们的传统正受到巨大的冲击，要拯救，要抢救。这里面其实是民俗学自身的一个问题，也是民俗学者缺乏自省精神的体现。

总之，这样的状况，使得中国民俗学丧失了不断进行自我总结和反省的机会，可以说也是造成当前我们的民俗学理论建设十分薄弱的一个主要原因。

## 四、西方“本土民族志”（Indigenous Ethnography）或“局内人的民族志”（Insider Ethnography）与中国家乡民俗研究的比较

前文提到，经典人类学强调研究者和研究对象之间要有比较大的差异性，所

以人类学的研究必须在陌生的异文化中进行田野作业。这里占主导地位的观点是把人类学看成是“文化的科学”，认为通过田野调查和研究者的努力，我们可以发现客观地存在于文化中的科学的文化规律，发现客观的真实以及人类社会的普遍特性。而只有在异文化中研究者才能保持对于学术的敏锐和好奇，才能够保持客观的立场，所以要发现文化的规律和客观的真实，研究者必须到陌生的异文化中去进行田野作业。这种观点始终在人类学和民族志的研究中占有统治地位，成了所有民族志学者不敢违背的指导原则，关于对自己熟悉的文化的研究则一直是被排斥和被禁止的。

20 世纪 60 年代以来，随着学术的发展，传统民族志所追求、标榜的田野调查的“客观性”、“科学性”，日益受到了质疑。在解释学、结构主义、新马克思主义、后结构主义、后现代主义、女性主义、非西方主义等一系列自“二战”以后陆续兴起的新思潮的影响下，越来越多的人类学者和民族志学家开始认识到，田野调查和民族志写作总是不可避免地包含着诸多人的主观因素和意识形态的影响，研究者永远也无法达到所谓“纯粹的客观和科学”，而只能是通过描述来表达自己对社会、文化、人生的阐释，揭示部分的真理。有的学者甚至认为想要通过民族志的写作表现（Represent）一种文化是不可能的。相反，民族志学者只能“唤起”（Evoke）一种拒绝对该文化进行模仿的“审美综合”（Aesthetic Integration）或“话语碎片”（Fragment of Discourse），一种不可描述的非实体（Non - entity）。也就是他们所强调的是主观的、非理性的描写，而不再是像自然科学那样纯粹地、客观地、冷静地去揭示一种客观存在的科学规律。

所以在 20 世纪 80 年代出现了一种“写文化”的观点，在“写文化”的过程中包含了民族志的写作者和研究对象间的互动关系。这种认识的转变就使得学者的情感、观念、经历等也成为严肃的话题，进入了民族志学者的著作中，进入了学术领域。

把人类学当做文化科学的这种观念，其形成与著名的人类学家马林诺夫斯基有着重要的关系。20 世纪初，马林诺夫斯基在西太平洋的一些小岛上进行了大量的调查，建立了自己的一套研究的法则，强调“人类学是一种文化科学”。他的著作中就在努力地表达一种客观的真理和客观的真实。但在他去世之后人们看到了他当年在岛上写的日记，惊奇地发现在其著作中曾被高度赞美过的纯朴的、美丽的、善良的土著人，在其日记里则受到了他的贬损甚至谩骂。这自然引起了人类学界的巨大震动，人们发现在学者的心灵中其实是充满了严重的矛盾和冲突的。

从此，研究者对于自身文化的研究也就不再因为主客观的争论而受到限制，民族志研究排斥自身文化的禁忌被打破，出现了大批以民族志研究自身文化的著作，包括很多的博士论文。有人就把这种研究概括为“本土民族志”（Indigenous Ethnography）或“局内人的民族志”（Insider Ethnography）。

比如，有一本博士论文，题目是《美国文化中关于残疾人经历的口头叙事：偏见、少数派和民间群体》，作者以一个残疾人的身份到另一个残疾人群体中，经过一年半时间的调查，来考察残疾人对于美国文化中有关他们的态度的认识以及这种认识的来源等问题。因为作者本身是一个“残疾人”，他和他们有着同样的经历但又不属于那个群体，所以他既是“局内人”同时也是“局外人”，这样就使他的研究保持了一个非常独特的视角。还有一篇《关于休斯敦地区摩托车非法驾驶者的局内人民族志》的博士论文，主要说的是“Outlaw Bikers”就是“非法驾驶者”，是一群因其行为方式常常违背基本的社会规范而被主流社会所斥责和批判的人群。作者自己本身就是一个“摩托车非法驾驶者”。在论文中他通过自己和休斯敦的三个“摩托车非法驾驶者”俱乐部成员的切身经历，以“局内人民族志”的方法，对这些特殊的人群进行了研究，提供了许多为外人难以知晓的关于这个特殊群体的历史、传说以及个人生活史等，为人们了解和理解这个群体，架设了一座桥梁。再比如说《局内人民族志：信仰者的两难境地》一书中，作者以一个五旬节派教徒（Pentecostal）和民族志学者的双重身份，深入分析了五旬节派的布道中显示的民间信仰、五旬节派教徒们如何自己界定讲道法、五旬节派的传教士如何采用认识论的方式来准备他们的布道等问题。

可以看到，目前西方人文学界有很多民族志的研究。所谓“民族志”，主要是指一种研究方法，是一种在田野作业中既要搜集资料还要感受资料、理解资料的拥有者的研究方法。它是要通过实地的调查，在调查过程中去感受和体悟、理解调查对象所包含的深刻内涵，通过这样的田野调查过程来完成一个成果；同时，民族志也可以指一种在人类学、民俗学规范下形成的如调查报告般的成果。这个领域出现很多关于自身文化或熟悉文化的研究，这与学科在发展阶段中的一种自我反省有很深的关系，与思潮的影响也有很大关系。

## 五、家乡民俗研究的优势与不足

中国民俗学当中的“家乡民俗研究”，同上文提到的西方“局内人民族志”研究有着相似的地方，最直接的表现就是都是关于自己熟悉的文化的研究。但两者又有着关键的不同：前者是在缺乏理论总结的情形下无意识地走出的一条道路，属于一种自为的状态；后者则属于一种经过反省之后的学术自觉，它的体系的系统性、完整性和思考的深刻性都是与“家乡民俗研究”不同的。上文已经分析过“家乡民俗研究”产生的原因，除了上文提到的原因，我们还可以看到对于家乡民间文学和民俗事象的记录和研究的做法，与古代文人的某种传统是有一定连续性的。

在古代作品中，我们可以看到很多关于民间文学和民间事象的记录，其中很多都是作者由于战乱等因素远离家乡之后对于故土的一种追忆和记述，比如《梦粱录》、《荆楚岁时记》、《杭俗遗风》、《帝京景物略》等不同时代的风俗志书。这样一些著作，构成了早期或者说现代民俗学之前的重要民俗文献，而古人开创的这种传统，也或多或少地影响到了现代学科中的民俗学者。这里是可以梳理出一条学术传统发展的线索的，有兴趣的研究者可以做进一步探讨。

今天，家乡民俗研究随着中国民俗学学科的创立和发展，已经走过了八十多个春秋并积累了丰富的实践经验，中外学术的交流也日益广泛和深入，这些都为我们提供了新的条件和良好的基础，使我们可以对中国民俗学中的家乡研究进行理论总结。下面我们来归纳一下家乡民俗研究中存在的优势和不足。

首先，如上文所引钟敬文先生的观点提到的，就是家乡民俗研究具有得天独厚的优势。这些优势主要表现在以下几个方面：①理解的优势。因为研究者是对自己的家乡民俗进行调查，所以对于当地文化中只可意会不可言传的诸多微妙内容，都能够迅速领会和理解；对于各种习俗的特殊功能、意义，也都能够有准确、深刻的把握。②语言的便利。研究者可以自如地运用自己的母语方言，与家乡的父老随意交流。在他们之间，不会有任何生僻的土语生词妨碍相互意思的表达，对于言语中通过某些句式的特殊运用、语气的变化等所表达的微妙情绪，调查者也都能够有比较准确的领会。这样的便利，可以说是在异文化当中进行调查的研究者很难具备的。③环境和人际关系的适应。在自己的家乡进行调查，不用像在其他地区那样，首先要去适应环境，去努力建立与资料提供者之间默契、融洽的关系——这是进行异文化的田野研究时十分必要的基础工作，而要做好这一点，往往需要相当长的一段时间。但如果是在自己的家乡，对于环境自然会比较熟悉，与家乡父老之间也都会有着相对稳定的人际关系，这将为研究者尽早顺利进入田野工作，提供很好的铺垫。④心理上的舒适和生活上的适应。不少在异文化中进行田野工作的研究者，都有过不得不忍受生活的不适、心灵的孤独等煎熬的经历，而在自己的家乡，却很少遇到这样的困扰。上述这些优势，大概是中国民俗学从一开始就有大量进行家乡调查和研究的学者的内在原因。而北大风俗调查会当年把家乡民俗调查作为实地调查的基本原则来强调，大概也正是基于对这种调查之特殊优势的认识——它指出，之所以要这样做，是由于“中国幅员辽阔”。

其次，除了种种的优势，家乡民俗的研究也存在着一些不利的因素。我在进行这种研究时就曾遇到过这方面的问题：对于家乡的许多民俗事象，我常常自以为非常熟悉，但当要说明它的具体内容、具体意义时，却又总是发现在许多细节问题上，自己根本不了解。这种似是而非的了解，虽然也曾对我理解一些相关的民俗学理论起到了直接经验上的参照和帮助，但在田野作业过程中，却往往会产生一种消极的影响，那就是常常因为自以为可能了解某种事象的全部内容，而放过了不少进行深入调查的机会。此外，有的时候，在调查中，我还会不知不觉处在被家乡的民俗所左右、所引导的状态，以至于忘记或放弃了自己的目的和任务。例如有一次我在考察求雨仪式时，本来准备好了照相机，打算为求雨队伍照相。但在活动的现场，看到仪式举行者是那样的虔诚，干旱又是那样的严重，尽管没有任何人阻止我照相，我自己心中却产生了一种强烈的感应，让我无法对着那场所、那些乡亲们举起相机。这种感应就是：照相会破坏仪式的严肃性，从而影响到它的灵验性，因此我绝对不应该这样做。这样的问题，在进行异文化研究的学者那里，基本上是不存在的。但是，这并不能成为我们否定家乡民俗研究的理由。其实，只要在田野研究当中经常保持一种不断反省的习惯，随时发现自己可能出现的问题并加以调整，这些消极影响，还是可以避免的。

## 六、家乡民俗学当中包含的更深层的问题和启发

家乡民俗学研究在中国民俗学的发展过程中被看做是一种自明的传统延续下来的，大家觉得根本不需要证明它，是一种自然而然的做法。所以通过和异乡研究的对比来说明哪一个更有优势这样的问题，在中国民俗学看来不像西方人类学或者本土民族志那样迫切。事实上，即使在本土民族志当中，方法上的孰优孰劣，也已成了简单的、技术层面的问题，这样的讨论曾引起异文化研究者的反问：本地人就一定很“懂”吗？异文化的研究者是否无法获得真实的材料和准确的认识？其实，更深层的思考则应该投向对于其中所折射的文化和伦理问题的探讨（Kirin Narayan. “How Native Is a ‘Native’ Anthropologist?”）。在田野工作以及民族志的展示过程中，家乡研究者如何确立自己的身份认同、如何处理与自己血肉相连的文化以及文化的主体——人——的关系，等等，成了更有意义的探讨。

我们应该把关注的重点转向家乡民俗研究者在田野研究过程中的心理与情感张力，学者与研究对象之间的交流、互动，以及由此产生的民俗学的学科定位等问题。具体来说，这些问题包括：家乡研究者如何把本来与自己处于同一状态的地方、事象和人乃至于研究者自己的生活加以对象化，使之成为一个外在于他的可以被审视、被探究的客体；在这种对象化的过程中，研究者在心智上具有什么样的特点，承受了怎样的情感、伦理等方面的压力；在既是自己的生活空间又是

自己工作场域的家乡，研究者是怎样协调自己既作为学者又作为当地人的矛盾身份的；在对家乡民俗事象进行展示（描述）之时，研究者承受了怎样的道德与义务上的困扰，他作为当地人的身份、他对家乡的情感和种种顾虑如何影响了他对所展示内容的选择；在民俗事象的展示过程中，他是怎样处理与作为资料提供人乃至研究对象的亲友之间的关系的；在把自己所熟悉的文化现象向更大范围的读者进行介绍之时，他采取了怎样的技术，来处理那些自己习以为常而异乡人却毫不了解，但对理解民俗文本至关重要的"语境"方面的知识，等等。这些问题，抛开人类学的参照，只就中国民俗学家乡研究传统的发生和发展历史来说，都是需要我们着力探寻的。

在进行家乡研究之时，研究者首先要面临双重身份（至少是双重身份）的问题：他（她）既是家乡生活世界中的一个成员，同时又要变成一个旁观者，担负起观察、调查和探究自己生活世界的任务。于是，本来与他（她）处于同一状态的地方、事象和人乃至于研究者自己的生活，都被对象化，成了一个外在于他（她）自己的可以被审视、被探究的客体（《重返故园》）。如何在田野工作中协调不同身份之间的关系，便成了家乡研究者所面临的第一个难题。最常见的是学者身份会掩盖当地人的身份，从而使得他（她）身为当地人不能接触的事或必须遵循的规矩，因为研究者的学者身份而对其开放。这在客观上势必造成对家乡父老生活的扰动，既让研究者也让当地人承担了风险和责任。我自己在甘肃天水的家乡进行关于农事禳灾仪式的调查时，就曾多次遇到过家乡人对作为研究者的我过度热情、因而改变仪式进程或放松相关禁忌的情形。例如好心地允许我对求雨仪式拍照，而这本来被认为是一种会破坏仪式神圣性的行为。又如因为知道我来调查而临时改变主持仪式的阴阳先生人选，从而影响了仪式的进程。客观上，我的参与某种程度上破坏了家乡仪式的规矩，也使得我和仪式的参加者都承担了一定的心理负担：他们可能会因担忧仪式的灵验性受到影响而忐忑不安，我也因为作为当地人，在知道相关规矩的前提下又破坏这些规矩而感到羞愧。

类似的遭遇，进行家乡研究的民俗学者或民族志学者都或多或少地有过。例如，一些女性研究者就曾谈到过自己在家乡或熟悉的环境中进行调查时所遇到的尴尬：由于被调查者的过度热情，一些在实际生活中本来禁止女性参与的活动、禁止对女性展示的文化现象，也允许她们参与或观察。这在对当地的现实生活、当地人的精神造成扰动的同时，实际上也影响了学者自己的心灵（Kirin Narayan，祝秀丽）。显然，从这一点上来说，家乡民俗的研究者，与异乡的研究者相比，要经受并克服另一层特殊的心理困扰。

在对民俗事象进行选择并加以描述、表现的过程中，家乡民俗学者也要面临诸多道德与义务上的困扰：究竟哪些事象是可以选择出来、作为家乡文化的某种代表来描述和展示给世人的？所展示的内容是否会给自己家乡的荣誉或家乡人的生活带来负面的影响？会不会招致家乡人的不满和批评？这一类问题，异乡研究者也可能会遇到，但表现在家乡研究者那里，却要突出得多，对其研究的制约作用也更为强烈。而且由于身份立场的不同，异乡研究者对这一类的问题，远不如家乡研究者那么关心。

另外，对自己的乡亲在现实生活中遇到的各种困难，外来的研究者可能也会产生同情，但他不一定会像我一样感同身受。这样，虽然我可能会比外来的研究者更容易、更深入地理解各种文化现象，但我所承受的心理负担也会更重。每当直接面对家乡、面对家乡父老的时候，如何应用自己的知识为家乡做贡献的“责任感”或心理负担，常常会油然而生。可是，假如是去异乡做田野研究，当我们操着不同的语言、怀着不同的情感、带着特殊的目的，对作为研究对象的人群进行观察和研究的时候，这方面的压力要小得多。

可以说，进行家乡民俗的研究，一方面使研究者能够在一种相对自然、真实的语境中，在较深地理解家乡民俗文化历史背景的基础上，对家乡民俗展开调查和探究；另一方面，它也使得研究者面临着伦理和文化方面的诸多困扰。如何调整研究者与家乡人之间的人际关系，如何更好地处理研究者的身份转换并应对伦理困境等方面的问题，这些都是需要民俗学者在田野实践中不断加以探索，因为这直接关系着家乡研究的发展方向，也影响着中国民俗学整体的学科建设。

总之，中国民俗学当中的家乡研究潮流，以其具体的实践，证明了这样一个观念：民俗学实际上就是关于我们自己身边的生活的学问，而不是追逐奇风异俗的猎奇行为。同时，它所包含的“家乡”这个关键词，为民俗学的发展提供了十分广阔的探索空间。比如，什么是家乡？是不是只有那些远离了家乡的人，才会有所谓的“家乡”，而如果一个人始终生活在他出生和成长的地方，从来没有离开过，就不会有“家乡”的概念？而在后现代的语境中，家乡尤其具有特殊的意义。比如，在社会飞速发展的时代，我们究竟失去了什么？我们要在这种日新月异、让人头晕目眩的变化当中寻找什么？为什么人们在获得了曾经极力追求的现代化的优越生活之后，又要去找寻“故园”的宁静、田野的情趣以及种种在发达的现代生活中无法获得的东西？“故园”究竟在哪里？种种问题，足够一个人长期研究下去的了。这样研究，其实不仅限于民俗学领域，在文学研究等其他领域，也是一个值得注意的研究视角。

## 参考文献：

[1]“家乡民俗学：从学术实践到理论反思”（专栏，包括四篇文章：吕微《家乡民俗学——民俗学的纯粹发生形式》、刘锡诚《台静农：歌谣乡土研究的遗产》、祝秀丽《伦理质询：家乡民俗的田野研究散记》和安德明《民俗学家乡研究的理论反思》），《民间文化论坛》

2005 年第 4 期。

[2] Clifford, James and George E. Marcus, eds. Writing Culture. Berkeley: University of California Press, 1986.

[3] Jackson, Anthony, ed. Anthropology at Home. London and New York: Tavistock Publications, 1987.

[4] LIT. The Politics of Anthropology at Home. New Brunswick and London: Transaction Publishers, 1999.

[5] Narayan, Kirin. How Native Is a "Native" Anthropologist? . American Anthropologist, 1993, 95 (3) .

[6] Peirano, Mariza G. S. When Anthropology is at Home: The Different Contexts of a Single Discipline. Annual Review of Anthropology, 1993: 27.

[7] Stoeltje, Beverly, Christie L. Fox, and Stephan Olbrys. The Self in "Fieldwork": A Methodological Concern. Journal of American Folklore, 1999, 112 (444) .

[8] 安德明:《家乡——中国现代民俗学的一个起点和支点》,《民族艺术》2004 年第 2 期。

[9] 安德明:《重返故园——一个民俗学者的家乡历程》,广西人民出版社 2004 年版。

[10] 洪长泰:《到民间去——1918 ~ 1937 的中国知识分子与民间文学运动》,董晓萍译,上海文艺出版社 1993 年版。

[11] 张紫晨:《中国民俗与民俗学》,浙江人民出版社 1985 年版。

[12] 赵世瑜:《眼光向下的革命——中国现代民俗学思想史论 (1918 ~ 1937)》,北京师范大学出版社 1999 年版。

[13] 钟敬文:《"五四" 前后的歌谣学运动》,见钟敬文:《新的驿程》,中国民间文艺出版社 1987 年版。

[14] 钟敬文:《民间信仰研究的新成果——序安德明博士〈甘肃天水的农事禳灾研究〉》,见钟敬文:《婪尾集》,新世界出版社 2002 年版。

[15] 钟敬文:《五四时期民俗文化学的兴起》,见钟敬文:《民俗文化学:梗概与兴起》,中华书局 1996 年版。

[16] 祝秀丽:《家乡民俗研究者的角色冲突》,《民俗研究》2006 年第 2 期。

(编辑整理:于 飞)

# 走向全球对话主义

## ——超越“文化帝国主义”及其批判者

金惠敏

2009 年 12 月 24 日

**金惠敏**

中国社会科学院研究生院文学系教授

**摘　要：**文化研究已经从它的国内阶段发展到现在的国际阶段，因而也相应地提出了新的理论要求，换言之，国际文化研究应该有国际文化研究的理论纲领。本文以“文化帝国主义”论争为切入点，将文化研究分作两种模式，“现代性”文化研究与“后现代性”文化研究，分别考察了它们的长处和短处，提出了超越这两种模式的第三种模式，即“全球性”文化研究模式，其灵魂是扬弃了现代性和后现代性哲学的“全球对话主义”哲学。

**关键词：**文化研究　现代性　后现代性　全球化　全球对话主义

## 一、全球化作为一种新的哲学

学界正在认识到，全球化不仅是我们必须面对的一个对象，它就在我们眼前，似乎伸手可及，而且也必须成为我们考察一切现象所由以出发的一个视点。这就是说，在全球化的诸类后果之中，还有一个日益明晰下来的哲学后果：全球化将作为一个超越了现代性与后现代性之对立的新的哲学概念。它是现代性，也是后现代性，更重要的是，它同时就是这二者，以及这二者之间复杂的动态关系。

这一或许本应由哲学家来提炼的时代命题，现在却是由社会学家为我们暗示了出来的。在吉登斯《现代性的后果》一书之末章，概括指出：“现代性的根本后果之一是全球化。它远不止是西方制度向全世界的弥漫，其他文化由此而被摧毁；全球化不是一个平衡发展的过程，它在粉碎，也在整合，它开启了世界相互依赖的新形式，其中‘他者’再一次地不存在了。……从其全球化之趋势看，能说现代性特别地就是西方的吗？不能。它不可能如此，因为我们在此所谈论的，是世界相互依赖的新兴形式与全球性意识。”吉登斯没有否认全球化的现代性方面，即将西方制度向全世界推广的帝国主义计划，但他更倾向于看到这一帝国主义计划在实施过程中的失败以及由此所带来的各民族和国家的相互依赖——与吉登斯不同，我们称此为全球化的“后现代性”维度，这也是他在别处所断言的，全球化将导致一个“失控的世界”。

关于全球化之为“后现代性”，汤姆林森的激进立场可能令每一位严肃的学者瞠目结舌。他那本轰动一时的《文化帝国主义》（该书初版于1991年）专论，对于全球化之为“现代性”的观点，大有将其赶尽杀绝之势：“全球化之有别于帝国主义之处可以说在于它是一个远不那么前后一致的或在文化上被有意引导的过程。帝国主义这个概念虽然在经济的与政治的涵义间游移不变，但它至少意指一个目标明确的计划：有意将一种社会制度从一个权力中心推向全球。而‘全球化’的意思则是说全球所有地区以一种远不那么目标明确的方式所发生的相互联结和相互依赖。它是作为经济和文化实践的结果而出现的，这些实践就其本身而言并无目的于全球整合，但它们还是生产出这样的结果。更关键的是，全球化的效果将削弱所有单个民族国家的文化一致性，包括那些经济大国，即前一时代的‘帝国主义列强’。”但是，汤姆林森无法向我们稍微证明，且不论其后果如何，难道全球化是一个没有推动者的自然过程吗？若此，全球化除非与人无关。显然，汤姆林森的错误是用“后果”否定“意图”，他似乎不知道“意图”是主观的，而“后果”则是客观的。全球化既然是由人来推动的，那么其“现代性”便不容否定。看来，还是吉登斯的“失控的世界”意味深长，它既肯定有人控制，又看见其于结果上的无法控制。

借用一个日语词（Dochakuka），罗伯森将全球化描述为“球域化”（Globalize/Globalization），即是说，全球化是“全球”与“地域”的双向互动，“其核心动力学包含了普遍的特殊化与特殊的普遍化这一双重的过程”。罗伯森的全球化研究多从宗教、意识形态和文化入手，因而也更多地具有哲学的相关性。在一个全球化时代，我们既无法坚守地域性，也不能以全球性完全吞噬地域性，它们是一个普遍性与特殊性的哲学问题，体现在任何一个具体的物事之中。

更明确地说，社会学视野中的全球化已经为我们勾勒出一幅完整的现代性与后现代性之复杂关系的哲学图谱：现代性就是自笛卡儿以来的主体性哲学，后现代性则是胡塞尔意识到主体性哲学的唯我论缺陷之后所提出的“主体间性”概念，是后来为哈贝马斯由此所发展的“交往理性”。不管是否采用“后现代性”一语，凡是对现代性主体哲学的批判，都可以视为一种超越了现代性的“后现代性”意识。“后现代性”曾被一般人误认作一种虚无主义，包括吉登斯、哈贝马斯等，其实它不过是一种较为激进的胡塞尔主义，例如在德里达那儿，他提醒我们，我们的意识、我们的语言、我们的文化等一切属于人的东西是如何遮蔽了我们应该追求的真实，它们应该被“悬置”起来，以进行“现象学还原”。因而，后现代性就是一种穿越了现代性迷雾的新的认识论和新的反思性。如果说“后现代性”由于过分投入对理性的批判而使人误以为它连理性所对应的真理一并抛弃，那么全球化作为一种新的哲学则既坚持现代性的主体、理性、普遍、终极，但同时也将这一切置于与他者、身体、特殊、过程的质疑之中。或者反过来说，全球化既不简单地认同现代性，也不那么地肯定后现代性，而是站在它们之间无穷无尽的矛盾、对抗之上，一个永不确定的链接之上。缺少其中任何一个维度，都不是“全球化”，都将无法正确认识全球化这个新的对象，以及发生在全球化时代的任何现象。

## 二、全球化时代的“全球性文化研究”

文化研究的英国史，即使仅从威廉斯发表《文化与社会》的 1958 年算起，也已经跨越整整半个世纪了。文化研究最初是一项英国国内的事业，致力于解决其国内的文化政治问题，如大众媒介、流行文化、青年亚文化、消费社会，其中马克思主义、意识形态、霸权、抵抗、链接一直是其关键词，如果也可以说是其灵魂的话。大约从 20 世纪 90 年代以来，文化研究的议题迅速国际化。霍尔开始高频率地谈论身份、混杂、新族性、英国性、全球化，尽管他早年也不时有此讨论。检视莫利的话题史，80 年代不出“全国”(受众)、“家庭”(电视)，那么 90 年代就转向了“全球媒介、电子图景、文化疆界”等这些显然只有全球化时代才有的课题。近些年，“全球文化”、“全球公民”、“全球公共空间”等“叫词”(Buzzwords)，还有从美国响起的对“全球化文化研究”（Globalizing Cultural Studies）的径直呼喊，则更是将文化研究的全球性渲染得姹紫嫣红、春意盎然。《国际文化研究》的创刊（1998），文化研究课程和系科在全世界的遍地开花，加之以“国际文化研究”相标榜的研究和教学机构的出现，这些终于从体制上将文化研究纳入了全球化语境之中。

种种迹象表明，文化研究已经自觉地进入了一个全球化时代。但是这并不必然是说，文化研究就已经取得了正确的“全球意识”。没有谁会否认，未来的文化研究必定是全球性的，但这同时也是一个更深层的要求，即，全球化时代的文化研究必须以一个与时俱进的如上被翻新了的作为哲学概念的“全球化”或者“全球性”为其理论，为其胸怀，为其眼界，否则就仍旧是“现代性”的文化研究，或“后现代性”的文化研究，而不是综合和超越了现代性和后现代哲学的“全球文化研究”或“全球性文化研究”。

以下，我们将以关于“文化帝国主义”的论争为例，分别阐明何谓“现代性”的文化研究，何谓“后现代性”的文化研究，其各自的问题是什么；最后，以“全球性”这一被更新了的哲学概念，我们愿意将其凸显为“全球对话主义”，重新审视“文化帝国主义”论争所指涉的文化流动现象——这现象可不是今天才有的，也许我们甚至能够说，它自遥远的柏拉图时代或孔子时代就开始了。文化从未停止过流动，文化"们"总是在碰撞，在裂变，在融合，在寻找新的融合。今日所有的民族文化都不是天生独一的，就连民族本身也并不是单一来源的。不过，全球化则使这一古老的现象以其从未有过的速度和规模向我们呈现出新的迫切性和问题性。对它，我们不能不急切地面对。

## 三、"后现代性"文化研究不承认"文化帝国主义"

现在，我们先考察"后现代性"文化研究，其主要表现和存在的问题。

汤姆林森的《文化帝国主义》一书，如果我们可以将它归纳为"后现代性"文化研究的话，那么在这一视点上它对"文化帝国主义"话语的批判堪称范例。它系统、深入、思辨，对其论敌具有极大的杀伤力。自此以后，"文化帝国主义"似乎一蹶不振，在文化理论界再也没有过出头露面的日子。

所谓"文化帝国主义"论题，简单说，就是认为一种文化，当然是西方文化，或者美国文化，完全征服和重组了另一种文化，当然是弱势文化，尤其是第三世界文化，结果将形成某种单一的"帝国"文化。对此论调，汤姆林森使用的武器有多种，其中比较有力的，应属来自于解释学或者接受美学的文本与读者的互动理论。汤姆林森并非视而不见，以迪斯尼卡通、好莱坞大片、麦当劳快餐、牛仔裤等为表征的美国文化大量地出现于其他文化，这是谁也无法否认的事实；但是，汤姆林森话锋一转，提出质疑："难道这种出现就代表了文化帝国主义？"他认为，"单是这一纯粹的出现并不能说明什么"，原因是："一个文本除非被阅读就不会发生文化上的意义，一个文本在被阅读之前无异于一张进口的白纸：仅有物质的和经济的意义，而无直接的文化的意义。在这一层次上进行分析，那么，阅读帝国主义文本在判别文化帝国主义上就成为至关重要的问题了。"在汤姆林森所理解的阅读理论看来，什么"文化帝国主义"的文本，在被阅读之前，几乎毫无意义可言；而一经阅读，即便说它有意义，那也不再是原有的意义。文本的文化意义是接受者的后来创造。

汤姆林森选择泰玛·利贝斯和埃利胡·卡茨对电视剧《达拉斯》（Dallas）的效果研究来支持他对"文化帝国主义"的否定。据利贝斯和卡茨描述，"《达拉斯》这一名字在20世纪80年代成为一部美国电视连续剧征服全世界的象征。《达拉斯》意味着一次全球观众的集会（历史上最大的集会之一），人们每周一次地聚集在一起，以追随尤因王朝的传奇——它的人际关系与商业事务"。这一《达拉斯》效应通常被视为一个典型的"文化帝国主义"事件，是美帝国主义"文化意义"的输出和接受，其流程按照"文化帝国主义理论家们"的观点是：

“霸权信息在洛杉矶被预先包装，然后被运往地球村，最后在每一个天真的心灵中被解开。”对于“文化帝国主义”论者的观点，利贝斯和卡茨试图通过自己对观众实际反应的调查研究予以检验。汤姆林森十分欣喜地看到，他们的实证研究表明，“观众比许多媒介理论家所假定的都要更加活跃、更加富于批判精神，他们的反应都要更复杂、更带反思意识，他们的文化价值对于操纵和‘入侵’都要更具抵制力”。确实利贝斯和卡茨的效果研究证实“解码活动是观众文化与生产者文化之间的一个对话的过程”，这因而也就是颠覆了前引“文化帝国主义理论家们”关于文本意义的“文化帝国主义”性即视其为一个线性传输过程的假定。

但是汤姆林森忘记了，或许就不知道，解释学或接受美学，属于现象学，而非简单的“后现代”。意义是文本与读者互动的结果，它产生在文本与读者之间，而非仅在读者一极。任谁，只要他多少涉猎过伽达默尔和伊瑟尔、尧斯的著作，将都不会创造出这样无意义的误解。而即使“后现代”那些严肃的“后现代”理论，对于文本也绝不是“怎么都行”的，例如在德里达的解构那里，倒是“汤氏后现代”是个例外。

不过，倘使它只是一个孤例也就罢了，严重的是这种通过解释学阅读而否定“文化帝国主义”的论调，经过汤姆林森看似雄辩有力的论证，如今仿佛已成媒介研究领域的一个权威观点，而“文化帝国主义”话语的头颅则被高悬于城门，在猎猎寒风中，向过往行人宣示“后现代性”文化研究的不可冒犯的正义和统治。

我们深感惊讶，就在近些年，也就在有深厚现象学传统的德国，竟然有学者跟随汤姆林森的偏激和肤浅而加强和突进对全球文化的后现代理解。慕尼黑大学社会学教授乌尔里希·贝克（Ulrich Beck）在新发表的一篇文章中指出“美国化（Americanization）这一概念建基于对全球化的一个民族式的理解之上”，他批评，这是“方法论的民族主义”（Methodological Nationalism）。作为一种替代方案，他主张，全球化必须被理解为“能够反映一个新的超民族（Transnational）世界”的“全域化”(Cosmopolitanizaion)。据他考证，该词的核心部分 cosmopolitan 由两个词根合并而成，“cosmos”和“polis”，前者的意思是“自然”(Nature)，后者是“城/邦”(City/State)。“全域”(Cosmopolitan）一语表明，人类个体生来就扎根于两个世界：一个是自然，一个是不同的城市、疆域、种族、宗教。全球化作为“全域化”的原则不是“非此即彼”(Either/Or)，而是“亦此亦彼”（This - as - well - as - that)。“全域主义生产出一种非排他性对立的逻辑”，据此，“自然与社会相接，客体是主体的组成部分，他者的他性被包括在一个人本身的自我身份和自我界定之中，于是排他性对立的逻辑就被抛弃了”，取而代之的是“内涵式对立”(Inclusive Oppositions)，即一切对立都被包含在一个更大的框架之中，这个更大的框架就是“自然”，或“宇宙”，或“大全”(Universe)，贝克生怕被误解为一种改头换面的普遍主义，于是赶在“全域主义”之前加上“有根的”(Rooted)一词而成“有根的全域主义”，以突出这种“大全”对差异、对立、个体性和地方性的容纳。由于强调“大全”，强调“大全”对多元的统摄，贝克就不容许把全球化想象成为一种民族与民族作为独立单元的相互联系，例如英国社会学家大卫·黑尔德（David Held）的“相互连接”(Interconnectedness）概念，更不必说我们早已习惯了的“国际”(International）一词，必须被当做“方法论的民族主义”而唾弃。

但是贝克的难题在于：第一，这种“大全”不过是一种“想象的共同体”，即使它真有，也一定要通过“有根”的个体通过想象来建构，它不能不是地域的、历史的、民族的和意识形态的，因而就难以纯粹，难以客观，难以获得全体、个体的认同。第二，在其最终的意义上，个体不可能被废弃，因为一个简单的道理是，任何意识，比如“大全”意识，必须有所寄寓；意识是个体的意识，若是没有个体，那谁来想象“大全”？即使将来真有一天，世界大同了，个体的个体性、独一无二性也不会在这大同中消失。通过赋予新义的“全域主义”，贝克否定了以民族为单元思维的“美国化”，这也是对同样性质的“文化帝国主义”的拒绝。第三，但“全域主义”仍然假定有民族、地方之间的矛盾和对立存在其内，那么其中各方如果不是势均力敌、旗鼓相当，则一定就有优势的一方对另一方或其他各方发挥较大的作用，无论这作用是柔性的葛兰西的“霸权”还是列宁的暴力专政，都将有“文化帝国主义”的存在。不错，“美国化”或“文化帝国主义”是以一个对全球化的民族式理解为其前提的，但是要去掉这一前提，除非无视全球交往所产生的民族矛盾和冲突，除非将个体解除，将人类解除，如此方可回到原始的、洪荒的、天地不分的“大全”。在一个全球化的时代，“文化帝国主义”的有效性仍然在于，它假定了民族、地方在全球交往中的不可祛除性，更进一步，也假定了个体存在的永恒性。“第二次现代化”的“超民族性”不可能终结“第一次现代化”的“民族性”，至少在目前，在可见的未来。“现代性”将穿过“后现代性”而进入“全球性”，它当然会在对后现代状况的适应中对自身进行重新定位。

必须注意，贝克的“全域主义”虽然于其表面上似乎仍然承认对立、差异、民族、个体，但由于他将这一切都“囊括进”(Include Into）一个“自然”(Cosmos)，一个“大全”之内，而使这一切都成了所谓的“内涵式对立”(Inclusive Oppositions)，即是说，这些对立元素已经失去其先前的意义，它们不再是其自身。在贝克，“全域主义”的另一表述是“超民族性”(Transnationality)。同理，虽然在超民族的逻辑中仍然有民族，但由于这些民族相互之间不再是“一对一的应和关系”(One－to－one Correspondence)，它们可以相互说话，而不是都要跟一个“大全”说话，其先前的相互说话被提升为同时跟“大全”说话，即超越民族自身而与“大全”对话，接受“大全”的规范和制约。民族被超民族化，被全域化，这结果也就是“去民族化”，即民族的消失。具体说，甚至“一旦引进欧元”，一旦涉及“欧洲”概念，个别的欧洲国家如德国、法国和意大利等便不复存在了。贝克争辩，“全域主义”作为一个位于更高抽象级别的概念，其“在此的前提是，民族的不再是民族的”，它是对各个具体民族的抽象、超越，因而否定。进入“全域”，进入“全球”，就意味着放弃民族或国家的“主权”和“自主性”——一个全球化时代的“国将不国”现象。

在这一点上，可以说，贝克是非常地后现代，他通过后现代哲学一个惯常的做法，即将现代性“主体”置入“结构”，更准确地说，置入德里达“无中心之结构”，而取消其“主体性”，其对他者的压制和整合，在社会学的意义上便取消了“美国化”以及“文化帝国主义”。“结构”，我们知道总是“超越”于“个体”或“主体”的。借着这样的“结构”，贝克“超越”性地否定了“民族”或“国家”作为个别的实体存在。贝克终于可以祭出狠狠的一剑了，他一剑封喉：既然连“民族”或“国家”都不存在了，哪里还有什么“美国化”？哪里还有什么“文化帝国主义”？因为，在“全域主义”看来，压根儿就缺少实行“美国化”的那一主体“美国”，那一实行“文化帝国主义”的“民族”！“全域主义”不承认“美国”，不承认任何独立自主意义上的“国家”概念。趁便指出，在汤姆林森取消“文化帝国主义”的诸多理由中，前文无暇顾及，也有这么一个釜底抽薪的后现代做法，即把“民族”、“民族国家”、“个体”和“主体”先行删除，让“无以/谁”“美国化”，“无以/谁”进行“文化帝国主义”。

如果说贝克是通过取消哲学的“主体”和社会学的“民族”而取消了“美国化”或“文化帝国主义”，那么，令人困惑的是，德语界著名文化理论家海纳·温特（Rainer Winter）教授则是通过对“主体”、“个体”、“语境”——总之，一个我愿称之为的“解释学情境”——的认定而取消了“文化帝国主义”。“道”不同，何以相为谋？要知道，此“道”者，非彼寻常之“术”也。

在其与贝克出现于同一文集的一篇论文里，针对有人担忧以美国为主导的大众文化将带来文化的标准化和刻板化，以及地域文化特殊性的消解，温特旁征博引各种文化研究资源，以《兰博》、《达拉斯》，尤其是他个人所调查的被美国文化工业极力推销的hip hop音乐的传播和接受为例，证明这些全球媒介产品并未导致如上担忧的情况出现，正相反，他援用阿俊·阿帕杜莱（Arjun Appadurai）一个有名的观察，“大众媒介在全世界的消费所激起的常常是抵抗、嘲讽、选择，以及总起来说，能动性（Agency）”。温特坚信，去消费，就是进入“解域、调和与杂交的过程”；去接受，就是去挪用（Appropriate），去表达，去生产，去实践。对所谓“文化帝国主义”文本的消费和接受，让温特感兴趣的是，呈现为一个积极的反向过程，一个反客为主的自我建构过程。这就是“全球化的辩证法”，或者，如他（与另一作者在该文集导言中）所称的，“全球化的文化后果”——“开始于美国化这种现象”，而继之以“全球化的文化后果”。对此，温特和其他文化社会学家都已经通过大量的实地调查做了充分的令人信服的展示，但是，我以为，或许在理论上应该予以确认的是，我们需要刨根究底，“文化帝国主义”何以会产生如此始料不及的后果呢？能够对“文化帝国主义”进行抵抗的力量究竟来自何处？文中温特没有直接回答这类问题，但仔细推敲其行文，我们似乎可从中引申出如下几点：第一，消费者是一“主体”或者“个体”，再或者是“个体主体”，他是有自己利益和知识的个人。第二，消费者有自己的“语境”和“地方”，而且这“语境”和“地方”绝不只是他赖以活动的外部环境，它们早已内化为消费者作为“个体主体”最本己的生命存在。第三，消费者有自己的语码系统，但更有自己的日常生活实践。归结起来，消费者必须被认作“个体”。正是在这一根本的意义上，温特从自己的人种志调查中得出结论，hip hoppers 使用 hip hop 这种音乐风格来“界定他们自己的个人身份，因而也就是为了个体化（Individualization）”。对温特当不言而喻的是，消费者只有作为“个体”才能对媒介商品进行“个体化”。

对于贝克以“全域主义”解除“文化帝国主义”，我们可以毫不犹豫地称其为“后现代性文化研究”，因为他解构了作为现代价值核心的“个体主体”观念；而对于温特和他援引的一些同道者，也包括有时也站在这一“解释学情境”之上的汤姆林森，我们便不可笼统论之了。区分说来，对文本与接受两方，温特们使用了不同的研究视角：为了寻找对于“文化帝国主义”文本的改造、抵抗或颠覆的力量，他们对消费者做了“现代性”的认定，即把消费者作为自在和自觉的“个体”或“文化个体”；而对“文化帝国主义者”作为编码者一方同样应该作为“个体主体”，温特们则只字不提，倒是热衷于“后现代地”将其置于一种“主体间性”，或者对于贝克，毋宁说是“超主体性”，从而对其进行了“去主体化”的处理。

因而对于温特们来说，只要像对待消费者那样对待“文化帝国主义者”，那么结果就必然是走向对“现代性”文化研究的承认。

## 四、有“现代性”文化研究，便有“文化帝国主义”

这是一个铁的逻辑。或许温特们不是忽略了“文化帝国主义者”应该作为

"个体主体"，而是一旦如此，其反"文化帝国主义"的理论便面临着瓦解的危险。但是，我们不能为着一个理论的完整性而否认一个事实的完整。在全球化时代的文化研究中，我们还不能轻易放弃"现代性"文化研究，应该看到，它自有其不可全盘否定的依据。

对于"现代性"文化研究，其实简单的是，只要承认全球编码者与地方解码者分别都是有限的"文化个体"，承认他们各自作为"民族"的存在，那么就势必存在"美国化"或"文化帝国主义"。

贝克乞灵于一个"自然"来瓦解"城/邦"，一个"超民族性"来解除"民族性"；但是，站在"现代性"文化研究立场上的学者却常常能够成功地指出"自然"、"超民族"和其他一切打着"普遍主义"旗号的理论的虚妄。马克思主义者坚持，社会存在决定社会意识，经济基础决定上层建筑，不管它们之间有多少曲折的环节，普列汉诺夫说"社会心理"，威廉斯说"文化"，但都改变不了前者对后者最终的决定性。因而，可以认为，任何试图超越一定社会存在和经济基础的理论、主张，说到底，都不过是对其所由以产生的社会存在和经济基础的某种反映，都是"意识形态"。经典马克思主义者，早就揭穿了资产阶级"自由"、"平等"、"博爱"的虚伪；而今，在一个全球化时代，"马克思的幽灵们"（德里达语），无论在中国这样的第三世界或者在英法这样的发达国家，都在证明美国和西方所标榜的所谓"普世文化"的美国性、西方性，简而言之，就是"地方性"，这些都在戳穿所谓"全球价值"不过就是"全球利益"，"全球价值"总是被作为"全球战略"的一个棋子。这当然不是什么秘密了，在国际外交中，没有人不知道或不理解、不接受"国家利益至上"的原则；而"国际"外交绝不等于什么"国际主义"，它根本上不过就是在与他国的协调中达到自身利益的最大化。耶稣说，"你的钱在哪里，你的心就在哪里"；而我们要说，"你的钱在哪里，你就在哪里说话"。一切围绕着利益，话语也不例外。

在这一点上，或许我们能够指出，尼采和20世纪的后现代理论家们，也早已将"解释"与"事实"、"话语"与"真理"、"叙述"与"历史"、"能指"与"所指"、"文化"与"自然"等分开看待了。他们发现，存在于前者与后者之间的错位和矛盾是先天性的因而是无法克服的，而其中福柯更是历史地证实，"话语"本质上就是"权力"，是"权力意志"，是"生命意志"，与"真理"并无必然的应和关系。按照老叔本华的观点，表象不过是意志的自我表象。叔本华的"表象"被福柯的"话语"复活了。一切都是欲望在说话，借着"话语"在说话。

英国文化研究与后现代理论的关系一直比较暧昧。似乎在对高雅文化的解构上，在对差异和杂交的强调上，在对西方中心主义的批判上，在对"文化工业"

概念的拒绝上等，英国文化研究与后现代理论同气相求、互为知音，但是必须看到二者这种目标相同所掩盖着的出发点的相异：后现代理论的主要来源是索绪尔的符号学，特别是其中所蕴涵的对于“主体性”进行解构的倾向，“能指”只能达及作为观念的所指，而无法进入现实，“能指”所指向的不过是另一能指，意指活动不过是一条纯粹由能指所构成的漂浮的链条，即“能指链”，因而所谓的“主体”在言说结果就成了被言说——被能指所言说，被文化所言说，被传统所言说，等等，它是代言人，代他人言说而不能自己言说或者言说自己。在现代性哲学中，如在康德那儿，主体决定客体，因而它才是“主体性”，被后现代理论翻转为被客体所决定，主体于是便不再是主体了。是否承认主体性是现代性与后现代性在哲学上最基本的分野。而英国文化研究，虽然并非总是如此（因其对理论的实用主义态度而导致不太注意理论本身的内在统一性），但至少就其与“文化帝国主义”相关的媒介受众研究而言，其最重要的理论支撑则是对主体性的坚持，具体说，就是将媒介受众作为话语主体，更关键的是，作为个体主体。后来以“积极受众”而名世的大卫·莫利早在20世纪70年代初期就指出：“我们不能将受众视为一个不加区别的大众，相反，它是一个复杂的结构，由一些相互重叠的亚群体构成，每一群体都有其自身的历史和文化传统。”他要求去调查受众的“在阶级结构中的位置”、“地区所在”、“种族来源”、“年龄”和“性别”等这些作为社会学基础的要素。这也就是说，他需要一个更加具体的“受众”概念。虽然受霍尔的直接影响，间接的是受阿尔都塞的影响，年轻的莫利不是十分赞同把受众进一步作为个别的个体，但在他后来的“全国受众”和“家庭电视”研究中，他实际上已经把社会学分析与个体分析结合了起来。更重要的是，他将受众的接受语境本体化，即作为受众的本体存在。对于私人化阅读，霍尔是坚决反对的，但当他说“不同的人群和阶级将实施不同的阐释框架”时，他无疑是已经把受众作为“社会个体”或者“个体集合”了。在莫利的媒介受众研究上，在霍尔的编码/解码理论上，在他们将受众作为“主体”上，可以说，英国文化研究就是“现代性”文化研究。

如果将早期（20世纪70年代）英国文化研究的受众理论从其国内语境移向对于全球媒介的观察，也就是温特所做的，将文化研究置于研究当代杂交形式的社会学，那么它一定就是反对“文化帝国主义”的。但是，这种对“文化帝国主义”的“挪用”和“抵抗”是完全不同于贝克和汤姆林森以解构“主体性”为前提的“后现代性”文化研究的。霍尔总也没有放弃阿尔都塞的“结构”，传播中的一切协商性和对抗性的解码都在这样或那样地接受“传播结构”的制约：“电视信息的生产和接受……并不一致，但它们是相联系的：它们是处在由完整的传播过程所构成的整体性（Totality）之内的不同时刻。”后来进入对“全球大众文化”的考察，霍尔仍是早年的结构观，他看到，一方面，“它以西方为中心，它总是讲英语”，而另一方面，这种英语又不再是“女王英语”或“博雅（Highbrow）英语”，它是“一种全然不同的国际语言”，英语被涣散了；进一步，“它是文化再现的一种同质化形式，具有极大的吸收力，然而这种同质化却从未绝对地完成过，它就不能完成”。霍尔也将此结构，阿尔都塞的“结构”，称之为葛兰西的“霸权”，是有“霸权”企图将一切都包括进自身，但“霸权”从未完全实现过。同理，对于霍尔来说，如温特所注意到的，霍尔一方面尽管并不认为符号、信息和图像的全球流动会产生一种标准化的文化，而另一方面却也看到一种新型的同质化正在通过全球商业化过程而浮现出来。显然，在“结构”、“霸权”，或者在霍尔的另一说法“全球文化的新的辩证法”并不遥远的背后，就灼灼有霍尔对于现代性“主体”哲学的顽强信念。这一点与阿尔都塞有所不同，霍尔在借来的“结构”中赋予了差异、矛盾、斗争，因而也就是结构的无终结的开放性，——他以现代性而“解构”了后现代指向的“结构—解构”。霍尔预言，在全球化的各种新形式中，仍是一如既往的控制和反控制——“那个古老的辩证法没有终结。全球化不会将它终结掉。”究其原因，乃是控制者与反控制者作为“有根的”个体的永恒存在。“个体”、“主体”只要一天不能被根除，那么“现代性”文化研究就一天不会停止其“抵抗”和“斗争”的理论。

霍尔的“结构”文化观规定了英国文化研究的方向，即作为“现代性”的文化研究，具体说，也规定了莫利的“积极受众”的性质，我们暂且搁下霍尔，先来讲莫利吧！不错，莫利的“积极受众”的平移于全球媒介，确也可以成为一种反对“文化帝国主义”的理论，但是它所面临的问题有二：

第一，它只是从其效果上，而不能从其意图上，去否定“文化帝国主义”的存在，因为“文化帝国主义”的推动者也如受众一样是地域的、个体的和主体的，对于他们，我们不能设想有“文化帝国主义”行动，而无“文化帝国主义”意图，这既违背人是理性的动物的命题，也不符合事实，无论历史的或者当前的。因而，“积极受众”就必须承认在国内层面上“文化工业”的资本主义图谋，与在国际层面上“资本帝国主义”的文化战略，一个为利益驱动的文化战略。换言之，“积极受众”既不能取代“文化工业”，也不能完全否认“文化帝国主义”。

第二，在理论上更根本的是，必须将它所坚持的“个体”或“主体”置于“主体间性”的框架。只要将编码者也作为主体，接受就一定是一种“主体间性”事件；而一个主体只要进入“主体间性”，进入与另一主体的对话过程，那它就一定会不同程度地发生改变。而且，这不是一个主观上愿意与否的事情，另一主体或者一个他者的出现将客观地改变前一主体的存在环境，而环境是生命本体性的。符号学地说，“文本间性”的出现将一个“背景文本”（Context，通译“语境”）给予“文本”，于是文本的自足性就被打破了，即文本不再是从前的文本了。编码者的“全球”文本与受众的“地方”文本也存在同样的关系。

我们回头再看霍尔。比莫利沉稳和老练的是，霍尔在一个动态的“结构”概念中将文化帝国主义与对它的抵抗、将全球与地方相互间的辩证运动一次性地包容了进来，并预见了未来文化的形态，以他说的现代音乐为例，“杂交的美学，交叉的美学，流散的美学，克里奥耳化的美学”。霍尔对全球文化的文化研究，就其对主体性原则的坚持和贯彻而言，是归属于现代性哲学一边的，我们高兴地看到，他在一个“结构”概念中将现代性对于全球文化的洞见发挥到了它的极限处，即是说，在一个现代性框架之内，预言了文化帝国主义计划的最终破产，因而也就超越了现代性而具有了后现代性的色彩，当然这不是法国后结构主义者那样的后现代。

不过，对于更广大范围的全球化来说，霍尔的视域可能就狭小了一些，他在一个殖民化的过程中——这是现代化进程的一种表现形式——看见了在前殖民地和前宗主国所出现的种种混合文化；那么，在其他国家和地区呢？尤其是那些走着不同现代化道路的国家和地区呢？这种有限的视域，即后殖民主义的视域，将带来且实际上已经带来对未来文化形态的某种盲视，例如说，混合仅仅是作为一种完成态吗？在一些前殖民地可能如此，在美国这个最大的前殖民地可能部分地如此，但在宗主国就未必如此了，在中国、日本这样的国家，霍尔的“杂交”甚至可能具有完全不同的意义。但对我们最有帮助的是，霍尔已经强烈地暗示了一种超越现代性与后现代性的全球化理论。感谢霍尔！

我们必须超越“现代性”文化研究，霍尔已经有所尝试了；我们也必须超越“后现代性”文化研究，贝克和汤姆林森代表了其明显的局限；我们必须吸取他们的经验教训而探索走向一个新的理论阶段的可能性。

## 五、结语：走向全球对话主义

全球化内在的同时就是现代性的与后现代性的，即是说，它同时超越了现代性和后现代性，因而可成为一个新的哲学概念。罗伯森的“球域性”、贝克的“全域主义”和汤姆林森对于“文化帝国主义”的专题批判，都在努力概念化我们这个全新的时代——我赞赏他们的努力。作为对他们的一个回应，我这里与他们的区别在于：第一，对于全球化的现代性维度的坚持，在此我赞成霍尔对矛盾和斗争的坚持。第二，由此，我所看到的后现代性就是现代性的后现代性，为现

代性所约制的后现代性。第三，必然的是，我将不会看到在后现代性的全球化中个体或主体的彻底消失，它只是在与另一主体的对话中，在一个“主体间性”中改变自身。第四，我们于是也就不能去预先设定什么在我们作为“国民”之上的“大全”；由于主体的不可消除，因而“民族”的不可消除，“国际间性”(Internationality)、“地域间性”（Interlocality）就不可能被“全域主义”或者一个意在“全球整体”的“球域性”所取代；在一个全球化的时代，每个民族，每种文化，都有话说，我们不能预先就规定他们说什么——这涉及一个更复杂的哲学问题：我们能否进行没有前提的对话？一个简短的回答是，只要个体不能被彻底地象征化（拉康）、意识形态化（阿尔都塞）、殖民化（斯皮瓦克），我们就只能承认无前提的对话。在当代理论中，这种观点几乎不可思议，但在两千五百多年前的孔夫子却早已是一个人际交往的基本原则了。孔夫子不想什么“宏大”前提，他只想虚席以待他者的出现。

将他者作为他者，将自己也作为他者，即作为有限的主体，将“主体间性”更推进为“他者间性”，推进为本体性的“文化间性”，——唯如此，全球化时代的文化研究才可能筹划一场真正意义上的“对话”，而此对话的效果则是对话者对自己的“不断”超越，对自己的“不断”否定，对自己的“不断”重构，之所以是“不断”，是因为对话者永远保留有无法被表述的本己，无论经过多少轮的对话，一方对话者都不可能变成另一方的对话者。君不见，即使长在一棵树上的叶子，经过百年、千年的“对话”，它们又何尝变得一模一样了呢？自然教导我们，在终极的意义上，人归属于自然。人“文化地”对话，但人也“自然地”拒绝对话，以其“自然”而拒绝对话。

我们拟以“全球对话主义”作为我们的结语，其中，第一，作为“他者”的对话参与者是其根本；第二，“全球”不是对话的前提，甚至也不是目的，它是对话可期待也无法期待的结果，因为，这样的“全球”以他者为根基，是“他者间性”进入“主体间性”，是他者之间的主体间性的相互探险和协商，没有任何先于对话过程的可由某一方单独设计的前提；第三，“他者”一旦进入对话，就已经不再是“绝对的他者”了，对话赋予“绝对的他者”以主体性的维度，我们知道，就其定义说，所谓“主体性”就是有能力去改变客体，而同时也将被客体所改变，顺便指出，“主体间性”的一个主要意思就是对主体之间相互改变的承认。回到本文的开头，全球化，作为“全球对话主义”，将既包含了现代性，也开放了后现代性，它是对二者的综合和超越。“全球化”是一种新的哲学，如果需要再给它一个名字的话，“全球对话主义”将是一个选择。

未来的文化研究是否将以“全球对话主义”为其理论基础，我们不能预先提出要求，这不符合“全球对话主义”精神，但是，目前可以肯定的是，“全球

对话主义”至少在解决例如“文化帝国主义”这样全球时代文化研究的重大问题时，将能够同时避免“大全”（“全域主义”）和“整体”（“球域化”）的文化帝国主义嫌疑，以及由于对受众能动性的强调而导致的对“文化帝国主义”的全然无视。甚至，或许也不是不可以期待在霍尔之后重新阐释“文化间性”，尤其是它在未来的种种新的可能性。

（编辑整理：于　飞）